2019

中国粮食和物资储备年鉴

Yearbook on Food and Strategic Reserves in China 2019

国家粮食和物资储备局 主编

经济管理出版社
ECONOMY & MANAGEMENT PUBLISHING HOUSE

图书在版编目（CIP）数据

2019 中国粮食和物资储备年鉴 / 国家粮食和物资储备局主编 . — 北京：经济管理出版社，2019. 12

ISBN 978-7-5096-6944-0

Ⅰ . ① 2… Ⅱ . ①国… Ⅲ . ①粮食储备—中国—2019—年鉴 ②物资储备—中国—2019—年鉴 Ⅳ . ① F259.2-54

中国版本图书馆 CIP 数据核字（2019）第 282627 号

组稿编辑：张　艳
责任编辑：张　艳　张广花
责任印制：黄章平
责任校对：王淑卿　董杉珊

出版发行：经济管理出版社
　　　　　（北京市海淀区北蜂窝 8 号中雅大厦 A 座 11 层　100038）
网　　址：www.E-mp.com.cn
电　　话：（010）51915602
印　　刷：廊坊市海玉印刷有限公司
经　　销：新华书店
开　　本：710mm×1000mm/16
印　　张：39.25
字　　数：1000 千字
版　　次：2019 年 12 月第 1 版　2019 年 12 月第 1 次印刷
书　　号：ISBN 978-7-5096-6944-0
定　　价：380.00 元

2018年2月9日，国家发展和改革委员会党组成员，国家粮食和物资储备局党组书记、局长张务锋检查调研北京市春节粮油市场供应工作。

2018 年 8 月 18 日，国家发展和改革委员会党组成员，国家粮食和物资储备局党组书记、局长张务锋在哈尔滨出席首届中国粮食交易大会开幕式并致辞。

2018 年 7 月 24 日，国家粮食和物资储备局党组成员、副局长曾丽瑛在云南昆明出席"2018 年全国食品安全宣传周·粮食质量安全宣传日"主会场活动并调研。

2018 年 10 月 9～12 日，国家粮食和物资储备局党组成员、副局长卢景波在黑龙江调研秋粮收购工作。

2018 年 11 月 20 ~ 23 日，国家粮食和物资储备局党组成员、副局长黄炜在江苏调研加快推进粮食安全保障立法等工作。

2018年6月7~9日，国家粮食和物资储备局党组成员、副局长韩卫江在河南督导调研夏粮收购工作。

2018 年 9 月 11 日，国家粮食和物资储备局党组成员、副局长梁彦在广东储备物资管理局调研物资储备工作。

编 委 会

编　者
（按姓氏笔画为序）

于　涛　于　衡　于丽丽　于英威　于金辉　万忠兵　马　杰　马　源　马立群
马兆才　马雯婧　王　帅　王　伟　王　旭　王　宏　王　忠　王　涛　王　浩
王　晨　王　锐　王　聪　王　静（上海市粮食和物资储备局）　王　静（安徽储备物资管理局）　王　镭　王双喜
王世海　王正友　王吉富　王兴琪　王志亮　王金云　王骄阳　王晓辉　王海林
王唯远　王敬涵　王媛媛　王福东　王耀鹏　韦　博　韦思华　韦晓燕　车　英
牛　波　毛　杰　亢　霞　方　进　尹诗文　孔晶晶　邓　立　邓　峰　邓兴江
左炳衡　左彬彬　石　瑞　龙　斌　申　强　史　策　史俊文　付　丹　付长亮
付艳丽　付祥伟　白　喆　白新园　邝　琼　邢文煦　吉立东　成　军　成信磊
毕一卓　曲国军　曲贵强　吕昱晨　朱　江　朱之光　朱玉莉　乔　杨　乔领璇
任乐农　任昌坤　华　夏　向玉旭　庄春涛　刘　文　刘　平　刘　扬　刘　冶
刘　武　刘　尚　刘　晨　刘　森　刘　蓉　刘占春　刘向一　刘江波　刘宏亮
刘青青　刘国伟　刘国际　刘珊珊　刘贵友　刘晓清　刘继龙　刘敏毅　刘淑云
刘超超　刘毅军　齐　倩　齐宁康　齐永宏　齐朝富　闫文婕　安佳宁　许　策
许成波　孙　昊　孙　哲　孙　静　孙　燕　孙大威　孙丽娟　孙金荣　纪　龙
纪　展　苏　伟　苏楚彪　杜柏林　李　可　李　东　李　伟　李　阳　李　玥
李　炜　李　昭　李　俊　李　洵　李　根　李　涛　李　萌　李　淼　李　楠
李　颖　李　德　李久佳　李云彤　李云峰　李文进　李功静　李世昌　李尔博王
李永猛　李亚莉　李延鑫　李华华　李军岩　李杰夫　李金达　李金团　李京之
李盼盼　李晓燕　李海丹　李寅铨　李雯雯　李道宝　李锦昌　李鹏飞　李澎涛
杨　正　杨　林　杨　梅　杨卫民　杨光荣　杨乔伟　杨丽业　杨国庆　杨忠山
杨晓华　杨能海　杨雪丽　杨道兵　杨婷婷　步云沁　肖　迪　肖　玲　肖玉强
肖礼兵　肖俊良　时汉成　吴　伟　吴龙剑　吴永顺　吴光银　吴胜才　邱天朝
邱永峰　何　刚　何　珉　何　娟　何春雷　何晓伟　余　龙　邹　江　邹　皓
汪家正　沈　红　沈　洁　宋吉锋　宋凯强　宋彦龙　张　伟（山东省粮食和物资储备局）　张　伟（黑龙江储备物资管理局）
张　冲　张　宇　张　军　张　弛　张　怡　张　洁　张　勇　张　艳　张　倩
张　涛　张　彬　张　硕　张　甜　张　渊　张　维　张　雷（国家粮食和物资储备局）　张　雷（重庆市发展改革委员会）
张　鹏　张　蕾　张文俊　张文娟　张玉超　张永刚　张永强　张永福　张吉兵
张亚奇　张成志　张团顺　张宇阳　张彤彤　张灿柏　张明先　张朋飞　张钰婷
张健勋　张瑞银　张瑞强　张慧杰　陆　坤　陆春涛　陆海萍　陈　达　陈　林
陈　寅　陈　聪　陈　璐　陈文雅　陈书玉　陈玉中　陈军贤　陈志伟　陈昌炳

编写说明

2019 年起《中国粮食年鉴》更名为《中国粮食和物资储备年鉴》。《中国粮食和物资储备年鉴》是国家粮食和物资储备局主编，经国家新闻出版管理部门批准出版，逐年编撰、连续出版的资料性年刊，主要汇集粮食和物资储备系统重要时事、文献和统计资料，全面客观记述年度工作，完整记录中国粮食和物资储备发展历史足迹，为科学决策和理论研究提供参考，为社会了解粮食和物资储备发展状况提供帮助。

《2019 中国粮食和物资储备年鉴》由综述、专文、全国粮食和物资储备工作、各地粮食和物资储备工作、各垂直管理局工作、政策与法规文件、附录七部分组成，记录了全国与地方粮食和物资储备工作及各地垂直管理系统相关工作。收集的数据和资料未包括我国香港特别行政区、澳门特别行政区和台湾地区。各省（自治区、直辖市）的排列顺序，按照全国行政区划的统一规定排列。

本期年鉴在编辑出版过程中得到了国家发展和改革委员会、农业农村部、国家统计局以及国家粮食和物资储备局各司局单位，各省、自治区、直辖市、计划单列市及新疆生产建设兵团粮食和物资储备局（粮食局），各垂直管理局等部门单位的大力支持，在此，我们表示衷心的感谢！不足和疏漏之处，敬请读者批评指正。

《中国粮食和物资储备年鉴》编辑部

中国粮食研究培训中心

2019 年 12 月 20 日

目　录

第六篇　政策与法规文件　432

1

第一篇

综　述

2018 年全国粮食和物资储备工作综述

2018 年，全国粮食和物资储备系统以习近平新时代中国特色社会主义思想为指导，全面贯彻党的十九大精神，深入落实中央经济工作会议、中央农村工作会议及全国发展和改革工作会议精神，按照党中央、国务院决策部署，担当作为、开拓创新、强化落实，粮食和物资储备改革发展扎实推进，国家粮食安全和战略应急物资储备安全保障能力全面提升，为促进经济发展、社会稳定和民生改善发挥了积极作用。

一　认真完成机构改革各项任务，粮食和物资储备事业迈上新的历史起点

坚决贯彻党中央、国务院关于机构改革的重大决策部署，加强沟通协商，精心组织实施，如期完成改革任务，实现了职责有序交接，工作平稳过渡，机构改革和业务工作"两不误、两促进"。围绕履行新机构新职能，与中央改革方案和"三定"规定要求对标对表，印发《关于深化改革转型发展的决定》《关于加强安全稳定廉政工作的决定》《关于激励干部新时代新担当新作为的意见》，将中央的改革路线图转化为具体施工图。加强各业务板块之间干部交流，促进感情相通、人心相融。各地粮食和物资储备部门按照当地党委、政府部署，紧凑高效、有条不紊做好机构改革工作，粮食和物资储备事业开启新篇章。

二　稳步推进粮食收储制度改革，实现更高层次供需平衡

突出市场化改革导向，完善小麦、稻谷最低收购价政策，修订执行预案，进一步厘清各方责任，提高收购质量等级。组织政策性收购和市场化收购，建立健全粮食收购贷款信用保证基金融资担保机制，各类企业全年收购粮食 7200 多亿斤，没有出现大面积"卖粮难"。夏粮市场化收购比重超过90%，秋粮市场化收购比重稳步提高。东北地区玉米市场化收购加补贴机制的改革红利不断释放，新疆维吾尔自治区小麦收储制度改革成功实施。江苏、安徽、河南、湖北等省妥善处置因灾降质小麦，保障了种粮农民及时卖粮变现。坚决落实"六稳"要求，加强粮食市场监测分析，扎实抓好保供稳市，中央和地方储备粮规模保持稳定，粮食市场供应充足，价格总体平稳。各地认真做好区域粮食供应保障，北京、天津、上海、重庆等城市，加强储备和配送体系建设，稳定粮源，创新服务，丰富了市民"米袋子"。成功举办首届中国粮食交易大会，搭建起全国优质粮油产品供需对接新平台。

三　深入实施"优质粮食工程"，加快推进粮食产业强国建设

认真落实习近平总书记关于抓好"粮头食尾"和"农头工尾"的重要指示精神和李克强总理关

于建设粮食产业强国的重要批示要求，召开全国加快推进粮食产业经济发展第二次现场经验交流会，部署优粮优产、优粮优购、优粮优储、优粮优加、优粮优销"五优联动"举措，大力推动粮食产业创新发展、转型升级、提质增效。围绕落实《国务院办公厅关于加快推进农业供给侧结构性改革大力发展粮食产业经济的意见》，30 个省级政府出台实施意见，推出了一批含金量高的政策举措。安徽、福建、河南等省设立粮油产业基金，山东、海南、重庆、贵州等省市积极培育粮食产业园区，山西、四川、云南、西藏、青海等省区大力发展特色粮油产业。"优质粮食工程"建设取得新进展，编制完成三年实施规划，支持范围和扶持资金规模进一步扩大，2018 年安排中央财政资金 64 亿元，支持 30 个省份开展相关工作，粮食产后服务体系、粮食质量检验监测体系建设扎实推进，"中国好粮油"行动广泛开展，一批兴粮惠农项目见到实效。印发《关于"科技兴粮"的实施意见》《关于"人才兴粮"的实施意见》，启动 4 个国家粮食技术创新中心和首个国家粮食技术转移中心建设，组织选拔首批粮食行业领军人才，首次开展粮食行业人才供需对接。各地健全完善粮食科技创新体系，加大资金投入，强化企业创新主体地位，搭建粮食科技创新平台，加强产学研合作，"科技兴粮"和"人才兴粮"取得明显进展。

四　持续加强储备管理，着力提升政府储备效率效能

健全储备制度体系，梳理各类储备管理规章制度和标准规范，查漏补缺，修订完善，增强整体性、针对性和操作性。完善收储、轮换、日常管理等制度机制，严格规范各类储备物资管理，组织落实好收储、销售和轮换任务。强化应急保障能力建设，有序推进中央救灾物资、防汛抗旱物资管理职责交接。探索建立风险监测预警体系，加快建设应急保供网点，提高应急处置效率。修订完善各类应急预案，贴近实战开展应急演练，确保储备物资关键时候调得出、用得上。深入推进粮食储备管理改革，研究提出改革完善体制机制加强粮食储备安全管理的若干意见。

五　全面加强粮食监管执法，依法依规管粮取得新进展

认真落实国务院办公厅《关于开展全国政策性粮食库存数量和质量大清查的通知》要求，启动全国第三次粮食库存大清查，在安徽、福建、江西、河南、湖北、湖南、广东、贵州、陕西、甘肃 10 个省，每省选择 2 个市（州）先行开展清查试点，达到了试方案、验方法、测系统、强队伍的目的，为全面清查奠定扎实基础。进一步加大常态化监管力度，推行"双随机、一公开"监管，组织跨省交叉执法检查，开展突击检查和暗访暗查；12325 全国粮食流通监管热线开通运行，拓宽了社会监督渠道；依法严肃查办涉粮案件，有力震慑了违法违规行为。不断强化粮食安全省长责任制考核，顺利完成 2017 年度粮食安全省长责任制考核，完善 2018 年度考核方案，进一步强化考核导向性，考核"指挥棒"作用有效发挥。各地把保障粮食安全放在突出位置，河北、山西、安徽、山东、湖北、广东、广西、四川、陕西等省区党委政府牵头积极开展实地调研或专题研究粮食流通工作。立法修规进程加快，认真落实中央一号文件要求，《粮食安全保障法》列入十三届全国人大常委会立法规划一类项目，正式启动立法工作并形成草案初稿。《粮食流通管理条例》修订送审稿已经二次征求意见。《粮食储备管理条例》起草工作正式启动。部分省份粮食安全保障立法取得积极进展，《浙江省粮食安全保障条例》颁布施行，江苏、湖北等省相关法规列入省人大常委会立法规划。

| 六 | 加强基础设施和信息化建设，持续提升粮食和战略应急物资储备安全保障能力 |

大力推进基础设施建设，国家成品油储备能力建设项目稳步实施，国家石油储备基地二期项目顺利推进。针对储备仓库安全隐患和薄弱环节，启动一批紧急改造项目。加大对粮食仓储、物流、应急等项目支持力度。信息化建设取得积极进展，国家物资储备信息系统二期工程建设基本完成，国家粮食管理平台一期试运行，与部分省份和部门实现数据互通共享。一批粮库智能化项目顺利完工，安防能力、作业效率和监管水平普遍提升；"满意苏粮""智慧皖粮"等手机 APP 深受群众欢迎。

| 七 | 粮食和物资储备系统自身建设得到加强，创新力执行力公信力不断提高 |

认真学习贯彻党的十九大精神，举行中心组集体学习、专题培训班、辅导报告会等，开展庆祝改革开放 40 周年理论研讨，推动学习贯彻习近平新时代中国特色社会主义思想走向深入，切实增强"四个意识"、坚定"四个自信"、坚决做到"两个维护"。大兴调查研究之风，围绕落实习近平总书记关于国家粮食安全的一系列重要指示精神，全系统开展形式多样的调查研究，形成了一批高质量调研成果，出台了一批政策措施。"深化改革、转型发展"大讨论取得丰硕成果，激发了干事创业、创新争优的干劲和热情，催生了一批有价值的理论成果和可推广的先进典型。严格落实中央八项规定及实施细则精神，开展专题警示教育，强化执纪监督问责，形成了风清气正、心齐劲足的好局面。

全国粮食和物资储备系统庆祝改革开放 40 周年

2018 年是我国改革开放 40 周年。全国粮食和物资储备系统认真落实中共中央关于庆祝改革开放 40 周年活动的部署，以"新时代、新作为，开启粮食和物资储备改革发展新征程"为主题，以"传承、改革、创新、实践"为主线，充分展示改革开放 40 年来特别是党的十八大以来粮食和物资储备领域取得的历史性成就，充分展示粮食和物资储备系统以改革创新为核心的时代精神，为保障国家粮食和物资储备安全付出的不懈努力和辛勤汗水，进一步统一思想、凝聚共识，将改革开放进行到底。

一　举办全国粮食和物资储备系统庆祝改革开放 40 周年图片展

2018 年 10 月 16～20 日，全国粮食和物资储备系统庆祝改革开放 40 周年图片展在浙江省杭州市举办。图片展以全国粮食和物资储备系统改革发展历程为主线，分为前言、重要论述、体制改革、机构沿革、辉煌成就、结束语 6 部分，共展出 200 余张图片。其中，"辉煌成就"分宏观调控有力有效、设施建设实现飞跃、产业经济蓬勃发展、创新驱动战略稳步推进、信息化建设步伐加快、法治建设不断加强、行业党的建设和文化建设全面提升、国际交流与合作广泛深入 8 个主题，展示了 40 年来我国粮食和物资储备事业改革发展的光辉历程与巨大成就，展示了粮食和物资储备人始终如一的奉献和担当。在图片展基础上，充实有关图片，编印《全国粮食和物资储备改革开放 40 周年》图片册。

二　举办全国粮食和物资储备改革发展理论研讨会

2018 年 10 月 16 日，国家粮食和物资储备局举办庆祝改革开放 40 周年理论研讨会，回顾改革开放以来粮食和物资储备领域改革发展取得的重大成就和有益经验，深入分析新时代粮食流通和物资储备领域改革发展面临的新形势、新任务，研究探讨深化改革、实现高质量发展的思路与对策，为加快推动粮食流通改革发展、增强国家储备应对突发事件能力等提供理论支撑。与会同志认为，我国粮食物流成本高、效率低的"瓶颈"制约仍较突出，科技、人才等方面"短板"亟待补齐；国家储备体系还不够健全，政府储备物资功能定位、结构布局和体制机制有待完善；国际粮食和大宗商品市场的不确定因素增多，给国内保供稳市带来较大压力。全国粮食和物资储备系统必须抢抓机遇、应对挑战，破解难题、争取主动，保持不停步、再出发的奋斗姿态，敢于担当、善谋实干、锐意进取，推动粮食和物资储备改革发展再创佳绩。

三　认真传达贯彻庆祝改革开放 40 周年大会精神

2018 年 12 月 18 日，国家粮食和物资储备局组织全系统干部职工收看收听庆祝改革开放 40 周年大会；召开全局党员干部大会，认真传达贯彻庆祝改革开放 40 周年大会精神，认真学习习近平总书记在大会上的重要讲话，动员各司局单位和广大党员干部，迅速掀起学习贯彻大会精神热潮，统一认识、凝聚力量，解放思想、创新作为，不断把粮食和物资储备改革发展引向深入。会议要求：全局各级党组织和广大党员干部要充分认识习近平总书记重要讲话的重大意义，把学习贯彻讲话精神同深入落实习近平新时代中国特色社会主义思想和党的十九大精神结合起来，切实把思想和行动统一到讲话精神上来，把智慧和力量凝聚到落实各项改革发展任务上来。认真组织开展各种形式的学习宣传，扎实开展向"改革先锋"学习活动，推动大会精神在粮食和物资储备系统落地生根、开花结果；对标对表，认真谋划推动粮食和物资储备重大改革事项。坚持讲政治顾大局，加快形成深化改革转型发展的"四梁八柱"；坚持发展为第一要务，立足打基础利长远、补"短板"、强弱项，加快构建高效的粮食现代流通体系和统一的国家物资储备体系；坚持突出重点、攻坚克难，推动深化机构改革、"放管服"改革、粮食和物资储备立法修规等重点改革任务尽快落地见效。严格履行管党治党政治责任，着力锻造过硬作风，建设忠诚、干净、担当的高素质干部队伍，持续抓好安全稳定廉政工作，为深化改革转型发展创造有利条件。

国家粮食和物资储备局部门机构改革

自 2018 年 3 月机构改革以来，按照党中央和国务院统一部署，根据国务院口专项协调小组的安排和要求，国家粮食和物资储备局狠抓落实，蹄疾步稳、紧凑有序，高标准地做好机构改革各项工作，全面开展机构挂牌、人员转隶、职能划转、集中办公和"三定"方案起草等工作，通过"提高政治站位，把加强党的全面领导贯穿改革全程；坚定改革方向，深入推进职能转变；加强业务融合，全面履行新职能；促进交流融合；严明纪律要求，筑牢安全廉政稳定底线"等主要做法，实现了职责平稳过渡、工作无缝对接、人员妥善安置、资产有序划转，同时也确保了储备物资的安全，取得了阶段性重要成效。

一　深入学习贯彻，夯实推进改革的思想基础

国家粮食和物资储备局党组始终把习近平总书记关于深化党和国家机构改革的重要讲话和指示精神，作为指导机构改革工作的根本遵循，把关于机构改革重要会议、文件部署要求作为工作指南，认真学习领会、融会贯通。全年召开 9 次局党组会或党组（扩大）会，传达学习了习近平总书记在党的十九届三中全会、中央全面深化改革委员会第一次会议上的重要讲话，以及《中共中央关于深化党和国家机构改革的决定》《中共中央办公厅关于严明纪律切实保证党和国家机构改革顺利进行的通知》等重要会议文件精神。各级领导班子不断增强"四个意识"、坚定"四个自信"，坚决维护以习近平同志为核心的党中央权威和集中统一领导，讲政治、顾大局、守纪律、促改革、尽责任，各级党员领导干部坚决拥护改革、支持改革、参与改革，在全系统营造了良好的改革发展氛围，做到了思想不乱、队伍不散、工作不断、干劲不减。

二　精心组织实施，建立坚强有力的领导体制和工作机制

2018 年 3 月 22 日，宣布党中央关于国家粮食和物资储备局领导班子任命决定后，国家粮食和物资储备局迅速成立了以张务锋同志为组长，国家有关部门、粮食和物资储备局负责同志为副组长，有关司局负责同志为成员的国家粮食和物资储备局机构改革工作小组。工作小组下设综合协调、机构人事、财务资产、后勤保障 4 个专项组，协同开展工作。精心研究制定了机构改革组织实施工作方案，明确了改革的任务目标、工作机制、主要步骤和工作要求，规划了改革的时间表、路线图。各工作小组对照组建任务和时间节点，进一步列出清单、建立台账、明确责任，定期调度改革任务，协商解决具体问题，及时报告重大事项，有条不紊推动改革顺利实施。

三	统筹协调推进，转隶组建各项工作任务圆满完成

按照"先立后破、不立不破"的原则和先转隶、按"三定"的要求，积极加强与发改、民政、商务、能源等部门沟通协商，建立良好的工作关系，按照时间节点稳步推进，逐项抓好落实。2018年3月22日，以国家粮食和物资储备局名义运转和开展工作。4月起，开立文件户头启用新印章。4月4日，正式挂牌。4月23日，召开人员转隶大会，机构和人员全部转隶到位。严格按中央要求完成了综合部门集中办公、涉密文件清退、"三定"规定制定、事业单位划转调整等改革任务。7月30日，"三定"规定由中共中央办公厅、国务院办公厅正式印发，8月21日，中央机构编制委员会（以下简称中央编办）批复所属事业单位机构编制，12月28日批复垂直管理系统机构设置方案。严格按照中央编办关于细化落实部门"三定"规定的要求，合理设置处室，配置领导职数和编制，经报中央编办备案同意，内设司局"三定"规定正式印发。研究确定了各司局单位人员配备安排方案，9月19日，各司局人员宣布到位，按照新的组织构架开展工作。档案移交、资金资产管理处置、法律法规修订等各项工作按计划推进。

四	以机构改革为契机，完善强化物资储备管理体制机制

物资储备系统成立以来，在服务国防建设、应对突发事件、参与宏观调控、保障国家安全方面发挥了重要作用。改革完善物资储备管理体制是增强国家安全保障能力的现实需要，也是这次机构改革的重要任务。改革后，各垂管局在负责辖区内国家战略物资储备管理的基础上，增加了对粮棉油糖、能源、应急救灾物资等中央储备的监管职责。这是着眼国家粮食和战略应急物资储备安全大局，做出的重要职能调整。按照中央编办统一部署，国家粮食和物资储备局党组严格执行改革方案，落实好垂管局党组或分党组设立、更名挂牌、"三定"规定制定、班子配备和人员调整、新设垂管局组建等任务。立足新职能新要求，提高能力本领，履职尽责实干，充分发挥在地垂直监管作用。稳中求进，统筹实施、分类指导，完善强化物资储备管理体制机制。在保持思想稳定、队伍稳定、工作稳定的前提下，通过先行试点、探索完善，积累经验、创造条件，逐步实现管办分离和政事企分开，积小胜为大胜，务求改革取得预期效果。

第二篇

专文

在国家粮食和物资储备局欢迎转隶人员大会上的讲话

国家发展和改革委员会党组成员
国家粮食和物资储备局党组书记、局长　张务锋
2018 年 4 月 23 日

今天，我们召开国家粮食和物资储备局欢迎转隶人员大会。在党中央、国务院的亲切关怀和国家发展和改革委员会党组的大力支持下，随着机构改革，为了共同的事业，我们今天走到一起。这是一件很有意义、值得纪念和令人高兴的大事。首先，我代表局党组，对各位转隶人员的到来，表示热烈真诚的欢迎！

4 月 20 日，国家发展和改革委员会、国家能源局分别召开转隶人员欢送会，何立峰主任等领导同志作了重要讲话，提出了殷切期望。希望同志们用心领会，认真抓好落实。刚才，曾丽瑛副局长通报了转隶组建情况，四位同志作了发言，表态很好、决心很大，体现了高度的政治觉悟、良好的精神风貌和团结实干的热情、再创佳绩的劲头。下面，我代表局党组谈几点希望，与同志们共勉。

第一，提高政治站位，坚决服从大局。深化党和国家机构改革，是以习近平同志为核心的党中央着眼党和国家事业发展全局做出的重大决策部署，是推进国家治理体系和治理能力现代化的一场深刻变革。在这次改革中，组建国家粮食和物资储备局，充分体现了党中央、国务院对国家粮食安全和战略应急物资储备安全的高度重视。对于加强国家储备的统筹规划，构建统一的国家物资储备体系，强化中央储备粮棉的监督管理，提升国家储备应对突发事件的能力，意义重大而深远。全局广大干部职工要增强"四个意识"、坚定"四个自信"、做到"两个维护"，切实把思想和行动高度统一到习近平新时代中国特色社会主义思想和党的十九大精神上来，统一到党中央、国务院关于深化机构改革的重大决策部署上来，坚决拥护改革、全力支持改革、积极参与改革，当好改革的促进派和实干家，不折不扣地完成机构改革各项任务。国家粮食和物资储备局由国家发展和改革委员会管理。我们要自觉服从委党组的领导，在规划引领、宏观调控、重大政策等方面，积极落实好委党组的部署要求，切实把粮食和物资储备工作融入到国家发展改革大局当中。

第二，牢记职责使命，强化责任担当。多年来，同志们在各自工作岗位上忠诚履职尽责。有的几十年如一日、默默奉献了宝贵的青春年华；有的常年加班加点、承担了十分繁重的工作任务；有的重任在肩、殚精竭虑、坚守着安全底线。大家都满腔热情、尽心竭力，任劳任怨、兢兢业业，做了大量富有成效的工作，为保障国家粮食安全和战略应急物资储备安全做出了突出贡献，也为我们今后各项工作奠定了良好基础。按照改革方案要求，国家粮食和物资储备局负责组织实施国家战略和应急储备物资的收储、轮换、管理，储备基础设施的建设与管理，强化储备及政策落实的监督检查，负责粮食流通行业管理和中央储备粮棉行政管理等。随着职能整合优化，我们身上的担子更重了，责任更大了。希望同志们传承光荣传统，抓住改革机遇，主动担当作为，在新的岗位上展示新气象、做出新业绩。司局级领导干部要当好"关键少数"，发挥好表率作用，带动引领全局广大干部职工做到"讲政治、顾大局，抓重点、出亮点，争主动、真落实，高标准、严要求，多添彩、不添乱"。

第三，加快全面融合，凝聚工作合力。组建国家粮食和物资储备局，涉及多个部门和多项职责，不是简单的业务合并，而是对职能、机构、人员的深度融合优化。我们大家从粮食、物资储备、能源等不同部门和方面走到一起，共同承担新的使命任务。这既是改革发展大局的需要，也是难得的机遇缘分。工作在一起，就是一个"大家庭"。要加强思想互动、情感互通、工作互助，同向同行成"一家人"、同气同声说"一家话"、同心同德干"一家事"。要加强衔接、紧密配合，做好安全、稳定、廉政等各项工作，确保不出现责任缺位、工作断档，做到职责平稳过渡、工作无缝对接。要按照"优化、协同、高效"的要求，完善工作流程，加强团结协作，使各项工作高效运转起来，做到合编、合心、合力，真正实现从"物理组合"向"化学反应"的转变提升。

第四，深化学习调研，提高能力本领。习近平总书记要求，各级领导干部既要政治过硬，又要本领高强，做到想干事、真干事、会干事、干成事。经过多年培养历练，我们的干部队伍中，一大批优秀人才成长起来，成为事业发展的最宝贵资源，今后要继续培养好、使用好。面对新的形势和任务，希望大家按照增强"八种本领"的要求，自觉加强学习、注重实践，提高政治素养、专业水平和创新能力、开拓精神。要深入学习贯彻习近平新时代中国特色社会主义思想，深入学习贯彻党的十九大和十九届一中、二中、三中全会精神，坚持干一行、爱一行、学一行，争当粮食和物资储备工作的行家里手。要认真学习党章党规，加强党性修养，践行"三严三实"，严守纪律规矩，知敬畏、存戒惧、守底线，增强拒腐防变能力，做忠诚、干净、担当的好干部。

同志们，站在新起点，迈上新征程，任务艰巨、责任重大。希望大家深入贯彻党中央、国务院决策部署，认真落实国家发展和改革委员会党组各项要求，不忘初心、牢记使命，求真务实、埋头苦干，以一往无前的奋斗姿态，在新的岗位上再立新功！

在庆祝改革开放 40 周年粮食和物资储备改革发展理论研讨会上的讲话

国家发展和改革委员会党组成员
国家粮食和物资储备局党组书记、局长 张务锋
2018 年 10 月 16 日

今年是改革开放 40 周年，也是认真贯彻党的十九大精神、全面实施乡村振兴战略的开局之年。9 月 21 日，习近平总书记主持中央政治局第八次集体学习，就实施乡村振兴战略进行了认真研究部署；随后又到东北三省考察，特别强调"中国粮食、中国饭碗"。我们召开这次理论研讨会，就是要深入贯彻落实习近平新时代中国特色社会主义思想和党的十九大精神，认真回顾总结改革开放 40 年来粮食和物资储备工作的光辉历程与宝贵经验，立足新时代新职能，研究新思路新举措，进一步凝聚共识行动，不断开创深化改革、转型发展的新局面。

刚才，浙江省副省长彭佳学同志发表了热情洋溢的致辞；我们向庆祝改革开放 40 周年粮食和物资储备改革发展征文获奖作者和先进组织单位颁发了奖项；南京财经大学粮食经济研究院院长曹宝明教授和 8 名获奖征文作者代表作了精彩发言。大家畅谈了许多真知灼见，提出了一些具有前瞻性和针对性的建议。听后，很有启发、很受鼓舞。今天上午，国家粮食和物资储备局会同有关部门举行了 2018 年世界粮食日和粮食安全系列宣传活动，举办了改革开放 40 周年图片展；下午，国家粮食和物资储备局又与浙江省人民政府签署了保障国家粮食安全推动粮食产业高质量发展战略合作协议。这组活动，旨在营造氛围、深化合作、积极作为，共同推动粮食和物资储备改革发展。下面，根据国家粮食和物资储备局党组研究的意见，我谈三个方面的看法，同大家一起交流。

一　充分认识辉煌成就，坚定改革发展的信心决心

大家知道，以党的十一届三中全会为标志，我们党开启了改革开放历史新时期，极大激发了广大人民群众的创造性，极大解放和发展了社会生产力，极大增强了社会发展活力，取得了举世瞩目的伟大成就。

40 年来，在党中央、国务院的正确领导下，粮食和物资储备改革发展走过了极不平凡的历程。总的来看，粮食流通体制改革经历了六个阶段：从 1978 年至 1984 年在统购统销制度下稳步放活粮食经营，1985 年至 1992 年取消粮食统购、实行合同定购，到 1993 年至 1997 年放开粮食价格和经营、实行"两条线"运行，1998 年至 2003 年放开销区、保护产区、推进粮食购销市场化改革，2004 年至 2012 年全面放开粮食收购市场、实行粮食支持保护政策，再到 2013 年以来实施粮食收储制度改革、推动粮食产业高质量发展。实践一路探索，改革不断深入。实现了我国粮食购销从高度集中的计划经济到社会主义市场经济，粮食供求从长期短缺到总量平衡，粮食领域对外交流合作规模从小到大、层次由浅入深的深刻转变，在服务改革开放和社会主义现代化建设大局中发挥了重要作用。特别是

党的十八大以来，以习近平同志为核心的党中央着眼实现中华民族伟大复兴的战略全局，提出了"以我为主、立足国内、确保产能、适度进口、科技支撑"的国家粮食安全战略，深入实施农业供给侧结构性改革，逐步完善粮食收储制度和价格形成机制，全面加强粮食生产、流通、储备能力建设，保持了粮食产能稳定、库存充裕、供给充足、市场平稳的良好态势。

40年来，我国成功解决十多亿人口的吃饭问题，确保了国家粮食安全。粮食产能跨上新台阶。1978年我国粮食总产量只有6000多亿斤，1996年首次突破1万亿斤，2012年以来稳定在1.2万亿斤以上；2017年人均粮食占有量达到952斤，比1978年增加314斤，超过世界平均水平。仓储条件显著改善。全国粮食企业完好仓房仓容已达1.2万亿斤，仓储设施现代化水平处于世界前列，库存粮情保持总体稳定。粮食产品日益丰富。品种结构调整优化，优质粮油产品不断增加，城乡居民粮食消费水平大幅度提高。过去长期困扰中国人民的温饱问题得到解决，实现了由"吃不饱"向"吃得饱"进而追求"吃得好"的历史性转变。

40年来，粮食和物资储备体系更加健全，为经济行稳致远创造了有利条件。改革开放以来，我国国民经济大踏步前进，国内生产总值增长了30多倍，跃升为全球第二大经济体。"粮食安天下安，粮价稳百价稳"。我国粮食库存总量处于历史高位，政府粮食储备制度建立完善，粮食市场宏观调控能力逐步增强，总体上保持了平稳运行，对稳定物价总水平和促进经济持续健康发展起到了重要的基础性作用。粮食产业发展壮大，纳入粮食产业经济统计的企业达到2.2万户，年实现工业总产值2.9万亿元，有9个省份过千亿元。兴粮惠农政策效果明显，近十年来年均收购粮食7000多亿斤，通过实施价格托底、优质优价、产后减损等措施，促进了农业增效和农民增收，有力助推了农村发展和脱贫攻坚。不断健全国家战略物资储备体系，关系国计民生的物资储备规模不断扩大，品种结构更趋优化，维护国家安全的物质基础更加坚实，达到了平抑市场波动、稳定社会预期和支持产业发展的良好效果。

40年来，以稳应变、高效应急，为社会和谐稳定保驾护航。我国是一个幅员辽阔、灾害频发的大国，外部发展环境错综复杂，风险挑战多，应急任务重。面对各类突发事件，积极组织应急救灾物资，保障市场供应，做到了关键时刻靠得住、顶得上，让党中央放心、让人民群众满意。随着全球金融危机的爆发，国际大宗商品供求形势一度剧烈变化。在2007年至2008年的世界粮食危机中，国际市场粮价出现"过山车"式波动，波幅超过40%，数十个国家出现粮荒甚至引发社会动荡，而我国粮食市场运行保持平稳。2008年，大规模收储有色金属、天然橡胶等战略物资，有效提振了市场信心。同时，主动适应军队改革和建设需要，积极开展军粮供应服务，全力做好演习阅兵、抢险救灾、远航补给和"高岛边特"等军粮保障，做到了部队开赴到哪里、军粮保障就跟进到哪里。

40年来，国际粮食合作不断扩大，为世界粮食安全做出积极贡献。面对国际社会"谁来养活中国人"的质疑，1996年我国政府发布《中国的粮食问题》白皮书，做出了中国能够依靠自身力量解决粮食问题的庄严承诺。事实说明，我国经过不懈努力，用占全球不到10%的耕地、6.5%的淡水资源生产的粮食，养活了20%的人口。这是中国改革开放取得的一个巨大成就，对世界也是一个重大贡献。我国还先后实施援助项目150个，向38个国家和4个国际组织提供紧急粮食援助，成为维护世界粮食安全的积极力量。改革开放40年特别是加入世贸组织以来，我国国际粮食贸易规模持续增加，外资企业积极参与我国粮食产业发展，国内粮食企业"走出去"迈出坚实步伐，有力促进了世界粮食贸易发展和全球粮食安全。

总之，改革开放以来的40年，是粮食安全和战略应急物资储备安全保障体系日益健全、保障能力显著增强的40年，是粮食行业持续转型发展、物资储备功能日臻完善、全力服务改革发展稳定大局的40年，是亿万种粮农民得实惠、居民粮油消费水平大提升的40年。粮食和物资储备改革发展的辉煌成就，生动体现了改革开放是决定当代中国命运的关键一招，充分证明了中国完全有能力解决自己的吃饭问题，集中彰显了国家粮食安全战略的科学性和实效性。我们要增强"四个意识"、坚定"四个自信"、做到"两个维护"，深入落实党中央、国务院决策部署，不断将深化改革、转型发展引向深入。

二　认真总结历史经验，在改革发展实践中自觉坚持弘扬

40年的实践波澜壮阔，40年的成就来之不易，40年的经验弥足珍贵。刚才，几位同志从不同角度介绍了经验和启示。这些源于探索、来自实践的观点，生动鲜活，质朴深刻。总体来看，应在六个方面凝聚共识：

第一，坚持党的领导，始终把解决好吃饭问题作为治国理政的头等大事。党中央历来高度重视粮食工作，在不同历史时期推出了许多重大改革举措。特别是党的十八大以来，以习近平同志为核心的党中央审时度势、科学决策，推动了粮食安全理论创新、制度创新和实践创新。习近平总书记深刻指出"悠悠万事，吃饭为大""只要粮食不出大问题，中国的事就稳得住""粮食问题不能只从经济上看，必须从政治上看，保障国家粮食安全是实现经济发展、社会稳定、国家安全的重要基础"，阐明了粮食安全在党和国家事业全局中的地位作用；在粮食连年丰收的情况下，做出了"紧平衡很可能是我国粮食安全的长期态势"等重要论断；强调"保障国家粮食安全是一个永恒的课题""在吃饭问题上不能得健忘症，不能好了伤疤忘了疼"；提出"坚持数量质量并重""中央和地方要共同负责""调动和保护好'两个积极性'"等明确要求。这些重要论述，为保障国家粮食安全指明了正确方向、提供了根本遵循。各级各有关部门贯彻坚决，落实有力，成果丰硕。实践证明，坚持和加强党的全面领导，牢牢把握保障国家粮食安全的正确方向，是办好头等大事、解决吃饭问题的根本保证。

第二，坚持立足国情，走出一条符合中国实际的粮食安全之路。习近平总书记明确指出："十几亿人口要吃饭，这是我国最大的国情。"为此，坚持"以我为主、立足国内"这个基点，把饭碗牢牢端在自己手中，而且里面主要装中国粮；守住"确保谷物基本自给、口粮绝对安全"这个底线，明确排出优先序，合理配置有限资源，集中力量先保基本、保口粮；强化"藏粮于地、藏粮于技"这个支撑，通过守住耕地红线来稳定产能，依靠科技进步来提升产量；抓住"广积粮、积好粮、好积粮"这个关键，保持适量的政府储备规模，做到"手中有粮、心中不慌"，为国家长治久安奠定重要物质基础。实践证明，改革开放特别是党的十八大以来，党中央、国务院确立的粮食安全大政方针，符合世情国情粮情实际，符合社会主义建设规律，符合国家长远发展利益，必须毫不动摇、一以贯之。

第三，坚持统筹兼顾，准确把握事关粮食安全的重大关系。粮食问题关系国计民生，涉及一些需要持续关注、深入探讨的重大关系。实践告诉我们，什么时候这些关系处理得好，粮食形势就稳定；什么时候出现了偏差，就会面临被动。总的来看，主要有六个方面：一是"多"和"少"的关系。粮食多了是库存压力，少了是整个大局的压力，这是两种不同性质的问题。在粮食问题上，要从战略上看得深一点、远一点；不能算小账，要算好大账；不能只算经济账，更要算好政治账和社会稳定账。

二是"质"和"量"的关系。过去粮食长期短缺，抓粮食安全主要是盯着产量，着重解决"吃得饱"问题。随着社会主要矛盾变化，粮油消费需求不断升级。要坚持以市场需求为导向，努力增加绿色优质粮油产品供给，提高粮食质量安全水平。三是生产和流通的关系。维护国家粮食安全，既需要规模数量，也需要合理布局；既需要足够的粮食产量和库存，也需要相应的加工流通和产业链掌控能力。要强化流通对生产的激励引导，延长粮食产业链条，接一连三、协同联动。四是当前和长远的关系。在解决当前结构性矛盾的同时，应当着眼长远、居安思危，抓重点、补"短板"、强弱项，保持粮食安全形势稳中向好。五是国内和国外的关系。粮食安全是买不来的。要坚持立足国内解决吃饭问题，同时积极开展粮食安全国际合作，切实用好"两个市场、两种资源"。六是政府和市场的关系。坚持市场化改革方向，使市场在资源配置中起决定性作用，更好发挥政府作用，实现"有形之手"和"无形之手"的有效衔接。

第四，坚持创新驱动，培育粮食和物资储备改革发展新动能。深化粮食和物资储备改革，没有现成的模式可供借鉴，没有先例可以遵循。我们立足实际，与时俱进，用创新思维推动创新发展。大力推进制度创新。1985年取消粮食统购制度，1990年建立国家专项粮食储备制度，1993年使用了几十年的粮票退出历史舞台，2004年全面放开粮食收购市场，2014年建立粮食安全省长责任制，破立并举、激发活力、强基固本。不断推动实践创新。积极实施"粮安工程"和"优质粮食工程"，大力发展粮食产业经济，为粮食安全拓展了内涵外延，提供了载体抓手。加快推进科技创新。组织研发和推广绿色智能仓储、粮油精深加工和适度加工、粮食质量监测等先进技术，产生了良好的经济和社会效益。在探索实践中，有许多生动的事例。比如，近年来，各类粮油交易市场业态不断升级，国家和各地粮食电子交易平台逐步建立，全国性和区域性粮食交易大会成功举办，粮食市场体系更加健全完善。比如，"粮安工程"建设以来，新建和维修改造仓容4100多亿斤，建立国家粮食质量监测机构365家，建成一批粮食管理平台和智能粮库，提高了粮食流通现代化水平。再比如，去年启动的"优质粮食工程"，中央财政将累计投入近200亿元，可带动配套投资500多亿元。随着该工程的全面实施，一批兴粮惠农项目运营见效，一批先进典型发挥示范作用，一批粮油品牌享誉市场。实践证明，唯改革者进，唯创新者强，唯改革创新者胜。要始终保持开拓进取的锐气、攻坚克难的勇气，解放思想、积极探索，不断为粮食和物资储备改革发展增添新动力。

第五，坚持底线思维，居安思危、有备无患，牢牢把握确保安全和防范风险的主动权。习近平总书记多次强调："要善于运用底线思维，凡事从坏处准备，努力争取最好的结果。"改革开放以来，适应国内外形势变化，国家物资储备职能定位进一步完善，从中华人民共和国成立初期"防备战争、防备灾荒、防备国民经济重大比例失调"逐步调整为"服务国防建设、应对突发事件、参与宏观调控、维护国家安全"，全力当好经济社会发展的"压舱石"和"稳定器"。我们加强粮食宏观调控和购销服务，防止发生农民"卖粮难"，避免供应脱销断档，坚决守好"种粮卖得出、吃粮买得到"的底线；严格政府储备管理，确保数量真实、质量良好，做到管得好、调得动、用得上；突出抓好储粮安全、生产安全，化解矛盾问题，强化纪律约束，切实守住安全稳定廉政"三条底线"。比如，1993年底至1994年，面对国内粮价快速上涨，国家及时动用储备粮，有效地维护了市场稳定。2008年，面对南方雨雪冰冻灾害、汶川地震等重大突发事件，及时保障灾区群众和部队口粮供应，应急出库成品油等国家储备物资，在救灾保供中发挥了重要作用。实践证明，只有增强忧患意识，从最坏处着眼，做最充分准备，朝最好方向努力，才能下好先手棋、打好主动仗，切实保障国家粮食安全和战略应急物资储备安全。

第六，坚持以人民为中心的发展理念，在改革创新中增加广大人民群众获得感。习近平总书记指出："人民对美好生活的向往就是我们的奋斗目标。"粮食流通一头连着生产、一头连着消费，与人民群众的福祉息息相关。坚持"为耕者谋利"。严格落实收购政策，不断优化粮食产后服务，建立健全利益联结机制，多渠道多方式让种粮农民分享改革红利。坚持"为食者造福"。完善城乡配送供应网络，推广新业态新模式，加强粮食质量监管，为消费者提供优质粮油产品和服务。坚持"为业者护航"。深入推进"放管服"改革，持续改善粮食行业营商环境，积极帮助企业增品种、提品质、创品牌，大力支持实体经济发展，扎实促进粮食产业转型升级。实践证明，粮食流通改革发展的过程，就是认真践行群众路线、主动顺应群众愿望的过程，就是落实兴粮之策、惠农之道、利民之举的过程，就是不断增强人民群众获得感、幸福感和满意度的过程。

这些宝贵经验，来自40年来的艰辛探索，根植于改革发展的生动实践，凝结着一代代粮食和物资储备人的智慧和心血。我们要倍加珍惜、长期坚持和弘扬光大。

三　担当新时代新使命，加快深化改革转型发展

习近平总书记强调"要以庆祝改革开放40周年为契机，逢山开路，遇水架桥，将改革进行到底"。当前，粮食和物资储备改革发展的机遇和挑战并存，机遇大于挑战。大家知道，习近平总书记反复强调"把中国人的饭碗牢牢端在自己手中"，向全党全社会传递了保障国家粮食安全须臾不可放松的重要信号，为深化改革、转型发展指明了前进的方向；"一带一路"建设和乡村振兴、健康中国等重大战略的实施，为粮食和物资储备改革发展拓展了广阔空间；粮食市场供应充足，储备物资门类齐全，为粮食和物资储备改革发展提供了有利条件；国家粮食和物资储备局的组建和地方机构改革陆续到位，为创新体制机制、整合各方资源，协调推进粮食和物资储备改革发展营造了难得契机；通过历次集中教育和"深化改革、转型发展"大讨论，持续转变作风，凝聚改革共识，全系统想改革、议改革、促改革的氛围更加浓厚。同时，我们也要看到，粮食供需平衡需要向更高水平跃升，粮食物流成本高、效率低的瓶颈制约仍较突出，科技、人才等方面"短板"亟待补齐；国家储备体系还不够健全，政府储备物资功能定位、结构布局和体制机制有待完善；国际粮食和大宗商品市场的不确定因素增多，给国内保供稳市带来较大压力。抢抓机遇、应对挑战，破解难题、争取主动，根本动力在改革，根本出路也在改革。我们要保持不停步、再出发的奋斗姿态，敢于担当、善谋实干、锐意进取，推动粮食和物资储备改革发展再创佳绩。

（一）提高站位，进一步增强使命担当

要以习近平新时代中国特色社会主义思想为指导，把思想和行动高度统一到党中央决策部署上来，从服务党和国家工作大局出发推动改革发展。加强党对粮食和物资储备工作的全面领导，认真贯彻新发展理念，坚持稳中求进工作总基调，以供给侧结构性改革为主线，以高质量发展为目标，向深化改革要动力，向转型发展要活力，努力构建更高质量、更有效率、更可持续的国家粮食安全和战略应急物资储备安全保障体系。

一是聚焦维护国家安全大局。党的十九大报告将总体国家安全观列为基本方略之一，强调统筹发展和安全，是我们党治国理政的一个重要原则。当今世界面临百年未有之大变局，中华民族伟大

复兴处在关键阶段。确保国家粮食安全和战略应急物资储备安全，显得尤为重要。我们要自觉用总体国家安全观引领粮食和物资储备改革发展，把维护国家安全作为工作的出发点和落脚点，以对党忠诚、为党分忧、为党尽责、为民造福的政治担当，抓改革、促发展、保安全、守底线。要因势而谋、顺势而为，围绕"为国管粮、为国管储"，抓好一批事关国家安全的重大事项。

二是聚焦端牢中国人的饭碗。"人无远虑，必有近忧"。历史经验一再表明，在粮食问题上大落容易，恢复很难，一旦出了问题，多少年都会被动。我们这方面有着深刻的教训。像1998年粮食产量达到1万亿斤，创历史新高。此后连续几年减产，2003年下降到20世纪90年代的最低水平，人均粮食占有量减退到80年代初的水平。经过多年积极努力，到2007年总产量才恢复到10年前的水平。今后，随着人口增加、城镇化推进、人民生活水平提高，粮食需求还将刚性增长，粮食供求紧平衡则是长期态势。要充分认识粮食安全问题的复杂性、艰巨性和长期性，任何时候都不能轻言粮食过关了。要始终绷紧粮食安全这根弦，深入实施国家粮食安全战略，坚决守住管好"天下粮仓"。

三是聚焦服务乡村振兴战略。习近平总书记指出，乡村振兴战略是关系全面建设社会主义现代化国家的全局性、历史性任务，是新时代"三农"工作总抓手。《乡村振兴战略规划（2018—2022年）》提出"建立全方位的粮食安全保障机制"，并对强化储备粮监督管理、落实粮食安全省长责任制、完善粮食现代物流体系、深化收储制度改革和国有粮食企业改革等作出全面部署。要立足粮食流通连接乡村和城镇的优势，积极服务农民合作社和家庭农场等农业经营主体，促进农村一二三产业融合发展，加快小农户有效对接大市场，助力脱贫攻坚，推动农业全面升级、农村全面进步、农民全面发展。

四是聚焦推动高质量发展。习近平总书记强调："推动高质量发展是当前和今后一个时期确定发展思路、制定经济政策、实施宏观调控的根本要求"。随着我国社会主要矛盾的变化，粮食供求已由数量不足转变为结构性矛盾。要坚持质量第一、效益优先，把高质量发展要求贯彻到粮食和物资储备改革发展的各领域各环节。要优化粮食供给结构，提高粮食供给质量，满足广大人民群众"吃得好"和"吃得健康""吃得安全""吃得便利"的需求；要提高产业发展质量，合理配置资源，增强核心竞争力，加快建设粮食产业强国；要提高行业管理效能，做到规范管理、科学储备、高效运行、顺畅流通。

（二）精准施策，加快重点领域突破

适应新形势新要求，国家粮食和物资储备局党组此前研究制定了《关于全国粮食和物资储备系统深化改革转型发展的决定》和《关于全国粮食和物资储备系统加强安全稳定廉政工作的决定》，近期又印发了《关于进一步激励广大干部新时代新担当新作为的意见》。"两决定一意见"明确了促改革的重点、守底线的要求，强化了干事创业、担当作为的导向，是当前和今后一个时期全系统改革发展的重要遵循，要全力抓好贯彻落实。

一是着力构建统一的国家储备体系。国家粮食和物资储备局党组关于深化改革转型发展的决定明确提出，力争用5年左右的时间，形成职责清晰、运行规范、监管有效、保障有力的统一的国家储备体系。要深入调研论证，认真制定路线图和时间表，把打基础、利长远的关键举措往前排，推出一批立得住、叫得响、真管用的硬招实招，做到蹄疾步稳、早见成效。要抓住制度建设这个根本，改革完善粮食储备管理体制机制；按照政企、政事、事企分开和管办分离的要求，积极推进物资储备系统改革，进一步激发内生动力。要立足当前、着眼长远，统筹完善国家储备规划，创新运行管理方式，健全收储轮换机制，提高政府储备效率效能。

二是着力提高粮食安全保障水平。粮食宏观调控要更加精准。从注重总量向数质并重转变，从侧重收储环节向兼顾"产购储加销"各环节转变，从指令型调控向综合型调控转变，增强调控的前瞻性和有效性。对于生产环节和流通环节、产区和销区、原粮和成品粮，要统筹兼顾、准确研判，采取更具针对性的措施。粮食收储制度改革要持续发力。进一步完善价格形成机制，培育多元市场主体，尽快消化政策性粮食不合理库存。粮食产业发展要迈向中高端水平。坚持以确保国家粮食安全为中心，加快推动高质量发展、加快构建现代化粮食产业体系，突出抓好产业链、价值链、供应链"三链协同"，重点建设示范市县、特色园区、骨干企业、优质粮食工程"四大载体"，深入实施优粮优产、优粮优购、优粮优储、优粮优加、优粮优销"五优联动"，促进粮食供需平衡向更高层次和更高质量跃升，加快我国从粮食生产大国向粮食产业强国迈进。要深入实施"科技兴粮"和"人才兴粮"，营造创新创优、人才辈出的浓厚氛围。粮食安全省长责任制考核要突出重点。进一步优化指标设置，实行年度考核与日常考核相结合，强化问题整改和结果运用，让考核"指挥棒"更加科学有效。

三是着力增强国家储备应对突发事件能力。这是保障国家粮食安全和战略应急物资储备安全的关键一环，也是我们工作相对薄弱的环节。过去，我们只负责粮食流通管理，主要是抓收购、管库存、兴产业、强监管、保供应、稳市场，参与应对突发事件主要是粮油保供稳市。现在，负责的领域更宽了，储备种类更多了，涉及部门更广了。如何更好地应对突发事件，是对粮食和物资储备部门的现实考验。要加快建设国家粮食和物资储备应急指挥调度平台，强化市场形势监测研判，修订完善各类突发事件应急预案，加强技术规范培训和应急实战演练，做到关键时刻能打硬仗、能打胜仗。

四是着力加强国家储备和粮食物流基础设施建设。保障储备安全，必须加强基础设施建设。2015 年 5 月，习近平总书记在浙江舟山国家战略石油储备基地考察调研时强调："石油战略储备对国家意义重大。舟山储备基地已经建成，前景很好。要发挥优势，继续开发建设，为国家石油储备打好基础。"我们要认真领会落实，从国家安全、经济发展、应急保障等需要出发，科学编制建设规划，完善现代储备基础设施体系。要加快推进国家石油储备基地、国家成品油储备能力建设工程和国家储备仓库设施改造项目，更好发挥重大工程的支撑作用。要积极支持粮食现代物流园区建设，合理布局物流节点，畅通粮食物流通道，形成高效、低成本的粮食物流网络。要大力实施"智慧粮食"和"智能储备"，运用云计算、大数据、物联网等技术，提高储备管理信息化、智能化水平。

五是着力扩大粮食对外合作。按照适度进口的要求，积极发展粮食国际贸易，促进我国粮食进口来源、渠道和结构的多元化。加快培育国际大粮商，积极参与国际粮食产业分工，开展多种形式的跨国经营。支持有实力的粮食企业"走出去"，以"一带一路"沿线国家和地区为重点，建立境外粮油生产基地和加工、仓储、物流设施，实现优势互补、合作共赢。比如，我国大豆对外依存度高，去年进口 9553 万吨，占全球贸易量的 60%，是最大的大豆进口国。要在大力发展国产大豆的同时，拓宽进口渠道，进一步加强与南美、中亚、俄罗斯等地区和国家的合作，尽快形成多元化进口格局。

（三）创新方法，确保改革发展成效

坚持正确的方法论，拓宽思路、丰富载体，确保改革发展举措落细、落小、落实。

一要更加注重直面问题、攻坚克难。习近平总书记指出："改革是由问题倒逼而产生的，又在不断解决问题中而深化。"可以说，40 年粮食和物资储备改革发展的过程就是不断发现问题、分析问题、解决问题的过程。今后的改革，同样需要坚持问题导向。要把改革重点放到解决实际问题上来，抓住主要矛盾，牵好"牛鼻子"，切实突破关键环节。要摸透实情、找准"症结"、善谋良策、创新举措，确保重点改革事项落到实处。越是改革任务艰巨，越要"咬定青山不放松"，以踏石留印、抓铁有痕的劲头一抓到底、善作善成。

二要更加注重法治思维、依法监管。在改革发展中，法治具有引领和推动作用。要做到有法可依、有法必依、执法必严、违法必究。今年中央一号文件明确提出的"推进粮食安全保障立法"，现已列入十三届全国人大常委会立法规划一类项目。从贯彻总体国家安全观的高度，立好保障国家粮食安全的第一部专门法律，把改革成果上升为法律，意义十分重大。要集思广益、积极协调，从速推动立法进程。粮食流通管理条例的修订，以及粮食储备、物资储备、能源储备等方面法规建设的研究论证，也要加快进度。在地方立法方面，各地进行了许多有益的实践。广东、贵州等省已出台了《粮食安全保障条例》，浙江省人大常委会已对条例草案进行了初次审议。这都为各地提供了示范借鉴。

三要更加注重优化协同、融合发展。要厘清改革事项之间的逻辑关系，搞好改革举措的集成，善于打好"组合拳"。像粮食储备管理改革、物资储备管理改革、石油储备管理改革和属地垂管体制机制改革等，都要通盘考虑，找准结合点、探索新路径。要加大粮食、棉花、食糖储备和战略物资储备等领域的统筹力度，在政策、项目、资金、基础设施、人员力量等方面，力求做到优化协同高效。加强与有关部门和地方政府的会商协调，推动实现中央储备与地方储备、政府储备与企业储备、实物储备与能力储备的有效联动。

四要更加注重基层实践、典型示范。40年前小岗村大包干拉开了中国农村改革大幕。由此也启示我们，改革要尊重基层首创，强化典型引领。粮食和物资储备领域的改革举措陆续出台，落实的任务很重。要把抓重点、出亮点、树典型、创经验作为重要方法，鼓励各地立足实际大胆探索、率先突破，总结推广一批可借鉴、可复制、可推广的先进经验。

（四）砥砺奋进，当好改革的实干家促进派

要坚持把党的政治建设放在首位。严明政治纪律和政治规矩，进一步增强政治意识、大局意识、核心意识、看齐意识，坚定道路自信、理论自信、制度自信、文化自信，坚决维护习近平总书记党中央的核心、全党的核心地位，坚决维护以习近平同志为核心的党中央权威和集中统一领导。要激励广大干部职工按照国家粮食和物资储备局党组关于"讲政治、顾大局，抓重点、出亮点，争主动、真落实，高标准、严要求，多添彩、不添乱"的总体要求，勇挑重担、迎难而上，敢啃"硬骨头"，争当"急先锋"。要大兴调研之风。我们要到基层一线"解剖麻雀"，研究对策，做到心中有数、手中有法。要坚决反对官僚主义和形式主义。说实话、谋实事、出实招、求实效，以良好精神状态和求真务实作风抓改革、促转型。要加强宣传引导，准确解读政策，及时回应关切。要牢固树立安全发展理念。坚持"安全第一、预防为主、综合治理"的方针，做好各项安全工作。要认真履行管党治党政治责任。以永远在路上的韧劲和执着，推动党风廉政建设向纵深发展，建设一支忠诚坚定、担当尽责、遵纪守法、清正廉洁的干部队伍。

同志们，改革无止境，发展无穷期。站在新时代新起点，改革发展的任务艰巨、使命光荣。让我们更加紧密地团结在以习近平同志为核心的党中央周围，不忘初心、牢记使命，奋发有为、真抓实干，不断开创粮食和物资储备改革发展新局面，为决胜全面建成小康社会、建设社会主义现代化强国做出新的更大贡献！

在国家粮食和物资储备局"严肃组织生活"专题推进会上的专题党课

国家粮食和物资储备局党组成员、副局长　曾丽瑛
2018 年 7 月 27 日

同志们：

这次严肃组织生活专题推进会会风务实，既传达学习了中央关于党的组织建设的新部署新要求，又研究提出了解决我局党的组织建设突出问题的措施办法，会议开得很及时、很必要，对进一步贯彻落实习近平新时代中国特色社会主义思想和党的十九大精神、提高我局机关党的建设质量、推动全面从严治党向纵深发展有很大帮助。经过认真考虑，我想利用这个机会，给大家讲一次党课。一是领导干部讲党课是《新形势下党内政治生活的若干准则》的明确要求，我作为国家粮食和物资储备局组建后分管机关党委的局党组成员和临时机关党委书记，有必要起到示范作用，带头落实好这项要求。二是党的十九大后，中央对加强党的组织建设提出了新要求，有必要和大家特别是各单位的负责同志、具体承担组织工作任务的同志，进行一次深入交流，切实提高工作专业化水平。三是从近期对巡视反馈问题整改落实情况的检查抽查结果看，我局在落实"三会一课"等组织生活制度方面，还不同程度存在问题整改不到位、与新形势新要求不相适应等问题，有必要进行再强调、再加压、再落实。下面，我结合平时学习和我局实际，围绕进一步严肃党的组织生活主题，讲三方面意见，和大家交流共勉。

一　深刻认识严肃党的组织生活的重要意义

（一）严肃党的组织生活是贯彻执行党章、切实增强党的意识的重要抓手

党的组织建设是党的自身建设的重要方面，是党员接受党性锻炼、增强党章意识的基础性工作。党章共有五章内容和党的组织建设有关，其中第二章全面阐述党的各项组织制度，主要包括严格落实民主集中制原则、选举产生党的各级代表大会代表和委员会、落实巡视全覆盖要求和不折不扣贯彻执行党中央决策部署等内容；第三章至第五章分别阐述党的中央组织、地方组织和基层党组织的职权、职责、任务和产生办法，第九章阐述党组设置和主要职责等。这些内容在党章中的位置和篇幅，一定程度上体现了党的组织建设在党的建设中的重要地位和作用。机关党委和各司局单位党组组织都属于基层党组织，是党在基层组织中的战斗堡垒，是党的全部工作和战斗力的基础。党章明确规定了基层党组织的 8 项基本任务，加强组织建设，首先要逐条逐项严格落实好这些基本任务，组织党员干部以实际行动学好用好党章，切实增强党的意识、党章意识。

（二）严肃党的组织生活是强化党的政治建设、发挥基层党组织政治核心作用的重要基础

旗帜鲜明讲政治是马克思主义政党的本质要求。党的十九大把政治建设纳入党的建设总体布局，强调把政治建设摆在首位，发挥统领作用，全面推动党的各项建设。保证全党服从中央，坚持党中

央权威和集中统一领导，是党的政治建设的首要任务。党的基层组织是党的路线方针政策和决策部署贯彻落实的基础和"神经末梢"。"四个意识""四个自信""两个维护"能不能真正落到实处，很大程度上取决于党的基层组织是不是坚强有力，是不是具有强大的组织力、凝聚力和号召力，是不是很好地体现了政治核心和战斗堡垒作用。6月底，中央政治局就加强党的政治建设举行第六次集体学习，习近平总书记作重要讲话。近期，总书记对加强中央和国家机关党的政治建设作出重要批示，强调中央和国家机关首先是政治机关，要求做到"一个带头"，当好"三个表率"，争做"模范机关"。随后，中央和国家机关工委召开专题推进会，对落实习近平总书记重要讲话和指示，加强党的政治建设提出具体明确要求。我局党组结合粮食和物资储备工作实际，研究提出了贯彻落实意见，临时机关党委根据党组部署，印发了通知，提出了五条具体要求和工作任务，大家要结合实际，认真抓好贯彻落实。

（三）严肃党的组织生活是贯彻新时代党的组织路线、全面提高党的建设质量的重要抓手

基层党组织是党执政的根基。党组织松散、涣散、不严密，就不可能形成有机整体，就没有号召力、凝聚力、动员力和战斗力。7月初，习近平总书记在全国组织工作会议提出了新时代党的组织路线，对全面加强新时代党的组织建设指明了方向、提供了遵循。习近平总书记强调，党的力量来自组织。党的全面领导、党的全部工作要靠党的坚强组织体系去实现。党中央是大脑和中枢，党中央必须有定于一尊、一锤定音的权威。党的地方组织包括基层组织根本任务是确保党中央决策部署贯彻落实，有令即行、有禁即止。要求每个党员特别是领导干部都要强化党的意识和组织观念，自觉做到思想上认同组织、政治上依靠组织、工作上服从组织、感情上信赖组织。强调以提升组织力为重点，突出政治功能，健全基层组织，优化组织设置，理顺隶属关系，创新活动方式，扩大基层党的组织覆盖和工作覆盖；要加强支部标准化、规范化建设，发挥党的群众工作优势和党员先锋模范作用，切实建强组织、发挥作用。大家要按照全国组织工作会议的部署和局党组相关贯彻落实意见，结合各自实际，在扎实推进全面从严治党的具体工作实践中，切实贯彻落实好新时代党的组织路线。

（四）严肃党的组织生活是解决当前我局机关党建工作存在的问题，推动全面从严治党向纵深发展的现实需要

某种程度上，看一个单位党建工作强不强，首先要看党组织坚持党的组织生活制度是不是经常、严肃、认真。一方面，经过十八届中央专项巡视和局党组巡视全覆盖，我局各单位党组织在严肃党的组织生活方面做了大量工作，取得了明显成效。但同时也还存在个别单位思想上重视不够、组织生活质量不高、问题整改不够彻底、个别党组织"三会一课"不够经常和个别党员领导干部没有按规定讲党课等问题，亟须加压整改。另一方面，我局正处在机构改革关键阶段，基层党组织变动大，党员日常管理监督任务重，下一步还要根据机构改革进展，做好基层党组织选举、成立等工作。越是关键时刻，越是考验党员干部特别是领导干部的政治觉悟。希望在座各位要增强大局意识，主动履职尽责、自觉查漏补位，以更高标准认真抓好党的建设和全面从严治党各项工作，真正做到不断档、不缺位、有加强。

二　从严从实贯彻落实好党的组织生活制度

党的十八大以来，我局认真贯彻落实习近平总书记关于严格党的组织生活的一系列重要讲话和

指示精神，采取务实管用的办法措施，推动党的组织建设取得明显成效。下一步，要继续严格执行党章和新形势下党内政治生活若干准则，从严从实落实好党的组织生活各项制度，不断提高党的建设规范化、科学化水平。

（一）严格执行基层党组织任期制度

党章规定，党的基层委员会、总支部委员会、支部委员会每届任期三年至五年。今年6月底，中央办公厅印发了《关于党的基层组织任期的意见》（以下简称《意见》），对这一要求进行了再细化，根据《意见》精神和中组部培训会的相关解释，我局党总支、党支部任期一般为3年，基层党委任期一般为5年。今后，大家要严格按照《意见》要求，认真做好拟定报批方案、支部选举、报批报备等环节工作，确保我局基层党组织成立、换届等工作程序合规、组织规范。临时机关党委要切实加强指导。

（二）认真落实"三会一课"制度

"三会一课"是严肃党内政治生活的基本要求和有效载体，是严格党员管理、加强党员教育、提高党员素质、增强基层党组织战斗力的重要抓手。一要周密计划。每年年初要制定"三会一课"年度安排计划，年底要在党建述职报告中总结回应计划落实情况。二要经常正常。党员大会每季度召开不少于一次，支部委员会一般每月召开一次，党小组会一般每月召开一到两次，每年一般至少安排两次党课。三要严肃规范。切实提高政治站位，政治上的要求不能随意降低；用好基层党组织会议记录本，如实记录相关情况，切实做到全程留痕。四要提高质量。注重创新活动方式方法，让党员干部愿意参与、取得实质收获，坚决防止出现表面化、形式化、娱乐化、庸俗化的问题。要结合即将开展的"不忘初心、牢记使命"主题教育，突出问题导向，举一反三深化整改我局党的组织生活存在的问题，进一步提高我局"三会一课"质量水平。

（三）切实提高民主生活会和组织生活会质量

认真开好民主生活会和组织生活会，有利于党组织对党员、干部的严格管理监督，有利于领导干部自重自省自警自励，有利于加强领导班子思想作风建设、提高领导班子战斗力。党的任何组织和党员，都要按时召开和参加组织生活会或民主生活会，不能搞特殊、搞例外。会前要广泛听取意见、深入交心谈心，会上要认真查摆问题、深刻剖析根源、明确整改方向，会后要逐一整改落实。要本着对组织、对同志、对本人负责的态度，严肃认真开展批评和自我批评，坚决反对当"老好人"，切实形成习惯、提高质量，让党员干部在接受政治体检的过程中，不断增强政治免疫力，着力营造风清气正的良好政治生态。近期，临时机关党委印发通知，组织各司局单位党组织对局党组2017年度民主生活会查摆问题整改落实情况，进行年中检查。各单位要认真自查，及时提交有关情况。整改进度滞后的要抓紧研究提出加快整改的思路措施办法。同时，要参照通知要求，对本单位上年度民主生活会、组织生活会问题整改落实情况进行一次全面自查和调度。

（四）认真落实谈心谈话制度

开展谈心谈话，有助于在党组织与党员、上级与下级之间建立经常沟通联系的桥梁，为促进同志之间统一思想、加深了解、增进团结提供保障。一要发挥谈心谈话鼓劲加压明向的重要作用。入党积极分子培养、接收预备党员、预备党员转正、党员干部受到表彰奖励，党组织主要负责同志要与相关同志进行谈心谈话，教育引导党员发扬成绩、再接再厉。二要发挥谈心谈话交流思想、沟通情况的重要作用。召开民主生活会和组织生活会前，党员干部之间要开展充分的谈心谈话，相互帮助、相互提醒、开展高质量的批评和自我批评。三要发挥谈心谈话增强党组织凝聚力战斗力的重要作用。对生活困难党员、年老体弱党员，要定期不定期采取多种形式听取意见，让每一名党员干部都能切实感受到党组织温暖。四要发挥谈心谈话咬耳扯袖、红脸出汗的重要作用。对党员进行组织处置或党员干部出现思想、作风、纪律方面苗头性倾向性问题时，要按照"四种形态"要求，及时提醒谈话、诫勉谈话，切实把问题消灭在萌芽初始状态。

（五）严格落实民主评议党员制度

直接教育、管理、监督党员，引导广大党员发挥先锋模范作用是党支部的重要职责。民主评议党员是从严加强党员教育管理监督的有效措施，对于提高党员队伍整体素质，保持和发扬党的先进性和纯洁性具有重要意义。基层党组织要坚持每年对党员进行民主评议，督促对照党员标准、对照入党誓词、联系个人实际进行党性分析。要通过召开党员大会，采取个人自评、党员互评、民主测评及组织评定等方式，对党员做出实事求是的评价。要加强评议结果运用，切实发挥好民主评议党员激励先进、鞭策后进的重要作用，调动党员干部干事创业积极性、主动性、创造性。

（六）切实抓好发展党员工作

发展党员工作是加强党员队伍建设的第一道关口。发展什么样的党员、怎么样发展党员事关党的生机活力。要坚持党章规定的党员标准，切实保证发展党员质量；要把政治标准放在首位，严把政治审查关，确保新发展党员都是政治合格的先进分子；要对照《中国共产党发展党员工作细则》和《发展党员工作流程图》，严格工作程序，把发展党员25个环节的工作不折不扣落到实处。中组部全国党员管理处（组织处）处长业务培训班专门点到了发展党员不规范的问题，严肃批评了个别党组织不认真落实谈心谈话制度，入党申请人递交入党申请书后、基层党委审批预备党员前，没有按要求做好谈心谈话这个必经程序和规定动作；没有及时组织预备党员参加严肃、庄重的入党宣誓仪式；没有及时为符合要求的预备党员办理转正手续等问题现象。对此，我们要认真自查，有则改之、无则加勉，进一步提高我局发展党员工作的水平。

（七）认真做好党费收缴使用管理工作

党员向党组织主动按月交纳党费，是党员对党应尽的义务，是党员必须具备的起码条件。党费收缴使用管理是党支部的一项重要工作，必须列入工作日程，切实抓实抓细抓到位。十八届中央对局党组专项巡视后，各单位对这项工作高度重视，机关党委从制度机制上进行了完善，我局党费收缴使用管理情况总体是好的，但也存在一些值得重视的苗头性倾向性问题。比如，个别党员没有严格落实按月交纳党费要求，党费证使用不够规范等。对这些问题要高度重视，采取有力措施切实加以纠正，坚决防止再次出现类似问题。

三　认真做好机构改革期间我局党的组织建设工作

（一）认真抓好机构改革期间的思想政治工作

严格执行落实请示报告制度和机构改革各项纪律，重大问题依照相关权限和程序及时请示报告，对中央形成的决议，确定的目标、方针等，决不妄议、绝对服从，坚决执行、不折不扣。认真贯彻中央和国家机关工委关于做好机构改革期间思想政治工作的通知精神，密切关注干部职工思想动态，强化责任、健全机制、创新方法，有重点、分层次地做好思想政治工作，确保干部队伍稳定、改革顺利推进，真正做到思想不乱、工作不断、队伍不散、干劲不减。

（二）认真做好临时机关党委、机关纪委各项工作

局党组按照中央和国家机关工委统一部署，成立了临时机关党委、纪委，负责机构改革期间我局党的建设和党风廉政建设工作。我是临时机关党委书记，永顺是常务副书记，永圣是临时机关纪委书记，另外还有7名临时机关党委委员、2名临时机关纪委委员。在这里，我代表临时机关党委、纪委全体同志郑重表态，我们一定认真履职，扎实工作，高质量完成好机构改革期间党的建设和党风廉政建设各项工作任务，不辜负局党组的殷切期望和全局广大党员干部的信任期待。

（三）确保机构改革期间党的建设不存"盲区""空白"

这段时间，一些基层党组织人员变动较大。物资储备局领导班子要积极适应机构改革新形势，认真履行"一岗双责"，切实做到党建业务工作两手抓、两手硬、两样强；因集中办公导致党支部人员发生较大变化的，要充分发挥党小组作用，压实党小组长责任，高标准高质量落实好党的组织生活各项制度；科学研究院正在进行内部机构改革，研究组改为研究所，要按程序抓紧成立新的党支部，建强完善党的基层组织；原有支部没有变化的，要坚持标准不降、要求不松、力度不减，持之以恒抓好支部各项工作，切实发挥党支部战斗堡垒作用和党员先锋模范作用。

（四）同步健全基层党组织和加强党务干部队伍建设

近期，中央将正式印发我局"三定"规定，要在深入学习领会、切实掌握精神实质、高效履职尽责的基础上，同步健全党的基层组织，认真做好支部更名、党员组织关系转接、召开党员大会选举成立支部委员会等工作，配齐配强党务干部，为下一步做好支部各项工作起好步、开好头。党的组织建设政策性、专业性强，是一门科学。作为具体负责组织工作的党务干部，要带头深入学习习近平新时代中国特色社会主义思想特别是全面从严治党思想，认真学习党的基本知识，刻苦钻研党建业务，把握组织工作特点和规律。要强化调查研究，虚心请教学习，创造性地开展工作，努力成为党务工作的行家里手，切实提高我局党的建设质量。

同志们，新时代党的建设任务艰巨、使命光荣。让我们更加紧密地团结在以习近平同志为核心的党中央周围，进一步强化"四个意识"、坚定"四个自信"、坚决做到"两个维护"，以实际行动建好建强我局党的各级组织，敢于担当、善谋实干、锐意进取，不断推动我局党的建设、粮食和物资储备工作取得新的更大成绩。

在全国秋粮收购工作会议上的讲话

国家粮食和物资储备局党组成员、副局长   卢景波
2018 年 9 月 18 日

同志们:

粮食收购事关种粮农民切身利益,事关粮食市场稳定,党中央、国务院高度重视。秋粮收购数量大、时间长、涉及地域广,是全年粮食收购工作的重中之重。国家粮食和物资储备局党组书记、局长张务锋同志多次开会专题研究部署,强调要准确把握形势,统一思想认识,加强组织领导,抓好政策实施,确保秋粮收购工作平稳有序。近日,国家粮食和物资储备局会同有关部门单位下发了通知,对做好秋粮收购工作提出明确要求。这次秋粮收购工作会议,主要是进一步领会政策、分析形势、交流情况,对收购工作进行动员和部署。一天来,我们认真学习了今年国家秋粮收购政策,分析讨论了收购工作面临的新形势、新情况、新问题,各地也提出了许多建设性的意见建议,为做好下一步工作提供了借鉴。国家有关部门单位介绍了相关情况,给予了大力支持,进一步增强了我们做好秋粮收购工作的信心和决心。下面,根据国家粮食和物资储备局党组安排,我就抓好秋粮收购工作,讲三点意见。

一   准确把握粮食市场形势,切实增强做好秋粮收购工作的责任感紧迫感

正确分析和把握市场形势,是做好秋粮收购工作的基础和前提。近年来,粮食收储制度改革深入推进,粮食品种结构不断优化,库存消化进度加快,粮食市场形势也在不断发展变化。会前,各地对秋粮购销形势进行了调度,掌握了许多活情况,国家粮食和物资储备局也组织对 23 个秋粮主产省(区)各市县开展了问卷调查。综合前期调度调查和今天大家讨论的情况来看,今年秋粮生产属于正常年景,预计产量总体处于较高水平,收购压力依然不小。玉米、稻谷、大豆三大秋粮品种市场形势的分化比较明显,呈现出各自不同的特点。

(一)玉米产需形势发生变化

从生产看,各地特别是东北三省一区认真落实玉米收储制度改革各项措施,加大种植结构调整力度,积极调减非优势产区玉米面积,玉米产量从高位回落。今年吉林、辽宁等省遭遇旱情,其他地区气象条件总体较好。从消费看,市场化改革增强了国产玉米竞争力,近两年加工产能快速扩张。造纸、食品加工、燃料乙醇等领域对玉米下游产品需求增长,加上居民肉蛋奶消费增加和质量升级,直接拉动玉米工业和饲料消费量增加。从价格看,临储政策取消当年玉米价格下跌幅度较大,随后出现恢复性上涨。据了解,许多加工企业库存比较充裕,上市初期购销双方可能出现短暂的观望博弈。但由于市场需求旺盛,后期价格上行的可能性较大。从库存消化看,由于市场预期发生变化,加上近期适度布局粮食燃料乙醇生产政策引导,用粮企业普遍看好后市,积极参与临储玉米拍卖,玉米库存消化成效明显。据有关专家分析,去年以来我国玉米产需出现缺口并逐步扩大,需要早做准备,

妥善应对。因此，我们研究谋划今年的玉米收购工作，必须把问题看远一点、想深一点，出主意、定措施要增强预见性、前瞻性和针对性，切实把今年的玉米收购工作组织好、落实好，努力维护玉米市场的平稳运行。

（二）稻谷供过于求矛盾有所缓解

当前我国稻谷阶段性过剩，稻强米弱现象依然存在。虽然今年进口数量有所减少，但国内外价差仍然较大，稻谷市场总体延续低迷走势，库存消化缓慢。为激发市场活力，国家连续3年下调稻谷最低收购价格，持续释放改革信号。从目前情况看，改革初现成效，种植结构逐步调整优化，低质低效稻谷面积减少，优质品种面积增加，供求关系有所改善，不同品质的稻谷价格分化明显，优质稻米价格比普通品种高出10%以上，市场化购销十分活跃。部分地区启动中晚稻政策性收购的可能性较大，但市场化收购比例预计会进一步提高。初步分析，黑龙江等地稻谷商品率高，收购量大且上市集中，收购任务重、压力大。对此，要有充分的思想准备和切实可行的应对措施。

（三）大豆收购存在不确定性

我国大豆产不足需，对外依存度很高，大豆的市场走势和收购形势不确定因素较多。在相关政策鼓励下，黑龙江等重点产区大豆面积和产量均有所增加。受初霜冻提前等影响，部分地区大豆品质可能下降。与此同时，国际供给宽松，但由于进口成本上升，部分企业取消订单，主动调整饲料配方，一定程度上抑制了大豆消费需求，进口同比有所下降。加上国产大豆与进口大豆用途不同，市场消费需求相对低迷，如何开拓市场、拓宽渠道，需要深入研究、认真谋划。

在准确把握粮食市场形势的同时，还要密切关注秋粮收购中面临的新情况新问题。当前粮食收购正加速由政策市向市场市转型，在转型过程中有关部门积极完善相关配套措施，粮食收购资金、跨区域运力、粮食烘干设施等得到了较好解决，但个别地方反映还存在一定困难，要引起我们高度重视，增强责任感和紧迫感，采取针对性措施妥善解决，切不可掉以轻心。

二　精心组织安排，不折不扣落实秋粮收购各项政策措施

目前，南方中晚稻已零星上市，秋粮收购工作即将陆续展开。各地和有关企业要高度重视，迅速行动、多措并举、务求实效，全力以赴做好秋粮收购工作，坚决守住不发生大面积"卖粮难"的底线。

（一）扎实做好各项准备工作

前期，各地和有关单位围绕秋粮收购做了大量工作，大多数地方已准备就绪；但也有个别地方进展较慢，需要加大力度，迎头赶上。要在前期工作基础上，把问题估计得更充分一些，把措施考虑得更周全一些，把准备工作做得更细致一些。一是做好人力物力准备。要查漏补缺，尽快组织开展业务人员培训，准备好收购场地、计量器具、检化验仪器、仓容等，确保及时开秤收粮。二是做好资金准备。要积极争取当地政府和有关部门的支持，加强与中国农业发展银行等金融机构的沟通协调，多渠道筹集资金，保障企业需求。要建立并完善粮食收购贷款信用保证基金政策，调整优化操作流程，扩大放贷主体和承贷企业范围，尽可能缓解中小企业融资矛盾。三是做好运力保障预案。要加强与当地铁路、交通运输、港口等部门单位的沟通衔接，建立完善粮食铁路运输需求与运力供给对接机制，协调开通公路粮食运输专用通道，加强港口调度，充分利用公铁、铁水联运等形式，合理安排运力，

确保粮食物流顺畅。四是协调落实烘干能力。要提前摸清当地烘干设施情况，对不符合环保要求的要抓紧协调落实资金，尽快完成烘干设施改造升级，满足秋粮烘干需要。

（二）多措并举抓好市场化收购

市场化收购将是今后粮食收购工作的主流和常态。各地要进一步增强市场意识，主动组织开展好粮食市场化收购，充分发挥市场在配置粮食资源中的决定性作用。一是鼓励多元主体积极入市。要支持加工企业率先入市，扩大就地加工转化。要引导粮食购销企业、储运企业、物流企业积极入市，充分发挥中转服务作用，促进粮食顺畅流通。要指导中央企业和地方骨干粮食企业合理把握收购时机和节奏，充分发挥引领示范作用，确保市场平稳运行。有储备粮轮换任务的企业，要抓紧组织收购轮入，确保按期完成轮换任务。二是继续强化产销合作。要认真贯彻国家有关部门关于深化粮食产销合作的指导意见，拓展粮食购销渠道，创新产销合作模式，巩固产销合作关系。前不久，国家粮食和物资储备局成功举办了首届中国粮食交易大会，多数省份也举办了各种形式的产销衔接活动。产区和销区要进一步加强配合，采取强有力举措，督促企业认真履行已签订的协议和合同，把产销合作的成果做实做牢。三是探索创新营销方式。要结合当地实际，积极发展"互联网＋粮食交易"购销模式，整合线上线下资源，加强企业和农户对接，进一步拓宽营销渠道，创新营销方式。江苏、安徽等地积极利用手机 APP 农企对接平台抓好收购工作，取得了良好效果，各地可以学习借鉴。

（三）切实抓好政策性粮食收购

稻谷最低收购价政策，主要是发挥兜底作用，稳定市场预期。今年的收购预案，是有关部门单位共同研究拟定并报国务院批准同意的，主要是对责任分工、操作机制等进行了细化完善。要严格执行，不打折扣、不搞变通，确保政策落实到位。一是合理布设收储网点。要根据粮源和仓容分布，合理设置收购网点，提前向社会公布，方便农民就近售粮。二是严格执行预案启动和停止的规定。要密切关注市场行情变化，严格执行预案启动和停止的规定，符合启动条件的要及时按程序报批启动实施；在市场价格高于最低收购价的地区，要及时停止实施预案。没有最低收购价粮食收储需要的地区，有关库点要充分认识市场化改革大趋势，转变观念、转型发展，积极开展市场化购销。三是准确把握质价政策。要按照收购质量标准和质价政策有关规定，把好入库粮食质量关，对水分、杂质超标的要整理达标后再入库，确保储粮安全。同时，各地要认真落实粮食安全省长责任制，必要时采取地方临时收储等措施，并及时总结经验，巩固形成长效机制。

（四）着力提高为农服务水平

要牢固树立为农服务意识，改进服务方式，提高服务质量。要组织专业人员进村入户开展农户庭院储粮技术指导，积极引导企业开展代清理、代干燥、代储存、代加工、代销售等业务，切实解决粮食晾晒难、储存难、保质难、销售难等实际问题，最大限度帮助农民减损增收。各收储库点要做到价格上榜、标准上墙、样品上柜，并根据农民售粮需要，早开门晚收秤，主动提供风选、筛选、色选等整理服务，必要时采取预约收购、上门收购等措施，减少农民排队时间。要认真做好粮食收购进度统计和市场监测工作，及时发布粮食生产、质量、价格、收购进度、运输情况等信息，主动引导农民有序售粮、企业自主经营，确保粮食顺畅流通。要结合粮食市场购销情况，加强对优质畅销的粮食品种的宣传推介，发挥粮食流通对生产的引导作用，不断增加市场优质粮食供给。

三　切实加强组织保障，确保秋粮收购工作平稳有序开展

一是进一步强化组织领导，充分调动各方面积极性。各地和有关单位要抓紧细化实化措施，明确责任分工，确保责任到岗到人，主要领导要亲自部署亲自抓，分管领导要具体负责具体抓。要建立健全政府牵头、相关部门参加的工作协调机制，强化统筹协调和协作配合，推动各项政策更好落实。要提前研究制定应急预案，加强形势预判和监测预警，负责同志要深入一线调研督导，随时了解掌握新情况，对潜在性、苗头性、倾向性问题和各类突发事件，做到早发现、早报告、早处置，重大问题要及时报请省级人民政府协调解决。

二是进一步强化市场监管，维护好市场秩序。要依法依规加大对粮食收购环节的监督检查，加强粮食收购市场监管，严厉打击各类违法违规行为，切实保护粮食生产者、经营者和消费者的合法权益，维护正常的粮食流通市场秩序。要督促企业严格执行粮食收购政策，严厉查处拖欠农民售粮款、"克扣斤两"、"以陈顶新"、"转圈粮"等各类坑农害农和破坏市场秩序的行为，对工作落实不力、失职渎职、造成不良社会影响的单位和个人要严肃问责追责。要加强粮食质量安全监管，严防不符合食品安全标准的粮食流入口粮市场。秋冬季天干物燥，要压实企业安全生产和安全储粮的主体责任，严格执行"一规定两守则"，加大安全隐患排查力度，杜绝重特大事故的发生，确保人安、粮安、库安。同时，要充分发挥行业协会的桥梁纽带作用，引导各类粮食企业认真执行国家粮食政策，加强行业自律，切实维护正常的粮食流通秩序。

三是进一步加强宣传引导，稳定市场预期。要加强政策宣传解读，在主流媒体发布权威信息，引导舆论准确报道粮食收购形势和实际情况，客观评价政策实施取得的效果。要充分利用报刊、广播、电视、网络等媒体，通过组织记者深度报道、专家解读、收购政策"一张图"等多种形式，多渠道、多形式、多角度开展新闻宣传，确保宣传工作取得明显效果。要加强舆情监测，及时回应社会关切，为秋粮收购工作营造良好的舆论氛围。

同志们，做好今年秋粮收购工作，责任重大、任务繁重，各地要高度重视，采取强有力举措，切实抓好各项工作，确保秋粮收购顺利开展，让党中央放心，让人民群众满意。

在全国粮食和物资储备系统办公室主任座谈会上的讲话

国家粮食和物资储备局党组成员、副局长　韩卫江
2018 年 11 月 16 日

同志们：

　　这次会议是经国家粮食和物资储备局党组同意召开的。主要任务是，深入贯彻习近平新时代中国特色社会主义思想和党的十九大精神，全面总结今年以来全系统办公室工作成绩，深入分析形势，交流经验做法，切实提升工作质量和水平。国家粮食和物资储备局党组对这次会议高度重视，国家发展和改革委员会党组成员，国家粮食和物资储备局党组书记、局长张务锋作出重要批示，刚才已经向大家传达了。张务锋局长的重要批示，既对今年全系统办公室工作取得的成绩给予充分肯定，也对进一步做好办公室工作提出明确要求。我们要深入学习领会，切实抓好落实。下面，我讲四点意见。

一　充分肯定全系统办公室工作取得的突出成绩

　　今年以来，在党中央、国务院正确领导和国家发展和改革委员会的有力指导下，全国粮食和物资储备系统深入贯彻习近平新时代中国特色社会主义思想和党的十九大精神，按照 2018 年初的部署要求，勇于担当、锐意进取、团结协作、真抓实干，各项工作取得新进展、新成效。办公室的同志们紧紧围绕中心、服务大局，履职尽责、恪尽职守，在统筹协调、审核把关、安全保密、信息报送、督促落实、服务保障等方面做了大量艰苦细致的工作，为落实党中央、国务院决策部署和国家粮食和物资储备局工作安排、服务和推动中心工作发挥了重要作用。总体来看，全系统办公室工作的成绩和亮点表现为"五个突出"：

（一）突出讲政治、顾大局

　　始终把讲政治摆在首要位置，认真落实新时代党的建设总要求，全体干部职工严守政治纪律和政治规矩，做政治上的明白人、发展大局的维护者。扎实学习贯彻习近平新时代中国特色社会主义思想和党的十九大精神，持续推进"两学一做"学习教育常态化制度化，增强"四个意识"，坚定"四个自信"，坚决做到"两个维护"，自觉在思想上、政治上、行动上同以习近平同志为核心的党中央保持高度一致。目前，国家粮食和物资储备局及各省级粮食和物资储备局的改革已基本到位，办公室的同志们拥护改革、支持改革、投身改革，克服人手少、头绪多、任务重等困难，统筹做好综合协调、应急值守、公文运转和印章使用等工作，切实做到思想不乱、工作不断、队伍不散、干劲不减，保证了机构改革的顺利进行。

（二）突出抓重点、出亮点

　　在重要文件出台、重要会议安排、重要情况上报等方面，亮点纷呈。国家粮食和物资储备局办公室牵头起草加强安全稳定廉政工作的决定，配合有关单位起草深化改革转型发展的决定，部署守住安全稳定廉政底线的举措，系统谋划深化改革转型发展的"蓝图"；及时印发这些文件，推动全系统认真学习和贯彻落实。做好全国粮食流通工作会议、粮食和物资储备局长座谈会、加快推进粮食产业经济发展第二次现场经验交流会等重要会议的统筹安排和组织保障；协同山西、湖北、黑龙江、浙江等省粮食局办公室，做好国家粮食和物资储备局与省政府签署战略合作协议的沟通联络和服务保障。及时报送全系统改革发展的重大进展、重要成果，报告党中央、国务院领导同志重要批示事项办理情况，以及有关重大调研成果和重要政策措施建议。截至 11 月 7 日，共向党中央、国务院及国家发展和改革委员会领导同志呈报专报 54 期，其中 39 期得到领导同志重要批示；报送粮食和物资储备局信息 102 期，中办采用 12 期、国办采用 45 期。

（三）突出争主动、真落实

积极通过健全完善督查、调度、考核机制，推动领导同志重要批示和年度重点任务的落实，确保每项工作有部署、有检查、有结果。国家粮食和物资储备局办公室认真做好中央一号文件、政府工作报告相关任务的分解和督办；对党中央、国务院领导同志批示事项和局党组会议、局长办公会议、专题会议及局领导批示交办事项，列出任务清单，纳入督查范围，及时跟踪督办；每月初向局长办公会议报告上期全局重点工作进展并印发督查工作通报。积极参与重大课题调研，形成一批高质量调研成果，其中《加快推动黑龙江粮食产业高质量发展调研报告》得到李克强总理等国务院领导同志的重要批示。

（四）突出高标准、严要求

标准决定质量，只有高标准才有高质量。围绕党中央、国务院决策部署和国家粮食和物资储备局党组中心工作，办公室的同志们坚持原则、敢抓严管，把严和实的标准贯彻始终，认真把好政策关、程序关、文字关、质量关，以事事争一流、项项夺冠军的劲头，高标准、高效率、高质量推动各项任务落实。国家粮食和物资储备局办公室牵头制定局党组关于贯彻落实加强和维护党中央集中统一领导若干规定精神的意见、局党组工作规则和局工作规则等重要制度，明确标准、规范程序、提出要求，确保机关工作规范有序、高效运转。

（五）突出多添彩、不添乱

认真落实中央部署，起草全国粮食和物资储备系统庆祝改革开放 40 周年活动方案，筹备庆祝改革开放 40 周年图片展，充分展示了改革开放 40 年来特别是党的十八大以来粮食流通和物资储备领域取得的历史性成就。始终把纪律规矩挺在前面，保持清正廉洁的政治本色，守住底线、不越红线，切实做到守土有责、守土负责、守土尽责，较好地落实了国家粮食和物资储备局党组"约法三章"。同时，积极妥善化解隐患矛盾，为维护和谐稳定局面贡献力量。扎实做好信访工作，国家粮食和物资储备局办公室制定《信访工作责任制实施细则》《依法分类处理信访诉求清单》等，完善信访工作机制，拓展信访渠道，加强分析研判，分类妥善解决群众诉求。

一年来，办公室的同志们在工作中尽职尽责、兢兢业业、加班加点、不辞劳苦，付出了心血和汗水，贡献了智慧和力量，展现了过硬的政治素质、严谨的工作作风和良好的精神风貌。借此机会，我代表国家粮食和物资储备局党组向在座的各位同志并向全系统办公室的同志们，表示诚挚的问候和衷心的感谢！

| 二 | 深刻认识新形势下做好办公室工作的重要性 |

全系统办公室在围绕中心、服务大局方面取得了较好成绩，但也要清醒地认识到我们的工作与中央领导同志的要求、全面深化改革转型发展的需要相比，仍有一定的差距。我们务必要认清形势，切实增强新形势下做好办公室工作的责任感和使命感。

（一）党中央、国务院领导的重要指示对办公室工作提出新要求

党中央、国务院高度重视做好办公室工作，习近平总书记、李克强总理等中央领导同志多次作出重要指示批示。2014年5月，习近平总书记在中办调研视察并发表重要讲话，用"服务最直接、联系最广泛、保障最关键、运转最核心"高度肯定中办的特殊地位和作用，并提出"坚持绝对忠诚的政治品格、坚持高度自觉的大局意识、坚持极端负责的工作作风、坚持无怨无悔的奉献精神、坚持廉洁自律的道德操守"的要求。上个月，习近平总书记对全国党委秘书长会议作出重要指示，要求各级党委办公厅（室）进一步增强"四个意识"，加强理论武装，提升队伍素质，弘扬优良传统，坚持改革创新，坚决维护党中央权威和集中统一领导，全力推动党中央决策部署贯彻落实，全面提高"三服务"工作水平，建设让党放心、让人民满意的模范机关。2015年12月，在全国政府秘书长和办公厅主任会议期间，李克强总理带领国务院全体领导同志接见会议代表并作重要讲话，要求办公厅（室）系统当好政府工作的"第一参谋助手""大服务员"和"高效督办员"，争做建设现代政府的生力军。习近平总书记、李克强总理的重要指示批示，为新时代做好粮食和物资储备系统办公室工作提供了根本遵循、指明了正确方向。我们要深刻领会精神，切实增强政治意识、大局意识、核心意识、看齐意识，优化服务、提升效能，振奋精神、锐意进取，更好地服务粮食和物资储备事业深化改革转型发展。

（二）机构改革新职能、新任务对办公室工作提出新要求

我们要充分认识组建国家粮食和物资储备局的重大意义。今年3月，党中央站在新的历史起点上深化党和国家机构改革，决定组建国家粮食和物资储备局，将原国家粮食局的全部职责，国家战略物资和粮食、棉花、食糖、中央救灾物资、原油、天然气储备管理职责进行整合，这充分体现了党中央对粮食和物资储备工作的高度重视。组建国家粮食和物资储备局，对确保国家粮食安全，加强国家储备的统筹规划，加快构建统一的国家物资储备体系，强化中央储备粮棉的监督管理，提升国家储备应对突发事件、防范风险挑战的能力，具有重要的现实意义和深远的历史意义。我们要充分认识职能增加对办公室工作的新要求。目前，国家粮食和物资储备局的职能已由原来的粮食流通行业管理，转向粮食流通和物资储备管理并重，并着力构建统一的国家物资储备体系；27个省（区、市）组建了粮食和物资储备局，赋予其粮食流通管理和重要物资、应急储备物资的收储、轮换和日常管理等职责；各储备物资管理局（办事处）改革方案正在审批中，职能也将增加。这对办公室提出新的要求。一是工作要求更高。"着眼于转变政府职能，坚决破除制约使市场在资源配置中起决定性作用、更好发挥政府作用的体制机制弊端""围绕高质量发展，建设现代化经济体系""增强政府公信力和执行力，加快建设人民满意的服务型政府"，这些对粮食和物资储备系统提出更高的要求，全系统办公室也要按照这些要求做好各项工作。二是协调难度更大。建立统一的国家物资储备体系，涉及制度设计、职能优化、资源重组等多方面工作，需要沟通协调的部门单位不仅有变化，还有所增加，这些工作的全面完成需要办公室做好协调推动和督查督

办，拓宽了办公室的协调范围、增大了工作难度、增加了工作任务。三是沟通联络需要加强。国家粮食和物资储备局办公室与各省局办公室，尤其是各储备物资管理局（办事处）办公室职能未能完全衔接，沟通不够顺畅，上下联动不够的现状需要明显改观。

（三）全系统办公室工作仍有改进提升的空间

当前我们的有些工作仍需要改进和提升。有些文稿质量有待提高。起草重要文稿时，对有关问题研究不深不透；制定的政策文件，可操作性不强，质量达不到要求；对文件审核把关不严，有时"萝卜快了不洗泥"，在呈报给国家粮食和物资储备局的材料中出现"低级"错误。有的工作效率有待加强。在机关工作运转中，有时出现公文延期办理情况，把原本不是急件拖成急件，不给领导同志预留审改时间；有时把急件办成慢件，不是问题拖成了问题、小问题拖成了大问题。还有些工作思路有待优化。办公室工作头绪较多，信访、档案、保密密码、信息报送、政务公开、新闻舆论等方面的制度还不完善、机制尚不健全、流程不够优化、督查仍不到位，"一盘棋"的工作格局尚未形成，亟须进一步加强。这些问题都需要我们下大力气加以解决。

面对新形势、新任务、新要求，办公室的同志们要提高政治站位，统一思想认识，切实增强使命感和责任感，全力做好粮食和物资储备系统办公室工作。这是贯彻落实习近平新时代中国特色社会主义思想和全面落实党中央、国务院关于粮食和物资储备工作决策部署的具体体现，是统筹推动"六项重点""六个支撑"和"七个着力"中心工作按期全面完成的有力举措，也是全力保障粮食和物资储备系统高效运转和展示良好形象的现实需要。

三　切实发挥办公室运转中枢和参谋助手作用

办公室作为粮食和物资储备系统的"参谋部""指挥部""后勤部"，处于承上启下、协调左右、沟通内外、联系各方的重要地位。我们要按照国家粮食和物资储备局党组关于"讲政治、顾大局，抓重点、出亮点，争主动、真落实，高标准、严要求，多添彩、不添乱"的总体要求，增强政治责任感和工作主动性，团结协作、主动作为，扎实做好办公室各项工作，进一步发挥好运转中枢和参谋助手作用。

（一）要身在兵位、胸为帅谋

"国之兴废，在于政事；政事得失，由乎辅政。"调查研究是发挥办公室参谋助手作用的重要方式，研究越到位，越能转化为领导的决策，这样参谋服务的水平就越高。一是参之有道。要始终围绕粮食和物资储备事业改革发展这个中心来谋划工作，准确领会领导意图、把握文件精神，多谋划改革、发展和稳定的大事，多出大主意、好主意，与党组中心工作"同频共振"。二是谋之有方。要善于站在领导的角度思考问题、谋划工作。近期，国家粮食和物资储备局办公室认真谋划、统筹安排，国家粮食和物资储备局各位领导分别带队赴有关省份开展督导调研，听取意见建议，谋划做好2019年工作的思路举措。各省级粮食和物资储备局（粮食局）、各储备物资管理局（办事处）办公室也要安排好领导同志赴基层的调研工作，着重通过"解剖麻雀"，破解改革发展难题，提出更多有针对性、操作性强的建议和对策。三是言之及时。言当其时，一字千金；言背其时，一文不值。粮食和物资储备工作在不同时期侧重点各不相同，要善于把握时机和领导意图，早考虑、早研究、早谋划，多下"及时雨"，不放"马后炮"。只有这样，办公室才能参在点子上、谋到关键处、谏于急需时，成为合格的参谋助手。

（二）要总揽全局、协调各方

综合协调能力强不强、工作到位不到位，事关党中央、国务院关于粮食和物资储备工作的决策部署能否落到实处，事关局党组安排的各项重点任务能否顺利完成。一是注重方法。协调是一门科学，更是一门艺术，尤其要注重方式方法。既要善于抓住事物的本质、问题的要害，分清大事小事、急事缓事，抓大事不放、抓急事先办；又要考虑各种复杂因素，照顾方方面面，及时沟通上下左右，做到上情下达、内外有别；还要注重细节，认识到"细节决定成败"，更要把握好分寸。二是突出重点。要认真分析工作任务和面临的形势，未雨绸缪、超前谋划，及早做好上下左右之间的沟通联系，调动各方力量、配置各方资源，抓统筹、重协作，确保重要会议和重要活动安排科学、无缝衔接、圆满完成。三是密切沟通。要及时掌握各方信息，注重发挥各方的积极性，善于对上加强联系、对内加强管理、对外搞好协调；发挥好牵头协调作用，明确各方职责，确保不出纰漏。四是凝聚合力。要发挥好"黏合剂"作用，把分工和协作紧密结合起来，注意多配合、多补位，协同各方力量，推动形成工作合力，搞好粮食和物资储备工作的"大合唱"。

（三）要眼观六路、耳听八方

政务信息是领导科学决策的"情报源"、掌握进度的"显示屏"、观察态势的"晴雨表"，也是反映"三性"问题的"预警器"。因此，该项工作必须做到"耳聪目明"。内容上，要围绕粮食和物资储备中心工作，报送进展成效等信息；围绕"两决定一意见"等重大决策，报送贯彻落实的信息；围绕粮食收购、粮食收储制度改革、战略物资收储轮换等热点难点问题，报送带有建议的信息。要把握好"三个关系"：一是"量"与"质"的关系。数量是基础，质量是根本。信息数量不够，就会出现"无源之水"；信息质量不高，就会成为"无本之木"。要树立精品意识，在拓宽信息来源渠道，保障一定数量的信息基础上，着力提升信息的质量。二是"快"与"慢"的关系。信息报送的时机在很大程度上决定了信息能否被"采用"，这方面最需要下功夫。按照"敏感信息不延时、重要信息不过夜、动态信息不间断"原则，做到突发事件、重大事故等紧急信息限时报出，反映秋粮收购进展等时效性强的重要信息当天报出，反映"优质粮食工程"等进展成效、经验做法的信息及时报出。三是"喜"与"忧"的关系。报送正面信息时，力求把成绩总结到位、典型示例找准，具有说服力和代表性；报送矛盾问题时，坚持把问题讲透、原因找准，提出切实可行的措施建议。

（四）要抓铁有痕、踏石留印

为政之要，重在落实。对办公室而言，一方面，要带头抓落实。抓重点，在吃透上情、统筹兼顾的基础上，抓住各项工作的"牛鼻子"，集中精力抓要事，全力以赴攻难题。抓具体，实践证明，任何工作的开展，一具体就深入，一深入就容易落实。抓到位，任何工作都不会一步到位，必然有一个反复的过程，这就要求我们有一股韧劲，深入抓、反复抓，这样才能真正落实到位。另一方面，要大胆抓督办。围绕中心抓督办，完善相关制度，把领导同志重要批示、年度重点工作任务、重要会议议定事项等作为重点，列入督办清单，做好任务分解，落实责任单位。创新方式抓督办，综合运用电话督办、实地督办、跟踪督办等方式，多渠道、多视角开展督办催办。注重实效抓督办，及时追踪工作进度、掌握落实情况，敢于查找问题、善于发现问题、推动解决问题，做到抓一件成一件，确保决策部署落地生根。当然，要严格督办程序，防止过多过滥，给基层增加负担。

四　进一步加强全系统办公室干部队伍建设

切实加强办公室自身建设，着力造就一支政治坚定、业务精湛、公正廉洁、甘于奉献的干部队伍，更好地助力粮食和物资储备事业改革发展。

（一）提高认识，做到政治坚定

增强大局意识。要紧紧围绕党中央、国务院关于粮食和物资储备工作的决策部署，以及国家粮食和物资储备局党组各项任务安排这个大局，时刻做到心中有大局、工作为大局、做事顾大局。增强责任意识。要牢记"办公室工作无小事"的道理，坚决摒弃"大概""凑合""差不多"的思想，于细微之处见精神、在细节之间显水平，真正做到周全细致，不出错、不添乱。增强高效意识。要雷厉风行，讲求时效，今日事今日毕，做到案无积卷、事不过夜，不让粮食和物资储备的任何工作在办公室环节"短路"延误。增强服务意识。要牢记全心全意为人民服务的宗旨，变"被动服务"为"主动服务"，变"滞后服务"为"超前服务"，变"一般服务"为"优质服务"，为领导和基层服好务。

（二）勤奋好学，做到业务精湛

要认真学习党的理论、方针、政策，特别是用习近平新时代中国特色社会主义思想武装头脑、指导实践，不断提升政策理论水平；学习粮食流通、物资储备等方面的业务知识，了解经济、法律、科技、文史等方面知识，逐步拓宽知识面，提高分析解决问题的能力。要经常深入一线去调研、去实践，真正在实践中收获知识、增长才干。要加强锻炼，主动啃硬骨头，注重提高"说"和"写"的能力，尤其要注重提高文字水平，做到提笔能写、开口能讲、遇事能办、有矛盾能协调解决。要让干部在调查研究、综合协调、政务信息、督查督办等多岗位进行锻炼，使人人都是"多面手"、都成"总参谋"。

（三）当好表率，做到公正廉洁

办公室的同志们长期在领导身边工作，头上是有光环、有影响力的。我们要更加严格要求自己，始终把纪律和规矩挺在前面，时刻绷紧廉洁自律这根弦，在思想上、行动上筑起拒腐防变的坚强防线。要堂堂正正做人，干干净净做事，洁身自好、慎独慎微，不越红线、不碰底线，管好自己的腿，不该去的不去；管好自己的嘴，不该吃的不吃；管好自己的手，不该拿的不拿，做信念坚定、志趣高尚、行为规范、作风正派的好干部、好同志。

（四）摆正心态，做到甘于奉献

办公室的工作就是服务，服务就意味着奉献，没有奉献精神，服务就没有积极性、主动性和创造性。做好办公室工作，不能吃苦耐劳，没有奉献精神，是难以胜任的。办公室的同志们要有不图名、不图利、默默无闻、忘我工作的精神境界，要有以苦为乐、以苦为荣，任劳任怨、踏实肯干的良好心态，淡泊名利，谋事而不谋利，奉献而不索取，耐得住清苦，守得住寂寞，在工作和奉献中实现人生价值。同时，组织上也要关心干部的成长进步，既要严管、又要厚爱，让想干事、能干事、干成事的干部有机会有舞台，在办公室的大熔炉里锻炼成才、茁壮成长。

同志们，粮食和物资储备系统办公室工作责任重大、使命光荣。让我们更加紧密地团结在以习近平同志为核心的党中央周围，不忘初心、牢记使命，真抓实干、锐意进取，以饱满的热情、更大的干劲、务实的举措，不断开创办公室工作的新局面，为粮食和物资储备事业持续健康发展做出新的更大贡献！

第三篇

全国粮食和物资储备工作

粮油生产

2018 年，各级农业农村部门坚决贯彻落实党中央、国务院的决策部署，按照农业农村优先发展的总要求，以实施乡村振兴战略为总抓手，紧紧围绕农业供给侧结构性改革主线，千方百计稳定粮食生产，多措并举调整优化结构，创新机制推动绿色发展，全面推进种植业转型升级和提质增效。

一 粮食生产

（一）粮食生产概述

2018 年，粮食播种面积总体稳定，单产稳中略增，总产实现十五连丰。全年粮食播种面积 11703.8 万公顷，比上年减少 95.1 万公顷，减幅 0.8%。平均单产每公顷 5621.2 公斤，比上年增加 13.8 公斤，增幅 0.2%。粮食总产 65789.2 万吨，比上年减少 371.5 万吨，减幅 0.6%，连续 4 年稳定在 65000 万吨以上。

（二）粮食生产品种结构

1. 三季粮食稳中略减。夏粮面积、产量均略减：2018 年夏粮播种面积 2670.3 万公顷，比上年减少 15.8 万公顷，减幅 0.6%；总产 13881.0 万吨，比上年减少 293.4 万吨，减幅 2.1%；单产每公顷 5198.3 公斤，比上年减少 78.7 公斤，减幅 1.5%。

早稻面积、产量均略减：2018 年早稻播种面积 479.1 万公顷，比上年减少 35.1 万公顷，减幅 6.8%；总产 2859.0 万吨，比上年减少 128.2 万吨，减幅 4.3%；单产每公顷 5967.0 公斤，比上年增加 157.2 公斤，增幅 2.7%。

秋粮面积减少、产量略增：2018 年秋粮播种面积 8554.4 万公顷，比上年减少 44.3 万公顷，减幅 0.5%；总产 49049.1 万吨，比上年增加 50.5 万吨，增幅 0.1%；单产每公顷 5733.8 公斤，比上年增加 35.4 公斤，增幅 0.6%。

2. 主要粮食品种"三减一增"。稻谷面积、产量均略减：2018 年稻谷播种面积 3018.9 万公顷，比上年减少 55.8 万公顷，减幅 1.8%；总产 21212.9 万吨，比上年减少 54.7 万吨，减幅 0.3%；单产每公顷 7026.6 公斤，比上年增加 109.7 公斤，增幅 1.6%。

小麦面积、产量均略减：2018 年小麦播种面积 2426.6 万公顷，比上年减少 24.2 万公顷，减幅 1.0%；总产 13144.0 万吨，比上年减少 289.4 万吨，减幅 2.2%；单产每公顷 5416.6 公斤，比上年减少 64.6 公斤，减幅 1.2%。

玉米继续调减：2018 年玉米播种面积 4213.0 万公顷，比上年减少 26.9 万公顷，减幅 0.6%；总产 25717.4 万吨，比上年减少 189.7 万吨，减幅 0.7%；单产每公顷 6104.3 公斤，比上年减少 6 公斤。

大豆稳定增产：2018 年大豆播种面积 841.3 万公顷，比上年增加 16.8 万公顷，增幅 2.0%；总产 1596.7 万吨，比上年增加 68.5 万吨，增幅 4.5%；单产每公顷 1898.0 公斤，比上年增加 44.4 公斤，增幅 2.4%。

二 绿色高质高效创建

（一）集成"全环节"绿色高效技术

1. 集成示范新品种新技术。全国共集成 589 套绿色高效技术模式。内蒙古自治区重点推广玉米无膜浅埋滴灌水肥一体、高蛋白大豆绿色高质高效、单种小麦两改三防绿色栽培等 6 套技术模式，示范推广面积 450 万亩。江苏省突出优良食味水稻、特色蔬菜、鲜食玉米等优新品种的筛选应用，建立绿色优质安全生产技术示范基地 11 个，特色粮经作物品种比例较 2017 年提高 10 个百分点。

2. 推广应用绿色防控技术。大力推广科学肥水管理、绿色综合防控等高质高效生产技术，推进轻简绿色化生产。贵州省创建区无公害栽培技术、配方肥、绿色防控技术等覆盖率达 100%；灌溉水有效利用系数达到 0.6，地膜回收率达到 100%；化肥使用量较 2017 年减少 2%，化学农药使用量较 2017 年减少 2%。广东省将绿色创建与农业面源污染治理相结合，创建区农户平均每亩减施化肥 23.5 公斤，减幅 33.6%，减施农药 1～2 次，减幅 29.4%。

3. 促进全程农机农艺融合。全国创建区综合机械化水平较全省平均提高 6.6 个百分点。湖南省积极推广新型高效机械，以及与其相适应、相配套的高质高效农艺技术，创建区农机综合水平提升 10%，省工节本 20% 以上。青海省推广应用小麦机械沟播技术、马铃薯全程机械化作业技术等，创建区机械化率提高 5 个百分点。

（二）带动"全过程"社会化服务

1. 突出关键环节，推进社会化服务。宁夏回族自治区依托 69 家农业社会化服务组织，选择 1～2 个关键环节，点面结合，整乡整村推进，实现社会化服务全覆盖。创建区绿色高效技术到位率达到 100%、综合机械化率达到 88%、亩均节约物化成本 40 元。浙江省重点推进蔬菜育苗、整地、防病等环节的社会化服务，开展代育苗、代机械翻耕整地、代病虫防治的"三代"服务。

2. 创新服务方式，壮大社会化服务组织。安徽省成立全国首家省级农业社会化服务产业联盟，创建区共建立各类农业生产托管服务组织 1.9 万个，服务农户 200 多万户，完成生产托管面积 2000 万亩。北京市相关种植业社会化服务组织达到 21 家，年服务能力 10 万亩以上。

3. 探索应用"互联网+"，推广现代种植技术。黑龙江省以绿色有机食品生产为切入点，在 18 个创建县建设"互联网+农业"高标准示范基地 381 个，落实绿色有机种植面积 127.4 万亩。江苏省按照智慧农业"123+N"模式，在创建县建立粮油生产、病虫害实时监测服务平台，实现作物生长、病虫害发生等实时采集和上传，提高生产智能化水平。

（三）促进"全链条"产业融合

1. 推广优质专用品种。河南省推进优质专用小麦区域化布局，2018 年夏收优质专用小麦面积达到 840 万亩，占全省小麦面积的 1/10，优质专用小麦订单率达 88.2%。黑龙江省推广种植高赖氨酸、高淀粉、鲜食玉米和高蛋白食用大豆等专用型品种，提升产品竞争力。

2. 推进企业订单生产。云南省共组织 871 家新型经营主体参与创建，创建面积 51 万亩，其中农业龙头企业 53 家。江苏省支持产业化龙头企业、粮食产业园区、行业协会、产业联盟等合作，建设水稻产业化基地约 2000 个。

3. 注重精品名牌打造。湖南省依托省稻米协会和优势企业，重点打造了"常德香米""南洲虾稻米""松柏大米"等区域公用品牌，带动区域内优质稻生产整体平衡增效。

4. 拓展农业多种功能。重庆市发展稻田美化栽培，打造稻香旅游环线，丰富田园造型，拓展休闲项目，举办油菜花节等展会，吸引游客休闲观光，提升了农业综合效益。贵州省发展"绿色稻+""苦荞+蜜蜂"种养、桑园茶园套种、蚕桑资源综合开发利用等模式，实现"一田多用"，提升产业融合水平。

（四）探索绿色生态种养模式

1. 推进种植养殖结合。贵州省推广"稻+鸭""稻+鱼"等生态种养模式，实行绿板和黄板灭虫，使用高效低残留农药，提高农产品品质。安徽省建立稻渔综合种养千亩示范片 210 个、万亩示范区 83 个，总面积超过 160 万亩，其中稻虾共作模式亩产稻谷 500 公斤、产小龙虾 130 公斤，亩利润达 2500 元以上。

2. 推进种地养地结合。上海市推进以"绿肥—稻""冬耕晒垡—稻"为重点的绿色茬口模式，创建区应用面积达 72.5%。江苏省示范推广水旱轮作、菜（菌）菜轮（共）作、菌渣循环利用、"猪—沼—菜"等 10 多种绿色高效新模式。

三　基层农技推广体系改革与建设

（一）深度激发基层农技推广体系活力

推进基层农技推广体系改革创新，转变原有重点建机构、保队伍的体系建设思路，通过强化激励引导各类体系内外人员提能力、增服务，加快向全面建设"一主多元"推广体系转变。通过共建载体、派驻挂职、互派人员等措施，促进了公益性推广机构与经营性服务机构相结合、公益性推广队伍与新型经营主体相结合、公益性推广与经营性服务相结合，调动了基层农技人员开展服务的积极性、社会力量参与推广的积极性、农民接受先进技术的积极性。161 名基层农技人员与新型经营主体建立对接服务关系提供增值服务。通过购买服务、定向委托等方式，支持社会化服务组织开展产前、产中、产后全程农业技术服务，一批有资质有能力的市场化主体承担了可量化、易监管的公益性农技推广服务。山西省探索县级农业托管服务中心模式，全省"保姆式"全程托管＋"菜单式"半托管模式的托管服务面积达到 560 万亩，托管经营服务组织化程度高的优势得到充分发挥，加快了新品种新技术直接到田，优良品种与集成技术覆盖率达到 95% 以上。

（二）探索构建农技推广服务协同新机制

针对我国农业技术推广面临引领技术"缺"、成果转化"慢"、推广力量"散"三大"瓶颈"问题，在内蒙古、吉林、江苏、浙江、江西、湖北、广西、四川 8 个省（区）开展农业重大技术协同推广计划试点，构建科技推广的需求关联机制和利益联结机制，推动"省市县三级"上下协同和"政产学研推用六方主体"左右协同，让产业急需的引领性技术"补"起来，让成果转化应用"快"起来，让推广服务力量"合"起来，让科技推广新动能"放"出来，把科技优势更好地转化为产业优势和经济优势。8 省（区）组建的各类协同推广团队覆盖了水稻、食用菌、猕猴桃、肉牛等 39 个产业，聚集了 161 个科研单位、148 个教学单位、309 个推广单位以及 317 个企业、合作社、家庭农场等新型经营主体的 1800 多名骨干人才。

（三）丰富以信息化为基础的新型农技推广服务手段

基于大数据、云计算和移动互联网等信息化技术，构建了 Web 端、客户端、公众号"三位一体"的中国农技推广信息平台，促进了专家、农技人员和农民的互联互通，实现了农技推广任务安排网络化、服务智能化、考核电子化，为广大农业生产经营者提供了高效便捷、双向互动的农技推广服务。到 2018 年底，6000 多名专家、33 万名农技人员在中国农技推广信息平台开展指导服务，累计上报有效日志 348.7 万条、有效农情 26.3 万条，有效回答提问 1768.9 万条。江苏省开发了"农技耘"APP，已有 20 多万用户实名注册使用。山东省研发了山东农业科技服务云平台和农技推广信息化业务应用系统 APP，遴选 25 个县（区、市）建设农技推广信息化中心示范站、示范教室、示范基地。

（四）提升农技人员业务技能和学历层次

完善农技人员分级分类培训机制，采取异地研修、集中办班、现场实训、网络培训等方式，提升基层农技推广队伍知识技能。全年对全国 1/3 以上的在编基层农技人员进行连续不少于 5 天的脱产业务培训，异地培训（出县）基层农技人员数达到培训人员总数的 30%，接受培训的基层农技人员对培训活动满意率达 95% 以上。继续支持基层农技推广队伍中非专业人员、低学历人员等，通过脱产进修、在职研修等方式进行学历提升教育，补齐专业知识"短板"。

（五）加快优质绿色高效技术推广应用

完善中央、省、县三级主推技术推介制度，遴选推介了一批符合绿色增产、资源节约、生态环保、质量安全等要求的先进适用技术。在技术适用范围内以农业县为单位，组织农科教紧密协作形成技术操作规范，编写通俗易懂的技术要领挂图，开展多层次、多样式技术培训，加强技术示范展示和推广应用，让广大农户和新型农业经营主体了解技术要求、掌握使用要领，促进农业科技快速进村入户到田。2018 年，大范围推广应用了稻田生态种养技术、杂粮杂豆规范化生产、奶牛饲料高效利用等绿色优质高效技术，全国农业主推技术到位率达到 95% 以上，为推动农业供给侧结构性改革提供了有力支撑，保障了农业稳产增产、连年丰收，又促进了农业高质量发展。稻田生态种养技术年推广应用 2000 多万亩，有效减少了化肥农药使用、改善了生态环境，也生产出更多的优质安全稻米、水产品和畜产品。

（六）全面实施农技推广服务特聘计划

针对贫困地区产业扶贫对农技推广服务的迫切需求，在 22 个有国家级贫困县（或集中连片贫困地区县）的省份以及其他有意愿的地区实施农技推广服务特聘计划，通过政府购买服务等支持方式，从农业乡土专家、种养能手、新型农业经营主体技术骨干、科研教学单位一线服务人员中招募一批特聘农技员，为县域农业特色优势产业发展提供技术指导与咨询服务，为贫困农户从事农业生产经营提供技术帮扶，增强基层农技人员专业技能和实操水平。特聘计划从需求出发，从解决问题、发挥作用入手，以服务对象的满意率、解决产业发展实际问题为主要考核指标，突破了编制管理的限制、突破了农技人员来源的框框、突破了现有农技推广队伍管理障碍，增强了公益性农技推广服务供给能力、助力脱贫攻坚，受到基层农业农村部门、乡镇政府和广大农户的普遍认可，为农技推广队伍长远发展探索了新路子。到 2018 年底，特聘计划在全国 541 个国家级贫困县（或集中连片贫困地区县）和 18 个非贫困县实施，招募特聘农技人员 2200 多人。

四　农机购置补贴

（一）启动实施平稳有序

2018 年是《2018—2020 年农机购置补贴实施指导意见》农机购置补贴政策实施启动年，各级农机化、财政部门密切配合，组织调动各方力量，集中开展了省级方案制发、补贴额测算公开、补贴机具投档和补贴辅助管理系统开放等工作，38 个省级实施部门中有 30 个在 6 月底前开始受理申请；黑龙江省因"两大平原"现代农业综合配套改革试验期满，调整了操作方式，不再对合作社单独切块；北京市取消了政府采购的做法。至此，农机购置补贴操作方式进入全国统一的新阶段。截至 2018 年底，全国已实施中央财政农机购置补贴资金 174 亿元，占当年投入的 93.5%，同比提高 7.5 个百分点；扶持 163 万农户购置机具 191 万台（套），全年绩效目标超额完成。

（二）普惠共享深入人心

各省农机部门充分征求基层和农业产业部门意见，从全国补贴范围中选取适合本省的机具品目。与往年相比，各省补贴范围有所扩大，重点新增了支持农业绿色发展的机具，比如河南、湖南、四川、山东等生猪大省就新增了清粪机、粪污固液分离机等畜禽粪污资源化利用机具。在资金规模保持稳定的基础上，所有实施部门都明确对补贴范围内机具实行敞开补贴，取消了申请补贴指标等门槛，稳定了农民购机预期，显著降低了基层的权力寻租风险。

（三）资金管理日益强化

所有省级实施部门均建立了补贴资金使用定期调度机制，及时掌握市县资金使用进度，除西藏外，其他 37 个省级实施部门实现了补贴资金实施进度实时公开。云南、宁夏等省（区）的财政、农机部门密切配合，根据实际情况，在全省（区）范围内开展了资金余缺动态调剂，有效防止大量结转的产生。福建省实施限时办结制，提出了补贴办理和资金兑付时限要求。

（四）创新试点有序扩展

2018 年，农业农村部、财政部两部门将新产品试点范围扩大到全国。8 月，农业农村部组织对 16 个省级实施部门 35 个批次的新产品试点品目进行了备案，并会同财政部对 10 个省级实施部门的植保无人飞机试点进行了联合备案，有两个突出特点：一是允许开展标准化设施大棚骨架补贴；二是畜禽粪污资源化利用设备得到有力支持。着眼于扩大补贴机具资质采信范围，农业农村部、财政部两部门首次采信农机产品认证制度，国家认证认可监督管理委员会同农业农村部于 2018 年 11 月联合印发了《农机自愿性产品认证实施规则通用要求》，积极推进相关举措加快落地。充分尊重企业市场主体地位和农民自主选择权，继续支持福建省开展补贴机具资质采信市场化改革试点。

（五）管理服务效能不断提升

各级农机化、财政部门坚持问题导向，紧盯薄弱环节，推出了一系列便民利企举措。一是鉴定信息公开方面。组织开发了全国农机鉴定管理服务信息化平台，主动向社会公布所有获得部级、省级证书的农机产品信息。二是补贴机具投档方面。实现了全国农机鉴定管理服务信息化平台与补贴机具投档系统的互联互通，补贴机具投档参数及相关信息可自动推送至投档平台。35 个省级实施部门实现了无纸化投档，不再要求企业邮寄或人工报送成套纸质材料，工作效率明显提高，也有效减少了人为操作失误。三是补贴申请受理方面。多数地方在行政审批大厅或农机大市场设立了"一站式"服务窗口，农民购机报补基本上"最多跑一次"；江苏等省开展了集中进村验机和受理补贴申领等上门服务；山东、山西等 26 个省级实施部门使用手机 APP 等办理补贴申领和机具核验，"手机一点、补贴到手"成为现实。四是补贴机具监管方面。江西、北京等省（市）率先利用二维码和物联网技术强化机具溯源精准监管，积极探索"放管服"大背景下的补贴机具信息化监管新模式。

五	化肥减量增效

（一）化肥使用量零增长行动的主要做法

1. 推进化肥减量增效。印发《关于做好 2018 年耕地保护与质量提升促进化肥减量增效的通知》，突出粮棉油等大宗农作物，在全国选择 300 个大县大市开展化肥减量增效示范，示范县集中连片建设 1 个以上的万亩示范片区，集成推广农机农艺结合、设施技术配套、肥水管理与品种、栽培、植保措施统筹的化肥减量增效技术，加快构建化肥减量增效长效机制。继续抓好田间调查、取土化验、田间试验、配方发布、数据开发等测土配方施肥基础工作。编制印发《2018 年春季主要农作物科学施肥指导意见》，召开化肥减量增效工作座谈会，举办化肥减量增效技术培训班，指导科学施肥技术落地。引导肥料企业利用测土配方施肥数据成果，采取多种方式推广配方肥。推动肥料企业参与化肥减量增效示范县创建，支持示范县开展肥料新产品、新技术试验示范，组织科学施肥技术培训。引导企业与新型农业经营主体合作，发展农业生产社会化服务组织，开展肥料统配统施服务。

2. 开展果菜茶有机肥替代化肥试点。2018 年，在首批 100 个试点县的基础上，新增 50 个果菜茶生产和畜牧养殖大县开展有机肥替代化肥试点，扩大果菜茶有机肥替代化肥试点范围。在江苏金坛召开果菜茶有机肥替代化肥推进落实会，交流各地开展有机肥替代化肥的经验，研究有机肥替代化肥常态实施的措施，对重点工作进行动员部署，推进落实果菜茶有机肥替代化肥行动。结合"化肥农药减量在行动"宣传专栏，宣传各地果菜茶有机肥替代化肥的好经验、好做法。会同全国农技中心举办 4 期果菜茶有机肥替代化肥技术培训班，培训蔬菜、茶叶有机肥养分管理技术要领，加快果菜茶有机肥替代化肥技术模式推广。

3. 强化宣传引导。广泛利用广播、电视、报刊、互联网等媒体，全方位、多角度宣传农业绿色发展的重要意义，宣传化肥减量增效的好做法、好经验、好典型，营造政府引导、全民参与的良好氛围，推进化肥减量增效技术推广应用。此外，结合科技入户、农民田间学校等载体，广泛进行宣传培训。2018 年，全国开展化肥减量增效技术培训 5 万余场次，组织现场观摩 1 万余场次，组织宣传活动 2 万多次。

（二）化肥使用量零增长行动取得积极进展

通过化肥减量增效项目的实施，推广应用配方施肥、水肥一体化、机械施肥等高效施肥技术和新型经营主体减肥增效生产模式的，借力肥料新产品和施肥新技术，推进化肥减量增效。据国家统计局统计，2017 年，全国农用化肥使用量 5859.4 万吨（折纯），比 2016 年减少 124.7 万吨，化肥使用量下降幅度进一步扩大。经测算，2017 年我国水稻、玉米、小麦三大粮食作物化肥利用率为 37.8%，比 2015 年提高 2.6 个百分点。

1. 化肥减量成效明显。通过在全国开展测土配方施肥基础性工作，全面掌握了土壤养分状况，对于指导农民科学施肥，农业绿色发展具有重要意义。据统计，2018 年全国测土配方施肥技术推广面积达 18.5 亿亩，技术覆盖率达 85%，有力推动了化肥减量增效工作。通过化肥减量增效项目实施，推广应用化肥减量增效技术模式，项目县化肥减量效果显著。

2. 施肥结构优化升级。在全国 300 个化肥减量增效示范县，主要示范推广应用配方肥、有机肥、高效新型肥料，推进秸秆还田利用，优化施肥结构。据统计，示范县全年配方肥施用达 1.6 亿亩，配方肥施用 300 多万吨（折纯）。通过项目带动，指导全国共建成智能化配肥网点 4000 多个，指导各级农业农村部门制定发布了1万多个肥料配方，发放施肥建议卡3900多万张，引导农民科学施肥。示范县全年有机肥施用面积6000多万亩。

3. 技术模式集成推广。集成推广配方肥施用、机械施肥、水肥一体化、新型肥料施用以及新型经营主体减肥增效模式。据统计，配方肥施用面积400多万亩，机械施肥面积300多万亩，水肥一体化面积70多万亩，新型肥料施用面积90多万亩。重点推广玉米种肥同播、水稻机插秧侧深施肥等机械施肥技术模式，加大施肥机械投入，示范县全年施肥机械投入67.4万台（套）。

六　病虫害绿色防控

（一）推行病虫全程绿色防控

继续在22个省（区、市）150个重点县开展果菜茶全程绿色防控试点，在5省（区、市）开展蜜蜂授粉与绿色防控技术集成示范，集成推广生态调控、理化诱控、生物防治等绿色高效技术模式，组装健康栽培、植物诱集、防虫阻隔、灯诱、色诱、性诱、食诱、天敌和生物农药等关键技术。注重发挥新型经营主体和社会化服务组织作用，打造优质农产品绿色防控品牌基地，示范带动小农户采用绿色防控技术。结合开展绿色高产高效创建、有机肥替代化肥、现代农业示范区、标准化生产示范县等项目，协同推进全程绿色防控。推广绿色防控技术，一般大田作物每季可减少用药1~2次，园艺作物每季可减少用药3~4次，农药用量减少15%~30%。通过技术、服务和机制"三个创新"，2018年主要农作物病虫绿色防控覆盖率达到29.4%，比上年提高2.2个百分点。

（二）扎实推进农药减量增效

继续深入实施农药零增长行动，结合"化肥农药双减"重大科技专项，破解精准施药、绿色防控、农药残留等难题；依托植保科技创新联盟，重点开展天敌昆虫、绿色农药、新型植保机械等新产品、新技术研发，植物免疫诱抗、以虫治虫、食诱、性诱等一批关键技术取得重点突破。以全国600个统防统治与绿色防控融合示范基地为平台，依托新型经营主体，加强农企合作，创新服务方式，集成推广生防与化防相结合、农机与农艺相配套、农药与药械相适应的综合技术模式，重点推广赤眼蜂、捕食螨、丽蚜小蜂等天敌生物控制病虫危害，大面积应用寡雄腐霉、苏云金杆菌、蜡质芽孢杆菌、枯草芽孢杆菌、核型多角体病毒等生物制剂，减少化学农药使用。据统计，全国有15000多个新型经营主体、8000多个专业化服务组织和1300多家农药（械）企业，引领共建农药减量增效示范基地。

（三）努力提升科学用药水平

协调"人、药、械"三要素，大力推进农药安全科学使用。开展百县万名新型农民科学用药培训行动，重点培训新型农民和服务组织技术骨干。组织设施蔬菜植保机械、果园植保机械观摩展示，推进高效施药机械替代，提高农药利用效率。推行全程承包服务，由植保专业服务组织与农户签订协议，开展"药械+服务""物资+服务""技术+服务"等多种专业化服务模式，解决一家一户"打药难""乱打药"的问题。大力开展农药减量增效宣传，及时总结宣传各地的好做法、好经验。据统计，2018年，在农业农村部门备案的植保专业服务组织稳定在4万个，大中型植保机械保有量达到40万台（套），比上年增加8万台（套）；三大粮食作物专业化统防统治覆盖率达到39.2%，比上年提高1.4个百分点，全国植保系统培训各类人员400多万人次。

七　农业防灾减灾

（一）2018 年农业灾害发生情况及影响分析

1. 干旱轻于上年，轻于常年，灾情集中在东北。2018 年，全国农作物因旱受灾面积累计 1.16 亿亩，较上年同期减少 3240 多万亩，其中成灾 3930 多万亩，减少 2730 多万亩；绝收 1380 多万亩，增加 250 多万亩。受灾、成灾面积为近 10 年最低值，绝收面积为近 10 年第 8 位。4 月下旬至 6 月初，东北地区大部降水较常年同期偏少 3 ~ 8 成，气温偏高 1 ~ 2℃，旱情快速发展，东北 4 省（区）因旱受灾 8960 多万亩，占全国农作物因旱受灾面积的 7 成多。旱情集中在黑龙江哈尔滨、绥化等非传统旱区，以及内蒙古赤峰、吉林榆树等传统旱区，这些地区都是玉米主产区，对玉米适期播种和出苗影响较大。

2. 降雨北多南少，洪涝灾害轻于上年，轻于常年。2018 年，降雨北方偏多，南方偏少，洪涝灾害影响总体偏轻，东北、西北和西南局地灾情突出。全国农作物因洪涝受灾 5920 多万亩，较上年同期减少 2190 多万亩，其中成灾 3820 多万亩，绝收 970 多万亩，分别减少 700 多万亩和 130 多万亩，受灾面积为近 10 年同期最低值，成灾和绝收面积均为近 10 年次低值。内蒙古、黑龙江、四川和甘肃 4 省（区）受灾面积 3490 多万亩，占全国农作物因洪涝受灾面积的 6 成。

3. 台风登陆偏多，间隔时间短，影响区域重叠，黄淮等地灾情严重。2018 年，西北太平洋和南海共有 29 个台风生成，其中有 10 个登陆我国，造成农作物受灾 4990 多万亩，同比增加 4400 多万亩，其中成灾 2960 多万亩，绝收 530 多万亩，分别增加 2690 多万亩和 500 多万亩。受灾面积为近 10 年次高值（仅轻于 2012 年），成灾和绝收面积为近 10 年最高值。由于副热带高压影响，台风多在华东中部登陆并北上，路径相似、区域重叠，灾情集中，江苏、安徽、山东和河南 4 省农作物受灾 3190 多万亩，占全国农作物因台风受灾面积的 6 成。其中，设施蔬菜大棚损毁 90 万亩（山东省损毁 66 万亩）。

4. 风雹灾情重于上年，轻于常年。2018 年，全国农作物因风雹受灾 3610 多万亩，同比增加 200 多万亩，其中成灾 2320 多万亩，增加 460 多万亩，绝收 290 多万亩，同比减少 40 多万亩。受灾、成灾和绝收面积轻于近 10 年同期平均值。其中，受灾和成灾面积分别居近 10 年第 8 位和第 7 位，绝收面积为近 10 年最低值。

5. 初春气温波动较大，低温冻害总体偏重，对经济作物影响大。2018 年，全国作物因低温冻害受灾 5110 多万亩，同比增加 4330 多万亩。其中成灾 2800 多万亩，绝收 680 多万亩，同比分别增加 2330 多万亩和 560 万亩，低温冻害为近 10 年较重水平。

（二）开展的防灾减灾工作

1. 及时安排部署。2018 年 4 月上旬，农业农村部召开草原防火和防汛抗旱工作会议，传达学习李克强总理重要批示精神和国务院电视电话会议部署，对有关工作进行具体安排。4 月中下旬，按照国家防总统一部署，派出 14 个检查组赴江苏、山东等 10 省及安徽、浙江垦区开展汛前检查。针对东北严重旱情、黄淮等地严重台风洪涝灾害，加强灾情调度，紧急派出 10 余个工作组赶赴受灾地区，指导灾后恢复生产和动物防疫工作。

2. 提早准备物资。救灾备荒种子储备足，储备救灾备荒种子 5000 万公斤，满足了救灾及备荒需求。抗旱排涝机具准备足，全国拥有拖拉机 2304 万台、排灌动力机具 2323 万台、农用水泵 2232 万台、节水灌溉类机具 229 万台（套）、组织检修农机具 1510 万台（套）。饲草料和兽药储备足，加强饲草料、兽药、消毒药等重点投入品储备，确保饲草料调入、畜禽崽苗买卖、畜禽出栏等运输渠道畅通。垦区防灾减灾物资准备足，各垦区及时备齐备足防汛抗旱物资，保证物资满足抢险要求。

3. 推进科学抗灾。结合灾区实际，多措并举、精准发力，千方百计落实科学抗灾自救恢复生产措施。适时改种补种，全年完成改补种面积 1920 多万亩，占因灾需要改补种面积的 77%，其中改补种粮食面积 1160 多万亩，挽回粮食损失 600 多万吨。科学抗旱播种，黑龙江、内蒙古推广"坐水种"等抗旱播种近 4000 万亩，比常年增加 1500 万亩。指导南方受旱地区完成水改旱 60 多万亩。强化病虫防控，派出 11 个督导组，深入 23 个重点省（区）督查指导秋粮重大病虫防控。发挥植保专业化服务组织作用，调度大型植保机械，开展统防统治，有效遏制了病虫扩散蔓延。防控动物疫病，组织兽医系统机关干部和技术人员，深入洪涝重灾区、养殖密集区，指导养殖户开展灾后紧急免疫、环境消毒、死亡畜禽无害化处理，确保了大灾之后无大疫。加强产地和屠宰环节监督检查，确保上市产品安全卫生。

4. 强化指导服务。加强监测预警，密切关注天气变化，完善与应急、水利、气象等部门信息共享机制。2018 年初，农业农村部与中国气象局会商研判全年农业气象年景，预测灾害发生趋势，制定完善农业防汛抗旱保丰收预案。下发农业抗旱、防洪涝和台风通知 21 个，预警信息 80 多期。加强灾情调度，严格执行汛期值班制度，及时调度灾情，科学研判影响，向党中央和国务院反映灾情及抗灾工作情况。精准指导服务，组织专家制定下发 25 个分区域、分作物、分灾种救灾技术指导意见。组织专家和农技人员，深入重灾区，了解灾情、指导生产，帮助解决实际困难。搞好种子生产监管，及时组织做好种子质量监督检测，指导做好病害防治和加工生产，保障用种安全。加强渔业安全生产工作，协调跟进处置渔业水上险情及事故 48 起、渔船报警及求助 182 起。

5. 加大救灾支持。申请救灾资金，积极商财政部紧急安排 35.6 亿元农业生产救灾资金，支持重灾省用于种子种苗、柴油、农膜补贴和病虫害防控等灾后恢复生产工作。调剂调运物资，调剂调运国家救灾备荒种子 150 多万公斤，支持各地因地制宜改种补种生育期短、有市场需求的作物。调剂调运动物疫苗、消毒药剂 29 吨，协调内蒙古自治区向受旱牧区调剂调运饲草料 170 万吨。开展保险理赔，各受灾地区均通过安排救灾资金、物资、保险理赔等多种方式支持尽快恢复生产。

粮食生产扶持政策

一   强化粮食生产能力建设

（一）加快"两区"划定

深入实施藏粮于地、藏粮于技战略，在严守耕地保护红线、划定永久基本农田15.46亿亩的基础上，按照国务院办公厅《关于建立粮食生产功能区和重要农产品生产保护区的指导意见》提出的，力争用3年时间完成9亿亩粮食生产功能区、2.38亿亩重要农产品生产保护区划定任务的要求，制定"两区"划定标准规范，突出重点品种，落实划定任务，强化督导检查，加快划定步伐。截至2018年底，各地累计划定"两区"9亿多亩，其中稻谷、小麦生产功能区和大豆生产保护区率先基本完成划定任务，明确到具体地块，一大批资源条件较好的优势产区得到进一步保护。

（二）加大"两区"建设力度

高标准农田建设资金优先安排在粮食生产功能区，重点加强以灌排渠道为主的小型农田水利、机耕路等基础设施建设。初步统计，全年累计安排中央预算内投资310亿元左右，主要包括新增千亿斤粮食生产能力规划田间工程建设、大型灌区续建配套和节水改造、新建大型灌区建设、大型灌排泵站更新改造等。其中，新增千亿斤粮食产能规划田间工程中央投资165亿元，在800个产粮大县建设高产稳产粮田1375万亩；大型灌区续建配套和节水改造、新建大型灌区和大型灌排泵站更新改造投资约145亿元。此外，财政部、自然资源部等有关部门安排资金500亿元左右，用于重点地区高标准基本农田、小型农田水利建设和土地整治等。预计全国建成高标准农田8000万亩左右，改善了农田灌排条件，形成了一批集中连片、高产稳产、旱涝保收、生态友好的高标准农田，提升粮食核心生产能力，夯实了保障国家粮食安全和重要农产品有效供给的基础，推动了农业提质增效和农民持续增收。

（三）加强粮食生产科技创新

安排中央预算内投资9亿元，继续实施农作物良种工程、植物保护能力提升工程建设。着力改善种质资源开发利用、品种改良中心、良种繁育基地和病虫害监测、预警和防控等基础设施条件，促进粮食作物优良品种研发和推广，增强粮食生产抗灾减灾能力，提升粮食生产科技水平。

二   开展耕地轮作休耕试点

针对长期以来我国耕地开发利用强度过大、耕地质量下降、地力透支严重的情况，2018年，国家继续以东北冷凉区和农牧交错区、华北地下水漏斗区、湖南重金属污染区，以及西南石漠化区、西北生态严重退化区为重点，因地制宜试点探索耕地轮作休耕，当年轮作休耕面积2400万亩，比上年增加1倍。按照稳定农民收益的原则，中央财政对轮作休耕试点范围的农民给予一定补贴。其中，轮作地区每亩补贴 150 元，休耕一季作物的地区每亩补贴 500 元，休耕两季作物的地区每亩补贴 800 元。耕地轮作休耕试点取得明显效果，改善了土壤理化性状，促进了地力保护和提升，减少了地下水超采，推动了重金属污染耕地的治理。

三　粮食生产补贴政策

（一）支持耕地地力保护

补贴对象为拥有耕地承包权的种地农民，享受补贴的农民须保证耕地不撂荒、地力不下降。补贴资金重点向种粮大户、家庭农场、农民合作社、农业社会化服务组织等新型经营主体倾斜，支持粮食适度规模经营，体现谁多种粮食、优先支持谁的政策导向。中央财政安排补贴资金约 1400 亿元。

（二）农机购置补贴

补贴对象为直接从事农业生产的个人和农业生产经营组织，补贴机具为 11 大类 40 多个小类 130 多个品目，各省可结合实际确定具体补贴机具种类，补贴标准由省级农机化主管部门按规定确定，不允许对省内外企业生产的同类产品实行差别对待。一般机具单机补贴额不超过 5 万元，挤奶机械、烘干机械单机补贴额不超过 12 万元，大型联合收割机、拖拉机、甘蔗收获机、棉花采摘机等单机补贴额 15 万 ~ 60 万元。同时，继续在江苏等部分省开展农机报废更新补贴试点，加快淘汰老旧农机。中央财政共安排补贴资金约 230 亿元。

（三）产粮大县奖励

安排财政奖励资金 320 亿元左右，改善和增强产粮大县财力状况；对粮食产量或商品量位于全国前 100 名的产粮大县，作为超级产粮大县给予重点奖励；常规产粮大县奖励资金为 700 万 ~ 9000 万元，由县级人民政府统筹用于扶持粮食生产和产业发展，调动地方政府重农抓粮的积极性。

（四）玉米和大豆生产者补贴

在东北地区继续实行"市场化收购加补贴"机制，玉米和大豆价格由市场形成，生产者随行就市出售，各类市场主体自主入市收购，供求关系靠市场调节。同时，为保护农民种植积极性，综合考虑市场价格、农民种植基本收益、供需平衡等因素，国家对东北四省区按照 210 元 / 亩、110 元 / 亩的标准，实行大豆和玉米生产者补贴，中央财政将补贴资金拨付到省，由地方确定当地大豆和玉米具体补贴标准，促进东北大豆生产，推动种植结构调整优化。

同时，开展高产创建和绿色增产模式攻关。中央财政安排资金 15 亿元左右，选择生产基础好、优势突出、特色鲜明、产业带动能力强的 100 多个县整建制创建，重点开展技术瓶颈攻关和集成推广高产高效、资源节约、生态环保的技术模式。此外，中央财政还安排资金实施制种大县奖励、农技推广体系改革和建设、农机深松整地作业、测土配方施肥、化肥农药减量增效试点、耕地保护和质量提升、东北地区黑土地保护利用试点等工作。

四　粮食价格政策

（一）小麦最低收购价政策

2018 年，国家继续在小麦主产区实行最低收购价政策。同时，为完善小麦最低收购价政策，保护农民种粮积极性，稳定小麦生产，发挥价格调节信号作用，鼓励发展优质小麦生产，综合考虑小麦生产成本、市场供求、比较效益、国际市场价格和粮食产业发展等各方面因素，国家首次下调了小麦最低收购价格水平，2018 年生产的小麦（国标三等）最低收购价为每斤 1.15 元，比上年下调 0.30 元。最低收购价执行时间为当年 5 月 21 日至 9 月 30 日。政策适用范围为河北、江苏、安徽、山东、河南、湖北 6 个小麦主产省。

（二）稻谷最低收购价政策

2018 年，国家继续在稻谷主产区实行最低收购价政策。同时，根据稻谷阶段性供大于求、收储压力较大、库存高企等问题，进一步完善了稻谷最低收购价政策，在前两年连续下调最低收购价的基础上，继续下调 2018 年稻谷最低收购价格水平，即当年生产的早籼稻（三等，下同）、中晚籼稻和粳稻最低收购价分别为每斤 1.20 元、1.26 元和 1.30 元，分别比上年下调 0.10 元、0.10 元和 0.20 元，以充分发挥价格信号的引导作用，促进农业结构调整。早籼稻最低收购价政策适用范围为安徽、江西、湖北、湖南、广西 5 个主产省（区），中晚稻最低收购价政策适用范围为辽宁、吉林、黑龙江、江苏、安徽、江西、湖北、河南、湖南、广西、四川 11 个主产省（区）。

粮食流通

一 粮食收购与销售

（一）粮食收购进展总体顺利

2018年，粮食收储制度改革成效明显，收购工作进展顺利，价格总体平稳，市场秩序良好。全年各类粮食企业收购粮食36190万吨（原粮，下同），同比减少5522万吨。其中小麦9032万吨，同比减少84万吨；稻谷11893万吨，同比减少122万吨；玉米14240万吨，同比减少3450万吨；大豆716万吨，同比增加4万吨。粮食收储制度改革激活了市场，各类主体积极入市，市场化收购比重进一步提升。全年国家政策性粮食收购仅占各类企业收购总量的7.34%，为近五年来的最低水平，各类企业自营收购粮食33533万吨，占收购总量的92.66%，同比增加近5个百分点。

（二）国有粮食企业销售量创历史新高

2018年，国有粮食企业销售粮食40183万吨，比上年增加6913.4万吨。分品种看，小麦销售6687.5万吨，同比减少82万吨；稻谷销售7863.08万吨，同比增加销售488.1万吨；玉米销售20953.95万吨，同比增加6683万吨；大豆销售4144.95万吨，同比减少65.6万吨。销售量增加的主要原因是政策性粮食拍卖成交活跃。2018年国家政策性粮食销售出库12835万吨，同比增加4898万吨。2013年及以前年份国家政策性玉米库存全部消化完毕。

（三）各类企业粮食库存高位回落

2018年末粮食库存从高位回落，库存结构持续改善。分性质看，中央和地方储备粮基本持平，国家政策性粮食库存连续两年下降，企业自营商品库存继续增加。分品种看，小麦、稻谷、大豆库存有所增加，玉米库存大幅减少。分储存年限看，2013年及以前年度库存显著减少，粮食品质结构日趋合理。储粮条件显著改善，风险最大的蓆囤基本消失。从地区分布看，主产区库存下降，主销区、平衡区库存略有增加。

二 粮油竞价交易

（一）精心组织粮油竞价交易，服务国家粮食宏观调控和"去库存"

1. 政策性粮油竞价交易情况。2018年，国家粮食和物资储备局会同有关部门积极采取措施，加大库存粮食消化力度，优化库存粮食结构，政策性粮食销售再创历史新高。2018年全年通过交易平台共组织国家政策性粮油竞价及挂牌交易会456场，成交各类粮油12555.4万吨，成交金额达2063.3亿元，成交量同比增加4742.1万吨。分品种成交玉米10013.1万吨，同比增加4358.7万吨，增幅77%；稻谷1236.5万吨（早籼稻105.5万吨、中晚籼稻527.8万吨、粳稻599.2万吨），同比增加205.2万吨，增幅20%；小麦1066.5万吨，同比增加45.4万吨，增幅4%；大豆200.7万吨，同比增加 179.1 万吨，增幅 829%；菜籽油 28.6 万吨，同比减少 60.5 万吨；豆油 13 万吨；籼米 0.8 万吨。总体来看，全年政策性粮食拍卖销售成效显著，当前政策性粮食库存与历史最高位相比下降近 30%。一是为促进粮食流通，确保粮食安全，国家有关部门加大政策性粮食拍卖投放力度，适时调整交易品种，科学制定销售底价，合理安排销售计划。二是国家有关部门密切关注市场行情变化，提前启动拍卖临储玉米，完善销售方式，将不同年份粮食同时上网拍卖，拉开区域和品质差价，满足玉米深加工和饲料企业的用粮需求。三是受中美经贸摩擦影响，粮食进口量减少，市场对政策性玉米和大豆的需求增加。四是针对粮食销售出库存在的突出问题，及时采取行之有效措施，进一步加大政策性粮食监管力度，维护正常的粮食市场秩序，全年粮食销售出库率高达 99.5%。

2. 地方储备粮食及贸易粮交易情况。为贯彻落实粮食安全省长责任制，各级地方政府积极组织地方储备粮油上网交易。2018 年国家粮食电子交易平台共组织地方储备粮油竞价销售和采购专场 3694 场，成交 1068 万吨，成交金额 255.5 亿元。与 2017 年相比，成交量增加 510.5 万吨，增幅达 91.6%，成交均价、成交数量和市县覆盖面均有明显增长。地方储备粮进入平台交易有利于政府实施宏观调控，更好地发挥市场配置资源的作用，促进粮食有序流通，维护正常的粮食市场秩序。2018 年贸易粮销售有了较大突破，22 个品种共成交 696.9 万吨，成交金额 168.2 亿元。与上年相比，交易品种增加 20 个，成交量增加 693.3 万吨。

（二）健全国家粮食交易中心体系，形成完善市场服务网络

国家粮食交易中心和 29 个省级交易中心高度重视粮食交易体系的建设，定期召开全国粮食交易工作座谈会，集智汇心聚力，把粮食交易工作做实做细做好。同时，积极推进交易中心不断向纵深发展，目前 29 个省级交易中心已组建 95 个市、县分中心，不断延伸服务触角，形成完善的交易市场服务网络，通过统一的国家粮食电子交易平台，粮食交易数据更加规范透明，既有利于粮食交易方式、服务功能和服务效率的进一步改进和增强，也有利于为粮食市场主体提供更加便捷有效的服务，更便于国家有关部门监测粮食价格，保障国家粮食安全。

（三）拓展国家粮食电子交易平台功能，不断提升会员服务水平

1. 首批交收库获认证，贸易粮上网交易迈上新台阶。设计研发交收库认定系统及交收库在线监管系统，对各省业务人员开展系统操作培训。加强对各省级交易中心交收库选定工作指导，共有 51 家企业被确认为平台第一批交收库。

2. 打造多式联运物流系统，助力粮食流通改革发展。围绕国家粮食电子交易平台搭建多式联运物流系统板块，为政策性粮食竞拍企业提供全程在线的一站式物流及融资监管服务，节约了成本，提高了效率。从辽宁西北、内蒙古东北、黑龙江东部地区至东南沿海及江淮地区开展多式联运全程接取送达业务试点，打通产区、港口及销区的多式联运物流通道。建立动态融资产品监管体系，可实现对融资标的物从出库监装—场站集并—集疏港—目的地交割全程监管。

3. 与银行合作研发产品，多途径解决企业融资问题。依托物流公司和交收库，延伸融资服务环节，与平台资金监管银行合作研发设计物流融资、仓单融资两个新产品，并采取线上线下结合方式开展试点。进一步优化光大银行在线合同履约贷款产品流程，为交易会员提供更优质的金融服务。截至 2018 年底，光大银行在线合同履约贷款产品累计发放 103.5 亿元，其中 2018 年共发放 90 亿元，解决中小粮食企业融资难、融资贵等问题。

4.强化信息服务引导，研究编制国粮交易价格指数。为帮助粮油企业和种粮农民准确掌握粮油价格波动，研究编制国粮交易价格指数，做好价格指数的数据采集、定期编制、分析解读等工作。经国家粮食和物资储备局党组批准同意，国粮交易价格指数作为部门指数正式申请国家统计局登记备案。

粮食流通体制改革

一 改革进展总体情况

（一）全面部署粮食流通改革工作

2018 年 1 月，全国粮食流通工作会议在北京召开。会议强调，2018 年是贯彻党的十九大精神的开局之年，是改革开放 40 周年，是决胜全面建成小康社会、实施"十三五"规划承上启下的关键一年，也是粮食行业深化改革、转型发展的攻坚之年。会议要求，坚持稳中求进工作总基调，坚持新发展理念，坚持问题导向和底线思维，以供给侧结构性改革为主线，以实现高质量发展为目标，守住安全底线，努力构建更高层次、更高质量、更有效率、更可持续的粮食安全保障体系。

（二）扎实推进粮食流通各项改革

1. 积极做好机构改革各项工作。坚决贯彻党的十九届三中全会精神，按照党中央、国务院统一部署，扎实有力推进机构改革。国家粮食和物资储备局如期组建到位，"三定"规定编制、机构人员转隶、内设司局调整等任务顺利完成，职责有序交接，工作平稳过渡，实现了机构改革和业务工作"两不误、两促进"。《关于国家粮食和物资储备局垂直管理机构设置有关事项的通知》正式印发，明确垂直管理系统的机构设置和主要职责。各地粮食和物资储备部门按照当地党委、政府部署，认真做好机构改革工作。

2. 推进粮食收储制度改革。持续深化粮食收储制度改革，完善小麦、稻谷最低收购价政策，修订执行预案，进一步厘清各方责任，突出质量导向，优质优价特征更加明显。夏粮市场化收购比重超过 90%，秋粮市场化收购比重达 85%。各类企业全年收购粮食 36000 多万吨，没有出现"卖粮难"。政策性粮食不合理库存消化进度加快，全年消化库存近 13000 万吨，超额完成年度目标任务。

3. 加强粮食储备管理改革。以服务宏观调控、调节稳定市场、应对突发事件和提升国家安全能力为目标，科学确定粮食储备功能和规模，改革完善粮食储备管理体制，健全粮食储备运行机制，强化内控管理和外部监督，加快构建粮食安全保障体系。

4. 推动粮食产业高质量发展。坚决贯彻习近平总书记关于"粮头食尾""农头工尾"的重要指示精神，粮食产业强国建设加力提效。认真落实《国务院办公厅关于加快推进农业供给侧结构性改革大力发展粮食产业经济的意见》，30 个省级政府出台了实施意见，一批有针对性的政策举措效果显现。全国粮食产业经济总产值增幅超过 6% 左右，保持稳中向好势头。深化国有粮食企业改革，市场化经营能力有效提高。"优质粮食工程"支持范围和扶持资金规模进一步扩大。启动建设 4 个国家粮食技术创新中心和首个国家粮食技术转移中心。

5. 深化粮食流通监管改革。顺利完成年度粮食安全省长责任制考核，进一步强化考核导向性，考核"指挥棒"作用有效发挥。扎实开展全国政策性粮食库存数量和质量大清查试点。推行"双随机、一公开"监管，依法从严查办涉粮案件。12325 全国粮食流通监管热线开通运行，拓宽了社会监督渠道，形成了一定影响力和认可度。

二　粮食安全省长责任制实施与考核

（一）圆满完成 2017 年度考核

2018 年，粮食安全省长责任制国家考核工作组各成员单位按照第三次联席会议部署，切实加强组织领导，密切沟通配合，认真做好 2017 年度考核工作，指导各地开展自评，组织开展部门评审和部门抽查，进行综合评价。考核结果经国务院审定后，考核工作组向各省级人民政府发出通报，对落实粮食安全省长责任制工作成绩突出的省（区）给予表扬。各省（区、市）按照通报要求，牢固树立"四个意识"，提高政治站位，强化责任担当，认真抓好问题整改。

（二）扎实开展 2018 年度考核工作

2018 年 8 月，国家考核工作组成员单位联合向各省级人民政府印发了《关于认真开展 2018 年度粮食安全省长责任制考核工作的通知》，在总结借鉴往年考核工作经验的基础上，2018 年度考核结合粮食安全形势和任务，强化对《关于认真落实 2018 年度粮食安全省长责任制落实的通知》确定的六个方面重点任务的考核，进一步突出考核重点、强化考核导向。针对各地省情、粮情和区域特点，增强考核的针对性和有效性，对部分事项考核按不同区域区别对待、各有侧重，更好地体现区域特色。同时注重体现公平、从严考核，对有些省份没有的考核事项，取消自动得分，另行设置相关考核内容，力求与各地实际情况结合更紧密，做到年度考核与工作实绩挂钩；倒扣分项增多、力度加大，进一步体现从严考核的要求。

各地按照考核工作组的部署要求，扎实开展相关工作。一是切实加强组织领导。有 26 个省份考核工作组组长由省级人民政府领导同志担任，13 个省（区、市）将粮食安全省长责任制落实情况纳入省级政府或党政领导班子绩效考核。二是强化日常监督考核。各地按照国家考核工作组的部署，逐步完善粮食安全省长责任制落实台账制度，及时调度年度考核重点任务完成情况。对工作进度慢、质量不高、重点任务落实不力的，立即进行督导。国家考核办及时掌握各地动态，对考核工作的典型经验做法，以及落实省长责任制的成效，编印工作简报供各地学习借鉴，通过以点促面，进一步强化日常监督考核工作。三是认真开展考核自评，及时制定考核工作方案，梳理和分解考核事项，明确责任部门和具体要求，确保自评工作扎实有序推进。

（三）考核"指挥棒"作用凸显

通过考核，各地粮食安全责任意识进一步增强，大多数省份将粮食安全工作写入政府工作报告或列入政府年度重点工作，省级政府主要领导同志和分管负责同志专题研究部署、督导落实力度明显加大，补齐了一些长期影响粮食安全工作的"短板"，粮食综合生产能力、储备能力、流通能力建设全面推进。实践证明，加强粮食安全省长责任制考核，是夯实地方政府粮食安全责任，加快构建新形势下的粮食安全保障体系的有效手段，必须坚定不移地持续开展下去。

三　粮食收储制度改革

国家有关部门认真落实国务院部署，深入推进粮食收储制度改革。一是修订完善小麦和稻谷最低收购价执行预案。适当下调最低收购价格水平，使价格水平更好地反映市场供求；调整预案启动条件和程序，厘清各方责任；突出质量导向，支持地方和企业扩大市场化购销，实现由政策性收储为主向政府引导下市场化收购为主的转变。二是巩固放大玉米和大豆收储制度改革成果。进一步强化形势研判和市场监测，充分发挥中央企业和地方大型骨干企业引领带动作用，鼓励和引导多元主体积极入市开展市场化收购。建立健全粮食收购贷款信用保证基金融资担保机制，完善粮食铁路运输需求与运力供给对接机制，改革效应不断释放，市场购销活跃，供求关系逐步改善。三是积极指导新疆维吾尔自治区粮食和物资储备局开展小麦收储制度改革。按照"市场定价、价补分离"的原则，建立了"政府引导、市场定价、多元主体收购、生产者补贴、优质优价、优质优补"的小麦收储新机制。

四　国有粮食企业经营管理情况

（一）基本情况

2018 年，国家粮食和物资储备局指导各地粮食部门及有关央企不断推进粮食行业深化改革、转型发展，各级粮食财会部门进一步加强对企业经营管理指导，成效明显。一是企业户数微增，人员继续精简，结构进一步优化。2018 年末，纳入汇总范围的国有粮食企业 1.2 万户，从业人员 38.2 万人。随着国有粮食企业改革的深入推进，企业结构不断优化，改革发展质量效率不断提升。二是职工收入连年增加，切身利益得到保障。2018 年，国有粮食企业职工平均工资收入 7 万元，增幅 12.6%，超过全国平均水平 1.6 个百分点。绝大部分职工都参加了基本养老保险、基本医疗保险等，职工切身利益得到了保障。

（二）资产情况

一是总资产和净资产"一降一增"，资产质量不断提高。受政策性粮食"去库存"等影响，截至 2018 年末，全国国有粮食企业资产总额 2.3 万亿元，负债总额 2 亿元，净资产 0.3 万亿元，同比增长 13%。二是仓储物流设施等固定资产和土地资产"双增加"，保障国家粮食安全的能力持续增强。从 2017 年开始实施"优质粮食工程"和粮食安全保障调控及应急设施专项等行业重大项目以来，国家和地方及粮食企业进一步加大投资力度，国有粮食企业 2018 年末固定资产净额和在建工程之和达到 2806.9 亿元，增幅 10.5%，为保障国家粮食安全提供了物质基础。固定资产中，2018 年末土地、房屋及构筑物等合计 2594.9 亿元，同比增长 14.7%，国有粮食企业通过土地从划拨变出让等方式，增加企业有效资产，进一步提高了融资担保能力。

（三）经营情况

全国国有粮食企业利润总额实现连续 12 年统算盈利，保持良好发展态势。2018 年，政策性粮食"去库存"销售力度进一步加大，全国国有粮食企业主营业务收入 8795.3 亿元，同比增长 17.3%。实现利润总额 130.9 亿元。分地区看，27 个省（区、市）实现统算盈利，其中北京、广东、黑龙江、上海、江苏、安徽、浙江、云南、福建 9 省（市）盈利超亿元。

粮食流通监管

一 粮食流通监督检查

（一）粮食购销市场监管制度建设得到强化

根据党中央、国务院领导同志重要批示精神，及 2018 年小麦和稻谷最低收购价预案要求，国家粮食和物资储备局会同国家发展和改革委员会、财政部、农业发展银行联合下发了《关于切实加强国家政策性粮食收储和销售出库监管的意见》，从总体要求、加强重点环节监管、加大执法力度、落实保障措施 4 方面，提出 15 条监管措施，进一步压实各方责任，明确职责分工，为强化政策性粮食收购和销售监管提供了制度依据。

（二）政策性粮食收购平稳有序

主动适应粮食收储制度改革新形势，强化粮食收购市场监管，针对粮食收购新形势，加强 2018 年收购监管，下发了《关于加强 2018 年秋粮收购监管的通知》，要求各地提高政治站位，坚持问题导向，突出监管重点，严格履职，确保政策落实到位。国家粮食和物资储备局领导带队分赴四川、江苏、安徽和河南等粮食主产省开展督导调研，督导各地落实收购政策，组织开展夏粮、秋粮收购专项督导检查。总体来看，未发生区域性"卖粮难"等问题，收购工作平稳有序。

（三）粮食销售"出库难"得到有效治理

积极参与粮食库存消化有关方案的制定，加强对库存消化形势的研判，针对粮食销售出库中出现的趋势性、苗头性问题，提出了完善政策和管理措施的意见。督促指导各地严肃查处掺杂使假、拖延阻挠出库等违法违规行为，依法治理各种形式的"出库难"。2018 年政策性粮食出库总体顺畅，全年政策性粮食销售出库率为 98.7%，"出库难"问题得到有效治理。

（四）信息化监管体系建设取得新进展

一是建设全国粮食行业"双随机"抽查名录库系统。在全面梳理国家粮食和物资储备局负责的粮食执法督查事项，明确抽查事项、内容、方式和频次等基础上，推进粮食行业"双随机"抽查名录库建设，已初步建立起了检查对象名录库、检查人员名录库、检查事项发起、随机抽取分组、检查结果录入处理等功能模块，搭建起初步框架。二是按照《国务院关于印发社会信用体系建设规划纲要（2014—2020 年）的通知》《国务院关于建立完善守信联合激励和失信联合惩戒制度加快推进社会诚信建设的指导意见》等要求，研究粮食流通企业严重违法失信名单管理制度安排，充分论证粮食企业信用监管信息体系建设方案，为开展信用信息系统建设打下良好基础。

（五）12325 全国粮食流通监管热线的"前哨"作用得到发挥

12325 全国粮食流通监管热线（以下简称热线）于 2018 年 1 月正式上线运行后，国家粮食和物资储备局狠抓制度建设，健全了热线管理的系列制度。2018 年 2 月，印发了《12325 全国粮食流通监管热线举报处理规定（试行）》，连同《热线举报须知》一并向社会公布，对热线受理范围、分办原则、办理时限和程序等做出规定，明确了举报和热线处理举报线索的详细流程。2018 年 2 月，印发了《12325 全国粮食流通监管热线管理工作规则（试行）》，明确了各级粮食部门承担线索核查工作的具体职责和要求。2018 年 3 月，印发了《关于做好 12325 全国粮食流通监管热线管理工作的通知》，提出了高效做好线索分办、转办、核查和加强宣传推广等方面工作的具体措施。2018 年 3 月，热线创新"互联网＋监管"思维，增加了微信功能，搭建了热线应用软件系统平台，在全国 344 个地市实现了全覆盖，进一步畅通了举报渠道，用信息化手段方便群众反映诉求。2018 年，各级粮食部门在粮食科技活动周、爱粮节粮宣传周和夏粮、秋粮收购期间，累计印制发放 50 多万张热线宣传海报、折页等，借助国家粮食和物资储备局政府网站和公众号、光明网等媒体，有效扩大了热线在涉粮企业和售粮农民中的知晓度和覆盖面。在出现违法违规和粮食交易纠纷等涉粮问题时，售粮农民和涉粮企业均愿意向热线反映，热线的"热度"稳步提升。2018 年，热线全年接收群众来电 1.2 万次，网络访问 2000 多次。对受理的举报，国家粮食和物资储备局采取线上分办与线下沟通相结合的方式加强指导，重点案件进行督办。热线积极帮助售粮农民兑现拖欠售粮款，为严肃查处涉嫌违法违规案件、协调政策性粮食销售拍卖发挥了重要作用。

二　粮食质量安全监管与粮油标准化

（一）粮食质量安全监管

1. 粮食质量安全检验监测能力显著提升。一是深入推进实施"优质粮食工程"，不断推动粮食质量安全检验监测体系建设。2018 年，各地粮食部门深入推进实施"优质粮食工程"建设项目，加大粮食质量安全检验监测体系建设力度，加强组织协调、高位指导，规范项目管理，狠抓重点环节，加大培训力度，取得显著成效。吉林省现有 50 个粮食质检机构，已基本形成省、市、县三级上下联动、横向互通的粮食质量检验监测体系，实现监测全覆盖。山东省争取财政资金，定额补助地方粮食质检机构和储备粮承储企业，购置快检设备，增强快速检测能力。陕西省印发《关于加强粮食质量安全监管　保障粮食质量安全检验监测机构正常运行的通知》，强化体系建设制度保障，并通过主动作为、积极协调，将已划并至外部门的检测站恢复至粮食部门。

二是积极探索建立粮食质检机构运行新机制，充分发挥技术服务作用。为主动适应粮食收储制度改革对粮食质量安全监管的新要求，充分发挥国家粮食质量检验监测体系作用，通过组织武汉、福州站开展试点，全面调研等，深入研究质检体系发展定位，探索通过强化政策性粮食外部监管、拓展质检技术服务等方式，建立适应改革新形势要求的机构运行机制。试点期间，福州站全年检测样品较 2017 年增加 18%，接受加工企业、社会组织和个人等委托检验样品较 2017 年增加 24%。武汉站全年检测样品较上年增长 38.5%，其中为加工企业检验样品是 2017 年的 3.6 倍。凸显推行第三方检验后业务发生的积极变化，对解决粮食质检工作当前面临的主要问题、探索今后发展模式具有重要参考意义。

三是地方粮食部门积极顺应事业单位改革、检验检测资源整合等新形势，积极作为、加强协调、争取主动。重庆市采取"库站结合"方式，依托市属大型粮食企业中心检验室建设区县站点，提升仪器装备水平，开展检验检测能力建设达标创建活动，全面提升基层实验室综合检测能力。北京质检中心在转型发展中持续推进科研工作。昆明质检站一方面继续为广大粮食检验需求者提供检验服务，另一方面在解决检验收费方面积极与市财政非税局等有关部门沟通协调取得共识，做到履行政府性检验监测职责和提供社会性检验服务两不误。河南质检中心依托代管的河南省粮食科学研究所有限公司，组建第三方检验机构，申请工商部门扩大经营范围，申请质监部门检验资质，既承担了中储粮的委托检验、"好粮油"检验，以及国家委托的部分粮食质量安检、清仓查库等业务，还面向食品行业承接业务及社会委托检验业务。

四是各级粮食质量安全检验监测机构认真履职，积极为粮食质量安全监管提供技术保障。2018年，粮食检验机构检测样品总计 517531 份，粮食检验机构专项样品总计 226048 份。湖南省样品量较 2017 年增加 54%，其中省级机构检测样品增加 31%，市级机构检测样品增加 21%，县级机构检测样品增加 470%。

2. 粮食质量安全监管工作稳步推进。一是认真开展质量大清查试点工作。为贯彻落实国务院关于开展全国政策性粮食库存数量和质量大清查工作部署，各级粮食部门以奋发有为的精神状态，严谨务实的工作态度，加强组织管理和督促落实。10 省 20 个地市累计扦取检验样品 14736 份，覆盖 2076.7 万吨粮食，其中河南省、江西省、湖北省扦样检验样品数量大，超过 3000 份。通过总结试点，进一步完善了质量检查方法，优化了检查流程，为全面清查积累了宝贵的经验。陕西省在试点工作中，对比研究了移动扦样点对检查结果的影响，为优化扦样方案提供了数据支撑；制作电子布点标识牌解决仓房内照明不足的问题；统一印发操作"口袋书"方便检查人员现场使用。湖北、安徽省抽调力量集中检验，保障了检验结果判定尺度一致性。广东省对重点食品安全指标检验实现样品全覆盖，严控粮食质量安全风险。

二是加强检验技术服务。2018 年采集新收获粮食监测样品 20331 份，采集国家级库存粮食质量安全监测样品 4098 份，掌握了新收获和库存粮食质量安全状况，为加强粮食质量安全监管、科学制定粮食调控政策提供了技术支撑。地方粮食部门及时向社会提供、发布粮食质量和品质测报信息，在完善粮食收购政策、优化种植结构、引导农民增产增收、促进粮食产销衔接等方面发挥了重要作用。吉林、山东、安徽等省在国家下达的库存监测样品任务基础上主动增加了 2 倍样品量。黑龙江完成全省最低收购价稻谷质量验收工作，检验样品 1 万余份，完成中央事权库存粮食质量普查检测样品 4 万余份。吉林、福建、青海等省加强了成品粮质量检测，做好"放心粮油""中国好粮油"等粮油的质量控制工作。

三是妥善应对区域性粮食质量安全问题。针对 2018 年个别粮食主产区新收获的小麦发芽、生霉，导致质量明显下降等问题，有关地方粮食部门主动作为，及时组织开展应急专项检验，第一时间掌握粮食质量安全状况，及时报告当地人民政府，为科学、合理、准确制定粮食收购政策，指导粮食收储企业分类收购、防控风险提供了技术支持。湖北等地组织开展主要食品安全指标超标小麦收购处置，切实履行了食品安全属地管理责任和部门监管责任。河南省粮食局与省财政厅明确了超标小麦收购处置补贴有关政策，为夏粮收购顺利进行和处置超标小麦提供政策保障。上海市强化市级储备超标小麦筛查监管，实施出入库、拍卖和加工全程跟踪，杜绝不合格粮食流入口粮市场。安徽省为地方国有粮食企业购置快检设备，对辖区内竞拍用于定向销售粮食的加工企业定期检测，加工一批检测一批，通过一批出库一批。天津市印发文件，加强进口粮食质量风险管控，并联合有关部门印发涉镉等重金属重点企业排查整治方案，多部门合力做好重金属行业治理。吉林省健全完善粮食质量安全责任落实、信息管理、舆情监测处置和应急预案等制度，全面强化、规范粮食质量安全监管。

3.粮食质量安全管理水平不断提升。第一，继续加强法规制度建设。各地通过完善或制定地方法规、规范性文件等方式，建立粮食质量安全管理制度，为依法开展监管、规范粮食经营活动提供了制度保障。吉林、山东、河南、重庆、四川、贵州、云南、陕西等省（市）印发实施《粮食质量安全监管办法》配套制度，细化地方粮食质量安全监管工作要求。内蒙古、江苏、浙江、福建、云南等省（区）出台了《超标粮食收购处置管理办法》，为依法开展超标粮食处置提供重要依据。

第二，积极开展粮食标准质量宣传与培训。在昆明举办了"2018年全国食品安全宣传周·粮食质量安全宣传日"主会场活动。各地粮食部门统一行动，通过编印专题科普宣传册、发放宣传资料、布置展板宣传栏、播放公益广告等方式，大力普及食品安全和粮食质量安全知识，宣传粮食部门近年标准质量工作成果，收到良好成效。改进粮食行业标准宣传方式，推进粮食行业标准公开，向公众提供在线查询、全文浏览服务。

第三，强化专业技术和业务培训，举办粮食标准化工作和粮食检验技术培训班，统一检验操作方法和判定尺度，不断提升行业标准化和检验技术人才队伍业务素质。一是组织开展粮食质量安全检测技术培训和比对考核工作，有118个粮食质量监测机构参与培训和考核，取得了良好的效果。二是为准确理解和把握"优质粮食工程"建设内容和要求，推进粮食质量安全检验监测体系建设进度，保证建设质量，确保"好事办好"，2018年11月在安徽合肥组织开展了"粮食质检体系建设培训班"，讲解相关文件内容，交流了建设经验，提出了建设要求。参加培训的人员总计83人。

（二）粮油标准化工作

截至2018年底，国家粮食和物资储备局负责管理的标准共631项，包括粮食国家标准341项、行业标准290项，已形成包括产品标准，检验方法标准，储藏、物流、信息、加工机械设备和检验仪器标准，行业管理技术规范标准等在内的比较完整的粮食标准体系，基本覆盖了粮食生产、收购、储存、加工、运输、销售和进出口等相关环节。

1.加强标准制修订工作，推动粮食标准化工作高质量发展。为贯彻落实乡村振兴战略和《国务院办公厅关于加快推进农业供给侧结构性改革大力发展粮食产业经济的意见》精神，结合行业重点和社会关注热点，分三批下达《中国好粮油 粟、小米》等92项标准制修订计划，服务粮食产业经济发展需要。同时，为适应粮油产品消费升级需求，发布粮油标准79项，包括推荐性国家标准33项，行业标准46项，涉及原粮及粮油产品、检验方法、机械设备、信息化等多个方面。

2.进一步推进标准公开，建立便捷获取平台。按照国务院《推进国家标准公开工作实施方案》总体要求，国家粮食和物资储备局积极推进标准全文公开工作，主导制定的粮食行业标准实现全文公开。截至2018年底，现行有效的290项粮食行业标准实现全部免费公开。同时为方便社会公众快捷获取标准全文，建立粮食行业标准全文公开系统，完成首期建设并投入试运行，该系统提供了粮食标准的题录信息和全文免费下载，具有"分类检索""搜索"等功能。

3.积极实施团体标准培优计划，增加标准供给新途径。为充分释放市场活力，满足市场化供给和粮食产业转型发展的需要，充分发挥团体标准制定周期短的特点，中国粮油学会被推荐为国家标准委组织的第二批团体标准试点单位，围绕粮食科技进步、技术创新、产业发展制定相关团体标准。2018年，中国粮油学会确定了《浓香菜籽油》《花生油质量安全生产技术规范》《特、优级核桃油》《干米粉》《粮食库存与流通监管信息基础数据元》5项团体标准制定计划，现已完成3项，作为国家标准、行业标准的有效补充。

4. 稳步推进地方标准化工作，助力粮油产品提质升级。各地发展地方特色粮油产品，制定科学合理、符合区域特色的地方标准及特色品种团体标准，推动了特色粮油产业的发展，促进当地经济发展。宁夏回族自治区制定特色宁夏大米、湖北省制定"京山桥米"等地方标准，黑龙江省制定"黑龙江好粮油"、江苏省制定"苏米"、四川省制定"天府菜油"等系列团体标准，这些标准都发挥了增品种、提品质、创品牌的综合作用。

5. 积极宣贯标准化法，提升行业内标准化认识。国家粮食和物资储备局于 2018 年 7 月 17~20 日在北京举办了《中华人民共和国标准化法》及标准起草和审查培训班，各国家粮油标准验证测试机构、粮标委分技术委员会、相关标准制修订承担单位、标准样品制作单位共 140 多人参加了此次培训。培训班详细解读了《中华人民共和国标准化法》修订后的重大变化，从标准的编写要求、标准审查程序要点等方面进行具体指导。《中华人民共和国标准化法》的宣贯培训，有利于强化粮食标准化工作的法治管理，助推粮食标准化健康发展，对构建更高质量的粮食安全保障体系具有重要意义。

6. 全面开展标准化工作调研，助推粮食流通改革发展。坚持问题导向、需求导向，在全国范围内组织开展了粮食标准化工作调研，调研对象涉及各级粮食行政管理部门、粮食检验机构、粮食收储和加工企业、粮油批发市场、物流园区等各类涉粮单位，基本覆盖粮食产业链各个环节。调研共收到各省（区、市）粮食行政管理部门和单位（含兵团）调研报告 32 份，收集调研问卷 961 份、意见 1523 条，全面了解了粮食产业链条中现行标准使用现状、存在问题、标准立项需求等情况，为解决有关标准不适用问题，以及加强粮食标准顶层设计工作提供重要参考依据。

7. 加强标准宣贯，增强培训效果。《玉米》等 7 项国家标准宣贯培训班于 2018 年 11 月 12~14 日在湖北武汉举办，来自全国各地的 200 余位学员参观了湖北省粮油食品质量监督检测中心，直观学习先进检测机构的设计思路和理念，通过现场操作演示并观看视频宣传片，规范检验操作流程，提升标准解读效果。

8. 开展国际标准制修订，推进粮食标准国际化。主导制定发布《玉米　规格》(ISO 19942:2018) 国际标准，统一了国际贸易中玉米质量指标的术语、要求和检测方法，设定了与国内玉米标准相协调的水分和杂质限量。主导修订发布《谷物及制品中赭曲霉毒素 A 含量的测定——免疫亲和柱净化高效液相色谱法》(ISO15141:2018) 国际标准，标志着我国粮食质量安全检测技术体系达到国际先进水平。继续推动粮食行业优势特色技术标准转化为国际标准，提交 2 项国际标准新提案。作为国际标准化组织谷物与豆类分委员会（ISO/TC34/SC4）秘书处承担单位，国家粮食和物资储备局按照 ISO 技术工作导则要求，积极与各成员国和联络组织开展合作，稳步推进标准制修订工作，2018 年共发布秘书处文件 36 项，发布国际标准 2 项，管理标准制修订项目 25 项，组织 15 项投票，复审标准 11 项，成立谷物水分测定工作组负责修订玉米水分测定国际标准（ISO 6540:1980）。代表 ISO 中央秘书处，以观察员身份参加国际食品法典委员会藜麦电子工作组，参与制定藜麦法典标准。配合国家标准委，开展与法国、俄罗斯等"一带一路"沿线国家标准化主管机构的交流对接，推动粮食标准互认和共同制定国际标准工作，促进粮食标准互联互通。

（三）主要粮食品种收获质量与品质状况分析

2018 年继续在全国 19 个省份开展国家级新收获粮食质量调查工作，采集监测样品 8470 份（其中，小麦 1999 份、早籼稻 617 份、中晚籼稻 1856 份、粳稻 1010 份、玉米 2541 份、大豆 230 份、油菜籽 217 份）。按照粮食的收获季节，完成油菜籽、小麦、早籼稻、中晚籼稻、粳稻、大豆、玉米主产区的质量集中会检工作，基本掌握了当年新收获粮食质量总体情况，并及时反馈和发布粮食质量和品质信息，为完善粮食收购政策，做好粮食收购工作提供了重要依据。14 个省（区、市）粮食行政管理部门组织开展了粮食品质测报工作，共采集样品 8500 余份，扦样范围覆盖 150 个市 700 多个县（区），获得检验数据 13 万个。各级粮食行政管理部门丰富品质信息发布形式和渠道，指导当地粮食种植结构的调整，社会和经济效益显著提高。

1. 早籼稻。安徽、江西、湖北、湖南、广东、广西 6 省（区）共采集检验早籼稻样品 617 份，样品覆盖 57 个市 187 个县（区），全部为农户样品。从会检结果看，2018 年 6 省（区）早籼稻整体质量基本正常。广东、广西 2 省（区）三等以上比例较上年有所增加；安徽省三等以上比例与上年持平；江西、湖北、湖南 3 省三等以上比例较上年略有下降。6 省全部样品检测结果为：出糙率平均值 78.5%，与上年持平，一等至五等的比例分别为 43.6%、38.1%、14.9%、2.3%、0.6%，等外品为 0.5%；三等以上比例占 96.6%，与上年持平，其中一等比例较上年下降 8 个百分点。整精米率平均值为 53.0%，较上年下降 1.5 个百分点，其中达到三等以上要求的占 84.8%，较上年下降 4.7 个百分点；达到一等要求的占 67.1%，较上年下降 2.6 个百分点；不完善粒含量平均值 3.4%，较上年增加 0.3 个百分点。

2. 中晚籼稻。安徽、江西、河南、湖北、湖南、广东、广西、四川 8 省（区）共采集检验早籼稻样品 1856 份，样品覆盖 102 个市 424 个县（区），全部为农户样品。从会检结果看，2018 年中晚籼稻整体质量好于上年。其中：中晚籼稻出糙率、整精米率、一等品比例、三等以上比例均高于上年。8 省（区）全部样品检测结果为：出糙率平均值 77.7%，较上年提高 0.5 个百分点，一等至五等稻谷比例分别为 26.9%、45.0%、21.1%、4.5%、1.5%，等外品为 1.0%；一等品比例较上年提高 10.1 个百分点，三等以上的（出糙率在 75% 以上）占 93.0%，较上年提高 4.5 个百分点；整精米率平均值 58.8%，较上年提高 1.5 个百分点；其中，高于 50%（一等）的比例为 84.8%，较上年提高 2.8 个百分点。谷外糙米含量平均值 0.5%，超标（大于 2.0%）比例 3.4%，较上年提高 2.6 个百分点。

3. 粳稻。辽宁、吉林、黑龙江、江苏、安徽 5 省共采集检验粳稻样品 1010 份，样品覆盖 49 个市 147 个县（区），全部为农户样品。从会检结果看，2018 年粳稻整体质量好于上年。粳稻出糙率、整精米率、一等品比例、三等以上比例也均高于上年。5 省全部样品检测结果为：出糙率平均值 81.9%，较上年提高 1.6 个百分点，一等至五等稻谷比例分别为 78.4%、17.2%、2.3%、1.0%、0.5%，等外品为 0.6%；一等品比例较上年提高 20.7 个百分点，三等以上的占 97.9%，较上年提高 0.3 个百分点，整精米率平均值 69.7%，较上年提高 0.6 个百分点；高于 61%（一等）的比例为 91.2%，较上年减少 4 个百分点；谷外糙米平均值为 1.3%，超标（大于 2.0%）比例 15.1%，较上年提高 3.5 个百分点。

4. 小麦。河北、山西、江苏、安徽、山东、河南、湖北、四川、陕西 9 省共采集小麦样品 1999 份，样品覆盖 91 个市 430 个主产县（区），全部为农户样品。从会检结果看，2018 年新收获小麦整体质量略低于正常年景，符合国家标准中等（三等）以上要求的比例为 85.2%；河北、安徽、河南、湖北等省小麦质量等级有所下降，其中安徽、湖北两省不完善粒较多。9 省全部样品检测结果为：容重平均值 776.0g/L，变幅 636g/L～850g/L，一等至五等的比例分别为 32.6%、31.5%、21.5%、9.0%、3.4%，等外品为 2.0%；中等（三等）以上的占 85.6%，较上年降低了 6.2 个百分点，千粒重变幅 36.7g～46.5g，平均值 40.8g，较上年降低 0.4g；不完善粒率变幅 0.4%～87.1%，平均值 7.6%，较上年增加了 3.9 个百分点；其中，符合国标要求（≤ 10%）的比例为 87.4%，较上年降低了 7.7 个百分点。硬度指数变幅 35.0 ～ 81.0，平均值 64.0。降落数值变幅 62 ～ 435 秒（降落数值越小，表示发芽越严重；国家标准要求不低于 300 秒），平均值 259 秒，较上年减少 60 秒。

5. 玉米。河北、山西、内蒙古、辽宁、吉林、黑龙江、山东、河南、陕西 9 省（区）共采集玉米样品 2541 份，样品覆盖 9 省份 110 个市（州、盟）494 个主产县（市、区、旗），全部为农户样品。从会检结果看，2018 年 9 省（区）新收获玉米的容重、一等品比例、不完善粒含量平均值、生霉粒含量平均值均好于上年。河北、陕西玉米质量为近 3 年来最好，辽宁、山东玉米质量好于上年，山西、内蒙古、吉林、黑龙江、河南玉米质量为正常水平。9 省（区）全部样品检测结果为：容重平均值 743.5g/L，较上年增加 9.5 g/L，一等至三等玉米比例为 86.4%、11.9%、1.7%，无四等、五等及等外品，一等品比例较上年增加 15.3 个百分点；不完善粒含量平均值为 3.1%，较上年下降 1.3 个百分点；生霉粒含量平均值为 0.9%，较上年下降 2.1 个百分点；达标比例为 89.2%，较上年增加 5.6 个百分点。

6. 大豆。吉林、黑龙江两省共采集大豆样品 230 份，样品覆盖 15 个市 56 个主产县（市），共获得检测数据 1840 个，全部为农户样品。会检结果显示：2018 年两省大豆整体质量较好，完整粒率、粗蛋白质含量平均值、达标高蛋白大豆比例较上年有所增加，反映大豆食用品质提升；完整粒率三等以上比例、粗脂肪含量平均值、达标高油大豆比例较上年有所下降。两省全部样品检测结果为：大豆完整粒率平均值 91.4%，较上年增加 0.3 个百分点，变幅 69.0% ～ 98.1%，一等至五等的比例分别为 22.6%、48.7%、20.4%、6.1%、1.3%，等外为 0.9%；其中，一等比例较上年增加 6.6 个百分点，三等以上的占 91.7%，较上年下降 0.9 个百分点；损伤粒率平均值 4.2%，较上年降低了 1.8 个百分点，最大值 27.9%，符合等内品要求的比例为 92.6%，较上年增加 11.7 个百分点。

7. 油菜籽。江苏、安徽、江西、河南、湖北、湖南、四川 7 省共采集油菜籽样品 217 份，样品覆盖 7 省 42 市的 84 个主产县。从会检数据看，2018 年 7 省新收获的油菜籽质量整体情况正常，略好于上年，中等（三等）以上比例由上年的 55.1% 增加到 56.7%。不完善粒情况较上年略有下降，生芽粒超标比例较上年有所下降，生霉粒有所增加。7 省全部样品检测结果为：含油量平均值 38.3%，变幅 31.2% ～ 46.8%，一等至五等的比例分别为 7.4%、23.5%、25.8%、22.1%、15.2%，等外为 6.0%，中等以上的占 56.7%，较上年增加了 1.6%；未熟粒平均值 0.2%，最大值为 2.6%，全部符合标准要求（≤ 15.0%）；生芽粒平均值 0.7%，最大值为 11.9%，符合标准要求（≤ 2.0%）比例为 94.0%；生霉粒平均值 0.8%，最大值为 7.2%，符合标准要求（≤ 2.0%）比例为 94.9%；热损伤粒平均值 0.1%，最大值为 6.0%，符合标准要求（≤ 2.0%）比例为 99.1%；水分平均值 9.0%，变幅 0.84% ～ 28.4%。脂肪酸组成检测结果表明，样品中芥酸含量的平均值 15.7%，变幅 0.1% ～ 58.6%，含量不超过 3.0%（低芥酸）比例为 29.0%，比上年升高 0.2 个百分点。

三　粮食法治建设

（一）加快推进《粮食安全保障法》立法进程

2018 年 1 月，《中共中央　国务院关于实施乡村振兴战略的意见》明确提出"推进粮食安全保障立法"，并作为强化乡村振兴法治保障的重要内容。4 月，根据立法工作安排，明确了国家发展和改革委员会、国家粮食和物资储备局、全国人大农业和农村委员会为牵头单位。8 月，十三届全国人大常委会立法规划将《粮食安全保障法》列入一类立法项目，即条件比较成熟、任期内拟提请审议的法律草案。

1. 成立起草领导小组。按照全国人大常委会立法工作会议要求，为切实加强对立法工作的组织领导，成立了由国家发展和改革委员会、国家粮食和物资储备局、全国人大农业和农村委员会、中央农村工作领导小组办公室、农业农村部、全国人大常委会法工委、司法部、财政部、自然资源部、水利部、国家市场监督管理总局、商务部、中国人民银行、中国银行保险监督管理委员会 14 个部门组成的《粮食安全保障法》起草领导小组，国家发展和改革委员会主任何立峰任组长，全国人大农业和农村委员会副主任委员杜德印、国家发展和改革委员会副主任张勇、国家粮食和物资储备局局长张务锋任副组长，领导小组成员由部门负责同志担任。领导小组下设起草工作组和专家组，国家粮食和物资储备局承担起草工作组牵头职责。

2. 研究审议立法思路。按照党的十九大"确保国家粮食安全，把中国人的饭碗牢牢端在自己手中"和党中央、国务院关于保障国家粮食安全的新要求，在多次调研论证基础上，研究形成了《粮食安全保障法》立法思路。11 月 8 日，《粮食安全保障法》起草领导小组召开第一次会议，审议通过了起草工作组织方案、立法思路和进度安排等事项。

3. 开展立法专题调研。11 月，专门组织调研组分赴陕西、江苏等省进行立法调研，多次召开座谈会，多层次听取地方人大、政府及相关部门、市场主体，特别是种粮农民和基层干部的意见和建议。12 月，在河北省正定县召开起草工作座谈会，听取部分地方粮食部门的意见。

4. 起草形成法律初稿。经过广泛征求意见、反复研究论证、多次修改完善，2018 年底形成了《粮食安全保障法》初稿。

（二）积极推动《粮食流通管理条例》修订立法审查

《粮食流通管理条例》修订送审稿上报国务院后，国家粮食和物资储备局配合司法部做好立法审查工作。2018 年 1 月，国务院法制办公室将《粮食流通管理条例》修订送审稿征求了中央部门、地方人民政府和有关企业意见，并面向社会公众公开征求意见。国家粮食和物资储备局配合司法部做好意见梳理和研究、沟通协调、修改完善等立法审查工作。11 月，司法部第二次征求了中央部门、地方人民政府和有关企业意见。

（三）地方粮食安全保障立法取得新进展

截至 2018 年底，地方共颁布实施了 6 件地方性粮食法规和 30 余件政府粮食规章，其中广东省、贵州省、浙江省、江苏省无锡市分别颁布实施《广东省粮食安全保障条例》《贵州省粮食安全保障条例》《浙江省粮食安全保障条例》《无锡市粮油流通安全条例》等粮食安全保障地方性法规，宁夏回族自治区出台《宁夏回族自治区地方储备粮管理条例》，甘肃省兰州市制定《兰州市粮食流通监督管理条例》。江苏、安徽、山东等省积极推动粮食安全保障立法工作。江苏省将《江苏省粮食流通安全条例》列入省人大 2018 年立法计划，山东省将《山东省粮食安全保障条例》列入省人大 2018 年立法计划三类项目，安徽省将《安徽省粮食安全保障条例》列入省人大 2018 年立法调研论证计划。

（四）继续做好粮食法治宣传教育

1. 突出做好宪法学习宣传教育。把宪法学习宣传教育列为全国粮食行业"七五"普法规划和中期自查的重要内容，摆在法治宣传教育的首要位置，在全行业普遍开展宪法学习宣传教育活动，把宪法及其修正案作为全行业全系统"深化改革、转型发展"大讨论活动的重要学习内容。认真落实宪法宣誓制度，国家粮食和物资储备局举行新任职司处级国家工作人员宪法宣誓仪式。

2. 加强对法律和党内法规的学习宣传。认真组织学习《中华人民共和国国家安全法》《中华人民共和国保密法》《中华人民共和国网络安全法》等法律法规。落实"两学一做"学习教育常态化制度化，认真组织党员干部学习《中国共产党章程》《中国共产党党内监督条例》《中国共产党廉洁自律准则》《关于新形势下党内政治生活若干准则》《中国共产党问责条例》和修订后的《中国共产党巡视工作条例》《中国共产党纪律处分条例》等。注重党内法规与国家法律的衔接和协调，坚持纪在法前、纪严于法。

3. 组织开展"七五"普法中期自查工作。按照《中央宣传部、司法部、全国普法办公室关于做好"七五"普法中期检查工作的通知》要求，结合落实"谁执法谁普法""谁主管谁普法"普法责任制，认真开展行业"七五"普法中期自查工作，全面总结"七五"普法以来的做法、成效和经验。

4. 抓住重要时间节点开展粮食法治学习宣传。依托"世界粮食日"、粮食科技周、"12·4"宪法日等重要活动，组织开展普法宣传。国家粮食和物资储备局联合农业农村部、教育部、科技部、全国妇联和联合国粮农组织主办世界粮食日和粮食安全系列宣传主会场活动，机关干部、粮油企业职工、院校学生、社区居民代表等参加主会场活动，全国 31 个省（区、市）同步开展形式多样的宣传和送法活动。活动期间，国家和省级粮食、农业、教育、科技、妇联等部门单位，组织机关干部、农业科技专家、涉农院校学生等，组成 2000 多个工作组，走村入户、深入田间地头，向种粮农民、粮食经营者面对面宣传粮食法规政策。

四　全国政策性粮食库存数量和质量大清查试点工作

为全面掌握政策性粮食库存情况，防范化解风险隐患，确保国家粮食储备安全，2018 年 7 月，国务院办公厅印发《关于开展全国政策性粮食库存数量和质量大清查的通知》，决定开展全国政策性粮食库存数量和质量大清查，查清查实政策性粮食库存实底，强化依法治理和责任落实，坚决守住管好"天下粮仓"。按照"问题导向、底线思维，先行试点、创新方法"要求，组织安徽、福建、江西、河南、湖北、湖南、广东、贵州、陕西、甘肃 10 省各选择 2 个有代表性的地级市开展大清查试点，确保大清查取得预期效果。国家发展和改革委员会、国家粮食和物资储备局牵头，会同有关部门建立大清查部际协调机制，统筹推进大清查各项工作。9 月 7 日，召开试点动员视频会议，明确了"试方案、验方法、验系统、强队伍"的目标。9 月 11～14 日，在河南省开封市，组织省级师资培训 600 多人；组织开发大清查应用软件。积极组织政策解读和舆情监测，及时回应社会关切。11 月，国家有关部门派出 10 个联合抽查组 240 多人分赴试点省份开展抽查，期间，国家粮食和物资储备局负责同志分别带队赴试点省现场督导。12 月 17 日，大清查部际协调机制召开由 10 个试点省份政府分管副秘书长、试点市负责人、省市粮食和物资储备局（粮食局）局长参加的大清查试点情况调度座谈会，听取试点工作情况汇报和意见建议，并对做好全面大清查工作作出进一步部署。

10 个试点省份精心组织，加强领导，成立政府负责同志牵头的大清查协调机制，结合实际细化实施方案，累计培训检查人员 8000 多人次。组织辖区内纳入清查范围的企业进行全面自查；抽调 1132 人组成 149 个普查组，坚持"有仓必到、有粮必查、有账必核、查必彻底、全程留痕"，做细做实市级普查工作，对纳入范围的政策性粮食进行逐仓扦样检验。对于试点过程中发现的问题，坚持边查边改，即查即改，形成问题清单，建立整改台账，限期整改到位，按时上报整改结果。

总体来看，通过试点有效验证了大清查方案方法，摸清了试点地区政策性粮食库存数量和质量情况，发现了政策性粮食库存管理中存在的一些突出问题，为强化政策性粮食库存数量和质量监管提供了着力点，同时锻炼了清查人员队伍，探索建立了多渠道问题线索发现机制。在充分总结试点经验，研究吸纳试点地区意见建议的基础上，大清查部际协调机制办公室对方案方法、应用软件等方面做了进一步优化完善，编写了大清查重点工作指引与政策解读，为2019年全面清查打下了坚实基础。大清查试点达到了预期效果。

粮油统计与信息体系建设

一　粮油统计信息

（一）扎实开展各项统计调查任务

东北三省一区服务玉米收储制度改革，继续做好玉米收购进度日报和价格监测周报工作，2018 年 1~4 月每天监测玉米收购进展和市场价格，通过政府网站及时发布信息，引导市场预期和玉米合理有序流通。各地跟踪做好粮食收购进度五日报统计工作，密切关注旺季粮油收购形势，加强市场分析研判，及时报送信息和专报。着力做好 2017 年度购销存流转、产业经济、仓储设施、基础建设投资、科技、从业人员年报统计工作，通过会审汇编和专家评估论证等方式加强审核校验，年报数据质量显著提升。认真做好购销存月报、产业经济月报、简易设施储粮月报统计工作，完成 2017 年度全国粮食供需平衡调查报告，组织开展 2018 年农户存粮专项调查，为粮食宏观调控提供了有力的信息支撑。

（二）切实增强粮油市场监测能力

依托全国 31 个省（区、市）的 1072 个市场监测直报点，在持续、稳定、准确地采集了大量价格信息的同时，组织研究完成粮食收购价格指数编制方法，更加准确地反映市场价格变动状况。加强对粮食市场形势的监测分析，研判可能出现的苗头性、倾向性、潜在性问题，提出有针对性的建议。组织开展小麦、秋粮、东北地区玉米收购情况专项问卷调查，为做好收购工作提供参考。通过开展实地调研，咨询业内专家，深入研究玉米供需形势。加强大豆市场监测，每周采集分析全国 131 家重点大豆收储和加工企业的收购、加工、销售、库存及价格等情况。

（三）稳步推进统计制度基础建设

在开展专项调研、充分听取地方意见的基础上，完成《国家粮食流通统计调查制度》修订，完善统计指标体系，将部分指标的调查频率由月报改为季报，以减轻基层工作负担。为提高统计数据的真实性和统计工作的严肃性，制定并印发《关于防范和惩治粮食流通统计造假弄虚作假责任制规定（试行）》。完成国家粮油统计信息系统二期开发，增设"快速调查"功能，减轻了各级统计人员的工作负担，提高了统计报送查询的便捷度和统计信息的时效性，拓展了信息来源。高度重视统计培训，2018 年共举办了三期统计培训班，邀请国家统计局农村司、中储粮总公司、海关总署、国家粮油信息中心专家授课，组织各地学习统计法律法规文件，拓宽了统计人员视野，提高了工作能力和业务水平。

二　粮油市场信息体系建设

（一）加强重点热点问题研判

国家粮油信息中心围绕粮食领域苗头性、倾向性、潜在性问题，广泛开展调查研究，加强重点、热点和敏感问题分析研判，形成了《关于湖南稻谷库存消化形势的调研报告》《关于江苏河南两省秋粮购销情况调研报告》《湖北河南省小麦收购形势调研》《关于黑龙江稻谷生产和购销形势调研报告》《关于我国粮食供需形势和发展趋势及对策研究》《最低收购价调整后国内小麦生产和收购形势研究》《比价关系变化下东北地区秋粮生产和收购形势研究》《关于国际粮食供求形势对我国储备的影响》《中国大豆供需形势分析与展望》《中国粳米市场研究报告》《关于稻谷去库存面临的问题与政策建议的报告》等成果，为国家粮食宏观调控决策提供了重要参考。

（二）加强粮油市场监测预警

一是逐步完善建立全国粮油市场监测体系，优化增加信息监测点，监测内容向企业库存、产能、优质粮食等信息拓展。制定监测点评价管理办法，动态管理监测点。二是加强国际粮油市场跟踪监测，加强信息搜集和分析能力，及时提报动态信息。三是夯实专家会商机制，引入行业龙头企业和行业智库，积极借助外脑，充分吸纳外部意见建议，发挥第三方力量。四是协助地方粮食局提升市场监测能力。推进新疆维吾尔自治区价格监测软件开发与运行（价格采集点达到 1500 个），有力支持新疆维吾尔自治区小麦收储制度改革。

（三）加强粮食市场信息服务

通过中央电视台、中央人民广播电台、中国粮食信息网发布涉粮信息 1600 余条、微信公众号发布信息 4500 余条，及时发布涉粮政策、市场供需月报、产业价格报告、要闻动态、生产气象等权威信息，引导市场预期。提高粮油市场信息服务水平，加强对全国粮油市场实行动态跟踪监测，认真做好重要粮油商品价格及变动趋势的监测预测工作。编发粮油信息产品报告 1934 期，包括谷物、油脂油料日报和价格报告 1694 期，小麦、稻谷、玉米和油脂油料周报 192 期，食用谷物、饲用谷物、油脂油料月报和世界粮油市场月报 48 期。举办中国玉米市场年会和油菜籽产业大会，充分发挥了信息在引导种植结构调整、企业生产经营等方面的积极作用。派员参加国际谷物理事会粮食年会和世界大米贸易商大会，促进国际粮油信息交流与合作。

（四）协同推进各地粮食信息体系建设

各地积极探索信息技术手段在维护粮食安全方面的新应用。江苏省粮食和物资储备局进一步加强了"满意苏粮"APP 的推广，收购信息一键发送到农户手机，粮食政策能够快速精准抵达农户。农户能根据卖粮的市场信息和粮库地址，实现就近售粮、跨界售粮；APP 还提供预约售粮服务，避免农民排长队等候；收购动态及时掌握，防止农民出现"卖粮难"问题。粮库当天报送收购日报、更新收购仓容变化，方便农民适时卖粮。湖北省粮食局与中国移动湖北公司进行合作，整合政策、资金、技术、信息等资源，加强涉粮通信基础设施建设，推动粮食系统政府信息化升级，共同推广粮食行业资源管理、粮仓监控预警、粮食物流调度、粮食溯源、远程监控、应急指挥、粮食质量安全等信息化示范项目，提升粮食生产智能化、经营网络化、管理数据化、服务在线化水平。安徽省粮食和物资储备局加快推进"智慧皖粮"建设，一期、二期项目实现了互联互通，三期建设积极推进，"放心皖粮"电子商务平台正式上线运营，精心甄选推介优质"皖粮"品牌，为老百姓提供放心、优质、便捷的高质量粮油产品。加强信息监测，通过安徽省粮油信息中心网站发布《安徽省粮油批发（集贸）交易市场价格监测周报表》。

三　粮食政务信息公开

（一）主动公开政府信息情况

2018 年，国家粮食和物资储备局主动公开政府信息合计 1596 条。其中，从公开方式看，通过政府网站公开 1596 条，政务微博公开 365 条，政务微信公开 341 条，其他方式公开 195 条。按公开内容分，工作动态类信息 689 条，粮食调控类信息 386 条，物资储备类信息 5 条，能源储备类信息 4 条，法制建设与体制改革类信息 14 条，规划建设类信息 13 条，财务审计类信息 29 条，仓储管理与行业科技类信息 44 条，执法督查类信息 89 条，人事人才类信息 63 条，国际交流类信息 9 条，标准质量类信息 26 条，粮食研究类信息 7 条。

（二）依申请公开政府信息情况

2018 年，国家粮食和物资储备局共收到依申请公开事项 44 件，除 1 件因机构改革原因延期答复外，其余全部在规定的时限内通过电子邮件、邮寄、传真等申请人要求的方式回复申请人。同时，在确保国家秘密安全和保障第三方合法权益的前提下，积极推动依申请公开的政府信息在国家粮食和物资储备局政府网站公开发布，不断提高工作的透明度。

（三）信息公开收费及减免情况

2018 年，国家粮食和物资储备局主动公开、依申请公开政府信息均未收取任何检索、复制、邮寄等费用，未发生减免费用的情况。

（四）行政复议及诉讼情况

2018 年，国家粮食和物资储备局没有因政府信息公开申请引起的行政复议或提起行政诉讼的情况。

（五）重点领域信息公开情况

1. 切实做好粮食收储政策和有关价格信息公开。通过国家粮食和物资储备局政府网站及时公开粮食收购有关文件，以及部分省启动最低收购价执行预案的通知，方便群众获取粮食收储政策，保障了群众的知情权和监督权。同时，在收购旺季发布 65 期主产区收购进度信息，全年发布 51 期全国小麦、稻谷、玉米、大豆收购价格每周信息；监测发布东北三省一区分地市玉米收购价格信息 16 期，较好服务玉米收储制度改革，引导市场形成理性预期，促进收购平稳有序开展；在每期政策性粮食竞价销售结束后，及时主动公开成交信息，全年共发布 228 期。

2. 大力推进“放管服”改革信息公开。紧紧围绕简政放权、放管结合、优化服务的改革要求，细致梳理“证照分离”改革事项，认真做好证明事项、行政许可事项等清理工作；优化中央储备粮代储资格认定行政审批服务，地方粮食部门认真做好粮食收购资格认定相关工作；全面清理现行规范性文件和其他政策措施中涉及地方保护、指定交易、市场壁垒等内容，做到权力公开透明、方便群众办事。

3. 扎实做好部门预决算信息公开。进一步健全预算公开管理制度，扩大预算公开范围、细化公开内容、完善公开机制，依法依规做好相关工作。按期在国家粮食和物资储备局政府网站公开年度部门预决算、“三公经费”和行政经费支出、绩效管理、资产管理等信息（涉密内容除外），不断提高财政资金使用效益。

4. 不断强化考核和监管信息公开。设立“粮食安全省长责任制考核”专栏，集中发布粮食安全省长责任制考核相关的国务院文件、考核通知、考核动态等信息，强化政策宣传解读，主动回应各方关切，实现了信息公开和粮食流通监管的互促共进。开通"全国政策性粮食库存数量和质量大清查"专栏，将国办文件、有关通知及进展情况汇总展示，方便公众查找"大清查"有关政府信息。

5.持续推进人大建议和政协提案办理结果公开。2018 年，国家粮食和物资储备局共承办全国人大常委会办公厅交办的人大代表建议 22 件，政协全国委员会办公厅交办的政协委员提案 13 件，答复率 100%。按照应公开尽公开的原则，于建议提案复文签发后的 15 个工作日内在国家粮食和物资储备局政府网站将可以公开的建议提案答复进行公开；对涉及公众利益、社会广泛关注的建议提案，原则上公开答复全文。通过国家粮食和物资储备局政府网站"公开目录"所属"建议提案"栏目，主动公开 7 件全国人大代表建议、3 件全国政协委员提案，做到及时回应社会关切、自觉接受群众监督。

（六）政策解读和回应情况

1.加大政策解读力度。通过媒体访谈、署名文章、答记者问等方式，围绕热点问题积极开展政策解读，共发布《着力提高国家粮食和物资储备安全保障水平》《抓好"粮头食尾"和"农头工尾"加快建设粮食产业强国》《准确把握保障国家粮食安全的六个关系》《在更高层次上保障国家粮食安全》等 11 篇解读文章。《关于开展全国政策性粮食库存数量和质量大清查的通知》印发后，以摸清库存实底、守住管好"天下粮仓"为主题，第一时间权威解读全国政策性粮食库存大清查工作。

2.创新政策解读方式。以图解、访谈等方式，着重宣传改革开放 40 年，全国粮食和物资储备系统改革发展积累的典型经验和取得的辉煌成就；积极推动落实信息发布主体责任，重点围绕夏粮收购、秋粮收购、人才兴粮、科技兴粮、加快建设粮食产业强国、12325 全国粮食流通监管热线等主题，及时通过图解、视频、音频等群众喜闻乐见的方式，解读重大政策，提升宣传效果。积极利用微博微信等新媒体渠道，发布粮食和物资储备重大政策解读信息，方便群众读懂相关政策。

3.加强政民互动交流。全年"局长信箱"共收到社会公众各类咨询 87 件。对于公众的咨询、反映和诉求，及时通过信件、电话等方式，给予妥善答复，并根据群众的要求和留言内容确定是否公开。针对《大豆》《粮油检验、粮食中霉菌数、荧光检测法》等 12 项粮食标准，面向社会公开征求意见，以提高标准的实用性和科学性。

粮食流通体系建设

一 "粮安工程"建设

（一）粮油仓储设施建设

2013～2018 年，累计安排中央预算内投资 180 多亿元，安排 1700 多亿斤新仓建设任务，粮食收储能力大幅提升，布局不断优化，为粮食收储奠定了坚实的物质基础。同时，2013～2017 年，中央财政累计补助 100 多亿元用于"危仓老库"粮库维修改造和粮库智能化升级改造，极大改善了粮食仓储设施条件，提高了粮食行业信息化管理水平，有效保障了粮食收储安全。

（二）粮食物流通道建设

2013～2018 年，累计安排中央预算内投资 60 多亿元，建设和配置了一大批散粮设施，"北粮南运"八大跨省粮食物流通道更加完善，建设了兰州粮食现代产业园、甘肃天水区域粮食仓储物流生态产业园、山东济宁江北现代粮食物流园项目等一大批集粮食仓储、物流、加工、交易等功能于一体的粮食物流园区，散粮运输比例稳步提升，粮食物流效率明显提升。

（三）应急供应体系建设

2017 年，国家发展和改革委员会、国家粮食局联合印发《粮食安全保障调控和应急设施中央预算内投资专项管理办法》，将粮食应急体系建设项目纳入中央预算内投资支持范围。截至 2018 年底，全国共确定应急供应网点 48831 个、应急加工企业 5704 个、应急配送中心 3081 个、应急储运企业 3492 个，建立涵盖加工、配送、储运、供应的粮油应急供应体系。

（四）粮油质量安全能力建设

2013～2016 年，累计安排中央预算内投资 6 亿多元用于粮食质量安全检验监测能力建设；2017 年起，中央财政开始对国家粮食质量安全检验监测体系建设予以支持。计划到 2020 年末，建成由 6 个国家级、32 个省级、305 个市级、960 个县级粮食质检机构构成的粮食质量安全检验监测体系，为在更高水平上保障国家粮食安全发挥重要作用。

（五）粮食节约减损

2013～2016 年，累计安排中央预算内投资约 9 亿元为 400 多万农户配置科学储粮装具，使农户存粮环节损失浪费有效减少。2017 年开始实施粮食产后服务体系建设，为种粮农民提供"代清理、代干燥、代储存、代加工、代销售""五代"服务，同步实施农户科学储粮建设。随着现代粮食仓储物流体系的不断完善，粮食储存、运输环节的损耗明显降低，品质保障能力不断提高。积极引导粮油加工企业节粮减损，持续推进爱粮节粮宣传活动，对促进全社会节粮减损、反对浪费发挥了重要作用。

二 "优质粮食工程"

"优质粮食工程"启动实施以来，2017 年确定首批 16 个重点支持省份，安排中央财政资金 50 亿元予以支持。2018 年扩大到 30 个省份，安排中央财政资金 64 亿元予以支持，充分调动各方面积极性，更好地发挥粮食流通对生产和消费的引导作用，促进粮食种植结构调整，增加绿色优质粮油产品供给，为在更高水平上保障国家粮食安全奠定坚实的基础。

（一）粮食产后服务体系建设

到 2018 年，全国 26 个省份和新疆生产建设兵团开展"优质粮食工程"粮食产后服务体系建设，建成粮食产后服务中心约 1400 个，发放农户科学储粮装具 7 万多套，总结提炼粮食产后服务中心建设模式和典型经验做法 7 种，在减少粮食产后损失、促进粮食提质进档、增加种粮农民收入等方面成效较为明显。已建成的产后服务中心陆续发挥效用，2018 年宁夏回族自治区 20 个中心烘干粮食超过 20 万吨。湖北省 10 个项目县 2017 年开展粮食产后服务以来综合处理粮食 129.42 万吨，减少粮食损失 12.73 万吨，折合减少经济损失 2.24 亿元。山东省 2017 年度产后服务中心项目全部建成后，可减少覆盖区域内粮食损失 4% 左右，年减少损失 193 万吨，折合 38.6 亿元。

（二）粮食质量安全检验监测体系建设

"优质粮食工程"粮食质量安全检验监测体系建设项目，计划建设完善 1000 个粮食质量检验机构和骨干企业检验室，形成"机构成网络、监测全覆盖、监管无盲区"的粮食质量安全检验监测体系。各地积极推进项目实施，完善粮食质量安全检验监测体系，提升检验监测能力，增加粮食质量监测覆盖面，为保障国家粮食质量安全提供有力技术支撑。到 2018 年，粮食质检体系建设省份从上年的 16 个增加到 31 个；先期启动的 16 个省份获得中央补助资金 10.96 亿元，落实地方配套资金 6.36 亿元，支持 498 个粮食质检机构建设基础设施和配置仪器设备。

（三）"中国好粮油"行动计划

实施"中国好粮油"行动计划目标是力争到 2020 年全国产粮大县的粮油优质品率提高 30% 左右，农民种植优质粮油的收益显著提高，粮食产业经济实现提质增效。国家层面先后出台《财政部 国家粮食局关于在流通领域实施"优质粮食工程"的通知》《国家粮食局 财政部关于印发"优质粮食工程"实施方案的通知》《财政部 粮食和储备局关于报送"优质粮食工程"三年实施方案的通知》《财政部 粮食和物资储备局关于深入实施"优质粮食工程"的指导意见》。国家粮食和物资储备局配套制定了《"中国好粮油"行动计划实施细则》。有关省份制定了"中国好粮油"行动计划三年实施方案，通过落实地方配套资金、企业自筹资金和整合各项惠农、惠企、扶贫资金扩大筹资渠道，采取"公司 + 合作社 + 农户""订单 + 基地建设 + 品牌奖励""示范县 + 扶贫攻坚县"等模式形成可持续发展长效机制，制定地方优质粮油标准引领品牌建设，利用展销会、电商平台、放心粮油店、大型综合超市等扩大销售渠道。"吉林大米""山西小米""广西香米""天府菜油"等一批区域化粮油品牌纷纷涌现，产品附加值不断提高。湖北省示范县优质粮食产量同口径增加 6.91%，示范企业优质粮食收购增加 5.61%，农民平均增收 12.62%；广西香米收购价比普通晚籼稻平均高 45%；湖北、辽宁、黑龙江等省份的"虾稻""蟹稻""鸭稻"等效益远高于普通产品。

三　粮食仓储管理

（一）强化督查整改守住安全底线

2018 年 4 月 4 日，国家粮食和物资储备局印发《关于切实做好机构改革期间安全稳定工作的紧急通知》，要求切实做好保安全、促改革、谋发展各项工作，确保机构改革期间安全稳定。4 月 16 日，印发《关于开展安全稳定廉政工作督导检查的通知》，对 10 省（区、市）安全稳定廉政工作开展实地督查。4 月 23 日，召开全国粮食和物资储备系统安全稳定廉政工作视频会议，通报安全形势，部署安排相关工作。5 月 17 日，印发《关于安全稳定廉政工作督导检查情况的通报》，对 10 省（区、市）实地督查情况予以通报，要求按照检查发现的问题隐患清单立即整改并举一反三建章立制。9 月 10 日，印发《关于做好秋季粮油安全储存和安全生产工作的通知》，安排部署扎实做好"两个安全"工作。

（二）分析研判重点产区粮食仓容利用状况

开展东北地区仓容资源综合利用情况重点调研，综合分析粮食仓储设施资源利用问题，向国务院提出了有关政策措施建议。起草《统筹利用粮食仓储设施资源助推东北粮食产业转型升级》报告，启动《粮食仓储设施分类分级研究》，提出粮食仓储设施分类利用和仓储管理转型发展的思路建议，为规范粮食仓储设施使用，促进"优粮优储"和差异化、精细化、集约化管理，提升粮食仓储设施利用质量和效能奠定基础。

（三）依法依规完成中央储备粮代储资格认定工作

利用"中央储备粮代储资格网上直报和评审系统"网络平台，依法高效完成第 23 批中央储备粮代储资格认定工作，授予 121 户粮食类企业 833 万吨仓容中央储备粮代储资格，变更 59 户粮食类企业、4 户食用植物油类企业代储资格事项。截至 2018 年底，全国具备有效中央储备粮代储资格的企业共计 574 户。其中，粮食类企业 521 户，资格仓容 3853 万吨；食用植物油类企业 53 户，资格罐容 53 万吨。

粮食产业经济发展

党中央、国务院高度重视粮食产业经济发展。习近平总书记多次强调要大力发展"粮头食尾""农头工尾"。李克强总理明确要求加快建设粮食产业强国。2017 年 9 月，国务院印发《关于推进农业供给侧结构性改革大力发展粮食产业经济的意见》。2018 年 4 月，习近平总书记在湖北考察时强调，要提高供给体系质量，增强供给体系对需求的适应性。2018 年 3 月，李克强总理对全国春季农业生产工作会议作出重要批示，要求大力实施乡村振兴战略，坚持农业农村优先发展和质量兴农、绿色兴农，深入推进农业供给侧结构性改革，推进农村一二三产业融合发展。国家粮食和物资储备局认真贯彻落实，围绕国家粮食安全战略和乡村振兴战略"两大战略"，突出抓好产业链、价值链、供应链"三链协同"，重点建设粮食产业经济发展示范市县、特色产业园区、龙头骨干企业、优质粮食工程"四大载体"，深入实施优粮优产、优粮优购、优粮优储、优粮优加、优粮优销"五优联动"，加快推动粮食产业高质量发展。举办首届中国粮食交易大会，31 个省（区、市）粮食部门和逾千家企业参加，现场成交粮油 1800 万吨。召开加快推进粮食产业经济发展第二次现场经验交流会、粮食产业强国建设学术报告会，推进理论和实践创新。组织国家粮食安全政策专家咨询委员会专家专题论证《加快推动黑龙江省粮食产业高质量发展的调研报告》，李克强总理和韩正副总理、胡春华副总理对调研报告作出重要批示。全国 30 个省（区、市）人民政府出台大力发展粮食产业经济的实施意见。2018年，全国加工转化粮食 5.5 亿吨，粮食加工转化率达 83.3%，粮食加工转化能力稳步提高。粮油加工业企业实现工业总产值 3.08 万亿元，同比增长 6.1%。其中产业化龙头企业工业总产值 1.9 万亿元，占 61%，产业化龙头企业的引领作用持续增强。山东等 11 省粮油加工业工业总产值超千亿元。其中山东省突破 4000 亿元，江苏、安徽、广东、湖北、河南 5 省产值超 2000 亿元，粮食产业经济大省的地位更加巩固。

一   促进一二三产业融合发展

通过延伸产业链条，"产购储加销"各环节有效连接，促进产业深度融合，培育农业发展新动能，形成农村经济新的增长点。黑龙江省坚持质量兴农调优"头"、接二连三壮大"尾"、勇闯市场做强"销"、千方百计促农"富"，2018 年全省加工转化原粮 723 亿斤，实现销售收入 1036 亿元，同比分别增长 31% 和 27%。湖南省南县发展"虾稻共生"模式，打造育种、种植、收购、储存、加工、贸易、销售、服务的完整链条，年产稻虾米 24 万吨，综合产值达 100 亿元，形成产业融合互动的良好格局。

二   带动农民持续增收和企业提质增效

充分发挥流通对生产的反馈引导作用，鼓励龙头企业与农民合作组织、种粮大户等形成紧密联结的利益共同体,通过订单粮食和土地流转等方式,发展优质粮源基地,带动农民增收、企业增效。河南省粮油加工企业建立优质原粮基地 718 万亩,关联农户 190 万户。贵州省实施特种优势粮油订单种植工程,带动种粮农户创造收益 93 亿元,惠及 115 万户。好粮源带来好产品,好产品实现好效益。"山西小米"平均售价从每斤 5~6 元上升到 20 元左右,加工企业盈利水平大幅提高。

| 三 | 培育粮油知名品牌和龙头骨干企业 |

鼓励支持企业增品种、提品质、创品牌。齐鲁粮油、吉林大米、广西香米、荆楚大地、天府菜油等一大批区域公共品牌的美誉度和市场占有率不断提高。三全水饺、想念面条、克明挂面、香驰果葡糖浆等知名产品远销欧美,拓展了国际消费市场空间。中粮集团、香驰控股、九三粮油、思念食品、陕农集团等龙头企业集团抢抓机遇,顺势而为做优做强做大,成为粮食产业高质量发展的排头兵。

| 四 | 增加绿色优质粮油产品供给 |

创新提升供应链,调优产品结构,增加多元化、定制化、个性化产品供给,城乡居民由"吃得饱"转向"吃得好""吃得健康""吃得便捷"。中国粮食交易大会和黑龙江"金秋粮食交易会"、福建粮食交易洽谈会等区域性交易活动,为优质粮油产品搭建了展示和营销的广阔舞台。北京、天津、上海等城市与主产区合作共建直销通道,使优质粮油产品直通市民"米袋子"。

棉花和食糖储备

一　棉花和食糖市场运行

（一）棉花市场运行

1. 棉花产量增加。2018 年，全国棉花种植面积回升，单产提高，总产增加。据国家统计局统计，棉花种植面积 335.23 万公顷，同比增加 15.76 万公顷，增长 4.9%；单位面积产量 1818.3 公斤 / 公顷，增加 49.2 公斤 / 公顷，增长 2.8%；棉花总产量 609.6 万吨，增加 44.4 万吨，增长 7.8%。由于棉花目标价格改革继续实施，我国棉花生产进一步向新疆优势产区集中。新疆棉花种植面积 249.13 万公顷、产量 511.1 万吨，分别占全国的 74% 和 84%。

2. 棉花消费量下降。受经济下行压力加大和贸易环境不确定性增加等因素影响，2018/2019 年度国内棉花消费有所下滑。中国棉花协会测算，2018/2019 年度国内棉花消费量约 823 万吨，同比减少约 32 万吨，减幅 3.7%。

3. 棉花价格波动加大。在棉花存在较大产需缺口且供应趋紧预期不断增强的情况下，国内棉花市场价格波动明显加大。中国棉花现货价格指数显示，2018 年 1～5 月，棉花现货价格总体平稳，在 15600 元/吨左右窄幅波动。5 月中旬起，新疆不利天气导致棉花价格快速上涨，6 月初涨至 16900 元/吨，涨幅超过 1300 元 / 吨。随着市场预期趋于稳定，逐步回落至 16200 元 / 吨左右，此后保持基本稳定。10 月后，受中美经贸摩擦等因素影响，棉花价格走弱，逐步降至 12 月底的 15400 元 / 吨左右。2018 年中国棉花现货平均价格约 15880 元 / 吨，均价同比略低约 50 元 / 吨。

（二）食糖市场运行

1. 食糖产量增加，消费市场平稳。据中国糖业协会数据，2017/2018 年度全国种植糖料面积 137.6 万公顷，同比减少 2 万公顷，下降 1.4%。由于甘蔗单产和甜菜产糖率提高，全国食糖产量连续两年恢复性增长。本年度累计产糖 1031 万吨，同比增加 102.2 万吨，增长 11%。其中，甘蔗糖 916.1 万吨，增长 11.2%；甜菜糖 115 万吨，增长 9.8%。全国食糖消费量 1510 万吨，与上年持平。其中，民用消费比例升至 42%，工业消费比例降至 58%。

2. 糖料入榨量提高，农民收入增加。据中国糖业协会数据，2017/2018 年度糖料入榨量 8695.4 万吨，同比增加 890.5 万吨。本年度糖料收购价格与上年度基本持平。其中，甘蔗平均收购价（地头价，不含运输及企业对农民各种补贴费用等，下同）490 元 / 吨；甜菜平均收购价 491 元 / 吨。由于糖料收购价格稳定和糖料产量增加，农民种植糖料收入同比增加 39.1 亿元。

3. 糖价大幅下跌，糖企亏损严重。受国际糖价低迷影响，2017/2018 年度国内糖价持续下跌。纽约原糖期货价格从期初的 14.3 美分 / 磅跌至期末的 10.4 美分 / 磅，南宁现货价格从 6610 元 / 吨跌至 5180 元 / 吨，跌破 5900 元 / 吨的制糖企业生产成本。据中国糖业协会统计，本年度全国制糖行业亏损 19.2 亿元；实现财政税收 30.2 亿元，同比减少 4.1 亿元。

二　棉花和食糖储备管理

（一）顺利完成管理职责交接

根据《深化党和国家机构改革方案》，国家发展和改革委员会的中央储备棉管理职责、商务部的中央储备糖管理职责划入国家粮食和物资储备局。2018年4月，国家粮食和物资储备局挂牌后，加强与国家发展和改革委员会、商务部沟通会商，推动储备棉糖管理职责交接，确保改革期间各项工作不出现断档，实现职责职能平稳过渡。9月，明确了司局单位职责分工，配备了人员力量，有序推动储备管理各项工作。

（二）加强中央储备棉管理

2018年，国家发展和改革委员会牵头推进储备棉库存消化，3月12日至9月30日，通过全国棉花交易市场公开挂牌销售国家储备棉，全年共投放储备棉431万吨，实际成交251万吨，成交率58%。其中，新疆棉成交156万吨，占成交总量的62%；地产棉成交95万吨，占38%。平均成交价格14770元/吨。销售价格由市场确定，底价与国内外现货价格挂钩联动并定期调整，国内外棉价差保持在合理水平。

（三）加强中央储备糖管理

国家粮食和物资储备局认真落实年度计划任务，并先后组织赴广西、广东、海南等地，对储备糖管理情况进行实地调研，广泛征求意见建议，深入研究规范储备管理、完善体制机制的思路举措。华商储备商品管理中心通过一体化管理方式加强对中央直属库管理，采取驻库监管等方式加强对社会代储库监管，确保中央储备糖数量真实、质量合格和储存安全。

物资储备

一　战略物资储备管理

　　组织召开相关品种选型专家论证会，分品种详细研究收储标的规格选型、包装要求、成本核算和贸易规则等重要问题。结合市场及生产企业情况，组织编制分品种采购、收储、轮换、销售方案。加强大宗商品市场研判，科学把握收储力度和节奏，合理确定收储价格区间，创新实施电子竞价收储，分步组织开展物资采购，提高工作效率，减少对市场的影响，达到预期效果。开展仓库安全整治专项工作，全面排查相关仓库的设施设备状况，争取有关部门和地方政府的支持，集中整改安全隐患，提升仓库安全作业和储存能力。修订完善作业方案和应急预案，制定储备物资作业任务清单和仓库作业流程图，强化出入库作业安全。

二　救灾应急物资储备管理

　　密切配合应急管理部、水利部等相关单位，建立工作机制，完善工作预案，高效有序完成中央救灾物资管理职责交接工作，积极稳妥做好中央防汛抗旱物资储备管理职责交接。2018年5月，审定《中央救灾物资储备管理职责交接方案》，梳理中央生活类救灾物资储备历史沿革、管理制度、职责分工、财务管理和物资规模分布以及采购、调运流程，形成《中央救灾物资储备基本情况》。6月，调研中央救灾物资天津和武汉储备库，摸清仓库制度建设、仓储设施设备、运行管理情况。7月，国家发展和改革委员会党组成员、国家粮食和物资储备局党组书记、局长张务锋同志，党组成员、副局长梁彦同志与应急管理部党组成员、副部长郑国光同志进行会商。9月，印发《应急管理部　国家粮食和物资储备局关于中央救灾物资管理职责交接工作的会商纪要》，作为中央救灾物资储备管理工作遵循。10月，联合应急管理部赴福建、上海开展救灾物资储备管理调研，实地考察中央救灾物资福州储备库、上海市救灾物资储备库和京东上海"亚洲一号"信息化建设、救灾物资紧急调运以及储存管理等情况。11月，水利部致电国家粮食和物资储备局，按照国务院领导同志在《关于防汛抗旱职责划分有关问题初步研究意见》上的批示精神，中央防汛抗旱物资收储、轮换和日常管理等工作由国家粮食和物资储备局承担。国家粮食和物资储备局与水利部、应急管理部联合制定《中央防汛抗旱物资储备管理职责交接方案》。12月，应急管理部召开中央防汛抗旱物资交接司级座谈会，就交接责任主体、人员配合、工作机制等内容初步达成一致意见。

三　物资储备基础设施建设

　　2018年9月，国家粮食和物资储备局对部分国家储备仓库基础设施实施紧急改造。12月，按照高标准、高质量、高水平要求，将安全综合整治项目打造成储备仓库基础设施建设样板工程的目标定位，组织安防、防雷等领域权威专家和相关单位实地深入调研，编制《国家储备火炸药仓库安全防范工程技术标准》《国家储备成品油库安全环保达标技术标准》《国家储备仓库安防系统综合防雷规范》，组织起草《关于国家储备仓库安全综合整治三年行动计划》。

能源储备

一 能源储备体制体系建设

2018 年起，国家能源局原油、天然气储备和原国家物资储备局成品油储备职责划入国家粮食和物资储备局，国家石油储备中心一并划转。国家粮食和物资储备局内设物资储备司和能源储备司，分别负责管理成品油和石油、天然气储备业务，为构建统一规范、协同高效、保障有力的国家石油储备体系提供了组织保证。

二 能源储备能力建设

（一）加强成品油代储管理

2018 年，国家粮食和物资储备局会同有关部门和企业，结合收储轮换对成品油储备进行质量升级。组织成品油库存收拨盘点，处理部分油库待核销损耗长期挂账问题。对镇海、舟山、兰州、湛江等国家石油储备基地和贵州、吉林、湖北等成品油储备库进行调研，考察设施设备现状，研究管理运行情况，解决存在的问题。赴黑龙江、江西等地对企业代储情况进行现场抽查检查，持续跟踪督促企业落实在线监管情况，全力推动企业代储在线监管工作。研究制定了国家储备原油及成品油应急动用预案，明确职责分工和工作流程，确保紧急状态下快速响应。

（二）开展形势政策研究

密切跟踪国内外石油市场供需形势变化，定期开展分析，编制了《2017 年中国石油市场综述及 2018 年展望》，完成了《统一部署、超前谋划，以成品油储备能力建设为契机打造现代化油库》《储备油库 HSE 管理体系应用研究》，以及世界主要石油天然气储备国经验与启示等多项政策研究，为加强国家石油储备管理工作提供了有力支持。

三 能源储备基础设施建设

2018 年 5 月，张务锋局长对国家成品油储备能力建设工程做出"直面问题，研究加快推动落实的可行措施，向党组专题会汇报"的批示。7 月，国家粮食和物资储备局党组听取国家成品油储备能力建设工程专题汇报，要求提高政治站位，做好组织协调，强化监督检查，全力推进工程实施。10 月起，通过自查整改、安全检查、专家会诊、约谈督导、重立标尺"五个一"措施，加快推进项目建设。

2004～2018 年，国家科学规划、统筹布局，安排专项资金建设舟山、镇海、大连、黄岛、独山子、兰州、天津等国家石油储备基地。基地建设注重贯彻新发展理念，力求减少对环境的影响、节约建设用地、节约建设资金、降低运行成本，增强基地可持续发展能力。这些基地选址靠近深水港口或石油输送管线，同时与大型炼厂布局相协调，确保石油进出快速方便、应急辐射面广，配合利用社会企业库容不断增强储备能力。全国已建成11个国家石油储备基地，其中东北2个、华北1个、华东5个、华南1个、西北2个，分布在7个省份。

科研发展

一 科技进步与创新

（一）印发《关于"科技兴粮"的实施意见》

一是在整体要求上突出贯彻党的十九大精神，聚焦国家粮食安全战略目标，以供给侧结构性改革为主线，提高粮食科技创新能力和科技水平为重点，激发各类创新主体的积极性，增强粮食产业健康发展新动能。二是在思路上突出创新引领和统筹协调，强调坚持目标导向和需求导向相统一，坚持改革和创新双轮驱动，坚持"三链"协同，坚持自主创新和开放发展相结合，拓展科研思路。三是在重点任务安排上突出解决实际问题，通过做强做优科研院所、推动产学研相结合等方式不断完善粮食科技创新体系，以科技成果"三对接"活动推动粮食科技成果产业化行动，围绕激发创新活力，深化科技体制改革，营造良好的科技创新环境。

（二）深入落实"科技兴粮"工作

召开"科技兴粮、人才兴粮"工作座谈会，进一步深入贯彻习近平总书记关于"发展是第一要务，人才是第一资源，创新是第一动力"的重要指示精神，认真落实新时代国家粮食安全战略、创新驱动发展战略和乡村振兴战略，统一思想，聚焦重点任务，为推进科技兴粮提供有力支撑。会议交流了科技支撑和人才发展的经验，对加快推进科技兴粮和人才兴粮工作进行全面部署。会议强调，要聚焦第一动力，在主体培育上、融通创新上、关键技术上、成果转化上实现突破，全面提高粮食行业科技创新水平；突出第一资源，培养造就一支适应新时代粮食流通改革发展需要的高素质专业化人才队伍；深化改革创新，健全组织推动机制、激励扶持机制、宣传引导机制，努力营造"科技兴粮"和"人才兴粮"的良好环境。

（三）举办 2018 年全国粮食科技活动周

2018 年全国粮食科技活动周主题是"科技创新，强业兴粮"，活动围绕服务粮食安全、服务产业升级、服务健康消费开展。5 月 20 日，山西太原会场举办了科技周启动仪式，现场展示了科技创新成果、山西小米等好粮油产品，举办了小米品鉴活动，为科技小分队授旗，山西农业大学获"国家功能杂粮技术创新中心"授牌。5 月 21 日，湖北武汉会场举办了"科技成果""科研机构""科研人才"与企业"三对接"活动，30 家粮食科研院校、24 家职业院校和 59 家企业展示了最新粮食科技成果，23 项粮食科技创新合作项目达成合作意向并正式签约，武汉轻工大学获"国家粮食技术转移（武汉）中心"授牌。活动现场分发了《粮食公益性行业科研专项部分成果汇编》，发布了 11 项粮食行业公益性科研专项成果，食品安全、加工领域专家作了粮油科普讲座。科技周期间，向各省份提供了 1000 余册《粮食科技成果、企业技术难题及科技需求汇编》和《粮食科研机构和创新团队及学科带头人汇编》，以及 2 万余册的粮油科普健康宣传手册。

（四）推进国家粮食技术创新中心等平台建设

一是制定《关于粮食产业科技创新联盟建设的指导意见》，明确产业科技创新联盟在组织构架、技术创新、成果转化、运行发展等方面的工作建议，向完成信息留存程序的国家粮食产业科技创新（滨州）联盟授牌，充分发挥粮食产业科技创新联盟的技术"孵化器"和产业发展"助推器"的作用。二是制定《国家粮食技术转移中心管理办法（试行）》，启动粮食行业技术转移中心建设，以中心为载体，集聚和运用创新要素，促进知识成果传播、转化、应用，支撑产业转型发展。以武汉轻工大学组建的"国家粮食技术转移（武汉）中心"为试点，探索粮食技术扩散模式和中心管理运行方式。三是修订《国家粮食技术创新中心管理办法（试行）》，启动粮食技术创新中心建设，向新成立的技术创新中心授牌，为促进重大粮食科研成果工程化、系统化，开展行业共性技术的研究开发与成果转化，开展专项技术的实验、示范、推广等提供了有效支撑。

（五）培养行业科技创新领军人才和创新团队

一是经公开征集、专家遴选、网络公示，推荐"创新人才推进计划中青年科技创新领军人才""创新人才推进计划重点领域创新团队"等。二是按照科技部办公厅《关于做好 2018 年国家"万人计划"青年拔尖人才科技部平台申报推荐工作的通知》要求，经征集、评审，遴选出符合推荐条件要求、粮食行业特色突出、创新发展潜力强、有一定行业影响的候选对象，推荐 2018 年国家"万人计划"青年拔尖人才粮食行业候选人。

（六）强化科技项目成果服务产业发展能力

一是完成"国家粮食储运监管物联网应用示范工程"项目验收。二是完成"十二五"国家科技支撑计划项目 3 个课题的验收工作。三是推荐有关科研机构申报国家重点研发计划政府间国际科技创新合作／港澳台科技创新合作重点专项候选项目。

（七）培育重大科技专利成果

一是根据国家科学技术奖励工作办公室《关于 2018 年度国家科学技术奖提名工作的通知》要求，经公开征集、专家遴选、网上公示等环节，提名河南工业大学牵头完成的"高效节能稻谷加工装备的研发及产业化"，成都粮食储藏科学研究所牵头完成的"农村储粮先进技术及适用装备"等 2 个项目为 2018 年度国家科学技术进步奖二等奖候选项目。二是按照国家知识产权局《关于评选第二十届中国专利奖的通知》要求，经征集、评审，推荐 4 项专利为第二十届中国专利奖的参评专利。

◆ 国家粮食和物资储备局科学研究院

（一）院所改革取得重要进展

1. 优化机构职能。按照《国家粮食和物资储备局科学研究院科研体制改革方案》，完成"撤组建所"和人员"双向选择"工作，新组建粮食储运研究所、粮油加工研究所、粮食质量安全研究所、粮食品质营养研究所和粮食产业技术经济研究所 5 个研究所，以及中心实验室、粮食科技成果转化中心和粮油质量检验测试中心 3 个中心，基本建立长远发展的科研体制框架，初步形成院所两级扁平化管理机制。组织编制所两级学科发展规划，明确发展方向，统筹协调课题申报和科研资源配置，强化内部合作，提升科技团队力量。

2. 完善制度规定。按照以科研为本、以出成果为目标、责权对等、激励有效等原则，建章立制，制订《科学研究院科研体制改革实施方案》《科学研究院内设研究机构设置、主要职责和人员编制规定》《科学研究院研究机构领导岗位竞聘上岗工作方案》《科学研究院研究所管理办法》《科学研究院研究所成本核算办法》等几十项制度，确保办事有据可依。结合"三定"的修订，厘清职能处室职责边界。严格执行"三重一大"制度，实行民主集中制，重要事项由院务会、党政联席会集体决策。

3.整合科研力量。组织编制《国家粮食和物资储备局科学研究院科研发展规划（2019—2023 年）》（征求意见稿），提出未来 5 年院科研发展总体目标。积极协调申报 2018 年度食品质量安全领域国家重点研发计划项目、课题。鼓励科研人员潜心科研，统筹安排研究任务，提高了研究效率和质量。在各类人才推荐、基本科研经费项目申报等方面，统筹考虑队伍建设、人才培养等因素，进行合理安排，有计划有步骤培育科研队伍。

（二）科技创新取得切实成绩

1.储运研究领域。储运研究领域 2018 年在研纵向课题 22 项，发表论文 28 篇，授权专利 8 项，行业标准新立项 3 项，软件著作权获批 1 项。食品级惰性粉防治储粮害虫、粮库进出粮人员伤害危险源辨识与事故防范、应急成品粮储备等技术分别获得中国粮油学会科学技术奖二等奖、三等奖、三等奖。储粮技术基础理论研究取得新进展。完成稻谷粮堆中霉菌生长及演替规律研究，完成北方地区霉菌区系调研并建立电子显微图谱；完成捕食螨中试应用和射频杀虫设备研制；研发了 5～50 吨仓容的、系列旋转式通风干燥储藏仓；开展粮食储备库多灾害危险源辨识研究；开展散粮集装箱保质运输粮情检测技术研发并完成设备的研发，2019 年将全面进入集装箱测试阶段。储粮新技术得到示范应用。在多场耦合理论和储粮生态系理论基础上构建了生物场调控模型，并进行了中试和实仓应用验证；"粮堆多场耦合咨询应用模块软件"成功应用于 10 省清仓查库试点工作；完成多参数粮情平台的优化改版工作，并以多参数粮情检测技术为依托，在不同区域对粮情测控技术进行了升级示范；开展示范库横向保水通风工艺、设备、智能软件及硬件控制系统研发及应用测试；针对《储粮安全"早知道"预警技术体系开发》课题研究内容，重点开展了黑龙江、吉林、山东、上海、浙江等地区的示范库部署工作，完成粮情"早知道"平台的接口标准制定工作并进行了测试。

2.粮油加工研究领域。粮油加工领域 2018 年在研纵向课题 44 项，标准项目 16 项，授权专利 2 项，制定和颁布标准 6 项，发表论文 38 篇。杂粮豆挂面的加工方法荣获"2018 年度第二十届中国专利优秀奖"；长柄扁桃资源开发及其沙漠治理应用示范荣获"2018 年中国粮油学会科学技术三等奖"；产毒黄曲霉精准鉴别及生物控制关键技术荣获"2018 年度河北省科技进步三等奖"。成立"国家玉米深加工产业技术创新中心""国家大豆加工产业技术创新中心"和"国家小麦加工产业技术创新中心"。"糙米米线加工技术研究与产业化开发""稳定化全麦粉及全麦挂面加工技术研究""全谷物速食营养粥加工技术及产业化应用"通过专家成果鉴定，研发的糙米米线加工、稳定化全麦粉及全麦挂面加工和全谷物速食营养粥加工等技术成果达到国际领先水平。

3.粮食质量安全研究领域。质量安全领域 2018 年在研纵向课题 14 项，牵头制 / 修订 1 项国际标准、1 项国家标准、3 项行业标准和 1 项团体标准，完成论文 14 篇，发明专利 3 项，获得省部级奖项 5 项。其中，《粮食重金属快速检测技术和分析质量控制研究》荣获"2018 年中国粮油学会科学技术二等奖"，《粮油精深加工过程中生物毒素的检测与防控技术创新与应用》荣获"2018 年度中国轻工联合会科技进步一等奖"，《食品加工中生物毒素控制创新与应用》荣获"2018 年度江苏省科学技术一等奖"。真菌毒素自动化定量检测、风险评估与监测预警等技术研究取得突破，与欧盟顶尖的真菌毒素研究团队技术交流进一步加深，积极参加国际权威机构组织的能力比对活动。标准物质研制、快检和脱毒技术取得较大进展。完成 3 种真菌毒素成分标准物质的研制和 6 种植物油脂肪酸组成标准物质制备研究；开发的真菌毒素免疫磁珠自动化方法完成行业内外联合验证，初步形成商品化设备和试剂；开发适用于重金属现场快速检测的电化学方法和整体解决方案；完成新型脱毒酶的鉴定工作，成功筛选获得 2 个新型 DON 脱毒酶基因，并制备 3 株 DON 脱毒酶基因工程菌；完成新型高效降解菌株全基因组测序和精细图绘制工作；建立 DON 脱毒产物的制备和化学分离纯化方法。完成国内外 6 个品牌 14 种不同的真菌毒素快检产品的评价工作；完成 2018 年黄淮海地区小麦 700 余份样品和 2018 年度北京地区粮油及其制品 450 份样品的采集、清理和 17 种真菌毒素及 11 种农药残留检测工作。

4. 粮食品质与营养研究领域。品质与营养研究领域 2018 年在研纵向课题 20 项，承担 20 余项标准制修订工作。发酵饲料产业化开发利用关键技术及应用荣获"中国粮油学会科技奖一等奖"，杂粮和豆类功能活性物质作用机理及应用获得"中国粮油学会科技奖三等奖"。品质营养数据库、机理研究、改善技术方面取得阶段性成果。初步测评米、面市场产品品质概况，基本掌握目前我国米面产品的品质概况；探索不同碳水化合物 / 脂肪供能比对机体健康影响规律，揭示南方稻米型膳食和北方小麦型膳食人群谷物油脂健康消费模式；利用 WHO/FAO 提出的可消化必需氨基酸评分（DIAAS）法评价了 9 种常见谷物的蛋白质营养价值；建立液相色谱—飞行时间质谱的稻米脂质指纹图谱分析方法，初步绘制了稻米中脂类物质的指纹图谱；发现了可作为储藏过程中稻谷品质劣变特征标记物的关键脂类物质；发现了大豆染料木素抑制小鼠结肠肿瘤的分子机制；初步探明了糙米、精米、全麦粉、精制面粉对大鼠肠道挥发性脂肪酸及微生物的影响；完成 3 种试纸条、试剂盒开发，用于发酵饲料内源毒素及功能因子快速检测技术。组织完成全国 7 省市 56 份小米产品的筛选、初评、终评、榜单发布等工作，为进一步推动小米产业化提供了技术支持。

5. 粮食产业技术经济研究领域。产业技术经济领域在研纵向课题 8 项，参加"中国好粮油"三年实施方案评审、指导意见和实施细则起草，完成《粮食行业"十三五"发展规划纲要》中期第三方评估，总结"十三五"规划实施情况，为"十四五"规划编制提供依据。重点开展"一带一路"粮食产业课题研究等专项课题调查与研究工作。完善粮食价格走势预测模型，构建口粮产量预测模型。研究设计粮食科技资源科普化平台与方案，开发上线运行了国内首个以粮食科技为主题的"国家爱粮网"，开发设计基于 SQL Server 和可视化技术的粮食科技资源数据库"中国爱粮科普科技资源数据库"。

（三）工程设计和科技产业取得重要发展

1. 工程咨询与设计服务。2018 年在棚改、仓储物流、行业规划等方面共签订工程咨询、设计、工程总承包项目各类合同 181 个，完成各类工程咨询项目百余项，包括国家"一带一路"建设实施项目咨询工作。同时，紧扣绿色储粮、生态储粮、智能粮库、优粮优储的要求，进行仓型设计创新。承担四川、河北、北京、重庆、新疆等地仓储物流国家粮食安全保障调控和应急设施建设工作，根据需要提供相关咨询设计服务。配合"两个安全"的实施计划，完成了《粮库安全生产危险性管理守则》编制大纲。编制中国好粮油网初步方案，参加全国仓储物流应急设施项目评审。开展《国家粮食物流业发展"十三五"规划》和《青海省粮食流通"十三五"规划》中期评估工作。为粮油产业提供四十几项工业设计，其中中储粮东北综合产业基地项目已顺利投产，该项目是近年来粮食仓储行业，一次性投资规模最大、工艺设备最先进、功能最齐全，集仓储、物流、加工于一体的大型粮油综合产业项目。

2. 仪器设备研发。2018 年推广粮油仪器设备约 1100 台，粮食行业用户 2043 家。谷冷机、大米检测技术与设备取得了重要进展。完成 2 个系列组装式谷冷机的设计、试制和批量生产；重新设计横向通风谷冷机控制系统；完成老款拉伸仪的方案设计工作，重新开发拉伸仪上位机软件；完成大米外观软件升级工作，不完善粒的检测精度得到较大的改善；完成大米加工精度检测仪批量生产技术研究；测鲜仪信息化功能达到应用条件，稻谷出米率检测仪实现信息化功能；完成粳稻样品食味值的测评和模型重建。

（四）对外合作交流有序开展

积极组织国际会议，进行学术交流。承办世界粮食计划署（WFP）中国办公室主管的"国家粮食储备和粮食体系管理培训班"和亚专资项目"亚洲合作对话（ACD）框架下绿色生态储粮技术研修班"，举办 2018 年国际小麦品质研讨会、中日稻米科技研讨会。积极筹办 2019 年欧盟地平线项目国际年会。与全球 20 多个国家和地区的涉粮政府部门、大学、科研院所、企业开展合作交流。通过"走出去"和"请进来"，学习发达国家在粮油产后流通与加工、营养与安全的先进技术，推广我国先进的粮油新技术和管理办法。

◆ 中国粮油学会

（一）搭建学术交流平台，发挥学术引领力

1. 积极搭建学术交流平台。举办学术会议 45 余次，提交论文 454 篇，参会人数 6323 人次。以"科技创新引领粮食产业经济发展"为主题，举办中国粮油学会第九届学术年会，邀请权威知名专家作特邀报告，设立油脂及饲料产业的创新发展、粮食流通产业链的创新发展、粮油食品科技的创新发展 3 个分会场，邀请相关学科前沿领域的专家、学者共 61 人进行学术交流。充分发挥专业优势，组织所属各分会召开"油脂分会第 27 届学术年会""食品分会第八次会员代表大会暨新时代粮油食品科技创新论坛""2018 全国粮油仓储创新管理与绿色储粮学术研讨会""第十二届中国米粉、粉丝产业发展大会"等一系列专业性、专题性学术会议，进一步促进了行业的学术繁荣。《中国粮油学报》全年刊登稿件 248 篇，刊发的《超微粉碎对甘薯膳食纤维成分及物化特性影响》入选中国科协优秀科技论文遴选计划。

2. 完善科技奖励工作体系。拓展中国粮油学会科学技术奖，下设科学技术奖、终身成就奖、青年科技奖 3 个奖项，制修订《中国粮油学会科学技术奖管理办法》《中国粮油学会科学技术奖实施细则》《中国粮油学会青年科技奖实施细则》《中国粮油学会终身成就奖实施细则》。组织开展 2018 年度中国粮油学会科学技术奖项目评审工作，评选出一等奖 6 项、二等奖 10 项、三等奖 12 项。组织开展中国粮油学会第一届青年科技奖评选，评选出第一届青年科技奖 10 名，其中有 3 人被评为粮食行业青年拔尖人才。开展中国粮油学会终身成就奖的评选，4 位资深专家荣获中国粮油学会终身成就奖。

3. 开展学科发展研究。"2018～2019 年粮油科学技术学科发展研究项目"在中国科协立项，项目报告将于 2020 年正式公开出版发行。征集到 3 份前沿科学问题申报材料，13 份工程技术难题材料，向中国科协推荐 3 项前沿科学问题和 2 项工程技术难题。征集、筛选、报送了 8 项信息化新技术、新成果材料。

（二）打造高端智库，强化战略支撑力

1. 开展团体标准试点工作，服务国家新型标准体系建设。学会入选"国家标准委第二批团体标准试点单位"，组建团体标准工作委员会和技术委员会，面向粮食行业开展项目征集工作，第一批共有5项团体标准立项。积极参与全国粮食标准化技术委员会组织的国标、行标的制修订工作。

2. 加强与地方政府合作，助力粮食产业经济发展。主办的"第十三届全国粮油产销企业（春季）订货会"共有210余家粮油产销企业参展，参展经销商超过15000人，现场签约订货量500万吨。协办"全国粮食产业新旧动能转换助力乡村振兴高峰论坛"，联办"第二届中国（潜江）国际龙虾·虾稻产业博览会"。食品分会、花生食品分会、发酵面食分会根据自身专业特点与内蒙古自治区巴彦淖尔市人民政府、山东省平度市人民政府、湖北省监利县人民政府等地方政府合作举办2018中国河套农产高峰论坛暨粮油产业发展研讨会、2018年中国花生产业发展大会暨花生交易博览会、首届毛市佬面点美食文化节等活动，助力地方粮食产业经济发展。

3. 搭建成果转化平台，助推行业"三对接"。推广2017年度中国粮油学会科学技术奖获奖项目，举办"2017年度中国粮油学会科学技术奖获奖项目成果展览"。开展"纤维素燃料乙醇成套工艺技术及关键配套设备开发"等18项粮油科技成果评价服务。开展加工装备配备情况的调研摸底工作，对面条制品行业重点加工企业的生产装备、产品配套和产能做摸底调研。

（三）广泛开展科学普及，提升学会文化传播力

1. 积极参与中国科协组织的科普活动。参与2018中国国际科普作品大赛，征集上报视频《小金的奇妙旅行》及11篇科普图文作品；开展第七届中国科普摄影大赛作品征集活动；组织参与"典赞·2018科普中国"活动，征集、评选科学传播典范；组建稻米制品及膳食健康和米制主食营养与安全科学科普专家团队。

2. 开展粮油科普宣传。开展全国科普日系列科普宣传活动，走进北京市新华社区、天坛街道等，举办科普讲座，发放粮油科普书籍千余册和"爱粮节粮"的小团扇千余个。开展14期"营养健康大讲堂"，每场线上传播逾千人，线下传播听众逾百人。开展"创新引领时代，智慧点亮生活——你身边的物联网""肉蛋奶质量安全与国民健康""饲料安全食品安全"等科普宣传活动并现场解惑，共发放千余份饲料食品安全科普知识活页。联合河南工业大学信息科学与工程学院开展主题为"创新引领时代，智慧点亮生活——你身边的物联网"科普日活动。

3. 举办各种技能培训班。在北京、宜昌、上海等地共举办80场次"面点加工技术培训班"，惠及人数达2000人次，开展了20场发酵面食科普（DIY）体验活动，参与人次达340人。对60余名科技工作者，就如何评价玉米品质，从加工适宜性角度开展培训。邀请行业专家，对136名粮油食品检验员进行检验能力比对培训；邀请仓储技术专家和一线技术能手，分别对百余名保管员进行了专项技术培训。在北京举办了标准起草和审查培训班，共150余位会员代表参加了交流活动。

二　重点课题调研

建立健全科学化、制度化、常态化的调研长效机制，印发《关于大兴调研之风加快推动粮食流通改革发展的意见》，对调研重点、方式方法、成果转化、推进机制等提出明确要求。制定《关于认真领会用心落实习近平总书记重要指示精神深入开展重大粮食课题调查研究的安排方案》，国家粮食

和物资储备局负责同志分别带队深入基层开展实地调研，各司局单位组织精干力量，到黑龙江、山西、山东、湖北、广西、海南等省（区）开展"1+N"专题调研，形成34份有价值的重点调研成果。以粮食调控、执法监管、战略物资储备、应急救灾物资储备等局重点工作和地方典型经验为重点，形成了一批情况总结全面、问题分析到位、建议切实可行的研究成果，有的为党中央、国务院决策提供支撑，有的形成了行业指导意见，有的丰富了政策储备，较好地发挥了服务决策、指导实践、推动工作的作用。《加快推动黑龙江省粮食产业高质量发展的调研报告》获得中央领导同志批示肯定。

三   专家咨询工作

（一）组织开展重大专题咨询，为粮食产业强国建设积极建言献策

1. 开展新时代新形势下保障国家粮食安全专题咨询。2018年1月26日，国家粮食安全政策专家咨询委员会围绕新时代新形势下保障国家粮食安全进行了专题咨询。王春正顾问、陈锡文顾问和张务锋局长发表重要讲话，张晓强主任委员作专家咨询委员会工作报告，与会专家委员就粮食立法修规、强化监管、创新调控等粮食行业的重点问题发表咨询意见。专家建议，小麦和稻谷收储制度改革要借鉴玉米收储制度改革的成功经验；要把制度供给作为全面落实国家粮食安全战略的重要支撑，加快建立粮食安全法律保障体系；粮食产业高质量发展要重视土地因素、要走科技之路。专家还就强化粮食流通监管、创新完善宏观调控、加强粮食对外合作等方面提出了有针对性的咨询建议。

2. 开展粮食企业"走出去"参与"一带一路"建设专题咨询。2018年6月，专家咨询委员会召开"一带一路"建设与粮食企业"走出去"研讨会。专家建议，充分发挥政府在政策制定、平台搭建、环境营造、法制完善等方面服务功能，助推粮食企业"走出去"；粮食企业要严格遵守所在国的法律法规，积极践行企业社会责任；建立比较严格的食品安全体系，推行成熟的运作体系。7月，召开课题论证会，围绕"一带一路"沿线国家农业资源禀赋、粮食生产及合作潜力，以及推动粮食企业"走出去"的措施等方面进行充分研讨，提出相关意见建议。

3. 开展推动黑龙江粮食产业高质量发展专题咨询。2018年8月，专家咨询委员会组织对《关于加快推动黑龙江粮食产业高质量发展的调研报告》进行评审。陈锡文顾问和部分委员参与评审。专家组认为，该调研报告对于推动黑龙江省由粮食大省向产业强省迈进和全国粮食产业高质量发展具有重要现实意义，在省级层面具有较强操作性，在国家层面具有较强针对性，创新了国家行业主管部门和省级人民政府联合调查研究模式。专家咨询委员会向国务院领导同志报送了调研报告，国务院领导同志作出重要批示，为推动粮食产业高质量发展、建设粮食产业强国提供了重要遵循。

4. 开展"粮食流通改革发展成就与展望"纪念文稿专题咨询。2018年10月，专家咨询委员会组织召开"粮食流通改革发展成就与展望"纪念文稿专题咨询会。专家认为，纪念文稿内容丰富、结构合理，历史线索清晰，对宏观政策把握得当，信息量大，逻辑性强，可读性强。建议全面落实国家粮食安全观，提出具有前瞻性战略性的政策举措，并适当增加典型的重大历史事件。国家粮食和物资储备局根据专家意见修改完善后，按程序报批，并在《中国粮食经济》、《粮油市场报》、国家粮食和物资储备局政府网站等报刊网站发表。

此外，专家咨询委员会还开展了《中国的粮食安全》白皮书、推进优质大豆产业发展、《关于加

强粮食储备管理的若干意见（送审稿）》等专题咨询会，有力地推动了国家粮食和物资储备局相关工作的开展。

（二）组织开展重大课题研究，为粮食产业强国建设增强政策储备

为深入贯彻国家粮食安全战略，加快推进粮食产业强国建设，专家咨询委员会组织专家委员围绕粮食安全保障法律体系、粮食流通监管体系、现代粮食物流体系、现代化粮食流通体系、粮食企业"走出去"、优质大豆产业发展6个方面开展了重大专题研究。课题成果摘要报送国家粮食和物资储备局领导，印发国家粮食和物资储备局各司局单位，为政策决策和实际工作提供参考。《粮食企业"走出去"参与"一带一路"建设的思路与建议》专报国务院和国家发展和改革委员会领导同志，韩正副总理、胡春华副总理和何立峰主任、张勇副主任作出重要批示。

（三）组织开展重大活动，营造有利于粮食产业强国建设的浓厚氛围

2018年8月18日，专家咨询委员会在哈尔滨举办"粮食产业强国建设"学术报告会，陈锡文顾问、张晓强主任委员和许正斌副司长分别以建设粮食产业强国与国家粮食安全、构建现代化粮食流通体系、乡村振兴与粮食产业高质量发展为主题作学术报告。报告围绕"粮食产业强国建设"主题，从不同侧面提出了许多具有前瞻性、实用性、启发性的意见建议，为推动粮食产业高质量发展凝聚共识拓宽思路。协助甘肃省粮食局举办"甘肃·兰州'一带一路'粮食安全高峰论坛"，帮助甘肃省粮食拓展产业对外合作的工作思路，与"一带一路"沿线国家建立合作关系。

（四）组织增补专家委员，积极推进相关工作

2018年，专家咨询委员会增补了7位委员，新聘委员主要是农业、粮食、金融领域的专家。专家咨询委员会编印《国家粮食安全政策参考》11期、《专家咨询动态》3期，体现了2017年度课题研究成果、全体委员会议、专题咨询会议等情况。

四　战略性课题研究

2018年3月，国家粮食和物资储备局确定把《粮食产业强国建设研究》《新形势下创新完善粮食宏观调控机制研究》和《粮食产村融合发展战略研究》等作为2018年粮食战略性课题研究项目，由中国粮食研究培训中心组织开展课题研究工作。

课题一：粮食产业强国建设研究。从调整优化粮食供给结构、培育骨干粮食企业、推进粮食产业转型升级、创新完善粮食宏观调控等方面进行重点研究，通过分析我国粮食产业发展现状和问题，提出加快建设粮食产业强国的相关政策措施，包括培育现代粮食企业，推进粮食"三链"融合，建设现代粮食市场，强化粮食产业要素支撑，优化粮食产业发展政策。

课题二：新形势下创新完善粮食宏观调控机制研究。围绕目前我国粮食宏观调控面临的新形势和存在的主要问题，提出创新完善粮食宏观调控的总体目标和具体措施，建议协调"四大利益冲突"，进一步推进粮食供给侧结构性改革，加强宏观调控的决策主体、中央政府、地方政府、执行主体、生产主体"五个主体"建设，完善粮食生产能力体系、建设粮食产业发展体系、调优政府粮食储备体系、打造现代粮食物流体系、完善粮食安全预警体系。

课题三：粮食产村融合发展战略研究。在吉林省吉林市、湖北省荆州市、贵州省黔西南州，以及四川省的成都市、自贡市、广汉市、绵阳市等地开展"蹲点调研"，着重围绕当地粮食产销、粮食产

业发展、乡村建设、农民收入、居民生活等重点问题进行了深入研究，分析总结粮食产村融合发展的模式、取得的成效和存在的主要问题，提出壮大新型粮食经营主体、发展粮食全产业链、推动绿色特色粮食产业发展、培育粮食产业新的经济增长点、加强粮食品牌建设、密切经营主体间的利益关系、推进乡村建设，以及在实施乡村振兴战略中注重粮食安全、整合土地、资本、技术和人才资源支持产村融合发展等建议。

五   软科学课题研究

2018 年，国家粮食和物资储备局软科学评审专家委员会组织各省级粮食和物资储备管理部门、中央粮食企业、涉粮高校和局内各司局单位等研究力量，把握新时代、研究新形势、聚焦新任务、提出新对策，围绕加快构建粮食流通深化改革转型发展"四梁八柱"深入开展调查研究，36 项研究成果分别获 2018 年度国家粮食和物资储备局软科学课题研究一、二、三等奖和优秀奖。

一等奖课题 4 项：江苏省粮食和物资储备局《深化粮食收储制度改革政策措施研究》、中国粮食研究培训中心《培育具有国际竞争力的粮食企业研究》、武汉轻工大学《国家粮食收储制度改革形势下稻谷、小麦价格形成机制研究》、中国粮食研究培训中心《粮食产村融合发展模式研究》。

二等奖课题 9 项：吉林省粮食和物资储备局《吉林大米品牌创建与提升》、福建省粮食和物资储备局《新形势下粮食主销区储备粮管理机制创新的思考》、中粮集团有限公司《稻谷、小麦价格形成机制和收储制度改革研究》、武汉轻工大学《健康中国战略下全面实施"优质粮食工程"的途径与对策研究——以湖北省为例》、河南工业大学《"势科学"视角下打造我国高质量"五环"粮食产业链研究》、南京财经大学《关于创新驱动粮食产业发展的对策研究》《关于加快推进我国粮食产业融合发展的对策研究》、四川省粮食和物资储备局《大力发展四川油菜籽产业研究》、江苏省粮食和物资储备局《完善粮食安全责任制考核机制，推动市县落实保障粮食安全责任有关问题研究》。

三等奖课题 12 项：湖南省粮食和物资储备局《创新探索精准弹性托市收购模式，积极稳妥推进稻谷收储制度改革》、山东省粮食和物资储备局《粮食行业转型升级背景下全产业链技能人才培养研究》《山东省地方粮食安全保障立法问题研究》、青海省粮食局《推进"健康中国"建设，深入实施"优质粮食工程"》、湖北省粮食局《以粮油仓储单位"两个安全"网格化管理为基础，构建政策性粮食安全监管体系》、中国粮食研究培训中心《新时代"人才兴粮"实施进程中"粮工巧匠"培养研究》、浙江省粮食和物资储备局《加快发展浙江粮食产业经济的思路与对策》、黑龙江省粮食局《关于黑龙江优质粳稻口粮保障基地建设研究》、上海市粮食和物资储备局《上海市储备粮管理立法研究》、新疆维吾尔自治区粮食和物资储备局《新疆小麦收储制度改革风险防控与对策研究》、青海省粮食局《推进粮食企业跨区域经营，培育全省具有区域竞争力的粮食企业集团》、甘肃省粮食和物资储备局《超标粮食监管及后处理措施探索》。

优秀奖课题 11 项：沈阳师范大学粮食学院《以粮食社会化服务体系建设推进乡村振兴战略研究》、新疆维吾尔自治区粮食和物资储备局《新疆特色主食馕产业发展研究》、云南省粮食和物资储备局《云南粮食全产业链发展研究》、江西省粮食和物资储备局《构建粮食文化育人体系，为粮食行业转型发展提供人才支撑作用研究》、安徽粮食工程职业学院《粮食行业技能人才培训基地建设研究》、国家粮食和物资储备局科学研究院《大国经济背景下我国粮食宏观调控机制创新研究》、广西壮族自治区粮食和物资储备局《乡村振兴战略背景下推进粮食供给侧结构性改革，大力发展广西香米产业研究》、四川省粮食和物资储备局《从四川粮食低温库建设探析构建绿色低温储粮体系》、国家粮食和物资储备局粮食交易协调中心《加速构建国家粮食电子交易平台，服务粮食宏观调控，保障国家粮食安全》、安徽省粮食和物资储备局《实施乡村振兴战略，加快发展粮食产业经济》、黑龙江省粮食局《黑龙江省非转基因大豆产业发展的对策研究》。

人才队伍建设

一   高层次人才队伍建设

（一）选拔产生首批全国粮食行业领军人才和第二批全国粮食行业青年拔尖人才

2018 年，国家发展和改革委员会、国家粮食和物资储备局、教育部、人力资源社会保障部印发《关于"人才兴粮"的实施意见》，国家粮食和物资储备局制定《全国粮食行业领军人才选拔培养管理办法》，结合每两年开展选拔一次全国粮食行业青年拔尖人才的工作安排，组织各省级粮食和物资储备行政管理部门和有关中央企业，推荐领军人才和青年拔尖人才候选人。经专家评审，选拔确定首批全国粮食行业领军人才 3 人、第二批全国粮食行业青年拔尖人才 20 人。着力推动高层次科研人才队伍建设，培树各专业领域领军人才和优秀青年人才榜眼，推动高端科研人才结构不断优化。采取购买服务的方式，支持入选人员服务行业发展需要，自主选题开展研究，充分激发科研人员创新创业活力。

（二）参与第十四届高技能人才评选表彰活动

按照人力资源社会保障部《关于开展第十四届高技能人才评选表彰活动的通知》工作要求，国家粮食和物资储备局组织各省级粮食和物资储备行政管理部门和有关中央企业，推荐基层一线候选单位和个人。经专家评审推荐，获批第十四届全国技术能手候选人 1 名、国家技能人才培育突出贡献候选单位 1 个和候选个人 1 名。着力培树高技能人才工作先进典型，宣传高技能人才在粮食产业转型升级发展中的重要作用和突出贡献，充分营造了劳动光荣、技能宝贵、创造伟大的良好氛围。

（三）继续实施高层次专业技术人才知识更新工程

2018 年 11 月 4～10 日，国家粮食和物资储备局在湖北省武汉市举办全国粮食产业经济发展高级研修班，组织各省级粮食和物资储备行政管理部门、有关中央企业、高校和部分垂管局推荐的 70 名学员，重点研修了我国粮食安全面临的主要形势，现代粮食产业经济发展重点任务，粮食一二三产融合发展、粮食产后服务体系建设、质量监测管理技术、精深加工和综合利用等内容。11 月 18～24 日，在河南省郑州市举办全国现代粮食物流发展高级研修班，组织各省级粮食和物资储备行政管理部门、有关中央企业、高校和部分垂管局推荐的 70 名学员，围绕现代粮食物流业发展的政策、重点任务、装备技术发展状况，粮食物流园区的规划、建设和管理，我国物流业发展的总趋势，以及信息技术在物流业的应用等内容进行专题讲座与研修。截至 2018 年底，为粮食和物资储备系统累计培训了高级专业技术人才 832 人次。

二   青年人才托举工程

中国粮油学会积极做好人才塔基工程，持续开展"青年人才托举工程"，加强青年拔尖人才培养。

在郑州成功举办了"中国粮油学会'2017～2019年度青年人才托举工程'项目启动会",行业内专家、学者以及各高校、院所、企业等70多位代表参加了活动。积极申报中国科协"2018～2020年度青年人才托举工程"项目,获批5个青年人才托举工程项目名额。

三 粮食行业技能鉴定与职业教育发展

(一)粮食行业技能鉴定

1.技能培训鉴定高质量发展。2018年全年累计完成行业特有工种职业技能培训鉴定14386人次,涵盖(粮油)仓储管理员、农产品食品检验员、制米工、制粉工、制油工5个职业,其中鉴定合格获证人数7916人次,同比增长13.1%,培训鉴定质量建设取得明显成效,粮食行业技能人才队伍建设稳步推进。

2.开展首次全行业职业技能鉴定质量督导。2018年4月,结合全国行业职业技能鉴定统考,开展鉴定质量督导73人次,全国粮食行业30个职业技能鉴定站接受督导评估,其中26个达到优秀,存在问题的单位均及时进行整改。督导行动营造了公正、规范的考试环境,提升了督导员自身督导能力水平,强化了质量督导在人才队伍建设中所发挥的重要作用。

3.全面推动行业职业技能鉴定考评员"持证上岗"。举办全国粮食行业职业技能鉴定考评员培训班,各省(区、市)189名鉴定质量督导员通过培训、考核,取得人力资源和社会保障部统一核发的督导员证,提升了督导队伍建设质量,进一步保障了鉴定质量监督工作的合法合规性。

4.组织修订培训教程和国家题库粮食分库。组织修订(粮油)仓储管理员、制米工、制粉工、制油工4个职业理论和实操教材10本共500多万字,修订理论知识题库题量约2.2万道,实操知识题库题量近1000道,适应了粮食行业发展需求,满足了从业者更新理论知识、提升职业技能的需要,有力保障粮食行业职业技能鉴定考试的科学性和实效性。

5.组织行业高级技师研修和评审。在南京和郑州分别举办农产品食品检验员、(粮油)仓储管理员高级技师研修班,共80名技师参加研修,72人通过理论、实操考核和综合评审,获得高级技师职业资格,壮大了行业顶尖技能人才队伍规模,对提升行业技能整体水平发挥了引领示范作用。

6.升级行业技能鉴定考务管理系统。完成了粮食行业技能鉴定考务管理在线升级,规范、精简"考生报名、资格审查、培训、考试鉴定、成绩查询、证书印发"流程,提升信息化监管水平,同时有效保障获证学员申领人社补贴的权益。

(二)粮食行业职业教育发展

2018年,国家粮食和物资储备局组织粮食职业院校开展《高等职业教育创新发展行动计划(2015—2018年)》工作,承接和启动13项任务和9个项目,圆满完成12项任务和5个项目,促进了粮食行业高等职业教育创新发展,为粮食行业提供坚实人才保障。组织行业专家开展《高等职业学校专业教学标准》粮食质检和加工专业的修(制)订工作,有效指导粮食院校开展职业教育教学。组织相关院校申报2018年职业教育国家级教学成果奖,深化粮食行业职业教育教学改革工作,激发粮食院校创新创造活力。组织开展《粮食行业人才需求预测与职业院校专业设置指导报告》课题研究,为行业人才发展的政策决策以及职业院校粮食专业设置调整、专业建设及改革发展提出意见建议。组织开展全国粮食职教集团区域布局专题调研,形成《全国粮食行业职业教育集团发展情况的调研报告》，分析粮食行业职教集团发展面临的问题，推动有关措施建议落地。组织成立粮食行业职业教育集团联盟，制定《职教集团联盟章程》，促进东西部间、产销区间、不同粮食品种产区间的教育资源共享，协同发展粮食职业教育，提升粮食行业人才队伍整体水平，助力粮食产业强国建设。组织 9 所粮食职业院校的 17 名专业骨干教师开展暑期实践锻炼活动，提升粮食行业专业师资教学水平，加强粮食职业院校师资队伍建设，强化粮食部门、企业、院校相互之间的联系交流。

全国粮食和物资储备系统深化改革转型发展大讨论

一 大讨论活动取得显著成效

国家粮食和物资储备局在全系统深入开展"深化改革、转型发展"大讨论，坚持把学习贯彻党的十九大精神贯穿始终，把全面落实习近平总书记关于粮食和物资储备的重要讲话指示贯穿始终，把认真贯彻中央领导同志关于粮食行业深化改革转型发展的重要指示精神贯穿始终，把转变和优化部门职能、积极落实党中央关于机构改革的决策部署贯穿始终，把强化干部担当作为和激发干事创业热情贯穿始终，把凝聚思想共识和推动工作落实贯穿始终。2018年，为期一年的大讨论活动圆满结束。实践证明，深入开展大讨论活动的决策是完全正确的，这次活动的一系列部署是完全正确的，为机构改革后更好地履行党中央、国务院赋予的职责奠定了坚实思想、作风和专业基础，必将对下一步深化改革转型发展产生积极而深远的重要影响。

（一）通过深入开展大学习，切实提高了政治站位、统一了思想认识

国家粮食和物资储备局党组书记、局长张务锋先后对大讨论作出20余次批示指示。国家粮食和物资储备局编印习近平总书记重要讲话批示摘编、十九大学习材料摘编等学习材料，创办"粮食流通改革发展论坛"和"国储论坛"，组织举办8次视频报告会，邀请陈锡文、韩俊、王一鸣、陈理等专家作辅导报告。上海、江苏、江西、福建、广东、广西、云南、西藏等党委、政府主要领导或分管领导同志分别对大讨论作出批示或听取汇报。各级粮食和物资储备部门负责同志高度重视，亲自率战，共举办各类报告会、研讨会、座谈会、经验交流会3000余次。山西、黑龙江、江苏、安徽、福建等省粮食部门分别创建"晋粮论坛""处长大讲堂""金谷大讲堂""粮食大讲堂""良友论坛"等学习平台。吉林省粮食局在网站推出《一日一课——十九大报告天天学》专栏。内蒙古自治区粮食局编印《十九大应知应会口袋书和名词汇编》。通过深入学习研讨，加深了对习近平新时代中国特色社会主义思想和党的十九大精神的理解，深化了对"为什么改""怎么改""往哪转""怎么转"等重要问题的思考，强化了自觉改、主动转的思想和行动自觉。

（二）通过认真组织大调研，切实转变了工作作风、推动了实际问题解决

大讨论期间，各级粮食和物资储备部门共组织各类调研1500余次，形成高质量调研报告1100余篇，报送中办的调研报告得到习近平总书记批示。国家粮食和物资储备局随大讨论方案同步印发四方面20个调研题目，供各地参考。分3批确定64个重点调研课题，局党组同志领题带头深入基层一线进行调研，专题听取重点调研成果汇报。创新完善粮食宏观调控、加快粮食立法修规等成果已转化为相关政策措施。印发《关于大兴调研之风加快推动粮食流通改革发展的意见》，开展"1+N"专题调研，重点对黑龙江省推动粮食产业高质量发展"解剖麻雀"。组织8次"请进来"座谈会，主动听取各方面意见建议。建立特约调研员制度，首批80名特约调研员正式上岗。各地粮食和物资储备部门结合实际，积极开展上下联动共同调研、跨部门跨省份联合调研，查问题找"短板"，谋思路

想对策,切实提高调研实效。山东省粮食局通过调研列出 70 个需要解决的问题,提炼 44 个改革发展亮点,建立清单、动态管理。黑龙江省粮食局认真落实"农头工尾""粮头食尾"要求,积极推动水稻就地加工,实施大米市场营销"百日攻坚行动",强化"龙江大米"品牌建设,多措并举加快建设粮食产业强省。湖南省粮食局探索实施"精准弹性启动托市收购政策",相关做法建议被吸纳到全国粮食收储制度改革方案。新疆维吾尔自治区粮食局推动小麦收储制度改革,完善直补政策,调优种植结构,改革成效初显。广西壮族自治区粮食局探索实行"对种粮农民直接补贴与储备粮订单收购"挂钩,实现维护种粮农民利益和优化区级储备粮品种结构的双赢。河北省粮食局从制度机制层面强化应急能力建设,先后制订印发《粮食质量安全监管实施细则》《粮食仓储企业安全风险辨识与管控分级指南(试行)》等制度文件。湖北省粮食局高点定位、突出特色,认真务实抓好首批 10 个"优质粮食工程"试点示范县市建设。山西省粮食局积极打造"山西小米"区域公共品牌,带动农民增收,助推脱贫攻坚。吉林省粮食局集中力量打造大米"白金名片",提高品牌附加值,推动企业增效、农民增收、优粮优价。云南省、西藏自治区粮食局积极打造薏米、青稞等具有高原特色的粮食品牌和产业集群,推动粮食产业绿色化、产业化、品牌化发展。四川省粮食局力推以"赏花观光、休闲度假、浓香菜籽油加工"为主要内容的一二三产业融合发展模式,提高产业发展质量效益。

(三)聚焦担当作为,切实激发了干事创业热情、凝聚了创新发展强大合力

出台关于激励干部担当作为干事创业的试行意见;组织首次粮食流通改革发展青年论坛,展示讨论成果、培养锻炼年轻干部。广大干部职工积极参与献一策和撰写征文等活动,共收到各类合理化建议 1200 余条,征文 1400 余篇,评选出全国优秀建议 36 条,一、二、三等奖优秀征文 36 篇。宁夏回族自治区粮食局开展以"亮身份、亮标准、亮承诺,比学习、比作风、比技能、比纪律、比担当、比业绩"和"服务基层、服务企业、服务社会"为主要内容的"三亮六比三服务"党建活动,调动干部干事创业热情。甘肃省粮食局主动担当作为,分重点发展、支持发展、限制发展和逐步淘汰 4 类,优化地方储备粮储存库点整体布局。贵州省粮食局认真落实人才兴粮部署,建设食品工程职业学院作为行业人才培育基地。天津市、广东省粮食局通过签订产销合作协议、高效利用"公共仓"等方式,推动与黑龙江等主产区稳定合作,保障销区粮食供应安全。辽宁省、海南省粮食局着力打造"东北粮网"和"智慧海粮",加快信息化建设,提高粮食流通现代化水平。中粮集团着力打造农业综合服务平台,建设更加紧密的农企利益共同体。供销集团推广"供销 E 家"等新型农产品零售业态,推动线上线下融合发展。

(四)培树先进典型,切实树立了行业新形象、开创了工作新局面

编发 80 期大讨论简报,交流推广各地典型经验和优秀成果。活动期间向党中央、国务院报送专报 96 份,其中 60 份得到领导同志批示。积极向中办、国办报送信息,被中办采用 23 期、国办采用 74 期。《人民日报》等中央主流媒体对活动情况进行了宣传报道。各级粮食部门普遍在官方网站、行业媒体开设专栏,形成"网、刊、报"立体宣传态势。江苏、浙江、山东等省粮食局积极推动将粮食安全保障立法列入地方人大、政府立法规划,加快立法修规步伐,提高依法行政水平。北京市粮食局动态调整行政职权事项,优化简化流程手续,提高服务效率,强化对社会化涉粮企业的监督检查。青海省粮食局制定"710"台账管理制度和工作定期督查通报制度,一般事项必须在 7 天内办结,复杂事项 1 月内要有结果,所有事项当年年底清零销号。浙江省粮食局加快推进"最多跑一次"改革,细化办事指南,方便群众办事。江苏省粮食局开发国内首款粮食购销 APP,运用现代信息手段方便农民售粮。河南省粮食局以推动落实"四优四化"工程为抓手，着力探索"优粮优价"机制，2017年收购优质小麦帮助农民直接增收近 2.5 亿元。上海市粮食局在基层收购库点配置烘干清理设备，提供专业化服务，减少粮食产后损失。陕西省粮食局对 14 户粮食龙头企业实施"一企一策"扶持，提高服务针对性、实效性。重庆市粮食局推动建设优质粮食品牌溯源监管体系，加强粮食质量监管，保障"舌尖上的安全"。

（五）强化实践运用，推动粮食和物资储备重点工作上台阶、提水平

把大讨论作为推动重点工作向纵深发展的强大动力，坚持两手抓、两促进，推动讨论成果转化为实际成效。一是粮食收储制度改革稳步实施。扎实做好玉米收储制度改革组织实施相关工作，会同有关部门完善粮食最低收购价政策，使价格水平更好地反映市场供求。积极稳妥消化不合理粮食库存，库存消化进度明显加快。二是粮食立法修规取得新进展。"粮食安全保障立法"任务写入 2018 年中央一号文件，积极争取有关部门配合，推动各方形成立法共识；认真做好修订《粮食流通管理条例》工作，实质加快修订工作进程。顺利完成粮食安全省长责任制"首考"，完善年度考核方案，优化指标、突出重点，强化考核导向性和实效性。三是粮食产业经济发展势头良好。国务院办公厅印发《关于加快推进农业供给侧结构性改革、大力发展粮食产业经济的意见》，原国家粮食局在山东滨州召开现场经验交流会，与中国农业发展银行联合开展粮油产业化龙头企业审核认定和重点扶持工作，积极筹备召开粮食产业经济第二次现场经验交流会、首届粮食交易大会、粮食产业强国学术报告会。国家粮食和物资储备局深入实施"优质粮食工程"，建成粮食产后服务中心 248 个，支持建设 412 个粮食质检机构，遴选公布首批 162 个"中国好粮油"产品。四是粮食流通监管进一步加强。全面开展安全隐患"大排查、快整治、严执法"集中行动和跨省交叉执法检查，深入整改突出问题；认真筹备全国政策性粮食库存数量质量大清查，在 10 个省开展试点；开通 12325 全国粮食流通监管热线，接受案件举报投诉，发挥社会监督作用，帮助群众挽回拖欠售粮款 7000 余万元。五是科技兴粮、人才兴粮取得明显进展。分别与有关部门联合印发实施意见，成功举办粮食科技活动周、全国粮食行业人才供需对接会等重大活动，着力深化科技机制改革。六是稳妥推进机构改革。把物资储备系统干部职工纳入大讨论，围绕"加快构建统一的国家物资储备体系、提升应对突发事件能力"等重大问题进行深入研讨。七是认真抓好安全稳定廉政工作。召开系统视频会、物资储备系统安全稳定廉政工作汇报会，派出 10 个工作组进行专项督查，签订安全稳定责任书和党风廉政建设责任书，层层压实责任，为深化改革转型发展奠定坚实基础。

二　大讨论活动的有益启示

一是深化改革转型发展，必须提高政治站位，认真落实总体国家安全观。只有切实讲政治顾大局，自觉从政治高度思考谋划粮食和物资储备工作，以总体国家安全观为指引，做好系统改革发展各项工作，才能更好地服务保障国家安全和宏观调控。

二是深化改革转型发展，必须解放思想更新观念，坚持向改革要动力、向转型要活力。思路决定出路，理念决定发展。只有把解放思想、转变观念作为改革发展先导，才能有效破除传统观念、习惯做法、路径依赖的负面影响，不断增强改革发展内生动力。只有主动转变发展方式，牢固树立新发展理念，认真落实高质量发展要求，才能切实适应新时代新要求，全面提升粮食和物资储备发

展质量和效益。

三是深化改革转型发展，必须强化创新引领，充分发挥科技人才对兴粮兴储的支持作用。发展是第一要务、创新是第一动力、人才是第一资源。只有认真实施科技兴粮兴储战略，才能有效激发创新创优活力，全面提高科技创新水平。只有努力培养造就一大批适应新时代发展需要的高素质专业化人才队伍，全面增强"八种本领"，才能为粮食和物资储备改革发展奠定坚实人才智力基础。

四是深化改革转型发展，必须勇于担当积极作为，切实抓好班子带好队伍。只有认真贯彻新时期好干部标准和中央关于激励干部新时代新担当新作为的意见，突出抓好领导班子建设，带头履职尽责、带头担当作为、带头承担责任，才能有效激励干部担当作为，干事创业。只有持续深入推进"放管服"改革，主动转变职能，强化监管、优化服务，才能切实增强部门创新力执行力公信力，更好地推动粮食和物资储备改革发展。

五是深化改革转型发展，必须要加强调研，充分发挥典型示范引领作用。只有通过深入调研，才能真正摸清情况、找准症结、汇集智慧、谋定后动，确保改革发展正确方向。只有积极推动抓重点、出亮点、树典型，以点带面、强化引领、示范带动，才能切实形成比学赶超的浓厚氛围，加快改革发展步伐。

六是深化改革转型发展，必须要始终守牢底线，扎实做好安全稳定廉政各项工作。只有切实强化问题导向，强化底线思维，增强忧患意识，以严之又严、实而再实的作风，把安全稳定廉政各项工作任务要求落实、落细、落到位，才能为改革发展营造风清气正、和谐稳定的良好环境。

三　巩固放大大讨论活动成果

作为一次活动，大讨论已经圆满画上句号。但作为一项战略任务，深化改革、转型发展永远在路上。下一步，要把大讨论形成的共识、明确的思路转化为实实在在的举措，不断把粮食和物资储备深化改革、转型发展引向纵深。一要进一步强化理论武装，切实提高政治站位。坚持用习近平新时代中国特色社会主义思想武装头脑，深入学习贯彻总体国家安全观，加强学习、与时俱进，不忘初心、牢记使命，坚决维护习近平总书记的核心地位，坚决维护党中央权威和集中统一领导，始终在思想上、政治上、行动上同以习近平同志为核心的党中央保持高度一致，切实把党中央关于粮食和物资储备的各项决策部署不折不扣落到实处。二要进一步深化"三个转变"、开创改革发展新局面。按照中央关于深化党和国家机构改革决定和方案的部署，扎实推进机构改革，认真履行党中央国务院赋予的职责职能，自觉对标新时代、新职责、新要求，持续转观念、转职能、转方式；粮食和物资储备系统要以纪念改革开放40周年为契机，切实从改革开放的历史中汲取智慧力量，加快解放思想、更新观念，努力形成粮食和物资储备深化改革、转型发展的新格局。三要进一步强化担当作为、狠抓任务落实。国家粮食和物资储备局党组印发《关于全国粮食和物资储备系统深化改革转型发展的决定》（以下简称《决定》），明确下一步改革的重点和转型的方向。全系统广大党员干部要以强烈的政治担当、责任担当和历史担当，增强本领、奋发作为，锐意进取、攻坚克难，全面贯彻《决定》和讲话各项部署安排，以"钉钉子"精神逐条逐项抓好落地落实，推动深化改革、转型发展不断取得新的更大成就。

扶贫支援

一　提高政治站位扎实推进定点扶贫工作

国家粮食和物资储备局党组将定点扶贫和对口支援工作写入司局"三定"职责，局扶贫办从原调控司调整到规划建设司，并加挂"扶贫支援处"牌子。进一步完善党组统一领导、分管党组成员牵头负责、扶贫办协调推进、各司局单位按分工落实的工作机制。规划建设司形成司长负总责、分管副司长具体抓、扶贫支援处具体推进的落实机制。开展扶贫领域腐败和作风问题专项治理，把全面从严治党要求落实到定点扶贫工作全过程。制定印发《2018年定点扶贫工作计划》，细化五方面20项任务，逐项明确责任单位、责任人和完成时限，确保2018年底20项任务全面完成。

2018年，国家粮食和物资储备局党组书记、局长张务锋主持召开两次党组会议和一次专题会议，认真学习贯彻习近平总书记关于扶贫工作的重要论述和重要指示、李克强总理重要批示和胡春华副总理在中央单位定点扶贫工作推进会上的重要讲话精神，研究部署做好定点扶贫工作。分管扶贫工作的局党组成员、副局长梁彦三次主持召开专题会议听取情况汇报，研究解决存在的问题，协调推动工作落实。12月，张务锋局长带队，梁彦副局长参加，赴定点扶贫的安徽省阜南县调研考察，召开座谈会，慰问贫困户，实地督导脱贫攻坚进展成效，共商精准扶贫举措。6月，国家粮食和物资储备局党组成员、副局长卢景波带队赴阜南县开展调研和督导。9月，国家粮食和物资储备局党组成员、副局长韩卫江带队赴阜南县开展调研和督导。司局和单位96人次到阜南县调研，推动落实定点扶贫工作。

二　全面完成定点扶贫工作责任书规定的任务

2018年，实际投入帮扶资金173.5万元，完成率100.8%；培训基层干部290名，完成率290%；加大消费扶贫力度，购买及帮助销售贫困地区农产品30.49万元，完成率436%，定点扶贫责任书约定的3项任务均超额完成。主动完成责任书外的"自选动作"，引进帮扶资金745万元；举办3期脱贫攻坚培训班，累计培训人数1500名，在培训290名基层干部的基础上，培训致富带头人510名（含260名贫困村致富带头人）、技术人员150名、贫困户550名；积极解决贫困户的就业问题。

三　加大选派定点扶贫挂职干部力度

2018年，国家粮食和物资储备局共5名优秀干部在阜南县挂职，分别担任县委常委、副县长，县粮食局副局长，扶贫办副主任，镇党委委员，驻村第一书记等职务，"组团式"扶贫效果良好。国家粮食和物资储备局建立挂职干部定期汇报和考核考察制度与定期沟通联系机制，对挂职干部在工作上创造条件全力支持；在生活上关心爱护帮助解决实际困难，按照差旅伙食补助费标准给予生活补贴、办理人身意外伤害保险、安排定期体检、报销工作所需差旅费等，支持挂职干部安心扶贫、大胆工作。

四　多措并举创新定点扶贫工作

（一）突出行业特色，开展产业扶贫

协调有关方面持续支持阜南县，立足当地资源条件实施"优质粮食工程"。在 2017 年底安排 2060 万元财政补助资金基础上，新增 725 万元中央财政补助资金，建设 10 个粮食产后服务中心和 1 个粮食质检中心，改善种植结构，发展订单农业，提升粮食一二三产业融合发展水平。截至 2018 年底，建成 1.5 万亩优质弱筋小麦种植示范基地，增加收入 200 万元，1 万农民（约含贫困户 600 名）人均年增收 200 元；建成 7 个粮食产后服务中心，其中 2 个已投入使用，在一个烘干季内增加农民和企业收入 80 万元；粮食质检中心开始发挥作用。

（二）突出精准定位，提高扶贫成效

投入 173.5 万元资金用于定向帮扶。投资建设的文化广场、活动中心等公共基础设施受益群众超过 8000 人，基层干部、致富带头人、贫困户专题培训和小麦赤霉病防治、水稻矮缩病防治、龙虾种养殖技术、电商等技术培训受益人员 1500 名，教育扶贫受益学生 717 名，党建扶贫受益党员 132 名。通过机关消费扶贫、开通国家粮食和物资储备局电商扶贫微店等，帮助阜南县和对口支援县江西省于都县销售农产品 30.49 万元。增加帮扶资金将捐建的 80 千瓦光伏电站升级为光养混合一体化综合示范基地，预计可带动 30 名贫困户人均年增收约 5000 元。

（三）突出典型引领，营造浓厚氛围

2015 年 10 月至 2017 年 10 月任驻村第一书记的杨乔伟同志被评为 2018 年中央和国家机关脱贫攻坚优秀个人，国家粮食和物资储备局通过局门户网站、微信、微博、《中国粮食经济》杂志等平台积极宣传，在扶贫干部中形成了学、比、赶、帮、超的良好氛围。宣传阜南县脱贫攻坚成果，组织新华网、光明网等主流媒体，重点报道产业扶贫、光伏培训等精准扶贫实践，刊发报道 13 篇，印发 3 期党建简报。

（四）突出协同优化，整合资源扶贫

帮助对接引进中粮贸易华中公司、益海嘉里集团、蒙城县恒瑞面粉有限公司、四川百通液化石油气公司 4 家企业，其中四川百通液化石油气公司采取参股方式建设扶贫车间，计划投入 100 万元，前期已投入 20 万元。发挥安徽省粮食和物资储备局、安徽储备物资管理局的作用，两个单位负责同志多次带队到阜南县帮扶指导，安徽省粮食和物资储备局还协调省财政厅落实"优质粮食工程"支持资金。

组织垂管系统积极参加当地定点扶贫工作。初步统计，2018 年 26 个垂管机构中，有 22 个承担了 29 个贫困村定点扶贫任务，选派驻村干部 60 余名，累计投入帮扶资金和物资 2400 余万元，因地制宜开展定点扶贫。出台重大政策、安排重大项目时，优先支持扶贫。国家粮食和物资储备局与有关部门联合发文要求各地在安排"优质粮食工程"项目资金时，向国家级扶贫开发工作重点县和集中连片特殊困难县倾斜；在审核粮食安全保障调控和应急设施项目专项时，将贫困县项目的补助资金比例从 30% 调高至 40%；在安排政策性粮食收储计划时，对贫困县重点倾斜。积极支持对口支援的江西省于都县发展，选派 1 名处级干部挂职任县委常委、副县长，在项目、资金、技术、人才等方面进行帮扶，协调安排"优质粮食工程"等补助资金 546 万元，助推当地粮食产业发展。

节粮减损

一 节粮减损行动

（一）粮食产后服务体系建设支撑粮食减损增效

2017年"优质粮食工程"启动实施以来，粮食产后服务体系建设紧紧围绕为种粮农户提供"清理、干燥、储存、加工、销售"等服务，帮助农民、合作社、粮食经纪人等解决市场化收购条件下收粮、储粮、卖粮、清理、降水干燥等一系列问题。随着粮食产后服务中心的建成使用，在减少粮食产后损失、促进粮食提质进档、增加种粮农民收入等方面的成效不断显现，受到了地方各级粮食部门和种粮农民的普遍欢迎。

（二）节粮减损系列科普活动增强公众爱粮节粮意识

自2006年开始，每年全国粮食科技活动期间，联合多部门集中组织开展节粮减损、科学消费等科普知识进学校、进家庭、进社区活动，通过参观稻米科普文化长廊，体验插秧耕作，观摩稻米加工工厂，重温节粮爱粮古训等宣传方式，弘扬中华民族传统文化，宣传爱粮节粮、营养健康、保障粮食安全的理念和科普知识。部分省份在粮食科技活动周专栏展播优秀科普视频、宣传画、电影等作品。有的单位还邀请院士等高层专家做专题科普讲座等。科技活动周期间，国家粮食和物资储备局还会同科技部、中宣部、卫生健康委员会等11个部门派遣专家参加"科技列车行"活动，并向当地农户捐赠农户科学储粮装具；组织粮食科普小分队，深入乡村、港口、企业，开展节粮减损科普知识宣传。已面向基层农户捐赠2000余套科学储粮装具。积极开展世界粮食日和"爱粮节粮宣传周"等活动。全国粮食科技活动周等系列宣传活动取得了明显的成效，产生了较深远的影响。宣传受众约每年200万人，不仅有社区的居民，还有小学生、高校的大学生、企业的职工等，扩大了爱粮节粮的宣传力度，促进了节粮减损、安全储粮、科学保粮科学技术的普及，为保障国家粮食安全做出积极的贡献。

（三）国家科技计划项目聚焦节粮减损成果有效降低粮食损耗

粮食公益性行业科研专项项目"规模化农户储粮技术及装备研究""粮油储藏品质保持减损新技术研究""粮食产后损失浪费调查及评估技术研究"等，取得阶段性成果并已发挥减少粮食损失，提升粮食品质的重要作用。其中"规模化农户储粮技术及装备研究"重点研究了大农户农村粮食物流及综合技术，农村粮食物流和节点关键设备，物流信息平台及技术模式和技术标准，研发出区域性种粮大农户使用的储藏安全水分农户储粮粮仓以及配套的设备和技术工艺，为我国农户安全储粮提供了有效的技术支撑。"粮油储藏品质保持减损新技术研究"完成了生态储粮仓的结构分析、设计及施工技术研究，开发了糯稻、糯米、糯米粉在不同温度条件下气调储藏及常规储藏品质变化检测技术，摸清大豆油、菜籽油等食用植物油在储藏期过程中品质的变化规律及不同品质指标之间的影响，确保粮油食品在储藏过程中的质量安全。

二　爱粮节粮和粮食安全宣传教育

（一）组织开展全国"粮安之星"评选发布活动

国家粮食和物资储备局会同农业农村部、教育部、科技部、全国妇联，以及联合国粮农组织驻华代表处，在全国范围内组织开展"粮安之星"评选发布活动。活动分为国家级和省级两级开展。省级由各省级粮食、农业、教育、科技、妇联等部门组织在本地区评选发布；国家级由国家粮食和物资储备局会同农业农村部、教育部、科技部、全国妇联从各地推荐的先进典型中择优评选。10月16日，在杭州主会场活动现场发布了包括石元春、盖钧镒两位院士在内的10位"粮安之星"，交流宣讲了他们在各自领域默默奉献、辛勤耕耘，助力国家粮食安全的先进事迹，发出"人人重视粮食安全、人人保障粮食安全"的呼吁、倡议，并通过媒体宣传报道、主题宣讲等方式扩大典型示范效应，营造学习典型、为粮食安全做贡献的浓厚氛围。2018年全国共评选发布10名国家级"粮安之星"及300余名省级"粮安之星"。

2018年10月16日，世界粮食日和粮食安全系列宣传主会场活动在浙江大学举办，活动表彰了10名国家级"粮安之星"，包括中国科学院、中国工程院院士石元春，中国工程院院士盖钧镒，吉林省农业科学院王立春，山东肥城穆庄种粮大户刘东华，黑龙江省农垦科学院水稻所解保胜，安徽省滁州军粮供应站叶必春，浙江省粮油产品质量检验中心应美蓉，以及中央农业广播电视学校，河南省潢川县金塔红种植养殖专业合作社，江西省德兴市粮食局监督检查股。10位主题人物结合自身实际，从土壤治理、遗传育种、科学种植、人才培养、质量检验检测等方面，畅谈爱粮节粮、助力国家粮食安全的经验体会；活动现场还播放了主题人物公益视频，向全社会发出"人人重视粮食安全、人人保障粮食安全"的呼吁、倡议。各地区评选发布了300余名省级"粮安之星"，并组织了形式多样的宣传倡树活动。

（二）组织开展粮食安全大走访大调研系列活动

2018年10月16日在世界粮食日主会场活动现场，举行了大走访大调研系列活动启动仪式。活动期间，组织机关干部、农业科技专家和涉农院校师生等，走进村庄、走进田野、走进农户，以专家宣讲、座谈交流、互动解答、现场指导等多种形式宣讲粮食政策、普及粮食知识，倾听农户心声，受到了广大种粮农民的欢迎和好评。据统计，各级粮食、农业、教育、科技、妇联等部门组织6000余名粮食政策和技术等方面的专家，组成1000余个工作小组，发放主题宣传册、宣传品20多万套，宣传讲解粮食安全政策和爱粮节粮知识。

（三）组织开展系列主题宣传教育活动

紧扣粮食和物资储备中心工作，围绕优质粮食工程、粮食产业经济、粮食收购、粮食质量安全等主题，精心策划选题，持续推出粮食安全、爱粮节粮系列主题宣传报道，推动构建爱粮节粮宣传教育长效机制。全年共制作播发公益视频12个，发布主题图解17篇，发布整版公益广告1次，开展网络直播2次，开设专栏1个，商请中国移动、中国电信、中国联通三大运营商发送主题公益短信1次。各地粮食和物资储备部门结合本地实际，组织开展形式多样的爱粮节粮主题宣传教育活动，在全国范围内形成了很好的联动效应。山西省组织"粮食安全进军营、走访慰问子弟兵"活动，湖北省组织开展"粮油食品质量监督检测中心开放日"活动，新疆生产建设兵团组织开展"节粮巧妇"评选活动，营造了爱粮节粮、助力粮食安全的良好氛围。

财务资产管理和内部审计

一 行业财务

（一）多渠道筹集粮食收购资金，巩固放大粮食收储制度改革成果

中国农业发展银行及早印发夏秋两季粮食信贷文件，确保政策性粮食收购资金和储备轮换资金及时足额供应。深入开展夏粮、秋粮收购资金筹集等情况调研，有力保障了政策性粮食收购顺利进行。印发《关于建立健全粮食收购贷款信用保证基金融资担保机制的通知》，指导各地组建运行基金，不断完善信用保证基金政策，帮助企业有钱收粮，切实保护种粮农民利益。2018年秋粮收购期间，东北四省区基金项下贷款达到74.3亿元，同比增长22%，贷款额再创新高。新疆在小麦收储制度改革首年通过基金放贷47亿元，满足了全区六成的收购资金市场需求，在推动小麦市场化收储制度改革，保护种粮农民利益，维护边疆地区和谐稳定等方面发挥了重要作用。截至2018年底，内蒙古、辽宁、吉林、黑龙江、江苏、安徽、河南、广西、新疆9个省（区）已经建立信用保证基金等融资担保机制，多个省（区）正在试点或筹备建立。各地粮食和物资储备财会部门指导企业通过保险、担保、代收代储、合作经营等多种方式拓宽粮食市场化收购资金融资渠道，帮助企业有钱收粮，保护种粮农民利益。

（二）争取财税金融支持政策，促进粮食产业经济发展

中国农业发展银行印发《关于推进市场化条件下粮油信贷业务发展的实施意见》等系列文件，将粮食精深加工、粮食物流体系建设和国家粮食电子交易平台等列入支持重点，为粮食行业深化改革、转型发展提供新动能，为企业发展提供了有力的资金支持。与中国农业发展银行联合认定并公布了507家重点支持粮油产业化龙头企业。争取中国农业发展银行给予优先、重点信贷支持。截至2018年底，中国农业发展银行已经向这些企业发放市场化贷款349亿元，有效发挥龙头企业带动作用，助力乡村振兴战略深入实施。召开专题政策咨询论证会，广泛听取意见建议后，向财政部提出调整基金使用范围、完善管理体制等建议。各地深入贯彻国务院有关减税降费等系列会议精神，认真落实《关于部分国家储备商品有关税收政策的通知》，免征有关储备企业印花税、房产税和城镇土地使用税等，切实减轻了企业负担。

二 预算财务

认真落实中央机构改革要求，按规定调整调剂预算，全力落实机构改革急需的集中办公、新机构挂牌、急重任务等办公设备和经费，有力服务保障机构改革和各项重点工作顺利进行。优先保障党中央、国务院确定的重大改革、重要政策和重点项目支出。贯彻以人民为中心的发展理念，聚焦解决系统内广大干部职工住房补贴、医药费等最关心最直接最现实的利益问题。融合编报预决算，

国家层面融合了原国家粮食局、原国家物资储备局预算，以及能源局、应急部、民政部、商务部、水利部等部门相关预算，在时间紧、任务重、要求严、涉及面广、情况复杂的情况下，克服困难，做好相关预算申请、划转等工作。保障相关物资收储工作顺利进行。认真做好部门决算，及时准确编制部门决算并向社会公开。强化绩效管理，督导加快预算执行，切实提高预算执行效益。国家粮食和物资储备局首次编报的政府财务报告得到财政部通报表扬。深化预算管理制度改革，按照统一要求压减项目支出，继续从严控制"三公"经费预算。着眼于新机构新职能，全面实施预算绩效管理，突出预算绩效导向，扎实组织开展绩效监控和绩效自评，定期组织重点项目绩效评价，加强绩效评价结果应用。

三 资产管理

完成行政事业单位国有资产报告和行政事业单位国有资产决算报告、事业单位出资企业财务会计决算及经管资产报告编报工作。严格落实企业、办公用房、国有资产出租出借"三项清理"整改要求，建立清理整改清单，进一步压紧压实各级责任，有效促进国有资产规范管理。印发《国家物资储备系统企事业单位收入统计报告管理规定》《关于推行企事业单位资产使用成本核算的通知》，指导企事业单位开展成本核算，如实反映国有资产收益情况，加强风险管控，优化存量，做好增量，推动业务转型、提质增效，不断提高国有资产使用效益。认真做好机构改革期间资产管理工作，确保资产管理工作有序衔接，重点是完成机关本级资产清查，及时印发《关于切实做好办公用房调整过程中国有资产管理工作的函》，明确资产移交、处置等工作要求，推动做好机构改革中相关资产的有序划转，确保机构改革期间国有资产的安全完整。

四 内部审计

在开展常规审计的基础上，加强对各项业务开展情况特别是各单位贯彻落实党中央、国务院重大政策措施情况和本单位及所属单位发展规划、战略决策、重大措施执行情况的审计。加大对各项经济工作监督力度，关注各项经济风险隐患，提前预警并推动完善相关内部控制制度，构建防范财经违规违纪问题长效机制。制定《2018 年内部审计方案》，按照方案认真完成了 12 家单位现场审计，下达审计整改决定，督促整改落实。充分发挥内部审计专业人员和中介机构力量，进一步提升审计效能。通过公开招标方式建立内部审计中介机构名录库，形成优胜劣汰机制。派员全程参与各项现场审计，严把审计质量，确保审计结果独立、客观、公正。采取多种措施巩固内部审计和清理规范成果，督促各单位严格落实各项整改要求，持续跟踪问效，防止问题反弹，不断提高管理规范化水平。认真落实党中央巡视整改"回头看"部署，系统梳理汇编中央以及国家粮食和物资储备局党组巡视审计发现的财务管理问题，编制《近年来巡视审计发现财务管理问题分类汇总表》并印发各单位，要求各单位引以为戒，防患未然，巩固巡视成果。

新闻宣传

一 紧紧围绕贯彻落实党中央、国务院决策部署，组织开展新闻宣传

（一）着力提升宣传报道质量

围绕保障国家粮食安全和战略物资储备安全、粮食产业强国建设、粮食收购、优质粮食工程、粮食执法监管等中心工作组织开展宣传报道48次，刊发宣传报道567篇/条，较上年增长11%，进一步提高了报道覆盖面。强化议程设置能力，报道角度更加多样化，原创分析类、调研类报道比例有提升，粮食交易大会等3项重要活动媒体报道80%以上为原创。国家粮食和物资储备局主要负责同志、新闻发言人、相关业务司局负责同志运用访谈、专访、署名文章、答记者问等方式，围绕热点问题积极进行权威解读，共刊发《抓好"粮头食尾"和"农头工尾"加快建设粮食产业强国》等解读报道11篇。进一步增强媒体报道版面、栏目权威性，推出粮食产业经济、夏粮收购等主题专版报道5篇、电视电台黄金时段报道11条。

（二）加强融媒体建设

积极推进官方网站、政务微博微信、杂志、报纸等各类信息发布平台的融合联动，建立信息全口径共享、分类分层发布、网微端实时联动等工作制度，真正实现"实时响应、互联互通、互为补充"。以"更加突出粮食和物资储备中心工作""更加增强互动性、服务性"为目标进行网站改版，调整页面设计与布局、优化栏目结构、升级应用系统和应用程序，突出解读回应、办事服务等功能，申请全新网站域名和邮件系统域名，实现网站用得方便、用得安全。加强政务微博微信等新媒体建设与管理。适应职能调整变化，及时更换国家粮食和物资储备局政务微博微信头像、用户名、优化更新栏目名称，加大信息发布力度。2018年共发布政务微博365条、政务微信341条，政务微信粉丝数量突破16000，较上年增长131%；加强所属单位新媒体管理，对新媒体账号进行摸底统计，并严格账号开设和信息发布审批制度，确保信息发布安全稳定有序。

（三）充分运用新媒体

创新媒体报道形式，使用视频、图解、短视频、网络直播等新形式，进行网站、微博微信等全媒体推送，努力实现可视化呈现、智能化推送、互动化传播，切实增强宣传效果。2018年围绕粮食和物资储备改革开放40周年、粮食产业经济、大清查等中心工作，制作宣传视频12个、图解17篇、短视频2个，进行网络直播2次。丰富宣传报道语言，充分运用数说、事说、图说、视频等，丰富新闻语言表达，进一步提升点击率、阅读量、点赞率和转发率，提升宣传实效。其中，世界粮食日和粮食安全系列宣传主会场活动网络直播浏览量超170万，政务微博《2018年主产区夏粮和早籼稻收购进度（7月31日）》浏览量超210万；政务微信《国家粮食和物资储备局负责人解读全国政策性粮食库存大清查工作》等5条信息阅读量过万。

（四）强化新闻发言人制度建设

及时充实新闻发言人力量，新增 2 名业务司局主要负责同志为新闻发言人，通过制度保障、团队建设等方式积极为新闻发言人履职创造有利条件。推荐新闻发言人积极参加国新办举办的相应业务培训，不断提升履职能力。

二　妥善处置热点舆情，舆情态势总体平稳

进一步增强舆情处置能力。围绕社会关注舆论热点，着力加强舆情分析研判力度，根据事件发展变化分段、多次持续发声，正确引导社会舆论。2018 年 5 月，围绕夏粮收购，组织媒体报道、图解报道等，通过主流媒体对小麦和稻谷最低收购价政策变化进行解读分析，合理引导社会预期；8 月，针对社会关注热点"夏粮收购量大幅减少"，国家粮食和物资储备局新闻发言人积极回应社会关切，组织媒体刊发《粮食和储备局：夏粮旺季收购顺利收官　市场活跃价格平稳》，正确引导社会舆论，效果良好。

不断提高舆情监测精准性。根据职能变化，调整更新舆情监测关键词，实行 7×24 小时不间断监测推送，提高舆情筛选报送时效性，积极妥善回应社会关切。

三　世界粮食日和粮食安全系列宣传活动

（一）科学设定活动主题

2018 年活动主题为"端牢国人饭碗，保障粮食安全"。10 月 16 日，国家粮食和物资储备局与农业农村部、教育部、科技部、全国妇联等联合主办单位在杭州联合举办主会场活动，现场发布了包括石元春、盖钧镒两位院士在内的 10 位"粮安之星"，交流宣讲了他们在各自领域辛勤耕耘、不懈付出，助力国家粮食安全的先进事迹，向社会公众发出"人人重视粮食安全、人人保障粮食安全"的呼吁、倡议，并举行了粮食安全"大走访大调研活动"启动仪式。中国移动、中国联通和中国电信三大网络运营商发布主题公益短信，在全社会营造重视国家粮食安全、助力国家粮食安全的良好氛围。

（二）举办粮食安全系列宣传活动

在全国范围内组织开展"粮安之星"评选发布和粮食安全"大走访大调研活动"。各级粮食、农业等部门共联合评选发布粮安之星 300 余名，并通过媒体宣传报道、主题宣讲等方式扩大典型示范效应，营造学习典型、为粮食安全做贡献的浓厚氛围；各级粮食、农业、教育、科技、妇联等部门单位，组织 6000 余名粮食政策和技术等方面的专家，组成 1000 余个工作小组，走进村庄、走进田野、走进农户，对粮食问题进行摸底调研，宣传讲解粮食政策技术，得到了广大种粮农民的欢迎和好评。

◆ 国家粮食和物资储备局政府网站

（一）提升网站信息发布质量

加大新闻中心、业务频道、行业报道、政策解读类栏目更新频率，满足社会公众对于粮食和物资储备行业信息需求。据统计，2018 年各相关单位报送信息量较上年增长 19%，有了较大提升。丰富信息发布方式，加大图解、小视频、音频等多媒体信息发布比例，2018 年发布粮食和物资储备、

粮食产业经济图解17篇。继续完善信息发布季度通报制度，对各相关单位网站信息发布数量、点击量等情况进行通报，推动网站信息报送质量不断提升。

（二）完成网站升级改版

以"将政府网站打造成更加全面的政务公开平台、更加权威的政策发布解读和舆论引导平台、更加及时的回应关切和便民服务平台"为目标，进行官方网站改版。调整页面设计与布局，重点围绕首页功能区扩大图片新闻、新闻中心、互动区页面占比，增强可视性、美观度，更加突出粮食和物资储备中心工作；调整优化栏目结构，突出"业务频道""党建工作""解读回应""为民服务""复议许可"等重点工作和互动类栏目；新增/升级"互动管理平台""信息公开系统""在线意见反馈"等应用系统和应用程序，突出解读回应、办事服务等功能，增强网站的互动性、服务性；根据职能调整情况，申请全新的网站域名和邮件系统域名，实现网站用得方便、用得安全。

（三）严格网站信息发布审核机制

按照"谁发布、谁审核、谁负责"的原则，实行严格的信息发布审批制度，明确信息起草、报送、审核、发布程序，严明工作纪律，进一步增强信息发布的制度化、规范化。按照国家有关保密规定，严格保密审查程序，确保信息发布安全性。畅通信息报送渠道，建立信息联络员制度，由信息员负责信息报送等联络沟通事宜，进一步增强信息发布时效性、联动性，形成了上下联动、内部畅通的信息发布机制。

◆ 中国粮食经济杂志社

2018年，《中国粮食经济》通过增设栏目、增加页码，拓展渠道，丰富形式，围绕粮食流通中心工作开展新闻宣传和理论探讨，在纸介质媒体上共刊发稿件300多篇，120多万字；在融媒体平台上，共刊登电子期刊172期，发布信息350多条。

（一）大力宣传党的十九大精神和习近平新时代中国特色社会主义思想

开设"在十九大精神指引下""新时代新作为新篇章"栏目，深入宣传全国粮食和物资储备部门在习近平新时代中国特色社会主义思想指引下，全面贯彻党的十九大精神的思路举措和学习体会，刊发粮食安全战略咨询委员会专家及其他知名专家和学者新时代粮食安全观、粮食安全战略、乡村振兴战略的理论研究文章，推出《纵论粮食行业改革与发展》专题报道、《带着乡情思粮事、观粮情、访民生》系列报道。

（二）深入宣传粮食流通工作重点亮点

一是围绕粮食流通重大主题，出版全国粮食流通工作会议专刊、科技兴粮人才兴粮专刊、粮食产业经济专刊和中国粮食交易大会增刊。先后以《新时代绘就新画卷》《科技·人才引领美好未来》《粮食产业展翅腾飞正当时》为主题出版专刊。通过"社评""专题""专访""代表热议""图说""典型交流"等，集中宣传报道全国粮食流通工作会议、全国科技兴粮、人才兴粮座谈会以及全国加快推进粮食产业经济发展第二次现场经验交流会情况。

二是大力宣传粮食流通工作重点亮点。推出《粮食流通改革发展年中看——稳中求进新作为》《看，秋粮收购新气象》《纵论粮食行业改革与发展》《礼赞40年》等专题报道，宣传重大主题和热门话题。从第3期开始推出"亮点闪耀新时代"系列报道，分7个方面宣传了国家粮食和物资储备局选树的40个2017年粮食流通工作亮点。开设"'深化改革转型发展'大讨论"专栏，刊发大讨论动员会、报告会、青年论坛等重要会议和活动情况，以及各地粮食部门开展大讨论活动情况。摘选刊登优秀主题征文和合理化建议共60余篇。开设"特别关注"栏目，宣传全国粮食和物资储备系统安全稳定廉政工作视频会议及有关通知精神，刊发局办理人大建议和政协提案情况。开设"优粮工程"栏目，重点刊发各地实施优质粮食工程的经验做法和调研报告。在"粮食产业"栏目持续进行粮食产业发展典型企业巡礼报道和各地发展粮食产业的先进典型经验。开设"改革开放40周年"专栏，回顾历史成就，展望美好未来。

三是加强约稿和采访组稿力度。刊发张晓强、解学智、叶兴庆、李国祥等全国知名专家学者的理论研究文章，提升刊物的权威性和理论性。3次到阜南县调研采访，采写盛郢村第一书记人物报道，发表多篇国家粮食和物资储备局定点扶贫及阜南县脱贫攻坚文章，为脱贫攻坚加油鼓劲。

（三）倾力打造中国粮食经济新媒体平台

适应融媒体发展需要，2018年6月上线试运行中国粮食经济融媒体平台，主要包括中国粮食经济网、中国粮食经济客户端、微信公众号。平台宣传重点突出、版块清晰，客户端使用便捷，弥补纸质版《中国粮食经济》在时效性、传播力、信息量等方面的不足，方便读者阅读，促进宣传粮食流通重点工作，扩大杂志影响力。

◆ 粮油市场报

（一）建立融合发展工作机制

积极落实"网刊报"融合发展机制，开展融合式宣传报道。探索建立归口管理、定期会商、稿件审核发布、严格工作纪律等工作制度，开展年度、季度会商，研究商定年度报道重点，落实年度、季度、月度重点报道计划，做到主动谋划、渠道融合、互联互通。

（二）提升报道质量

突出报道重点工作。在《粮油市场报》、中国粮油网、客户端、微博微信开设"粮食和物储政务""优质粮食工程""产经观澜"等重点业务专栏，及时发布粮食和物资储备重要政务信息、行业重要动态。2018年全年粮油市场报头版头条刊发国家粮食和物资储备局重要新闻29篇，约37000字；发布粮食与物储政务动态33期，约10000字；发布《优质粮食工程》《产经观澜》专栏稿件6篇，约合14000字。

宣传渠道互联互通。围绕粮食和物资储备中心工作，国家粮食和物资储备局政府网站、粮油市场报报纸、客户端、网站、微博微信同步互联，发挥渠道平台的独特优势，发布消息、深度报道、图解、视频、话题等，形成规模效应。2018年，中国粮油网发布国家粮食和物资储备局相关新闻69条；微信发布96条，其中头条61篇，点击量超过30万。

（三）开展重大活动融合宣传报道

围绕全国粮食和物资储备系统工作会议、粮食科技活动周、年中座谈会、产业经济现场经验交流会、中国粮食交易大会、世界粮食日等重大活动，精心策划，报纸辟出专版、网站设置专题、新媒体开设话题，进行全方位、立体式宣传报道，社会关注度明显提升。2018年报纸发布重大活动深度报道4期，17个版面、73篇稿件，约91000字；微博开设重大活动相关话题，开展图文直播，"2018世界粮食日粮食安全系列宣传活动"和"粮安之星"话题，分别获得近40万、28万阅读量；创新开展新媒体平台小视频直播，扩大受众覆盖面，世界粮食日活动视频直播内容12条，相关话题阅读量超过 67 万，位居当天政务榜前列。

◆ 地方粮食期刊

（一）开展"纪念改革开放四十周年"主题宣传

《安徽粮食》《江西粮食》《齐鲁粮食》《粮食问题研究》等期刊积极策划宣传"改革开放四十周年"专题，设立专题栏目或刊登相关文章，围绕本地粮食行业发展优势，通过文字、图片形式展示粮食各领域取得的成就，引发粮食人产生时代共鸣，担当历史使命。

（二）深入宣传"深化改革转型发展"大讨论

《江西粮食》开设"深化改革转型发展大讨论""调查与思考"等栏目，《广西粮食》设立"大讨论活动"专栏，《江苏粮食》设立"转型升级"专栏，《吉林粮食》设立"解放思想大讨论"专栏，刊发调研类等深度理论文章，为全系统深化改革转型升级营造有利的舆论氛围。

（三）宣传报道各地重点亮点

各地粮食期刊开设了"专题"等栏目，对 2018 年的粮食重点、热点工作进行专题报道。《黑龙江粮食》开设《粮经论坛》专栏，报道黑龙江玉米、大豆等作物的发展现状与前景；《福建粮食》推出《科技兴粮·人才兴粮》栏目，宣传科技人才兴粮经验举措；《江苏粮食》设立《调查研究》栏目，刊发有关粮食产业发展状况及对策研究方面的文章；《南京粮农》《滨州粮食视窗》等地市级期刊重点宣传本地典型经验和做法，适时推出专题报道及理论探讨类文章，为本地区粮食工作积极发声，扩大影响。

（四）丰富栏目美化版面

各地粮食期刊栏目进一步丰富完善。《安徽粮食》设立《高端要文》《理论学习》《粮苑·副刊》《健康知识》等多个栏目；《黑龙江粮食》设立《国际粮讯》《粮食地理》《粮好生活》等栏目，既深入宣传行业发展，又贴近百姓生活，符合读者不同的阅读喜好。此外，《贵州粮食》等各地粮食期刊封面设计、版式设计、印刷装帧水平等均有所提高，提高读者阅读体验。《粮食科技与经济》等部分公开发行的期刊建立了微信公众号等新媒体平台，扩大杂志影响力。

文化建设

　　加强以爱国主义为核心的民族精神和以改革创新为核心的时代精神教育，大力传承党的优良传统、中华优秀传统文化、革命文化、社会主义先进文化。积极倡导忠诚老实、公道正派、实事求是、清正廉洁的共产党人价值观，教育党员干部正确对待公私义利、是非情法、亲清俭奢、苦乐得失关系，始终坚守共产党人精神高地。加强廉政文化建设，大力倡导清清爽爽的同志关系、规规矩矩的上下级关系、干干净净的政商关系，着力营造风清气正的良好政治生态。

　　强化意识形态工作，加强阵地管理和网络意识形态工作，严把意识形态安全审查关，牢牢把握意识形态主动权。加强机构改革期间思想政治工作，通过谈心谈话、调研访谈等方式，认真了解干部职工所思所想，及时研究处置苗头性、倾向性问题，有针对性地帮助干部职工解决思想困惑，为机构改革顺利推进提供坚强保障。

　　积极宣传行业系统艰苦奋斗、勤俭节约、服从大局、勤勉敬业等优良传统，强化理性认同、情感认同。总结提炼既符合党中央要求又接地气的价值理念和职业操守，打造体现粮食和物资储备工作特色的党内政治文化品牌。组织拍摄《粮食安全的一把"金锁"——记优秀共产党员、河北省柏乡粮库主任尚金锁》专题片，获得"中共中央组织部第十四届全国党员教育电视片观摩交流活动三等奖"。

　　积极组织参加中央和国家机关改革开放40周年书画展。举办公文写作、"女性营养与健康"、中国传统书法讲座。认真做好干部职工子女政策性保障入学工作，组织庆"六一"亲子联欢活动，邀请专家作高考志愿填报辅导讲座，以实际工作暖人心、稳人心、聚人心。组织书法爱好者为阜南县盛郢村村民义务书写春联，鼓励贫困户依靠党的政策和自身奋斗走出贫困。

国际交流与合作

一　突出亮点，深化多双边国际交流合作

（一）双边合作重点突出

2018年，国家粮食和物资储备局继续以"一带一路"建设为重点，着力推动与沿线国家在粮食和物资储备领域开展务实合作。组织系列高访团组，深化与保加利亚、俄罗斯、泰国、新西兰、哈萨克斯坦、匈牙利、日本、美国等国政府粮农行政管理部门、粮食科研院所、收储设施、企业的联系和相互了解。接待外国政府部门及相关机构高级代表团15个，包括：乌拉圭牧农渔业部、阿根廷农业产业部、澳大利亚农业与水利部、韩国调达厅、墨西哥农业部等，美国稻米协会、澳大利亚粮食行业协会、美国生物能源协会等，联合国世界粮食计划署、国际谷物理事会等，新加坡丰益国际集团、瑞士布勒集团等。持续推进合作谅解备忘录及意向书的执行，与乌拉圭牧农渔业部、阿根廷农业产业部代表团就继续加强粮食流通、质量标准、信息交流、粮油科研等领域的合作达成共识；与澳大利亚农业与水利部代表团探讨新的合作领域；与加拿大谷物委员会成立了由粮油领域专家组成的备忘录执行委员会；与韩国调达厅商议签署新的谅解备忘录。

（二）多边合作稳步向前

1. 积极推动亚太地区粮食安全交流对话。国家粮食和物资储备局作为APEC粮食安全政策伙伴关系机制（PPFS）中国政府代表单位，派员参加APEC粮食安全周系列会议，跟进2018年APEC粮食安全领域各项目落实情况，参与相关成果文件起草修改，组织巴新华资企业与当地小农进行产销对接，开展合资经营，帮助巴新稻米开发项目寻找中方合作伙伴。参与修订起草APEC双部长会声明、APEC领导人宣言、农业部长会声明、资源和能源部长会声明、后2020年愿景要素建议等。

2. 稳步推动ACD"粮食、水与能源安全相互关系"领域牵头工作。派员参加ACD亚洲能源安全与转型合作论坛，ACD"粮食、水与能源安全相互关系"合作领域牵头国和共同牵头国高级别磋商会议，筹备2019年在伊朗召开的ACD第三次领导人会议。组织申请2019年度亚洲区域合作专项资金项目，执行"ACD框架下绿色生态储粮技术研修班项目"。

（三）持续加强与相关国际组织的合作

持续与联合国粮农组织（FAO）紧密合作，派员参加《国别规划框架（2016—2020）》中期评估研讨会，履行国际义务，努力消除饥饿，落实联合国2030年可持续发展议程。继续以积极的行动推动与联合国世界粮食计划署（WFP）开展南南合作。在2017年首次与WFP中国办公室在华共同成功举办"小农户粮食产后处理及仓储管理培训班"的基础上，2018年8月，与WFP中国办公室在中国共同举办了"国家粮食储备和粮食体系管理培训班"，对来自埃及、肯尼亚、尼日尔、塞内加尔、坦桑尼亚、乌干达等非洲发展中国家的17名政府粮食政策、管理官员及WFP区域、国别办公室官员进行培训，通过专家讲座、座谈交流、现场参观等形式，帮助学员全面了解我国粮食储备和粮食

管理体系、粮食交易平台建设、粮食科研技术和成果推广、促进小农户与市场对接政策支持体系等方面的相关经验和做法。

二　应对挑战，积极服务国家外交大局

配合做好世贸政策审议相关工作，派员赴瑞士参加美诉我粮食补贴措施世贸争端案听证会，提供政策法规解读和实施细节方面的意见，努力消除各方对我国粮食安全政策的误解，积极应对国际贸易争端。配合做好《外商投资准入负面清单》《关于积极有效利用外资推动经济高质量发展若干措施的通知》的修订工作。支持国内粮食企业"走出去"，帮助解决对外投资中遇到的困难。推动江苏丰尚、西安爱菊、山东西王等有条件的粮油企业扩大对外合作。

三　深入务实，组织粮食行业出国培训交流

派员参加拉丁美洲谷物会议、西部草原粮食发展会议、国际食品法典委员会会议、世界真菌毒素论坛会议、中日稻米科技研讨会、国际膳食纤维大会、国际分析化学家年会、国际谷物化学家学会年会、世界稻米大会、国际标准化组织油料和油脂分委员会年度会议等科研学术活动，了解国际相关领域先进成果，提高国家粮食和物资储备局粮食科研水平，完善粮油标准化制修订工作。组织相关管理和技术人员赴美国、英国和日本进行粮食流通监管、优质粮油营养健康科技创新管理、石油储备基地管理技术、矿产资源储备与管理等方面的境外培训。帮助中粮营养研究院引进食品安全与营养健康技术与创新方法研究海外专家，支持国家粮食和物资储备局科学研究院引进粮食产后质量控制与技术服务外国专家，推动粮食质量和营养科研发展与成果转化应用水平。

机关党建

一　把党的政治建设摆在首要位置

一是旗帜鲜明讲政治，认真学习贯彻党的十九大和十九届二中、三中全会精神，加强宪法宣传教育，认真学习贯彻党中央关于深化党和国家机构改革的决定、方案精神，教育引导党员干部坚决支持改革、拥护改革。二是认真学习贯彻习近平总书记关于加强政治建设的系列重要讲话精神，全面落实中央和国家机关政治建设推进会精神，对政治建设情况进行全面自查，找准问题、强化整改，以实际行动增强"四个意识"、坚定"四个自信"、坚决做到"两个维护"，自觉做到"三个表率"、争做"模范机关"。三是组织集体观看《增强忧患意识防范风险挑战》《铁纪强军（政治纪律篇）》等警示教育片，学习《关于陕西省委西安市委在秦岭北麓西安境内违建别墅问题严重违反政治纪律以及开展违建别墅专项整治情况的通报》，切实汲取深刻教训。开展《国家粮食和物资储备局廉政风险防控现状及对策研究》。四是认真学习贯彻习近平总书记关于粮食和物资储备工作的系列重要讲话和批示精神，摘编印发习近平总书记关于粮食安全的重要论述并组织党员干部深入学习；以"深入贯彻习近平总体国家安全观"为主题，组织党组中心组集体学习，把党中央、国务院关于粮食和物资储备工作的决策部署不折不扣落到实处。

二　全面加强党的思想建设

一是认真学习贯彻全国宣传思想工作会议精神特别是习近平总书记在会议上的重要讲话精神，结合实际提出贯彻落实意见措施，推动落实意识形态工作责任制，认真做好改革期间党员干部思想政治工作，始终保持思想政治建设的正确方向。二是举办司处级干部学习贯彻党的十九大精神专题培训班，邀请相关专家围绕乡村振兴战略、全面依法治国等主题作辅导报告。编印党的十九大精神《党员干部应知应会手册》口袋书，人手一册深化学习。三是积极推进"两学一做"学习教育常态化制度化。开展"不忘初心、重温入党志愿书"和参观纪念马克思诞辰200周年、纪念改革开放40周年成就展等主题党日活动。每天更新"国储党建"微信公众号，加强学习交流借鉴。全年各基层党组织共开展"三会一课"800余次。

三　全面加强基层党组织建设

一是认真学习贯彻全国组织工作会议精神和新时代党的组织路线，全面加强基层党组织建设，提升基层党组织的政治功能和组织力。经上级批准，6月成立临时机关党委、纪委，年底设立直属机关党委、纪委，加强对党群工作的组织领导；及时做好转隶人员党组织关系转接工作，综合部门集中办公期间，通过压实党小组责任，认真抓好政治学习、党员日常教育管理；行政机构到位后，第一时间同步做好党支部设立、更名、选举，切实健全党的组织体系。二是组织召开"严肃党内组织生活专题会"，对严格落实"三会一课"、民主生活会、组织生活会、党费收缴使用管理等制度，提出明确要求。年中年末对 2017 年度民主生活会查摆问题整改情况，进行逐项督导检查，推动问题整改落实。认真贯彻《中国共产党支部工作条例（试行）》，对党组织任期制度落实情况进行专项检查，督促不按期换届党组织进行换届。指导用好党组织会议记录本和党费证，提高组织生活规范化水平。三是认真做好直属党组织书记党建述职评议考核。对直属党组织主要负责同志抓党建情况进行量化评分和定性评价，对抓落实不力、出现党员干部违纪问题的进行倒扣分。强化考核结果运用，党建考核结果不是"好"的，年度考核结果不能定为"优秀"。

四　坚持不懈深化作风建设

一是认真贯彻中央八项规定及其实施细则精神，严格落实局党组实施办法，在节假日和干部集中休假等重要时段，发送提醒短信微信，咬耳扯袖、抓早抓小。全年通过"家庭助廉短信平台"和微信平台，发送短信微信共 1 万余条。二是集中整治形式主义、官僚主义。对照中央纪委明确的 4 方面 12 个问题，进行逐项对照，建立台账，深化整改。三是认真学习贯彻习近平总书记关于大兴调研之风的重要指示精神，认真组织做好机关党委重点课题调研工作，撰写《国家粮食和物资储备局廉政风险防控现状及对策研究》专题调研报告。

五　驰而不息强化纪律建设

一是开展经常性纪律教育和警示教育，认真学习贯彻新修订的《中国共产党纪律处分条例》，深刻把握修订背后的政治考量。深入贯彻落实中央和国家机关警示教育大会精神，开展"以案释纪明纪、严守纪律规矩"警示教育月活动，通报发生在局机关和垂管系统的 28 起反面典型案例，印发《粮食和物资储备系统违纪违法典型案例汇编》，提高敬畏戒惧意识。二是深化运用监督执纪"四种形态"，用足用好第一种形态。认真做好拟提任干部党风廉政意见回复工作，严格把好干部政治关、廉政关。对 1 名党员干部进行诫勉谈话，对 5 名党员干部进行提醒谈话，对 1 名支部书记履行主体责任进行提醒。召开 2 次纪检委员（书记）会议，深入学习贯彻党的十九大和中央纪委二次全会精神以及纪检监察体制改革、中央和国家机关纪委书记座谈会精神，直属机关纪委书记与所有纪检委员（书记）进行约谈，交流工作情况，压实工作责任。三是制定《关于贯彻执行〈中国共产党党务公开条例（试行）〉的实施细则》，细化公开目录，自觉接受监督。

六　坚定不移深化党风廉政建设

一是认真落实廉政风险分析研判机制，梳理排查风险点，以支部为单位，报送廉政风险分析报告表。国家粮食和物资储备局机关党委（纪委）结合机构改革后面临的新形势新任务，专题报告廉政风险防控情况。二是开展安全稳定廉政工作专项督导检查，深入整改存在的突出问题。国家粮食和物资储备局党组与 26 个储备物资管理局（办事处）签订党风廉政建设责任书，并加强对责任书落实情况的监督检查。对物资储备系统党员干部违纪违规情况、违法涉刑情况、失踪外逃情况进行全面摸底，掌握底数、加强指导。督促 2 家单位对受到刑事处罚人员党纪政纪处分不当问题进行纠正。三是认真做好信访举报处置工作。设置问题线索管理台账并进行动态更新。2018 年共收到信访举报问题线索 206 件，其中诉求建议 35 件，举报 171 件，对所有问题线索均按照四类标准进行规范处置。

七　认真做好政治巡视各项工作

一是自觉从对党忠诚讲政治的高度认真做好巡视整改工作。国家粮食和物资储备局党组组织各司局单位党组织和各储备物资管理局（办事处）对中央专项巡视反馈问题、局党组专项巡视反馈问题整改落实情况进行认真自查，派出 2 个检查组，对 7 家单位进行现场检查。向驻委纪检监察组报送《关于中央专项巡视及局党组专项巡视反馈问题整改落实情况的报告》。二是针对中央专项巡视未整改到位的个别基层党组织不按期换届问题，结合机构改革和干部调整情况，指导召开党员代表大会，选举成立新一届党委、纪委；针对个别单位未整改到位的低价出租公房问题，采取有力措施进行督导，推动问题基本整改落实到位。三是对照十九届中央关于巡视工作的新部署新要求，明确 6 个方面 31 项自查内容，开展对标中央要求、认真自查自改工作。四是结合职责职能，制定《巡视工作实施办法》、巡视工作五年规划和巡视工作领导小组、巡视组、巡视办工作规则等制度文件，初步建立了较为完善的巡视制度体系。

八　认真做好党建扶贫工作

一是认真学习贯彻中央第二轮扶贫专项巡视工作动员部署会精神，自觉对标中央新部署新要求，对定点帮扶、行业扶贫存在的问题进行全面自查，研究提出整改落实措施。二是积极帮助贫困村加强基层党组织建设，支持 6 家司局单位党组织与 3 个村党支部进行结对帮扶；下拨 10 万元党费支持阜南县洪河桥镇盛郢村安装路灯，组织国家粮食和物资储备局机关团委开展"粮储扶贫、支教圆梦"活动，组织 9 名青年干部赴阜南县开展志愿服务。三是国家粮食和物资储备局机关工会认真开展消费扶贫活动，帮助当地宣传、销售优质农产品。积极组织开展爱心捐款活动，全局 1000 多名干部职工共捐款 6 万余元帮扶阜南县贫困户。

九　扎实做好党的群团工作

组织"不忘初心跟党走——青年大学习"主题团日系列活动，开展读书会、献一策、知识竞赛、演讲比赛和"巾帼心向党、建功新时代"系列活动，评选局"三八红旗集体"。

信访工作

一   高度重视，落实信访工作责任

深入贯彻落实习近平总书记关于加强和改进人民信访工作的重要批示精神，按照党中央、国务院决策部署，坚持党的群众路线，强化政治担当和底线思维，化解信访突出矛盾，扎实推进阳光信访、责任信访、法治信访建设，推动解决群众合理诉求，切实维护群众合法权益，带着感情和责任做好信访工作。针对机构改革后粮食和物资储备系统信访问题主要矛盾变化，国家粮食和物资储备局党组把信访工作列入重要议事日程，进一步完善了主要领导负总责、分管领导具体负责、其他领导一岗双责、一级抓一级、层层抓落实的信访工作格局。2018 年，共接到群众信访 618 件次，其中来信 279 件，来访 169 批次，来电 170 次。所有信访事项均得到了及时办理，确保了事事有回应，件件有着落，全年信访形势平稳可控，没有发生群体性事件。

二   健全制度，依法依规处理信访问题

按照中共中央办公厅、国务院办公厅《关于进一步加强信访法治化建设的意见》有关要求，抓好《信访工作办法》《接待群众来访工作细则》《进一步规范和创新信访工作的意见》《关于完善矛盾纠纷多元化解机制的落实》《关于进一步规范和创新信访工作的实施意见》《信访工作责任制实施细则》《粮食行业和物资储备系统依法分类处理信访诉求清单》等工作制度的贯彻落实。针对机构改革后粮食和物资储备系统信访问题矛盾变化的实际情况，在运行中查找制度建设存在的问题和不足，对原有的规章制度进行修订，信访工作制度建设成效明显。着力运用法治思维和法治方式解决信访问题，化解信访矛盾。坚持依法依规协调和处理群众诉求，妥善处理来访事项，切实维护来访群众合法权益。严格按照依法分类处理信访诉求的原则，坚持诉访分离制度，对涉法涉诉信访问题，向信访人耐心解释，引导其通过司法途径解决处理，理顺诉访关系，维护信访秩序。积极引导群众依法逐级走访，对跨越本级和上一级机关提出的信访事项，引导其以书面或走访形式向依法有权处理的机关、单位提出。

三   创新机制，多措并举化解矛盾纠纷

坚持"属地管理、分级负责，谁主管、谁负责，依法、及时、就地解决问题与疏导教育相结合"的信访工作原则，不断摸索创新信访工作机制。加强对信访突出问题的分析研判，把工作重心从事后处理转移到事前预防上来，实现了"大事不出、小事减少、管理有效、秩序良好"的工作目标。加强信访工作约谈，对因群众反映问题解决不力、矛盾上交、造成越级上访、集体上访的单位及时

进行约谈，督促相关单位积极化解矛盾。通过信访工作督办和目标考核机制，将信访工作领导责任分解量化，变压力为动力，实现了信访工作长效管理。依照群众诉求合理的解决到位、诉求无理的思想教育到位、生活困难的帮扶救助到位和行为违法的依法处理的要求，整合各方资源，多措并举化解矛盾。要求各级单位切实履行主体责任，综合运用政策、法律、经济、行政等手段解决信访突出问题，综合运用救助、协商、咨询等方式解决疑难复杂信访问题。全力推进领导干部接访下访包案常态化制度化，经常听取群众意愿，查找问题和不足，完善和改进工作。发挥工会、共青团、妇联等内部组织的作用，做好思想工作，化解矛盾问题，促进和谐稳定。

四　拓宽渠道，创新服务方式方法

灵活运用信息技术手段，依托国家粮食和物资储备局政府网站，积极拓展信访工作新渠道，使群众能够通过局政务网站"意见征集""举报平台"等栏目以及12325全国粮食流通监管热线，方便快捷地提出意见、建议，反映个人诉求。按程序做好信访事项登记、统计、转办、督办工作，及时协调解决群众反映的问题。

五　底线思维，抓好关键时段和重点难点信访问题

2018年"两会"以及其他重要会议活动期间，充分发挥信访机构职能作用，及时做出部署安排，通过上下联动、协调配合，实现了重要会议活动和重大节日期间零上访的预定目标。在全系统安全稳定廉政工作督导检查期间，组织信访干部积极配合，严密排查、消除隐患，确保干部职工思想稳定、队伍稳定、工作稳定，为扎实推进机构改革、全面加强粮食和物资储备工作创造有利条件。按照"三到位一处理"原则，进一步加大工作力度，积极稳妥处理好历史遗留问题和群众反映强烈、矛盾集中的信访突出问题。对于职责范围内的问题统筹协调、多措并举，努力解决问题。注重引导群众运用法律手段，严格依照国家法律法规和政策规定，积极妥善解决争议纠纷等信访问题。

老干部工作

截至 2018 年底，国家粮食和物资储备局机关共有离退休人员 377 人。其中，离休 67 人，退休 310 人。在离休干部中，抗战时期参加革命的 15 人，解放战争时期参加革命的 52 人。离退休人员中，80~89 岁的 116 人，90 岁以上的 62 人，最高年龄 103 岁。建立党支部 7 个，其中在职党支部 1 个，离退休党支部 6 个，离退休党员 315 人。为机关离退休老同志服务的在职人员 30 人。垂管系统共有离退休人员 14000 人。其中，离休人员 283 人，退休人员 13717 人。全系统共有老干部支部 176 个、离退休党员 5029 人，为离退休老同志服务的专（兼）职人员 170 余人。

一   贯彻落实重大会议精神

学习贯彻全国老干部局长会议精神，坚持把政治建设摆在老干部工作的首要位置，增强精准服务意识，提供更多个性化、精准化的服务。切实加强离退休干部工作的组织领导，举全局之力做好离退休干部工作。组织召开"粮食和物资储备情况通报会"，向老同志通报粮食和物资储备工作，介绍机构改革情况，发挥老同志积极作用，推动粮食和物资储备工作。举办"改革融合传承"主题离退休干部新春茶话会，国家粮食和物资储备局领导班子成员和各司局单位分别到老同志家中，走访离休老干部，看望生活困难的老党员、老同志，慰问离退休党务人员以及老领导遗属等。中央组织部《老干部工作情况交流》对国家粮食和物资储备局的做法进行了专题报道。

二   做好机构改革期间老干部工作

机构改革期间，第一时间深入原国家粮食局离退办各活动站、原物资储备局离退休干部处，传达《党和国家机构改革方案》和局党组部署要求，争取老同志的支持和拥护。扎实做好职能转化和离退休干部交接工作，确保机构改革期间"老干部的事情有人管、工作经费有保障、党组织活动不断线、服务水平不降低"。成立国家粮食和物资储备局离退休干部办公室月坛工作处，原物资储备局机关 5 名在职人员、96 名离退休老同志（含代管 14 人）顺利完成了转隶。按照老干部生活待遇就高不就低的原则，保障老干部的政治待遇和生活待遇。通过组织秋游、暑期走访、文体比赛等活动，增进相互了解和交流，实现了粮食和物资储备系统老同志快速融合。

三   加强离退休干部党建工作

组织召开党务工作暨新退休人员培训会、离退休党务人员理论培训班，国家粮食和物资储备局党组成员、副局长曾丽瑛到会讲党课，邀请专家教授进行专题辅导，帮助老同志进一步树牢"四个意识"、坚定"四个自信"、切实做到"两个维护"。开展"准确把握离退休干部工作新特点，积极探索基层党组织建设新形式"调研，组织部分老干部代表赴扶贫点开展党支部共建活动。利用"粮食和物资储备局离退办"微信公众号，传播好声音，传递正能量，确保老干部党支部的思想政治功能全覆盖。建党 97 周年前夕，在离退休党支部开展"不忘初心、牢记历史，缅怀先烈、实现梦想"主题党日和"重温《入党志愿书》"活动。

四　创新离退休干部活动载体

对近年来获得全国性、中央国家机关各类活动奖项的 7 名离退休老同志给予表彰奖励，激励广大离退休老同志为党和人民事业增添正能量。退休干部李正纲获全国妇联授予的"全国最美家庭"荣誉称号。围绕"我看改革开放四十年"主题，组织"粮食改革 40 周年"专题座谈会和主题宣讲、"我看改革开放新成就"征文活动、"改革开放 40 周年"书画展。组织离退休干部为国家粮食和物资储备局定点扶贫村父老乡亲"写春联送祝福""老手拉小手，携手奔小康"活动，为打赢扶贫攻坚战发挥正能量。

五　落实离退休干部政治待遇和生活待遇

政治待遇方面，为老同志订阅报刊，按密级要求及阅读范围阅读相关文件；组织老司长、老部长遗孀参加中央春节茶话会；组织召开了国家粮食和物资储备工作情况通报会等。生活待遇方面，不折不扣落实中央有关政策，提高离休人员护理费，做好老同志健康体检，对有困难的退休人员给予适当补助。组织以"暑期送清凉""秋季送健康""冬季送温暖"为主题的走访和慰问活动。组织部分老同志赴青岛疗养院开展异地养老活动。

4

第四篇

各地粮食和物资储备工作

北京市 基本情况

北京市位于华北平原西北边缘，东南距渤海约 150 公里，西、北和东北群山环绕，东南是缓缓向渤海倾斜的大平原，地势西北高、东南低。全市土地面积 16410 平方公里，其中平原面积占 38.6%，山区面积占 61.4%。2018 年末，全市常住人口 2154.2 万人，比上年末减少 16.5 万人。其中，常住外来人口 764.6 万人，占常住人口的比重为 35.5%。常住人口中，城镇人口 1863.4 万人，占常住人口的比重为 86.5%。

2018 年，北京市种植结构继续调整，粮食种植面积持续减少，粮食总产量 34.1 万吨，较上年减少 14.5%。其中，小麦 5.3 万吨、玉米 27.1 万吨、其他粮食 1.7 万吨。2018 年，重点涉粮企业为保障供应、稳定市场发挥了重要作用，主要表现在：市内收购粮食 22.9 万吨，占本市粮食产量的 67%；市外采购粮食 448.5 万吨，占本市粮食年消费量的 87%；市外采购食用油 37.8 万吨，占本市食用油年消费量的 67%；加工生产成品粮 97.7 万吨；全年销售及转化粮食 458.3 万吨，食用油 42.5 万吨；年末粮食库存量 279.5 万吨，食用油库存量 14 万吨。

2018 年工作

一 全面落实各项国家政策

全面落实国家粮食收购政策，企业积极入市收购。郊区转储玉米 4 万吨，切实保障种粮农民根本利益。累计供应退耕还林补助粮 1.9 万吨，惠及 12.6 万户退耕农户。全面完成粮食安全市区两级考核工作，全市有 14 个区将粮食安全工作纳入区政府绩效考核，海淀、密云、大兴等区由区领导带队专项研究粮食工作，东城、丰台、顺义等区设专项资金保障粮食工作。积极改善营商环境，大兴调查研究之风，北京市政府主要领导结合民生工程调研粮食工作，分管领导专项研究粮食工作，各级行政管理部门领导带队深入基层，解决粮食行业发展重点难点问题。研究针对企业的服务措施，营造良好的营商环境，进一步开放市场，鼓励主产区企业在京开展粮油贸易。全面落实粮食和物资储备系统机构改革，安全节俭、平稳有序完成市局机关和部分单位的搬迁。

二 扎实做好粮食服务保障工作

北京市粮食和物资储备局利用市储备粮轮换机制调节市场粮食供求和价格，全年利用竞价交易平台累计安排市储备粮轮换交易 20 次，累计轮换市储备粮 107.3 万吨。2018 年，首都粮食市场交易活跃、供给充足、价格平稳，粮食产品品牌丰富、规格多样，百姓消费快捷便利、质量安全。圆满完成全国"两会"、中非合作论坛北京峰会等供应保障重点工作。粮食便民服务水平显著提升，始终坚持以人民为中心的发展思想，紧扣百姓生活的"五性"需求，不断提升群众的满意度和获得感。结合商务体系建设，构建符合首都城市发展的新型粮油便民服务体系。多区落实粮食便民惠民地图。深入实施"优质粮食工程"。加快优质粮食品牌对接，吉林省大米文化节、黑龙江省"龙江大米进北京"、山西省"山西小米"品牌推介等活动相继开展，通过产需接洽、精品展示、舆论宣传，进一步丰富首都粮食市场优质粮食品牌。石景山区、海淀区借力精准扶贫将贫困地区优质特色粮食产品推向首都百姓餐桌。落实"五优联动"，推动产品升级换代。参加首届中国粮食交易大会，企业间签订粮食采购意向协议 128 万吨。

三 积极推动粮食产业转型发展

北京市政府办公厅印发《关于进一步优化粮食产业发展 保障首都粮食安全的实施意见》，建设更高层次、更高质量、更有效率、更可持续的粮食安全保障体系。京粮集团完善从"田间到餐桌"的全产业链条，全年实现经营收入 416.7 亿元，实现利润 12.3 亿元。中粮集团、中储粮集团等企业在首都发展质量进一步提升，益海嘉里、盛华宏林、中联正兴、顺义粮油等重点粮油企业创新发展，为保证首都粮食供应发挥了积极作用。积极推广主食产业化发展新模式，大力支持并推进主食制品的规模化生产、社会化供应等产业化经营方式。东城、丰台、房山等区被确定为放心主食示范试点单位，密云、顺义等区推进主食产业化独具特色，取得良好效果。

四 大力提升粮食流通监管水平

落实"双随机、一公开"工作，推动粮食行业信用管理和诚信体系建设，发挥粮食流通监管热线的作用，粮食流通监督检查向后台监管、分类监管方式转变。市、区两级粮食行政管理部门共开展粮食"双随机"执法检查 1200 多次，检查企业 1054 个（次）。开展库存检查和专项检查，督查指导企业严格执行粮食流通政策，严防不符合食品安全标准的粮食流入口粮市场。完善库存检查方法，采取"统一抽调、混合编组、集中培训、综合交叉、本地回避、人才库优先"的方式进行抽查。京津冀三省市粮食行政管理部门签订京津冀粮油质量安全监管区域联动协作机制建设协议，深化在统一监管标准、质量安全追溯、检验结果互认等方面的合作。

五 科学构建安全高效粮食流通体系

稳步推进粮食流通基础设施建设，落实北京粮油应急保障中心建设项目资金 3.9 亿元，密云、顺义等区七个"粮安工程"项目完成建设，推动仓储设施转型改造成冷链物流库、成品粮物流库、文化创意产业园区等。海淀、昌平、怀柔、门头沟、通州等区有效推动粮食企业搬迁。加快粮油质检体系建设，落实粮食行业质检能力建设财政资金 958.7 万元、粮食质量安全检验监测体系建设资金 5594 万元。粮食安全保障调控和应急设施项目总投资 4.2 亿元，新建、改扩建仓容 10.8 万吨。应急加工企业增加 6 家，日处理稻谷和小麦 1.9 万吨。密云区及时应对暴雨侵袭，启动救灾应急机制，确保转移安置点粮油供应。

六　有序推进粮食行业各项工作

有序推进依法行政工作。牢固树立依法管粮、依法治粮的意识，明确法治政府建设重点，推动权力清单、责任清单深度融合。加强规范性文件清理，严格文件合法性审核。编制"七五"普法规划，加强法制宣传和培训，全面落实"谁执法、谁普法"工作责任制。出台"两决定一意见"贯彻落实措施，明确粮食的新职能、新任务、新要求，进一步突出重点、细化分工、夯实责任。修订市储备粮竞价交易办法，进一步完善市储备粮轮换购销工作。制定北京市"买断粮权"市储备成品粮轮换购销管理办法，细化市储备成品粮存储规范管理条款，完善市储备成品粮进入退出机制。提升服务首都市民的能力。加快"放管服"改革，推进全国统一"多证合一"改革，提升网上政务服务能力。实施"中国好粮油"行动，扎实开展世界粮食日和粮食安全宣传，积极推进粮安知识进企业、优质粮油进家庭（超市）、爱粮节粮进学校等粮食安全宣传活动。

七　认真抓好全面从严治党工作

北京市粮食和物资储备系统深入学习贯彻习近平新时代中国特色社会主义思想和党的十九大精神，切实把严明党的政治纪律和政治规矩放在突出位置。认真落实全面从严治党主体责任，坚持把政治建设放在首位，认真执行中央和北京市委、市政府各项规定，严格落实各项制度，全面贯彻新时代党的组织路线。加强学习教育，落实巡查整改，强化"三重一大"事项监督，开展"两个专项治理"，推进廉政教育提醒，通报典型案例，坚持把制度建设贯穿始终。加强作风建设，深入推进党风廉政建设和反腐败斗争，开展党风廉政建设责任制检查，加强节日期间落实八项规定精神的督查，防止"四风"问题反弹回潮。落实干部队伍建设的各项要求，着力培养忠诚、干净、担当的高素质干部。印发"科技兴粮""人才兴粮"工作实施意见，促进粮食科技创新、成果推广和创新体系建设，不断健全人才培养机制。扎实推进基层党组织建设，推进党支部规范化管理，有效发挥基层党组织的战斗堡垒作用。

北京市粮食和物资储备局领导班子成员

李广禄　党组书记、局长

张　强　党组副书记、副局长（2018 年 11 月退休）

阎维洪　党组成员、副局长

任昌坤　党组成员、副局长

王德奇　党组成员、副局长

2018 年 2 月 8 日，国家发展和改革委员会党组成员，国家粮食和物资储备局党组书记、局长张务锋（左一）、北京市副市长殷勇（左二）调研北京市节日粮油市场。

2018年11月7日，北京市粮食和物资储备局党组书记、局长李广禄（右一）赴房山石楼粮库巡视库存检查工作。

2018年11月22日，北京市粮食和物资储备局党组书记、局长李广禄（左二）赴中联正兴调研。

天津市   基本情况

天津市土地总面积约 1.19 万平方公里，现辖 16 个区。截至 2018 年末，全市常住人口1559.60 万人。2018 年，全市生产总值（GDP）18809.64 亿元，比上年增长 3.6%。积极承接北京非首都功能疏解，滨海—中关村科技园累计注册企业 941 家。2018 年京冀企业来津投资到位资金 1233.88 亿元，占全市实际利用内资的 46.4%。

天津市是粮食主销区。2018 年，全市粮食播种面积 35.02 万公顷，其中玉米播种面积18.8 万公顷，小麦播种面积 11.1 万公顷，稻谷播种面积 4 万公顷，大豆播种面积 0.7 万公顷，其他粮食作物播种面积 0.42 万公顷。粮食总产量 209.7 万吨，其中玉米 110.6 万吨、小麦 57.1 万吨、稻谷 37.4 万吨、大豆 1.4 万吨、其他粮食 3.2 万吨。

2018 年工作

一 改革创新粮食和物资储备保障体制机制

一是推进机构改革。坚决贯彻落实党中央和市委关于机构改革的决策部署，市粮食和物资储备局顺利组建，按时间节点完成职能划转、单位接收和人员转隶等工作。各区粮食行政管理部门在党委、政府的坚强领导下，改革工作有序推进。二是创新粮食安全责任制考核方式。高标准完成 2017 年度粮食安全市长、区长责任制考核工作，在国家组织的粮食安全省长责任制考核中，天津市粮食和物资储备局被国务院审定为"优秀"单位。扎实抓好 2018 年度粮食安全市长、区长责任制考核。在区长责任制考核中，创新工作实践，实现考核材料电子化、评分结构科学化、考核管理日常化，增强了考核的科学性、实效性。三是强化粮食产销合作。相关部门制定加强粮食产销合作的意见，印发合作项目申报指南，为进一步构建多形式、深层次、稳定紧密的粮食产销合作格局提供政策支撑。加快"走出去"的步伐，利达粮油有限公司在黑龙江省设立分公司，在延寿建立 15 万吨仓容的收储加工基地，产销合作取得实质性突破。在首届中国粮食交易大会上，与大连市粮食企业积极开展洽谈对接，达成购销意向 37.5 万吨，丰富优质粮油供给。搭建"黑龙江大米"直销通道工程——"天津通道"，保证居民吃上好大米，为企业节约 15% 左右的成本。共同举办第四次京津冀粮食局长联席会议，签订粮油质量安全监管协议，提高京津冀地区粮食质量安全保障能力。四是改进粮食轮换管理。印发市级储备粮轮换管理办法，提高市级储备面粉补贴费用标准，实行原粮和成品大米轮换费用定额包干，调动了承储企业积极性。

二　加强优质粮食供给

一是发展粮食产业经济。认真落实"一制三化"要求，修订粮食收购资格许可地方标准，制定粮食收购资格许可承诺审批和事中事后监管办法，进一步便企利民，优化营商环境。指导利达粮油和中粮佳悦申报"优质粮食工程"项目，拨付中央资金 1116 万元，有关项目已启动实施。利达粮油有限公司的"小麦精深加工自主创新技术研发项目"被列为国家星火计划，并取得两项专利，填补了国内空白；积极筹划薯条加工产业和饲料加工基地建设，推动产业链、创新链、价值链"三链"协同发展。二是抓好粮食质量监管。建立不符合卫生标准粮食处置的长效机制，为做好超标粮食处置提供了依据。制定《2018 年粮食质量安全监管计划实施方案》，梳理重点任务，细化工作责任。完成库存和新收获粮食质量安全监测工作，完成市级储备粮油质量强检工作。规范区级储备粮在储存期间的检验方法、周期、指标和经费保障等内容。对大连市"放心粮油"产品进行检验，加强品牌监管。三是规范粮食流通市场秩序。组织开展粮食流通监督检查业务培训，提高行政执法人员的能力素质。积极开展 12325 全国粮食流通监管热线宣传，自觉接受社会监督。完成全市粮食收购企业收购资格核查。加强粮食收购市场监督和专项检查，未发现损害农民利益的问题。开展粮食企业最低最高库存量核定。参加京津冀联合执法检查。依规稳妥处置湖北荆州流入的 653 吨超标粮食。2018 年针对粮食收购资格核查、政策性粮食销售出库等 9 个方面，天津市共出动 2300 人次，开展执法检查 797 次，检查企业 1444 个（次），规范了粮食流通市场。滨海新区和宁河粮食局被评为"全国粮食流通执法督查创新示范单位"。

三　提升应急供应保障能力

一是认真抓好收储工作。及时召开会议，安排部署年度粮食收购工作；简化收购环节，延长收购时间，方便农民售粮。鼓励和引导各类有资质的多元主体积极开展市场化收购，将地产新粮纳入市、区两级储备轮换粮源，拓宽农民卖粮渠道，全市各类企业收购地产新粮约 33 万吨，没有出现"卖粮难"问题。落实市、区两级储备制度，调整了区级储备规模，统筹安排了两级增储任务。会同市财政局紧急研究调增 7600 吨小包装成品油，积极应对中美经贸摩擦对食用油市场的冲击和影响。二是狠抓应急准备。加强调查统计和监测预警工作，为精准调控提供决策支撑。加强粮食应急管理工作，认真复核粮食应急供应网点，加强区级成品粮储备管理，开展粮食应急工作培训和演练，夯实粮食应急工作基础。修订了市级粮食应急预案。积极做好应急物资储备物流信息平台建设，实现了市级各部门的信息共享。军粮供应保障及时、优质、高效。三是强化物资储备管理。按时完成 43615 件（套）救灾物资的入库和 10712 件（套）物资的调运任务。创新设计 1500 套新型货架，使物资管理更加规范。搭建了物资储备站信息化管理平台。建立了监控管理中心，加装了 91 个摄像头，安装了电子围栏和红外报警系统，实时监控救灾物资安全情况。聘请有资质的第三方机构对库区消防设施设备及电路进行专业检测，确保安全无事故。

四　夯实粮食安全保障基础

一是扎实做好大清查相关准备工作。印发天津市政策性粮食库存数量质量大清查工作方案，成立领导小组，召开联席会议，安排部署清查工作。抽调 11 名骨干参加了国家粮食和物资储备局组织的业务培训，选派 6 人赴河南省学习试点工作经验，为开展大清查奠定了基础。二是规范储备粮管理。调整 2018 年市级储备粮油轮换计划，全年共轮换粮食 88.43 万吨，保证储粮质量安全。制定 2018 年粮食行业安全生产和安全储粮工作要点，明确全年"两个安全"工作任务。狠抓粮食行业"一规定两守则"落实，与各区和市级储备粮承储企业负责人签订安全生产责任书，压实"两个安全"属地管理和企业主体责任。开展"三防"检查、防雨防汛检查等专项检查工作，派出检查小组 104 个 1272 人次，深入承储企业开展"地毯式"排查，检查承储企业 119 家（次），累计查粮 373.1 万吨，确保了市级储备粮油数量真实、质量良好、储存安全。三是推进粮油仓储设施建设。完成 2017 年提升改造项目的验收工作，新增准低温仓容 26.9 万吨。2018 年计划投资 3847 万元对 5 家承储企业的 44 栋仓房进行维修改造和功能提升，全部完成立项和造价评审工作。北辰新建 11 万吨储备库项目和利达临港工业园 20 万吨立筒仓项目主体已完工。四是推动智能粮库升级改造。投资 8643 万元推进"粮安工程"粮库智能化升级改造项目，制订建设方案，招标确定项目设计单位，完成项目前置审核和方案报批，组织 400 余人进行信息化建设培训。首批项目建设资金 3533 万元已下拨到位。五是开展依法行政工作。提出对《天津市粮食流通管理办法》等规章制度的修改建议。制定权责清单动态管理规定，抽样监督行政执法信息 9 次，抽查合格率达 100%。按照"放管服"改革有关要求，对涉及部分政府规章和规范性文件进行了清理。

五　履行全面从严治党政治责任更加严格自觉

一是始终把加强政治建设摆在首位。贯彻落实《关于新形势下党内政治生活的准则》，防止和解决"七个有之"，做到"五个必须"，营造了朗朗乾坤的政治生态。教育引导党员干部大力弘扬和践行社会主义核心价值观，持续加强党内政治文化建设。持续抓好巡视反馈意见整改落实，确保上级的各项指示要求在全系统落地落实。二是坚持用党的创新理论武装头脑。坚持通过理论培训、网络学习、参观主题展览等形式，把学习领会习近平新时代中国特色社会主义思想和党的十九大精神贯穿年度各项工作始终，进一步坚定了党员干部理想信念。持续深化主题教育实践活动，推动"两学一做"学习教育常态化制度化。通过组织学习黄大年、张黎明等先进典型的感人事迹，引导大家自觉向典型看齐、与榜样对标。组织收看《厉害了，我的国》等专题片，激发全体干部职工担当作为、创新竞进的内生动力。三是从严加强作风和党风廉政建设。扎实抓好专项治理三年行动和形式主义、官僚主义集中整治工作，营造担当作为、干事创业的浓厚氛围。严格落实中央八项规定及实施细则精神，坚决防止"四风"问题反弹回潮。建立了内控制度，紧盯政策性粮食交易、资金安排等关键环节，加大监管力度，确保依纪依规、公平公正公开进行。学习贯彻《中国共产党纪律处分条例》，召开全市粮食行业安全稳定廉政工作会议，确保守住底线、不踩红线。

天津市粮食和物资储备局领导班子成员

朱　军　市发展和改革委员会党组成员，市粮食和物资储备局党组书记、局长

周　海　党组成员、二级巡视员

吴维吉　党组成员、中国天津粮油批发交易市场总裁

司志强　党组成员、二级巡视员（2018 年 11 月任职）

马宝瑛　党组成员、副局长

2018 年 7 月 25 日，天津市粮食局组织召开 2018 年度重点工作中期推动会，总结上半年工作完成情况，部署下半年任务。

2018 年 10 月 15 日，"天津市 2018 年'世界粮食日'和粮食安全系列宣传活动启动仪式"举行，天津市粮食局党组书记、局长朱军（右二）出席启动仪式，并向与会领导介绍粮食安全情况。

2018 年 11 月 30 日，天津市粮食和物资储备局举行揭牌仪式。天津市发展和改革委员会党组书记、主任王卫东（右一）与天津市发展和改革委员会党组成员，天津市粮食和物资储备局党组书记、局长朱军（右二）共同揭牌。

河北省　　基本情况

河北省环抱首都北京，东与天津市毗连并紧傍渤海，东南部、南部衔山东、河南两省，西倚太行山与山西省为邻，西北部、北部与内蒙古自治区交界，东北部与辽宁省接壤。全省总面积 18.8 万平方公里，占全国土地总面积的 2%。河北省的地势有三大地貌单元，其中坝上高原平均海拔 1200～1500 米，占全省总面积的 8.5%，燕山和太行山山地，其中包括丘陵和盆地，海拔多在 2000 米以下，占全省总面积的 48.1%，河北平原是华北大平原的一部分，海拔多在 50 米以下，占全省总面积的 43.4%。河北省属温带大陆性季风气候，大部分地区四季分明。

2018 年，河北省生产总值实现 36010.3 亿元，比上年增长 6.6%。其中，第一产业增加值 3338.0 亿元，增长 3.0%；第二产业增加值 16040.1 亿元，增长 4.3%；第三产业增加值 16632.2 亿元，增长 9.8%。截至 2018 年底，常住人口 7556.3 万人。河北省是粮食生产大省、流通大省和储备大省，是全国 13 个粮食主产省之一，粮食作物以小麦、玉米为主。2018 年全省耕地保有量达到 651.9 万公顷，永久基本农田 502.2 万公顷，全省粮食总产量 3700.9 万吨，保持了"粮食供需总量平衡有余"的态势。2018 年发展优质强筋小麦 19.9 万公顷，杂粮面积达到 33.84 万公顷，大豆种植面积达到 8.8 万公顷。2018 年底，全省具有粮食收购资格的粮食经营者共 2496 家，其中国有粮食企业 542 家，占企业总数的 22%。

2018 年工作

一　粮食市场化购销更趋活跃

一方面充分发挥市场在粮食资源配置中的决定性作用，鼓励多元市场主体积极入市收购；另一方面更好发挥政府作用，认真落实"有人收粮、有仓收粮、有钱收粮、有车运粮"工作要求，指导粮食企业做好仓容腾并、人员培训、设备检修、资金筹措等各项准备，创新收购方式，搞好为农服务。全年共收购粮食 2131.4 万吨，其中非国有粮食企业收购粮食达 1780 万吨，占总收购量的 84%，未出现区域性"卖粮难"。省长许勤在关于夏粮收购的情况报告上作出肯定性批示。扎实开展"双创双服"，印发《关于落实粮食收购资格准入服务具体措施的通知》，严格落实"先照后证""证照分离"要求，实行网上业务办理，优化服务举措，有效激发市场主体活力。

二　全面加强地方储备粮管理

一是抓好省级储备粮轮换和监管，组织完成了2018年度省储粮油的轮换工作。对59家省储粮承储企业开展业务管理年度综合评价，唐山北环国储库、怀安天丰省储库等6家企业荣获"先进单位"称号。加强省储粮储存和出入库的质量检验，共检验样品170批次，代表数量47万吨，检验结果良好。河北省储粮信息化管理系统全面开通试运行，业务管理与信息技术深度融合，企业出入库作业效率得到提升，省储粮数量、质量和库区安防智能化监管水平得到提高。二是规范市县储备粮管理。制定出台了市、县级储备粮业务管理指导意见，从制度上规范业务活动，并开展了专项检查。廊坊、秦皇岛等市在市、县储备粮管理方面加大力度、创新举措，取得积极成效。

三　努力促进粮食产业经济发展

一是河北省政府印发《关于加快推进农业供给侧结构性改革大力发展粮食产业经济的实施意见》，唐山、衡水等市出台了贯彻落实意见。二是积极推进"优质粮食工程"建设，河北省获批为全国第二批重点支持省份，第一批中央财政补助资金和省级配套资金共1.55亿元已拨付各市级财政。邢台市高度重视"优质粮食工程"建设，项目数和投资额均居全省首位。三是各市县和粮油企业踊跃参加首届中国粮食交易大会。全省粮油产品成交量5万余吨，金额1.55亿元；通过国家粮食电子交易平台线上交易粮食6万吨，金额1.45亿元。四是项目建设扎实推进。全省粮食企业仓顶光伏项目装机总容量达6102千瓦，月均发电超过1万度；国家发展和改革委员会安排河北省的7个粮食安全保障调控和应急设施项目全部开工建设，累计完成投资1.17亿元；粮库智能化升级改造项目进入实施阶段。

四　扎实开展粮食流通行政执法

一是对全省地方粮食企业库存小麦质量进行专项检查，共检查企业356家，抽检样品199个，代表库存小麦数量384.2万吨。二是开展粮食流通专项检查，其中，夏粮收购期间，全省共检查755次，派出检查人员2254人次，检查收购主体1355个。紧盯政策性粮食竞价交易成交情况开展专项检查，先后制发专项检查通知单105份，涉及粮食70余万吨，督促销售企业规范履约。三是认真做好2019年全国政策性粮食库存数量和质量大清查各项前期准备，与相关部门共同研究制定河北省贯彻落实意见，从建立协调机制、落实清查经费等5个方面进行通盘谋划，逐项抓好安排落实。四是开展粮食质量安全监测工作，共对全省1123个新收获粮食样品和523个库存粮食样品进行了检验，并向社会公布了新收获粮食质量检验结果。唐山市创新监管方式，开展执法实践，获评第一批全国粮食流通执法督查创新示范单位。

五　切实履行安全生产行业监管责任

一是狠抓体系建设，通过落实领导分包责任、与企业签订责任书、文件部署、会议调度等形式，健全安全生产责任体系。出台了《河北省粮食仓储企业风险辨识与管控分级指南（试行）》，进一步完善"双控"体系。二是推进全面治理，按照河北省委、省政府以及国家粮食和物资储备局部署，先后开展了安全生产攻坚行动、"两个安全"专项治理等活动，对机构改革期间的安全稳定工作做出专门部署。河北省安全生产委员会第三巡查组对全系统开展为期3个月的专项巡查，有力促进了隐患排查、问题整改及长效机制建设。三是加强日常监管，立足行业特点，紧盯重点环节、重要时段，开展经常性督导检查。全年共派出检查组、工作组185次，检查企业410家（次），排查治理各类问题和隐患700多处，确保了全系统安全生产形势总体平稳。

六　不断深化粮食流通体制改革

一是配合河北省发展和改革委员会等部门制定健全省级储备制度，为全省构建职责清晰、运行规范、监管有效、保障有力的统一的地方储备体系提供了制度性保障。二是着眼补齐管理"短板"，创新成品粮管理模式，将5000吨小麦粉储备调整为小麦原粮储备，由原代储点调至承储企业本库区；将3000吨省级小麦粉储备由现行的承储企业委托代储改为政府买断优先使用权；调整了部分省级成品粮储备品种及储存地点。通过优化储备结构、减少管理环节、降低储存风险，提升了成品粮储备监管质量和水平。三是积极推进地方储备粮和贸易粮入市公开交易，2018年全省各类粮食网上交易量156.4万吨，成交总金额37.52亿元，在优化营商环境、服务宏观调控等方面迈出了坚实步伐。河北省粮油批发交易中心第一家分中心在定州成立，并成功开展了线上交易。

七　稳步实施粮食安全责任制考核

一是国家通报表扬了2017年度粮食安全省长责任制考核17个优秀省份，河北省位列第十，粮食安全省长责任制得到较好落实。二是经市级自评、联合抽查、综合评价、省政府审定等程序，完成了省对市考核，10个市成绩优秀，通过考核，传导了压力，落实了责任，强化了导向。石家庄、衡水连续两年名列前茅，市对县考核也取得较好效果。三是加强考核工作的统筹协调，组织召开省粮食安全责任制考核工作组联席会议和粮食安全省长责任制考核推进会议，制定《2018年度河北省粮食安全省长责任制考核事项落实清单》等文件。各市也进一步突出重点，建立台账，压实责任，层层推进落实。

八　积极稳妥推进机构改革

在河北省级机构改革中，组建河北省粮食和物资储备局。河北省政府领导对粮食和物资储备工作十分重视，许勤省长、袁桐利常务副省长、时清霜副省长先后到省局调研检查，多次作出重要批示，为进一步做好工作指明了方向，提供了遵循。本次机构改革，河北省粮食和物资储备局除增加对省级食糖、食盐及救灾物资储备的直接管理职能外，还被赋予对其他省级物资储备的监督指导职责。11 月 4 日，完成新机构揭牌；12 月 5 日，河北省粮食和物资储备局"三定规定"印发执行；12 月 20 日，召开落实"三定规定"部署会议，对内设机构进行了调整。先后与省民政厅、商务厅、供销社等单位对接工作，认真做好物资和档案接收、人员转隶等工作。有计划地对各类物资储备开展调研，掌握数量、布局、日常管理等基本情况，为履行监管职责奠定了基础。各市和部分县粮食和物资储备局年底前完成挂牌，陆续按新职能运转。

河北省粮食和物资储备局领导班子成员

杨洲群　省发展和改革委员会党组成员，省粮食和物资储备局分党组书记、局长

李凤刚　党组副书记、副局长（2018 年 11 月调任河北省发展和改革委员会巡视员）

刘荷香　副局长

李秀梅　分党组成员、副局长

2018 年 12 月 26 日，河北省省长许勤（左一）到省粮食和物资储备局调研检查，在河北省粮油质量检测中心现场了解粮油检验检测的种类、技术规范等。

2018 年 11 月 4 日，河北省粮食和物资储备局召开宣布局领导班子大会，举行新机构揭牌仪式，河北省常务副省长袁桐利为新机构揭牌。

2018 年 2 月 24 日，河北省副省长时清霜（左二）到省粮油批发交易中心一站式服务大厅调研指导工作。

山西省　基本情况

　　山西省，因居太行山之西而得名，简称"晋"，又称"三晋"，古称河东，省会太原市。山西东依太行山，西、南依吕梁山、黄河，北依长城，与河北、河南、陕西、内蒙古等省（区）为界，柳宗元称之为"表里山河"。山西省总面积15.67万平方公里，其中，山区面积约占全省总面积的80%以上。山西省行政区下辖11个设区市，117个县级行政单位（25个市辖区、11个县级市、81个县），总人口3718.34万（2017年底）。山西省属于温带大陆性季风气候，四季分明、雨热同步、光照充足、昼夜温差大。特殊的地理环境造就了山西这一优质粮食产区，孕育了丰厚独特的粮食资源，使山西省成为名副其实的"小杂粮王国"。山西省委、省政府认真贯彻落实习近平总书记视察山西重要讲话精神，努力在特色优质粮食产业发展方面走在前列。

　　2018年，山西省粮食作物播种面积313.71万公顷，比上年减少4.39万公顷，下降1.4%。其中夏粮播种面积56.92万公顷，比上年减少933公顷；秋粮播种面积256.79万公顷，比上年减少4.29万公顷。分品种看，粮食作物呈现出豆类面积增加，谷物、薯类面积减少的"一增两减"调优态势。全省豆类种植面积25.07万公顷，比上年增加1.24万公顷，其中大豆面积15.05万公顷。谷物类种植面积271.18万公顷，其中玉米种植面积174.77万公顷，比上年下降3.28%。薯类种植面积17.45万公顷，比上年下降5.53%，其中马铃薯面积15.7万公顷，比上年下降6.6%。

　　2018年，山西省粮食总产量1380万吨，比上年增加1.87%。其中，夏粮产量229.9万吨，比上年减产1.65%；秋粮产量1150.5万吨，比上年增产2.6%。全省粮食消费量1339万吨，比上年减少25万吨，减幅1.8%，消费量相对保持稳定。小麦产消缺口308万吨，稻谷产消缺口114.5万吨，玉米产大于消564万吨，大豆产消缺口120.5万吨。总体来看，粮食产消基本平衡，品种结构矛盾突出。2018年，山西省粮食收购量676万吨，比上年减少32.5万吨；全省销售粮食815万吨，比上年减少11万吨。

　　目前，山西省救灾物资储备有帐篷、折叠床、棉被褥、棉衣裤、棉大衣、单衣裤、毛毯、睡袋等。现有省级重要物资储备品种为应急生活必需品储备和活体猪储备，市级重要物资储备为应急生活必需品，储备方式由民营流通企业和养殖企业实行定点储备，未建立能源储备。

2018 年工作

一　粮食安全责任制考核再创佳绩

认真履行山西省粮食安全考核领导小组办公室职责，与各成员单位通力合作，不断优化指标，健全机制，压实责任，强化考核"指挥棒""风向标"作用。组织完成市级自评、部门评审、部门抽查和综合评价，强化考核结果运用，经山西省政府批准对考核前 5 名的市级政府给予通报表扬。

二　粮食保供稳价能力持续提升

严格执行收购政策，多渠道筹集收购资金 114 亿元，统筹各类市场主体入市收购，累计收购粮食 613 万吨。落实"六稳"要求，强化粮情市场监测预警。组织开展各类检查 2406 次，出动人员 9805 人次，检查主体 5936 个，维护市场秩序。编制粮食应急预案操作手册、军供应急储备粮和市级应急成品粮油储备管理办法。建立应急供应网点 1522 个、加工企业 170 个、配送中心 114 个，粮食安全保障调控和应急设施中央预算内投资项目全部开工，80 个"放心粮油"示范店和 300 个示范经销点建设任务全面完成。出台《关于深化粮食产销合作提高安全保障能力的实施意见》，举办 2018 山西粮食产销衔接会，21 个省份粮食和物资储备局（粮食局）代表和 132 家企业受邀参会，规模、层次达历年最高水平。与辽宁等 6 省签订产销合作协议，省际间粮食产销合作进一步强化。参加全国粮食交易大会，成交粮食总量 53.35 万吨、总额 15.25 亿元，分别占全国的 8.8% 和 5.4%。

三　储备粮管理水平不断提高

储备粮管理水平不断提高。大力实施粮库智能化升级改造，争取补助资金 1.26 亿元，完成了 134 个库点的整体设计、省级平台建设等任务，督促各市县项目积极推进，行业信息化迈出实质性步伐。组织开展全省库存粮食大检查和跨市交叉检查，检查企业 59 个、粮食 15 万吨，推动问题整改。深入开展春秋两季"两个安全"大检查，为全国政策性粮食库存数量质量大清查做好准备。积极推进新建库项目和仓储设施提升改造，新增仓容 41350 吨。全面完成省级储备粮轮换和粮食质量安全监测任务，荣获"全国粮食质量安全监管工作先进单位"称号。认真贯彻落实"一规定两守则"，与有关储备库签订"两个安全"责任书，全年未发生安全储粮和安全生产事故。

四　粮食产业发展步伐不断加快

一是强化顶层设计。山西省政府办公厅印发《关于加快推进农业供给侧结构性改革　大力发展粮食产业经济的实施意见》，国家粮食和物资储备局与山西省政府签订《共同推进粮食产业高质量发展保障国家粮食安全战略合作协议》。山西粮油集团规划建设粮食物流产业园区。二是实施"优质粮食工程"。编制"优质粮食工程"三年实施方案，争取中央补助资金 3.3 亿元、省级补助 1.2 亿元；山西省政府成立"优质粮食工程"建设领导小组，将"优质粮食工程"纳入全省乡村振兴战略总体规划同步实施，争取 7000 万元用于扶持杂粮加工企业和山西好粮油项目建设。三是叫响山西小米品牌。山西省政府成立"山西小米"品牌建设领导小组，投入资金 2074 万元用于品牌建设和开发；制订小米品牌建设实施方案、三年发展规划，加强目标引领和工作统筹；推进标准制定，支持企业创新产业链，开发中高端小米产品；统一标识授权，在央视一套、央广和重点交通干线投放广告，"山西小米"号动车同步开通；承办全国粮食科技周太原分会场活动，与国家粮食和物资储备局科学研究院举办首届全国小米品鉴大会，开展"山西小米"精品展等活动，国家粮食和物资储备局局长张务锋到太原调研指导。举办"山西小米"北京推介活动，"炒热"做大首都市场。联合推介"吉林大米""山西小米"，共同开拓中高端市场，全国人大原常委郭凤莲为"山西小米"代言。成立"山西小米"运营中心，开展线上线下销售。"山西小米"品牌建设经济和社会效益初步显现，9 家联盟企业基地种植规模达 6666 公顷，55 家规上小米企业入驻电商平台，全省小米企业年销售额突破 15 亿元，辐射带动农户 15 万户。创新开发富硒小米、月子米等产品，以优质优价助农增收。吉林等 6 省粮食和物资储备局（粮食局）先后来晋考察，小米品牌开发的做法和经验受到广泛关注和认可，在全国加快推进粮食产业经济发展第二次现场会、2018 中国粮油财富论坛上作交流发言。

五　自身建设进一步加强

一是突出政治建设。举办晋粮大讲堂 4 期，1200 人次听讲。把党的十九大精神、习近平总书记视察山西重要讲话精神等列入中心组和干部理论学习计划，全年中心组学习 25 次。党组书记带头讲党课、讲业务，以讲促学。开展"深化改革　转型发展"大讨论和大调研活动，收集调研报告、建议等 200 余篇。荣获"全国粮食行业大讨论活动优秀组织单位奖"。制定《关于深入推进"三基建设"努力打造"四型部门"的实施意见》及 3 个《实施办法》，创建"三个最佳"支部，开展工作标准研讨，落实效能建设八项制度，着力推进基层组织"五项建设"、完善基础工作"五项机制"、健全基本能力"五种制度"。有关党建工作经验被《人民网》《山西组织工作》等媒体刊发。二是狠抓党风廉政建设和反腐败工作。制定《加强党对反腐败工作全过程领导常态化制度化长效化的实施意见》，编印山西粮人风采录、警示录，用身边事教育身边人，成为廉政教育特色品牌。落实巡视问题整改，细化制定 28 项整改举措并狠抓落实；认真贯彻中央八项规定精神，强化监督执纪问责。开展民生领域反腐败和扫黑除恶工作，聚焦落实粮食政策、"两个安全"、涉黑涉恶等 6 个重点问题，进行明察暗访和专项整治。三是打造高素质干部队伍。印发《激励干部担当作为干事创业》《改革创新合理容错》两个实施办法，制定科技兴粮和人才兴粮"两个实施意见"，出台党组联系服务专家制度，着力打造一支忠诚干净担当的高素质干部队伍。创新干部培训，开展干部专业能力测评，确保干部素质适应机构改革新要求。如期完成全省机构改革后的新单位挂牌、人员转隶和部门"三定"等工作。强化法治培训和考核，提升党员干部依法行政水平。健全帮扶队伍落实扶贫举措，完成扶贫爱心超市、饮水工程、红枣交易市场建设，帮助解决贫困户农产品销售和饮水难题。

山西省粮食和物资储备局领导班子成员

王云龙　省发展和改革委员会党组成员，省粮食和物资储备局党组书记、局长（2018年10月任职）

宋林根　党组成员、副局长（2018年10月任职）

韩华雄　党组成员、副局长（2018年10月任职）

徐晓峰　党组成员、副局长（2018年12月任职）

刘　鹏　副巡视员（2018年10月任职）

丁文禄　原省粮食局党组书记、局长（2018年1月调离）

马　珩　原省粮食局党组成员、副局长、巡视员（2018年10月调离）

武京运　原省粮食局副巡视员（2018年7月退休）

2018年5月20日，国家发展和改革委员会党组成员，国家粮食和物资储备局党组书记、局长张务锋（左）与时任山西省人民政府副省长陈永奇（右）在太原签署《关于共同推进粮食产业高质量发展 保障国家粮食安全战略合作协议》，图为签约仪式现场。

2018年10月29日，山西省粮食和物资储备局挂牌成立。山西省发展和改革委员会党组书记、主任姜四清（右二）出席挂牌仪式，并与山西省发展和改革委员会党组成员，山西省粮食和物资储备局党组书记、局长王云龙（右一）共同揭牌。

2018年9月6日，山西省粮食局局长王云龙（左一）在晋北视察农业有机旱作基地。

内蒙古自治区　基本情况

2018 年末，内蒙古自治区常住人口 2534 万人，比上年增加 5.4 万人。其中，城镇人口 1589.1 万人，乡村人口 944.9 万人。城镇化率 62.7%，比上年提高 0.7 个百分点。全年实现生产总值 17289.2 亿元，按可比价格计算，比上年增长 5.3%。其中，第一产业增加值 1753.8 亿元，比上年增长 3.2%；第二产业增加值 6807.3 亿元，比上年增长 5.1%；第三产业增加值 8728.1 亿元，比上年增长 6%。公共财政预算收入 1857.5 亿元，公共财政预算支出 4806.3 亿元，分别比上年增长 9.1% 和 6.1%。2018 年，内蒙古自治区粮食总产量 3553.3 万吨，同比增长 9.2%。其中，玉米 2700 万吨，同比增长 8.1%；小麦 202.3 万吨，同比增长 7%；大豆 179.4 万吨，同比增长 10.3%；稻谷 121.9 万吨，同比增长 43%；油料 201.5 万吨，同比下降 16.3%。农作物播种面积 882.4 万公顷，比上年下降 2.1%。其中，粮食作物 679 万公顷，比上年增长 0.1%。粮食总产量 3553.3 万吨，比上年增长 9.2%；油料产量 201.5 万吨，比上年下降 16.3%。

2018 年，内蒙古自治区入统范围内商品粮收购 1271.8 万吨。其中，玉米 1127.8 万吨，同比下降 18.9%；小麦 65.7 万吨，同比下降 34.6%；大豆 19.2 万吨，同比增长 10.1%；稻谷 30.8 万吨，同比下降 2.2%；油料 2.9 万吨（从生产者购入），同比增长 26%。区外调入小麦 2.3 万吨，同比增长 22.5%；稻谷 9 万吨。商品粮销售 1437.7 万吨。其中，玉米 1167.6 万吨，同比增长 29.4%；小麦 135.4 万吨，同比增长 19.5%；大豆 29.2 万吨，同比增长 27%；稻谷 62.6 万吨，同比增长 56.1%；油料 15.1 万吨，同比增长 15.6%。调出区外玉米 408 万吨，同比增长 23.3%。出口 0.2 万吨，同比下降 77.1%。2018 年底商品粮库存 622 万吨。其中，玉米 533.4 万吨，同比增长 39.3%；小麦 47.1 万吨，同比下降 25.2%；大豆 10.1 万吨，同比下降 1.9%；稻谷 16.7 万吨，同比增长 31.6%；油料 7.2 万吨，同比下降 3.6%。

2018 年工作

一　深化粮食收储制度改革

修订完善了《内蒙古自治区粮食收购贷款信用保证基金实施细则》《内蒙古自治区粮食收购贷款

保证基金操作规程》，缓解了企业贷款难。与呼和浩特、沈阳、哈尔滨铁路局建立了运力协调机制，2018 年通过铁路外运粮食 889 万吨，同比增长 30.4%；出台《内蒙古自治区深化粮食产销合作提高安全保障能力的意见》，并在哈尔滨举办第三届内蒙古粮食产销协作洽谈会，达成购销意向 570 万吨，截至 2018 年底，已落实 448 万吨；组织参加福建、上海等 6 个省市粮食产销协作洽谈会，与 8 个省市、15 个地市签订粮食购销战略协议。全年地方企业收购粮食 1271.8 万吨，占商品粮总量的 74.4%；拍卖政策性粮食 1471.5 万吨，库存量比历史最高点下降 73.6%。

二　加强地方储备粮油管理

组织开展储备粮管理专题督导调研，与中国农业发展银行内蒙古自治区分行联合印发《加强地方储备粮油管理有关问题的通知》，化解管理体制机制方面存在的问题。加强对盟市地储粮的指导督导，指导呼伦贝尔市、乌兰察布市举行突发事件应急保供演练，督促相关盟市加快建立应急成品粮油储备。加大对地储粮规模未达标盟市督导力度。对 145 家粮食应急加工企业给予财政补贴，调动企业承担应急保供任务的积极性。各类粮食企业组织粮源，持续开展放心粮油示范企业创建活动，保证了军需民食。

三　发展粮食产业经济

内蒙古自治区政府办公厅出台《内蒙古自治区大力发展粮食产业经济的实施意见》，召开全区粮食产业经济发展座谈会，全面部署发展粮食产业经济工作。成立自治区杂粮产业联盟，促成众农联"互联网＋粮食＋金融"项目落户呼和浩特市。以强龙头、树品牌、紧联结为重点，推动粮食产业经济发展。呼伦贝尔市打造"中国芥花油之都"，巴彦淖尔市打造"天赋河套"区域公用品牌；中粮面业、中粮生化落户呼和浩特市、巴彦淖尔市和兴安盟。

四　建设粮食流通重点工程

"优质粮食工程"建设项目争取到国家奖补资金 7.9 亿元，并纳入粮食安全盟市长责任制考核体系，对建设进度较好的盟市给予重点支持。截至 2018 年底，建成并挂牌运营粮食产后服务中心 185 个。争取到内蒙古自治区粮油质检中心实验室建设资金 1100 万元，完成 29 个粮油质检机构功能提升。"中国好粮油"内蒙古自治区行动认定 9 个示范旗县和 48 户示范企业。采取多种形式宣传推荐米面油和杂粮区域公用品牌，影响力和市场占有率明显提升。地方粮库智能化升级改造项目开工建设，自治区级粮食管理平台建设项目完成招投标。争取到粮食安全保障调控和应急设施建设项目 6 个，获得国家补助资金 8500 余万元。

五　开展粮食流通监察

制定了《内蒙古自治区粮食行业加快推进诚信建设实施方案》《信用承诺和信用审查实施办法》

《守信联合激励和失信联合惩戒暂行规定》，信用监管制度体系初步建立。包头市建成"智慧粮食在线监管平台"；锡林郭勒盟"信用信息共享交换平台"建设稳步推进，开展政策性粮食库存检查，抽查库存粮食 67.2 万吨，发现并整改问题隐患，确保数量真实、质量良好。组织开展"全国粮食流通执法督查创新示范单位"自治区创建活动，呼伦贝尔市阿荣旗入选首批示范单位。

六　确保"两个安全"

先后组织开展 5 次专项调研督导，集中整治安全问题隐患，2018 年未发生安全储粮和安全生产事故。出台超标粮食收购处置政策，强化安全治理，保障群众"舌尖上的安全"，被评为"粮食质量安全监管优秀单位"。举办 2018 年世界粮食日和粮食安全系列宣传活动，增强民众爱粮节粮和粮食安全意识。

七　接管地方应急物资和药品储备

根据"三定方案"，内蒙古自治区粮食和物资储备局"管理自治区粮食、药品储备和救灾物资储备，负责自治区粮食、药品储备和救灾物资储备行政管理"的规定，接管了原由自治区民政厅管理的内蒙古自治区救灾物资储备库及其储备物资，以及原由自治区工业和信息化厅管理的药品储备。

八　开展盟市长责任制考核

内蒙古自治区人民政府主要领导实地调研粮食工作，主持召开常务会议研究部署粮食安全工作，并多次作出重要批示。推进自治区主席粮食安全责任制考核自查和问题整改，将 2018 年考核结果报送自治区组织部门，作为对盟市主要负责人和领导班子综合考核评价的重要参考。对考核成绩突出的包头市、呼伦贝尔市、兴安盟和阿拉善盟给予通报表扬，并在"优质粮食工程"建设资金上加大支持力度，将盟市自评分比重由 40% 调减为 5%，保证考核的客观性和公正性。

九　强化行业自身建设

采取政治例会、中心组集中学习和研讨及举办干部学习讲堂等多种形式，学习习近平新时代中国特色社会主义思想和党的十九大精神，加强学习型党组织建设。持续贯彻落实中央八项规定及其实施细则精神和自治区配套办法，重点整治形式主义、官僚主义"十种表现"。开展"深化改革、转型发展"大学习大讨论和"素质能力提升作风建设年"活动，凝聚改革发展共识，提升干部干事创业能力，做到学习业务"两不误、两促进"。

十　做好机构改革相关工作

2018 年 12 月 29 日，内蒙古自治区粮食局更名为内蒙古自治区粮食和物资储备局。《内蒙古自治

区党委办公厅 自治区政府办公厅关于印发内蒙古自治区粮食和物资储备局职能职责、内设机构和人员编制规定的通知》(厅发〔2018〕31 号)规定：内蒙古自治区粮食和物资储备局是内蒙古自治区发展和改革委员会的部门管理机构，为副厅级。行政编制 50 名。内设处室 9 个：办公室、人事处、粮食与物资储备处、调控处、规划财务处、产业与科技发展处、执法督查处，以及机关党委、离退休人员工作处。设局长 1 名(副厅级)，副局长 3 名(正处级)。直属事业单位 5 个：机关事务服务中心、军粮供应中心、粮油质量检测中心、粮油信息中心、储备粮购销服务中心。

内蒙古自治区粮食和物资储备局领导班子成员

张天喜 党组书记(2018 年 10 月任职)、局长(2018 年 11 月任职)
赵国忠 党组成员(2019 年 1 月任职)、副局长(2019 年 2 月任职)
王国峰 党组成员(2019 年 1 月任职)、副局长(2019 年 2 月任职)

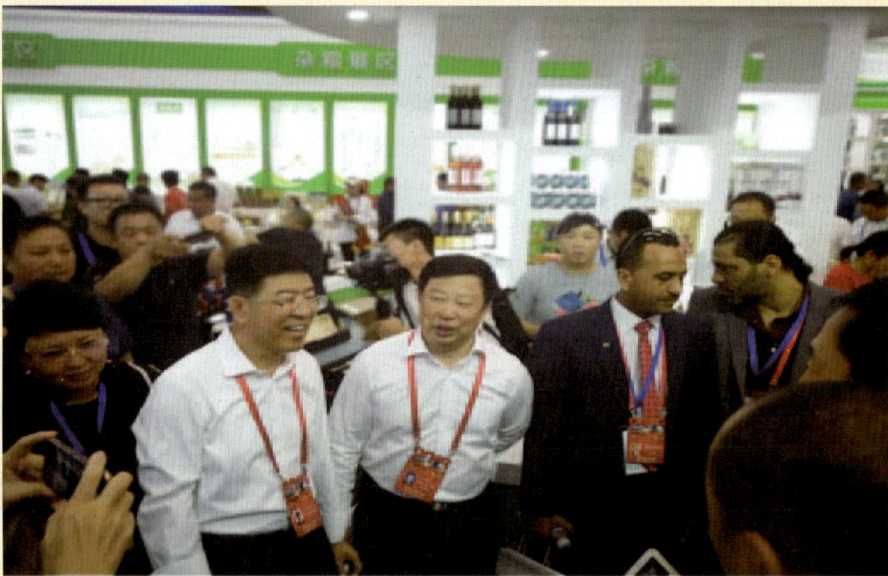

2018 年 8 月 18 日，内蒙古自治区粮食局局长张天喜(前左一)在中国哈尔滨第一届粮食产销协作洽谈会暨内蒙古第三届粮食产销协作洽谈会上，巡视内蒙古展馆并介绍内蒙古展品。

2018 年 6 月 18 日，内蒙古自治区粮食局副局长赵国忠（中）巡视福建粮油展销会内蒙古展馆。

2018 年 9 月 15 日，内蒙古自治区粮食局副局长王国峰（左二）深入兴安盟扎赉特旗调研指导粮食产后服务中心项目建设情况。

辽宁省　基本情况

辽宁省简称"辽"，取辽河流域永远安宁之意而得省名。辽宁省位于中国东北地区的南部，属温带大陆性季风气候，雨热同季，日照丰富，四季分明。辽宁省人杰地灵，自然风光秀美。全省面积 14.8 万平方公里，有 14 个省辖市、100 个县（市、区）。

2018 年工作

一　粮食调控取得新成效

积极鼓励和引导多元市场主体入市收购，协调各类粮食市场收购主体积极入市，落实国家粮食收储制度改革。一是贯彻落实粮食购销政策，搞活粮食流通。加强省际间粮食产销协作，建立秋粮收购的部门协调机制，指导大型国有企业入市收购，组织指导省内企业与省外有关企业加强沟通协调，保持良好粮食购销关系。按时调度秋粮收购进度，密切关注市场变化，加强粮食收购进度统计和市场价格监测预警分析，及时协调解决收购工作中出现的新情况新问题，切实保护农民种粮积极性。二是全面提升粮食储备水平，严格执行《辽宁省地方储备粮管理办法》，做到数量真实、质量良好、结构合理、储存安全。完善制度，规范粮食轮换，确保各项费用补贴及时到位，合理使用。

二　粮食流通监管取得新突破

坚持问题导向和底线思维，着力强基础、补"短板"、上台阶，切实加强粮食流通监管。一是粮食安全省长责任制考核有效落实，充分调动各级政府和相关部门抓粮食安全工作的积极性和主动性，切实发挥考核的"指挥棒"作用，各项目标任务落到实处，粮食安全得到强有力保障。二是坚持常规检查和专项检查相结合，加大查处力度，认真开展全省秋粮收购和统计制度监督检查，全省共组织秋粮收购检查 3584 次，出动检查人员 7626 人次，检查各类粮食收购主体 9763 个。派出 48 个督导组、144 名督导人员对国家临储粮、地方储备粮以及储存政策性粮食企业的商品粮库存进行全面检查，对检查发现的问题要求企业立即整改，并在全省范围内进行通报。三是畅通 12325 举报热线投诉渠道，及时受理群众举报，查处涉粮秋粮收购、政策性粮食出库等违法违规案件。

三　粮食仓储工作建立新机制

采取积极有效措施，全面提高粮食仓储管理工作水平。一是按照《辽宁省国有粮油仓储物流设施保护办法》要求，对全省国有及国有控股粮食仓储企业实行动态备案管理。建立三级审核机制，开展粮食仓储设施专项统计，共统计粮油仓储企业 2123 户，完好仓容 4164 万吨，简易仓容 1651 万吨，需维修仓容 105 万吨，罩棚 319 万吨；油罐 664 个，罐容 86 万吨，进一步提高粮食仓储安全生产管理工作水平。二是组织专家编制了适合辽宁省地域特点的粮食仓储企业规范，并在省内粮食仓储企业中试点应用，获得较好效果。三是组织开展了"两节两会"期间安全生产、春季防火、加强汛期安全生产、有限空间作业、粉尘防爆等一系列专项活动，共印发了有关粮食安全生产文件 22 件，先后组织了 3 次全省范围安全生产督查，有效地推动了全省粮食安全生产工作的开展。

四　应急体系建设提升新水平

全省成品粮油应急储备达 8.53 万吨，其中大米 3.07 万吨，面粉 2.64 万吨，食用油 2.82 万吨，可以满足大中城市 10～15 天市场供应量。加强应急供应网络建设，已建批发市场 14 个，应急供应网点 1648 个，应急加工企业 80 个，应急配送中心 90 个，应急储运企业 85 个。设置 100 个价格监测点，开展粮油价格监测，及时掌握市场情况，准确对市场研判分析。粮食管理平台及智能粮库系统已初步完成，已有 30 个项目单位完成项目主体工程建设任务。

五　规划建设实现新进展

一是积极推进"中国好粮油"行动计划的实施，指导各示范地区按时开展项目建设，切实增加优质大米供给，提升大米品牌的知名度。二是制定了《辽宁省优质粮食工程三年实施方案》，安排优质粮食工程补助资金 49361 万元。制定相关的项目管理办法，开展绩效评价，确保项目顺利实施。研究制定了全省粮食产后服务体系建设实施方案，制定《辽宁省粮食产后服务体系建设项目管理办法》，有 89 个项目纳入全省粮食产后服务体系建设项目库。三是组织 34 个粮食行政管理部门、86 家企业参加全国首届粮食交易大会，共成交各类粮油 122 万吨，成交金额达 26.5 亿元，居全国前五位。四是指导国有粮食企业改革。推进企业资源整合和战略重组，形成一批具有竞争力、影响力的骨干国有粮食企业。

六　党的建设党风廉政建设抓好抓实

2018 年，按照《辽宁省机构改革方案》（辽委发〔2018〕51 号）的总体要求，组建成立辽宁省粮食和物资储备局。全省粮食和物资储备系统坚持以习近平新时代中国特色社会主义思想为指导，全面贯彻党的十九大和十九届二中、三中全会精神，认真落实党中央、国务院和省委、省政府的决策部署。一是严守党的政治纪律和政治规矩。牢固树立"四个意识"、不断强化"四个自信"、自觉践行"四个服从"、始终保持"四个定力"，严肃党内政治生活。二是坚持思想建党，抓好理论武装。

深入学习宣传贯彻习近平总书记在辽宁考察时及在深入推进东北振兴座谈会上重要讲话精神，组织开展"两学一做"学习教育常态化制度化工作。三是健全纪检监察组织，加强人员力量配备，综合运用监督执纪"四种形态"。四是切实改进作风，密切与群众的血肉联系，以作风建设的新成效，为实施乡村振兴战略做出积极贡献。

辽宁省粮食和物资储备局领导班子成员

于　衡　党组书记、局长

孙金荣　党组成员、副局长

张玉超　党组成员、副局长

刘国际　总工程师

2018 年 2 月 28 日，辽宁省召开全省粮食流通工作会议。

2018 年 11 月 9 日，辽宁省粮食和物资储备局举行揭牌仪式（图左为辽宁省发展和改革委员会党组书记、主任李雪东，图右为辽宁省粮食和物资储备局党组书记、局长于衡）。

2018 年 11 月 9 日，辽宁省粮食和物资储备局挂牌成立（图中为辽宁省发展和改革委员会党组书记、主任李雪东）。

吉林省　基本情况

　　吉林省位于中国东北地区中部，东界俄罗斯，东南隔图们江、鸭绿江与朝鲜民主主义人民共和国相望，南连辽宁省，西接内蒙古自治区，北邻黑龙江省。总面积 187400 平方公里，约占全国总土地面积的 2%，居全国第 13 位，省会长春市。现辖 1 个副省级市、7 个地级市、1 个自治州、60 个县（市、区）和长白山保护开发区管理委员会。21 个县级市、16 个县、3 个少数民族自治县、20 个市辖区，433 个镇、5 个少数民族镇、185 个乡、28 个少数民族乡。全省粮食种植面积 560.00 万公顷。2018 年末，全省人口为 2717.43 万人，其中，城镇人口 1539.42 万人。2018 年，全省实现地区生产总值 1507.62 亿元，同比增长 4.5%。全省城镇居民人均可支配收入达到 30172 元，同比增长 6.5%；农村居民人均可支配收入达到 13748 元，同比增长 6.2%。

　　吉林省是国家重要的商品粮基地。主要粮食作物有玉米、水稻和大豆三大品种，玉米种植面积 423.15 万公顷，稻谷面积 83.97 万公顷，大豆面积 27.92 万公顷。全省仓容 6893 万吨，粮食产量为 3633 万吨，主要品种为水稻、玉米和大豆，其中水稻产量 646.3 万吨、玉米产量 2799.9 万吨、大豆及杂粮产量 203 万吨。全省粮食收购量 2260 万吨、销售量（含加工）6044 万吨。全年粮食消费总量为 2240 万吨，其中，口粮消费 545 万吨（城镇口粮 260 万吨，农村口粮 285 万吨），饲料用粮 470 万吨，加工用粮 1200 万吨，种子用粮 25 万吨。分品种消费情况是：小麦 145 万吨，稻谷 330 万吨，玉米 1440 万吨，大豆 200 万吨，其他 120 万吨。

2018 年工作

一　全力抓好"吉林大米"品牌建设

　　突出吉林大米中高端定位，盯住北京、上海、浙江、福建等主销区市场，通过文化宣传、精品联展、社区互动、产销对接、专家论坛等多种形式宣传推介活动，进一步扩大"吉林大米"品牌的知名度和影响力。一方面，创新"吉田认购—专属稻田"营销模式。将"吉林大米"品牌内涵实化为吉林的土地、环境、稻作文化，采取私人定制专属稻田，提供乡村旅游、现磨鲜米和时令果蔬定期配送上门等综合服务，满足中高端客户群体的多元和个性需求。2018 年，组织全省东、中、西部

61 户大米企业参与了浙江、福建、北京的"吉田认购"推介活动，签订意向销售合同 3.45 万亩专属稻田，总金额超过 2 亿元，平均认购价格达到 5780 元 / 亩，产出效益是普通稻田的 2～3 倍。另一方面，创新吉林大米营销渠道。依托北京首农食品集团"首都米袋子"的商超渠道和杭州绿城集团物业供应链平台，快速打开北京、浙江两大重点市场的销售通路，使吉林大米成功进驻北京 100 个商超专柜和浙江 150 个小区终端，同时新增直营店 76 个。2018 年中高端大米销售量达到 100 万吨，同比增长 11%。全省优质品种水稻价格普遍高于 1.60 元 / 斤，水稻市场平均价格稳定在 1.45 元 / 斤左右，比国家最低收购价提高 0.15 元 / 斤，带动农民增收 12 亿元；吉林省政府领导同志先后 13 次对"吉林大米"品牌建设工作作出重要批示，央广网、凤凰网、新华社等主流媒体全年对吉林大米宣传报道1000 余次，引起了社会的广泛关注，吉林大米附加值不断提升。

二　多措并举推动粮食销售

一是积极开展产销对接。巩固与北京、天津、浙江、福建等 18 省市长期稳定的产销合作关系，组织企业参加首届中国粮食交易大会，赴浙江、福建、甘肃、陕西、湖南等开展粮食产销协作洽谈，组织"浙江粮人吉林行"活动，共组织近 500 户企业参加粮食推介，提供粮源 1491 万吨，签约销售粮食 218 万吨。二是搭建产销合作平台。借助第十七届中国长春国际农业博览会契机，与北京、天津、浙江、福建四省（市）共同举办地方粮食储备合作座谈会，宣传推介粮食仓储资源优势和可供出租、出售、股份合作的仓储设施，积极推动异地代储、联购联销、合作经营等多种形式的产销协作。吉林省成为第一个研究贯彻国家关于加强产销合作的省份。北京、浙江、福建三省（市）已在省内建立异地粮储备 35.26 万吨，比上年增加 26%。三是充分发挥政策激励效应。落实玉米及饲料加工奖补政策，拨付补贴资金 2.65 亿元，省内玉米及饲料企业 1～10 月加工转化玉米 1150 万吨，加工能力得到极大释放。四是推进国家政策性粮食去库存。认真落实国家粮食去库存政策，跟踪出库进度，完善协调机制，确保出库顺畅。特别是 2018 年 4 月吉林省内玉米深加工企业加工原料紧张，适时向国家建议提前竞价销售临储玉米，得到国家采纳，竞价销售比上年提前 25 天，有效满足了阶段性市场需求。截至 2018 年 10 月底，国家停止竞价拍卖，全省共举办 67 次竞价交易会，累计成交 3886 万吨，其中临储玉米 3851 万吨，为历史最高水平。1～10 月，全省累计外销和加工转化粮食 4797 万吨，比上年增加 16%。

三　全面落实粮食安全省长责任制

认真贯彻国务院和省政府相关部署，充分发挥考核的"指挥棒"作用，切实督促落实粮食生产、流通、储备责任。省政府建立联席会议机制，强化统筹协调，定期调度情况。细化目标任务，优化考核指标，积极主导推动。2017～2018 年，省考核工作组对省内各地区 2017 年落实粮食安全省长责任制各项工作情况进行了考核，确定各地区考核得分均在 90 分以上，并对开展粮食安全省长责任制工作进行全面总结。经国家考核工作组考核，国务院审定，吉林省考核达到"优秀"等级，排名位次由第 16 位上升至第 5 位。

四 抢前抓早推进粮食市场化收购

坚持市场化改革取向，扎实推进玉米收储制度改革，严格执行稻谷最低收购价政策，牢牢把握农民种粮卖得出的底线，强化指导和服务，确保农民粮食应卖尽收。截至 2018 年 4 月 30 日收购期结束，吉林省累计收购粮食 3476 万吨，其中玉米 3038 万吨，稻谷 397.5 万吨，大豆 33.5 万吨，其他 7 万吨。没有发生"卖粮难"、大面积坏粮和社会敏感事件，玉米平均收购价格 0.83 元 / 斤，农民种粮收益较上年每斤增加 0.1 元以上。在吉林大米品牌效益带动下，省内普通稻谷收购价格高于国家最低收购价 0.15元 / 斤，优质稻谷还要再高一些。早动手早准备，积极采取措施，抓好 2018 年秋粮收购。一是部门联同协作。认真落实吉林省政府关于做好粮食收购工作的部署，省级 11 个部门制定《关于切实做好 2018年秋粮收购工作的通知》和《最低收购价稻谷执行预案》，对秋粮收购工作提出明确要求。二是加强市场监测。建立省市县三级市场信息交流机制，调整完善铁路、港口、加工企业、收储库等价格监测点布局，及时向社会公布行业经营意向和市场动态，指导农民卖粮和企业入市收购。三是拓宽融资渠道。完善市场化条件下的粮食收购资金筹措长效机制，继续发挥玉米收购贷款信用保证基金增信担保功能，鼓励商业银行积极参与，2018 年发放收购贷款 30 亿元，为多元主体融资创造条件。四是加大监管力度。建立秋粮收购监管工作责任制和责任追究制，组织开展跨部门、跨地区联合执法，成立农民卖粮问题专项治理领导小组，粮食、工商、司法、公安、检察院等部门共同参与，将治理拖欠农民售粮款问题纳入社会综合治理工作范畴，严肃查处违法违规行为，让农民卖"明白粮""放心粮""舒心粮"。

五 加快实施优质粮食工程

认真落实国家实施优质粮食工程部署，统筹谋划，在全国竞争性评审中排名第 3 位，成为国家首批重点支持省份，获得中央财政补助资金 3 亿元。重点抓三个方面工作：一是实施中国好粮油行动。建设"中国好粮油"行动计划示范县 9 个和示范企业 16 户，带动企业改进生产工艺、研发新优质粮油产品 20 余款，自有水稻基地面积达到 46.4 万亩，同比增加 5.3%。二是实施粮食产后服务中心建设。在 10 个粮食主产县建设专业化经营性粮食产后服务中心 90 个，年服务能力 450 万吨以上，开展代清理、代烘干、代储存、代加工、代销售服务，促进收获粮食提质增效、节粮减损、农民增收。三是实施质检能力提升行动。对全省 41 个粮食质检机构进行建设和提升，更新仪器设备 558 台，初步形成职责明确、标准统一、上下联动、横向互通的省、市、县三级粮食质检体系，粮食质量安全监测样品数量增长了 100% 以上。

六 继续深化盐业体制改革

部门联动规范未加碘食盐管理，落实机构改革期间盐业市场监管责任，强化食盐市场安全检查。落实"只跑一次"改革，规范审批流程，被吉林省机构编制委员会办公室确定为标准化试点单位。强化食盐储备管理，确保储备盐数量真实，质量良好，供应有序。吉林盐业与中盐集团达成战略合作，铺设省内大型商超和特通渠道销售网络，调整产品布局，确保吉林省食盐供应安全，市场经营秩序稳定，全年集团实现利润 1500 万元。

七	大力加强行业安全管理

突出安全储粮、安全生产两个重点，有效落实"一规定两守则"，强化常态督查督导；盯紧关键节点、关键区域和关键环节，加强预判，提前谋划。一方面，加强日常监管。坚持依法行政、依法管粮、依法治粮理念，采取"双随机、一公开"和"四不两直"相结合的方式，吉林省各级粮食行政管理部门组织检查2300次，出动人员11000人次，检查企业2000多个（次），切实维护粮食安全生产和市场秩序稳定。另一方面，精心组织库存检查。按照"有仓必到，有粮必查，查必彻底"的原则，组织企业自查、市县全面检查和省级抽查，对纳入检查范围的粮食库存进行了春秋两次全面检查，累计检查粮食6500多万吨，扦样3万多份，确保了库存粮食数量真实、质量良好。粮食行业安全储粮和安全生产形势持续稳定，连续7年没有发生较大以上事故。

吉林省粮食和物资储备局领导班子成员

李国强　党组书记、局长

张宏明　党组成员、副局长

刘红霞　党组成员、副局长

张卿槐　党组成员

白忠凯　党组成员

宋春辉　党组成员、纪检组长

2018年4月25日，吉林省副省长李悦（左三）和吉林省粮食局党组书记、局长李国强（左二）参加在杭州大剧院举办的吉林大米文化浙江宣传月启动仪式。

2018 年 7 月 27 日，吉林省粮食局党组书记、局长李国强（中）参加在北京中华世纪坛举办的吉林大米北京新营销启动仪式暨吉林大米专属稻田推介会。

2018 年 11 月 28 日，吉林省粮食和物资储备局党组书记、局长李国强（左二）参加在上海大世界举办的吉林大米上海社区宣传月活动启动仪式。

黑龙江省　　基本情况

　　黑龙江省位于中国东北部，是中国位置最北、纬度最高的省份。北、东部与俄罗斯隔江相望，西部与内蒙古自治区相邻，南部与吉林省接壤。全省土地总面积 47.3 万平方公里（含加格达奇和松岭区），居全国第 6 位，常住总人口为 3773.1 万人。2018 年，全省实现地区生产总值（GDP）16361.6 亿元，比上年增长 4.7%。黑龙江省位于东北亚区域腹地，是亚洲与太平洋地区陆路通往俄罗斯和欧洲大陆的重要通道，是中国沿边开放的重要窗口，现已成为我国对俄罗斯及其他独联体国家开放的前沿。

　　2018 年黑龙江省粮食产量 7506.8 万吨，比上年增长 1.3%，连续 8 年位列全国第一。其中，水稻、小麦、玉米和大豆分别为 2685.5 万吨、36.2 万吨、3982.2 万吨和 657.8 万吨，水稻、小麦和大豆分别下降 4.7%、5.0% 和 4.6%，玉米产量增长 7.5%。全省粮食加工业产能利用率 49%，同比提高 11 个百分点。加工原粮 3615 万吨，同比增加 845 万吨，增幅 31%；实现工业产值 1053 亿元，同比增加 198 亿元，增幅 22%；实现产品销售收入 1036 亿元，同比增加 220 亿元，增幅 27%；实现利润 24 亿元，同比减少 2 亿元，减幅 8%（主要是玉米品种加工补贴额减少）；纳税 9.3 亿元，同比略减。持续推进农业供给侧结构性改革，鲜食玉米、蔬菜、食用菌、马铃薯、高粱等作物面积近 133 万公顷，大豆种植面积 357 万公顷，绿色、有机食品认证面积达 536 万公顷。

2018 年工作

一　狠抓粮食购销

　　一是积极拓宽粮食销售渠道，搭建产销合作平台，成功举办首届中国粮食交易大会、第十五届金秋粮食交易暨产业合作洽谈会和"2018 冰城对话——玉米行业发展高峰论坛"、黑龙江大豆优品推介暨产业项目洽谈会，签约总量 1235 万吨；以龙粤粮食对口合作为重点深入拓展产销合作，销区在省内建立异地储备规模持续增加。二是协调启动粮食运输会商协调机制，解决重点方向、重点企业、重点品类以及中粮加工出口、外省异地储备粮的运输问题。三是落实秋粮收购联席会议制度，组织中省直有关部门研究落实最低收购价稻谷执行预案启动，严格执行政策，积极做好收购服务工作，同时加强监督检查，坚决杜绝各类损害农民利益的行为。截至 2018 年 12 月 31 日，入统企业累计收购粮食 3544 万吨（三大品种：稻谷 2113 万吨、玉米 1247.5 万吨、大豆 159.5 万吨），同比减少 547.5 万吨。市场化收购 2606.5 万吨，占收购总量 73.5%，同比减少 19.5 万吨。认真落实国家政策性粮食库存消化的部署，消化去库存 4650 万吨，履约率 93%，均创历史最高水平。

二 狠抓粮食加工

玉米、水稻、大豆三大主粮品种及饲料加工业全面实现盈利。全年新增玉米深加工产能 340 万吨，总产能达到 2000 万吨。以玉米深加工项目为牵动，推动产业由各环节分散经营向"产购储加销"一体化转变，玉米深加工产品逐步向苏氨酸、赖氨酸、柠檬酸、葡萄糖等生物发酵制品拓展。构建"企业＋农民持股公司＋农户""企业＋现代农业园"等新型经营合作方式，初步形成水稻、玉米、大豆、小麦加工产业聚集区和产业带。规范落实 2017～2018 年度玉米深加工、饲料加工和大豆食品及副食酿造企业补贴政策，全省纳入补贴范围的企业共 52 户，补贴额 3.28 亿元，有效地促进了加工企业生产经营发展。

三 狠抓优质粮食工程

按照国家"优质粮食工程"相关部署，制订实施方案，科学分配专项补助资金，合理设置项目内容，规范遴选、审核项目建设单位，有序推进"优质粮食工程"。一是扎实推进"中国好粮油"示范工程建设。经逐级遴选，确定了五常、泰来等 10 个县（市）为"中国好粮油"示范县，五常金福泰等 12 户企业为"中国好粮油"县级示范企业，中粮粮谷专业化公司等 3 户企业为"中国好粮油"省级示范企业。二是扎实推进"黑龙江大米"央视国家品牌计划。在中央电视台多个频道的黄金时段播放宣传广告，有效地提升了"黑龙江大米"社会知名度和市场占有率。三是扎实推进粮食产后服务体系建设。试点建设粮食产后服务中心 84 个，服务能力 420 万吨；搭建农户科学储粮装具 9.48 万套，实现科学储粮能力 189.6 万吨。已完成企业申报、县级初核、地市审核、省级复核、公示等程序，并下达了建设计划。四是扎实推进粮食质检体系建设。按照粮食质量安全检验监测体系建设实施方案部署，经提报材料、申报推荐、项目评审和公示等程序，确定 76 个项目建设单位。五是扎实推进黑龙江"中国好粮油"行动计划。组织"黑龙江好粮油中国行"专项行动走进北京和福州专项营销行动，签订意向性协议达 180 万吨，终端市场优质大米价格每市斤提高 0.08 元左右；开展大米营销百日攻坚战，全省共销售大米 385 万吨；推进实施黑龙江大米"十城万店"集中攻坚营销行动，启动运行"黑龙江大米直销通道工程"——天津通道建设，推动开展"黑龙江大米网"电商平台营销，申请注册"黑龙江大米地理标志证明商标"，"黑龙江大米"在全国的知名度和影响力得到提升。

四 狠抓粮食安全省长责任制考核

黑龙江省委、省政府高度重视粮食安全省长责任制考核工作，省政府主要领导和分管领导多次听取工作汇报，提出明确要求。黑龙江省粮食局主动履行牵头职责，完善考核方式方法，进一步加强与相关部门的沟通协调，积极协调推动重点目标任务落实，考核"指挥棒"作用有效发挥。在国家粮食安全省长责任制考核中，黑龙江省连续2年被评为优秀等级。

五　狠抓企业经营管理

黑龙江省地方国有粮食购销企业加强经营管理，经济效益继续保持高位运行。黑龙江省购销企业累计实现利润总额15.5亿元，同比减少0.8亿元，户均政策性经营效益429.2万元、市场化经营效益97.6万元。全省295户购销企业中283户实现盈利，盈利面96%；哈尔滨、齐齐哈尔、大庆、鸡西、牡丹江、双鸭山、黑河、伊春、七台河9个地市及省农垦总局企业盈利面达100%。企业资产总额达到547.7亿元，资产负债率68.2%，净资产收益率7.8%，累计上缴税金3.3亿元。

六　狠抓粮食流通监管

一是强化政策性粮食"去库存"案件查处。采取召开协调会、约谈企业主要负责人等方式，发现问题立查立改，保障"去库存"工作顺利开展。二是开展12325全国粮食流通监管热线培训及案件查处工作。全年网上办理案件28件，实现了"互联网+举报+查处"的管理模式，提高了粮食行政执法透明度和效率。三是推进全省粮食系统突出问题专项整治。结合深化机关作风整顿，制订实施了粮食系统突出问题专项整治方案，围绕政策性粮食收购管理服务措施不完善等三方面10个具体问题，制定了台账和时间表、路线图，挂图作战，解决突出问题，优化营商环境。黑龙江省粮食系统突出问题专项整治工作得到了省深化机关作风整顿领导小组考核检查组的肯定。

七　狠抓安全工作

严格落实企业安全储粮和安全生产主体责任、粮食部门指导和监管责任。加大安全储粮和安全生产培训力度，开展省级集中培训和市地分级培训90余次，参训人员达40000余人次，责任意识和业务素质不断提升。持续强化仓储规范化管理，纳入考核范围的280户企业达标273户，达标率97.5%，超额完成了达标率90%的工作目标。指导各地粮食部门和企业加强了防汛工作，遴选两户企业开展双重预防机制试点工作。集中组织开展了安全储粮、安全生产大检查、专项督查及明察暗访，共排查整改各类隐患和问题3100多个。露天席茓囤隐患基本消除，危险化学品专项治理工作基本完成。未发生重大安全生产和安全储粮责任事故。

八　开展解放思想推动高质量发展大讨论活动

一是强化组织领导。成立了黑龙江省粮食局解放思想推动高质量发展大讨论组织领导机构，制定了黑龙江省粮食局《开展解放思想推动高质量发展大讨论实施方案》，召开了解放思想推动高质量发展大讨论动员部署大会。二是粮食产业发展"大调研"。开展积极建议并深度参与国家粮食和物资储备局与黑龙江省政府联合开展的加快推动黑龙江省粮食产业高质量发展重大调研活动，提出相关重点政策建议，调研成果得到国务院领导的批示肯定，为争取国家支持政策奠定了基础。三是召开专题座谈会。12月中旬，分2个层面召开了黑龙江省粮食系统和黑龙江省粮食局直机关解放思想推动高质量发展大讨论"今年怎么看，明年怎么干"专题座谈会，全省各地粮食行政管理部门负责人和局机关、直属单位负责人按照省委关于开展解放思想推动高质量发展大讨论的要求，从不同视角和不同维度审视2018年粮食流通重点工作，查实找准制约粮食流通改革发展的"短板"和不足；紧紧围绕推动高质量发展和全面振兴全方位振兴的总目标，认真研究谋划2019年工作。四是成效初步显现。通过大学习、大研讨，黑龙江省粮食局干部职工进一步统一了思想认识、形成思想共识，逐步从不合时宜理念、传统思维定式、条条框框限制、狭隘地域局限、看摊守业求稳中解放出来，干事创业的积极性、主动性、创造性进一步释放。

黑龙江省粮食局领导班子成员

朱玉文　党组书记、局长

王乃巨　党组成员、副局长

吴久英　党组成员、副局长（2018年10月调离）

孟凡领　党组成员、省纪委监委驻省粮食局纪检监察组组长

陈立祥　副巡视员

王大明　党组成员、副局长

2018年7月，国家发展和改革委员会党组成员，国家粮食和物资储备局党组书记、局长张务锋（前排中）到五常乔府大院调研。

2018年4月，黑龙江省粮食局党组书记、局长朱玉文（左三）到福利村指导扶贫工作。

2018年5月23日，黑龙江省玉米行业协会成立大会暨2018年冰城对话——玉米行业发展高峰论坛在哈尔滨举行。

上海市　　基本情况

2018 年，上海市粮食播种面积 12.99 万公顷，同比减少 0.33 万公顷，减幅 2.5%；粮食总产量 99.8 万吨，同比增加 4 万吨，增幅 4%；单产每公顷 7988 公斤，同比增加 6.6%。夏粮播种面积 2.32 万公顷，同比增加 0.15 万公顷，增幅 6.9%；总产 13.96 万吨，同比增加 3.62 万吨，增幅 35%，其中：小麦播种面积 2.13 万公顷，同比增加 0.24 万公顷，增幅 12.7%；产量 12.98 万吨，同比增加 3.67 万吨，增幅 39.41%。秋粮播种面积 10.67 万公顷，总产 89.80 万吨。累计收购小麦 9.4 万吨，同比增加 41.1%；收购粳稻 70.7 万吨，同比增加 24.3%。6 家大中型粮食批发市场全年粮食交易总量 34.7 万吨，其中粳米 20.5 万吨、食用油 1.8 万吨，上海粮食交易中心批发市场网上交易粮食 138 万吨，发挥了吸纳粮源、活跃流通、保障供应的重要作用。市级物资储备库仓储面积 11189 平方米，储备物资包括帐篷、折叠床、床垫、棉被、棉大衣、便携式应急移动厕所系统、汽油发电机应急灯等 13 大类。

2018 年工作

一　坚持五优联动，切实抓好粮食流通"三项主业"

围绕收好粮，各郊区粮食部门和购销企业落实质价标准，优化收购服务，积极争取区级财政补贴，确保农民收益不低于 2017 年水平。有关区主动加强产销对接，促进郊区农民从"卖稻谷"向"卖大米"转变。2018 年全市各类粮食企业共收购小麦 9.4 万吨、稻谷 70.7 万吨。围绕储好粮，通过储备轮换、竞价交易、"藏粮于企"等措施，及时推陈储新，全年轮换市级储备粮 75.4 万吨、储备油 1.14 万吨，区级储备粮 32 万吨。推进区级粮库建设，有关区中心粮库项目均已开工。推进粮食信息化建设，粮食管理省级平台项目已立项，市级储备粮库智能化升级改造项目已启动。围绕供好粮，完善粮油供给渠道，市级层面加强批发市场建设和管理，中心批发市场全年交易量达 138 万吨，区级层面有关区通过发展"智慧微菜场""零售＋体验"等新型业态，促进了消费升级。修订完善《上海市粮食专项应急预案》，开展市级粮食应急保障演练，部分区也积极开展区级应急演练，强化应急保障。

二　坚持提质增效，大力发展粮食产业经济

在产业政策方面，会同市有关部门制定出台了上海发展粮食产业经济的实施意见，着力推动企业财税、用电等支持政策落地，推进上海粮食产业转型升级。相关企业在农业用电政策中获利，比如福新面粉公司下半年节省电费约 100 万元。在粮食质检监测体系建设方面，推进区级粮食质量监测机构建设，针对中心城区和郊区分类明确建设任务、功能定位和检验任务。协同上海市有关部门强化本市食品流通安全信息追溯体系建设与运行，分类推进追溯管理。在"中国好粮油"行动方面，加强与农业部门沟通对接，优化"好粮油"品牌培育。开展世界粮食日、粮食质量安全等宣传活动，多渠道加大"好粮油"宣传推介。支持山东、江苏、吉林等主产区来沪推介和对接，引进优质粮油产品，满足市民消费需求。在产后服务体系建设方面，积极开展专题调研，各郊区粮食部门、购销企业整合粮食仓储和收购设施，主动为农民开展代清理、代干燥、代储存等服务，促进粮食提质进档，帮助农民提高种粮收益。

三　坚持严格对标，组织开展粮食领域"大考核""大排查"和"大清查"

坚持严格对标实施粮食安全责任制考核，召开粮食安全工作联席扩大会议，逐级压实粮食安全主体责任。认真开展市级自评上报，组织考核各区政府、市属粮食承储企业落实粮食安全责任制情况，督促落实整改、补强"短板"，提高了本市粮食安全保障能力。开展粮库设施出租专项整治，全面排查粮库设施出租点 370 个、出租面积 42 万多平方米，涉及仓容 24.5 万吨。联合市国资、安监和消防部门开展专项检查，全市共清退承租单位 91 户，促进了粮库出租运营合法、有序、安全。开展全市政策性粮食库存数量大清查试点，主动自我加压，清查粮食库点 18 个，为 2019 年全面大清查积累了经验。

四　坚持依法治粮，加强地方粮食立法修规和监督执法

《上海市市级储备粮管理办法》列入政府规章立法计划调研项目，相关立法起草工作正有序开展。调研制订市级储备粮"异地储存""藏粮于企"和"国有粮油仓储物流设施保护"三个实施细则，目前正在征求意见和修改完善。强化监督执法，组织开展了库存粮食、收购原粮、加工企业原粮、政策性粮食的质量卫生抽查和每季度流通领域粮食质量卫生调查，强化异地储备抽检，共抽取各类样品 1500 多份，检查覆盖面和力度均有提升。严格处理和监管有关企业质量卫生超标粮食、消防安全事件，落实企业主体责任，确保食品安全和储粮安全。

五　坚持稳步推进，努力实现物资储备实体化、智能化、战备化

合理规划物资实体储备。因地制宜，统筹推进，按照"立足上海—服务全国—面向世界"的定位进行市级储备库建设。现位于上海市嘉定工业区内的市级储备库仓储面积 11189 平方米，储备物资包括帐篷、折叠床、床垫、棉被、棉大衣、便携式应急移动厕所系统、汽油发电机应急灯等 13 大

类。各区根据本区特点，灵活采取新建、改扩建、共建、租赁、代储等方式，加强实体储备库的建设。
强化物资管理智能化建设。借鉴大型物流仓储管理做法，利用现代信息技术，由智能化仓储管理云
计算系统和卫星通信系统以及光缆通信系统组成，开发建设了一套智能化储备库管理信息系统，运
用了 RFID 射频技术和二维码辨识技术，对出入库物资进行批量扫描读取物资信息并确认，储备库内
所有的货架、托盘、库位均赋予电子标签，由自动化现场总线控制的库位指示灯，引导经过改造的
智能化叉车操作人员，完成出入库和其他仓储管理业务流程的操作。提高物资调运战备化建设。制
定管理规范，涵盖储备库救灾物资管理、设施设备维护保养、岗位职责设置、智能化信息系统管理、
业务操作流程图、管理用填报表格记录等各方面，为救灾物资储备库提供日常安全和应急调运保障
打下坚实基础。建立应急预案体系，制定《上海市救灾物资储备库救灾物资调拨发运应急预案》《上
海市救灾物资储备库救灾物资仓储智能信息管理系统失效应急预案》等四项专项预案，从制度上保
障救灾物资应急调运的快速、高效、安全、精确。

六　坚持问题导向，深化大讨论大调研推进大落实

坚持问题导向，以"深化改革转型发展"大讨论活动为抓手，结合市委大调研活动，广泛深入
开展调研，由局领导带队共深入 211 个管理和服务对象开展调研 229 次。通过查找行业发展的"痛点、
堵点、难点"，共梳理意见建议 23 条、问题 23 个，分类提出解决方案。比如：即知即改，协调落实
粮食初加工企业农业用电政策，全面推进副补业务，受理"全市通办""一网通办"；建立专班，协
调推进上粮六库搬迁等"复杂重大问题"；建章立制，研究制定上海发展粮食产业经济实施意见、公
平竞争审查制度等。按时间节点解决问题 19 个，其余 4 个复杂重大问题计划在 2019 年解决。

七　坚持稳妥推进，确保机构改革有序落实、各项工作不断不乱

2018 年 11 月，上海市全面启动新一轮机构改革，组建了上海市粮食和物资储备局，负责全市粮
食和物资储备管理工作，由上海市发展和改革委员会管理。根据《上海市粮食和物资储备局职能配置、
内设机构和人员编制规定》，局机关行政编制 50 名，内设 7 个处室，即办公室、政策法规处（规划
建设处）、组织人事处（老干部处）、计划财务处、粮食储备处（军粮供应处）、物资和能源储备处（安
全仓储与科技产业处）、执法稽查处，按照有关规定设置机关党委。区级层面，根据各区党委政府统
一部署，也基本完成机构改革任务。机构改革过程中，全市粮食系统的广大干部职工讲政治、顾大局、
重奉献，履职尽责，有力保障了各项工作稳妥有序、不断不乱。

上海市粮食和物资储备局领导班子成员

殷　欧　市发展和改革委员会副主任，市粮食和物资储备局党组书记、局长
沈红然　党组成员、副局长
诸　旖　党组成员、副局长（2018 年 12 月离任）
殷　飞　党组成员、副局长（2019 年 4 月任职）
张才新　党组成员、副局长（2019 年 4 月任职）

2018 年 10 月 19 日，国家发展和改革委员会党组成员，国家粮食和物资储备局党组书记、局长张务锋（左三）在上海良友新港物流园区调研。

2018年9月29日，召开2018年度上海市粮食安全工作联席扩大会议，部署落实粮食安全省长责任制和考核相关工作，上海市副市长吴清（左）出席会议并讲话，上海市粮食局局长殷欧（右）主持会议。

2018年1月30日，上海市粮食局局长殷欧（右二）在普陀区调研永昌公司下属高陵市场粮油专卖店、外延基地平价专柜。

江苏省 基本情况

江苏省地处我国东部沿海地区中部，长江、淮河下游，东濒黄海，北接山东，西连安徽，东南与上海、浙江接壤，是长江三角洲地区的重要组成部分。作为农业大省和经济大省，江苏既是粮食生产大省，也是粮食流通大省。2018年，江苏省粮食播种面积547.6万公顷，位居全国第九；实现粮食总产3660万吨，位居全国第六；单位面积产量6684公斤/公顷，位居全国第三。

物资储备方面，江苏"省—市—县"三级救灾物资储备体系初步建成，已在省本级、13个设区市、50个县（市、区）建立救灾物资储备库（点），面积约5万平方米，储存救灾物资10大类200多个品种，总价值8000万元。

2018年工作

一 落实粮食安全责任制有力有效

以全面落实粮食安全责任制为总抓手，切实履行粮食安全省长责任制考核牵头部门职责，加强组织协调，落实国家粮食安全保障措施，推动解决粮食安全重点难点问题，巩固提升粮食生产能力，推动粮食安全保障能力持续增强。在2018年度国家对省考核中再获优秀。优化省对市考核内容，把农业供给侧结构性改革、收储制度改革、优质绿色农产品供给等省委、省政府重大决策事项纳入考核内容，市县政府政策支持和财政投入明显加大。充分发挥考核"指挥棒"的督促和引导作用，优化有效运用考核结果。考核结果经江苏省领导审定后向各市政府通报，并交由省委组织部门作为对各市政府主要负责人和领导班子综合考核评价的重要参考。对考核优秀的，明确在建仓指标、专项资金安排和专项扶持政策等方面给予倾斜。

二 粮食和物资安全保障能力稳步提升

审时度势，优化调整省级储备粮品种比例，适当延长轮换架空期，增强了调控的有效性和灵活性。一是加快粮食出库腾仓。南京、苏州等地推动地方财政支持、企业让利销售。规范分市场建设，推动各类粮油进场交易。竞价交易粮食 265 万吨，拍卖销售最低价粮食 250 万吨，跨省移库调出小麦 55 万吨。二是产销合作调剂余缺。深化省内外粮食产销合作，南京和淮安、苏州和宿迁、盐城、南通和上海等产销合作密切，省里组织企业赴黑龙江、福建、长沙、陕西等地对接洽谈，签订省内外产销合同 420 万吨，促进供需平衡。三是落实应急保供需求。落实应急供应网点 2119 家、应急加工企业 426 家。加强粮食市场监测，超前做好大豆等应急保供准备。四是充实救灾物资储备。在省及 13 个设区市、50 个县建立了救灾物资储备库，储备 10 大类 200 多个品种，居全国之首。救灾物资从传统型棉衣被等拓展到冲锋舟、无人机等新型设备，并与交通运输部门及军队建立了应急联动机制，确保救灾物资的快速发运。五是加强行业安全管理。强化企业主体责任和行业监管责任落实，全省规模以上仓储企业新增 55 个达到安全生产标准化三级，组织开展"两个安全"检查，消除安全隐患，确保了行业运行平稳安全。

三　粮食收储制度改革初见成效

贯彻国家粮食收储制度改革要求，积极应对稻麦最低收购价下调和粮食公开拍卖底价降低对粮价下行的压力，灵活应用政府与市场两种手段，积极稳妥推进粮食收储制度改革，推动由政策性收储为主向政府引导下的市场化收购为主转变。2018 年，小麦启动最低收购价预案，稻谷未启动最低收购价预案。江苏省地方国有企业商品收购 1197.2 万吨，其他社会主体商品收购 871.6 万吨，其中优质优价收购 1200 万吨，带动农民增收 12 亿元以上。江苏省 10 个设区市、50 个县（市、区）建立了粮食共同担保基金，规模达 9.4 亿元，可满足 130 多亿市场化收购贷款需要。江苏省政府出台了规范性文件《江苏省超标粮食处置办法》，研究制定《江苏省 2018 年稻谷补贴管理工作实施方案》。"满意苏粮"手机售粮应用软件实施二期开发，进一步拓展供需对接、订单种植等新功能，获得售粮农民和社会各界的广泛好评。江苏省共有注册用户 2.8 万户，全年促进交易 310 万吨、订单种植 8 万亩。

四　粮食产业经济发展取得新突破

一是加大政策支持。江苏省政府办公厅下发《关于大力发展粮食产业经济　加快建设粮食产业强省的实施意见》，明确了发展目标、实施路径及支持政策。10 个设区市出台产业经济实施意见，发展改革、粮食和储备、财政、税务、供电等部门单位，落实了相关政策措施。南京研究出台市级粮食产业发展资金管理办法，资金投向和分配方式等走上制度化、规范化和长效化轨道。盐城严格落实"产粮大县奖励资金支持粮食产业经济发展不低于 50%"的意见，在粮安责任制考核中，对达不到要求的实行"一票否决"。二是强化品牌培育。对省级以上 14 个粮油名牌及中国好粮油产品奖补资金 460 万元。组织编制了国内首个省域全产业链性质的"苏米"团体标准，制定《苏米集体商标使用管理规则》，遴选首批 20 家"苏米"核心企业，积极组织"苏米"展示、推介活动。在 2018 中国·首届国际大米节上，"射阳大米"荣获中国"十大区域公用品牌"和"十大好吃米饭"荣誉，品牌价值达 185 亿元。三是提升科技创新能力。创建"江苏省优质稻米产业技术创新战略联盟"，省级以上粮食产业技术创新战略联盟达到 5 家。联合南京财经大学、苏粮集团共同成立全国首个"国家优质粮食工程（南京）技术创新中心"，聚力解决制约粮食流通发展、特别是优质粮食工程建设中的关键问题。苏州启动实施《粮食科技创新示范市三年行动计划（2018—2020年）》，完成科技项目投资2591万元。2018年江苏入统粮油加工企业1362家，全年实现工业总产值2721.01亿元、销售收入2844.54亿元、利润204.97亿元，分别同比增长0.33%、3.08%和38.32%。江苏省国家级研发中心6家、国家级产业化龙头企业20家、省级龙头企业143家。省级以上龙头企业数量占全省总数的10%，产值占全省总产值的1/3。江苏省共有12个企业在质强中国——第八届中国粮油榜上入选中国百佳粮油企业，全国第一。

五 "优质粮食工程"等项目建设取得新进展

完善"优质粮食工程"三年实施方案，国家初步核定江苏2017~2019年三年总投资22.8亿元。一是好粮油行动初见成效。2017年11个示范单位各有亮点，省级以上财政补助4152万元，支持示范单位开展优质优价收购和品牌建设，带动江苏省优质优价收购120多亿斤，全省优良食味水稻品种种植面积达1050万亩以上，同比增长10个百分点。宝应县与江苏省农业科学院等科研单位合作，引进优良品种，推进优质粮油基地建设，加快粮油产品提质升级。兴化市突出全国最大水上交易市场转型升级，"兴化大米"品牌日趋响亮。二是质检体系日趋完善。围绕"机构成网络、监测全覆盖、监管无盲区"的总体要求，重点建设了49个县级粮食质检机构，为1233个国有粮食企业配置快检设备，省粮油质量监测所检测大楼建成并投入使用。三是产后服务能力明显增强。建成58个专业化粮食服务中心，改造升级粮食烘干、整理设施，加强"五代"服务。目前全省国有粮库共有烘干设备1003台（套），烘干能力达9.5万吨/天。南通、泰州、宿迁等地不断提高粮食产后专业化服务水平，一揽子解决农民收粮、储粮、卖粮、清理、烘干等一系列难题。四是仓储物流设施优化提升。江苏省财政支持粮食流通设施建设项目15个，仓容35.25万吨、烘干能力660吨/天；争取中央支持项目10个，仓容57万吨。2018年新建粮食仓容75万吨、烘干设施61台（套）。联合江苏省发展和改革委员会认定8个"省级粮食物流产业园"，省财政奖补1亿元资金用于提升园区功能。连云港充分发挥离境口岸政策优势，打造上合组织国际物流园，服务苏北、中西部以及中亚地区的粮食物流产业发展。五是"智慧苏粮"行业领先。全国首个基于云架构的省级粮食智慧云平台投入运行，并率先与国家级平台实施互联互通对接。与国家粮油信息中心等单位开展粮食大数据应用战略合作，在信息采集、粮情研判和质量溯源等方面取得一定成效。无锡、苏州等地智慧粮食建设有效提升了粮食行业生产经营效率和管理水平。

六 依法管粮机制日趋完善

《江苏省粮食流通条例》经江苏省政府常务会议、省人大党组会议通过，被列入2019年的正式立法计划。出台超标粮处置办法，建立超标粮处置长效机制，为防范粮食质量风险打牢基础。苏州、徐州、镇江等地积极应对灾情，及时有效处置了当地超标粮食问题。库存大清查准备充分。组织各市开展自查，针对自查和日常监管中发现的薄弱环节，落实整改主体责任和监管责任，为全面开展粮食库存大清查积累了经验。同时，强化了"双随机、一公开"监管方式和跨地区、跨部门协同联动机制，推行粮食经营主体守信联合激励和失信联合惩戒制度。常州市、新沂市、大丰区、宝应县粮食局被国家粮食和物资储备局评为"全国粮食流通执法督查创新示范单位"。

七 党的建设开创新局面

一是持之以恒加强党的建设。以学习贯彻党的十九大精神为主线，扎实开展党性主题教育活动，深入开展"深化改革 转型发展"大讨论，强化意识形态工作责任制落实，全系统党员干部进一步树牢"四个意识"，坚定"四个自信"，做到"两个维护"。二是扎实开展巡视整改。以接受省委巡视"政治体检"为契机，对照问题清单、责任清单、任务清单，扎实推进整改，完善规章制度，放大整改效应。三是稳步推进机构改革。积极做好"三定"方案编制等相关工作，切实做好机构改革期间的安全稳定工作，加强廉政风险防控，切实完善防控措施，做到"思想不乱、队伍不散、工作不断、干劲不减"。四是深入改进工作作风。组织开展了全省市县粮食局长专题研讨班，重点经营管理人才、青年干部人才培训班，应对新任务新挑战的综合能力进一步提升。召开粮食系统党风廉政建设会议，坚决防止和纠正"四风"问题，强化问题导向，加强项目管理制度建设和廉政风险防控，深化"放管服"改革，提高行业管理效能。"深化粮食收储制度改革政策措施研究"等一批研究成果获国家粮食和物资储备局表彰。盐城、无锡、宿迁、淮安等地充分发挥传统媒体和政务微博微信作用，守牢宣传阵地，为推动高质量发展营造良好舆论氛围。

江苏省粮食和物资储备局领导班子成员

夏春胜　党组书记、局长

季俊秋　党组成员、副局长

张生彬　党组成员、副局长

陈一兵　党组成员、副局长

董淑广　党组成员、副局长（2018 年 2 月任职）

韩　峰　副巡视员

张国钧　副巡视员

2018年10月16日，江苏省在宿迁泗洪举办"世界粮食日"主会场活动，全省13个市在现场联合启动粮食安全主题大走访大调研。

2018 年 11 月 5 日，新组建的江苏省粮食和物资储备局举行挂牌仪式。

2018 年 11 月 30 日，江苏省域公共品牌"苏米"标注暨首批核心企业发布推介会在上海市举行，与会嘉宾共同开启"苏米"LOGO。

浙江省　基本情况

浙江全省陆域面积 10.23 万平方公里，是中国大陆陆域面积最小的省份之一。海域面积 26 万平方公里，是全国岛屿最多的省份。2018 年末，常住人口 5737 万人，全省 GDP 总量 56197 亿元，比上年增长 7.1%；人均 GDP 为 98643 元（按年平均汇率折算为 14907 美元），增长 5.7%；产业结构比重为 3.5 : 41.8 : 54.7，城镇化率为 68.9%；全省人均可支配收入为 45840 元。浙江省人多地少，"有七山一水二分田"之称。2018 年全省粮食播种面积 1464 万亩、总产量 599 万吨，消费总量约 2270 万吨，当年粮食产需缺口 1670 万吨，粮食自给率 26.4%，为全国第二大主销区。

2018 年工作

一　凝心聚力推改革促发展

一是扎实推进机构改革。浙江省粮食和物资储备局组建后，与省发展和改革委员会、省财政厅、省商务厅、省应急管理厅、省水利厅、省能源局、省供销社等相关部门和单位进行对接沟通，完成职能转变和人员转隶，摸清物资能源储备的底数和存在的问题，谋划物资能源储备工作。各市基本完成机构改革职能转隶，县级基本完成粮食和物资储备局挂牌。机构改革紧凑高效、有条不紊，职责有序交接，工作平稳过渡，机构改革和业务工作"两不误、两促进"。二是扎实推进"五优联动"。开展优粮优种、优粮优储和"企业＋基地＋农户"试点，加快推进"五优联动"的实施，逐步形成推进"五优联动"工作的共识。嘉兴市在本级和海盐县开展省级晚稻订单"优质优价"收储试点工作。丽水市出台了粮食"五优联动"的实施意见。宁波市在象山、海曙、鄞州率先启动"五优联动"试点，实现顺价销售。湖州市拟定"五优联动"实施基本框架，加强政策支持，确立定价机制、诚信制度，计划实施 8500 吨规模的"五优联动"试点工作。三是扎实推进粮食产业高质量发展。省政府出台《关于加快推进农业供给侧结构性改革　大力发展粮食产业经济的实施意见》，11 个市出台实施意见，粮食产业经济发展列入粮食安全市县长责任制考核和乡村振兴考核，形成齐心协力共同推进粮食产业经济发展的共识。全面落实大米加工企业享受农业生产用电价格的政策，企业用电成本下降近三分之一。积极组织粮食加工企业申报国家社会化建仓和物流项目补助，获得中央支持资金 1

亿多元。21 家粮食企业被国家认定为重点支持粮油产业化龙头企业，省级以上农业龙头企业达到 57 家（其中国家级 5 家）。建立省市县三级重点企业领导联系服务制度，帮助粮食企业和经营户解决有关困难和问题，10 家推进粮食产业发展成绩突出企业获得通报表扬。

二　尽心竭力守底线保安全

一是粮食安全责任制有效落实。浙江省政府与国家粮食和物资储备局签署战略合作协议，加快推进浙江高水平粮食安全保障体系建设。袁家军省长作出"严格对照要求抓好查漏补缺"的重要批示，省级有关部门印发《关于进一步做好粮食安全责任制工作的通知》，认真对照考核要求自查补课，推进各项工作落实。2017 年度国家粮食安全省长责任制考核获得"优秀"。印发《2018 年度粮食安全市长责任制考核方案》《浙江省粮食安全市长责任制考核办法》等文件。各地高度重视，采取有效措施，压实责任，效果明显。二是粮食收储工作圆满完成。出台 2018 年粮食产销工作意见和粮食最低收购价政策，继续实施规模种粮补贴、订单粮食奖励、种粮大户贷款贴息等政策。各地认真抓好"订单粮食"和预购定金发放，在收购中切实做到依质论价，维护好粮农利益。在江山市开展"五送"为农服务活动，做好粮食收购政策解读。累计收购小麦 15.60 万吨、早稻 44.7 万吨、晚稻 94.1 万吨，完成 234 储备粮万吨轮换任务，13 批次省级储备粮公开竞价销售轮换计划。储备粮动态轮换试点工作深入推进，试点范围和规模扩大，重心逐步下移。杭州、宁波、丽水等地积极探索储备粮动态轮换新模式。三是"放心粮油"供应网络建设有力推进。20 个"放心粮油"示范县创建工作成效明显，培育"放心粮油"示范企业 165 家、"放心粮油"供应店 650 家，15 家企业获得国家级"放心粮油"示范企业称号，44 家企业获得浙江省"放心粮油"示范企业称号，逐步形成完善的"放心粮油"加工、配送和供应网络体系。各地将创建工作作为民生工程来抓，与"放心消费在浙江"行动、创建"食品安全县""农产品质量安全放心县"等工作协同推进。萧山区形成了"四规五进六统一"的创建模式。建德市把创建工作纳入市委、市政府综合考评。诸暨市把创建工作写进政府工作报告主要工作任务责任清单。四是粮食产销合作持续深化。组织粮食企业参加首届中国粮食交易大会、第 13 届长三角粮食发展与合作会议等产销对接交流活动，签订粮食购销协议 118.27 万吨。开展"2018 吉林大米文化浙江宣传月"系列活动，支持吉林粮食企业在浙江开设大米直营店 54 家；组织 39 家知名粮食企业开展浙吉粮食产需对接。与黑龙江、江苏、安徽等 12 个主产省开展产销合作，建立相对稳定的粮源基地 460 万亩，其中，紧密稳定型粮源基地 219 万亩，初步形成国有企业、民营企业和种粮大户"齐建基地、共调粮源"的省外粮源基地建设格局。省内各类主体在主产区累计投资 16.5 亿元建立储加销基地 74 个，粮食加工线 61 条、年加工能力 405 万吨。2018 年，浙江省调入省外粮源 1550 万吨，在主产区委托代储地方储备粮 27.3 万吨。五是安全保障水平不断提升。绿色生态、节能降耗、智能高效的储粮新技术、新装备、新工艺得到广泛应用。创建"星级粮库"132 个，建成"智慧粮库"57 个，气调储粮仓容达到 197 万吨，低温准低温储粮仓容达到 193 万吨。新建成仓容 43.34 万吨，全面完成农户科学储粮专项项目，舟山国际粮油产业园区公用码头工程建设完工，35 万吨规模的杭州仁和库顺利开工。实施国有粮食基础设施清单保护制度。落实应急成品粮 10.05 万吨，确定应急加工企业 246 家、应急供应企业 2297 家、应急配送中心 88 家、应急运输企业 143 家，日供应能力 3.7 万吨。开展粮食应急预案演练 30 次，举办粮食安全应急培训 75 次，参训 3376 人次。

三 齐心合力抓亮点拓影响

一是浙江省人大常委会第七次会议通过《浙江省粮食安全保障条例》,将于 2019 年 1 月 1 日施行。这是浙江省的第一部粮食地方性法规,也是党的十八大以来全国出台的第一部粮食地方性法规,国家粮食和物资储备局高度认可,有关经验做法几次在全国相关会议上交流。二是成功举办世界粮食日系列活动。按照国家粮食和物资储备局的统一部署和要求,全员行动、全力以赴配合国家粮食和物资储备局做好 2018 年世界粮食日和粮食安全系列宣传活动主会场的各项工作,活动取得了圆满成功和预期效果,得到国家粮食和物资储备局、与会领导和代表的充分肯定。三是认真开展粮食质量把控关口前移行动。针对近 3 年来收获粮食质量安全监测和收购稻谷重金属项目检测情况,研究制定实施方案,圈定 11 个早稻主要生产县(市、区)和 14 个晚稻主要生产县(市、区),作为试点推进稻谷重金属镉污染监测关口前移和超标处置工作。在早稻、晚稻收获前,组织检验技术人员到重点监测区域农民田间地块,开展重金属镉污染监测和情况调查,提前把控粮食生产环节重金属污染风险,确保早稻、晚稻收获质量安全。同时,较好地完成了收获粮食、库存粮食、重点粮油批发市场成品粮油的质量安全监测任务。

浙江省粮食和物资储备局领导班子成员

周维亮　党组书记、局长

韩鹤忠　党组成员、副局长

鲍伟民　党组成员、副局长

李益敏　党组成员、副局长

叶晓云　党组成员、总工程师

潘园根　副巡视员

何　震　副巡视员

2018 年 11 月 24 日，浙江省委副书记、省长袁家军（前排左二）在浙江农业博览会期间考察浙吉粮食馆。

2018 年 10 月 16 日，国家粮食和物资储备局与浙江省人民政府签署战略合作协议（图左为国家发展和改革委员会党组成员，国家粮食和物资储备局党组书记、局长张务锋，图右为浙江省副省长彭佳学）。

2018 年 11 月 5 日，新组建的浙江省粮食和物资储备局班子成员和局领导集体（中为浙江省粮食和物资储备局党组书记、局长周维亮）。

安徽省   基本情况

安徽省地处长江、淮河中下游，长江三角洲腹地，土地面积 13.94 万平方公里，占全国的 1.45%，居第 22 位。2018 年末，全省户籍人口 7082.9 万人，比上年增加 23.7 万人；常住人口 6323.6 万人，比上年增加 68.8 万人。初步核算，2018 年生产总值（GDP）30006.82 亿元，按可比价格计算，比上年增长 8.02%。

2018 年，全年粮食种植面积 731.63 万公顷，比上年减少 0.55 万公顷。油料种植面积 52.02 万公顷，比上年增加 0.19 万公顷。全年粮食产量 4007.3 万吨，比上年减产 12.5 万吨，下降 0.3%。其中，夏粮 1607.5 万吨，比上年减产 37.2 万吨，下降 2.3%；秋粮 2287.1 万吨，比上年增产 38.5 万吨，增长 1.7%。油料产量 158 万吨，比上年增长 2.2%。棉花产量 8.9 万吨，比上年增长 2.9%。

2018 年，安徽省切实贯彻粮食安全省长责任制，全力保安全、惠民生、抓改革、促发展，粮食流通和物资储备安全基础更加巩固。安徽省全年收购粮食 2084 万吨，其中市场化收购占 63%。创新探索粮食安全"库长制"监管模式，在全省 1076 个粮库挂牌实施。大力推动现代化粮食产业体系建设向纵深发展，粮食产业经济持续向好。

2018 年工作

一   高位谋划推进，粮食安全基础更加牢固

安徽省委、省政府把粮食和物资储备工作摆上战略高度，主要领导和分管领导多次实地调研或专题研究粮食和物资储备工作，全年批示共计 42 次。合肥、淮北、蚌埠、淮南、黄山等市主要负责同志分别调研或批示粮食和物资储备工作。各地各部门凝心聚力、同频共振，主动担当、创新发展，有力地推动粮食和物资储备工作高质量发展。省粮食部门积极履行粮食安全省长责任制考核牵头职责，全面把握考核导向，顺利完成各项任务，在粮食安全省长责任制国家考核中安徽省再次获得"优秀"等次。六安市、肥西县、金寨县在国家抽查考核中表现优异。同时，安徽省粮食和物资储备局会同 17 个省直部门，优化细化对市考核指标，确保考到关键处、核到要害点，各地粮食安全责任进一步落地生根。创新探索粮食安全"库长制"监管模式，在全省 1076 个粮库挂牌实施，合肥、淮南、阜阳、宣城、池州、铜陵等地建立多项配套制度，省市县三级库长制监管体系初步形成，全年安全生产、

安全储粮零事故。

二　坚持改革为先，行业发展活力更加迸发

一是机构改革。坚决贯彻中央及省深化党政机构改革统一部署，安徽省粮食和物资储备局如期组建挂牌，"三定规定"编制按时完成，职能转变、处室调整、人员整合、业务衔接等工作有序推进，进一步拓展职能，增加内设机构和人员编制。市县粮食和物资储备部门机构改革陆续开展，干部队伍呈现心齐气顺劲足的良好局面。二是收储制度改革。安徽省建立10亿元规模粮食市场化收购信用保证基金，支持市场化收购。出台省级临储小麦收购政策，帮助农民减损增收。合肥、蚌埠、黄山等地出台相应促进措施。安徽省2018年收购粮食2084万吨，其中市场化收购占63%，初步形成市场化收购"唱主角"与政策性收购"兜住底"的新政策体系。三是国有粮食企业改革。淮北、马鞍山、安庆等地"一县一企"改革进展较快。全省地方国有粮食企业土地确权率已达80%，独立核算的企业户数较上年同期减少52个，建立混合所有制企业79户，统算实现利润总额3.4亿元。濉溪、凤阳、定远、肥东、灵璧、明光及淮北市区盈利均超2000万元。

三　立足精准施策，稳价保供应急更加高效

及时启动小麦、稻谷最低价收购，切实发挥政策托底作用。研发推广"售粮通"APP，深受广大售粮农民欢迎。合肥等地出台补贴加工企业政策，有效破解农民不达标小麦销售困境。统筹配备粮食快检设备和清理设备，把牢粮食入库质量关口。加强市场监测预警，加大供需信息发布，配备应急保障车辆，黄山等地积极做好冰冻雨雪天气应急预案，粮食价格和市场供应保持稳定。顺利完成36万吨省级储备粮油轮换。合肥国家粮食批发市场举办政策性粮油交易会487场，成交粮油437万吨，交易额94亿元，成为宏观调控的"稳定器"。加大与东南沿海及西部省份合作，牵头主办"长三角"粮食发展与合作会议，参与承办中国安徽名优农产品交易会、上海农展会，组织企业参加中国粮食交易大会、福建洽谈会等，淮南、池州、巢湖等地与外省建立长期合作关系，皖粮外销渠道持续拓展。安庆、芜湖等地进境粮食指定口岸进口量增加，有效优化供给结构。

四　强化项目带动，保安全守底线支撑更加坚实

一是"优质粮食工程"建设。2018年，三个子项目全面启动，中央和省级专项资金4.88亿元及时拨付到位，"优粮优产、优粮优购、优粮优储、优粮优加、优粮优销"五优联动体系已具雏形。二是"智慧皖粮"建设。"智慧皖粮"信息化建设提质扩面，三期1545个项目基本建成并投入使用，阜阳、宿州、淮南、黄山等地运行效果较好。省级平台汇聚涉粮数据5500多万条，率先与国家平台对接。"放心皖粮"电子商务平台正式上线运营，成为皖粮优质品牌网上营销新窗口。三是"两项工程"建设。大力培育"放心粮油"和"主食厨房"经营主体，积极推动"放心粮油"和"主食厨房"工程经营网络向社区、学校、乡镇延伸，与粮食应急体系建设、军供网点建设、成品粮储备五位一体融合发展，不断满足群众对高质量生活的需求。2018年，新增"主食厨房"网点295个、"放心粮油"网点674个，

超额完成安徽省政府下达的目标任务。

五　聚力转型发展，粮食产业经济更加稳健

先后召开安徽省粮食产业经济发展视频调度会和现场经验交流会，深入贯彻习近平总书记关于"粮头食尾、农头工尾"的重要指示精神，大力推动现代化粮食产业体系建设向纵深发展。合肥、亳州、安庆、池州等地支持产业发展力度较大。设立包括粮油产业化在内的农业产业化发展基金，出台"科技兴粮"实施意见，推动企业和粮食产业园区发展壮大。积极引导粮油品牌创建，芜湖大米、安庆大米等影响力不断增强，燕庄油脂、天麒面业、泰禾光电 3 家企业新获"中国驰名商标"称号，新增"中国好粮油"企业 6 家、省粮油类专业商标基地 6 个。青松食品、燕庄油脂和洽洽食品 2018 年被认定为"国家农产品加工技术研发专业中心"，正宇面粉、联合米业等一大批企业深加工能力不断提升。支持企业通过兼并、联合、重组和"走出去"等方式做强做大做优，目前省级以上粮食产业化龙头企业达 306 家，2018 年产值超 10 亿元企业 43 家，安徽省粮油加工业发展势头稳中向好。安徽省逐步形成食品、小麦、稻谷、玉米、糯米加工 5 大类 10 余个优质产业集群，合肥、淮北、蚌埠、宿州、滁州等地产业集聚效应明显。

六　推进标本兼治，粮食流通监管更加有力

坚持问题导向和底线思维，从体制机制入手，逐步推进粮食和物资储备规章制度建设，进一步加强粮食流通监管。加快粮食安全地方立法进程，《安徽省粮食安全保障条例》列入省人大常委会立法规划一类项目。持续推进诚信体系建设，出台实施《安徽省粮食经营活动守信联合激励和失信联合惩戒对象名单管理制度》，进一步营造了公平公正的市场竞争环境。坚持"纵向发起，横向联动"原则，严格"双随机、一公开"监管和跨地区、跨部门协同联动机制，加强企业经营监督检查，实现监管事项全覆盖、抽查结果全公示。巩固提升全国粮食安全隐患"大排查、快整治、严执法"集中行动和全省粮食系统"查问题、治隐患、守底线、保安全、促党建"专项治理行动成果，开展政策性粮食租仓收储企业专项抽查和夏秋两季粮食收购专项督查，有力保障粮食市场流通有序。认真组织开展全国政策性粮食库存数量和质量大清查试点工作，圆满完成试点任务，得到国家联合抽查组肯定，淮北、芜湖两市做法为 2019 年全国大清查提供了可借鉴的经验。

七　坚持全面从严治党，行业发展生态更加优化

切实加强党对全局工作的领导，扎实推进"两学一做"常态化制度化、"讲严立"专题警示教育和基层党组织标准化建设，进一步树牢"四个意识"、坚定"四个自信"、坚决做到"两个维护"。大兴调查研究之风，围绕落实习近平总书记关于国家粮食安全的重要指示精神，安徽省粮食和物资储备局领导分别率队开展新春大调研、夏粮秋粮收购大督查、"四送一服"进民企大走访活动，及时发现矛盾、解决问题。"深化改革、转型发展、闯出新路"大讨论成果丰硕，有效凝聚改革发展共识。从严落实党风廉政责任，按照"谁主管、谁负责"原则落实好领导干部"一岗双责"。从严推进岗

位廉政风险防控，抓好"三重一大"事项监督，围绕权力运行的重点岗位和关键环节，厘清岗位权限，排查岗位风险，规范业务流程。突出干部作风建设，认真落实巡视整改，创新开展局属单位巡察，严格落实中央八项规定，强化执纪监督问责，狠抓效能建设，全省系统党风、政风、行风持续向好。加强行业人才培育，出台"人才兴粮"实施意见和激励广大干部新时代新担当新作为的实施意见，深入推进"人才兴粮""人才兴储"，健全"四位一体"职业技能提升机制，深化校地、校企合作，构建人才联合培养机制，进一步激发干事创业活力。两所直属院校社会认知度和服务行业能力显著提升。

安徽省粮食和物资储备局领导班子成员

万士其　省发展和改革委员会党组成员、副主任，省粮食和物资储备局党组书记、局长
马三九　省发展和改革委员会党组成员，省粮食和物资储备局党组成员、副局长
许维彬　省发展和改革委员会党组成员，省粮食和物资储备局党组成员、副局长
牛向阳　原省粮食局党组书记、局长（任职至 2018 年 3 月）
杨增权　原省粮食局副局长（任职至 2018 年 11 月）

2018 年 5 月 29 日，安徽省委副书记、省长李国英（前排左一）在宿州省级粮食储备库调研夏粮收购工作。

2018 年 11 月 20 日，安徽省粮食和物资储备局正式挂牌，安徽省政府秘书长白金明（左四），安徽省发展和改革委员会党组书记、主任张天培（右四）和安徽省发展和改革委员会党组成员、副主任，安徽省粮食和物资储备局党组书记、局长万士其（右三）出席。

2018 年 12 月 31 日，中国安徽名优农产品暨农业产业化交易会（2018·上海）在上海市农业展览馆举行，安徽省政府副省长张曙光（后排左六），安徽省粮食和物资储备局党组书记、局长万士其（后排右四）出席活动。

福建省　基本情况

福建省地处东南沿海，全省海域面积 13.6 万平方公里，陆地面积 12.4 万平方公里，山海资源丰富，森林覆盖率 66.8%，山地、丘陵占全省陆地总面积的 80% 以上，素有"八山一水一分田"之称。2018 年末，常住人口 3941 万人，实现地区生产总值 3.58 万亿元，增长 8.3%。一般公共预算总收入 5045.4 亿元，增长 7.4%，其中地方一般公共预算收入 3007.4 亿元，增长 7.1%；固定资产投资增长 12.1%；外贸出口 7615 亿元，增长 7.1%；实际使用外资 305.3 亿元，增长 3%；社会消费品零售总额 14317.4 亿元，增长 10.8%；居民消费价格总水平上涨 1.5%；城镇登记失业率 3.71%；城镇居民人均可支配收入 42120 元，增长 8%；农村居民人均可支配收入 17790 元，增长 8.9%。

福建省是粮食主销区，2018 年粮食种植面积 83.35 万公顷，比上年增加 0.03 万公顷，其中稻谷面积 61.96 万公顷，减少 5.51 万公顷；粮食产量 498.58 万吨，增加 11.43 万吨，其中谷物 412.67 万吨（稻谷 398.31 万吨、小麦 0.05 万吨、玉米 12.56 万吨、高粱 0.03 万吨、其他谷物 1.72 万吨）、豆类 10.83 万吨、折粮薯类 75.08 万吨；粮食收购量 148 万吨（含中储粮在闽收购），其中国有粮食企业收购 53.7 万吨，非国有粮食企业收购 94.5 万吨；粮食销售量 2826 万吨，其中国有企业销售 1246 万吨；粮食进口量 545 万吨；粮食商品量 325 万吨；粮食流通量 5600 万吨。

福建省是我国台风、洪涝等各种自然灾害的高发地区，应急救灾物资供应保障任务艰巨。为确保应急救灾物资供应保障，省、市、县三级建立了救灾物资储备库 74 个，储备各类救灾物资 100 多万件（套）。2018 年 11 月 19 日，生活类救灾物资采购、储备、轮换的职责正式从民政部门划转到粮储部门。

2018 年工作

一　机构改革稳妥有序推进

2018 年 10 月 6 日，福建省委办公厅、省政府办公厅印发《福建省省级机构改革实施方案》，决定组建福建省粮食和物资储备局，2018 年 11 月 5 日正式挂牌。新机构在原福建省粮食局职责的基础上，增加了福建省发展和改革委员会承担的组织省级部分重要商品、物资储备的职责，福建省民政厅承担的生活类救灾物资采购、储备、轮换的职责，福建省商务厅承担的食糖储备、轮换的职责。全局干部职工坚持讲政治、顾大局、守规矩，切实按照"思想不乱、工作不断、队伍不散、干劲不减"的要求，各项工作交接顺利、平稳过渡、无缝对接。

二　粮食安全省长责任制考核不断深化

考核"指挥棒"作用进一步发挥，粮食安全保障合力进一步增强。一是 2017 年度考核圆满完成。2018 年 4 月中旬完成自查自评工作，6 月上旬顺利通过国家抽查。根据国家 11 部委的考核结果通报，被评为"优秀等次"，再次获得国家通报表扬。省政府对各地市考核也顺利完成，经省政府常务会议研究，福州、厦门、三明、泉州四地市获得优秀等次。二是 2018 年度考核有序推进。在全面总结 2016 年度、2017 年度考核的基础上，倒排时间表，稳步落实 2018 年度国家考核各项任务，提前开展考核预评预估，现已进入省级自评上报工作阶段。同时主动会同各成员单位认真研究制定对各设区市考核方案，以省政府办公厅名义下发执行。三是及时解决存在问题。各级各有关部门坚持问题导向，根据国家粮食安全省长责任制考核办通报，及时抓紧做好存在问题的整改落实，有效补齐"短板"，进一步夯实粮食安全工作基础。

三　粮食产销合作不断拓展

一是成功举办第十四届福建粮食产销协作洽谈会。吸引全国各地 1600 余家粮食企业和科研院校 4100 余人参加，共签订粮食购销合同 306 项、数量 645 万吨，征集科技成果 268 项。二是积极组织参加首届中国粮食交易大会。会上，与主产省粮食企业共签订粮食产销合同 16 万吨，粮食包装机械制造企业销售设备 12 台，交易金额超过 5 亿元。还组织福建省粮食企业相继参加了黑龙江、吉林、山西、山东、湖北等省举办的粮食产销协作洽谈会，引导省内外粮食企业积极开展产销对接，巩固和拓宽引粮入闽渠道。三是进一步推动粮食产销合作纵深发展。省级 10 部门印发《关于深化粮食产销合作提高安全保障能力的实施意见》，全面贯彻落实国家指导意见，立足省内粮情，进一步突出粮食产销合作重点任务，强化保障措施，提高全省粮食安全保障系数。

四　粮食和物资储备管理不断规范

一是粮油储备管理进一步加强。认真贯彻执行粮油仓储管理办法和储粮技术规范，严格遵守"一规定两守则"，组织开展粮油安全大检查，及时消除各类安全隐患。积极推广充氮气调、粮面控温控湿、惰性粉防虫等储粮新技术，推进绿色储粮。二是库存粮食监管力度加大。2018 年上半年开展福建省春季库存大检查，各地市开展全面普查，省级按照"双随机、一公开"的原则，抽查了 3 个设区市。从检查情况看，地方储备粮数量真实、质量良好、储存安全、管理比较规范。2018 年下半年，根据国务院统一部署，福建作为试点省份开展了政策性粮食库存数量和质量大清查试点工作，福州、厦门两地积极配合，建立了大清查协调机制。通过开展企业自查、市县普查、省级督查，顺利完成了试点任务。福州、厦门、漳州被确定为首批"全国粮食流通执法督查创新示范单位"。三是福建省粮库建设加快推进。截至 2018 年底，新建成省级仓容 55.5 万吨、市县标准化仓容 148.5 万吨，还有 50 万吨市县标准化仓容按计划正有序推进建设。四是行业信息化水平进一步提升。投资 1.46 亿元开展信息化建设，省级粮食平台完成招标工作，进入研发阶段；全省粮库智能化升级改造 49 个项目，31 个已完工，18 个正在施工，全省累计已完成投资 7113 万元。五是物资储备管理务实高效。省救灾物资储备中心全年入库中央和省级救灾物资 5.4 万件，向省内外调拨救灾物资 4.6 万件，均能在 24 小时内完成装运，出库数量准确无误，有效地保障了应急救灾需要。

五　粮食质量监管不断加强

一是精心组织部署。围绕省政府下达的治理"餐桌污染"建设"食品放心工程"工作目标和任务，制订 2018 年全省工作方案，对粮食质量安全监管进行全面部署。二是加强抽查抽检。组织开展军供、储备、收购、骨干加工经营企业、放心粮油示范企业经营粮食和 2018 年收获粮食风险监测等质量安全的抽查，全省安排抽查样品 9120 份，其中省级抽查 3811 份，地市抽查 5309 份，食品安全指标合格率达 98.4%，对检测不合格粮食按规定及时妥善处理，防止流入口粮市场。三是推进"福建省原粮追溯体系"平台建设。2018 年 3 月，平台已投入运行，上线单位达 421 家，粮食收储企业和骨干粮食加工企业都已上线，基本实现了原粮从收购入库到粮食加工环节的源头可溯、去向可查，现正有序推进项目升级开发。

六　粮食扶持政策不断完善

一是抓好粮食收购政策落实。实施省级储备订单收购直接补贴和稻谷最低收购价政策，在南平、三明、龙岩开展 20 万吨省级粮食储备订单收购，省级安排资金 4800 万元直接补贴给种粮农民。二是实施"优质粮食工程"。中央财政下达 2018 年度 4591 万元补助资金，省财政配套安排 1111.2 万元，重点推进"中国好粮油"示范县和示范企业、粮油质检体系、粮食产后服务等项目建设，不断满足人民群众从"吃得饱"向"吃得好"转变的美好生活需要。三是扶持粮食产业发展。2018 年，省财政安排 2000 万元专项资金重点扶持应急大米加工能力建设、粮食质量安全风险筛查、粮食加工企业技术改造等项目，全省粮食应急供应网络不断健全。四是奖励引粮入闽。2018 年，福建省财政安排 2000 万元引粮入闽专项资金，用于奖励省内 45 家从省外调粮企业，鼓励省内粮食企业"走出去"建基地、搞加工，从主产省（区）多调粮、调好粮。

七　机关党的建设不断夯实

一是党的政治建设稳步推进。把学习宣传贯彻习近平新时代中国特色社会主义思想和党的十九大精神作为首要政治任务，引导党员干部牢固树立"四个意识"，坚定"四个自信"，始终做到"两个维护"；全力配合省委巡视组完成巡视工作，做好相关问题整改；强化机关党建宣传阵地建设，组织公共领域宣传载体检查和整改，牢牢把握宣传思想工作主导权。二是新思想大学习形成热潮。制定下发工作方案，部署推进新思想和党的十九大精神大学习、大宣讲。落实"三会一课"制度，利用"良友讲坛"平台开展《习近平谈治国理政》《习近平新时代中国特色社会主义思想三十讲》等学习宣讲活动；举办两期处级干部专题培训班，在党员干部中掀起大学习之风。三是基层组织力持续增强。推进基层党组织带头人队伍建设，抓好支部书记学习培训、述职评议，落实"一岗双责"；抓好机关党支部七项基本工作法的推行实施，推进支部标准化、规范化建设；抓实"党员 e 家""学习强国"等线上线下学习，全面提升党员素质。四是正风肃纪坚决有力。制定落实全面从严治党主体责任工作分工方案，层层签订党风廉政建设责任书，拧紧责任链条。严格执行中央八项规定精神，严肃处理"四风"问题，强化全面从严治党主体责任考核，认真做好局属单位巡察工作，切实管好班子、带好队伍。

福建省粮食和物资储备局领导班子成员

孙建平　省发展和改革委员会党组成员，省粮食和物资储备局党组书记（2019 年 2 月任职）

赖应辉　省粮食和物资储备局局长（2018 年 10 月任职）

林锡能　原省粮食局党组书记、局长（任职至 2018 年 10 月）

冯利辉　原省粮食局巡视员（任职至 2018 年 10 月）

黄敬和　原省粮食局党组成员、副局长（任职至 2018 年 10 月）

2018 年 6 月 18 日，第十四届粮食产销协作福建洽谈会在福州市顺利举办。福建省政府副省长李德金（前排左六）、国家粮食和物资储备局副局长卢景波（左七）、原福建省粮食局局长林锡能（右二）出席。

2018年11月5日，福建省粮食和物资储备局正式挂牌，福建省发展和改革委员会主任张灿民（右）与福建省粮食和物资储备局局长赖应辉（左）共同揭牌。

2018年12月25日，福建省粮食和物资储备局在漳州市召开贯彻落实国家粮食和物资储备局党组"两决定一意见"座谈会。

江西省   基本情况

江西省简称"赣"，位于中国东南部，在长江中下游南岸，以山地、丘陵为主，地处中亚热带，季风气候显著，四季变化分明。境内水热条件差异较大，多年平均气温自北向南依次增高，南北温差约 3℃。全省面积 16.69 万平方公里，辖 11 个设区市、100 个县（市、区）。2018 年末，全省常住人口 4647.6 万人，比上年末增加 25.5 万人。

2018 年，江西省实现地区生产总值（GDP）21984.8 亿元，比上年增长 8.7%，增速继续位居全国前列。财政总收入 3795 亿元，增长 10.1%。人均生产总值 47434 元，按年平均汇率计算，折合 7168 美元，增长 8.1%。城镇和农村居民人均可支配收入分别为 33819 元、14460 元，分别增长 8.4% 和 9.2%。

2018 年，江西省粮食种植面积 372.13 万公顷，比上年下降 1.7%，其中，谷物种植面积 349.17 万公顷，下降 1.9%。油料种植面积 68.01 万公顷，增长 0.6%，其中，油菜籽 48.3 万千公顷，下降 0.7%。全省粮食总产量 2190.7 万吨，下降 1.4%，列历史第五高产年份，其中，谷物产量 2112.2 万吨，下降 1.6%，油料产量 120.8 万吨，增长 3.0%。2018 年共收购稻谷 1050 万吨，其中市场化收购稻谷 910 万吨，占收购总量的 87%；2018 年外销稻谷 475 万吨，比上年增加 15 万吨。

2018 年工作

一   粮食安全责任制有效落实

一方面，积极做好 2017 年度粮食安全省长责任制落实考核工作，印发 2017 年度落实粮食安全省长责任制的问题反馈函，向各设区市反馈存在的主要问题，督促各地、各有关部门研究制定措施，完善机制，及时解决问题。在组织开展对市县 2017 年度责任制考核的基础上，多次就国家考核工作进行调度部署，及时、准确、全面反映落实责任制情况。2018 年，在国家对 2017 年度责任制工作考核中，江西省再次名列第 6 位，保持优秀行列。另一方面，以江西省委、省政府将粮食安全保障工作纳入市县高质量发展考核评价体系为契机，进一步压实责任，建立了全省责任制落实情况台账制度，印发了《江西省 2018 年度落实粮食安全省长责任制工作方案》，在分级考核、落实整改的基础上，提高地方政府对粮食安全工作的重视程度，落实相关部门工作责任，补齐粮食安全工作"短板"。

二 粮食收购保持平稳

2018年，国家粮食收储政策发生重大变化，粮食市场加快由政策性收储为主向政府引导下的市场化收购为主转变，国家连续三年下调稻谷最低收购价。为切实保护种粮农民利益，江西省先后于8月9日、11月30日启动了早籼稻、中晚籼稻最低收购价执行预案。江西省合理布置委托收购库点801个，其中早稻489个，中晚稻312个，在符合条件的地区精准弹性启动托市收购，其中早籼稻启动托市的市县83个，中晚籼稻启动托市的市县67个，全省没有出现"卖粮难"。大力推进市场化收购。春播前向农民推介市场畅销价好的稻谷品种10个，引导调优种植结构，对接市场化收购需求。加强政策宣传解读，通过多种渠道释放国家政策导向信号，引导多元主体积极入市，鼓励加工企业增加质优粮源收购。强化市场预期引导，发布粮食市场监测、收购进度等信息72期，为政府决策、企业收购、农民卖粮提供科学依据。

三 粮食外销成效明显

认真做好粮食库存消化工作，鼓励用粮企业参加政策性粮食竞价拍卖、大米竞价销售等，全省共销售最低收购价稻谷162.5万吨，稻谷库存同比减少33万吨。加强省际粮食产销合作，组织省内110家粮食企业参加中国粮食交易大会，成交各类粮油140万吨，与贵州省签订《赣黔两省粮食产销合作框架协议》，开拓省粮食西南销售通道，携手福建等11个省（区）主办第十四届粮食产销协作福建洽谈会，举办2018浙赣闽早籼稻产销对接（网上交易）大会。加强市县区域性产销对接，粮食主产市、县（区）均与销区市、县（区）签订了长期稳定的粮食产销战略合作协议，由部分设区市政府先后主办了"中国早稻网上交易会"、赣西粮食产销协作洽谈会、吉安·阳江粮食产销合作洽谈会、闽浙赣皖"四省九市"粮食经济协作会议暨粮食区域合作推介会等诸多产销对接活动，进一步活跃了粮食销售市场。

四 粮食产业稳步发展

结合江西省实际，对全省发展粮食产业经济作出总体规划，明确围绕鄱阳湖区、赣抚平原、吉泰盆地和赣西粮食主产区，重点推动大米加工、米粉加工、稻米油和山茶油加工的产业布局。立足绿色生态优势，着力优化优质粮食供给，大力发展优质大米、富硒功能大米、有机大米等优势品种。在坚持培育现有"金佳""玉珠""万年贡"等品牌大米，"春丝"牌面条、"大观楼"牌腐竹等品牌的基础上，支持各地申报区域公共品牌，走品牌发展道路。大力开发粮食加工新产品和副产品及资源循环利用，增加了大米蛋白、粉油脂等新型粮油食品供给，打造完整循环粮食经济产业链条。通过大力扶持龙头企业、完善企业组织形式、丰富产业门类及拓展营销方式等，增强了粮食产业发展潜力。江西省入统龙头企业184家，其中国家级龙头企业40家。实施"放心粮油"惠民工程，不断完善主食加工、配送、销售网络，形成覆盖城乡的"放心粮油"配送体系。2018年江西省粮油加工业实现总产值 891 亿元。

五　仓储基础设施建设加快

　　扎实推进建设一批高标准现代化粮食储备库，江西省主产区基本上每个县（市、区）都建有符合现代粮食储藏要求的高大平房仓。成功申报 2018 年粮食安全保障调控和应急设施专项建设项目 9 个，总投资 15501 万元，获中央预算内投资 4518 万元。加快推进"智慧赣粮"建设，已完成省级平台建设招标和 2 个粮库智能化升级改造试点，全省粮库智能化升级改造公开招标顺利开展，全省 5 个示范库、125 个储备库以及 697 个收纳库智能化升级改造同步推进。积极推广绿色生态储粮，结合粮库智能化升级改造，在多个示范库试点智能充氮气调储粮技术，同时鼓励各地根据自身条件选用低温储藏、地表浅能等新工艺，推广绿色储粮技术。

六　优质粮食工程有序实施

　　江西省是第一批国家"优质粮食工程"重点支持省份，2018 年基本完成 105 个粮食产后服务中心项目建设，总投资 5.54 亿元；30 个县级粮油质检机构提升改造工作有条不紊推进；2 个"中国好粮油"行动示范县优质稻谷产量同比增加 2.25 万吨，2 个省级示范企业订单优质稻谷收购量同比增加 4 万吨，销售量同比增加 1.7 万吨。根据国家要求和江西省"优质粮食工程"实施方案，一次性确定了 2018 年、2019 年两年"优质粮食工程"项目，其中建设粮食产后服务中心 221 个，建设粮油质检体系项目 18 个，稳步推进 10 个"中国好粮油"行动示范县和 2 个省级示范企业项目建设。

七　粮食流通监管扎实有力

　　扎实开展政策性粮食库存大清查试点工作。2018 年，江西省被列为全国政策性粮食库存大清查试点省，宜春、抚州两市作为试点市。江西省委、省政府高度重视，切实加强组织领导，统筹协调推进，对发现的问题即查即改，试点工作成效明显，得到国家粮食和物资储备局充分肯定。积极加强日常监管，组织开展了 2018 年粮食库存检查工作，落实了两批定向销售超期储存粮销售监管工作。认真核查 12325 全国粮食流通监管热线反映的"出库难"问题等案件线索，督促相关企业严格落实出库政策。推进"双随机、一公开"、诚信评价和示范单位创建工作，调整并公布了随机抽查事项清单，对全省 2151 家粮食企业组织开展了守法经营诚信评价。加强粮食质量监管，积极安排部署 2018 年新收获粮食和库存粮食质量安全监测、国家质量会检及质量调查和品质测报工作。切实加强库存粮食质量监管，组织对全省最低收购价粮、地方储备粮等政策性粮食的质量指标、储存品质指标、主要食品安全指标进行抽检。

八　机构改革蹄疾步稳推进

　　根据江西省机构改革方案，在省级层面新组建省粮食和物资储备局，作为江西省发展和改革委员会管理部门，划入原江西省粮食局全部职能，增加物资储备管理职能，内设机构 8 个，机关行政编制 42 名。根据省委、省政府统一部署，省粮食和物资储备局"三定"和人员调配已平稳到位，增加职能有关工作紧而有序衔接和落实，多次与相关部门协商，已派员介入储备物资管理和新物资储备库建设。全省各市、县（区）机构改革基本完成，粮食流通行政职能基本调整到位，在设区市层面，南昌市、九江市、景德镇市、萍乡市、赣州市、上饶市、吉安市划入农业农村局，抚州市、宜春市划入发展和改革委员会，新余市保留了独立的粮食局，鹰潭市组建了农业农村粮食局，除赣州市、宜春市外，都保留了粮食局牌子。

九　党的建设全面加强

　　江西省粮食和物资储备系统始终把政治建设摆在首位，树牢"四个意识"，坚定"四个自信"，坚决做到"两个维护"。坚持把习近平总书记关于粮食安全的一系列重要论述作为粮食工作的根本遵循，从战略和全局高度充分认识抓好粮食安全的极端重要性。自觉用习近平新时代中国特色社会主义思想武装头脑、指导实践、推动工作，不折不扣落实中央及国家粮食和物资储备局，江西省委、省政府决策部署。认真落实全面从严治党要求，坚持把纪律和规矩挺在前面，深入整治"怕、慢、假、庸、散"突出问题，扎实推进忠诚型、创新型、担当型、服务型、过硬型的"五型"政府机关建设，坚决查处"转圈粮"、"打白条"、克扣农民售粮款等违法违规行为，切实维护国家利益和种粮农民利益，推动和保障粮食安全工作真正落到实处。

江西省粮食和物资储备局领导班子成员

喻志勇　省发展和改革委员会党组成员，省粮食和物资储备局党组书记、局长（2018 年 10 月任职）

刘福元　党组成员、副局长（2018 年 10 月任职）

廖小平　党组成员、副局长（2018 年 10 月任职）

黄　河　原省粮食局党组书记、局长（任职至 2018 年 10 月）

罗　洪　原省粮食局党组成员、副局长（任职至 2018 年 8 月）

2018 年 11 月 14 日，江西省委常委、常务副省长毛伟明（右二）出席江西省粮食和物资储备局挂牌仪式并揭牌。

2018 年 12 月 19 日，江西省粮食安全省长责任制联席会议召开第五次全体会议，联席会议召集人、江西省政府副秘书长王亚联（正面一排左四）出席会议并讲话，联席会议副召集人、江西省粮食和物资储备局局长喻志勇（正面一排右三）主持会议。

2018 年 12 月，江西省粮食和物资储备局局长喻志勇（左二）在永新县调研中晚稻收购工作。

山东省　　基本情况

2018 年，山东省经济运行稳中有进，实现生产总值 76469.7 亿元，比上年增长 6.4%；人均生产总值 76267 元，比上年增长 5.9%。就业保持良好态势，城镇新增就业 136.8 万人，比上年增长 6.7%；城镇登记失业率 3.35%，比上年降低 0.05 个百分点。物价水平涨势温和，居民消费价格比上年上涨 2.5%。常住人口保持平稳，年末达到 10047.24 万人，城镇化率 61.18%，比上年末提高 0.60 个百分点。

2018 年，山东省粮食播种面积 840.48 万公顷，比上年减少 0.6%。其中小麦播种面积 405.86 万公顷，比上年减少 0.6%；玉米播种面积 393.47 万公顷，比上年减少 1.6%。全年粮食总产 5320 万吨，比上年减少 1%，其中小麦 2472 万吨、玉米 2607 万吨、稻谷 99 万吨、大豆 43 万吨。

2018 年，山东省各类粮食企业收购粮食 8542 万吨，同比减少 73 万吨，减幅 0.85%。从生产者购进粮食 3851 万吨，其中小麦 1904 万吨，玉米 1818 万吨。山东省各类粮食企业销售粮食 5732 万吨，同比减少 434 万吨，减幅 7%，其中小麦 2898 万吨，玉米 772 万吨、大豆（豆粕）1894 万吨。2018 年末，山东省社会商品粮食库存 615 万吨，同比减少 79 万吨，减幅 11.4%，其中小麦 273 万吨，玉米 195 万吨。

2018 年工作

一　粮食收储形势保持总体稳定

认真落实粮食收储制度改革措施，搭建农企对接平台，协调落实收购资金，鼓励和引导多元市场主体入市收购。2018 年山东省累计收购粮食 8542 万吨，居全国第二位。面对复杂的夏粮收购形势，省委、省政府高度重视，山东省省委副书记、省长龚正同志亲自主持召开夏粮收购工作专题会议并到菏泽实地调研指导，常务副省长王书坚同志出席全省夏粮收购工作电视会议并讲话。全省夏粮收购平稳有序，收购小麦 805 万吨。调整优化品种结构和区域布局，超额完成国家下达的地方储备粮规模计划，增加成品粮油储备规模，更加符合调控需要。在部分地区因强降雨严重受灾的紧急时刻，省市粮食部门积极组织抗灾救灾工作，应急供应网络作用得到充分发挥。

二   "优质粮食工程"顺利实施

"优质粮食工程"列入山东省委年度重点工作，纳入《山东省乡村振兴战略规划》。落实中央和省级专项资金5.56亿元，持续发力打造乡村振兴齐鲁样板粮食产业板块。"中国好粮油"行动选定39家企业作为示范企业重点支持。粮食产后服务体系首批82个产粮大县的175个项目总体进展顺利，同时为7万多农户发放了小粮仓。粮食质量安全检验监测体系25个市县质检站项目全部开工。全面建成山东省粮食流通管理云平台，对上率先与国家粮食和物资储备局平台对接，对下与基层粮食收储库点业务系统互联互通，管理效率有效提高。380个粮库智能化升级项目顺利完成，山东省财政安排1200万元资金支持建设"齐鲁粮油"智慧交易平台。

三   粮油品牌建设取得重要进展

山东省政府《关于加快农产品品牌建设的意见》把粮油品牌作为重要内容纳入其中，省级有关部门印发《关于推进山东粮油品牌建设的实施意见》，安排4360万元财政资金助力"齐鲁粮油"品牌建设。通过新闻发布会、央广专题节目、微信微博公众号等形式，全方位、多维度宣传"齐鲁粮油"品牌。举办首届山东粮油产业博览会，张务锋局长和王书坚常务副省长亲自为"齐鲁粮油"公共品牌揭牌，近300家企业参展，项目签约180多亿元。举办"齐鲁粮油"北京推介会，40多家媒体组团推介山东好面、好油。鲁花、中裕、金胜、发达等一大批粮油品牌享誉全国。

四   粮食产业经济持续稳中向好

持续放大"滨州模式"示范效应，粮食产业发展态势良好。2018年，粮油加工业总产值突破4000亿元，继续稳居全国首位。省级有关部门出台推进科技兴粮和人才兴粮的实施意见，国家粮食和物资储备局认定的小麦、玉米、大豆三大产业技术创新中心落户山东。以园区促进产业集聚，落实中央预算内投资1.35亿元支持8个粮食现代物流项目建设，全省较大规模的粮油产业园区销售收入占粮油加工业总收入的30%以上。以新业态优化产业模式，指导各地与知名电商平台加强合作，鼓励大型龙头企业自建电商平台，增强线上销售能力，线上线下融合发展。山东省入统粮食批发市场26家，成交量656万吨，粮油产品网上销售收入30多亿元。

五   粮食流通监管能力不断增强

创新方式抓监管。研发启用"双随机"电脑摇号系统，全面推行"双随机、一公开"监管方式，组织开展信用体系建设试点，探索守信激励和失信惩戒机制，营造公平公正的粮食市场环境。省内5个单位被确定为首批全国粮食执法督查创新示范单位。加强执法抓监管，开展区域联合执法、部门联合执法，形成监管合力，全省组织夏秋粮收购专项检查1602次，出动检查人员5887人次，检查收购主体3434个。突出安全抓监管，强基层、重基础，安全储粮和安全生产形势持续稳定。围绕案件抓监管，配合国家粮食和物资储备局做好12325全国粮食流通监管热线调试和网络平台运用管理，充分发挥"前哨"和"利剑"作用，及时处理涉粮案件举报，省市联动抓好核查。

六   粮食安全责任考核成效显著

省、市两级均把粮食安全纳入经济社会发展综合考核。2018 年，山东省对市考核提高了粮食安全赋分权重，由 10 分增加到 30 分。王书坚常务副省长主持召开粮食安全责任考核工作会议，审议通过粮食安全责任考核安排意见，提出明确工作要求。各级粮食部门认真履行粮食安全考核工作组办公室职责，与各成员单位通力合作，健全机制、压实责任、落实工作，确保考核任务顺利完成。

七   全面从严治党持续深入推动

始终把政治建设摆在首位，认真履行全面从严治党主体责任，推动"两学一做"常态化制度化，全面加强基层党组织建设，引导广大党员干部牢固树立"四个意识"，坚定"四个自信"，坚决做到"两个维护"。始终把作风建设作为长期性和持久性工作，认真开展"深化改革转型发展走在前列"大讨论和"大学习大调研大改进"，聚焦作风建设突出问题，在抓整改、抓落实上下功夫，以良好作风推动各项工作争创一流、走在前列。山东省粮食和物资储备局被评为全国大讨论活动优秀组织单位，并在全国会上作典型发言。始终把纪律和规矩挺在前面，自觉以高度的政治责任感坚决抓好"两个责任"落实，引导党员干部以案为戒，明确红线、守住底线，严格遵守廉洁自律各项规定。

八   机构改革工作扎实有序推进

山东省委十一届六次全会通过的《关于山东省省级机构改革的实施意见》明确：整合省粮食局的职责，以及山东省发展和改革委员会、民政厅、商务厅等部门的有关职责，组建省粮食和物资储备局。其主要职能从粮食流通管理转变为粮食流通和物资储备管理并重。2018 年 10 月 31 日，山东省粮食和物资储备局正式挂牌成立。山东省委办公厅、省政府办公厅印发《山东省粮食和物资储备局职能配置、内设机构和人员编制规定》，明确新增组织实施省级各类战略物资和应急储备物资的收储、轮换和管理职责，增加储备基础设施的建设与管理，对管理的政府储备、企业储备以及储备政策落实情况进行监督检查等职责。内设机构新设物资储备处，民政厅的救灾物资储备管理中心划归山东省粮食和物资储备局管理。

山东省粮食和物资储备局领导班子成员

王伟华   省发展和改革委员会党组成员，省粮食和物资储备局党组书记（2018 年 10 月任职）、
　　　　　局长（2018 年 11 月任职）

李　伟   党组成员（2018 年 10 月任职）、副局长（2018 年 11 月任职）

刘开田   党组成员（2018 年 12 月任职）、副局长（2019 年 1 月任职）

孟　军   党组成员（2018 年 12 月任职）、副局长（2019 年 1 月任职）

2018年8月9日，山东省委副书记、省长龚正（前排左二），山东省粮食局党组书记、局长王伟华（第二排左二）到菏泽市调研指导夏粮收购和储备粮管理工作。

2018 年 11 月 26 日，首届山东粮油产业博览会在滨州开幕。国家发展和改革委员会党组成员，国家粮食和物资储备局党组书记、局长张务锋（左），山东省常务副省长王书坚（右）出席开幕式并为"齐鲁粮油"品牌揭牌。

2018 年 10 月 31 日，山东省粮食和物资储备局挂牌成立。

河南省　　基本情况

河南省位于我国中东部、黄河中下游。河南省处于暖温带和亚热带气候交错的边缘地区，多年年均气温为 12.8～15.5℃。年降水量从北到南在 600～1200 毫米，全省无霜期在 190～230 天，一般可满足农作物一年两熟，盛产小麦、玉米、稻谷、大豆、红薯和棉花、芝麻、花生、油菜籽等农产品。河南省古代辖区位于黄河之南，故称河南；因居九州之中，又称"中州""中原""豫州"，简称为"豫"。中华人民共和国成立后，设立河南省；1952年平原省撤销后部分市县划归河南省。现辖 17 个省辖市，1 个省直管市，20 个县级市，85个县，52 个市辖区，总面积 16.7 万平方公里，居全国省区市第 17 位，占全国面积的 1.73%。2018 年全省生产总值 48055.9 亿元，比上年增长 7.6%，继续保持全国第 5 位，中西部省份首位。

2018 年河南省粮食种植面积 1090.6 万公顷。其中，小麦种植面积 5739.9 万公顷，增加2.52 万公顷；玉米种植面积 391.9 万公顷，减少 7.99 万公顷。全年粮食产量 6648.91 万吨，比上年增加 124.66 万吨，增长 1.9%。其中，夏粮产量 3613.70 万吨，减少 102.28 万吨，下降 2.8%；秋粮产量 3035.21 万吨，增加 226.94 万吨，增长 8.1%。小麦产量 3602.85 万吨，减少 102.36 万吨，下降 2.8%；玉米产量 2351.38 万吨，增加 181.24 万吨，增长 8.4%。

2018 年工作

一　抓好粮食调控

河南省委、省政府主要负责同志和分管负责同志先后深入一线调研指导粮食收购工作。河南省政府召开夏粮收购工作会议，成立督导组指导督促粮食收购。各级粮食部门将重点放在引导好、服务好市场化收购，鼓励各类市场主体积极与种粮大户、家庭农场、农民合作社等新型农业经营主体对接，建立长期稳定的市场化购销合作关系。地方国有粮食企业发挥市场化收购引领带动作用，采取联合收购、代购代存等方式，拓宽市场化小麦销售渠道。河南省市场化累计收购小麦 1055.8 万吨，平均价格维持在 2.3 元 / 公斤左右；市场化收购秋粮 451 万吨；最低收购价收购中晚稻 146 万吨。拟建立 10 亿元粮食收购贷款信用保证基金，河南省粮食担保公司年度担保额度达到 7 亿元。地方粮食储备落实到位，郑州市 3.6 万吨成品粮油储备全面建成。完善省级储备粮管理轮换办法，省级储备通过交易平台竞价销售完成轮换。河南省政府印发《粮食应急预案》，2018 年 12 月在驻马店市举行了全省粮食应急演练。河南省入统粮食企业 3927 家，应急供应企业 2320 个，建立了粮食应急运输联合工作机制，粮食应急供应网络基本形成。

二　深入推进改革

一是推进机构改革。河南省委、省政府以河南省粮食局为基础组建河南省粮食和物资储备局，作为省政府正厅级直属机构，全省 18 个省辖市都保留了粮食机构，粮食队伍保持了稳定。持续巩固"深化改革转型发展"大讨论活动成果，印发全省粮食和物资储备系统深化改革转型发展的实施意见，直面问题、培树典型、以点带面，推动粮食行业进一步转型发展。河南省政府召开常务会议专题研究粮食安全工作，陈润儿省长、武国定副省长对落实粮食安全责任提出明确要求。建设河南省粮食安全责任制考核信息系统，督促市县政府整改问题，夯实各级政府维护粮食安全主体责任。二是推进农业供给侧结构性改革。开展优质小麦质量检测工作，对优质小麦专仓收储，督促企业提高订单履约率，组织产销对接，引导市场形成合理的收购价格，推动粮食供给侧结构性改革。河南省市场价收购优质小麦 90.7 万吨，市场均价 2.46 元 / 公斤左右，优质小麦订单率达到 88.1%。参加首届中国粮食交易大会，签约产销衔接项目 78 个，重大招商引资项目 1 个，签约购销粮食 274.18 万吨，金额达 87.57 亿元，参加人数、企业和总面积均位列全国第一。举办"河南省 2018 好粮油产销对接博览会（商丘·民权）"，签约购销粮食及制成品 107.88 万吨，其中优质小麦 16.5 万吨，签约金额 26.12 亿元。三是推进国有企业改革。按照"一地一策""一县一企"和"整县推进"原则深化国有粮食企业改革，加强企业内部管理，拓宽经营渠道，带动全行业持续盈利。漯河市和永城市仓储产业集群及面制品产业集群规模初显。新乡市认真做好局属"僵尸企业"处置任务，存量资产得到了有效盘活和保值。邓州市成立市粮油投资发展有限公司，为粮食企业经营解决资金问题。周口市以临港粮食产业园建设为契机，组建了周粮集团。

三　强化流通监管

推进服务型行政执法建设和行政执法责任制，举办依法行政培训班和行政执法责任制示范点观摩活动，组织行政执法案卷评查，提升依法行政工作水平。精简办事流程，规范行政许可，推进"互联网＋政务运行"，河南省粮食和物资储备局被确定为省级层面政务服务"一次办妥"试点单位。濮阳市推进"一次办妥"，即时办结率达 100%。加大执法检查和涉粮案件查处力度，国家粮食和物资储备局转办及各类群众举报案件 12 例均得到妥善处理。做好粮食收购专项检查和政策性粮食销售出库监管工作，通报各类政策性粮食成交信息 49 期 3 万多条。做好 12325 全国粮食流通监管热线管理工作，对全省 62 名 12325 热线管理员进行了培训，并制定热线处理规定等规章制度。加强区域执法协作，构建苏鲁豫皖毗邻地区粮食市场秩序管理对接平台。驻马店、济源、永城等地利用各种形式开展 12325 热线宣传活动，提高了热线的群体覆盖面和社会认同度。

四　促进产业发展

一方面，大力发展粮食产业经济。河南省委、省政府印发《大力发展粮食产业经济加快建设粮食经济强省的实施意见》，出台一系列支持政策，明确到2025年粮油产业总产值达到5000亿元目标。组织召开河南省粮食产业经济发展现场经验交流会，认真落实"五优联动"工作部署。各级粮食部门积极引导加工企业加快原粮加工转化，延长产业链条，提高粮食附加值，向精深加工要效益。河南省粮油加工企业总产值达到2016亿元，主食产业化率达到48%，粮油加工转化率达到86%。规模5亿元的主食产业化和粮油深加工企业扶持基金运营良好，152家企业入围首批项目库，拨付扶持资金1.9亿元。拨付省级财政资金4286万元对33家企业进行了贴息扶持，全省累计对258家主食产业化和粮油深加工企业给予3.7亿元财政贴息。加快资源整合，大力培育三产融合发展模式。豫粮集团依托"中国好粮油"品牌效应，逐步形成从种子到餐桌的全产业链发展模式；中原粮食集团收购"多福多"品牌，实现多元化发展。另一方面，积极建设优质粮食工程。累计完成2017年度"中国好粮油"行动计划投资3.56亿元，确定2个省级示范企业和9个示范县；粮食产后服务中心投资1.4亿元，建成项目154个；粮食质检体系建设项目共34个，7800万元中央、省级财政补助资金已经下拨各地，采购招标工作已经完成。2018年确定全省38个县（市）建设粮食产后服务中心273个；"中国好粮油"行动计划示范县6个、省级示范企业9个，项目资金已拨付到位；粮食质检体系项目32个，8270万元中央、省级财政补助资金已经下拨各地，项目推进工作全面展开。强化安全生产责任制，组织开展安全储粮隐患大排查和全省粮油安全大检查，2018年粮食系统无重大安全事故，河南省"一符四无"粮油率达95%以上，储备粮实现"一符、三专、四落实"100%的目标。

五　抓实党建和党风廉政建设

认真落实全面从严治党主体责任，召开机关党建暨党风廉政建设工作会议，统筹部署全年党的工作。认真开展习近平总书记视察河南重要指示精神贯彻落实情况"回头看"。学习贯彻《中国共产党支部工作条例（试行）》，组织召开党建述职评议大会，对各基层党组织书记抓党建工作进行综合评价。召开局直属机关第四次党代表大会，选举产生新一届直属机关委员会和纪律检查委员会。推动基层组织建设全面进步、全面过硬，认真开展发展党员排查调研，持续加强发展党员各阶段教育，把好党员入口关和后续教育管理。抓好党建工作创新，制定"支部主题党日"制度，确保党员活动定期开展。把持续落实中央关于党委（党组）意识形态工作责任制的实施办法纳入机关党建年度工作要点，作为党建述职评议考核的重要内容，加强检查、严格考核。制定党风廉政建设和反腐败工作意见及落实全面从严治党主体责任任务清单、责任清单，层层签订目标管理责任书、廉政承诺书。

河南省粮食和物资储备局领导班子成员

张宇松　党组书记、局长（2018年11月任职）

刘大贵　党组成员、副局长

李国范　党组成员、副局长

乔心冰　巡视员（2018年11月任职）

刘　云　副局长（2018年11月任职）

赵连辉　副巡视员

2018 年 11 月，河南省粮食和物资储备局正式挂牌，河南省副省长武国定（中）出席挂牌仪式。

2018年10月，举办河南省2018好粮油产销对接博览（商丘·民权），河南省人大常委会原副主任赵建才（台中）、国家粮食和物资储备局副局长卢景波（右四）出席开幕式。

2018年9月，河南省粮食局党组书记、局长张宇松（前排左一）调研结对扶贫工作。

湖北省   基本情况

湖北省位于长江中游，洞庭湖以北，故名湖北，简称鄂。东邻安徽，南界江西、湖南，西连重庆，西北与陕西接壤，北与河南毗邻。全省总面积 18.59 万平方公里，2018 年末，湖北省下辖 12 个地级市、1 个自治州、4 个省直辖县级行政单位，共有 25 个县级市、36 个县、2 个自治县、1 个林区，常住人口 5917 万人。

2018 年，湖北省完成生产总值 39366.55 亿元，同比增长 7.8%。其中，第一产业完成增加值 3547.51 亿元，增长 2.9%；第二产业完成增加值 17088.95 亿元，增长 6.8%；第三产业完成增加值 18730.09 亿元，增长 9.9%。三次产业结构由 2017 年的 10.0：43.5：46.5 调整为 9.0：43.4：47.6。在第三产业中，交通运输仓储和邮政业、批发和零售业、住宿和餐饮业、金融业、房地产业、其他服务业增加值分别增长 5.1%、6.5%、6.1%、5.0%、6.3%、15.4%。2018 年湖北省完成财政总收入 5684.85 亿元，增长 8.5%，其中地方一般公共预算收入 3307.03 亿元，增长 8.5%。在地方一般公共预算收入中，税收收入 2463.46 亿元，增长 9.6%。全省农林牧渔业增加值 3733.62 亿元，按可比价格计算比上年增长 3.3%。湖北省农村常住居民人均可支配收入 14978 元，增长 8.4%。2018 年粮食种植面积 484.7 万公顷，下降 0.1%。

湖北省粮食总产量 2839.47 万吨，同比下降 0.2%，连续 6 年稳定在 2500 万吨（500 亿斤）以上。油料产量 302.48 万吨，下降 1.7%，其中：油菜籽产量 205.31 万吨，下降 3.7%。全省各类粮食经营主体收购粮食 1515.65 万吨，同比减少 97.55 万吨。销售粮食 2513.8 万吨，同比减少 193 万吨。湖北省各类粮油经营企业收购食用油及折料油 20.14 万吨，同比增加 0.9 万吨。收购油菜籽 40.21 万吨，较 2017 年减少 1.93 万吨。

2018 年工作

一   抓粮食调控

落实粮食收购政策，10 月 16 日启动了中晚稻托市收购，分 8 批次确定 234 个中晚稻托市库点，收购托市稻谷 134.85 万吨，较上年同期多购 59.45 万吨。统筹组织政策性收购和市场化收购，市场化收购占比 70%。针对因灾降质粮食难以进入托市收购，湖北省政府出台《2018 年湖北省超标小麦粮食收储处置实施办法》，启动超标粮食收购，天门市、襄州区等地收购超标小麦 2000 万斤。探索开展粮食市场化收购贷款信用保证基金试点工作。湖北省粮食局与中国银行湖北省分行签订战略合作协议，11 个市州粮食局与中国银行各市州分支机构签订合作协议，组织 200 余家粮食企业开展银企对接，缓解收购资金难题。制定 2016 年超标稻谷和 2017 年超标小麦划转处置方案，对 6.8 万吨超标粮食进行了划转和定向销售。跟踪 2013 年、2014 年最低收购价粮食销售处置进展，协调处理相关问题。通过武汉国家粮食交易中心成交粮食 228.5 万吨。启动省级储备粮集中管理，稳步推进"省库装省粮"。

二　抓粮食流通体制改革

湖北省政府召开粮食安全工作领导小组会议，研究部署落实粮食安全行政首长责任制工作，层层压实粮食安全责任。抓好国家 2017 年度粮食安全省长责任制考核反馈问题整改，组织实施 2017 年度市州粮食安全行政首长责任制考核，督促问题整改落实。修订省级成品粮油动态储备管理办法，落实地方储备粮规模，按时足额拨付利息费用补贴；实施成品粮储备计划动态管理，取消和调减了 9 家企业的省级成品储备计划，调增 3 家业绩优秀企业的承储计划，发挥成品储备扶强扶大的政策导向作用。落实"放管服"改革要求，梳理优化服务事项清单，全面推行审批流程、审查标准、监督检查标准化，指导基层做好下放审批事项的承接。

三　抓粮食流通监管

春秋两季粮油安全大检查、省级储备粮油风险隐患检查常态化，对发现的问题隐患实行台账管理销号整改。开通 12325 全国粮食流通监管热线，加大涉粮案件查处力度，涉嫌犯罪的及时移交司法机关。探索开展仓储单位"两个安全"网格化管理，在曾都区和省储备公司武汉库、随州开展试点。出台粮食经营活动失信"黑名单"管理办法、粮食企业诚信评价和分类监管实施办法等规范性文件，将盗卖国家政策性粮食企业列入"黑名单"，实施联合惩戒。开展粮食收获质量调查、品质测报和粮食质量安全风险监测，检测样品 1646 份，在《湖北日报》发布了有关监测信息。对质量超标粮食实行定向收储、定向处置、全程监管。及时将库存粮食抽检不合格样品信息，以及大清查试点地区质量清查发现的问题通报相关单位，严格监管、按规定处置，保障食品安全。将《湖北省粮食安全保障条例》《湖北省粮食流通管理办法》《湖北省地方储备粮管理办法》纳入省级立法规划，制定《湖北省粮食局规范性文件合法性审查办法》。在襄阳、荆州 2 个粮食大市开展政策性粮食库存大清查试点，督促各责任单位切实抓好试点发现的问题整改。

四　抓粮油统计与信息体系建设

夯实统计工作基础，搞好统计日常定期报告，社会粮油供需平衡调查和乡村居民户存粮专项调查、城乡居民入户调查工作和农村居民入户调查，流通统计工作考核位居全国前列。推动粮食流通统计改革,调整湖北省供需平衡调查样本布局、数据推导规则,完成《湖北省粮食流通统计调查制度》修订工作,调整产业经济指标报送频率。完善粮油市场监测体系建设,完成国家级、省级监测点向国家粮油统计信息系统迁移。对湖北省粮油市场价格监测点布局进行优化调整,实现了区域和主导品种"两个全覆盖"。强化市场调研分析,服务宏观决策,及时形成和报送专题分析报告,及时发布粮油市场信息。围绕粮食收购、优质粮食工程、粮食产业经济高质量发展等中心工作,通过政务网站、"长江云"政务平台等载体,主动加强粮食政策解读和信息公开,建立发布、解读、回应联动机制,依法、及时、准确公开重要信息。

五　抓粮食流通体系建设

推进绿色仓储,加大准低温(低温)粮库建设改造力度,完成 7 亿斤准低温(低温)仓容建设改造。出台粮食物流(产业)园区建设发展的指导意见,阳逻稻米交易中心纳入国家粮食物流多式联运试点项目。完成 179 个中心库和骨干收纳库信息化建设任务,实现与省级综合管理平台互联互通。用好中央财政资金 7.9 亿元,进一步优化省级三年实施方案,中国好粮油行动计划、产后服务体系和质检体系建设协调推进。遴选确定 24 个县(市、区)和 1 家省级示范企业,给予重点支持。组织开展第二届"荆楚好粮油"遴选,发布 4 类 25 个入选产品,相关评选程序和办法受到国家粮食和物资储备局肯定。完成 10 个示范县的 161 个产后服务体系项目、1207 个农户科学储粮装具建设任务。省、市、县粮食质检机构和国有粮食收储企业化验室四级监测体系更加完善,省粮油检测中心新大楼投入使用,被国家粮食和物资储备局授予"国家粮食质量安全检验监测华中中心"牌子。启动优质粮食标准制修订工作,发布"荆楚大地"虾稻米等 9 个团体标准,再生稻、优质菜籽油等 4 个地方标准通过专家评审。落实省政府与国家粮食和物资储备局《共同推进粮食产业高质量发展保障国家粮食安全战略合作协议》,连续 20 届举办荆楚大地粮油精品展示交易会,与广东、广西、四川、重庆等 9 省(区、市)粮食部门共同签署区域粮食安全暨粮食产销合作协议。组织省内粮油加工龙头企业赴黑龙江、福建等地参加全国粮食交易大会和粮食产销推介活动。主动对接"一带一路"建设,组织 16 家省内粮食企业走进非洲开展洽谈合作。

六　抓行业发展

指导荆楚粮油公司优化股权结构,完善公司治理体系,开展放心粮油市场体系建设顶层设计。指导和支持公共品牌打造,建立完善"荆楚大地+"模式,潜江虾稻、国宝桥米等 6 个品牌积极参与共建共享。加强项目和资金管理,制定粮食流通产业发展资金管理办法,分项目制发实施方案。建立项目储备库和建设库机制,加强项目谋划和日常监管,加大对接争取项目资金力度。成功承办全国粮食科技活动周三级会场活动,全国首个"国家粮食技术转移中心"落户湖北。制定"人才兴粮"行动计划,建设高素质专业化管理人才、专业技术人才、高技能人才、企业经营管理人才队伍。机关开展"走出去、请进来"等一系列活动,邀请专家授课,组织年轻干部赴浙江大学集中培训学习。在相关涉粮院校举办仓储、检验人员培训班,湖北大学知行学院开办粮食职工大专学历班,组织开展技能等级鉴定。举办全省粮食行业第三届职业技能竞赛。开展涉粮政策宣传,夏、秋粮收购期间,组织政策宣传服务三农。组织开展"深化改革、转型发展——大讨论""纪念改革开放40周年"理论研讨，获优秀组织奖和2篇全国一等奖。注重新闻宣传，利用新闻发布会及多种媒体，加强粮食行业宣传。加强政务信息工作，贯彻落实"两决定一意见"、优质粮食工程等信息被国家粮食和物资储备局刊用，多篇专报获省委省政府领导批示肯定。

七　抓党群工作

及时传达学习习近平总书记视察湖北重要讲话精神以及中央和湖北省委重要会议文件精神，邀请专家学者作辅导报告，进一步增强了干部职工树牢"四个意识"，坚定"四个自信"，做到"两个维护"的政治自觉、思想自觉、行动自觉。推进党建工作创新，支部党建工作亮点纷呈。离退休第二党支部荣获湖北省离退休干部"示范党支部"称号，后勤中心"两评一述一考"支部工作法、信息中心"党员过政治生日"党建工作案例被省直机关工委作为经验推广，交易中心"党建APP"学习成绩在省直机关名列前茅，储备公司率先实现党建工作标准化，仓储处支部工作进步明显，支部书记家访初见成效。坚持党要管党从严治党，完成基层组织建设任务。抓巡察整改，抓执纪问责，抓党风廉政建设宣传教育、抓警示教育，坚持常态化学习传达省纪委通报，组织作风建设季度巡查，开展制度执行评估，积极践行"四种形态"，增强纪律意识、规矩意识、廉洁意识。

湖北省粮食局领导班子成员

张依涛　省发展和改革委员会党组成员（2018年11月任职），省粮食局党组书记、局长

费仁平　党组成员、副局长

胡新明　党组成员、副局长

熊贵斌　党组成员、副局长

刘海涛　党组成员、副局长

2018 年 5 月 23 日，国家发展和改革委员会党组成员，国家粮食和物资储备局党组书记、局长张务锋（中），局党组成员、副局长曾丽瑛（左二），在湖北省粮食食品质量监督检测中心调研，湖北省粮食局党组书记、局长张依涛（右三）陪同调研。

2018 年 5 月 21 日，2018 年全国粮食科技活动周武汉会场开幕式举行。

2018 年 6 月 28 日，由湖北省粮食局主办的"2018 中国湖北粮油产品推介暨合作洽谈会"在莫桑比克首都马普托市凯莱大饭店会议厅举办。

湖南省   基本情况

湖南省因地处洞庭湖以南而得名。湘江贯穿全境南北，故简称"湘"。全省土地面积 21.18 万平方公里，辖 13 个市 1 个自治州，122 个县（市、区）。2018 年，全省地区生产总值 36400 亿元，同比增长 7.8%。

2018 年，湖南省粮食播种面积 474.79 万公顷，比上年减少 23.1 万公顷，下降 4.6%；其中稻谷播种面积 400.9 万公顷，比上年减少 22.97 万公顷，下降 5.4%；全省优质稻种植面积 73 万余公顷，较上年增加 6.7 万公顷，全省粮油订单生产面积突破 133 万公顷；全年粮食总产量 3022.9 万吨，比上年减少 50.5 万吨。湖南省粮油加工业总产值 1453 亿元，较上年增长 6.8%。湖南省拥有粮油类国家级农业产业化龙头企业 18 家、省级龙头企业 141 家，较上年各增 3 家和 25 家，粮油类上市公司 10 家，14 家企业跻身全国米面油食品 50 强。2018 年共收购粮食 801 万吨，其中托市收购 68 万吨，仅占总收购量的 8.5%，与 2013～2016 年年均托市收购 279 万吨相比，减少 211 万吨，减幅 75.6%；销售粮食 2520 万吨，其中销往外省 220 万吨；销售食用油 156.1 万吨。

2018 年工作

一　落实粮食安全省长责任制

在国家 13 个部门联合组织的 2017 年度粮食安全省长责任制考核中，湖南再次被评为优秀等次。湖南省政府将责任制落实情况纳入对市州政府重点督查激励范围，长沙、湘潭、永州、常德、株洲、怀化、湘西 7 个市州被评为"优秀"，并对长沙等 4 市和鼎城区等 10 县市区给予通报表扬，分别奖励 400 万元和 200 万元。

二　强化粮食购销

主动对接国家宏观政策调整，全力推进稻谷收储制度改革，加大地方政府管粮的责任，释放注重质量的强烈信号，倒逼各级政府抓结构调整和种植优化，初步实现粮食收购由"政策市"向"市场市＋政策市"转变，为国家推进粮食收储制度改革提供了湖南参考。中央二台经济信息联播两次专题报道了湖南做法。在巩固扩大粮食外销"三大战役"成果的基础上，大力实施"引进来""走出去"战略，组织企业参加首届中国粮食交易大会和第十四届粮食产销协作福建洽谈会，巩固和发展省际间粮食产销协作关系。举办第二届湖南名优特新粮油产品及设备技术展示展销会，交易总额 13.4 亿元，参展产品超过 1500 种，集中展示湖南好粮油最新成果。南县广推"稻虾共生"生态种养模式，27 款南洲稻虾米抱团拓展香港市场；中粮（岳阳）米业出口大米 8.96 万吨，创汇 3354 万美元，时隔19 年后湖南粮食连续三年接连出口。

三 加强基础设施建设

湖南省智能粮食管理系统初步建成。按照统一组织、统一规划、统一设计、统一建设的思路抓智能化工程，全年完成投资 2.2 亿元，全省 309 个库点硬件建设全部完成，联调联试全面展开，系统上线试运行，湖南省粮食流通管理步入信息化、智能化、现代化轨道。全省粮食安全保障调控和应急设施项目建设全力推进。按照"一市一中心、一县一骨干"的规划布局，加快粮食仓储物流设施建设，2018 年共争取中央预算内投资 1.47 亿元，建设粮食安全保障调控和应急设施项目 8 个，总投资 10.73 亿元，完成投资 6.95 亿元。全省以"五代"为核心的产后服务体系建设进展顺利，共统筹安排 24 个产粮县（市、区）建设产后服务中心 151 个，项目总投资 4.47 亿元，配置干燥类设备 919 套，烘干能力达 3.32 万吨／日。

四 发展粮食产业经济

湖南省政府办公厅印发《关于加快推进粮食产业经济发展的实施意见》，出台"新增粮油千亿产值倍增计划"。传统米面油优势产业持续发力，以道道全菜籽油、克明面业、金健米业、贵太太茶油等为代表的一批优势企业成为全国粮油行业的翘楚。常德香米、南洲稻虾米、兰溪大米相继获批国家农产品地理标志产品认证。循环发展和粮食副产物综合利用取得突破，湖南粮食集团投资 6.5 亿元、用稻壳和稻谷秸秆生产零甲醛高档板材项目建成投产。湖南首个集产、购、销于一体的茶油全产业链联盟——中国·浏阳河山茶油产业联盟组建成立。制定和发布"优质油茶籽油""富油酸菜籽油""富硒大米""虾稻米" 4 个"湖南好粮油"产品和 2 个粮食产后服务中心建设与服务团体标准，以高于国家标准的地方标准促进和引领高质量发展。积极对接国家"优质粮食工程"，2017 年争取中央资金 3 亿元，其中 1.49 亿元支持 10 个县建设"中国好粮油"行动示范县、2 个省级重点企业创新示范企业、3 个县建设现代粮油产业体系示范县，撬动地方财政配套 9600 万元、企业自筹 4.57 亿元，全省粮油产业发展后劲明显增大。湖南"优质粮油工程"实施情况及 3 年实施方案（2018～2020 年）得到国家肯定，2018 年再获中央财政支持 4.52 亿元，支持额度位列全国前三，并作为全国实施效果好的 6 个省份之一，获得专项奖励 500 万元。

| 五 | 狠抓粮食流通监管 |

以"零容忍"的高压态势，持续深化"大快严"集中整治行动成果，强力推进全国政策性粮食库存数量和质量大清查试点、划转粮食处置监督检查、政策性粮食专项检查，加大对阻碍出库、转圈盗卖等违法乱纪者的打击力度，全省粮食流通市场环境明显改善。湖南省粮食和物资储备局获评"全国粮食流通执法督查工作先进单位"，长沙市粮食局等五家单位被确定为"全国粮食流通执法督查创新示范单位"。在企业自查过程中融入县级督导的做法和在省级抽查中邀请人大代表、政协委员参与监督的模式在全国推广。

| 六 | 扎实推进党群工作 |

认真落实全面从严治党主体责任，深入贯彻国家粮食和物资储备局"两决定一意见"，坚持以规范权力运行为主线、以鼓励担当作为为主导、以强化预防监督为抓手，积极推进廉政风险防控机制建设和"形式主义、官僚主义"集中整治，广大干部职工"四个意识"和善谋实干、维护团结、清正廉洁的良好风气进一步增强。以学习贯彻习近平新时代中国特色社会主义思想和党的十九大精神为主线，以文明标兵单位和支部"五化"建设为抓手，以"两学一做"学习教育常态化制度化为推动，狠抓机关的思想、组织、作风、制度和文化建设，省局机关再次获评省直文明标兵单位。坚持人才兴粮，对 117 名粮油仓储保管员、75 名农产品食品检验员开展职业技能鉴定，进一步提升行业技能人才队伍业务素质。

湖南省粮食和物资储备局领导班子成员

张亦贤　党组书记、局长

熊小兰　党组成员、副局长

周　辉　党组成员、副局长

刘初荣　党组成员、副局长

向才昂　巡视员

石少龙　巡视员

2018 年 8 月，首届中国粮食交易大会期间，国家发展和改革委员会党组成员，国家粮食和物资储备局党组书记、局长张务锋（前排左一），党组成员、副局长卢景波（前排右二）在湖南省粮食和物资储备局局长张亦贤（前排右一）的陪同下，参观湖南馆，了解湖南粮油产业发展状况。

2018年6月5～8日，财政部党组成员、副部长刘伟（前排左二）率国家联合抽查组对湖南2017年落实粮食安全省长责任制情况进行实地考核，图为湖南省人民政府副省长隋忠诚（前排左三）陪同考核组一行在湖南粮食集团考察指导。

2018年7月24日，湖南省粮食和物资储备局党组书记、局长张亦贤（中）检查早稻收购和智能粮食管理系统运行情况。

广东省　基本情况

广东省是中国大陆最南端省份，全省陆地面积 18 万平方公里，其中海岛总面积 1513.2 平方公里。2018 年末，广东省常住人口 11346 万人，其中城镇常住人口 8021.6 万人，占常住人口的比重（常住人口城镇化率）为 70.7%。2018 年，全省实现地区生产总值（GDP）97277.8 亿元，比上年增长 6.8%；全年全省居民人均可支配收入 35809.9 元，增长 8.5%，扣除物价因素，实际增长 6.2%；城镇常住居民人均可支配收入 44341.0 元，增长 8.2%，扣除价格因素，实际增长 5.9%；农村常住居民人均可支配收入 17167.7 元，增长 8.8%，扣除价格因素，实际增长 6.8%。

广东省是全国第一常住人口大省、最大粮食销区。2018 年，广东省粮食作物播种面积 215.1 万公顷，粮食产量 1193.5 万吨，比上年下降 1.2%，其中：稻谷 1032.1 万吨，玉米 54.5 万吨，大豆 8.7 万吨，小麦 0.2 万吨，其他 98 万吨；全省粮食消费量约 5400 万吨；粮食自给率约 22%。2018 年，广东省粮食净购入约 4100 万吨，实现了粮食供需平衡。2018 年全省粮食消费价格指数累计上涨 2.1%，涨幅维持在较低水平。2018 年末与年初相比，籼大米零售价下降 4.3%；小麦粉零售价上涨 3.6%；玉米批发价上涨 7.1%；食用植物油零售价下降 6.46%。

2018 年底，广东省级重要物资储备包括救灾物资、药品、冻猪肉、化肥和食盐。为应对寒潮天气，按照省应急厅调运指令，分别于 2018 年 12 月 28 日、29 日，向清远市紧急调运棉被 2000 床、毛毯 1000 床、棉大衣 600 件，向韶关市调运棉被 3500 床、棉大衣 2600 件。

2018 年工作

一　粮食安全各级政府责任制进一步落实

广东省 2017 年度粮食安全省长责任制考核取得全国第四销区第一的成绩，继续居全国前列。马兴瑞省长专题调研并主持研究全省粮食安全保障工作，省政府召开的粮食安全省长责任制考核工作推进会上，林少春常务副省长作讲话，有力推进各级政府粮食安全保障责任的落实。经省政府审定，印发实施《2018 年度广东省落实粮食安全省长责任制工作方案》，明确年度重点工作并推动落实。印发《关于建立健全粮食安全责任考核常态化督导机制的通知》《2018 年度粮食安全省长责任制重点工作事项责任分工表》，强化日常监督落实。经广东省政府审定，中山、佛山、东莞、茂名、湛江、惠州、韶关、深圳 8 市政府被评为 2017 年度粮食安全政府责任制考核优秀等次。

二　政策性粮食库存大清查试点工作圆满完成

广东省政府成立全省政策性粮食库存大清查协调领导机构，建立部门间联席会议制度。广东省是全国"大清查"工作 10 个试点省份之一，选定汕头、云浮作为试点市，出动检查组 11 个 87 人，检查承储库点 133 个，抽取粮食样品 348 个，代表数量 40.6 万吨，主动增加稻谷样品 100% 镉含量检验、小麦和玉米样品 100% 呕吐毒素含量检验，食品安全指标检验覆盖率实际达到 100%，全面摸清库存粮食质量安全状况。完成年度库存粮食和"放心粮油"产品质量安全抽查，首次派员对跨省储存在东北地区和河北省的粮食进行质量抽检。扎实进行各项安全生产（消防安全）检查，出台《关于加强全省粮食系统安全生产工作的指导意见》，行业安全生产稳定向好，全年安全生产无事故。

三　地方储备粮管理体制机制创新发展

优化储备粮品种结构，逐步增加优质稻、小麦、玉米储备数量，成品粮储备约占总规模 14%，动态轮换储备粮约占总规模 51%，非国有企业承储地方储备粮约占总规模 9.5%。出台省级储备粮（黑龙江）异地储存监管办法，建立地方储备粮轮换情况季报制度。经广东省政府同意，取消省级储备粮代储资格认定，着重加强事中事后监管。市县粮食部门委托第三方检验机构抽检库存粮食样品 2700 多个，比 2017 年增加 2.18 倍，抽检覆盖面接近市县级储备粮总量的 50%。部署开展广东省地方储备油库存专项检查，全面摸清状况、夯实家底。

四　粮食流通设施智能化建设提质加速

基本完成 2015 年以来中央投资补助建设的 3 批粮食仓储设施项目建设工作，全省自 2015 年以来共新建仓容 575 万吨，维修改造仓容 241 万吨（含军供网点）。着力完善粮食物流通道和节点，新建中转仓容 110 万吨以及散粮接发设施；2018 年新增仓容 64 万吨。"粮安工程"粮库智能化升级改造统一开发省级智能化粮库信息管理平台和粮库智能化标准软件，创新采用"云部署"模式，省、市、县、粮库无须购置服务器和建机房，通过网络即可访问使用省电子政务云平台"云端"应用系统。省级粮库智能化管理平台和粮库智能化标准软件开发初步完成，145 个粮库智能化升级改造项目全面铺开。省级粮食管理信息平台建设上线试运行，与国家平台和部分试点粮库初步实现了互联互通和数据共享。印发《广东省"优质粮食工程"实施方案》，编制《广东省"优质粮食工程"三年实施方案（2018—2020 年）》，2018～2019 年中央财政资金补助已全部分解下达。将 2018 年定位为"仓储管理提升年"，印发《广东省"等级粮库"评定指导意见》，推动全省粮食仓储管理工作创新发展。

| 五 | 与黑龙江等主产省的粮食产销合作全面深化 |

广东省外异地粮食储备规模 60 万吨，已全部收储入库，其中黑龙江省异地储备约 45 万吨（其中省级 32 万吨），仓储设施设备累计投资超过 7 亿元。组织企业代表赴黑龙江省参加首届中国粮食交易大会，达成粮食购销协议 70 多万吨，金额逾 18 亿元。两省粮食部门在哈尔滨市联合举办"2018 龙粤粮食产业经济高质量发展合作对接会"。广东省粮食科技活动周期间举办了龙粤两省名特优粮油产品展。组团参加黑龙江"冰城对话——豆质昂扬"黑龙江优质大豆推介活动。初步建立龙粤两省对口合作项目清单，进一步完善两省对口合作供求信息发布平台。深圳、佛山、惠州、江门、湛江、云浮等市在非转基因大豆产销合作、"粮油质量溯源服务平台"专利技术共享、异地储备、产销衔接、干部交流等方面与黑龙江省开展多领域合作。转发国家《关于深化粮食产销合作提高安全保障能力的指导意见》，提出广东深化粮食产销合作工作措施。省内各级粮食部门、企业与甘肃、湖北、陕西、广西等省（自治区）签订了多个粮食产销合作协议和区域协作倡议书。

| 六 | 粮食市场调控及时有效 |

经广东省政府同意，印发实施《广东省粮食收购许可管理办法》。就中美贸易摩擦对省内粮食市场影响进行分析并研究提出应对措施。首次以双盲实战演练和桌面推演相结合的方式开展省市联合粮食应急演练。与邮政部门合作，推动将现代物流方式广泛运用于粮食应急保障。印发实施《省级粮食应急体系建设和维护专项资金使用管理办法》，全年全省投入粮食应急体系建设资金 600 多万元。开展粮食科技成果、人才、机构"三对接"活动，政府、科研院所、科技创新企业、粮油企业等 600 余名专家学者、行业代表参加。

| 七 | 粮食产业经济转型升级取得突破 |

广东省政府出台《关于加快推进农业供给侧结构性改革大力发展粮食产业经济的实施意见》。深圳市粮食集团有限公司和深圳市深宝实业股份有限公司重组更名为深圳市深粮控股股份有限公司，并入选国务院国企改革"双百行动"。东莞市麻涌—沙田沿江粮油产业集聚区年加工各类粮食 1350 万吨，年中转量达 2400 万吨，年产值约 350 亿元，成为华南地区乃至全国最重要的粮油物流加工集散基地。

| 八 | 物资储备管理各项工作顺利衔接 |

新一轮省级机构改革中，广东省粮食和物资储备局顺利承接了救灾物资、化肥、食盐、药品、冻猪肉和食糖的储备职责。积极开展对各类储备物资的调研检查工作，检查救灾物资、冻猪肉、食盐、药品、化肥等储备品种，基本摸清各类物资储备管理情况。抓好省级冻猪肉储备管理工作，确保省级冻猪肉储备安全。积极推进广东省救灾中心储备库建设，建成后将大大增强广东省抗灾救灾物资保障能力。会同有关部门抓紧落实省级短缺药品储备工作。为应对 2018 年底省内寒潮天气，按照广

东省应急厅调运指令，分别向清远市、韶关市紧急调运有关救灾物资，为确保做好群众防灾救助工作提供支撑。

| 九 | 党对粮食和物资储备工作的领导全面加强 |

扎实开展"不忘初心、牢记使命"主题教育，深入推进"两学一做"学习教育常态化制度化，扎实落实意识形态工作责任制。制定实施加强党的基层组织建设三年行动计划实施方案，扎实开展模范机关创建活动，严格落实中央八项规定精神，狠抓党风廉政建设和作风建设，党组织的凝聚力战斗力不断加强。省级粮食和物资储备机构改革顺利完成，组建广东省粮食和物资储备局，将原广东省粮食局的职责与广东省发展和改革委员会、原广东省经济和信息化委员会、民政厅、商务厅等部门组织实施重要物资和应急储备物资收储、轮换和日常管理职责整合。出台贯彻落实国家粮食和物资储备局党组"两决定一意见"的实施意见和具体措施，加强干部培养锻炼，激励广大干部新时代新担当新作为。

广东省粮食和物资储备局领导班子成员

蔡木灵　省发展和改革委员会党组成员、副主任，省粮食和物资储备局党组书记、局长（2018年 10 月任职）

谢　端　原省粮食局局长（2018 年 7 月任省发展和改革委员会巡视员）

吴津伟　党组成员、副局长

林善为　党组成员、副局长

邢卫华　党组成员、副局长（2018 年 12 月任职）

邵信辉　副巡视员

2018 年 11 月 22 日，广东省省长马兴瑞（前排左三）在湛江国家粮食质量监测站调研考察。

2018 年 11 月 15 日，国家发展和改革委员会党组成员，国家粮食和物资储备局党组书记、局长张务锋（第一排左三）一行到广东省云浮市调研督导政策性粮食库存大清查试点工作。

2018 年 5 月 28 日，广东省粮食局联合梅州市政府举办以"科技创新、强业兴粮"为主题的 2018 年广东粮食科技活动周现场宣传活动暨龙粤"名特优"粮油产品展和粮食科技成果、人才、机构"三对接"活动，广东省发展和改革委员会副主任，广东省粮食局党组书记、局长蔡木灵（左四）出席活动。

广西壮族自治区　基本情况

2018 年,广西壮族自治区全区生产总值（GDP）20352.51 亿元,比上年增长 6.8%。其中,第一产业增加值增长 5.6%,第二产业增加值增长 4.3%,第三产业增加值增长 9.4%。第一、第二、第三产业增加值占地区生产总值的比重分别为 14.8%、39.7% 和 45.5%,对经济增长的贡献率分别为 13.1%、25.4% 和 61.5%。按常住人口计算,全年人均地区生产总值 41489 元,比上年增长 5.8%。全员劳动生产率为 71455 元 / 人,比上年提高 6.5%。

2018 年全区粮食种植面积 280.21 万公顷,比上年减少 5.09 万公顷。全年全区粮食总产量 1372.8 万吨,比上年增加 2.3 万吨,增产 0.2%。其中,春收粮食产量 21.3 万吨,减产 1.8%;早稻产量 470.5 万吨,增产 0.1%;秋粮产量 881.0 万吨,增产 0.3%。全年谷物产量 1296 万吨,减产 0.2%。其中,稻谷产量 1016 万吨,减产 0.4%;玉米产量 273 万吨,增产 0.6%。油料产量 66.66 万吨,增产 2.7%。2018 年全区国有（控股）粮食经营企业和重点非国有粮食经营者、转化用粮企业总购进粮食 2829.9 万吨（贸易粮,下同）,总销售粮食 1331.1 万吨,转化用粮 1242.1 万吨。2018 年全区粮食消费量 2498 万吨,其中农村口粮 650 万吨,城镇口粮 415 万吨,饲料用粮 1175 万吨,工业用粮 245 万吨,种子用粮 20 万吨。2018 年末,广西壮族自治区国有粮食企业共 485 家,从业人员 5172 人。全行业实现利润总额 9304 万元。2018 年,全区入统企业粮食总购进 2829.9 万吨（贸易粮,下同）,比上年增加 13.7%,其中从自治区外采购粮食 2034.9 万吨（含进口 1060 万吨）,比上年增加 13.4 %;粮食总销售 1331.1 万吨,同比增加 4.7 %;转化用粮 1242.1 万吨,同比增加 18.5%。

2018 年工作

一　抓粮食调控

完成国家联合抽查组对广西壮族自治区粮食安全省长责任制的现场考核和广西壮族自治区对设区市、各设区市对所属县（市、区）粮食安全行政首长责任制考核,被国家评为 2017 年度粮安责任制考核"优秀"等级。认真履行深化粮食收储制度改革牵头部门职责,调整优化自治区本级储备粮品种结构,增加优质稻储备,减少普通稻储备,调节粮食供求,稳定粮食市场。坚持把保护农民利益放在第一位，修订完善直补订单收购方案。2018 年全区直补订单粮食收购量为 77.47 万吨，完成年度计划的 97%，其中梧州、北海、防城港、百色、崇左 5 个设区市和宾阳、上林等 39 个县（市、区）100% 完成全年收购计划，没有发现"打白条""卖粮难"现象。调整自治区级储备品种结构，调减小麦储备规模 5 万吨，相应增加优质稻储备规模 5 万吨。通过储备结构调整，使储备结构与城乡居民口粮结构相适应，加强了储备的功能作用，夯实了粮食安全，为社会稳定和经济建设创造了更好的条件。调减 2018 年度自治区本级储备粮轮换出库计划 5 万吨，控制自治区级储备粮投放市场数量，调节供给，全区市场粮食供应充足，价格基本稳定。建立广西粮食收购工作厅际联席会议制度，出台《关于深化粮食产销合作提高我区粮食安全保障能力的指导意见》，推动粮食产销合作向纵深发展，切实提高粮食安全保障能力。深化粮食产销合作，在 2018 年中国粮食交易大会上，主动与广东、河南、黑龙江、山西 4 个省（区）签订粮食产销合作协议，实现优势互补，进一步提升粮食安全保障水平，促进省（区）间经济社会全面、协调、可持续发展。

二　抓粮食流通改革

坚决拥护党中央和广西壮族自治区党委机构改革重大决策部署，按照机构改革方案要求，扎实开展机构挂牌、人员转隶等工作，干部职工思想稳定。结合"深化改革、转型发展"大讨论活动，认真学习贯彻国家粮食和物资储备局党组"两决定一意见"精神，在转观念、转职能、转方式等方面取得新突破，柳州市粮食局报送的五里卡粮库雷海州同志关于"企业要建立优质稻商品生产基地"的建议得到国家粮食和物资储备局采纳，并获得大讨论活动优秀征文二等奖。根据《广西壮族自治区人民政府办公厅关于印发广西壮族自治区直属企业公司制改制工作实施方案的通知》精神，出台局直属企业公司制改制工作方案，扎实推进直属企业公司制改制工作。2018 年，全区国有粮食企业实现营业收入 58.8 亿元，其中，国有粮食购销企业粮油销售收入 56.4 亿元，完成销售额 53 亿元绩效目标。

三　抓粮食流通监管

加快建设完善自治区、市、县三级粮食质检体系。2018 年，全区共抽检中央储备粮、国家临时存储粮、地方储备粮和纳入统计范围的多元市场主体库存粮食样品 816 份，全国交叉检查样品 148 份，收获环节粮食抽样检测 1274 份，超额完成年度粮食质量安全抽检计划。开展"放心粮油"质量检查，对 200 家"放心粮油"经营网点随机检查，监测覆盖面达到正常营业放心粮油网点总数 20% 以上。2018 年多批次共抽取军粮样品 84 份，总体合格率达 98%。部署在各直属粮食收储企业开展自治区储备粮库存数量和质量大清查试点工作，按照国务院开展大清查各项要求，完成清查实物数量和扦样检验各项工作。建立粮食经营企业名录库和自治区级粮食行政执法人员名录库，积极推动全国粮食流通执法督查创新示范单位创建工作，南宁市粮食局、宾阳县粮食局、融安县粮食局、平果县粮食局 4 个单位获得表彰。加强 12325 全国粮食流通管理热线管理，设置账户 200 余个，全天候 24 小时接受社会监督举报，年内受理案件办结率 100%，群众满意度 100%。开展自治区储备粮代储资格认定行政许可工作，出台《自治区储备粮代储资格认定办法》，年内认定代储资格企业 54 家；以推进

"星级粮库"建设工作为抓手，扎实推进仓储企业规范化管理，以规范化保安全，做法得到国家粮食和物资储备局肯定。组织春秋两季安全储粮和安全生产大检查，督促落实"一规定两守则"，及时排除库存、生产和储粮安全隐患，广大职工安全储粮和安全生产防范意识进一步提升，安全生产工作得到进一步加强。坚守"两个安全"和"四条底线"，认真履行安全储粮管理和安全生产指导职责，市县粮食行政管理部门行业监管意识明显增强，储备粮承储企业的主体责任得到强化压实。举办广西世界粮食日和主题宣传周主会场活动，宣传解读粮食政策法规，引导广大群众树立粮食安全意识。

四　抓粮食产业经济

广西壮族自治区人民政府出台《关于加快推进农业供给侧结构性改革大力发展粮食产业经济切实保障粮食安全的实施意见》，广西壮族自治区有关部门印发《关于加快推进"广西香米"产业发展的实施方案》，颁布实施《广西好粮油·广西香米》团体标准，举办"广西香米"（广州）专场推介会，积极研发推广新品种，实施直补订单收购政策，激发种粮农民和新型农业经营主体种植优质稻的积极性。2018年全区"广西香米"主要品种种植面积达500万亩，其中宾阳县82万亩、全州县24.8万亩，占全区的五分之一多。新品种"野香优莉丝"获评首届全国优质稻（籼稻）品种食味品质鉴评金奖，河池南丹巴平米米荣膺"第二届中国十大好吃米饭"称号。全区大米加工业发展势头良好，精炼食用植物油、粮食深加工产品、饲料加工业产量均实现较快增长。在2018年召开的第二次全国加快推进粮食产业经济发展现场会上，广西作了典型经验交流发言。在11个粮食订单收购县（市、区）实施粮食产后服务中心试点项目建设，完成投资1890万元，全州县、桂平市、象州县的14个项目如期竣工。粮食质量安全检验监测体系项目建设自治区本级财政落实配套资金1610万元，2018年，全区配置仪器设备2404台（套），已全部到货并安装使用。选取武宣、港南、陆川等12个县（市、区）和广西粮食发展有限公司、国泰粮食集团等3个粮食加工企业实施"中国好粮油"行动计划，完成投资2.9亿元。以广西（中国—东盟）粮食物流园区项目建设为代表的粮食产业园区建设进展顺利。全州县规划建设的1000亩特色粮食产业园，已有5家规模企业入园，总投资11.5亿元，年产优质大米21万吨、干米粉33.5万吨。粮库智能化升级改造一期项目进入验收阶段。南宁国家粮食电子交易中心运营进一步规范，全年共计交易总量达77.83万吨，交易金额达16.79亿元。全区20个军粮网点建设项目已开工18个，其中13个已竣工。2018年，全区粮食流通基础设施建设完成投资5.6亿元。

五　抓党群工作

举办党的十九大精神专题培训班，深入开展形式主义、官僚主义突出问题专项整治行动，采取财务审计和政治巡察等措施，深入贯彻中央八项规定和自治区党委实施细则精神，组织开展作风整顿专项活动，完成2017年广西壮族自治区党委第七巡视组巡视反馈问题的整改落实。支持广西工商职业技术学院、广西工商技师学院两所直属院校的基础设施建设和教育教学改革，广西工商技师学院黄斌同学被评为2018年度全国"最美中职生标兵"，是广西唯一入选的中职生。认真做好干部选拔任用和离退休干部工作，努力做好后勤保障服务工作，全力推动局机关大院危旧房改住房改造民生工程。出台助力脱贫攻坚三年行动计划，加大对深度贫困县的支持力度，并持续实施农户科学储粮专项建设，2018 年投资 3600 万元，为 6 个深度贫困县 8 万户贫困农户每户免费配置一套农户科学储粮仓。加强对定点扶贫对象陆川县精准脱贫攻坚工作的组织领导、科学规划和精准设计，选派 5 名干部挂点扶贫，投入 48 万元支持基层党组织建设、扶贫产业发展、完善基础设施等项目，圆满完成陆川县温泉镇风淳村、大桥镇瓜头村、良田镇良田村 3 个定点扶贫村 27 户贫困户 114 人脱贫任务，1 个帮扶村被自治区评为"五星级"党组织，2 个帮扶村被自治区评为"三星级"党组织。

广西壮族自治区粮食和物资储备局领导班子成员

吴宇雄　区发展和改革委员会党组成员，区粮食和物资储备局党组书记、局长

秦全贵　巡视员、副局长

林愈溪　党组成员、副局长

韦尚英　党组成员、副局长

李国平　党组成员、副局长

邱　东　副巡视员

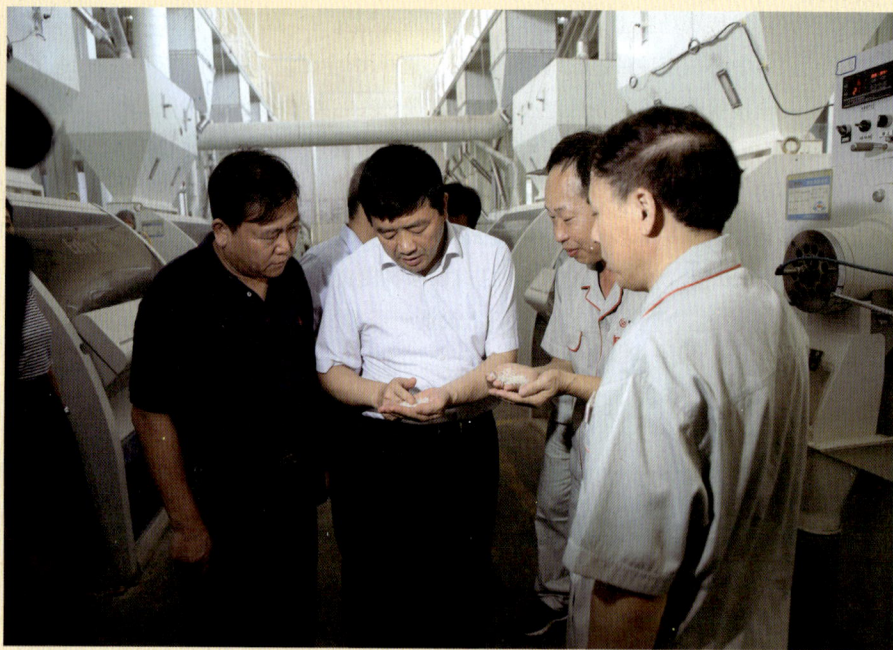

2018 年 6 月 4 日，广西壮族自治区人民政府副主席方春明（左二）到广西国泰粮食集团有限公司调研。

2018年2月5日，广西壮族自治区粮食局召开《广西好粮油　广西香米》团体标准颁布实施新闻发布会（左二为区粮食局党组书记、局长吴宇雄）。

2018年6月28日，广西壮族自治区粮食局在广州举办广西香米（广州）推介会（左三为区粮食局党组书记、局长吴宇雄）。

海南省　基本情况

　　2018 年，海南省粮食种植面积 28.61 万公顷，粮食总产量 147.1 万吨。海南省粮食总消费 458 万吨，其中，城乡居民口粮消费 193 万吨，食品及工业用粮 8 万吨，饲料用粮 256 万吨，种子用粮 1 万吨。居民消费口粮的中高档籼粳米、小麦粉和饲料用粮玉米基本依靠省外市场供给，2018 年，省外购进和进口粮食 310.9 万吨。粮食自给率为 32.1%。

2018 年工作

一　推进机构改革服务重大战略

　　成立海南省粮食和物资储备局机构改革领导小组，召开全体干部职工大会进行动员部署，传达学习《中央国务院关于批准海南省机构改革的决定》《海南省机构改革实施方案》和省委书记刘赐贵在动员部署会上的重要讲话，组织实施《海南省粮食和物资储备局机构改革工作方案》《海南省粮食和物资储备局职能配置、内设机构和人员编制规定》，在职能方面体现建设自贸区（港）建设、新增物资业务、国家粮食安全等内容，进一步划清部门职责界线，合理设定内设机构和人员。2018 年 10 月 15 日，海南省粮食和物资储备局启用新机构名称和新公章开展工作。11 月 11 日，召开全体干部职工会议暨欢迎转隶人员大会，举行海南省粮食和物资储备局挂牌仪式。11 月，积极协调海南省民政厅、商务厅，做好 2 名转隶人员的接收工作。12 月，协调海南省商务厅做好省级生猪活体冻肉储备的划转，协调省财政厅落实猪肉储备专项资金 2400 万元。海南省粮食和物资储备局被列为建设海南自贸区（港）"356" 项任务中提高供给质量体系等五项任务的责任单位，提出海南自由贸易试验区（港）建设中粮食安全与发展的对策建议，明确建设自由贸易试验区（港）背景下粮食流通工作的定位、安全发展思路和措施，出台构建现代粮食和物资储备安全保障体系等十项措施。

二　完成粮食安全责任制考核

　　建立覆盖全省、上下联动的省和市县两级粮食安全行政首长责任制管理机制，落实联席会议、联络沟通、抽查考核、工作督查、考核结果运用等工作机制，建立考核办信息制度、培训制度、会议制度和督查制度四项制度，推进各级政府粮食安全责任的落实。组织开展市县政府自评、省级部门考核、省级抽查以及综合评定工作，完成了对 19 个市县政府粮食安全责任目标落实情况的 2017 年度考核。印发《关于开展 2018 年度海南省粮食安全市县长责任制考核工作的通知》，逐项对照考核目标任务，建立考核成员单位责任清单、工作任务清单，压实考核事项责任，完成 2018 年度粮食安全省长责任制考核自查自评。

<table>
<tr><td>三</td><td>加强粮食调控和储备工作</td></tr>
</table>

　　抓好夏、秋两季粮食收购工作，在确保储备粮源的同时，保障农民种粮积极性。加强粮情监测预警预报工作，完善 6 个国家级网上直报点、29 个省级粮情监测网点建设，加强对重点城市、重大节假日和台风汛期市场的监测，及时报告和发布粮情信息，掌握基础粮情。健全自然灾害应急预案，开展粮食系统应急管理培训，签订应急配送协议，完善粮食应急体系。开展年度全省社会粮油供需平衡调查，全省共调查农村 432 户，城镇居民 619 户；组织开展乡村居民户存粮专项调查，抽查乡村居民 404 户。组织涉粮企业参加全国粮食交易大会，与内蒙古自治区粮食局签订粮食产销战略合作协议，充分发挥国有粮食购销企业主渠道作用和社会多元主体稳定市场的积极作用。2018 年省外购进粮食 308 万吨，有效保障了城乡居民粮食需求。印发《海南省省级储备粮轮换管理暂行规定》《海南省粮食局关于进一步规范省级储备粮移库管理工作的通知》等一系列规定，进一步规范省级储备粮轮换、移库及质量管理；对原库存省级储备粮油清算进行审计，妥善解决省级储备粮遗留问题。抓好省级储备粮油轮换，通过竞价采购和拍卖的方式交易粮食 17.68 万吨、食用植物油 6000 吨。

<table>
<tr><td>四</td><td>抓好省级生猪活体和冻猪肉储备管理</td></tr>
</table>

　　制定 2018 年度第三轮次生猪活体储备公证检验方案并完成现场督办，展开全省 20 个省级生猪活体储备基地场调研，下达 2019 年度第一轮次生猪活体储备计划。现场督办 2018 年度冻猪肉储备公证检验，开展省级冻猪肉储备代管单位招标工作。印发进一步加强非洲猪瘟防控工作的通知，实行每日非洲猪瘟防控工作"零报告"制度，指导督促承储企业完善应急预案，明确发生疫情后病猪处理地点，抽查生猪活体及冻猪肉储备承储企业非洲猪瘟防控工作。

<table>
<tr><td>五</td><td>强化粮食流通监督检查</td></tr>
</table>

　　推进"大排查快整治严执法"集中行动整改工作，对发现的问题建立整改台账，落实整改措施，实行销号管理，进一步健全了安全储粮、安全生产的长效管理机制，抓好政策性粮食库存大清查演练，确保了政策性粮食储存安全。分类指导市县加强对取得收购资格企业的指导、监管和服务，核定粮油经营者最高最低库存标准，加强粮食收购许可和社会粮食库存标准管理。海口市坚持核实社会粮食最高最低库存标准，充分做到"藏粮于民"。组织开展 2018 年粮食质量安全风险监测，为粮食收购和粮食污染处置提供科学依据；地方粮食储备入库和在库粮食的检验检测工作，确保粮食储备质量安全。认真组织异地储备粮倒仓核查，积极采取措施消除安全隐患。组织开展 2018 年"两节"和"两会"期间安全储粮和安全生产专项治理工作、海南省夏季和秋季粮油普查工作，建立隐患台账，抓

好问题整改。组织开展"世界粮食日"、海南省爱粮节粮宣传周和全省食品安全宣传周活动，五指山、昌江、白沙等市县广泛宣传食品安全法、粮食政策和科普知识，全社会爱粮节粮意识得到提高。

六　大力发展粮食产业经济

一是积极开展"优质粮食工程"建设，向国家有关部门申报粮食质量安全检验监测体系建设和"中国好粮油"行动计划两个子项的实施方案并获批。国家核定海南省"优质粮食工程"三年投资规模 15532 万元。二是中国农业发展银行海南省分行和海南省粮食和物资储备局吸收聚集一批粮食骨干企业共同搭建了"海南粮食全产业链安全体系建设政银企合作平台"，在发展粮食种业、生产、收储、流通、加工贸易等领域开展全产业链合作，同时组建海口国家粮食交易中心并正式联网运行，构建更有质量、更有效率、更可持续发展的粮食安全保障体系。三是推进粮食产业物流园区建设。扶持内蒙古恒丰食品工业（集团）股份有限公司在洋浦建设国际粮油物流加工产业园建设。园区总体建设规模为 50 万吨粮食仓储设施、5 万吨植物油脂仓储设施以及年加工小麦 35 万吨、食用植物油 6 万吨、稻谷 10 万吨、大米 20 万吨的生产线。目前已完成 9 万吨粮食仓储设施、35 万吨小麦生产线加工主体工程建设。

七　推进机关党的建设

认真践行国家粮食和物资储备局党组和全系统广大党员干部的"约法三章"，召开全面从严治党工作会议和粮食系统党建工作会议，制定《局党组全面从严治党实施办法》，层层签订全面从严治党一岗双责责任书，开展"在建设海南自由贸易试验区和中国特色自由贸易港中勇当先锋、做好表率"专题活动。传达学习《中共中央办公厅关于陕西省委、西安市委在秦岭北麓西安境内违建别墅问题上严重违反政治纪律以及开展违建别墅专项整治情况的通报》，严明政治纪律严守政治规矩。开展工作纪律专项检查、纠正"四风"专项检查、学习党章党规和宪法监察法专项检查（"三个专项检查"），运用监督执纪问责的"四种形态"，严肃查处各类不正之风和腐败问题，严格执行粮食收储政策和粮食基础设施投资管理有关规定，强化对重大投资、重点项目和重点环节的监督管理，严肃查处粮食和物资储备中弄虚作假、套取财政补贴等行为。组织参加原国家粮食局和海南省有关部门举办的业务工作培训 64 人次；2018 年举办监督检查、粮食统计、财会、"一规定两守则"、办公室业务、党务等培训班 11 期，参训 463 人次。

海南省粮食和物资储备局领导班子成员

陈　宙　省发展和改革委员会党组成员（2018 年 2 月任职），省粮食和物资储备局党组书记、局长（2018 年 11 月任职）

张　可　省发展和改革委员会党组成员，原省粮食局党组书记、局长（2018 年 2 月退休）

杨卫星　副巡视员（2018 年 11 月任职，12 月退休）

杨俊元　党组成员、副局长（2018 年 12 月任职）

杨全光　党组成员、副局长（2018 年 12 月任职）

符思法　党组成员、副局长（2018 年 9 月任职）

2018 年 11 月 11 日，海南省粮食和物资储备局局长陈宙（左）和海南省发展和改革委员会副主任戚弘超（右）为海南省粮食和物资储备局揭牌。

海南省粮食局党组书记、局长陈宙同志上党课。

2018年5月4日，海南省粮食局召开全省粮食流通工作会议。

重庆市　　　　基本情况

2018 年重庆市粮食播种面积 201.78 万公顷，粮食产量 1079.3 万吨（其中：稻谷 486.9 万吨、小麦 8.2 万吨、玉米 251.3 万吨），比上年 1167.2 万吨减少 7.5%。重庆市油菜籽播种面积 25 万公顷，油菜籽产量 48.6 万吨，比上年 49 万吨减少 0.8%。

2018 年度重庆市入统企业全年累计购入商品粮食（折合原粮，下同）404.6 万吨（不含进口），比上年同期 539.9 万吨减少 25.7%。其中，小麦 37.6 万吨，稻谷 123.5 万吨，玉米 187.9 万吨，分别同比减少 40.2%、14.4%、16.2%。其中，市外累计购进粮食 308.8 万吨，比上年同期 429.3 万吨减少 28.1%；市内累计购进粮食 95.8 万吨，占全年粮食收购的 23.7%，比上年同期 110.6 万吨减少 13.4%。另外全市购进大豆 48.9 万吨，其中，进口大豆 47.1 万吨，比上年同期 63.3 万吨减少 25.6%。入统企业全年累计共购入商品食用植物油（含油脂油料折油）73.7 万吨（不含进口），同比减少 8.1%。其中市外累计购进 73.5 万吨，同比减少 8%。另外本地产大豆油 15.3 万吨，比上年 11.8 万吨增加 29.7%。全年累计销售商品粮食 330.8 万吨，比上年同期 465.5 万吨减少 28.9%。其中，小麦 40.7 万吨，稻谷 172.8 万吨，玉米 55.7 万吨，分别比上年同期减少 31.5%、7.3%、44.3%。其中，全市累计销往市外粮食 61.3 万吨，比上年同期 142.3 万吨减少 56.9%；市内销售粮食 269.5 万吨，比上年同期 323.2 万吨减少 16.6%。全年累计销售食用植物油（含油脂油料折油）119 万吨（无油脂出口业务），比上年同期 112.5 万吨增加 5.8%。其中，全市市外累计销售 43.6 万吨同比增加 15%。2018 年加工转化用粮 391.2 万吨，比去年同期 396.5 万吨减少 1.3%。其中，加工原料付出 151 万吨，同比减少 1.2%，饲料用粮油 222.4 万吨，同比减少 3.4%，副食品酿造及制酒用粮 17.813.5 万吨，同比增加 31.9%。2018 年入统企业商品流通期末库存 36.3 万吨，其中，小麦 2.6 万吨，稻谷 17.1 万吨，玉米 9.8 万吨。食用植物油期末库存（含油脂油料折油）17.5 万吨，同比减少 17.1%。

重庆市粮库占地面积 654.0 万平方米；重庆市标准仓房完好仓容 464.1 万吨，占总仓容 518.1 万吨的 90%，其中：平房仓 402.6 万吨，浅圆仓 19.4 万吨，立筒仓 23.9 万吨，楼房仓 9.0 万吨，其他仓型 9.2 万吨；需大修仓容 38.1 万吨，待报废仓容 15.9 万吨；简易仓容 12.9 万吨。油罐 548 个，总罐容 48.3 万吨。储粮罩棚 5.6 万吨；地坪 121.7 万平方米；烘干设施 29 台（套）。应用环流熏蒸系统仓容 390.0 万吨；应用粮情测控系统仓容 380.0 万吨；应用机械通风仓容 406.0 万吨；应用气调储粮仓容 95.5 万吨。低温和准低温仓容 192.3 万吨。截至 2018 年 12 月底，164 万吨粮库建设项目累计完工仓容 138 万吨，完成投资 14.2175 亿元（不含土地款，下同）。铜梁、潼南、南川南平、永川临江、开县五个项目完工总仓容 15.9 万吨，已完成工程决算审计工作，5 个项目决算审计金额共 1.4 亿元。18 个续建粮库项目，截至 2018 年 12 月底，累计投资 12.5 亿元，完工仓容 122 万吨。

2018 年工作

一　狠抓粮食安全省长责任制考核，层层传导粮食安全保障责任

　　重庆市委、市政府督查室将粮食安全省长责任制纳入对市级部门专项目标考核，市考核办将其纳入对区县党政领导政绩考核范围。高标准、严要求完成 2017 年度省级自查自评和自查报告、信息上报等工作，增强粮食流通能力等相关工作获国家粮食和物资储备局简报和市领导批示肯定。精心组织 2017 年度区县考核，改进 7 个考核方法，实施 4 个考核步骤，创新点名通报方式，高质量评出 10 个优秀、29 个良好等次，实现自评分虚高明显减少等预期目标。周密部署 2018 年度考核工作，改进 3 项考核办法，编制区县考核工作方案，梳理完成国家考核部门分工和 19 项对重庆市政府及市长、副市长考核内容，并经过重庆市政府第 27 次常务会审议通过。

二　狠抓"优质粮食工程"项目落地，大力发展粮食产业经济

　　一是高效组织实施"优质粮食工程"。成立市"优质粮食工程"领导小组，先后 10 余次专题开会研究部署，提出"树亮点、补'短板'、夯基础、强产业"的基本思路和"看得见、摸得着、见效快、有绩效、能验收"的总体要求。分管副市长专题研究并指示打造示范工程。重庆市发展和改革委员会领导召开专题会议督促项目进度，带队对 45 个项目进行现场实地督查，一对一梳理重点难点问题，逐项督促落实。按期完成 2017 年度项目建设和预算执行进度，列全国项目绩效评价考核前六名，获中央财政资金 500 万元奖励。务实组织"优质粮食工程"项目三年实施方案编报工作，获得中央财政支持资金 2.03 亿元。完善评价指标、考核办法，及时开展 2017 年度"优质粮食工程"项目验收和启动 2018 年度项目评审工作，督促项目和资金落地。二是完善粮食质检体系。一方面粮食质检机构专业能力得以提升。通过国家"优质粮食工程"粮油质检体系项目建设，投入中央和市级财政资金 2800 万元，用于 3 个粮油质检站的基础设施提升和检测设备购置，检测项目和参数得到有力扩充，检验监测能力实现质的飞跃，风险管控能力得到进一步增强。另一方面开展粮食企业质检室达标创建。针对全市基层粮食企业质量安全预警监测与检验把关能力不足、质检机构不健全、仪器设备配置严重不足的"短板"，投入 1200 万元对 11 个企业质检室进行规范化达标创建并配置重金属快检设备，粮食企业实验室检验检测能力大幅提升，实现质检关口前移。积极履行粮食质量监管职能，开展产新粮食质量监测调研，形成全市粮食质量监测报告。加快粮食质量制度建设，建立粮食质量安全监管制度。对全市储备粮开展数量核查和质量鉴定工作以及完成新收获粮食和"放心粮油"企业质量抽检。三是大力发展粮食产业经济。加强行业调研，按照市委"兴调研转作风促落实"的部署，开展全市食用油行业发展状况调研，倡导粮食行业推动食用油禁散，促进食用油产业健康发展，保障群众食用油消费安全。突出政策引领，重庆市政府出台《关于大力发展粮食产业经济的实施意见》

文件，指导区县因地制宜制定实施方案，为全市粮食产业经济发展提供政策支撑；新增粮食加工企业扶持资金 300 万，破解巫溪、开州等贫困地区粮食加工产业赢弱的发展难题；征集上报 8 个 2019 年粮食安全保障调控和应急设施项目，总投资超 6 亿元。聚焦园区建设，引导江津德感、涪陵蔺市、九龙坡白市驿等地的粮食产业园区集聚发展，指导粮油加工企业形成粮油产业联盟。注重亮点培树，指导红蜻蜓油脂公司在潼南区签署 30 万亩订单油菜籽，打造万亩生态油菜籽种植基地；与江南大学共建西南菜籽油营养与健康联合研究中心，推进产学研一体化；推动食用油质量追溯系统，实现"一瓶一码"。积极搭建粮食产销合作平台，组织各产粮区县和 20 多家粮食企业参加中国粮食交易大会 8 场专项活动，展示 161 种重庆"中国好粮油"示范项目成果和优质粮食产品。扎实开展粮油购销对接，会上达成 20 万吨粮源采购意向，江津德感工业园区成功发布重庆粮食产业的招商引资项目。巩固和发展陕西、湖北等省的粮油产销合作关系，签订陕渝、鄂渝粮食产销合作协议，搭建市外特色、优质粮油入渝桥梁，丰富重庆粮食市场供给。

三　狠抓粮食储备监督管理，压实区域粮食安全责任

一是加强地方储备粮管理。重庆市政府第 27 次常务会议审议通过重庆粮食集团改革方案，进一步筑牢重庆粮食储备管理基础。从体制机制、政策措施、资金保障、安全生产等方面进行通盘考虑，确保储备粮管理数量真实、质量良好、管理规范。从轮换数量多、收粮任务重、储备品种差异等实际入手，有力有效推进收购轮换任务的完成，全年轮换各级储备粮 70 万吨，完成计划 100%。启动修订《重庆市市级储备粮油管理办法》《重庆市粮食收购审核管理办法》等规章制度。二是加强粮食流通监督管理。抓好示范创建，按照"树立典型、推动工作"的原则，择优选取涪陵、永川、梁平 3 个区县创建全国粮食监督检查示范单位。做好库存检查，落实粮食安全省长责任制和食品安全考核工作要求，组织全市粮食清仓查库工作，采取"双随机、一公开"方式，开展粮食数量、质量及账务、仓储管理等复查工作，有效地推动企业管理水平提升。维护流通秩序，开展粮食收购检查，核查粮食收购政策执行情况，确保农民交售"明白粮""放心粮"，督促各地搞好现金结算，杜绝"打白条"现象发生。抓好出库检查，加强政策性粮食出库专项检查监管，全市政策性粮食通过重庆粮食交易中心竞价交易成交出库 30 万吨，全市未发生一例"出库难"问题。三是做好粮食市场统计监测。按时完成全市粮食流通、投资、仓储、科技等统计年报、月报及价格监测，开展全市粮食供需平衡基础调查工作，形成调查分析报告。完成重庆市粮食清仓查库数据汇总审核。建立全市油菜籽和秋粮收购进度 5 日报。协助国家粮食和物资储备局在重庆召开全国粮食流通统计培训会议，举办全市粮食流通统计工作培训会。开展粮食生产情况、农民存粮、储粮情况调查，为抓好粮食流通工作掌握第一手材料。四是"两个安全"常抓不懈。开展全市粮食行业"两个安全"专项检查，组织市储备粮公司落实"抓安全、保稳定、促廉政"各项举措，研究制定全市粮食行业"两个安全"专项检查工作方案。建立粮油质检机构危险化学试剂管理制度，规范全市有关粮食质检机构、粮油质量检验室对危险化学试剂、有毒有害物质的使用。在全面贯彻落实"一规定两守则"基础上，针对新建库和维修库点等储粮管理难点，对全市 17 个储粮单位、29 个储粮库点进行储粮抽查 61 万吨，确保粮情稳定、数量真实、储存安全、管理规范。

四　深化粮食流通转型升级，提升粮食行业发展形象

一是积极开展"深化改革　转型升级"大讨论活动。通过电视电话会议、专题报告辅导、活动论文征集等形式，深入开展大讨论，凝聚全市粮食行业发展共识，明确发展努力方向。二是开展"世界粮食日"宣传活动。组织开展 2018 年世界粮食日和粮食安全系列宣传周活动，对全市粮食行业的"粮安之星"典型个人和集体进行授牌和颁奖，向社会各界发出保障国家粮食安全的主题倡议。通过现场摆放宣传展板、发放宣传资料、现场答疑解惑、展示粮食产品实物等形式，深入开展粮食安全质量卫生科普知识和粮食政策法律法规宣传。三是稳步推进行业信息化建设。组织全市粮库系统和省级平台项目设计单位、市储备粮公司、市商业信息中心等开展需求调研，完成初步设计方案编制。同时，按照重庆市委、市政府对政务信息系统建设要求，完善粮食信息化省级平台的建设相关材料。组织开展"粮安工程"粮库智能化升级改造一期项目竣工验收工作。

重庆市发展和改革委员会领导班子成员

熊　雪　党组书记、主任
王志强　党组成员、副主任

2018 年 12 月 13 日，重庆市发展和改革委员会召开 2018 年冬季粮油安全储粮和安全生产大检查总结会。

2018 年 9 月 10 日，重庆市商务委员会（原重庆市粮食局）主任（局长）张智奎调研白市驿西部粮食物流园建设。

2018 年 3 月 8 日，重庆市商务委员会（原重庆市粮食局）组织干部职工在渝北粮食公司新建库区开展义务植树活动。

四川省　　基本情况

2018 年，四川省坚持稳中求进工作总基调，全省经济总量迈上新台阶，经济结构实现新突破，新动能活力持续释放，经济运行总体平稳、稳中有进。经国家统计局审定，2018 年实现地区生产总值（GDP）40678.1 亿元，按可比价格计算，比上年增长 8.0%。其中，第一产业增加值 4426.7 亿元，增长 3.6%；第二产业增加值 15322.7 亿元，增长 7.5%；第三产业增加值 20928.7 亿元，增长 9.4%。三次产业对经济增长的贡献率分别为 5.1%、41.4% 和 53.5%。人均地区生产总值 48883 元，增长 7.4%。三次产业结构由上年的 11.6∶38.7∶49.7 调整为 10.9∶37.7∶51.4。

2018 年粮食作物播种面积 626.6 万公顷，比上年下降 0.4%；油料作物播种面积 149.1 万公顷，比上年增长 0.8%；全年粮食产量 3493.7 万吨，比上年增长 0.1%，其中：稻谷 1478.6 万吨、小麦 247.3 万吨、玉米 1066.3 万吨。四川省油菜籽产量 292 万吨，居全国第一位。2018 年全省收购粮食 527 万吨，与上年基本持平，其中：收购小麦 90 万吨、稻谷 342 万吨、玉米 82 万吨、其他 13 万吨。全年收购油菜籽 78.8 万吨，比上年增加 2.4 万吨。全年销售粮食 1275 万吨，比上年增加 88 万吨。其中：销售小麦 241 万吨、稻谷 565 万吨、玉米 334 万吨、其他粮食 135 万吨。全年销售食用植物油 217 万吨，比上年增加 31 万吨，其中：销售菜籽油 133 万吨、大豆油 63 万吨、其他油 21 万吨。

四川省有粮食行业机构 1854 个，其中：行政管理部门 119 个、各级粮食行政管理部门所属事业单位 106 个。全省国有及国有控股粮食企业 566 个，内资非国有粮食企业 1042 个，港澳台商及外商企业 45 个。粮食行业从业人员 105398 人，其中：行政管理部门 1526 人、事业单位 1425 人、国有及国有控股企业 11557 人。全省国有及国有控股粮食购销企业总资产 257.76 亿元，其中：固定资产净值 50.70 亿元、流动资产 159.62 亿元。全省国有及国有控股粮食购销企业 2018 年实现营收 77.61 亿元，盈利 3814.42 万元。

2018 年工作

一　抓粮食调控

认真贯彻落地国家粮食收购政策，积极组织多元主体入市开展粮油市场化收购，制定《四川省中晚籼稻最低收购价执行预案》和《四川省超标稻谷收购处置实施方案》,压实市县政府超标稻谷收购处置责任,倒逼地方政府加大耕地污染治理,减少污染粮食数量。2018 年 10 月 10 日和 11 月 3 日,甘孜州两次发生金沙江堰塞湖地质灾害;12 月 16 日,宜宾市又发生了兴文县 5.7 级地震。灾情发生后,宜宾市立即启动了粮食应急预案,相关的州(市)、县也启动了粮食应急预案,省粮食和物资储备局成立应急指挥领导小组,组织协调灾区粮食应急供应和军粮保障工作。救灾期间,甘孜州累计向灾区群众和救援部队供应粮食 128.6 吨,菜籽油 12.2 吨,宜宾市落实调运应急小包装粮油储备大米 200吨、菜油 40 吨,有力保证了灾区粮食应急供应,确保了灾区粮油市场稳定。主动开展产销对接协调,支持企业“引粮入川”。2018 年,通过铁路入川粮食 1645 万吨,比上年增加 128 万吨,创历史纪录;铁路出川粮食 22 万吨,比上年增加 4 万吨。铁路入川食用油 64 万吨,比上年减少 2 万吨,出川 2 万吨。加上公路入川粮食,全年从省外调入粮食达到 1839 万吨,食用油 89 万吨,有力地保障了全省涉粮经济发展。

二　抓粮食流通体制改革

尹力省长专题调研粮食安全,王宁常务副省长多次对考核工作作出批示。在 2017 年度粮食安全省长责任制国家考核中被评定为“优秀”等次,受到国务院考核办通报表扬。通过突出重点抓考核、完善机制促考核、上下联动严考核,市、县政府粮食安全的大局意识、责任意识不断强化,分级负责的粮食安全行政首长责任体系逐步健全。加快推进政府职能转变和简政放权,严格执行“三个清单”制度并实施动态管理,全面落实“互联网 + 政务服务”“证照分离”改革要求,稳步推进“多证合一”等职能转变事项改革。局级政务服务事项实现了线上线下均可办理,“最多跑一次”100%、“全程网办”100%。截至 2018 年底,全省有效粮食收购许可证 1722 个。德阳、宜宾等地积极指导企业搞活经营、降本增效。全省共有 331 户国有粮食企业享受印花税、房产税、城镇土地使用税免税政策,全系统免税企业户数逐年增加。全省国有粮食企业,财务状况持续改善。

三　抓粮食流通监管

强化粮食库存检查和政策性粮食出库监管,狠抓夏秋粮油收购和超标稻谷处置执法督查,2018 年,全省开展各类粮食流通监督检查 6138 次,检查粮食企业 10887 个(次),出动检查人员 16043 人次,处罚违法违规案件 149 例,较好地维护了粮食流通秩序,保障国家强农惠农政策落地落实,种粮农民增收。建立省级政策性粮食库存数量和质量大清查协调机制,编制工作方案,开展人员培训,做好经费保障。省发改、粮食等 7 个成员单位,参照国家大清查试点方案,在成都、广元等 4 个市和 2家省属企业开展大清查试点。共计检查 20 家企业、54 个库点、481 个仓间、77 万吨粮食。通过试点,演练了队伍,积累了清查经验,为 2019 年全省大清查工作顺利开展奠定了坚实基础。

四　抓粮食流通体系建设

强力推进低温粮库建设,逐步构建起了“民生优先、技术多样、标准健全”的低温绿色储粮体系。

截至 2018 年底，已落实到位省级财政资金 15 亿元，启动建设项目 268 个、仓容 639 万吨，实现政策性粮库全覆盖。攀枝花、凉山在全省探索示范建设 "仓顶阳光工程"，眉山、乐山等地低温粮库建成并运行，在实现储粮 "三高三低" 目标方面发挥了很好作用，经济和社会效益逐步显现。着力推进 "智慧川粮" 建设，省级粮食管理平台建设正在紧锣密鼓进行，各地智能粮库建设正全面有序推进。成都、眉山等地，加快推进产后服务体系和质检体系建设、开展 "好粮油" 行动，三向发力，成效明显。2018 年四川省争取 "优质粮食工程" 中央资金 3.48 亿元，47 个县 172 个产后服务项目开工率达 100%。积极推广加工企业、国有购销企业、联合社三种主导型产后服务中心建设模式，进一步总结完善了 "三化四全五代" 四川经验。荣县、广汉等 5 县跻身中国好粮油四川行动示范县。全省 51 个粮食质检体系建设项目推进顺利。积极争取中央支持，2018 年获得粮食安全保障调控和应急设施中央预算内项目支持资金 1.2044 亿元。安排粮食仓储项目 6 个，资金 3738 万元；粮食物流项目 6 个，资金 8306 万元。

五　抓行业发展

四川省政府推动出台《关于加快推进农业供给侧结构性改革发展粮食产业经济的实施意见》，加强发展粮食产业经济顶层设计。邛崃、中江等县（市、区）把 "天府菜油" 行动，作为粮食行业融入乡村振兴、服务高质量发展的有效途径，成效显现。坚持以 "川字号" 知名品牌创建为突破，建设生产基地，培育龙头企业，推进油菜产业 "全链" 发展，促进 "天府菜油" 加快向千亿级产业迈进。省级财政落实专项资金，建立联席会议机制，组建 "天府菜油" 产业创新联盟，着力推进团体标准体系制定。"天府菜油" 先后在首届中国粮食交易大会、第十七届西博会专馆展示，市场反响热烈，得到了国家粮食和物资储备局及省委、省政府的充分肯定、社会各界的广泛认可，两次展会共成交菜籽油 42 万吨，成交额超过 39 亿元。扎实开展 "深化改革、转型发展" 大讨论活动，获国家粮食和物资储备局颁发的 "深化改革、转型发展" 大讨论活动优秀组织奖，被评为主题征文与 "我为粮食行业改革发展献一策" 活动优秀组织单位。稳妥有序组织职业技能鉴定工作，全年共完成 170 名仓储管理员、89 名农产品食品检验员和 6 名制米工的职业技能鉴定，并顺利通过国家粮食和物资储备局职业技能鉴定指导中心 "质量提升年" 的督导工作。组织参加国家粮食局等各类短期培训，协调开展全省粮食质量安全监管监测能力培训，全省粮油供需平衡调查及流通统计培训等各项业务培训工作，共计 300 余人次参训。积极开展拔尖人才典型事迹采编工作，推荐直属单位两个项目入选 "第二批全国粮食行业技能拔尖人才和工作室项目名单"。做好国家技能人才培育突出贡献候选单位和第十四届全国技术能手候选人推荐工作，向国家粮食和物资储备局报送典型人物先进事迹 2 例。

六　抓党群工作

精心组织各类党建学习宣讲活动，狠抓党建促脱贫攻坚。四川省粮食和物资储备局党组中心组率先 "领学"，组织全局性学习活动 60 余次。支部结合职能职责 "深学"，支部书记讲党课 80 余次，确保党建学习全覆盖、责任全落实。坚持党建引领脱贫攻坚，深入联系村开展精准脱贫，通过落实帮扶资金、举办农民夜校等举措，为帮扶村脱贫致富打下了坚实基础。严肃党内政治和组织生活，严格用党章党规党纪约束党员干部的行为。常态化开展集中联查，清理解决发生在群众身边的"四风"问题。强化廉政监管问责，围绕重点项目，加强关键环节监督力度，防止发生违规违纪问题。建立完善问责机制，对抓党建工作不力的党组织书记进行了约谈提醒。

四川省粮食和物资储备局领导班子成员

张丽萍　党组书记、局长（2018年8月任职）

张书冬　原党组书记、局长（2018年8月退休）

王海林　党组成员、副局长

伍文安　党组成员、副局长

王青年　党组成员、副局长

周光林　党组成员、机关党委书记

2018年6月12日，国家发展和改革委员会党组成员，国家粮食和物资储备局党组书记、局长张务锋（左六）在四川广汉国家粮食储备库考察调研粮食行业供给侧改革、产后服务、夏粮收购等情况。

2018 年 12 月 3 日，四川省委副书记、省长尹力（左二）到成都市新都区省粮油储备调控中心调研粮食安全工作，四川省粮食和物资储备局党组书记、局长张丽萍（左一）陪同调研。

2018 年 11 月 22 日，四川省粮食和物资储备局、财政厅、农业农村厅在成都联合召开"天府菜油"行动启动暨产业创新联盟成立大会。四川省粮食和物资储备局党组书记、局长张丽萍发表讲话并宣布"天府菜油"行动正式启动。

贵州省　　　　　基本情况

2018年，贵州省购进粮食653.78万吨，同比增加0.82万吨；累计销售462.7万吨，同比减少35.68万吨。全年累计省外购进416.85万吨，同比增加22.61万吨，弥补粮食缺口，确保省内粮食供需平衡。2018年全省社会粮食供需平衡调查显示，2017年度全年粮食消费总量1526.8万吨，其中，城镇口粮206.1万吨，农村口粮445万吨，饲料用粮609.1万吨，工业用粮240.2万吨（制酒用粮208.3万吨），种子用粮26.4万吨。产消缺口为348.3万吨，自给率77.19%。

截至2018年末，贵州省粮食仓储物流基础设施在建项目共43个，建设总仓容196.8万吨，建设油罐罐容9.65万吨，项目概算总投资97.71亿元；建成仓容102.9万吨，油罐罐容1.1万吨，年度完成投资7.57亿元。全省纳入粮食企业仓储设施统计的粮食企业库区面积共746.91平方米，标准仓房总仓容430.89万吨，其中：完好仓容373.55万吨，占总仓容的86.69%，完好仓容同比增长64.67万吨，增幅20.93%；油罐641个，罐容41.92万吨，同比增长8.28万吨，增幅24.63%；简易仓容34.45万吨，同比增长12.87万吨，增幅59.64%；配置环流熏蒸、粮情测控、机械通风、气调储粮等储粮技术的仓容均有所增加，覆盖面超过50%。

2018年粮油产业总产值1124亿元，比上年增加266亿元，同比增长31%；传统粮油加工业总产值174亿元，同比增长15.5%。产值上亿的企业达38家，产值1085亿元。产品销售收入1084亿元，比上年增加262亿元，同比增长31.9%。利润总额579亿元，比上年增加162亿元，同比增长35.8%。全省粮食应急加工企业207个，应急储运企业142个，应急配送中心120个，应急供应网点2500个。

贵州省粮食系统独立核算单位728个，在职职工59989人。其中，粮食行政机构98个，在职职工683人；事业机构57个，在职职工552人；流通企业309个，在职职工7665人；加工企业238个，在职职工15093人；其他经营企业33个，在职职工35996人。

2018 年工作

一　机构设置和职工队伍建设

根据中共贵州省委、贵州省人民政府《关于贵州省省级机构改革的实施意见》和相关部署安排，将省粮食局的职责，以及省发展和改革委员会、省经济和信息化委员会、省商务厅、省民政厅、省能源局等部门的组织实施重要物资和应急储备物资收储、轮换和日常管理职责整合，组建省粮食和物资储备局，作为省发展和改革委员会的部门管理机构。不再保留省粮食局。出台《关于"人才兴粮"的实施意见》，加强高素质专业化粮食人才队伍建设。制定《省粮食局机关 2018 年度业务培训工作方案》，举办 7 期业务知识专题讲座，12 期业务知识微分享，2 期主题学习读书会、3 期专题讲座。按照各级各部门培训安排，选派人员参加培训 10 人次。完成粮食行业特有工种职业技能培训和考试工作 243 人。组织实施直属事业单位各级各类专业技术人员的职称考试和评审及专业技术职务评定工作。

二   加强粮食市场调控

贵州省粮油购销同步增长，应急保障能力不断增强，统计分析和监测预警工作更加完善。在贵阳国家粮食交易中心组织省级储备粮食轮换销售专场 104 场，采购专场 40 场，交易量 56.73 万吨，成交 23.81 万吨，成交金额 5.7965 亿元，2018 年承担省级储备粮油轮换任务的 40 家承储企业全部进入贵阳国家粮食交易中心交易。组织市县级储库粮食竞价交易专场 67 场，委托交易量 14.97 万吨，成交 10.35 万吨，成交金额 2.9120 亿元，累计节约采购成本 996 万元。举办了 2018 年全省粮食应急演练，调整充实完善应急供应网络，开展市场监测周报月报。组织企业参加山西、黑龙江、河南等省举办的粮食贸易洽谈推介会，组织 53 家省内企业参加了首届中国粮食交易大会，贵州省粮食局与江西省粮食局签订了粮食产销衔接战略合作协议。全力做好玉米需求保障工作，建立粮食企业与农户对接机制，组织企业到玉米主产地采购。省储备粮总公司与黑龙江、吉林、河北、宁夏、甘肃、陕西、山西等玉米主产省区对接洽谈玉米购销合作事宜，签署玉米购销合作协议 105 万吨。2018 年入统粮食企业累计购进玉米 109.79 万吨，同比增加 13.92 万吨；累计支出玉米 107.73 万吨，同比增加 10.68 万吨，年末玉米库存 9.03 万吨，同比增加 1.2 万吨。安排部署易地扶贫搬迁安置人口粮食供应工作，精准制定切实可行的保供稳价方案，调整设置粮油供应网点，开展多种形式的平价粮油供应活动，累计供应各类成品粮油 1.1 万吨。

三   发展粮油产业

突出"绿色生态""优质特色"两张名片推进"黔粮出山"，组织省内 53 家特色粮油企业参加中国粮食交易大会，粮食成交总量 12480 吨，成交金额 7131.8 万元；产销衔接 2.8 万吨，成交金额 13160 万元。召开贵州·兴仁市薏仁米专场推介会，提升特种优势粮油影响力。举办"聚力脱贫攻坚·培育精品粮油"为主题的贵州省第五届粮油精品展示交易会，参展企业 158 家，设标准展 124 个、特装展 11 个，总交易额 25600 万元。加快特种优势粮食产业发展，在黔西南州兴仁市召开全省特种优势粮食产业发展暨产业招商大会，聚焦脱贫攻坚主战场，推动特种优势粮食产业加快发展，会上授予兴仁县"全省特种优势粮食产业高质量发展示范县"称号，并举行了产业招商推介及招商签约仪式。实施优质粮油订单种植，订单种植 720 万亩，为种植农户创造收益 93.6 亿元。实施好粮油行动计划，开展第二批"贵州好粮油"评审工作，推出"黔家福"等 16 个"贵州好粮油"产品，对第二批"贵州好粮油"产品及部分国有粮油购销企业加工技改给予资金补助 285 万元。完成第二批 25 家"省级放心粮油示范店"开展抽检复评工作。

四　实施优质粮食工程

印发《省财政厅　省粮食局关于开展 2018 年中国好粮油行动示范县竞争性遴选的通知》《贵州省 2018 年"优质粮食工程"实施方案》《省粮食局关于印发贵州省"优质粮食工程"三年行动计划的通知》。按照"优质粮食工程"主体范围为国家级扶贫开发重点县、集中连片特殊困难县、省级深度贫困县及产粮油大县的原则，经组织现场竞争性遴选评审，确定湄潭、兴仁、榕江、凤冈、黎平、惠水、思南县为试点县。向财政部、国家粮食和物资储备局争取"优质粮食工程"项目总投资额 31.86 亿元，涵盖 34 个县 56 家企业。2018 年贵州省"优质粮食工程"中央补助资金 24774 万元，其中"中国好粮油"行动计划 20894 万元，"粮食质检体系建设"2800 万元，"产后服务体系建设"1080 万元。

五　强化粮食安全责任制考核

开展 2017 年度粮食安全省长责任制考核，省粮食安全工作考核小组办公室印发《关于 2017 年度粮食安全责任制评议考核结果的通报》，各市（州）均评为优秀等次。抓好 2018 年度粮食安全省长责任制考核，召开贵州省粮食安全责任制考核工作成员单位联络员会议，对 2018 年粮食安全省长责任制考核指标进行分解和安排部署。贵州省政府办公厅印发《关于认真开展 2018 年度粮食安全责任制考核工作的通知》，贵州省粮食安全工作考核小组办公室组织召开全省粮食安全责任制考核工作会议，对 2018 年度粮食安全省长责任制考核工作进行再部署，并对即将试运行的"贵州省粮食安全省长责任制考核系统"进行了培训。

六　开展粮食执法督查

2018 年贵州省粮食局机关被国家粮食和物资储备局评定为"2017 年度全国粮食流通执法督查工作先进单位"。贵阳市粮食局、瓮安县商务局、紫云苗族布依族自治县发展和改革局、桐梓县经济贸易局 4 家单位荣获"全国首批粮食流通执法督查创新示范单位"荣誉称号。加强 12325 全国粮食流通监管热线省、市平台建设。设置 104 名省、市（州）、县三级管理员账户在线办公，负责案件的接收、流转工作，及时解决群众关心、社会关注的涉粮问题。省级粮食流通专项资金配套 20 万元，支持 9 个市（州）和 2 个省直管县（市）粮食行政管理部门配备设施装备；加强 12325 全国粮食流通监管热线的宣传和日常管理，印制 3780 张宣传海报和 2200 本宣传折页。截至 2018 年底，12325 平台未接到问题举报和投诉案件。推行粮食收购资格认定"证照分离"改革试点。在贵阳、遵义、安顺和贵安新区试点经验的基础上，全面铺开粮食收购资格认定"证照分离"改革工作，将审核期限从 15 个工作日压缩到 7 个工作日，逐步实现办理过程公开透明、办理结果有明确预期、服务标准有明显提升。

七   试点政策性粮食库存数量和质量大清查

开展全国政策性粮食库存数量和质量大清查试点。贵州省政府办公厅印发《关于成立贵州省政策性粮食库存数量和质量大清查工作协调小组的通知》《贵州省政策性粮食库存数量和质量大清查试点工作方案》，试点市遵义、铜仁市县两级分别成立了协调工作机构，制定了大清查实施方案。省、市级财政共安排专项工作经费398万元，确保大清查工作顺利推进。贵州省纳入试点市检查的政策性粮食库存共61.93万吨，其中中央事权粮食17.84万吨、地方事权粮食44.09万吨；涉及88个库点，319个仓（货位）。省大清查协调小组对12个县（市、区）、21家粮食企业、32个粮食库点进行了抽查，涉及政策性粮食23.38万吨，占总检查库存数的38%。同时，对试点市开展质量检查扦样，共扦取粮食样品505个。针对国家和省级抽查中发现的粮食数量、质量、轮换、安全、账务等8个方面24项问题，组织并督促承储企业开展自查自纠。

八   推进粮食行业信息化建设

在全省"粮安工程"粮库智能化升级改造项目的基础上，着力推动贵州省粮食行业信息化省级管理平台建设，平台依托"云上贵州"，建设内容包括"1930"：1个平台、9大系统、30个子系统，面向省、市、县粮食和物资储备行政管理部门、各类涉粮企事业单位、售粮农民和消费者提供全方位服务，打造贵州省粮食和物资储备行业的"数据管理中心、决策指挥中心、市场监测中心、社会服务中心"。截至2018年末，粮食行业信息化省级管理平台已基本完成建设，通过了专家的初步验收，进入试运行阶段。粮食行业信息化省级管理平台实现了与国家粮食和物资储备局平台的对接，实现了与省交换数据平台的数据共享，实现了与全省各个储备库的互联互通和业务监管，为贵州省粮食和物资行业管理、监管和服务提供了信息化手段。

贵州省粮食和物资储备局领导班子成员

张美钧　省发展和改革委员会党组成员、副主任，省粮食和物资储备局党组书记
冉　霞　局长
章　萍　党组成员、副局长
龙　林　党组成员、副局长
鲁黔灵　党组成员、副局长
吴青春　正厅级干部
杨光荣　副厅级干部

2018年11月20日，贵州省粮食和物资储备局挂牌，贵州省发展和改革委员会主任陈少波（左五）及贵州省粮食和物资储备局领导班子成员出席揭牌仪式。

2018 年 11 月 26 日，国家粮食和物资储备局党组成员、副局长韩卫江调研贵州粮食工作。

2018 年 11 月 3 日，贵州省第五届粮油精品展示交易会在黔西南州兴义市富康国际会展中心开幕，展会主题为"聚力脱贫攻坚、培育精品粮油"。

云南省 基本情况

云南省地处中国与南亚、东南亚三大区域的结合部，与越南、老挝、缅甸接壤，国境线长达4060公里，自古以来就是中国通往南亚、东南亚的重要门户。随着"一带一路"建设的深入推进，云南省正由边疆地区成为中国对外开放的前沿和中心。全省土地面积39.4万平方公里，设16个州（市），129个县（市、区），世代居住有26个民族，是全国少数民族最多的省份，2018年末，全省常住人口数4829.5万人。2018年，云南省完成地区生产总值17881.1亿元，全省农林牧渔业增加值完成2552.8亿元。2018年，全省地方一般公共预算收入1994.3亿元，居民人均可支配收入20084元，其中，城镇常住居民人均可支配收入33488元，农村常住居民人均可支配收入10768元。

2018年，全省粮食播种面积417.46万公顷，粮食产量1860.5万吨，其中稻谷527.7万吨，小麦74.3万吨，玉米926万吨。从生产者购进粮食148.9万吨，粮食销售595.9万吨。粮食商品量615.1万吨，进口粮食55万吨。粮食消费量2358.1万吨，其中城镇口粮344.9万吨，农村口粮640.6万吨，饲料用粮1100万吨，工业用粮213.9万吨，种子用粮58.7万吨。2018年铁路整车调入粮食554.8万吨，调出粮食11.6万吨。

2018 年工作

一 粮食流通改革发展稳步推进

云南省粮食和物资储备局正式挂牌成立，做到职责平稳过渡、工作无缝对接、人员妥善安置、资产有序划转。坚决落实江川浅水湾度假村退出抚仙湖保护区有关工作；妥善处置"云南白药"股票，上交省财政1.38亿元；完成清理核实粮食部门历史遗留旧账1.06亿元。及时组织储备粮补库，完成原40万吨省级储备粮轮出销售，上交省级财政价差收益近1.4亿元。云南商务信息工程学校归口教育厅管理。云南省政府推动出台《加快推进农业供给侧结构性改革大力发展粮食产业经济的实施意见》。推进粮食收储制度改革，加强省级储备粮管理创新，组织修订《云南省省级储备粮管理办法》。开展省级储备粮以奖代补考核。昆明市粮食储备有限公司、云天化投资公司等企业分别与瑞丽、勐海等市县政府合作，开展优质水稻订单收购，探索"优质优价""以销定储"模式。普洱市开展"储销合作"模式，推行储备粮与加工结合新机制。迪庆州根据藏区消费习惯和需求，将储备稻谷调整为青稞，做活做优储备粮，有效化解储备粮轮换经营风险。

二 粮食产业发展好中向优

编制印发《云南省粮食全产业链发展中长期规划（2018—2025 年）》，构建从田间到餐桌的全产业链，促进一二三产业融合发展。制定《云南省优质粮食工程实施意见》，获得国家"优质粮食工程"重点支持补助资金 3.6 亿元，扎实推进"中国好粮油"示范市县、示范企业、粮食质检和产后服务体系建设。红河州培育红河红米，德宏州培育遮放贡米，文山州培育八宝贡米，玉溪市粮食产业园强力推进，形成了一批高原特色优势品牌和产业集群。积极推动实施"科技兴粮"和"人才兴粮"，思茅厚普饲料有限公司建立"李德发院士工作站"，优化产品结构，加速科技成果转化。狠抓"特色"，打造"品牌"，昆明滇中粮食贸易（集团）有限公司"彩云之南云香米"获得第一批"中国好粮油"产品。积极组织 80 余家单位及企业参加首届中国粮食交易大会，推动提升云南粮油品牌影响力。

三 粮食流通能力不断加强

按照"一核、六圈、七线、八节点"的粮食流通规划布局，2018 年国家安排云南省新建仓储项目 10 个，获得补助资金近亿元，储粮条件显著改善。组织对云南省粮食行业新建仓储设施和维修改造项目进行全面督查。推进粮库智能化升级改造省级平台建设和全省 150 个粮库信息化升级改造，提升信息化水平。完成全省 129 个县级粮食质量安全监测点能力建设项目。粮食园区建设进展顺利，昆明市基本完成黄龙山粮食产业聚集区、宜良工业园区饲料产业基地和晋宁粮食产业园区建设，红河州已建成投入使用红河粮食物流产业园区和大红屯加工产业园。"互联网＋粮食""网上粮店"等新型粮食零售业态有序推进，供给水平不断得到提高。

四 粮食宏观调控有序开展

中晚籼稻和粳稻最低收购价格执行国家价水平，鼓励多种市场主体开展粮食收购，督促粮食企业严格执行国家粮食收购政策和"五要五不准"收购守则，保护种粮农民利益，确保不出现"卖粮难"。探索支持粮食加工企业采取保底收购、股份分红、利润返还等粮食收购方式与种粮大户、家庭农场、农民合作社等建立产销对接和协作。完善粮情监测预警，依托省内 70 个粮油价格直报监测点，规范完善粮油市场价格监测。继续推进落实集"应急供应、成品粮储备、放心粮油、主食产业化、学生粮油供应、质量检测、产后服务"等为一体的粮食应急供应网点建设，着力构建连接产销区和城乡的粮油购销服务体系。做好地方储备粮吞吐调节，有效发挥"第一道防线"重要作用，全省粮油库存充裕，供给充足。

五　依法管粮治粮不断强化

云南省人民政府与各州、市人民政府签订《云南省 2018 年粮食安全责任书》，将粮食安全行政首长责任制考核情况纳入全省"三农"考评内容。云南省粮食安全行政首长责任制考核工作领导小组成员单位对全省 16 个州、市和 14 个成员单位的粮食安全行政首长责任制落实情况进行检查考核。推行"粮食企业收购资格认定"等行政审批标准化、"网上办""最多跑一次"行动等，提升公共服务水平，打造最优粮食行业营商环境。出台《云南省省级储备粮承储资格管理办法》，推进承储主体管理规范化。全面加强粮食质量安全管理，全年检测样品 3726 份。认真组织核实 12325 全国粮食流通监管热线举报线索，强化"双随机、一公开"监管方式和跨地区、跨部门协同联动机制，推行粮食经营主体守信联合激励和失信联合惩戒制度。扎实做好政策性粮食库存大清查准备工作，省政府组织起草《云南省政策性粮食库存数量和质量大清查方案》，为开展大清查工作打下坚实基础。协助国家粮食和物资储备局在昆明首次完成 2018 年"全国食品安全宣传周·粮食质量安全宣传日"主会场宣传活动。粮食流通执法督查工作、粮食质量安全监管工作分别被评为"全国先进单位""全国优秀单位"。

六　全面从严管党治党成效明显

深入推进"两学一做"学习教育常态化、制度化，认真落实"基层党建巩固年"各项要求，组织开展"万名党员进党校"，开展党风廉政警示教育。锲而不舍落实中央八项规定精神和省委实施办法，制定各项内部管理工作制度 16 项。"三公经费"支出比上年大幅下降，各类会议、活动较上年明显减少，进一步树立了粮食行业新风正气。群众评议省直机关作风活动、党建工作考核、党风廉政考核均获优秀等次，综合考核获良好等次，取得了"三优一良"的好结果。挂钩扶贫工作扎实推进，直接投入昭阳区洒渔镇居乐村、白鹤村两个挂钩扶贫点帮扶资金 120 多万元，帮助协调争取落实各类项目资金 1300 多万元。

云南省粮食和物资储备局领导班子成员

海文达　党组书记、局长

许建平　党组成员、副局长

龚国富　党组成员、副局长

官悠房　党组成员、副局长

张　春　副巡视员

2018 年 7 月 24 日，国家粮食和物资储备局在云南省昆明市举办"全国食品安全宣传周·粮食质量安全宣传日"活动，云南省副省长陈舜（左三）、国家粮食和物资储备局党组成员、副局长曾丽瑛（右三）、云南省粮食局党组书记、局长海文达（右二）出席活动。

2018 年 2 月 12 日，云南省粮食流通工作会议在昆明召开。

2018 年 10 月 31 日，云南省粮食和物资储备局正式挂牌成立，局领导班子参加挂牌仪式。

西藏自治区   基本情况

2018 年，西藏自治区粮食播种面积 18.47 万公顷。粮食总产量达 104.4 万吨，其中青稞产量达 81.4 万吨、小麦产量达 19.5 万吨。2018 年收购粮食 3.1 万吨，其中青稞 2.9 万吨。销售粮食 30 万吨，区外调入粮食 21.8 万吨。全区储备白糖 850 吨；全区 7 市地、70 个县代储救灾物资约 163 万件（套），总价值约 3 亿元；自治区级储备救灾物资 48 类，约 70 万件（套），总价值约 1.3 亿元。

2018 年工作

一   加强粮食调控

狠抓粮食收购工作，落实粮食收购贷款授信额度 2 亿元，日喀则、山南两个粮食主产市和西藏农牧产业投资集团共计贷款 8000 万元，江孜、贡嘎 2 县积极开展流动收购和奖励收购，拉孜自治区粮食储备库大力开展兑换收购，山南国家粮食储备库广设收购网点掌握调控粮源促农增收。出台《关于进一步促进粮食产销合作提高粮食安全保障能力的指导意见》，健全粮油供应、应急保障体系和质量安全体系，保障粮油市场供应，基本满足了不同层次的市场消费需求。完成 0.7 万吨储备原粮、3.3 万吨储备成品粮轮换任务。严格落实"双随机、一公开"和"四不两直"要求，以开展粮食库存交叉检查为重点，加大监管力度，全年开展各类检查 489 次，检查各类储备粮 20 余万吨。改进粮食流通统计方式，健全统计直报体系，加强市场监测指导，完成社会粮油供需平衡调查、粮食流通统计、市场价格监测、月季年报汇总等各项任务。

二   深化机构和体制机制改革

组建西藏自治区粮食和物资储备局，有序划转食糖和救灾物资储备管理职责，有序推进人员转隶、资产移交工作，有效衔接能源储备管理职责。2017 年度粮食安全省长责任制考核结果被国家评为"良好"等级。深入七地市实地考核粮食安全专员（市长）责任制落实情况，及时印发整改通知，进一步传导考核压力，充分发挥了考核"指挥棒"作用。深化粮食收储制度改革，完善青稞最低收购价政策，青稞最低收购价从每公斤 3.8 元提升到 3.9 元。强化动态应急储备粮监管，推进中央与地方储备协同运作，实现两级储备粮错峰轮换、分地轮换，解决了轮换时间冲突和市场空间有限造成的无序竞争问题。深化"放管服"改革，高效承接粮食收购许可证等办理事项；推进证照分离改革，简化办事程序，提高办事效率。深化国有粮食企业改革，加快金谷集团并入西藏农牧产业投资集团步伐，推进企业股份制改革，支持金谷集团入股西藏金粮功能食品有限公司。昌都、林芝等市开展国有粮食企业土地变性改革，全面调动了企业经营积极性和主动性。

三　推进粮食流通体系建设

推荐"中国好粮油"示范县和示范企业，落实"优质粮食工程"建设资金 3680 万元。加强粮油质检体系建设，制定《西藏自治区粮食送检暂行办法》，完成 1300 余份粮食样品检验，推进青稞标准制修订。开展放心粮油进学校、进社区、进企业、进机关活动，国有粮食企业"三包"学生口粮供应覆盖率达 85%，全年供应放心粮油 1.5 万吨。"粮安工程"中央预算内投资 2 亿元仓储设施建设资金全部到位，2018 年安排建设项目 42 个，建设仓容 7.9 万吨。西藏自治区落实仓储设施维修资金 428 万元，对 8 个"危仓老库"进行维修改造。更新粮食应急企业名录，开展应急管理培训和演练。昌都江达堰塞湖、林芝米林山体滑坡等自然灾害发生后，及时启动粮食应急预案，向受灾地区运送 120 吨粮食和 2000 桶小包装食用油，保障了灾区粮食供给和市场稳定。粮食行业信息化建设项目有序推进，完成项目设计方案并通过专家评审，得到了国家粮食和物资储备局信息化推进办的认可。对口援藏工作不断加力，2018 年落实援藏协议项目资金 804 万元，援藏培训、挂职专业人才 94 人次，粮食流通跨越式发展的助力不断增强。科技兴粮战略深入实施，粮油检验、粮油加工、科学储粮新装备进一步推广使用，"第一资源"得到激活。人才兴粮战略稳步推进，强化人才教育培训，组织干部职工参加区内外各类培训 160 余人次，为粮食流通改革发展提供了智力支撑。

四　发展粮食产业

西藏自治区政府办公厅出台《关于深化粮食供给侧结构性改革大力发展高原特色粮食产业经济的意见》。整合重组西藏农牧产业投资集团做大做强产业载体，组织青稞供需对接会达成 17500 吨原粮供需协议，区内企业加强与北大荒集团、中粮集团、湘粮集团、丁香集团等区外企业的产销协作，拓展青稞区外营销渠道。加快建设青稞陈醋及白酒系列衍生产品加工和青稞复焙粉加工项目，撬动产业发展的支点作用初步显现。完成"藏家金谷"品牌注册，在全国首届粮食交易大会和兰州粮油展销会上大力推介青稞特色产品，提升了青稞品牌和产品的区外影响力，全区青稞产业产值突破 11 亿元。

五　抓好党群工作

深入学习贯彻习近平新时代中国特色社会主义思想和党的十九大精神，稳固推进"两学一做"学习教育常态化制度化，开展政治纪律教育和意识形态教育，确保粮食流通工作方向不偏离。严格落实"三重一大"决策程序和议事规则，认真部署党建、党风廉政建设和粮食流通重点工作，全年召开党组会议 25 次、局长办公会议 14 次，研究解决了一批制约粮食流通改革发展的现实问题，确保粮食流通大局始终掌控到位。督办落实重点工作任务 700 余项，办理自治区领导重要批示和交办事项 54 件，办理各类文件 1000 余件，基本做到条条有落实、件件有回应。加强巡视整改，制订方案，分解任务，强化措施，逐项整改，立行立改，行政管理更加规范，担当作为不断加强，调查研究蔚然成风，历史遗留问题稳妥解决。加强党建与业务深度融合，加大基层党组织标准化建设力度，强化审计整改和财政"三公经费"专项检查整改工作，规范财务管理，完善内控机制，合理合规加快预算执行。积极开展"七五"普法进机关活动，强化保密安全管理，推进依法行政。2018 年度西藏自治区粮食和物资储备局被西藏自治区党委、政府授予"创先争优强基础惠民生活动优秀组织单位"荣誉称号，2 名驻村干部分别被评为"自治区级先进驻村队员"和"优秀村党组织第一书记"，在 129 家区（中）直定点扶贫单位考核评定中，被评为综合评价优秀单位，受到全区通报表扬。开展世界粮食日和粮食安全系列宣传活动，展示保障粮食安全、发展青稞产业、建设放心粮油工程等方面取得的成绩，在西藏电视台、西藏日报、拉萨晚报等多家主流媒体报道宣传活动情况，在《西藏日报》刊载了西藏自治区粮食改革开放 40 年专刊。

西藏自治区粮食和物资储备局领导班子成员

苏园明　区发展和改革委员会党组成员，区粮食和物资储备局党组书记、副局长

徐　海　党组副书记、副局长（主持行政工作）

达　拥　党组成员、副局长

李　军　党组成员、办公室主任

郭晓虹　党组成员、副局长（援藏干部）

2018 年 10 月 16 日，西藏自治区粮食局联合自治区相关单位在拉萨市举行了第 38 届世界粮食日和粮食安全系列宣传活动。

首届中国粮食交易大会上西藏自治区展区展示的青稞特色产品。

西藏自治区粮食和物资储备局工作组在江孜县收购点检查粮食收购情况。

陕西省　基本情况

陕西省作为"一带一路"建设的重要枢纽和"向西开放"的战略前沿省份，居于连接我国东、中部地区和西北、西南的重要位置。全省总面积为20.58万平方公里。全省有10个设区市和1个杨凌农业高新技术产业示范区。2018年底，陕西省常住人口3864.40万人，生产总值实现24438.32亿元，比上年增长8.3%，人均生产总值63477元，增长7.5%；完成地方财政收入2243.1亿元，增长11.8%；城乡居民人均可支配收入分别达到33319元和11213元，分别增长8.1%和9.2%。

陕西省粮食作物播种面积300.6万公顷，同比下降0.4%。其中夏粮110.83万公顷，增长0.3%；秋粮189.77万公顷，下降0.9%。主要种植小麦、玉米、稻谷，辅以各类杂粮。全省粮食总产量1226.31万吨，增长2.7%（夏粮产量438.30万吨，减少0.9%；秋粮产量788.01万吨，增长4.8%）。其中：小麦401.63万吨、玉米584.5万吨、稻谷80.7万吨、大豆23.9万吨、杂粮135.9万吨。2018年，全省各类粮食企业累计收购粮食659万吨、销售粮食1061.5万吨，超额完成陕西省政府下达的"收购粮食425万吨、销售粮食475万吨"年度目标任务。省际间粮食流通量556.2万吨，其中，销往省外粮食198.3万吨，从省外购进粮食357.9万吨，净流入省内粮食159.6万吨。

2018年工作

一　抓粮食市场调控

认真贯彻《关于推进粮食产销融合促进现代农业发展和农民增产增收的实施意见》，安排1000万元资金奖补支持优质粮食订单收购，建立优质粮食订单种植基地324.8万亩。积极筹措收购资金，开展腾仓并库，增设收购网点，定期发布粮油价格和市场信息，加强市场监管，粮食购销工作成效显著，维护种粮农民利益。举办首届陕西粮食交易大会，与江苏、黑龙江等16个省（区、市）粮食部门签订产销合作战略协议，签约企业187户，成交金额31.68亿元。组织省内粮食部门和企业参加了首届中国粮食交易大会，成交各类粮油127.84万吨，成交金额41.27亿元。陕西省委常委、常务副省长梁桂在《关于陕西省秋粮收购进展情况的报告》上作出重要批示，给予充分肯定。结合年度轮换计划开展储备粮油动态轮换，发挥政府储备市场吞吐效应，在元旦、春节等重要节假日期间和市场需求趋旺时，及时投放部分储备粮油，增加供应稳定市场价格。调整优化省级储备粮库点布局，加强各级储备粮在数量、布局、结构等方面有机衔接，推动各级储备动态管理及轮换的协同联动，发挥粮食市场调控合力。2018 年，省市县三级储备粮网上总交易量 18.47 万吨。

二　抓优质粮食工程

陕西省"优质粮食工程"获中央财政补助资金 6 亿多元，落实省财政配套资金 3.1 亿元，带动大量社会投资，为促进粮食经济发展提供有力资金保障。到 2018 年底，"中国好粮油行动"发展优质订单粮食 226 万亩，覆盖全省的好粮油销售骨干网络建设正在有序推进。省级示范企业陕西粮农集团积极实施"五个五、全流程"示范模式。富平、临渭 2 个示范县（区）积极引导农民扩大优质粮食种植，推动好粮油就地加工转化。"老牛""祥和"面粉入选第一批"中国好粮油"产品名录，陕富集团等 25 户企业的 28 个产品入选"陕西好粮油"产品目录。"陕西好粮油"宣传专题片《秦粮秦味》春节期间在陕西卫视播出。24 个粮食产后服务中心项目建成，"五代"服务作用有效发挥。17 个省市县粮食质检机构项目全面完成，粮食质量检验检测能力得到提升。在 8 个国家扶贫开发重点县和省集中连片特殊困难县，安排中央补助资金 5450 万元，占中央补助资金总额的 27%。建立贫困户参与"好粮油"行动机制，采取"企业 + 基地 + 贫困户"模式，支持贫困地区发挥当地资源优势，发展特色优质粮食，强化特色品种品牌建设，助力贫困户脱贫致富。陕西省委副书记、省长刘国中对实施"优质粮食工程"作出重要批示。

三　抓粮食产业经济发展

实施"粮食 + 健康"行动，支持粮食企业、科研院所依托杂粮、富硒粮油和中药材等资源开发健康、营养、功能食品，推出陕富面业麦胚芽饼干、麦胚芽糊系列食品，陕西粮农西瑞荞麦米、脱脂大豆挂面系列食品，安康杜氏面业魔芋挂面、葛根挂面系列食品。推动主食产业提档升级，连续两年安排专项资金 3000 万元，培育发展产业化龙头企业，政策支持惠及陕西省各市（区）和 1/3 县区。延伸粮食加工链条，五得利渭南 60 万吨面粉加工项目、宝鸡华龙 20 万吨面粉加工配套项目先后建成投产。大力发展玉米精深加工，形成鲁洲（兴平）玉米果糖、国维玉米蛋白、胚芽油等系列产品。加快粮食产业园区建设，持续引导粮食企业向园区集聚，加速资源、资本、人才、技术积聚，加快构建粮食产业发展新高地。到 2018 年底，安康、商洛、兴平、富平等 7 个市、县的粮食产业园区建设已初具规模。西安爱菊粮油集团加强粮食国际贸易与产能合作，投资 9000 万元在哈萨克斯坦新建成年产 15 万吨的油脂加工厂和 150 万亩的种植基地，通过中欧班列"长安号"运回哈萨克斯坦小麦 5 万吨、面粉 1 万多吨、食用油 1 万多吨；在新疆阿拉山口综合保税区建设年产 10 万吨面粉加工厂，每年将提供 10 万吨以上绿色有机粮油产品。印发《关于贯彻推进"科技兴粮"的实施意见》，安排 1500 万专项资金支持省粮科院建设健康粮油食品研发中心，安排 2000 万元专项资金建设延安健康粮油食品研发中试基地和陕南功能粮油食品研发中试基地。陕西省粮油科学研究设计学院与陕西科技大学、陕西省中医药研究院组建健康粮油食品创新联盟开发健康食品、营养食品、功能食品，研究推出 20 余种健康粮油新产品。安排 800 万元奖励资金，对 46 个企业和院所的 55 个创新粮油产品进行奖励。榆林、西安、汉中、安康、延安等市积极实施创新驱动战略，鼓励引导粮食企业研发生产健康粮油食品，马铃薯系列、荞麦系列、杂粮系列等一批健康主食新产品推向市场。

四　抓粮食安全省长责任制考核和流通监管

2017 年底，省政府成立陕西省粮食安全省长责任制考核小组，省委常委、常务副省长梁桂亲自担任考核小组组长；各设区市成立考核工作组，多数由常务副市长或分管副市长担任组长。2018 年 12 月 3 日，刘国中省长主持召开省政府常务会议，专题研究粮食安全工作，对贯彻落实粮食安全省长责任制和考核整改工作提出了明确要求。完成 2017 年度对各市（区）的考核并通报考核结果，对铜川、安康、延安等 9 个优秀市进行了通报表彰。制定印发 2018 年度考核方案，细化分解目标任务和评分标准，明确考核重点。继续实行"双随机、一公开"，强化监督检查和事中事后监管，开展检查 2189 余次，检查企业 9574 个次。开展夏粮收购专项检查，妥善处理省外流入渭南超标小麦问题。充分发挥 12325 全国粮食流通监管热线作用，畅通投诉举报渠道，及时处理个别收购主体拖欠粮款问题。开展政策性粮食库存数量和质量大清查试点工作，宝鸡、渭南两个试点市共清查粮食实物 194 万余吨，涉及 22 个县（区）、142 个储粮库点，针对检查中发现的问题，及时进行了整改落实，试点工作受到国家联合抽查组的充分肯定。

五　抓深化改革

2018 年下半年，陕西省实行了新一轮机构改革，整合原省粮食局以及省发展和改革委员会、省民政厅、省商务厅等部门关于粮食和物资储备的相关管理职能，组建省粮食和物资储备局。11 月 12 日，省粮食和物资储备局挂牌成立，积极与民政、商务、应急等部门沟通衔接，加快职能、机构的转隶工作，内设处室调整、定员定岗、职能转变等工作，做到职责有序交接，工作平稳过渡，确保思想不乱、工作不断、队伍不散、干劲不减。抓好市县国有粮食企业兼并重组、资源整合和提质增效，对企业改革和提质增效情况实行考核并通报，实施大集团战略重点扶持龙头企业，对企业贷款利息、技术改造等进行补助。陕西商洛金丝源集团经营收入突破 10 亿元，陕西粮农集团经营收入达到 128 亿元。到 2018 年底，全省国有企业有 15% 的企业建立了混合所有制企业，当年实现营业收入 155 亿元，同比增加 9 亿元；盈亏相抵后实现盈利 7533 万元，连续 11 年实现全省统算盈利。深入推进"放管服"改革，全面推行"先照后证""一网通办"，完成了审批服务事项梳理和流程再造工作，编制行政许可事项、备案类事项和其他服务事项网上办事指南和"证照分离"改革管理措施，优化了营商环境，提升了便民服务。

六　抓党风廉政建设

制定《陕西省粮食局 2018 年党建工作要点》《2018 年陕西省粮食局系统党建和党风廉政建设工作要点》《陕西省粮食局系统廉政风险点及其防控措施》等，召开系统党风廉政建设工作会议，举办党的十九大精神学习专题研讨班，组织党员代表赴革命圣地开展红色教育，开展"深化改革、转型发展"大讨论活动，专题学习研讨纪实文学《梁家河》。

陕西省粮食和物资储备局领导班子成员

刘维东　省发展和改革委员会党组成员，省粮食和物资储备局党组书记、局长

赵　策　党组成员、副局长（2018 年 6 月退休）

张　翔　党组成员、副局长

王晓森　党组成员、副局长

郭　明　副巡视员

2018 年 11 月 12 日，陕西省粮食和物资储备局挂牌，陕西省委常委、常务副省长梁桂（中）出席挂牌仪式。

2018 年 1 月 31 日，陕西省全省粮食工作会议在西安召开。

2018 年 7 月 26～29 日，陕西粮食交易大会在西安顺利举办，省发展和改革委员会党组成员，省粮食和物资储备局党组书记、局长刘维东在开幕式上讲话。

甘肃省

基本情况

甘肃省地处黄土高原、青藏高原和内蒙古高原交会地带，东接陕西，南控巴蜀、青海，西倚新疆，北扼内蒙古、宁夏，是古"丝绸之路"的锁匙之地，也是"一带一路"建设的黄金路段。甘肃省总面积 42.59 万平方公里，占全国总面积的 4.72%。地貌复杂多样，地势自西北向东南倾斜。全省辖 12 个市、2 个民族自治州、2 个管委会和 86 个县（市、区），常住人口 2637.26 万人。省内有 55 个民族，东乡族、裕固族和保安族是甘肃省特有的少数民族。2018 年，全年全省地区生产总值 8246.1 亿元，比上年增长 6.3%。城镇居民人均可支配收入 29957 元，增长 7.9%；人均消费支出 22606 元，增长 9.4%。农村居民人均可支配收入 8804.1 元，增长 9%；人均消费支出 9064.6 元，增长 12.9%。全部工业增加值比上年增长 4.3%。全年社会消费品零售总额比上年增长 7.4%。2018 年，全省收购粮食 283.8 万吨、销售粮食 331.2 万吨，收购食用油 6.2 万吨、销售 11.9 万吨。全省国有粮食企业盈利 5280.44 万元，连续 10 年统算盈利，其中省直企业盈利 2221.47 万元、13 个市州实现盈利。

2018 年工作

一　抓粮食宏观调控和粮食安全省长责任制考核

积极开展订单粮食收购，综合运用储备吞吐、购销调节、政策粮投放等手段调控市场。轮换省级储备粮 23 万吨，竞价交易政策性粮食 4.15 万吨，满足了市场需求。"十三五"期间新增市县级储备粮计划 27.5 万吨，市县政府调控市场的能力进一步增强。各类粮食库存充实、品质优良、供应充裕，充分发挥了"稳压器""蓄水池"作用。甘肃省政府调整粮食安全省长责任制考核领导小组，省级 12 个部门制定考核方案、优化考核指标，完成了 2017 年度"省考""国考"。针对考核中存在的问题，分别向市州政府主要负责同志发出通报，列出问题清单，提出整改要求。各市州和相关单位针对考核中存在的不足和"短板"，强化措施、完善政策、狠抓整改。通过考核，粮食安全意识逐步增强，粮食综合生产能力不断提高，粮食调控机制日趋完善，形成了上下联动、齐抓共管的粮食安全保障体系。

二 抓粮食流通监管和"两个安全"

甘肃省政府成立政策性粮食库存数量和质量大清查试点工作领导小组，印发工作方案，加强组织领导，明确职责任务，提高检查能力。培训清查工作人员 120 多人，组织 11 个工作组 80 多人，对天水、武威 22 户承储企业的粮食库存进行了全面检查，共检查粮食库存 89 万吨，质量扦样检验 384 份样品，发现问题 49 个，整改到位 45 个，其他问题正在逐步整改到位。开展粮食流通执法检查 2144 次，检查企业 5127 个（次），依法处理 18 例，维护了正常的粮食流通秩序。及时启动 12325 全国粮食流通监管热线，创新了监管方式。"从事粮食收购活动许可"审批项目下放至市州。组织"端牢国人饭碗，保障粮食安全"主题宣传活动推进全社会爱粮节粮，开展"深化粮食财务管理提升年"活动防范资金风险，全面推进仓储规范化管理提升年活动，夯实储粮安全和仓储管理能力。严格落实《中华人民共和国安全生产法》、"一规定两守则"，签订《安全生产责任书》，压实承储单位的主体责任。按照"双随机"原则，组织力量对粮食出入库等重点部位和重点环节进行安全隐患排查，做到了零容忍、重实效。组织 300 多个单位 2000 多名干部职工开展知识竞赛，促进了"两个安全"知识的学习和"一规定两守则"的落实。结合"两个安全"落实，组织 14 个市州业务骨干 60 多人，对 165 户企业的 214 万吨库存粮食进行全面春秋两季普查，确保了库存粮食数量真实、质量良好、储存安全。

三 抓粮食产业经济发展和项目建设

甘肃省政府印发大力发展粮食产业经济的实施意见，与国家粮食和物资储备局签订战略合作协议，在粮食产业培育壮大主体、创新发展方式等方面提供了政策保障和制度安排。兰州市投资 30 多亿元建设现代粮食产业园区，天水市投资 5.22 亿元建设区域粮食仓储物流生态产业园，武威市引进投资 2.6 亿元推进粮食产业园区项目，平凉市投资 1.8 亿元建设粮油物流配送中心项目，白银市投资 4489 万元建设粮食物流园项目。国家粮食和物资储备局、中国农业发展银行确定的武威红太阳面业公司等 17 户"全国粮油产业化经营龙头企业"，对粮食产业经济发展起到了引领示范作用。"优质粮食工程"项目总投资 14.12 亿元、中央补助 4.34 亿元，2018～2019 年，"好粮油"项目、质检体系、产后服务体系建设正在分阶段组织实施。粮食安全保障调控和应急设施专项建设总投资 15.97 亿元、中央补助 1.59 亿元，项目已全面开工建设。粮库智能化升级改造项目总投资 3.03 亿元、中央补助 1.28 亿元，临夏州和省陈官营、景家店粮油储备库 3 个试点单位已投入使用，省平台、市州和省直单位正在抓紧全面建设。

四 抓粮食对外合作与交流

深化与省外国外的粮食流通合作，制定粮食产销合作实施意见，建立部门协调工作机制，从省外购进小麦 105 万吨、大米 70 万吨，销往省外玉米 25 万吨。甘肃景泰金源面业公司等企业从哈萨克斯坦等国进口优质小麦，做实国际贸易，提高面粉品质。在第二十四届中国兰州投资贸易洽谈会上举办了"一带一路"粮食安全高峰论坛暨"中国好粮油——陇上行"活动，白俄罗斯、哈萨克斯坦、阿塞拜疆、泰国、日本 5 个国家嘉宾、企业代表，21 个省（区、市）及所属市（区、县、旗）粮食行政管理部门、全省 14 个市（州）粮食局，130 多家粮油企业参加，展示了千余种绿色安全健康粮油产品，参展人数达 2 万人以上，签约招商引资项目和粮油贸易协议 32 个，协议粮油贸易量 40 余万吨，建设投资及贸易额共 11.43 亿元，涉及粮食生产、贸易、加工、信息服务、仓储物流等领域。甘肃省委、省政府与国家粮食和物资储备局及省内外业内人士高度评价。

五　抓机构改革和行业自身建设

将甘肃省粮食局的职责，以及甘肃省发展和改革委员会的组织实施战略物资收储、轮换、管理和省级粮食、物资储备计划管理等职责，省民政厅、省商务厅的相关物资储备职责等整合，组建省粮食和物资储备局，作为省发展和改革委员会的部门管理机构。2018 年 11 月，甘肃省粮食和物资储备局正式挂牌，职责有序交接，工作平稳过渡，实现了机构改革和业务工作"两不误、两促进"。新一届局领导班子到位后，开展基层调查研究，召开专题研讨会，统一思想认识，进一步厘清工作思路。通过中心组集体学习、专题研讨会、辅导报告会、宣讲报告会、集中轮训、专题培训等学习贯彻习近平新时代中国特色社会主义思想。深入开展作风建设年活动，深入贯彻中央八项规定和实施细则精神及省委有关要求，认真落实省政府"十不准"要求，严肃整治"八种病相"。举办业务、政务、党建等各类培训、研讨 17 次，培训人员 1455 人次。"深化改革、转型发展"大讨论活动被国家粮食和物资储备局评为"优秀组织奖"，2 篇征文分获三等奖和优秀奖，2 条献策获奖，1 项软科学课题获三等奖。加大产业扶贫投资力度，履行了组长单位职责，组织三批帮扶干部进村入户对 144 个贫困户制定了"一户一策"精准脱贫计划。筹措 100 多万元发展中蜂养殖，组建跨村产业合作社，推动了产业扶贫发展。截至 2018 年底，联系 5 个村的 77 户贫困户实现脱贫，占帮扶贫困户的 86.5%，4 个村整体脱贫。

甘肃省粮食和物资储备局领导班子成员

段昌盛　党组书记、局长（2018 年 10 月任职）

郭奇若　原党组书记、局长（2018 年 11 月调离）

王学书　党组成员、副局长

王春林　党组成员、副局长

陈玉皎　巡视员

2018年7月6日，首届"一带一路"粮食安全高峰论坛在甘肃兰州举行。国家发展和改革委员会党组成员，国家粮食和物资储备局党组书记、局长张务锋出席论坛并致辞。

2018 年 4 月 12 日，甘肃省政府召开全省落实粮食安全省长责任制工作电视电话会议。

2018 年 11 月 1 日，甘肃省粮食和物资储备局干部大会和挂牌仪式举行，甘肃省粮食和物资储备局正式组建成立。甘肃省发展和改革委员会副主任冯旭（左一）和甘肃省发展和改革委员会党组成员、甘肃省粮食和物资储备局党组书记、局长段昌盛（右一）揭牌。

青海省　基本情况

青海省雄踞青藏高原东北部，是长江、黄河、澜沧江的发源地，北部和东部同甘肃相接。西北部与新疆维吾尔自治区相邻，南部和西南部同西藏自治区毗连，东南部与四川省接壤，是联结西藏、新疆与内地的纽带，全省平均海拔三千米以上。2018 年末青海省常住人口 603.23 万人，比上年末增加 4.85 万人。其中城镇常住人口 328.57 万人，占总人口的比重（常住人口城镇化率）为 54.47%，比上年末提高 1.40 个百分点。2018 年全省实现生产总值 2865.23 亿元，按可比价格计算，比上年增长 7.2%。人均生产总值 47689 元，比上年增长 6.3%。

青海省农作物总播种面积 55.73 万公顷，增加 0.19 万公顷。粮食作物播种面积 28.13 万公顷，减少 0.13 万公顷，主要品种包括小麦、青稞、玉米、豆类、薯类等。经济作物播种面积 19.2 万公顷，减少 0.13 万公顷，主要包括油料和药材。粮食产量 103.06 万吨，增产 0.51 万吨。2018 年全省入统粮油加工企业 49 家，粮油加工业年生产能力 231.89 万吨，比上年减少 8.44 万吨。全年收购粮油 19.75 万吨，其中油菜籽 10.37 万吨、青稞 8.11 万吨。城镇居民年人均消费口粮 147.08 公斤，口油 8.55 公斤；乡村居民年人均消费口粮 209.71 公斤，口油 11.86 公斤。当年产需缺口 55.25%，同比缩小 0.46 个百分点，粮食自给率增加 0.46 个百分点。粮食流通基础设施建设新开工项目 32 个，竣工项目 26 个，年末在建项目 10 个，完成投资 18513.5 万元。全省标准仓房仓容 173.9 万吨、油罐 351 个，罐容总量为 51.8 万吨。粮食行业入统单位共 183 个，其中各级粮食行政单位 36 个、事业单位 5 个、粮食经营企业 142 家。

2018 年工作

一　抓粮食安全省长责任制落实

青海省委常委、常务副省长王予波对国家粮食和物资储备局党组印发的"两个决定"作出重要批示："这两个文件都很重要，要组织认真学习，深刻领会精神，针对存在问题，研究实施意见，切实抓好落实。"青海省发展和改革委员会、青海省粮食局分别召开党组理论学习中心组学习会议，两次集中学习"两个决定"和青海省政府领导批示精神，安排部署贯彻落实意见和措施。王予波常务副省长对粮食安全省长责任制考核作出"考核是促工作的契机。各有关部门都要高度重视，谁的责任谁扛，谁的工作谁干好"的批示。有关部门细化责任分工，强化责任落实，建立推进考核工作台账，将 27 项考核指标分解到各部门、各市（州），明确牵头部门、配合部门、目标任务、完成时限，形成驱动考核工作的长效机制；建立重点问题台账，将难点问题列入其中，形成难点问题重点抓的工作机制。做到坚持问题导向，把握关键环节，解决难点问题；做到环节问题细致督，难点问题重点督。

二　抓粮食产业发展和流通能力现代化

　　青海省政府印发《关于贯彻落实国家加快推进农业供给侧结构性改革大力发展粮食产业经济的实施意见》。省级有关部门成立"优质粮食工程"项目推进工作领导小组、绩效评价小组，制定项目管理办法和绩效考核评价机制，协调落实项目建设配套资金，安排部署建设任务。推动组建青海粮食集团、青海军粮集团、青海安康粮油食品集团，青海安康粮油食品集团已完成工商注册登记，集团内部正在统筹整合，各业务板块框架搭建完成。以青稞全产业链建设为目标，成立青稞种植股份制公司试种 1800 亩青稞，建设完成青稞米、藜麦米、燕麦米 3 个品种生产线。加强政策引导，争取项目资金和政策支持，引导国有粮食购销企业向多元化发展，推动粮食企业持续健康发展。调整粮食物流二级节点布局，加强市（州）、县级粮食应急配送中心建设，推进西宁库省级粮食现代物流综合平台项目建设。完成全省粮食行业信息智能化六个核心业务分系统的软硬件建设，覆盖范围包括全省 56 个粮食行政管理部门、107 个粮库、106 个应急网点、14 个军供站、7 个粮油质检站、40 个粮油价格监测点、5 户重点骨干粮油加工企业、1 个粮油批发市场，覆盖粮食行业行政管理及粮食储备、加工、流通、应急调控等业务领域，提升粮食流通管理信息智能化水平。

三　抓粮食宏观调控和储备管理

　　做好 2018 年粮食收购工作，确保"有人收粮、有钱收粮、有仓收粮、有车运粮"，不出现"卖粮（籽）难"的问题。印发粮食收储制度督导实施意见，制定标准、细化分工、明确责任，建立了督导工作联系机制，组织收储制度的落实、检查和评估，并纳入粮食安全责任制考核体系，保障粮食等重要农产品有效供给和粮食安全。新增 1 万吨临时储备油，增强食用油市场调控能力。制定《青海省地方储备粮管理办法》《青海省省级储备"一符四无"粮仓（油罐）实施办法》以及《青海省仓储物流设施备案管理办法》，修订省级储备粮出入库业务链票据、凭单、账、卡、表式，进一步规范省级储备粮油管理。出台"以奖代补"政策，吸引省内加工企业消化轮出储备粮，稳定轮出消化渠道，缓解轮换压力。培训统计人员 119 人次，开展粮油供需平衡、农户存粮专项调查及自产粮消费情况专项调查，加强粮油市场行情监测，及时掌握全省各类粮油企业的购、销、调、存和全省粮油加工业、仓储、基建投资以及机构人员等情况，为实施粮食精准调控提供重要支撑。开展"两节两会"期间安全储粮和安全生产专项治理、春季粮油普查和秋季粮油普查工作。做好海南州《青海共和国家粮食储备库仓储设施建设项目》《粮食安全保障调控和应急设施项目》相关工作。

四　抓粮食流通监督检查和行业安全

结合2018年粮食流通监督检查工作要点,组织完成各类粮食库存和安全隐患检查。按照"双随机、一公开"要求,运用多种手段加强事中事后监管,采取不定期抽检等方式,加强对粮油的质量检查,维护公平竞争的市场环境。省政府审定后印发政策性粮食大清查工作方案,组织建立省级协调机构,设立省级协调机构办公室,按职责进行分工抓好落实。各地区各单位按照"谁管辖谁负责"的原则抓好安全储粮和安全生产专项治理工作,并组织开展关键节点的安全专项治理工作。修订完善《青海粮食行业安全生产管理台账》,加强了安全隐患整改双销号和储备粮专项检查等安全生产管理内容。严格落实安全生产主体责任、粮食部门监管责任,聚焦安全生产突出问题和薄弱环节,紧盯重点区域、重点部位、重点环节,进一步加大安全生产风险隐患排查力度,对发现的问题及时督促整改到位。

五　抓粮油质检工作

实施《青海省2018年库存粮食质量安全监测实施方案》,对33个粮食储备企业承储的中央储备粮、地方储备粮、商品粮等库存粮食进行质量指标、储存品质指标、主要食品安全指标专项质量抽查,共扦取监测样品177份。2018年累计抽取、接收各类粮油检测样品966份,其中系统内监督检查任务样品538份,社会委托样品428份。

六　抓粮食文化建设及党建工作

印发《青海省粮食局2018年精神文明工作要点》,评选机关"五星级文明户",出版了《青海粮食人(增刊)——2017年度青海粮食局中青年干部职工培训札记》,完成2018年度《青海粮食人》的征稿、编辑和印刷工作,推动青海粮食文化、机关文化、核心价值观建设。推进学雷锋志愿服务常态化,向省直机关推荐1个学雷锋活动示范点和1名学雷锋标兵,青海省粮油检测防治所被选定为学雷锋活动示范点。开展社会主义核心价值观教育和"不忘初心、牢记使命"主题教育,组织开展党风廉政教育,深入推进"两学一做"学习教育常态化制度化,落实意识形态工作责任制。落实党风廉政建设主体责任,强化党风廉政监督责任和问责机制,提升保障全省粮食安全的监督检查能力。全面加强基层组织建设,加强和规范党内政治生活,推进党支部规范化标准化建设,加强党员日常管理,夯实支部基础建设。

青海省粮食局领导班子成员

顾艳华　党组书记、局长
闵建平　党组成员、副局长(2018年4月退休)
张柴斌　党组成员、副局长
张小娟　党组成员、副局长(2019年1月任职)
牛库山　党组成员、机关党委专职副书记

2018 年 11 月 22 日，青海省政府副省长、发展和改革委员会主任田锦尘（左三）到基层粮食企业调研粮食安全工作，青海省粮食局局长顾艳华（左二）陪同调研。

2018 年 11 月 19 日，青海省粮食局召开全省"优质粮食工程"项目部署工作会议。

2018 年 11 月 26 日，青海省粮食局以"青海粮食青年创新管理大讲堂"为依托，开展"我与青海粮食共成长，我为行业单位献一策"主题演讲活动。

宁夏回族自治区

基本情况

2018 年，宁夏回族自治区粮食播种面积 73.6 万公顷，粮食总产量 393 万吨，比上年增加 22.53 万吨，增长 6.1%，实现粮食生产 "十五连丰"，粮食单产、总产创历史新高。全区夏收粮食产量 43.35 万吨，增长 11.7%；秋收粮食产量 349.23 万吨，增长 5.4%。全区各类粮食企业收购粮食 155.1 万吨，减少 19.9 万吨，减幅 11.4%；销售粮食 287.4 万吨，减少 11.3 万吨，减幅 3.8%；油料折合成品油收购 700 吨，增加 119 吨，增幅 20.5%，销售油及料折油合计 106743 吨，减少 1510 吨，减幅 1.4%。现有规模以上粮油加工企业 165 家，年加工能力 665 万吨，加工总量 234.8 万吨，实现工业总产值约 116.6 亿元。

2018 年工作

一 压紧压实责任，提升保障区域粮食安全的能力

一是坚守 "两个安全"，深化企业主体责任和行业监管责任落实。在常规安全储粮的基础上，重点开展稻谷 "偏高水分安全储藏" 科学保粮实验，不断提升储粮和科学保粮技术能力；组织开展 "两个安全" 检查，消除隐患，确保行业运行平稳安全。宁夏回族自治区储备粮数量真实、质量良好、储存安全。全系统安全生产零事故。二是创新管理机制，发挥地方储备粮 "第一道防线" 作用。按照年度均衡轮换的原则，全面完成 7.7 万吨自治区储备粮轮换任务，自治区食用植物油储备实行动态轮换，保障常储常新。"两节两会" 期间，竞价交易轮换出库近 4 万吨原粮，确保粮食市场供应。适应新常态下粮食储备管理工作，银川、中卫市还修订了地方储备粮管理办法，进一步规范储备粮管理。三是顺利完成 2017 年度粮食安全省长责任制考核工作，连续两年取得优秀等次，受到国家表扬，宁夏回族自治区主席咸辉同志在自治区政府全体会议上对宁夏粮食安全省长责任制考核情况给予通报。地方政府积极创新工作方法，落实粮食安全责任制的主动性和自觉性明显增强。在区考工作中，12 个市（县）人民政府获得 "优秀" 等次。积极组织开展 2018 年度考核工作，开发考核直报系统，加强考核信息化管理，改进考核方式，变年底抽查为中期督查，有力促进重点任务和政策措施落实。

二　坚持精准施策，服务乡村振兴战略

一是积极引导提升优质粮食种植比重，增加粮农收益。2018年，宁夏回族自治区落实优质粮食订单3028份，订单面积145万亩，订单数量118.4万吨。截至12月底，订单任务完成101.58万吨，履约率85.8%。认真落实粮食收购政策，积极组织入市收购，发挥国有企业主渠道作用。二是加强监督检查，开展粮食收购等专项检查工作，切实维护种粮农民合法权益。开通12325全国粮食流通监管热线，完善运行机制，畅通涉粮举报投诉渠道，防范和惩处"打白条"、拖欠售粮款、压级压价等各类损害农民利益的行为。三是积极拓展粮食产销合作，促进区域粮食供求平衡和产业发展。先后组织参加首届中国粮食交易大会、第24届中国兰州投资贸易洽谈会、陕西粮食交易大会、陕西省粮食产销衔接会等，区内60余家粮食储备、加工、流通和转化企业携260个规格品种参展，全年累计签约（成交）各类粮食165万吨。四是加快粮食产后服务中心建设，提升为农服务水平。2018年，建成19个粮食产后服务中心，加强"五代"服务，为农民解决清理、烘干、储粮、卖粮等一系列难题，32个粮食产后服务中心在建。建设20个"大农户"科学储粮仓和500个钢骨架玉米仓，较好解决种粮大户和家庭农场高水分粮无法保管、损耗严重等突出问题。同时，加强与农业农村等部门沟通与协调，开展部分地区小麦杂质超标的专题调研，破解收储难题，助农增收。

三　坚持质量兴粮，发展粮食产业经济

一是打造宁夏优质粮食的"金字招牌"。举办"宁夏大米""宁夏精品玉米""宁夏亚麻籽油"品牌产品推介会，签订15.07亿元大米订单，销售"宁夏精品玉米"72万吨。兴唐米业等企业获得"中国十大有机大米金奖"，兴唐宁粳43号大米荣获"中国十大好吃米饭"称号。制定宁夏大米、宁夏富硒大米地方标准和产业联盟质量标准。二是"优质粮食工程"稳步推进。遴选公布第一批22个"宁夏好粮油"产品。青铜峡市、平罗县优质水稻种植面积分别达4.5万亩、12万亩，同比增加41%、20%，优质水稻产量分别为29250吨、78000吨，增加41%、20%，收购价格比普通水稻高0.15元/斤。出台推进"主食厨房"建设的实施意见，召开全区"主食厨房"建设推进会。银川市设置"主食厨房"专卖店、商超专柜等固定销售点220个、可移动摊点30个，吸纳下岗职工、职高毕业生100余人就业；吴忠市大力开发传统面点食品，以"明厨亮灶"方式，打造消费者放心的主食快餐食品。三是引导科技创新，推动企业发展壮大。自治区财政安排850万元专项资金，重点支持粮油品质提升、主食产业化、粮油新产品研发、粮油精深加工、爱粮节粮等项目建设，撬动社会投资10514万元。出台"科技兴粮"实施意见，提出推动建设粮食产业强区的十三项措施。吴忠法福来食品公司创建富硒功能农业博士工作站，君星坊公司研发以亚麻酸提取为方向的新产品，提高产品附加值。2018年，全区国有粮食企业实现营业收入17.9亿元，同比增加12.6%，其中宁储粮公司盈利2099万元。

四　坚持依法管粮治粮，加强粮食流通监管

宁夏回族自治区粮食收购许可全部实现网上办理，审批时限压缩1/3以上。开展收获粮食和稻谷重金属等检验监测，抽检政策性粮食样品492份，库存粮食质量达标、品质宜存、食品安全状况良

好。粮食质量安全溯源及监测系统上线运行，通过二维码实现粮食质量安全问题的追根溯源，确保群众吃上"放心粮"。组织开展库存大清查人员培训和宣传动员，严格"双随机、一公开"监管、"互联网+"监管，推进粮食流通执法督查网上平台运行，加强企业经营监督检查，实现监管事项全覆盖、检查结果全公示。持续推进粮食经营主体守信联合激励和失信联合惩戒制度，石嘴山市积极探索跨地区联合监管机制，监管格局向多元化转变。宁夏回族自治区粮食和物资储备局被评为全国粮食流通执法督查工作和全国粮食质量安全监管工作优秀单位。中卫市、盐池县粮食和物资储备局被评为全国粮食流通执法督查创新示范单位。

| 五 | 扎实推进项目建设，夯实粮食流通基础 |

中卫库 5 万吨仓储设施项目、银川储备库粮食物流中心项目建设，宁夏农垦集团良种繁育中心、前进农场等 3 个库点和中宁县古城、枣园等 3 个危仓老库维修改造库点建设已经全面完工并通过验收。宁储粮公司平罗储备库 2.3 万吨仓房改扩建项目进入招标施工阶段。吴王米业粮食信息化智能应急配送中心和法福来食品科技 2 万吨仓储设施建设开工。宁夏"智慧粮食"粮库智能化项目已经全面完成并通过验收，省级综合信息管理平台项目进入试运行阶段。

| 六 | 旗帜鲜明讲政治，坚定不移抓党建强作风 |

扎实推进"三强九严"工程，深入开展"深化改革转型发展"大讨论，强化意识形态工作责任制落实，全系统党员干部进一步树牢"四个意识"，坚定"四个自信"，坚决做到"两个维护"。全力抓好巡视整改工作，对照问题清单、责任清单、任务清单，5 个方面 47 个问题完成整改。稳步推进机构改革，积极做好"三定"方案编制等相关工作，切实做好机构改革期间的安全稳定工作，加强廉政风险防控，做到"思想不乱、队伍不散、工作不断、干劲不减"。召开系统党建及党风廉政建设会议，坚决防止和纠正"四风"问题，强化问题导向，开展机关党建"灯下黑"专项整治和违反中央八项规定精神突出问题专项治理。出台"人才兴粮"和激励广大干部新时代新担当新作为的实施意见，进一步激发干事创业活力。

宁夏回族自治区粮食和物资储备局领导班子成员

荀　旭　党组书记、局长（2018 年 10 月任职）

霍振祥　党组成员、副局长（2018 年 12 月任职）

任洪峰　党组成员、副局长（2018 年 12 月任职）

褚一阳　党组成员、副局长（2018 年 12 月任职）

马文娟　原党组书记、局长（任职至 2018 年 2 月）

赵银祥　原党组成员、副局长（任职至 2018 年 10 月）

解　涛　原党组成员、副局长（任职至 2018 年 10 月）

2018 年 11 月 12 日，宁夏回族自治区粮食和物资储备局正式挂牌，宁夏回族自治区党委常委、常务副主席张超超（左一）出席揭牌仪式。

2018 年 10 月 16 日，宁夏回族自治区粮食局党组书记、局长荀旭（ 右二 ）出席宁夏世界粮食日和粮食安全宣传活动。

2018 年 5 月 25 日，"千载宁夏御贡米·香飘全国百姓家"宁夏大米全国推广高峰论坛在北京举办。

新疆维吾尔自治区 基本情况

2018 年，新疆维吾尔自治区全年实现地区生产总值 12199.08 亿元，比上年增长 6.1%；城镇居民人均可支配收入 32764 元，比上年增长 6.5%；农村居民人均可支配收入 11975 元，增长 8.4%；实现脱贫 53.7 万人，513 个贫困村退出，3 个贫困县摘帽，贫困发生率降至 6.51%。粮食、棉花、特色林果向优质化发展。2018 年全区粮食种植面积 221.96 万公顷，同比下降 3.3%，全年粮食产量 1504.23 万吨，增产 1.3%。其中：小麦种植面积 103.15 万公顷，下降 8.5%，产量 571.89 万吨，减产 6.6%；玉米种植面积 103.33 万公顷，增长 1.3%，产量 827.57 万吨，增产 7.1%。全区粮油加工企业工业总产值 253 亿元，同比增长 5%；利润总额 8.9 亿元，同比增长 14%；粮油精深加工实现总产值 71.7 亿元，利润总额 6.6 亿元。全区各类企业共收购小麦 275.2 万吨，其中：国有粮食购销企业收购 231.3 万吨，日加工能力 100 吨以上小麦粉加工企业收购 34.5 万吨。全区国有粮食购销企业共销售粮食 268.02 万吨，其中：销售小麦 228.7 万吨（通过乌鲁木齐国家粮食交易中心竞价销售国家临储 19.8 万吨）。2018 年末，全区纳入国有粮食企业财务决算的 209 户国有粮食企业，资产总额为 157.09 亿元，其中流动资产 113.74 亿元，非流动资产 43.35 亿元。负债 125.04 亿元，其中流动负债 110.31 亿元，非流动负债 14.73 亿元。资产负债率 79.60%。所有者权益 32.05 亿元。实现利润总额 0.90 亿元。亏损企业 113 户，亏损面 54.07%，其中国有粮食购销企业 108 户中亏损 50 户，亏损面 46.30%。全区现有各级救灾物资储备库 66 座，其中中央储备库 2 座（乌鲁木齐中央级救灾物资储备库、乌鲁木齐中央级救灾物资储备库喀什分库）、自治区救灾物资储备库 2 座（乌鲁木齐库、北疆奎屯库）、地州级库 13 座、县市级库 49 座。救灾物资储备内容为安置类、被服类、装具类 3 大类 29 个品种 52.6 万件。

根据新疆维吾尔自治区机构改革方案，组建新疆维吾尔自治区粮食和物资储备局，作为新疆维吾尔自治区发展和改革委员会的部门管理机构，核定行政编制 77 名，局领导职数 5 名（副厅级 2 名），内设 11 个处室。2018 年 11 月 23 日，新疆维吾尔自治区党委宣布新疆维吾尔自治区粮食和物资储备局领导班子成员任命，11 月 30 日，新疆维吾尔自治区粮食和物资储备局正式挂牌。全区粮食行业从业人员总数 24119 人，其中女性 7057 人，少数民族 6659 人，中共党员 3678 人。

2018 年工作

一　抓小麦收储制度改革

2018 年 3 月 16 日，新疆维吾尔自治区人民政府印发《自治区小麦收储制度改革方案》，启动小麦收储制度改革工作，改革的原则是：坚持"供需紧平衡、市场化改革、优质优价优补、积极稳妥"的四个原则。改革主要内容是：停止执行现行"政府定价、敞开收购、敞开直补、顺价销售"政策，建立"政府引导、市场定价、多元主体收购、生产者补贴、优质优价、优质优补、应急托市收购"的小麦收储新机制。夏粮收购期间启动小麦收购进度和市场价格统计日报制度，纳入全区小麦收购日报统计范围企业共 197 家，其中：国有粮食购销企业 109 家、加工能力 100 吨以上面粉加工企业 88 家。向新疆维吾尔自治区党委、人民政府与国家粮食和物资储备局编辑上报《2018 年全区小麦收购情况报告》100 期。针对夏粮收购期间售粮场所人员密集、安全维稳隐患多等问题，将夏粮收购期间的社会稳定、安全生产纳入当地维稳总体格局，加强督导检查，推动解决了多年存在的"排长队""隔夜粮"等问题，各地认真贯彻落实自治区决策部署，加强组织领导、强化政策宣传，引导多元主体入市，依法加强监管，确保了改革平稳有序推进。通过改革，促进了粮食供给侧结构性改革，政府引导作用得到有效发挥，市场形成价格机制得到建立，售粮农民满意度明显提升，改革成效好于预期，李克强总理、韩正和胡春华副总理均作出重要批示，新疆维吾尔自治区党委、政府给予了充分肯定，受到了国家粮食和物资储备局的高度评价。

二　抓粮食安全责任制

新疆维吾尔自治区人民政府调整了自治区粮食安全省长责任制协调小组，自治区主席雪克来提·扎克尔担任组长，三次召开专题会议研究粮食安全工作。印发《新疆维吾尔自治区 2018 年度粮食安全省长责任制落实工作方案》，将六个方面重点任务细化为 20 项具体落实措施，明确责任单位和时间节点，压实各项考核任务。扎实推进 2018 年度粮食安全专员、州（市）长责任制考核和县（市、区）粮食安全责任制考核，夯实了保障新疆维吾尔自治区粮食安全基础。

三　抓粮食流通监管

粮食执法监管方面，坚持问题导向和底线思维，围绕小麦收储制度改革政策落实加强执法监督检查，指导各地印发 9 份整改通知书，查处 7 起举报案件。采取突击检查、暗察暗访等方式，强化政策性粮食销售出库监督检查。开展库存粮食质量安全监测，扦取 311 份自治区级库存粮食样品，完成了质量安全指标的检验。全区涉粮举报投诉案件较 2017 年下降 67%，12325 全国粮食流通监管热线保持零投诉。粮食法治建设方面，制定了《新疆维吾尔自治区粮食收购贷款信用保证基金管理操作规程（试行）》《2018 年自治区小麦收购应急预案》《新疆粮食质量安全事故应急处置预案》《新疆维吾尔自治区粮食质量安全监管办法实施细则》《新疆维吾尔自治区超标粮食处置管理办法（试行）》等规范性文件。制定《新疆维吾尔自治区粮食局行政调解依据梳理汇总表》，明确行政调解依据 4 项。组织法律顾问开展合同审查、出具法律意见、提供法律咨询 70 余次，完成了行政执法证件换发和申领监督证件 7 人、执法证件 10 人。政策性粮食大清查方面，全国政策性粮食大清查工作视频会议召开后，自治区人民政府研究部署了全区开展政策性粮食数量和质量大清查工作，自治区人民政府办公厅印发了《关于开展全区政策性粮食库存数量和质量大清查的通知》。自治区层面成立了以艾尔肯·吐尼亚孜常委、副主席为组长，发改、粮食、财政、农业、统计、中国农业发展银行、中储粮等有关部门（单位）为成员的大清查协调小组，自治区粮食和物资储备局具体负责大清查的组织协调工作。2018 年 12 月至 2019 年 1 月在喀什地区开展了大清查工作试点。

四　抓粮食流通体系建设

规划建设方面，全面落实《自治区"十三五"粮食流通规划建设项目实施方案》，梳理调度 2016～2018 年粮食流通基础设施投资项目 89 个，计划建设仓容 72.7 万吨。当年完成投资 36118 万元，完工项目 27 个，建成仓容 18.35 万吨。落实中央预算内投资 5974 万元，支持粮食安全调控和应急设施项目 14 个，总投资 14692 万元，新建（改造）仓容 18.68 万吨。自治区落实专项资金 1000 万元，支持粮食仓储项目 6 个，维修改造仓容 7.5 万吨。结合"丝绸之路"核心区商贸物流中心建设，开展"新疆国际粮油食品产业园"项目调研，完成新疆国际粮油食品产业园项目建议书（初稿）编制工作。优质粮食工程方面，编制完成《新疆维吾尔自治区优质粮食工程实施方案》，规划总投资 59573 万元，申请中央财政补助 30265 万元，其中：规划建设粮食质检体系项目 51 个，总投资 11225 万元；规划建设中国好粮油行动项目 15 个，总投资 7227 万元；规划建设粮食产后服务项目 84 个，总投资 11813 万元。2019 年，分解下达"优质粮食工程"中央财政专项 9855 万元，组织各地抓紧推进项目建设，推动新疆维吾尔自治区粮食产业经济高质量发展。粮安工程建设方面，新疆"粮安工程"粮库智能化升级改造项目于 2017 年纳入国家重点支持省份，项目总投资 37195 万元，其中：中央财政补助资金 26037 万元，自治区预算内配套资金 4000 万元，自治区财政配套资金 4200 万元，企业自筹资金 2958 万元。截至 2018 年底，已完成项目设计、项目审计（造价）、项目监理、专线链路，以及省级平台和 4 个标段库点改造项目的公开招标工作，完成投资 6921.5 万元，占总投资 18.6%。

五　抓行业发展

一是发展粮食产业经济。推动新疆维吾尔自治区人民政府出台《关于加快推进农业供给侧结构性改革大力发展粮食产业经济的实施意见》。昌吉州粮食产业集聚发展初见成效，阿拉山口保税区粮食物流园建设加快推进，乌鲁木齐市馕产业园初具规模，喀什、阿克苏等地馕产业蓬勃发展。二是确保安全生产。将"安全维稳、安全生产、安全储粮"纳入 2018 年粮食安全专员、州（市）长责任制考核。修订完善行业安全生产等规章制度 14 项，举办"一规定两守则"和"三个安全"培训班 19

期 1139 人次。2018 年全行业实现零事故发生。三是节粮减损。推广内环流控温、食品级惰性粉防虫技术等绿色储粮技术，国有粮食仓储企业磷化铝使用量从 2016 年的 10 吨下降到 2018 年的 4.65 吨。开展绿色科学储粮宣传推广，支持喀什国家粮食储备库开展绿色科学储粮建设试点，为南疆四地州部分县市贫困户配发科学储粮器具 9900 套。四是宣传文化建设。制定《公文公开属性认定管理办法》《重大决策预公开制度》《规范性文件合法性审查制度》，主动公开行政公文 96 件，在网站、微信、微博和电子屏发布政务信息 5250 条。新疆电视台、新疆日报、天山网等自治区主流媒体发布小麦收储制度改革新闻报道 18 篇、电视类宣传节目 8 期、电台 2 期、网络 1 期，组织"访惠聚"工作队入户宣传改革政策。拍摄《天山南北好粮油产业兴旺促发展》宣传片。五是深化改革转型发展大讨论。制定实施《全区粮食行业"深化改革 转型发展"大讨论活动实施及任务分解方案》，围绕粮食储备、粮食产业经济、小麦收储制度改革、粮食物流园建设等行业重点工作学习讨论、调查研究，形成合理化意见建议 45 条、调研材料 20 篇。六是干部队伍建设。按照"20 字"好干部标准和民族地区好干部政治标准选优配强干部，面向社会公开招聘专业技术人员，组织开展行业内仓储、统计、财务、信息等培训 1920 余人次。

六　抓党建工作

认真贯彻"一个带头""三个表率"要求，制定《关于聚焦总目标　以政治建设为统领　推进全面从严治党的实施方案》，开展领导干部双重组织生活会、党组织书记讲专题政治党课活动，不断强化党员干部理论武装。着力强化基层党组织政治功能，开展软弱涣散基层党组织整顿，推进党组织书记履行党建工作主体责任。制定《新疆维吾尔自治区粮食和物资储备局改进作风三十条纪律暂行规定》，加强对中央八项规定贯彻落实情况的监督检查。切实加强党风廉政和反腐败工作，抓住粮食流通重点工作和关键环节，加强廉政监督，完善廉政防控措施。修订完善了《新疆维吾尔自治区粮食局党委工作规则》，坚持集体领导、民主集中、个别酝酿、会议决策，全年召开 32 次党委会议，做到"三重一大"事项集体研究决策，决策过程中严格执行主要领导末位表态制。主要领导之间、班子成员之间经常开展沟通和交流，进一步增强党委班子的凝聚力、向心力和战斗力。

七　其他工作

帮助落实专项资金 3813 万元，加强对口帮扶村生产生活基础设施建设。筹措 100 万元用于支持柯坪县实施劳动力就业转移奖励补助。推进柯坪县粮油主应急配送中心建设。招录 65 名初高中毕业生到新疆工业经济学校进行"三免六补"学历教育，对帮扶村村民进行电脑、美容美发、烘焙、裁缝、普通话等技能培训，提高就业能力。支持驻托玛艾日克村第一书记牵头带动当地贫困户成立馕合作社发展，已吸纳 88 名贫困户就业。截至 2018 年末，各村转移就业 1510 人，脱贫 261 户、1336 人，尤库日斯村和玉尔其村 2018 年整村退出贫困村。持续接力推进"访惠聚"驻村工作，选派 43 名驻村干部、10 名深度贫困村第一书记到基层一线开展工作。扎实开展"民族团结一家亲"活动，组织局机关和局属事业单位 191 名干部职工开展 6 轮结亲走访活动，举办座谈报告会 214 场，开展各类联谊活动 614 场次，累计捐款 44.24 万元、捐物 5774 件、办好事实事 320 余件，推动了各族干部群众交往交流交融。深入开展学前双语支教工作，在完成前两批支教工作的基础上，2018 年又选派 15 名干部职工参加支教。

新疆维吾尔自治区粮食和物资储备局领导班子成员

孙永建　党委书记、副局长（2018 年 11 月任职）

热甫卡提·努热合曼　党委副书记、局长（2018 年 11 月任职）

唐阿塔尔·克里马洪　党委副书记、局长（2018 年 11 月调离）

王卫军　党委委员、副局长（2018 年 11 月任职）

郭洪伟　党委委员、副局长（2018 年 11 月任职）

阿木提·塔西铁木尔　党委委员、副局长（2018 年 11 月任职）

2018 年 11 月 30 日，新疆维吾尔自治区粮食和物资储备局挂牌，新疆维吾尔自治区发展和改革委员会主任许斌（中）出席挂牌仪式。

2018 年 5 月 31 日，新疆维吾尔自治区召开夏粮收购工作电视电话会议。

2018 年 6 月，新疆维吾尔自治区粮食局选派国家级贫困县柯坪县"访民情、惠民生、聚民心"工作队带领维吾尔族群众举行升国旗仪式。

新疆生产建设兵团 基本情况

新疆生产建设兵团（以下简称兵团）成立于 1954 年 10 月 7 日。兵团承担着国家赋予的屯垦戍边职责，实行党政军企合一体制，是在自己所辖区域内依照国家和新疆维吾尔自治区的法律、法规，自行管理内部行政、司法事务，在国家实行计划单列的特殊社会组织，受中央政府和新疆维吾尔自治区双重领导。截至 2018 年末，兵团有 14 个师，9 个兵团管理的师市合一的自治区直辖县级市，11 个建制镇，179 个团场，8325 家工交建商企业（其中上市公司 14 家），有健全的科研、教育、文化、卫生、体育、金融等社会事业和公安、人民检察院、人民法院、人民武装、人民警察、司法等司法机构。

2018 年兵团生产总值 2515.16 亿元，比上年增长 6.0%。2018 年人均生产总值 82317 元，比上年增长 1.2%。全员劳动生产率 166073 元 / 人，比上年提高 2.9%。2018 年末，兵团总人口 310.56 万人，比上年末增加 10.03 万人、增长 3.3%。2018 年，社会消费品零售总额比上年增长 7.1%，城镇居民人均可支配收入和连队居民人均可支配收入分别增长 5.8%、9.3%。2018 年粮食作物播种面积 25.13 万公顷，比上年下降 6.1%；粮食产量 238.46 万吨，比上年增长 1.9%，其中：小麦产量 75.41 万吨，稻谷产量 25.98 万吨，玉米产量 125.16 万吨，大豆产量 1.16 万吨。

深化改革稳步推进、成效初显。团场综合配套改革全面推开，建立了团场职能行政化、人员编制实名化、企业市场化、公共服务均等化、社会事业一体化、连队管理民主化的"六化"新运行机制，农业生产力得到切实解放，"兵"的能力得到重塑。国资国企改革全面推进，"企"的市场主体地位进一步确立。财政管理体制正式实施。健全和转变"政"的职能改革取得突破，"政"的意识正在养成。

2018 年工作

一 小麦收储制度改革效果好于预期

2018 年 3 月 16 日，新疆维吾尔自治区人民政府《关于印发〈自治区小麦收储制度改革方案〉的通知》明确，停止执行"政府定价、敞开收购、敞开直补"的小麦收储政策，建立"政府引导、市场定价、多元主体收购、生产者补贴、优质优价、优质优补、应急托市收购"的小麦收储新机制。自 6 月 20 日开秤收购至 11 月 30 日，新疆维吾尔自治区三等及以上冬小麦价格在 2.32～2.65 元 / 公斤、春小麦价格在 2.16～2.58 元 / 公斤，收购价格始终处于合理区间，种粮农民（包括兵团团场职工，下同）基本收益得到保障，年度小麦收购应急预案没有启动，财政支出相应减少。新疆小麦收储制度改革的实施，促进了粮食供给侧结构性改革，政府作用得到有效发挥，售粮农民满意度明显提升，改革取得良好成效。

二　推进粮食流通行政职能授权落实工作

根据《新疆维吾尔自治区人民政府授予新疆生产建设兵团行政职能和行政执法权的决定》精神，新疆维吾尔自治区人民政府授予兵团三项粮食流通行政职能和行政执法权：一是粮食收购资格许可；二是军粮供应站资格、军粮供应委托代理资格认定；三是参与粮食风险基金管理，开展粮食流通宏观调控的职能。其中：粮食收购资格许可行政职能已承接到位，兵团粮食局制定印发了粮食收购资格管理办法，各师市粮食局已开始行使粮食收购资格许可行政职能；军粮供应站资格、军粮供应委托代理资格认定职能已承接到位，兵团粮食局转发了国家粮食和物资储备局《军粮供应站和军粮代供点资格认定办法》，明确了军粮供应的资格申请与审核、职责、监督管理等具体要求；兵团发展和改革委员会参与粮食风险基金管理、开展粮食流通宏观调控职能逐步推进落实。

三　促进粮食流通市场平稳运行

兵团发展和改革委员会（粮食局）在参与粮食风险基金管理、开展粮食流通宏观调控职能尚未承接到位的情况下，加强与自治区粮食和物资储备局工作衔接。一是联合开展了政策制定、工作部署、督查服务等相关工作；二是会同兵团财政局与自治区粮食和物资储备局沟通衔接，在 2018 年自治区小麦收购应急预案中明确本年度兵团辖区小麦应急收购由自治区统一实施，相关费用由自治区财政承担，确保同区域同政策，稳定团场种粮职工预期，促进粮食流通市场平稳运行。

四　启动兵团"优质粮食工程"建设

兵团发展和改革委员会（粮食局）、财政局联合上报了《新疆生产建设兵团"优质粮食工程"建设三年实施方案》，财政部、国家粮食和物资储备局初审同意，其中包括粮食质量安全检验检测体系项目、粮食产后服务体系项目，财政部拨付 2018 年兵团"优质粮食工程"中央财政专项资金 1221 万元。该项目对于兵团加强粮食流通行政管理，促进粮农增收，提升粮食产业化发展水平将发挥重要作用。

五　开展政策宣传

兵团粮食行业认真开展粮食科技周和世界粮食日及粮食安全系列宣传活动，加强粮食政策、法规和节粮、储粮等知识宣传教育。贯彻落实国家粮食局"七五"普法各项工作，加大普法宣传力度。

新疆生产建设兵团发展和改革委员会（粮食局）领导班子成员

王多生　党组书记、主任（局长）

闫海燕　党组成员、兵团南疆建设办公室主任

刘庆发　党组成员、副主任（副局长）、巡视员

张生龙　党组成员、副主任（副局长）

郭晋新　党组成员、兵团纪委驻委（局）纪检组组长

宋秀民　党组成员、副主任（副局长）（援疆）

邓燕红　党组成员、副主任（副局长）

宋宸刚　党组成员、副主任（副局长）（挂职）

伍新南　副巡视员

李燕青　党组成员

2018 年 9 月 14 日，新疆维吾尔自治区副主席、生产建设兵团党委副书记、司令员彭家瑞同志（左三）到兵团发展和改革委员会（粮食局）调研指导工作。

2018年3月6日，新疆生产建设兵团发展和改革委员会（粮食局）党组书记、主任王多生同志（左三）在十四师调研。

2018年4月3日，新疆生产建设兵团发展和改革委员会（粮食局）党组成员、副主任邓燕红同志（右排左三）在兵团粮油产品质量监督检验中心调研。

大连市　　　基本情况

大连口岸作为我国东北及东北亚地区重要粮食集散地，有著名的大连港和北良港，每年粮食中转量达 1000 多万吨。大连商品交易所是全国最大的粮食期货交易所，大连北方粮食交易市场是居全国前列的现货交易市场，大连金三角粮食批发市场、双兴商品城、谷金川粮食交易市场等是繁荣、规范、交易量大的成品粮批发市场，已经成为大连市实现粮食供需平衡的重要保证。大连市食用植物油年产量达 40 多万吨，为食用植物油供需平衡创造有利条件。2018 年大连市遭受热带风暴灾害，主要粮食品种玉米大面积倒伏减产近三成。粮食播种面积 26.5 万公顷，粮食总产量 110.8 万吨，比上年减少 9.2%。其中：水稻产量 13.7 万吨，玉米产量 77.9 万吨，大豆产量 6.7 万吨，薯类产量 12 万吨，杂粮产量 0.5 万吨。2017/2018 年收购季，全市地方国有粮食企业共收购秋粮 18.9 万吨，其中水稻 4.81 万吨，玉米 14.09 万吨。

2018 年工作

一　抓粮食收购

一是督促国有粮食企业要认真贯彻执行国家玉米收储制度改革政策、国家粮食收购质价和"五要五不准"政策，确保农民出售的粮食优质优价。二是印发《关于做好 2017 年秋粮收购工作的通知》，成立了全市秋粮收购工作领导小组，要求各区市县切实加强秋粮收购工作的组织领导，积极引导多元主体入市收购，保障市场化收购资金，强化粮食产销衔接，创新为农服务方式和维护收购市场秩序。三是通过每周汇总全市粮食收购进度，及时了解收购情况，加快市级储备粮收购贷款资金的发放，促进国有粮食企业收购工作的顺利开展，确保农民种粮增产增收。

二　抓粮食轮换

2018 年上半年，市级储备粮承储企业按计划完成了市级储备玉米 3 万吨、水稻 3.8 万吨的轮进任务。3 月，下达了 2018 年市级储备小麦轮换计划 3.3 万吨，成品粮油轮换计划 1 万吨（大米 0.5 万吨，小麦粉 0.5 万吨）。8 月，下达 2018～2019 年度市级储备玉米轮换计划 3.5 万吨，水稻 3.8 万吨。为减少轮换价差给企业带来亏损，保证不低于 70% 的实物库存，分期分批下达了市级储备玉米和水稻轮换计划。在粮源采购上，各市级储备粮承储企业抓住秋粮上市粮源充足、价格相对在低位上运行的机遇，加大采购力度，全力以赴抓粮源，保证完成轮入任务。

三　抓项目建设

2018 年粮库智能化升级改造总投资 1320 万元，涉及 19 个地方储备粮承储企业。国家政策性应急供应粮食仓储设施维修改造项目 6 个，共安排资金 289 万元。国家粮食质量检测体系建设中央财政补助资金投资 1650 万元，项目建设成通过验收。2018 年，大连市安排财政专项资金 950 万元支持加强粮食质量检测能力，为 16 个市级储备粮承储企业购置快速检验设备 68 台（套），提升大连地区市级储备粮承储企业、军粮加工企业的技术支撑能力。

四　抓行业安全

加大安全管理力度，认真落实粮食行业安全生产各项管理要求，开展地方储备粮承储企业安全储粮和安全生产风险隐患管控排查，加强消防安全、储粮安全和生产作业安全的抽查，以及加强储粮化学药剂的安全管理，严格落实安全生产责任，不断完善各项应急预案并加强演练，开展安全防患排查和整改，杜绝火灾和安全生产事故的发生。

五　抓监督检查

高质量地完成了 2017 年度粮食安全省长责任制考核工作，在省政府的考评中大连市再次获评优秀等次。精心组织开展全市范围的 2018 年粮食库存大检查，在涉粮区市县自查的基础上，组织专业技术和执法人员对 5 个地区以及中央储备粮大连直属库等 8 家企业进行了抽查，做到问题查得清，整改责任落实清。积极开展 12325 全国粮食流通监管热线宣传活动，扩大社会知晓范围，畅通关于粮食问题的相关投诉举报渠道。加强粮食收购市场监督检查，参加粮食收购的企业都有粮食收购资质，粮食收购市场秩序良好。

六　抓粮食质量

出台《大连市超标粮食管理办法》《大连市超标粮食处置管理细则》《大连市粮食质量安全监管实施细则》《大连市粮食质量安全事故（事件）应急处置预案》，对超标粮食储存、监管与处置等粮食质量安全监管活动做出了明确的规定。做好市级地方储备粮质量检验检测，军供粮质量检验检测，"放心粮油"的质量监管工作，确保粮食质量安全。做好质量调查、品质测报和粮食质量安全监测工作，组织专班专人到 3 个县市区、24～30 个乡镇、90～110 个自然村，约 2000 家农户田间进行抽样，为政府提供决策依据，为农户和企业生产经营提供信息。

七　抓统计监测

　　加强社会粮食企业报表管理，扩大粮食流通统计覆盖面。开展全社会粮食供需平衡调查，保质保量完成调查任务。筛选确定粮食市场价格监测点，及时掌握粮油资源配置状况，认真做好分析预测，2018年共编写《粮油市场信息》12期，提供给大连市委、市政府各有关职能部门，并通过大连市服务业委员会网站向社会发布。

大连市商务局领导班子成员（2018年）

王丽英　党组书记、局长

宁松岩　党组成员、副局长

李延锋　副局长

曲　波　党组成员、驻局纪检组长

王　毅　副局长

刘国志　党组成员、副局长

大连市发展和改革委员会领导班子成员（2019年2月14日后）

赵永勃　党组书记、主任（局长）

姜茂生　副主任（副局长）

肖生滨　党组成员、副主任（副局长）

殷永江　党组成员、副主任（副局长）

齐永宏　党组成员、副主任（副局长）

顾在浜　党组成员、副主任（副局长）

2018 年 12 月 4 日，大连市商务局召开"大讨论、大实践"部署会，主席台从左至右为曲波、王丽英、宁松岩。

2018 年 12 月 14 日，大连市商务局党组书记、局长王丽英在大连市商务局上党课。

2018 年 12 月 29 日，大连市商务局召开局长办公会。

青岛市　基本情况

青岛市位于黄海之滨、山东半岛南端。青岛市是我国沿海重要中心城市和滨海度假旅游城市、国际性港口城市、国家历史文化名城。陆域面积 11292 平方公里，海域面积 12240 平方公里。2018 年末，青岛市常住总人口 939.48 万人，增长 1.1%。其中，市区常住人口 635.25 万人，增长 1.6%。2018 年，全市生产总值 12001.5 亿元，按可比价格计算，增长 7.4%。其中，第一产业增加值 386.9 亿元，增长 3.5%；第二产业增加值 4850.6 亿元，增长 7.3%；第三产业增加值 6764.0 亿元，增长 7.7%。三次产业比例为 3.2 ∶ 40.4 ∶ 56.4。人均 GDP 达到 128459 元。2018 年，全市粮食播种面积 48.1 万公顷；粮食总产量 310.1 万吨，增长 4.4%。其中，小麦 137.7 万吨，玉米 169.1 万吨，大豆 1 万吨，薯类折粮 2.1 万吨。2018 年，收购粮食 158.7 万吨，其中，收购小麦 113.6 万吨，收购玉米 40.9 万吨。销售粮食 710.4 万吨。粮食商品量 217.1 万吨。2018 年收购夏粮 58 万吨，收购秋粮 17 万吨，粮食购销总量 1319.8 万吨，粮食储备轮换任务完成 100%。全市应用环流熏蒸仓容 110.4 万吨、粮情测控仓容 122.7 万吨、机械通风仓容 140.7 万吨。全市 89 个粮油加工企业纳入统计范围，工业总产值 430.82 亿元，销售总收入 557.68 亿元；年设计粮食加工能力 770.76 万吨；年处理小麦 244.94 万吨，年处理大豆 315.67 万吨，年饲料加工 178.47 万吨；中国驰名商标 4 个，山东省著名商标 13 个。

2018 年工作

一　抓粮食安全责任制

青岛市委、市政府把粮食安全责任制纳入经济社会发展综合考核。分管副市长多次主持召开粮食安全责任考核工作会议，审议通过青岛市粮食安全责任考核安排意见，提出明确工作要求。各级粮食部门认真履行粮食安全考核工作组办公室职责，与各成员单位通力合作，健全机制，压实责任，落实工作，保障考核任务顺利完成。青岛市在山东省政府年度考核中取得优秀等次，7 个区市也取得优秀的好成绩。

二 抓"三大体系"

地方粮食储备体系设施完善、规模适当、品种齐全、布局合理、管理规范、储粮科学。投资 9720 万元,新建标准仓房 4 万吨。建立了保障半年口粮的原粮储备、10 天以上的成品粮储备和 40 天以上的花生油储备。粮食质量监管体系机构成网络、检测全覆盖、监管无盲区。投资 3400 万元,建设 3000 平方米的市粮油质量检测中心,在 3 个区(市)建设粮食质量检测站,为 17 个国有收储企业配备快速检测设备,市粮油质量检测中心达到国家级标准,全市各级检测机构年检测量 20000 批次。粮食应急供应体系布局合理、设施完备、运转高效、保障有力。累计投资 6728 万元,完善了 13 个粮油应急加工企业、10 个应急运输企业、10 个应急配送中心、16 个主食配送中心和 356 个粮食应急供应网点,在青岛市政务网发布粮食应急加工供应网点电子地图,组织应急保障演练 8 次。

三 抓依法管粮

制定《粮食执法事项清单》《执法事项记录清单》。推进粮食"放管服"改革,落实"一次办好"工作要求,将粮食收购资格许可行政审批 5 个环节优化为 4 个,将规定办理时限 15 个工作日压缩至 5 个工作日。对青岛市 63 个国有粮食承储库点逐仓检查,初步摸清了全市粮食库存底数和质量状况。依法审核全市 162 家粮食收购市场主体,开展粮食收购秩序和质量专项检查,查处违规行为 22 起,切实维护了种粮农民利益。

四 抓粮食产业经济

出台《青岛市加快建设粮食产业经济强市的实施意见》,粮油加工企业经济运行保持平稳向好态势。投资 3338 万元建设了 15 个粮食产后服务中心,产后服务能力 66 万吨。发放农民科学储粮小粮仓 4000 个,累计发放 30610 个。投资 3735 万元,推进中国好粮油示范县建设,打造中国好粮油行动示范企业。推广优质小麦订单种植 0.67 万公顷,带动农民增收 1500 万元。推进粮食产销协作,参加中国粮食交易大会、山东首届粮油产业博览会、上海焙烤展览会等展会 100 余场次。建立"中国好粮油"大区域销售中心 20 个,销售网点、专柜 1500 多个,组织"中国好粮油"产品进社区、进工厂、进学校宣传活动 200 余场。

五 抓自身建设

出台《落实全面从严治党主体责任工作方案》《党风廉政建设和反腐败工作实施意见》。开展"大学习、大调研、大改进"活动、转型发展大讨论、解放思想大讨论活动,举办研讨会 15 场次,确定调研课题 27 个,查摆整改问题 37 个,形成大讨论优秀征文 27 篇,优秀计策 36 个;粮食行业安全生产零事故,粮食系统保持 2 个全国"安康杯"竞赛优胜单位称号、1 个山东省"安康杯"竞赛优胜单位称号。在青岛市开展为期 5 个月的"保障粮食安全、爱粮节粮"宣传活动,开展进农村、进社区、进军营、进校园、进机关、进企业"六进"活动等 60 多场次,86000 余人参与,在全市营造了关心粮食安全、爱粮节粮、厉行节约的良好氛围。

六 抓系统改革

2018 年 12 月 29 日，中共青岛市第十二届委员会第四次全体会议通过《中共青岛市委青岛市人民政府关于青岛市市级机构改革的实施意见》，决定将市粮食局的职责划入青岛市发展和改革委员会，不再保留青岛市粮食局。根据青岛市委、市政府《市属经营性国有资产统一监管改革方案》要求，将青岛市粮食局下属企业的国有产权全部无偿划转给青岛国信集团。

青岛市粮食局领导班子成员

张　斌　党委书记、局长

于莲华　党委委员、副局长

柳永志　党委委员、副局长

陈俊魁　党委委员、副局长

吴显烨　党委委员、副局长

青岛市粮食局举办爱粮节粮"六进"系列宣传活动——进学校。

青岛市粮食加工新增大米生产线。

青岛市新建的粮油质量检测中心具备 2201 个参数检验资质。

宁波市　基本情况

宁波市简称"甬"，位于浙江省东北部，地处我国海岸线中段，长江三角洲南翼。宁波港集内河港、河口港和海港于一体，是我国大陆著名的深水良港。宁波市是中国首批进一步对外开放的沿海港口城市、享有省级经济管理权限的计划单列市和副省级城市。宁波市辖海曙、江北、镇海、北仑、鄞州、奉化 6 个区，宁海、象山 2 个县，慈溪、余姚 2 个县级市。共有 75 个镇、10 个乡、71 个街道办事处、721 个居民委员会和 2485 个村民委员会。2018 年底，宁波市拥有户籍人口 603.0 万人，其中市区 295.6 万人。2018 年全市实现地区生产总值（GDP）10746 亿元，跻身经济总量万亿城市行列，按可比价格计算，比上年增长 7.0%。按常住人口计算，全市人均地区生产总值为 132603 元，按年均汇率折算，超过 2 万美元，达到 20038 美元。

2018 年，宁波市收购粮食 28.65 万吨。全市国有粮食购销企业与 1.9 万户农户签订 26.60 万吨粮食收购订单，占全省订单总数的 24%。全市订单粮食收购 25.27 万吨。全市设立粮食应急供应网点 327 个，应急加工企业 29 个，应急运输企业 14 个，应急配送中心 11 个。完成象山西周粮食储备库、鄞州区中心粮库立筒仓工程、宁海县宁西粮食储备库 3 个粮库建设项目，总仓容 6.3 万吨，总投资 1.5 亿元。

2018 年工作

一　抓"一个责任"

制定《2018 年宁波市粮食安全区县（市）长责任制考核方案》，签订《粮食安全责任书》，建立了考核评价体系、定期例会、情况报告和台账制度。认真履行管好"米袋子"的政治责任，组织开展对上年粮食安全市长责任制考核存在问题的整改，层层压实责任，力争本市考核分数位于浙江省前列。组织开展"世界粮食日"和粮食安全宣传、粮食安全大走访大调研、"十大网红米食店"评选、"中国好粮油"知识竞赛和"我在延边有亩田"等系列宣传活动，不断提升全社会粮食安全意识和责任意识。

二　抓"两大工程"

一是实施"人才兴粮"工程。委托河南工大合作对粮食系统一线骨干进行专业培训；创新人才培育和引进机制，确定 11 名定向培养计划；举办了宁波市粮食干部和年轻骨干培训班；优化人才激励机制，市本级中心粮库"优编提效"得到有效落实。二是推进"科技强粮"工程。完成《关于推进本市"智慧粮食"建设调研报告》，完成 9 个项目粮库智能化升级改造，推进了浙江省政务和业务信息平台与浙江省储备粮业务管理系统的应用，宁波市国有粮食收储公司本部和中心粮库都已完成政府外网接入和联网工程。

三　抓"三项改革"

深化市本级国有粮食企业"二次改革"，支持国有粮食企业参与优质粮食工程，研究完善新一轮市本级地方储备补贴包干协议方案，完善市本级直属国有粮食企业负责人 2018 年度薪酬办法，完成市本级国有粮食企业公务用车制度改革。稳妥推进粮食收储制度改革，积极推动由政策性收储为主向政府引导下市场化收购为主转变，鼓励有条件的区县（市）先行优粮优价收购试点，部分区县（市）对订单品种结构作出调整，引导农户调整种植结构，海曙等区县（市）已取得初步成效。

四　抓"四个定力"

一是增强政治定力。修订完善《党委会议事规则》，深入学习领会习近平新时代中国特色社会主义思想，持续推动党的"五大建设"，建立固定组织生活日公示制度，组织党员学习参观南湖"红船"、余姚横坎头村等红色基地。认真开展"不忘初心、牢记使命"主题教育。二是增强谋略定力。大兴调查研究之风，研究确定 15 个粮食流通重点调研课题，《新时代推进宁波市粮食安全保障对策建议调研报告》受到浙江省委副书记、宁波市委书记郑栅洁，宁波市长裘东耀的高度重视，并分别作了重要批示。健全重点工作责任分解机制，明确工作任务、标准要求、完成时限，确保各项任务圆满完成。三是增强作风定力。大力弘扬"宁流千滴汗、不坏一粒粮"优良传统和"四无粮仓"精神，坚定"为耕者谋利，为食者造福，为业者护航"的精气神，全力助推"四强"精神，从严锻造"四铁"粮食铁军。四是增强拒腐定力。严格执行中央八项规定精神及新修订的实施细则，落实党风廉政建设"两个责任"，坚持把纪律挺在前面，整改落实市纪委"四见"执纪监督反馈意见，层层签订《党风廉政建设责任书》，强化对涉粮项目、资金的管理和监督，营造风清气正的发展环境。

五　抓"五大体系"

一是健全粮食宏观调控体系。抓好粮食收购，减少小麦订单、增加早稻和晚稻订单，发展订单粮食 26.5 万吨。启动早稻最低收购价预案，建立优粮优质优价的粮食生产、分类收储和交易机制。修订地方储备粮轮换管理办法，全市储备粮轮入 26.9 万吨，轮出 27.9 万吨，确保政府储备"管得住、调得动、用得好"。二是健全粮食产业经济体系。《宁波市粮食产业经济发展规划研究》即将通过专家评审,《关于加快粮食产业经济发展的实施意见》即将出台,上半年粮食产业经济完成工业总产值28.1亿元,同比增加5.6%。三是健全粮食流通设施体系。通过《宁波市"十三五"粮食流通基础设施建设规划》的中期评估。加快推进粮食仓储设施建设,宁波市列入中央资金补助的9个项目,土建部分都已全部完工,5个项目已投入使用,其余在建粮库建设项目和维修改造项目全面完成。深化"星级粮库"创建,10个单位获得2017年度"一符四无"粮仓区、县(市)称号,开展"二星级"粮库评定,25个粮库顺利通过复评。四是健全粮食应急供应体系。修订完善操作手册、应急供应现场处置预案,落实应急供应各项措施。全市应急网点全面录入浙江省管理网络平台,形成网络化管理体系。五是健全粮食流通监管体系。建立12325全国粮食流通监管热线和粮食经营者守法诚信评价制度。加强地方储备粮的监管,对全市储备粮、异地储存、进出库的储备粮数量、质量、储粮安全情况进行检查。开展2018年全市春季粮油安全大检查。开展粮食收购环节的粮食质量调查、品质测报和原粮卫生调查,建立超标粮食收购处置长效机制,印发《关于贯彻早稻重金属污染监测调查关口前移的通知》,开展"国家食品安全城市"创建活动。开展"安全生产月"活动,落实安全生产季度通报制度。

六 抓"六件大事"

一是打造新模式。探索建立市区联动打造"现代粮仓+产业园区"新模式,建设一个集储备、加工、物流、产业、交易于一体的新型粮食仓储体系,接轨国家"北粮南运"和"一带一路"倡议,力争建设成为国家粮食物流节点城市,为完善全市粮食安全保障体系探索新路、提供经验。布局建设一个由5万吨级粮食专用码头、10万吨储备仓、10万吨中转仓以及冷链仓、交易仓组成的粮食物流中心,叠加临港粮食仓储、进出口贸易、粮食转化与精深加工等功能。二是推动新工程。制定《本市"放心粮油"工程三年行动计划》,海曙、北仑区建成"放心粮油示范县";鄞州、江北、镇海、奉化将于2019年达到"放心粮油示范县"创建目标;余姚、慈溪、宁海、象山4个县(市)于2020年完成创建任务。三是释放新活力。发挥政策推动、规划引领、标准规范、技术指导、信息引导等方面作用,主动适应人民日益增长的美好生活需求,加快推进粮食产业创新发展、转型升级,掀起全市大力推进粮食产业经济新热潮。四是构建新平台。举办"延米甬飘香"主题延边大米文化节、"延边新米上市"发布会。巩固与东北、苏皖和江西省主产区粮食产销合作,先试先行在盐城建立优质粮食购销基地,推进"长三角"一体化粮食安全区域协作,建立粮食应急采购多层粮源体系。五是创建新品牌。以世界粮食日和粮食安全系列宣传活动为契机,筛选20家米食店品牌,通过图文并茂,在《宁波晚报》、宁波公众号、微信推出"十大网红米食店"评选活动,评出10家米食品牌。推广非物质文化遗产保护,筹建粮食文化博物馆。六是推出新亮点。结合"深化改革、转型发展"大讨论活动成果,从仓储管理、产业发展、为农服务、基地建设等粮食工作的各个方面总结经验,研究推出"一县一品"粮食工作新典型,形成15篇优秀调研报告,在宁波市交流推广。

宁波市粮食和物资储备局领导班子成员

任学军 党委书记、局长(2019年1月调任市委宣传部副部长)

郑桂春 党委副书记、副局长(2019年1月调任农业农村局副局长、党组副书记)

颜　华　党委委员、副局长（2019 年 1 月调任发展和改革委员会副巡视员）

林　洁　党委委员、副局长（2019 年 1 月调任服务业发展局副局长、党组成员）

程宏友　党委委员、总工程师（2019 年 1 月调任发展和改革委员会党组成员、副局长级）

徐建国　党委委员、副局长（2019 年 1 月调任能源局副局长、党组成员）

黄华斌　党委委员、纪检组长（2019 年 1 月调任市府办纪检监察组副组长）

周坚巍　副巡视员（2018 年 8 月任职，2019 年 1 月调任发展和改革委员会副巡视员）

2018 年 8 月 15 日，宁波市市长裘东耀（中）召开专题会议研究宁波市粮食工作。

2018 年 9 月 6 日，全市发展粮食产业经济务虚会在宁波慈溪召开。

2018 年 11 月 20 日，延边大米新米上市宁波专场推广活动举办。

厦门市 基本情况

厦门市地处中国东南沿海、九龙江入海口，台湾海峡西岸，东南面对金门诸岛，北接泉州，南邻漳州，位于闽南金三角经济区中心，是全国首批经济特区、国家综合配套改革试验区、中国自由贸易试验区和副省级计划单列市，也是两岸新兴产业和现代服务业合作示范区、东南国际航运中心、两岸区域性金融服务中心及两岸贸易中心和现代化国际性港口风景旅游城市。

2018年，厦门市实现生产总值4791.41亿元，按可比价格计算，比上年增长7.7%；常住人口411万人，增加10万人，增幅2.49%，其中户籍人口242.53万人，城镇人口207.89万人；实现公共财政预算总收入1283.29亿元，同比增长8.1%，其中地方级财政收入754.54亿元，同比增长8.3%。全体居民人均可支配收入50948元，同比增长9.3%；城镇居民人均可支配收入54401元，同比增长8.8%；农村居民人均可支配收入22410元，同比增长9.5%。2018年，粮食播种面积4013.35公顷，同比减少35.82%；粮食总产量2.29万吨，同比减少37.26%；产销缺口146.5万吨，增长1.7%。全年粮食购进量1668.41万吨，同比增加197.08万吨，增长13.3%；销售转化量1602.7万吨，增加175.19万吨，增长12.27%。全社会粮食总供给691.2万吨（原粮口径），增加67.8万吨，增幅10.9%，其中从国内购进475.5万吨，增加48万吨，增幅11.2%；进口215.7万吨，增加23.4万吨，增幅12.2%。粮食总需求688.6万吨，增加100.2万吨，增幅17%，其中本地消费148.8万吨，增幅0.7%(口粮消费76.8万吨，增幅2.8%；饲料和工业用粮消费72万吨，减幅1.5%)。2018年，粮油市场供应充裕，购销量持续增长，品种丰富，价格平稳。

2018 年工作

一 抓粮食调控

2018年度市级储备粮拍卖94521吨、招标采购60950吨，订单采购30000吨。翔安粮库二期、军粮仓储配送应急保障中心两个工程项目并投入使用。全面采用粮情测控系统、机械通风、环流熏蒸、谷物冷却"四合一"科学保粮技术，在同安粮库、翔安粮库二期运用充氮储粮技术，实现充氮气调储粮 27400 吨。全市储备粮符合"一符四无"要求，数量真实、质量良好。建立稳定的粮食产销协作机制，利用国内国际两种资源、两个市场，构建国际、省际、省内三道粮源供应线，多渠道、多层次引粮入厦。组织参加省内外各类粮食产销协作洽谈会，不断拓宽引粮入厦渠道，为保障军需民食夯实基础。

二　抓粮食安全责任制

厦门市人民政府市长庄稼汉、分管副市长韩景义分别带队调研粮食工作，对抓好粮食安全和责任制考核提出明确要求。完善厦门市粮食安全责任制考核工作机制，对照 46 项考核目标任务、114 个评分标准，逐项逐个对标找差距、补"短板"、抓落实，厦门市取得福建省第二名的优秀成绩。组织对厦门市各区政府落实粮食安全行政首长责任制情况进行实地考核，现场检查行政区 4 个，完成 2 项整改任务，出台 3 件考评工作文件，指导考评工作有序开展，有效增强各级各部门的粮食安全责任意识。

三　抓粮食流通监管

组织开展粮油质量季度考评和粮食库存春季大检查。完成全年粮油质量卫生抽检 400 批次。"双随机"回访 10 家企业，"四不两直"双随机抽查比率达 31.45%。开展政策性粮食库存数量和质量大清查试点，成立以分管副市长为组长、有关职能部门组成的大清查协调机制，周密制定实施大清查试点工作方案，选调 60 多人组成数量核查、财务统计检查、质量卫生检查和综合协调等 6 个工作组，明确各组职责、任务分工和工作要求，分解细化责任。自查、普查 18 个市级储备库点、128 间仓廒，6 个省级动态储备粮相关单位。粮食质量检验监测能力建设项目，陆续投入使用一批先进检测分析仪器设备，不断提高检测能力，质量、食品安全等参数达到 168 个，并具备开展转基因与微生物检测的条件；全年完成各类粮油抽检 1135 批次。

四　抓粮食行业发展

厦门海嘉面粉、厦门市粮油质量监督站分别获"优质粮食工程"中央补助资金 364 万元和 22.7 万元；获得福建省粮食风险基金补助 1121 万元，积极组织厦门粮食企业申报并获得引粮入闽资金 510 万元。厦门市 18 家原粮经营企业"一品一码"全部上网填报原粮信息，通过福建省效能考核，特别是完成了分布全市 17 个库点、124 个仓廒的市级储备原粮的"一仓一码"录入工作，着重拓展"一仓一码"粮食信息追溯管理系统在储备粮验收入库"三道关口"的质量安全监测信息登记应用、在储藏期间每年 2 次品质监测数据的登记应用以及储备粮轮换出仓前检验结果与二维码挂钩，在拍卖交易、运至加工使用单位的信息伴随应用。通过储备粮"一仓一码"和二维码管理，使储备粮品种、数量、质量、产地、年份、保管等信息一目了然，既方便查询使用，又有利于监管和责任制考核。

| 五 | 抓粮食系统党群工作 |

　　全面加强领导班子和基层党组织建设，进一步修订完善局党组从严治党主体责任清单，落实从严治党主体责任。严守机构改革各项纪律，有序推进粮食系统机构改革工作，确保思想不乱、队伍不散、工作不断、干劲不减，做到机构改革和业务工作两不误、两促进。抓好市委巡察组反馈问题的后续整改落实，针对巡察反馈的六个方面 16 个具体问题制定 85 条整改措施，持续做好整改落实直至完成全部整改任务。深入推进系统精神文明建设工作，省级文明单位创建工作再上新台阶。加强干部队伍建设，坚持正确用人导向，营造良好政治生态，激励干部担当有为、干事创业的精气神，培养造就忠诚干净担当的干部队伍。持之以恒抓好机关效能建设，正风肃纪，强化纪律作风建设，持续推动机关效能上新水平。

厦门市粮食局领导班子成员

卢晓东　党组书记、局长 (2018 年 6 月退休)

张伟生　党组成员、副局长 (2018 年 7 月主持工作)

段小红　党组成员、副局长

田承洋　党组成员、副局长

黄启忠　副巡视员

2018 年 12 月 13 日，厦门市市长庄稼汉（中）带队调研粮食工作，实地考察厦门市第一粮库检化验室。

2018 年 10 月 12 日，厦门市副市长韩景义（中）带队调研，实地检查指导政策性粮食库存数量和质量大清查试点工作。

厦门市粮食局组织党员干部到同安区委党校学习培训，重走习近平总书记访贫之路。

深圳市 基本情况

2018 年，深圳市地区生产总值 24221.98 亿元，比上年增长 7.6%。2018 年末，全市常住人口 1302.7 万人，比上年末增加 49.8 万人，其中常住户籍人口 454.7 万人，增长 4.6%，占 34.9%；常住非户籍人口 848.0 万人，增长 3.6%，占 65.1%。2018 年末，深圳市在库地方储备粮 153.8 万吨，储备食用植物油 1.2 万吨，猪肉储备 0.3 万吨（其中，冻猪肉储备 0.1 万吨；活体猪储备 4 万头，折猪肉 0.2 万吨）、医药储备 1000 万元，食盐 0.5 万吨。

2019 年 3 月，根据《中共深圳市委深圳市人民政府关于印发〈深圳机构改革方案〉的通知》《深圳市发展和改革委员会职能配置、内设机构和人员编制规定》，深圳市发展和改革委员会承担本市粮食和物资储备工作职责，具体工作由深圳市发展和改革委员会粮食和物资储备处实施。原承担粮食和物资储备工作职责的深圳市经济贸易和信息化委员会更名为深圳市工业和信息化局，不再承担该业务。

2018 年工作

一 切实履行粮食安全工作责任

深圳市政府主要领导、分管领导多次作出指示批示，要求全力以赴做好粮食安全责任考核工作。针对 2018 年度粮食安全责任考核各项指标，工作中严格标准，全面查漏补缺，补齐"短板"，逐一落实。2016 年、2017 年连续两年广东省粮食安全责任考核被评为优秀。

二 全面完成地方粮食储备任务

2018 年超额完成广东省政府下达的粮食储备任务。加强地方粮食储备监管，确保储备粮数量真实、质量良好、储存安全。深圳市地方储备粮实行动态轮换，承储企业按照先进先出、均衡轮换原则进行轮换，2017 年出台《深圳市粮食储备承储管理年度考核办法》，2018 年制定《2018 年政策性储备物资日常检查工作方案》，专门聘请消防及安全生产专家开展秋季粮食安全普查，对 12 家承储民营企业实行全覆盖检查、3 家承储国企进行随机抽查，以检查促整改，以整改强管理。安排对储备粮、军粮和应急企业库存粮食进行质量抽检，重点加强对农药残留、重金属、真菌毒素等食品安全指标检测，2018 年共抽检 525 个样本，经检测食品安全指标合格率 100%，质量指标合格率 98%。安排粮食储备资金 106650.4 万元，通过中国农业发展银行深圳市分行粮食风险基金专户拨付粮油承储企业 96220 万元。

| 三 | 狠抓粮食供应确保市场平稳运行 |

一是建立稳定的产销合作关系。组织 35 家食品、商贸、粮油企业参加 "哈尔滨绿色食品（深圳）展销会"，30 家超市、商贸、粮食企业参加 "深哈合作对接及产业项目推介会"，38 家大型粮食骨干企业参加全国首届粮食交易大会。深圳市粮食集团有限公司在黑龙江省、辽宁省、江苏省共 4 个库点试行 17 万吨储备粮规模的产区储备探索。二是建立健全应急供应体系。2018 年末，深圳市在库储备成品粮可满足全市常住人口 36 天消费需求。制定《深圳市粮食应急预案》《深圳市粮食质量安全事故（事件）应急预案》《宝安区粮食应急预案》《龙岗区粮食应急预案》，及时组织应急演练。认定粮食应急保障企业 48 家，其中大米加工企业 32 家、面粉加工企业 3 家、油脂加工企业 3 家、运输企业 3 家、供应企业 7 家，供应网点共 370 个，覆盖全市各街道和大型社区。三是加强粮情监测。严格执行国家粮食流通统计制度，开展粮食统计培训，指导督促辖区内入统对象建立统计台账，通过网络直报统计报表。建立深圳市内贸流通统计监测信息服务系统，企业在系统直接报送包括粮油在内的生活必需品价格信息，每周对市场价格进行分析，并在 "深圳商务预报" 网站发布。在全市设置 10 家粮食零售价格监测点，监测范围包括东北米、早籼米、泰国香米、面粉、花生油、调和油等 10 个粮食品种的零售价格。

| 四 | 大力推动基础设施建设和企业改革 |

深圳市粮食集团有限公司东莞物流仓储二期项目纳入国家粮食仓储设施第一批项目，深圳市中泰粮油进出口有限公司中泰粮库纳入国家竞争性建仓第一批试点项目，总投资分别为 2.5 亿元和 6800 万元，中央资金补贴分别为 3400 万元和 350 万元。两个项目均已竣工，其中深粮东莞物流仓储一期、二期共建成并投产仓容 32 万吨、万吨级码头泊位 1 个，有效发挥产业集聚、辐射和带动效应，2018 年全年粮食中转量超 100 万吨。宝安区积极推进西部粮库建设，2018 年 4 月 8 日与深圳市规划和国土资源委员会宝安管理局签订了《西部粮库土地使用权出让合同书》。着力粮库智能化升级改造，提升仓储信息化水平。4 家粮食承储企业共 7 个粮库纳入中央财政 2017 年 "粮安工程" 粮库智能化升级改造补助项目，项目总投资为 1890.6 万元，其中申请中央和广东省资金补助 756 万元。截至 2018 年底，4 个粮库均已完成项目年度建设任务，其中深圳市粮食集团有限公司的 3 个粮库已完成与广东省平台数据对接，实现信息互联互通。深圳市粮食集团有限公司和深圳市深宝实业股份有限公司进行资产重组。2018 年 10 月 10 日，中国证券监督管理委员会正式批复并完成资产交割和新发行股份上市。深圳市粮食集团有限公司入选国务院国企改革 "双百企业" 名单。

| 五 | 深入开展粮食文化建设 |

2018 年 10 月 16 日，在平湖粮库举办"努力实现零饥饿，端牢国人饭碗，保障粮食安全"主题活动。宝安区发改局、龙岗区发改局、"粮安之星"获得者、粮油骨干企业及市民共计 200 余人参加了活动。活动现场，设立了世界粮食日及 12325 全国粮食流通监管热线宣传标牌，向市民派发世界粮食日宣传手册、节粮器具等。市民代表上台宣读"爱粮节粮"倡议书，动员市民共同参与减少粮食浪费。举行"粮库开放日"活动，邀请市民走进粮食企业，开展"体验式""互动式"学习、观摩，面向市民宣传粮食法律法规、普及粮食质量知识等。

| 六 | 抓好其他物资储备 |

2018 年末，深圳市在库猪肉储备 3000 吨，其中冻肉 1000 吨，由华润五丰肉类（深圳）有限公司承储，实行动态储备，确保全年轮换不少于 2 次；活体猪在栏储备 40000 头，折合 2000 吨，由深圳市农牧实业有限公司承储，实行动态储备，确保全年轮换不少于 3 次。2018 年，结合对口帮扶等工作，展开对本地和河源、汕尾、百色、河池等对口扶贫地区猪肉生产和冷库库容情况的调查摸底，着手启动猪肉增储准备工作。2018 年末，深圳市在库食盐储备 5000 吨；医药储备货值 1000 万元。

深圳市经济贸易和信息化委员会领导班子成员（机构改革前）

贾兴东　党组书记、主任

王有明　党组成员、市投资推广署署长

高　林　党组成员、副主任（分管粮食工作）

胡晓清　党组成员、副主任

张立仁　党组成员、机关党委书记

乔海燕　党组成员、市国防科工办专职副主任

徐志斌　党组成员、副主任

余惠强　党组成员、市无线电管理局局长

深圳市发展和改革委员会领导班子成员（机构改革后）

聂新平　党组书记、主任

王庭珠　党组成员、巡视员

蔡　羽　党组成员、副主任

刘　伟　党组成员、副主任

余　璟　党组成员、副主任

郭跃华　党组成员、副主任

艾传荣　党组成员、副巡视员

2018 年 11 月，国家发展和改革委员会党组成员，国家粮食和物资储备局党组书记、局长张务锋（左二）到深粮平湖库调研。

2018 年 7 月，深圳市粮食系统安全生产暨粮食流通统计业务培训在平湖粮库举办。

2018 年 10 月，深圳市开展世界粮食日宣传活动。

5

第五篇

各垂直管理局工作

国家物资储备局天津办事处

基本情况

国家物资储备局天津办事处（以下简称天津办）成立于1990年，现所属单位包括八三八处、八三三处、二十六处、654工程筹建处（临时机构）和机关服务中心。其中，八三八处于1989年投产使用，占地面积10万平方米；八三三处于2003年正式投产使用，占地面积11.2万平方米；二十六处是成立于20世纪50年代的港口办事处，主要承揽货物的港口接转、保管、检验、海运代理等业务；654工程筹建处是于2015年1月成立的临时性机构，主要负责国家成品油储备能力建设，天津654工程项目建设。

2018年工作

一　国家战略物资收储、轮换、出库的组织实施和日常管理

按照《国家储备综合物资管理检查程序》要求制定《物资盘点方案》，根据《国家储备综合物资管理检查清单》制定盘点所需《检查清单》，及时签发问题清单和整改清单，确保存在的问题件件有整改，填补各类管理漏洞和安全隐患。举办物管岗位练兵比武活动，笔试重点考查《国家储备综合物资储存保管工作细则》掌握情况，解说词展示考查保管员介绍库房内国储物资的储存保管保养等基本情况水平，达到促进业务学习、提高履职能力的效果。修改完善《标准化作业指导书》，全过程系统地梳理国储物资接收准备、接收入库、日常管理、物资出库、设备现场作业管理等工作规范，绘制流程图。组织各基层处开展国储物资账簿和物资档案专项整理工作，重点整理在库物资的品名规格账、保管员账，按要求分别建立总档和分档。各基层处按照制度要求，认真做好储备物资的保管、保养工作，确保储备物资数量准确，质量符合相关技术标准。与保卫部门密切配合，严格执行库房钥匙领交制度，加强对库区的巡查和节假日的值班值守工作，确保国储物资安全。

二　安全生产

全面落实安全生产责任制，加强日常监督，注重隐患整改，2018年未发生重大安全等级责任事故。一是健全安全管理体系，严格落实安全目标管理责任制，逐级签订《安全管理责任书》。二是狠抓安

全隐患整改不放松。将安全隐患纳入管理台账，遵循"四不放过"原则，确保落实到位、整改到位、教育到位、处罚到位。三是加强监督检查。通过下发《安全保卫工作布置单》、采取定期检查与"四不两直"抽查相结合的方式对基层单位的安全生产、人员培训、防火防盗防汛等工作进行检查，确保安全生产要求落实到位。四是加强安全教育培训，组织消防演练，增强应急能力。

三	党建工作

　　深入学习贯彻习近平新时代中国特色社会主义思想和党的十九大精神，认真贯彻落实党中央重大决策部署尤其是涉及国家粮食和物资储备工作机构改革方案、《关于坚决维护以习近平同志为核心的党中央权威和集中统一领导的决定》《习近平总书记关于国家粮食安全重要论述摘编》。积极开展"双联"慰问工作。严格落实党建工作责任制，层层签订《党建工作责任书》。加强对意识形态工作的领导，认真落实意识形态工作责任。组织党组织书记培训班。以深入开展不作为不担当问题专项治理、加强"五好党支部"建设为契机加强支部建设，争当"三个表率"，建设"模范机关"。充分发挥直属机关党委作用，对各基层党委、机关、基层各支部及办事处全体党员党建工作落实情况进行监督检查，确保党建工作责任层层落实到位。充分利用党建云平台，做好"互联网＋党建"工作。做好党员发展工作，2018年天津办共发展党员1名。开展"大兴学习之风、深入调研之风、亲民之风、尚能之风"活动。积极参与天津市文明单位创建活动。守住三条底线，落实"两个责任"，层层传导压力。严明党的纪律，加强作风建设。坚持源头治理，加大防范力度。加强廉政教育，做好信访工作。

国家物资储备局天津办事处领导班子成员

　　冯华国　党组书记、主任

　　吴　彬　党组成员、副主任

　　朱晓东　党组成员、副主任（自2018年8月起兼任八三八处党委书记、处长）

2018年8月2日，国家粮食和物资储备局党组成员、副局长梁彦（前排左）在天津八三八处调研，国家物资储备局天津办事处党组书记、主任冯华国（左四）陪同。

2018 年 7 月 10 日，国家物资储备局天津办事处直属机关党委组织党员参观"廉政漫画展"。

2018 年 12 月 27 日，国家物资储备局天津办事处青年志愿者服务队开展志愿服务活动。

河北储备物资管理局

基本情况

河北储备物资管理局（以下简称河北局）成立于1957年12月13日，在国家粮食和物资储备局与河北省委、省政府领导下开展工作。河北局机关位于河北省石家庄市裕华区。内设11个职能处室，分别是办公室、物资管理处、财务处、基本建设处、劳动人事处、仓库管理处、保卫处、经营指导处、监察与审计处、机关党委、离退休人员管理处。所属事业单位共13个，其中综合库6个，火工库2个，油库2个，港口办事处1个，机关服务中心1个，停缓建单位1个。所属企业1个，按照原国家物资储备局规范体制机制要求，河北局2011年9月8日成立河北国储物流有限责任公司，该公司办公地点在石家庄市裕华区。

2018 年工作

一　提高政治站位，认真学习贯彻"两决定一意见"

党组扩大会、党组中心组学习会认真学习"两决定一意见"，提高思想认识，明确目标任务，强化理论武装，请专家讲解数字经济，为贯彻落实"两决定一意见"开拓思路。制定学习贯彻工作方案，召开领导干部会，系统广大干部积极主动学习，掀起学习贯彻热潮。制定印发抓落实的3个具体实施意见，明确85项重点任务，压实各层级主体责任。

二　聚焦靶心，扎实推进深化改革转型发展

（一）谋大事抓实事，五件大事四场硬仗取得显著成效

五件大事稳步推进：一是推进一三五处整体置换。积极与地方有关部门沟通协调，得到石家庄市政府同意和支持，形成了置换初步方案，推动受到的城市发展和仓库功能制约，实现脱胎换骨式发展。二是打造一三二处纸浆物流基地。一三二处通过业务清理、购置设备，增加纸浆存放空间3.9万平方米，纸浆年吞吐量56万吨，同比增长69.7%。三是推动国储物流公司转型发展。深化事企分开改革，完善事企运行机制，规范经营活动。四是强力推进国家成品油储备能力建设四五七处工程进度。综合施策，上下联动，解决进度偏慢问题，主体工程完工。五是推进物流服务业务转型升级，开展公

铁联运和集装箱发运业务，4个单位具备集装箱发运资质，集装箱发运22列2096标准箱。

四场硬仗取得明显成效：一是坚决清理不合规物资。采取"清理一批、改造一批、转型一批"措施，实施"每周一报、定期通报、约谈督促"，共清理5.89万平方米违规代储物资，基本实现全局无违规代储的目标。二是着力解决遗留难题。认真梳理一三五处遗留住房分配问题的"前因后果"，形成解决方案，清理部分职工欠款。三是转变五三七处面貌。派专班扶持完成仓储物流服务等任务，提高职工收入，提振队伍士气，解决不稳定的问题。四是营造和谐稳定政治生态。制定《营造和谐稳定政治生态行动计划》，从政治生态入手抓稳定，树导向正风气，强化领导表率作用。制定《创新加强和依法开展信访工作的意见》，引导依法依规信访，实行领导包案，营造了风清气正、和谐稳定的氛围。

（二）强化国家储备物资管理，国储物资质清量准

一是出库任务圆满完成。认真落实"一库一批一方案"要求和轮换计划，组织有关单位作业前开展操作规程培训、安全检查、应急预案演练，严守操作规程，安全圆满完成成品油出库任务。二是开展国储橡胶倒垛。认真落实国家储备综合物资管理办法，组织春季和秋冬季橡胶倒垛6900吨，确保了储存安全和质清量准。三是规范日常保管保养。认真落实国家储备物资管理办法及其实施细则，开展基层仓库物资例行检查、半年检查及油库安全专项检查，共计50次。举办综合物资保管员培训班，提高物管专业素养。四是积极推进标杆库创建。完善创建标准，强化督导检查，本年度创建国储物资标杆库25栋、社会物资达标库17栋。五是加强企业代储监管。根据上级授权，督促代储企业强化中央储备成品油管理，实现远程监控在线监管。完成部分油品升级轮换工作。

（三）持续加强安全管理，全年安全无事故

一是健全长效机制。制定印发《贯彻落实安全管理"五个坚持"的指导意见》，逐级签订安全责任书，举办安全管理培训。加强作业现场监管，突出防火期、汛期、暑期及重大节点的安全管理。二是开展查隐治患。建机制、强管理、重投入，快速整改国家粮食和物资储备局安全督查出的隐患，2018年整改隐患投入540万元，确保了储存安全和生产安全。2018年开展安全督查、专项检查、现场安全检查共15次。三是加强协调联动。落实《地方党政领导干部安全生产责任制规定》，在危险品库区设立责任公示牌；推动有关重大隐患问题列入河北省政府督办事项加紧解决；修订完善应急预案，会同有关部门开展联合演练40余次，提升了应急处置能力。

（四）加强基础设施建设，国家储备能力不断提升

谋划基础设施升级改造项目25个，投资1540.59万元，改造丙类库房1.85万平方米，建设货棚3000平方米，改造集装箱货场9300平方米，购置专用设备5台，修复安防监控等设施，完善储备仓库功能，提升了储备能力。

（五）强化基础管理，综合管理水平提档升级

一是标准化、信息化、制度化取得新成绩。在综合库推行5S定置化管理，在火油库推行标准化，制定出入库操作规程、作业指导书、应急预案等规章制度，通过专家评审，实现设施设备标识、作业环境等标准化。推广ERP系统，应用二维码等物联网技术。开展规章制度建年活动，梳理规章制度849项，健全决策合法性审查、内控体系等制度。强化保密管理，与所属单位签订保密责任书，确保国家秘密安全。二是财务保障能力明显增强。建立并落实预算执行目标及责任承诺书制度，突出预算执行、审计整改、会计监督、内部控制等重点，统筹资金1743.16万元解决基层历史遗留问题、支持各单位改革发展。安排资金722.99万元推进住房补贴兑现工作。三是国有资产监管水平明显提升。

建立巡查制度，定期巡查库外铁路专用线、输油管线、专用道路、土地、门市等资产设施，严格资产使用、处置事项审批，确保了国有资产安全完整和功能作用有效发挥。四是环境建设取得新成绩。2018年投入环境建设资金120万元，一三四处晋级"省级园林式单位"，九三四被评为"市级园林式单位"，全局共8个单位获省市级园林单位称号（4个省级，4个市级）。五是离退休管理服务水平不断提高。牢固树立服务意识，认真落实"两项待遇"，辑印《离退休老同志讲储备传统》专刊，注重发挥老同志正能量，助力改革发展各项工作。

（六）树立正确导向，担当作为成为干部职工队伍自觉

一是实施人才兴储。着力加强党政人才、企业经营管理人才、专业技术人才、高技能人才队伍建设，营造尊重人才、重视人才、关爱人才的良好氛围。建立后备干部培养管理纪实机制，加强后备人才考核。招录招聘2名公务员、7名事业单位人员。举办处级干部能力素质提升等7个培训班，全局共257人次参训。选送职工报考注册安全工程师，已有3人通过资格考试。二是建立绩效考核体系。制定事业单位领导班子和领导干部绩效考核制度，科学设置考核指标和权重。完善事业单位绩效奖金分配，激励广大干部职工在新时代展现新担当新作为。三是强化干部监督。组织74名处级干部如实报告个人有关事项，中组部抽查5人，全部合格。对14名处级干部进行聘任期满和试用期满考核，客观公正评价干部。

三　全面加强党的建设，为改革发展提供坚强政治保障

（一）把政治建设摆在首位

制定《坚决维护以习近平同志为核心的党中央权威和集中统一领导的规定》等制度，增强"四个意识"，坚定"四个自信"，坚决做到"两个维护"。坚决落实上级党组织的决策部署，特别是把严守安全稳定廉政底线作为讲政治的直接体现，当好首都政治护城河。严肃党内政治生活，全覆盖指导基层党委开好民主生活会及问题整改。制定河北局《基层党组织党的建设工作规划（2018—2020年）》，开展党的政治建设自查，检查验收基层夯实党建基础工作。

（二）思想、组织、作风建设不断加强

充分发挥中心组学习示范引领作用，把习近平新时代中国特色社会主义思想作为主要学习内容，开展集中学习研讨10次。组织学习宣贯《中华人民共和国宪法》、支部工作条例，开展"大学习大调研思想大解放"，推动"两学一做"学习教育常态化制度化。创建"五好红旗党支部"，建设16个标准党员活动室，评选表彰"两优一先"，3个党组织、2名个人、2个案例和1个研究成果获河北省直工委表彰。制定《贯彻落实中央八项规定实施细则的实施办法》，领导班子成员深入基层联系点调研指导。集中整治形式主义、官僚主义，进一步规范督查检查考核工作。

（三）纪律建设持续强化

制定《进一步加强党风廉政建设工作的意见》，修订廉政风险防控手册，逐级签订党风廉政责任书294份。制定巡察规划和年度计划，巡察审计3个单位。严肃执纪问责，用好"四种形态"，问责3人，开展廉政警示教育5次、廉政谈话95人次，组织形式主义官僚主义问题排查与治理，守住了廉政底线。

河北储备物资管理局领导班子成员

李成毅   党组书记、局长

郭忠民   党组成员、巡视员

杨永宁   党组成员、副局长

谷国才   党组成员、纪检组长

郝秋生   副巡视员

2018 年，河北物资储备工作会议在石家庄召开。

2018 年，河北储备物资管理局在石家庄市召开领导干部座谈会。

河北储备物资管理局认真落实国家粮食和物资储备局党组"两决定一意见"，指导基层深化改革、转型发展。

山西储备物资管理局

基本情况

山西储备物资管理局（以下简称山西局）成立于 1955 年 11 月。下设 1 个直属事业单位：机关服务中心；12 个所属储备仓库，其中 3 个综合仓库，即一三八、一三九、六三九处；6 个火工仓库，即一七一、二七三、四七五、四七六、五七七、九七二处；3 个成品油库，即一五二、二五四、三五一处。2 个事业单位所办企业，即山西国储物流有限公司、潞城市盛源石化有限责任公司，以及山西国储物流有限公司与中储粮山西分公司太谷直属库合资成立的山西太谷国储粮食储备有限公司。山西局党的组织关系隶属中共山西省直属机关工作委员会，设有直属机关党委 1 个，基层党委 12 个，党支部 48 个。共有中共党员 942 人。截至 2018 年底，系统共有在职人员 1029 人（行政机关 49 人、事业单位 980 人）。

2018 年工作

一 强化政治引领，提高政治站位，全面落实从严治党各项要求

一是深入学习贯彻习近平新时代中国特色社会主义思想和党的十九大精神，推进"两学一做"学习教育常态化制度化。组建党的十九大精神宣讲团，局领导带头宣讲 20 余场次，处、科两级干部宣讲 60 余场次，组织开展主题党日活动，开展十九大知识测试 30 余场次。与山西省直工委联合举办两期处级干部十九大精神培训班，取得良好效果。二是持续推进以加强基层组织、基础工作、基本能力为主要内容的"三基建设"。严格落实"三会一课"制度，指导基层单位建立党员活动室、荣誉室，完善党建基础资料；着力解决党员领导干部民主生活会质量不高等十个党的建设突出问题，在全系统开展党建工作督导检查和整改落实工作，制定 170 余项清单，进一步夯实基层党建基础工作。三是严格落实党风廉政建设"两个责任"，全面推行清单化管理。认真落实中央巡视组整改意见，对 4 个基层单位进行巡察。切实发挥审计监督利剑作用，委托社会审计机构完成了局机关和机关服务中心年度财务预算及支出审计，以及部分基层单位主要领导离任经济责任审计工作。定期开展信访稳定"三性"问题分析研判，针对中央巡视组、原国家粮食局巡视组指出的问题，以及职工群众关注的历史遗留问题，采取有力措施，努力化解矛盾，及时通报情况。四是激励干部担当作为、干事创业。选送 1 名处级干部参加省委党校中青班学习。选派 9 名中青年干部上挂下挂，多途径历练提升。组

织编撰《山西储备干部读本》，着力提升干部履职能力。开展改革开放 40 周年重大影响事件和突出贡献个人推选工作以及"抓亮点、树典型"活动，举办纪念改革开放 40 周年老干部座谈会暨青年读书班活动，学习宣传先进事迹，激励干部担当作为，为推动事业发展改革营造良好氛围。

二　明确目标任务，落实改革精神，筑牢事业发展改革基础

一是深入学习贯彻"两决定一意见"。组织局系统干部职工学习"两决定一意见"，紧紧围绕中心工作深入讨论。局机关组建 4 个专题学习小组集中学习，召开两次专题研讨会，谈心得、找差距、谋发展。各基层单位创造性地开展学习，组织开展专题学习研讨 30 余场次，撰写学习体会 200 余份。局党组派出督导小组，深入基层指导检验学习成果。结合工作实际，深入思考和梳理了党的十八大以来山西储备物资管理局解决历史遗留问题的具体实践，以及成品油储备能力建设工程质量问题的处理过程和应对措施，形成的 2 项学习成果，得到了国家粮食和物资储备局重视。二是努力维护安全、稳定、廉政良好局面。按照国家粮食和物资储备局党组"约法三章"要求和安全、稳定、廉政工作视频会议精神，牢牢守住安全、稳定、廉政三条底线，加大安全教育、隐患排查治理和安全监管力度，着力化解风险隐患，从严执纪监督问责，在机构改革的大背景下，保持了思想、队伍、工作稳定，为改革顺利实施营造了和谐稳定的良好环境。三是认真落实国家粮食和物资储备局党组机构改革期间各项工作部署。按照国家粮食和物资储备局党组统一安排部署，成立机构改革工作组，扎实有序落实各项工作任务。选调 1 名处级干部和 1 名青年同志挂职国家粮食和物资储备局，参与全国政策性粮食库存数量和质量大清查试点相关工作。落实职工购房补贴、退休人员养老金和人员工资标准调整，事业单位人员绩效工资"升低"测算等关系职工群众切实利益的实事，增强广大干部职工对事业发展改革的获得感和认同感。

三　落实总体国家安全观，开展安全教育，提升保障战略物资储备安全能力

一是认真领会、用心落实总体国家安全观。按照国家粮食和物资储备局要求，对全系统学习贯彻习总书记总体国家安全观重要论述、全力增强安全保障能力提出具体要求。通过党组（党委）中心组学习、培训班、座谈会等形式，认真组织学习研讨，努力做到学深悟透，融会贯通。二是深入开展国家安全教育活动。结合中央"扫黑除恶"专项斗争和山西省委"平安山西"建设有关要求，与山西省公安厅联合开展了以"保障国家战略物资储备安全，人人有责"为主题的国家安全教育活动。统筹协调地方政府有关部门和村镇组织，共同学习宣传国家安全法律法规，提高国家安全意识，依法打击扰乱储备仓库正常工作秩序等违法违纪行为，妥善解决了部分储备仓库外部风险隐患，优化了发展环境。三是强化隐患排查治理，着力增强安全保障能力。突出重点部位和关键环节，开展全面检查、专项检查、"四不两直"突击检查，并建立完善隐患台账和挂牌督办机制，实行"闭环"管理。全年挂牌督办隐患整改 83 项，完成 56 项，对 27 项存量隐患制定了相应的管控措施和应急处置办法。落实全员安全生产责任制，完成了储备仓库所有岗位 900 余份责任书的修订工作。完善风险预警防控体系，指导各储备仓库修订了消防、反恐、防汛等各类应急预案，并开展各类演练 50 余次。

四   抓好轮换工作，强化规范管理，提高战略物资储备管理水平

一是加强库存物资规范化管理。指导各储备仓库统一修订了保管员解说词。规范了危险品仓库物资档案管理，对库存物资按批次制作了基本信息二维码，采取有效措施解决了部分库房引洞潮湿问题。二是认真做好中央储备成品油质量升级工作。按照"一库一批一方案"要求，精心组织，周密部署，制定物资出入库方案和流程，强化安全生产教育，建立应急处置预案，开展实战演练，严格风险管控，安全高效完成了国储油料出入库任务。三是扎实做好危险品物资接收准备工作。制定了出入库方案、应急预案和警卫措施等规范流程，通过了国家兵器工业研究所专家的审核认定。协调地方政府，开展危险品仓库安全状况排查，配置完善了应急设施和反恐装备，规范了安全教育室建设，及安全警示牌、标识牌等，并组织开展了出入库模拟演练。

五   坚持问题导向，深化基础管理，规范国有资产管理运营

一是深化国有资产基础管理。积极开展企事业单位资产使用成本核算，推动经营业务转型升级、提质增效。严格审批审核资产出租出借和仓储物流服务事项，强化经营业务合同和资产处置管理。二是加强对所属企业的管理。邀请律师参与，依法依规推进事业单位出资所办企业规范管理。引入现代企业制度，研究制定企业规范化管理制度体系和考核办法。设立企业财务核算中心，实现财务集中统一管理。三是着力推进重点经营项目。充分发挥铁路专用线优势，开展氧化铝、钢材、化工产品等物资的站台发运业务，2018 年物资吞吐量近 200 万吨；以盛源石化公司、国储物流公司为支撑的成品油销售市场已现雏形。

六   强化责任担当，严控安全质量，稳步推进重点工程建设

2018 年，国家成品油储备能力建设工程进入攻坚阶段。按照"挂图作战、跑表计时、到点验收"要求，坚持"以安全质量为底线，工程进度同步落实"，依托油库项目质量和安全管理工作小组，定期现场检查督导，强化工程安全和质量管理。定期召开四方协调会，及时解决制约工程进度的矛盾问题。针对二五四处工程进度滞后及承建单位内部管理运行不畅等问题，邀请财政部驻山西省专员办专家开展资金专项核查，赴承建单位总部沟通对接，促使问题逐步解决。积极推进国家储备仓库基础设施紧急改造四七六、九七二处项目的可研报告编制、初步设计等前期工作。有序推进物资储备信息系统二期工程建设项目，局机关与 6 个储备仓库实现了互联互通。

七   发挥自身优势，加强统筹协调，完成物资储备任务

一是开展危化品企业仓储需求调研，摸清需求现状，为发挥仓储设施优势打开了工作局面，得到了有关方面的认可和积极回应。二是集中力量推进国家发展和改革委员会下达的山西省能源动员保障演练工作任务。选取一五二处为演练试点单位，开发建设了油料物资应急保障指挥平台，经过认真筹备与多方协调，圆满完成了演练任务。三是积极融入地方应急救灾体系。山西局所属通用仓

库和危险品仓库全部纳入省红十字会备灾救灾物资仓库网络，提供无偿代储服务。2018 年，6 个储备仓库承担了省红十字会共计 6.5 万余件、价值 1100 余万元的救灾物资接收和保管任务。

山西储备物资管理局领导班子成员

王来保　党组书记、局长

柴亚敏　党组成员、副局长

李总社　党组成员、纪检组长

胡润贵　副巡视员

2018 年 12 月 3 日，山西储备物资管理局组织召开局机关学习国家粮食和物资储备局党组"两决定一意见"研讨会。

2018年6月20日，山西省公安厅、山西储备物资管理局在三五一处联合举行以"保障国家战略物资储备安全，人人有责"为主题的国家安全教育活动启动仪式。

2018年11月22日，山西储备物资管理局完成山西省能源动员保障演练工作任务，图为演练指挥现场。

内蒙古储备物资管理局

基本情况

内蒙古储备物资管理局（以下简称内蒙古局）成立于 1956 年，机构改革后局机关设办公室、粮棉糖和救灾物资监管处、战略物资和能源监管处、规划建设处、财务审计处、安全仓储与科技处、执法督查和法规处、人事处（离退休干部处）、机关党委 9 个处室，行政编制 40 名，人员控制数 37 名（正式文件暂未下发），其中局级领导职数 4 名（局长 1 名，副局长 2 名，纪检组长 1 名）。在编人员 37 名，离退休人员 50 名。下辖 5 个财政补助事业单位，包括机关服务中心和一三六处、一三七处、八三六处 3 个通用物资仓库和正在改建的成品油储备库一七〇处，基层仓库分布在乌兰察布市、包头市和呼和浩特市三个区域。下辖内蒙古国储物流有限公司和乌兰察布市映山饭店 2 个事业单位出资企业。全局事业单位核定编制 635 名，目前在职人员 437 名（其中在编人员 411 名），编外聘用人员 26 名，平均年龄 50 周岁；离退休人员 372 名。

2018 年工作

一　聚焦主业规范管理

内蒙古局始终把抓好储备主业作为第一要务，认真落实国家粮食和物资储备局下达的收储、轮换任务，顺利完成国储铝锭、橡胶的倒跺任务。持续夯实和深化规范化管理工作，努力提升管理质、效。通过健全考核机制、确立考核标准、运用考核结果相结合，开展"红旗库房"评比活动；机关和基层均制订了《规范化管理操作手册》，对工作职责、工作程序、工作责任进行明确，通过这些年的努力，全局的基础管理状况明显改变，管理水平有效提升，管理漏洞和隐患得到有效消除，对保证国储物资数量准确、质量合格、存储安全起到了基础性的支撑作用。

二　稳固安全稳定廉政大局

结合内蒙古局安全形势，实行月度安全形势分析报告和季度安全工期情况通报的工作方法。严格执行"四不两直"安全检查、安全生产警示、约谈、挂牌督办、责任考核和"一票否决"制度，不放过任何环节，严查严管，确保安全生产各项工作全面落实，使内蒙古局安全生产形势总体平稳、持续向好。高度重视化解全局潜在性、倾向性、苗头性等不稳定因素，以强烈的担当精神，坚决守住稳定底线：一方面加大创收工作力度，寻求创收增长点；另一方面加强对职工的思想教育和引导，让大家充分认识和理解当前的困难是暂时的，增强大家共同克服困难和渡过难关的信心和决心。通过思想工作、组织关怀、劳动仲裁等多种方式，较好解决了职工个人诉求和提前退休人员缠访闹访等问题，维护了内蒙古局的稳定大局。认真落实中央八项规定及实施细则精神，严格执行内蒙古自治区关于公务活动中严禁饮酒和操办婚丧喜庆事宜申报及不得收受礼金礼品等规定。巡视整改取得阶段性成效，针对巡视反馈的 4 个方面的重点问题，分解为 39 条具体问题，完成整改 35 条，持续推进 4 条。

三　稳步推进重大项目工程

落实计划，压茬推进，规范流程，严守制度，协调关系，攻克难点，执行标准，巡查整改，多措并举，统筹完成工程主体、工程资料、工程结算等任务，着力推进一七〇处成品油储备能力建设工程，完成工程进度的 86%，相关工程按进度推进，施工进度位居系统前列。

四　全面提升党建工作

重点抓好上级巡视和自查自纠发现的基层组织建设薄弱、重业务轻党建、党内生活不够严格严肃等问题。创新活动方式，通过干部大讲堂、重温入党誓词、参观红色教育基地和设立支部活动园地等方式，提高党员活动主动性，全体党员的政治觉悟和理论水平明显提升。充分发挥青工委的桥梁纽带作用，每月组织青年读书班活动，每期局领导点评青年干部分享读书心得，营造学习氛围，坚定理想信念。结合机构改革思想建设要求，举办"青年干部正确认识机构改革"专题研讨。开展"增强服从意识""切实转变作风""勇于担当作为" 3 个主题研讨，为贯彻落实"两决定一意见"激励干部担当作为打下了良好的思想基础。

五　严格统筹预算管理

认真贯彻落实上级关于部门预算改革的相关要求和会计核算制度。坚持存量调整和增量优化相结合，将运行维护费和基本建设资金重点向承担国储任务较多的单位倾斜。强化支出预算管理，每季度要求各基层单位进行财务收支预算分析，使各单位逐步转变思想观念，摒弃"等、靠、要"思想，树立量入而出的理念，以收定支明确支出责任，确保刚性支出，促进长远发展。

六　推进干部人事机制改革

坚持严管与厚爱结合、激励与约束并重的原则。一方面，强化干部日常监督管理，加大提醒函询诫勉力度，严格落实"凡提四必"要求，拧紧监管螺丝。另一方面，强化正向激励，关心爱护干部，树立干部选拔任用正确导向。加大对系统职工的教育培训力度，通过教育培训、工作中传帮带、干部交流下派和上挂相结合，逐步提高职工的理论知识和专业技术能力，转变陈旧保守思想观念。

七　加强国有资产管理

完善资产管理制度，开展了国有资产巡查，编制了内蒙古局系统资产报告和国有资产决算报告，组织开展行政事业单位资产核实，及时补充完善国有资产数据库。做好经营创收工作促进国有资产保值增值，探索物流公司统筹资源、拓宽渠道、指导经营、服务基层功能的实现途径，每季度召开经营形势分析会议总结经营工作，研究加强经营创收的思路和方法，学习借鉴其他企业和兄弟单位的好做法、好经验，探寻建立交割仓库等新业务、新模式。

八　妥善解决历史遗留问题

清欠国储物流公司 755 万元外部债权中的 706 万元，剩余 49 万元正在通过法院执行。针对原满洲里办事处遗留问题，聘请专业机构协助，摸清了基本情况，为进一步解决问题奠定基础。依法依规圆满解决与企业房产利益的纠葛，签订了书面补偿协议，取得了预期的效果，最大限度地维护了国有资产利益。

内蒙古储备物资管理局领导班子成员

邹　皓　党组书记、局长
王兰柱　党组成员、副局长
石春山　党组成员、副局长
左炳衡　党组成员、纪检组长

2018 年 3 月 12 日，内蒙古储备物资管理局召开 2018 年工作会议。

2018年2月9日，内蒙古储备物资管理局召开2018新年茶话会暨老干部座谈会。

2018年6月22日，内蒙古储备物资管理局举办七一主题党日活动，组织党员干部到呼和浩特市大青山革命抗日根据地参观学习。

辽宁储备物资管理局

基本情况

辽宁储备物资管理局（以下简称辽宁局）成立于 1954 年 12 月 13 日，局机关内设机构 10 个，分别为办公室、物资管理处、财务处、仓库管理与基本建设处、劳动人事处、保卫处、经营指导处、监察与审计处（纪检组）、直属机关党委、离退休人员管理处。全局总编制 935 人，其中，行政编制 56 人，事业单位编制 879 人。所属事业单位 8 个，分别是二十四处、二三九处、三三〇处、六三六处、七三五处、八三四处、九七三处、服务中心。事业单位出资公司 1 个。

2018 年工作

一　严守安全稳定廉政三条底线

一是加强安全工作。辽宁局和基层单位签订了《安全稳定责任书》。制定《安全生产事故隐患排查治理办法》等 4 项制度。大力清退不符合仓储安全资质要求的代储物资。二三九处清退仓库 2.8 万平方米，减少收入 550 万元，倒逼转型发展，引进新客户 27 家，钢材业务占沈阳市场 40% 份额，增加收入 300 万元，弥补了"清理"缺口。开展安全督导检查，召开全局安全会议 6 次、开展安全检查 30 次、专题培训 1 次。强化隐患排查和风险管控，投入 56.7 万元开展隐患整改，查出并整改隐患 57 项。储备仓库应急预案在属地政府备案。二是营造和谐稳定氛围。辽宁局党组成员下基层 134 个工作日，走访慰问困难党员和职工 65 人次，筹措资金 120 万元解决了离退休老干部丧葬费、抚恤金和医药费；全局在职和退休 967 名人员的养老保险纳入省社保并轨；定期与老干部座谈通报系统机构改革情况，落实"两项"待遇。三是坚持办实事办好事解难事。兑现房补政策，开展职工体检，保障职工福利，落实驻村人员待遇，集中资金 378.9 万元解决部分事业单位历史遗留问题和资金周转困难。四是化解重大经营风险。有效应对经营合同纠纷，通过法律手段追回应收费用。

二　聚焦主业保障安全

一是落实物资保管保养制度。加强日常管理，保证质清量准，"物、证、账、卡"四相符。

九七三处组织储备物资外观检查 29 批次，理化分析 158 批次，物资清查 4 次，温湿度合格率 100%。二是推进物资标准化管理。基层仓库推行国储库房电子档案建设，建立库区库房平面图及库房电子影像资料。统一规范物资垛卡，进一步完善物资台账；建立保管员查库智能查询系统。通过智能手环等电子设备，实现保管员查库轨迹图像显示电子存档，实现工作可查询、可追溯、可考核。三是加强物资存储安全防范。对库外存放的物资采取护栏、监控、照明、覆盖固体苫盖膜、加强巡逻等措施。二三九处通过库区监控云台，实现手机远程终端实时监控，加强了库区作业监管和安全防范。

三　管好资产抓实项目

一是认真落实资产管控制度。按事业单位国有资产出租出借、对外仓储物流服务和处置审核审批要求，审批仓储物流服务 62 项、审核资产出租 10 项。二是大力盘活国有资产增值创效。利用库房设备等闲置资产提供经营服务，实现收入 2856.7 万元。认真落实国家粮食和物资储备局关于清理公司和办公用房要求，办公用房出租出借清理基本完成。三是抓好年度基建计划实施。2018 年完成 5 个项目 395 万元投资。加强投资计划监督和指导，编印了《工程项目管理指导手册》，有效指导基层工作。完成 2019～2021 年项目库编报，九七三处安全紧急改造项目可研批复。

四　突出重点亮点特点

对 1625 卷"永久"和"长期"纸质档案完成电子化录入，为融入国家粮食和物资储备系统大数据奠定基础。做好 2017 年度政府会计报告试点编报工作，组织参加会计准则、制度和新应用软件等相关培训，合理设置会计科目和会计分录。投入扶贫资金 13.6 万元巩固林家村整体脱贫成果，发掘沙泉鱼宴登陆央视《舌尖上的中国第三季》助力彰武县发展生态旅游项目，驻彰武县冯家镇林家村工作队协调资金 93.3 万元修缮林家村道路。

五　学习贯彻"两决定一意见"

一是抓学习。党组成员集体学习，研究贯彻落实措施。机关 10 个党支部分别组织党员学习研讨。各基层单位召开党委会议、中心组理论学习扩大会议、支部会议、处务会议、职工大会、青年专题座谈会等，层层学习贯彻，确保传达到全体职工。二是抓宣传。机关各处室、各支部开展了学习宣传研讨。各基层单位专门编发了学习宣传研讨情况简报。通过广泛宣传，强化全员学习，增进理解和认识，营造了浓郁学习氛围。三是抓落实。制定实施意见促进贯彻落实，制定"安全稳定廉政、深化改革转型发展、激励干部新时代新担当新作为" 3 个实施意见，大力推进效能转化。管理局主要负责同志牵头抓，分管负责同志具体抓；各基层单位成立贯彻落实"两决定一意见"工作领导小组，全面强化工作的组织领导和统筹协调。

六　坚持全面从严治党

一方面，加强党的建设。召开党组中心组理论学习扩大会议 20 次，学习研讨 5 次。全面总结意识形态工作，严格落实意识形态工作责任制。召开党建工作会议，推进年度党建工作要点落实。督导检查基层单位党建工作和思想稳定情况。开启党支部规范化建设示范点和党员分类管理，11 个党支部纳入示范点建设。制定实施方案集中整治形式主义、官僚主义。签订党建工作责任书，落实"一岗双责"，压实主体责任。制定了《辽宁储备物资管理局党组（党委）意识形态工作责任制实施细则》，以实际成效检验干部担当作为。另一方面，加强班子和干部队伍建设。制定《进一步激励广大干部新时代新担当新作为实施意见》，调动和激发干事创业工作热情，37 篇工作信息被"国储党建"公众号采用推广。加强事业单位班子聘期考核，强化责任担当。开展人员公开招聘、公务员录用、军转干部安置，优化系统人才结构。组织局级干部参加"深入学习贯彻习近平新时代中国特色社会主义思想"网上专题班培训，组织军转干部进高校专项培训，组织驻村干部参加省（中）直机关大规模选派到乡村工作干部培训，开展纪检干部"学条规、提能力、促规范"岗位练兵活动。

七　强化党风廉政建设

召开党风廉政建设工作会议部署工作，签订党风廉政建设责任书。落实季度党风廉政建设主体责任通报会和季度监督责任协调会制度。制定《辽宁储备物资管理局公务用车管理办法》《应对突发及重大上访事件处置预案》《关于领导干部操办婚丧喜庆事宜管理办法》《关于加强信访问题源头治理的指导意见》等制度。修订贯彻落实中央八项规定精神实施细则。开展《中国共产党纪律处分条例》学习培训。开展"以案释纪明纪，严守纪律规矩"主题警示教育、节日廉洁警示教育、开展廉政风险分析研判自查，以及开展宪法宣传和法制学习教育活动等。全局开展警示教育 36 次，参观警示教育基地 3 次；党组成员开展廉政谈话 231 人次，基层单位廉政谈话 349 人次；函询 1 人次，提醒谈话 8 人次；办结信访 4 件次。

辽宁储备物资管理局领导班子成员

王纯禄　党组书记、局长
熊　兴　党组成员、副局长
苏立伟　党组成员、副局长
李卫宁　党组成员、纪检组长

2018 年 11 月 28 日，国家和粮食物资储备局党组成员、副局长梁彦（前排左二）一行到锦州国家石油储备库检查和调研工作。

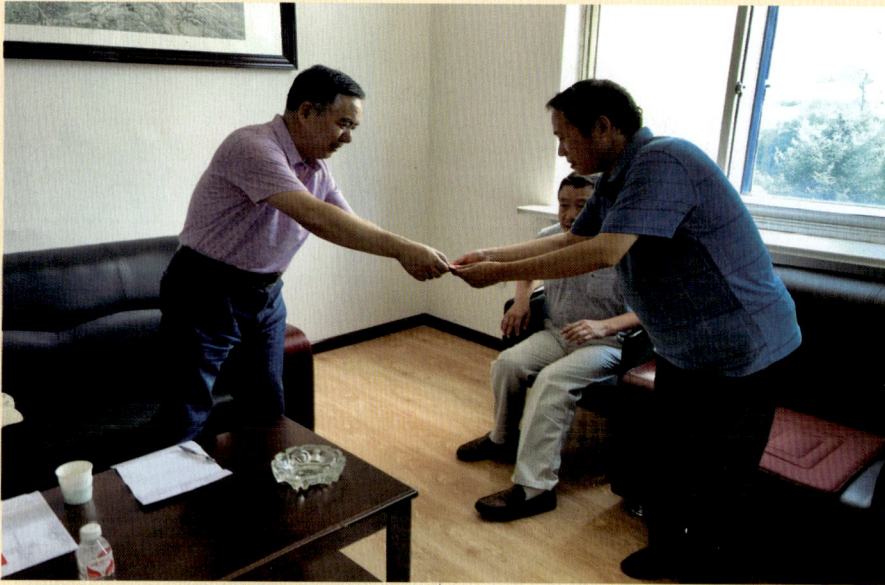

2018 年 7 月 1 日，辽宁储备物资管理局党组书记、局长王纯禄同志（左一）到辽宁储备物资管理局七三五处看望慰问困难党员、困难职工。

2018 年 11 月 27 日，辽宁储备物资管理局党组书记、局长王纯禄同志（左一）到辽宁省彰武县冯家镇林家村与驻村扶贫干部一起视察扶贫项目。

吉林储备物资管理局

基本情况

吉林储备物资管理局（以下简称吉林局）成立于1957年，是管理国家在吉林省储备仓库、储备物资的正厅级建制行政单位。局机关共设置处室10个，分别是办公室、物资管理处、财务处、仓库管理与基本建设处、劳动人事处、保卫处、经营指导处、监察与审计处、直属机关党委、离退休人员管理处。行政编制55名，其中局级领导职数5名，行政处室处级领导职数19名，处级非领导职务职数10名。机关在职公务员41人，局级干部3人，处级干部19人，离退休人员46人。吉林局共有8个基层单位，其中6个基层处（仓库）（正处级事业单位），包括4个通用物资仓库，分别是六三五处、二三八处、二三七处、一七九处、二七八处和二五三处。另有机关服务中心1个，事业单位出资企业1个（吉林国储物流股份有限公司）。吉林国储物流股份有限公司出资企业1个（吉林白城国储粮食储备有限公司）。吉林局事业编制824名，处级领导职数40名。2018年12月底，吉林局基层单位在职职工491人，事业单位在职处级干部26人，事业单位离退休人员582人。

2018 年工作

一 严格管理国储物资

严格执行《国家物资储备管理规定》《国家储备综合物资、成品油、火炸药管理办法》，加强国储物资日常管理，进一步规范了物资电子账，修订完善了作业指导书。为全面检查目前库存国储物资数量、质量、保管保养、资料管理情况，检验基层仓库物资管理水平，做好迎接物资出入库任务人员的调动和准备，在通用仓库、危险品仓库组织开展了全面物资清查工作，做到物资账目完整清晰、档案齐全规范，"物、证、账、卡"四相符，确保了物资数量准确、质量合格、储存安全。

二 加强储备能力建设

将成品储备能力建设作为年度重点工作，纳入年度考核指标，全年召开各层面协调推进会、监理例会、四方协调会、约谈会、问题会诊会12次，开展联合检查11次，积极推进了重大项目建设。

完成储备仓库设施设备维护计划 7 项，进一步强化了储备能力。完成信息系统二期工程建设并投入使用，实现国家粮食和物资储备局与吉林局之间的二级网连接。完成吉林局与 4 个综合仓库的三级网连接工程硬件设施建设，为实现三级网连接奠定了坚实基础。

三　传达贯彻落实"两决定一意见"

成立了领导小组和办事机构，加强组织领导。通过党组（党委）会、职工大会、支部会等形式认真传达，吉林局和基层单位班子成员深入支部、党小组进行领学讲解。结合改革发展新形势新任务，认真研究讨论下一步改革发展思路，向国家粮食和物资储备局提出了构建统一的国家物资储备体系的建议。督促落实机关和基层单位抓好落实，形成人人严守底线、人人支持和参与改革、人人思上思进的良好氛围。

四　牢牢守住"三条底线"

一是守住安全底线。召开安全生产工作会议，层层签订责任书，推行全员安全生产责任制。每月召开安全形势分析会，加强安全教育和检查，及时发现隐患并认真整改。全年配合国家粮食和物资储备局督查 2 次，组织检查 36 次，发现隐患 104 项，整改 92 项，整改率 88.5%，未整改项已加强管控，做到了责任、措施、资金、时限和预案"五落实"。加大仓库安全治理力度，建立了与公安、武警"三位一体"、统一协调、高效长效的安全防范机制。加强储备系统安全文化创建活动，开展了"安全生产月"、重大危险源备案等工作。高度重视保密工作，开展全系统保密检查 2 次，组织机关和基层单位涉密人员到吉林省保密教育基地接受教育并进行测试，做到了保密工作"全覆盖"。2018 年未发生安全事故和失泄密事件，被国家粮食和物资储备局评为安全管理达标单位。二是守住稳定底线。减少信访存量，开展群众信访举报问题线索处置，做到"小事不出处，大事不出局，矛盾不上交"。每季度召开信访工作会议，加大矛盾纠纷排查化解工作力度，着力从源头上预防和减少信访问题发生。落实信访工作责任制，坚持信访考核一票否决制，按照"三到位一处理"原则，推动信访问题及时就地解决，保持系统基本稳定。三是守住廉政底线。召开党风廉政建设工作会议，层层传导压力。定期召开廉政形势分析会，实行主体责任工作情况通报会和监督责任工作联动制度，开展巡视审计整改自查和巡察工作，对二三七处、二三八处进行了巡察。重新签订党风廉政建设责任书，修订岗位风险防控表。用好监督执纪"四种形态"，开展廉政专项教育 2 次，节前廉政教育 5 次，集体廉政谈话 500 余人次，对处级干部廉政警示谈话 4 次，2018 年未发现违法违纪案件。

五　加强财务和国有资产管理

全面建立和完善内控体系，形成内控手册，内控体系实现全覆盖，规范了权力运行。统筹协调好国有资产处置工作，规范国有资产处置程序，建立健全国有资产处置体系，提高国有资产处置和利用效率。通过调研、召开经营创收工作推进会、现场办公等方式，解决经营创收工作中遇到的困难和问题，督促指导创收工作。各基层单位对客户开展"只跑一次"服务，同时对北粮南运项目、互联网物流、网店运营等方面进行了积极探索，广开创收门路。国有资产安全完整保值增值，完成创收任务，抵补经费不足，保证事业正常运转。

六 落实全面从严治党责任

组织召开党建工作会议，成立"新时代传习所"7个，签订党建责任书17份，推动从严治党责任落实。2018年吉林局党组和基层党委理论中心组学习91次，党组成员讲党课25次，各级领导干部参加轮训18人次。筹措资金17.1万元帮扶了系统内的困难职工和困难党员。开展贯彻落实《志愿服务条例》活动，积极开展各类志愿帮扶活动，积极开展进社区、进村屯活动。在2015～2018年度吉林省文明单位申报工作中，吉林局机关和二五三处、二七八处通过全省公示。加强对"两学一做"学习教育常态化制度化的考核评价，进一步规范党务工作标准，依托"新时代E支部"在开展党员积分管理和党支部标准化规范化创星，量化学习教育任务指标。积极开展支部工作法优选和支部规范化建设推优工作，推动支部建设水平不断提升。对党组织书记和党务干部开展分级分类培训，2018年累计培训169人次。深入开展建功"十三五"主题实践和评比活动，持续开展向"身边榜样"学习活动和基层党组织优选活动、"两优一先"评比表彰和宣讲活动，发挥先进模范的示范引领作用。落实党组（党委）党风廉政建设的主体责任、纪检组（纪委）的监督责任、领导班子成员"一岗双责"的责任、第一责任人责任，层层传导压力，细化对"一把手"监督的具体措施。

七 加强人才队伍建设

一是加强干部培养锻炼，提升人员综合素质、激发队伍活力。全年上挂下派处、科级干部5人，积极学习粮食等新业务新知识，增强履职尽责能力。组织机关、事业单位党员干部参加吉林省公务员局、吉林省委党校（吉林省行政学院）举办的各领域专题研讨班、培训班60余人次，吉林局自主举办党建、业务、技能培训及参与地方机构培训1450余人次。广泛利用"中国干部网络学院""E支部""云课堂""吉林省公务员网络培训平台"开展线上培训，丰富培训渠道，推动全员培训，拓展干部视野，提升增强担当作为意识和战略思维，提高干部改革创新能力。二是参与地方考核，提高机关工作效能。吉林局以吉林省绩效管理考评工作为依托，充分利用绩效管理手段推进管理创新，量化考核指标，明确任务目标，落实责任分工。一年来，重点任务更加突出、基础管理更加细致、内部考核更加规范完善，全面提升了管理水平和服务水平，提高工作效率和质量，截至2018年，已连续7年被吉林省绩效考评组评为优秀等次。

吉林储备物资管理局领导班子成员

姜永昌　党组书记、局长（2019年1月退休）

李景宏　党组成员、纪检组长（2019年1月主持工作）

孙万军　党组成员、副局长

2018 年 3 月 6 日，吉林储备物资管理局召开年度工作会议，总结部署工作。

吉林储备物资管理局二三七处是坐落在吉林省白城市的国储仓库，图为码放整齐的国储物资。

吉林白城国储粮食储备有限公司坐落于吉林省白城市，是吉林储备物资管理局与中储粮吉林分公司下属单位共同出资设立的合资公司，主要承担玉米收储任务，图为粮食储备仓库。

黑龙江储备物资管理局

基本情况

黑龙江储备物资管理局（以下简称黑龙江局）成立于 1954 年 8 月，时称黑龙江省物资储备局，其前身为解放战争中成立的东北行政委员会财政委员会物资处。1995 年 10 月，根据中编办批复，局名去掉"省"字改称黑龙江储备物资管理局，正厅级单位，行政编制为 60 个，机关内设 10 个处室，隶属于原国家物资储备局。2018 年 4 月，转隶于国家粮食和物资储备局。所属仓库二三三处、二三五处建于 1947 年，是国家物资储备系统最早建立的单位。

2018 年工作

一　"两决定一意见"落实初见成效

深入领会张务锋局长在贯彻落实"两决定一意见"大会上的重要讲话精神，紧紧围绕"如何在更好履职中拥护、支持和参与改革""如何根据岗位职责进一步加强安全稳定廉政工作""如何在事业发展新时期用行动诠释新担当展现新作为"等进行讨论。提出了"两决定一意见"实施意见、重点任务清单和分工方案，激发了广大干部职工立足岗位抓改革、促发展、做贡献的积极性和主动性。

二　安全稳定廉政呈现良好态势

注重风险管控，保障安全发展。落实全员安全生产责任制，强化"四不两直"动态检查，投入资金 470 余万元整改隐患 10 项，坚决遏制等级责任事故发生，实现了安全管理无事故；坚持以人为本，维护稳定大局。定期分析研判"三性"问题，有针对性地开展思想政治教育，有计划地逐年统筹解决历史遗留问题。服务中心综合楼使用权彻底收回，事业单位 2015 ~ 2018 年绩效工资"升低"补助发放基本到位，购房补贴逐步纳入经费预算。畅通信访渠道，在转作风中推动实现变上访为下访、变被动接访为主动协调、变推诿扯皮为首问负责，实现了信访工作零投诉。持续正风肃纪，抓实廉政建设。签订《党风廉政建设责任书》，召开党风廉政建设工作会议，结合典型案例扎实开展廉政警示教育活动。突出对"关键少数"的监督，加强对选人用人、经营活动、项目建设等的检查，深入开展政治巡察，保持了干部廉政无违纪。

三　物资管理水平得到持续提升

严格落实"一库一批一方案"，适时进行桌面推演和实战演练，按时安全完成了国家粮食和物资储备局下达的各类物资收储、轮换、出库任务。强化物资静态管理，严格执行查库制度，定期开展质量监测和数量核对，库存物资做到了数量准确、质量合格和储存安全，达到"四保"要求。持续推进标杆库建设，物资管理标准化、规范化水平不断提升。采取实物检验、审核报表等方式，对辖区内企业代储国家储备成品油实施入库监管、储存监管、出库监管和安全监管。切实加强与地方有关部门的联系，完善应急体系和联动机制，有序地推进了应急救灾等工作。

四　重大项目建设按期顺利完工

黑龙江局党组高度重视重大项目建设，提出率先完成工程建设、率先具备接油条件、率先组织竣工验收的目标。建立联席会议制度，畅通参建各方沟通渠道，避免了参建各方推诿扯皮，共召开联席会议76次，保证了工程顺利进行。构建"五级管理"组织架构，编制体系文件49份，落实项目法人主体责任，严把材料进场关、施工质量关、科学决策关和制度执行关，确保了项目质量、进度，做到了安全零事故、廉政零投诉。

五　经营创收稳中有进

根据各单位近年来创收潜力、资源禀赋条件和平衡预算需求，分别确定经营创收指标。定期召开经营工作推进会，努力破解经营创收瓶颈问题。针对代储业务单一、大项目少、市场开发不够充分的现状，加强市场调研，培育物流集散，铁路运输、网络电商等业务有了新突破。注重开源节流，切实降低成本，按期完成年度计划指标。

六　全面从严推进党的建设

深入学习贯彻习近平新时代中国特色社会主义思想和党的十九大精神，2018年组织党组中心组学习9次、基层党委中心组学习84次，以支部为单位开展党员学习496次。全面履行党建主体责任，"一把手"切实承担第一责任人责任，签订党建责任书，完善党建工作机制、责任分解机制、压力传导机制，与业务工作同计划、同部署、同落实、同考核。制定《党建全面提升工程2018年实施方案》，突出支部建设，建立"三级四岗"责任体系，建设党建文化长廊，全面夯实党建基础。认真开展党组（委）书记、支部书记述党建活动。加强领导干部的日常管理和监督，年度考核各单位领导班子及成员均达到了评选优秀的条件。积极开展文明单位创建活动，机关和2个基层单位被评为省级文明单位标兵。

黑龙江储备物资管理局领导班子成员

杨　波　党组书记、局长、直属机关党委书记

汪光辉　党组成员、副局长

张继祥　党组成员、副局长

傅　谦　党组成员、纪检组长

2018 年 6 月 27 日，国家粮食和物资储备局党组成员、副局长韩卫江（前排中）在二三五处调研。

黑龙江储备物资管理局党组高度重视成品油储备能力建设，图为党组书记、局长杨波（前排中）检查指导工程建设项目推进情况。

黑龙江储备物资管理局二三五处发挥"国"字号仓库品牌优势和资源优势，主动融入市场，拓展物流服务保持强劲发展势头，为地方经济发展做出了积极贡献。图为存放 30 余万吨物资的钢材货场。

国家物资储备局上海办事处

基本情况

　　国家物资储备局上海办事处（以下简称上海办事处）成立于 1992 年，为原国家物资储备局下属的副厅级中央驻沪行政单位，2018 年 4 月转隶国家粮食和物资储备局。机关设有办公室（党委办公室）、物资管理与经营指导处、财务与仓管基建处、人事保卫处 4 个职能处室，公务员编制 25 名，2018 年底实有 22 人，平均年龄 40.4 岁，本科以上学历占 100%。下辖 5 个县处级事业单位，分别是上海七处、上海九三六仓库、上海九三七处、上海港口办事处和机关服务中心。事业编制 142 名，2018 年底实有 51 人，主要承担战略物资储存保管、转运和监管任务。事业单位出资成立上海国储物流股份有限公司和江苏国储物流股份有限公司。在江苏泰兴，推进国家成品油 655 工程建设。

2018 年工作

一　抓储备物资管理

　　一是落实月度和汛期周检查制度。各单位严格落实国家储备综合物资管理办法及实施细则等制度规定，切实做好日常检查管理和盘点工作。尤其是针对天然橡胶储存管理，汛期每周加强检查，督促承储单位严格落实防潮措施和消防措施，确保橡胶质量安全和消防安全。二是规范储备物资档案管理和账表管理。对三个基层仓库近年来收储的战略物资档案和账表管理情况进行专项检查，对不符合制度规定的问题，现场进行指导和培训，进一步规范物资档案管理和账表管理。三是组织开展物管知识培训。制定印发《国家物资储备局上海办事处综合仓库保管员培训指南》，指导基层仓库做好新进保管员培训工作，尽快适应岗位需要。组织对各基层仓库物管人员开展物管知识培训，对战略物资接收准备、验收、码垛、日常保管、出库等环节的制度规定和要求进行再学习。四是深化标杆库建设。在达标库创建的基础上，进一步细化创建标准，开展标杆库创建培训，进一步推动标杆库创建工作，提升物资管理水平。上海七处 2 号库房、上海九三七处 3 号库房被评为"储备物资管理标杆库"，上海国储物流股份有限公司外高桥仓库被评为"经营物资管理标杆库"。

二　抓系统发展

一是抓好"两决定一意见"学习贯彻。印发贯彻落实国家粮食和物资储备局"两个决定一意见"的实施意见，提高政治站位，认真组织学习。二是655工程建设取得积极进展。码头建设得到了江苏省发展和改革委员会、经济和信息化委员会等单位支持，为推进项目审批工作创造了有利条件。三是安全生产态势平稳可控。层层签订安全责任书，全面落实全员安全生产责任制。开展安全检查134次，较上年增长19%；排查隐患数106个，较上年下降7%，隐患整改率达100%。组织17次应急演练，及时处置气象灾害预警信息88个。制定《安全生产标准化手册》，进一步规范安全工作。2018年未发生任何安全生产事故。办事处、公司荣获上海市2018年度"治安安全合格单位"，公司荣获"治安保卫防范先进集体"，上海七处赵敏荣同志荣获"治安保卫先进个人"。四是公司经营转型发展。公司坚持大客户战略，发挥功能优势，推动转型发展，完成营业收入8474.05万元，完成利润总额686.48万元，超额完成年度目标任务。五是加强人才队伍建设。制定《加强领导班子和干部人才队伍建设的意见》。推荐处级正职后备干部2名、处级副职后备干部3名，科级后备干部1名。选派1名干部至国家粮食和物资储备局挂职，选派8名公务员至企事业单位和655筹建处挂职。招录公务员1名。指导事业单位招聘编外派遣人员6名。2018年开展各级各类培训2770人次，在2018年赣鄂湘粤沪物资储备系统岗位技能竞赛中获得1个第一、1个第三的成绩。六是规范项目管理。完成九三七处4号库屋面防水改造、七处3号库房屋面维修改造、九三七处安防系统升级改造项目、服务中心国泰大厦水电维修项目，累计完成财政资金投资352万元。完成2019～2021年工程项目储备计划申报，九三七处新建库房智能消防系统项目列入2019年部门自身建设计划，总投资120万元；七处库房电路维修改造项目列入2019年度设施设备维修计划，总投资29万元。七是严格国有资产管理。完成事业单位办公用房和办事处居住用房出租出借事项清理和租金上缴任务。完成国有资产年度决算、企业财务会计决算和经管资产报告试点工作。制定《设备设施维修保养制度》，建立长效机制。八是加强财务管理。组织开展财经纪律专项自查自纠工作，顺利通过上海财专办2017年度储备物资情况现场检查。组织完成2019年预算编报和新旧会计制度衔接的基础性工作。九是做好老干部工作。上海办事处共有离休老同志3人，退休人员140人。成立办事处离退休干部工作领导小组，开展离退休人员情况调研，落实两项待遇和生活待遇，组织老干部参加各类活动117人次。

三　抓党建工作

一是深入学习习近平新时代中国特色社会主义思想。上海办事处领导带头参加中组部组织的网上专题班。举办1期科以上干部十九大精神轮训班，与兄弟省局在井冈山联合开展2期党的十九大精神培训，做到科以上干部培训全覆盖。开展"不忘初心、牢记使命——贯彻落实党的十九大精神"学习实践活动，重温入党誓词，观看电影党课，参观主题展览，在重温党的光辉历程中牢记初心使命。二是围绕中心抓党建。直属机关党委每月召开党组织书记例会推进部署工作，加强对机关和事企党组织分类指导。围绕改革大局搭建活动平台，深入开展"一支部一品牌建设"，组织"改革先锋 岗位建功"技能比武，开展"两优一先"评比，营造创先争优氛围，5个集体和13名优秀个人获得上海市市级机关工委和办事处表彰。三是关口前移抓稳定。每半年开展一次覆盖全办各单位的舆情调查，每月开展职工思想动态分析，每季度开展"三性"问题情况分析，广泛开展谈心谈话，职工思想稳定。制定《应对突发及重大上访事件处置预案》，确保一旦发生问题能及时处置。四是防范在先抓廉政。组织与班子成员、机关处室和事企单位负责人签订《党风廉政建设责任书》，层层压实管党治党责任。深入开展警示教育活动，全年办事处领导开展谈心谈话123人次，开展纪律教育7次、警示教育6次，每季度开好廉政形势分析会，做到提醒在前、警钟长鸣。驰而不息地抓好八项规定落实，坚持节前廉洁提醒，节后报告廉洁过节情况。年内组织对2个单位开展政治巡察。配合国家粮食和物资储备局做好主要领导离任审计工作。上海办事处风清气正氛围得到巩固。

国家物资储备局上海办事处领导班子成员

于松江　党组书记、主任（2019年1月退休）

纪珉仕　党组成员、副巡视员

2018年10月19日，国家发展和改革委员会党组成员、国家粮食和物资储备局党组书记、局长张务锋（左五），局党组成员、副局长黄炜（右四）一行在国家物资储备局上海七处调研物资储备工作。国家物资储备局上海办事处原党组书记、主任于松江（右五）陪同调研。

2018年2月23日，按照"不忘初心、牢记使命——贯彻落实党的十九大精神"学习实践活动部署要求，国家物资储备局上海办事处组织机关、655工程筹建处、事业单位和公司党组织参观"从石库门到天安门"上海美术作品展。

2018年6月8日，国家物资储备局上海办事处举办第六届职工趣味运动会，上海储备部门全体在职人员以及机关退休老干部参加活动。

国家物资储备局浙江办事处

基本情况

国家物资储备局浙江办事处（以下简称浙江办事处）成立于1988年，是国家物资储备驻浙江和福建的副局级管理机构。下属3个储备仓库，和1个港口办事处，即七五五处、七六三处、八三七处、泉州港口办事处，共4个基层单位，另有机关服务中心。定编290人，其中行政编制25人，事业编制265人；目前实有253人，其中在职职工111人，离退休人员142人（离休5人）。机关设办公室、物资与安全管理处、财务与仓管基建处、人事处4个处室，编制25人，现有在职职工19人，离退休人员14人。

2018 年工作

一　抓国储物资收储

浙江办事处所属三个基层处收储有危险品物资和综合物资。国储物资保管保养完好率达到100%，质清量准，达到"四保"要求；物资"物、证、帐、卡、图"五相符率；库房内温湿度控制合格率达到100%；国储库房全部达到"标准库房"要求；各类物资报表的编报、统计及时、准确、无误；物资档案收集、整理、归档及时，资料完整；2018年落实安全管理责任制，及时落实危险品物资的外观检查和送检，无安全、保密责任事故，安全措施及时到位。七六三处成为浙中应急物资救灾备灾中心，融入地方救灾应急体系。

二　抓系统发展

统筹利用储备设施设备，投入1200万元开通铁路集装箱功能，拓展外租库业务，提升业务水平和效率。开展扁平化管理探索，用活存量、打破岗位束缚实现"一人多岗"，充分挖掘人力资源潜力。实施事业单位领导班子任期目标制，建立绩效考核体系，开展干部交流挂职，推进养老保险制度改革，推行工资预审批制度，切实做好规范津补贴工作。开展标杆仓库建设，弘扬先进典型作用，建立物资管理标准，推动物资管理规范化，做好危险品物资的外观检查和送检工作。加强物管人员学习培训，规范保管员业务汇报训练。

三	抓党建工作

推进"两学一做"学习教育常态化制度化，开展"不忘初心、牢记使命"主题教育，组建宣讲团，走进嘉兴南湖革命纪念馆，开展"七一"表彰大会、"千名支书讲党课"、"跟着总书记读好书"、"十九大精神催我奋进"演讲、"祖国在我心中"迎国庆文艺会演和知识竞赛等，2018年党员培训1200多人次，政治素养得到提高。开展"一支部一品牌""党员安全示范岗""业务标兵"等活动，结合标杆仓库打造"党旗下的国储卫士"品牌，创建"立足岗位、争当先锋"和"服务国防服务社会"支部品牌，以及"强管理抓落实促保障""强服务促标杆""新时代、读好书、强党性"学习型党支部，实现党务业务融合。建立党委34项、党支部15项内容的分类台账，深化"星级支部"评定和先锋支部创建，建立内容、流程、评价"三位一体"的制度清单。建立党建信息报送考核机制，及时宣传报道党建工作中的好做法、好经验，30篇信息被"国储党建"录用登载。与江西干部学院联合举办党务干部培训，参加地方党工委组织的专题培训，切实提升党务干部业务能力。党建工作受到浙江省直工委肯定，1名同志被评为省直机关优秀共产党员和新时代浙江省"万名好党员"。发挥离退休支部的独特作用，打造"健康向上"支部品牌，及时传达政策文件特别是机构改革方面的内容，通过集中学习、发放学习资料、参观历史纪念馆等主题党日活动，强化离退休党员党性修养。开展"我看改革开放四十周年"活动，挖掘宣传离退休干部的光荣历史和珍贵记忆，相关征文受到国家粮食和物资储备局肯定和表彰。发挥工青妇作用，开展"正能量之星"评选，注重文明创建，积极参加地方党委、工会活动，激发干事创业活力。

四	抓安全稳定廉政

一把手挂帅落实《地方党政领导干部安全生产责任制规定》，层层签订安全责任书，实现安全责任100%全覆盖，实行月度、季度自评和年度考评。编制安全作业"口袋手册"，建立隐患管控台账，落实三级检查和隐患销号制度。自筹200余万元重建安监安防综合监管系统，实现对安全保卫、作业现场24小时全覆盖监控。投入100余万元对地面沉降严重的库房地坪抬升修复，防止雨水倒灌影响物资质量。推进重大危险源备案工作，有效融入地方安全监管体系，促进安全属地化管理责任的落实。定期召开"三共"联席会研究解决安全问题，共同抓好队伍建设，实现对内有效管理。改造武警生活执勤设施，建立入库验证身份识别系统，将应急力量前置，实现对外有效防范。调整执勤方案并展联合演练。密切储地联系，实现安全共管。落实岗前认证培训，人员持证率达到100%。通过外聘专家讲课、模拟处置、知识测试、消防比武等提高安全技能，开展警示教育形成"人人讲安全、事事为安全、时时想安全、处处要安全"氛围，强化安全风险分析、风险预防、安全管控，规避安全管理风险。

国家物资储备局浙江办事处领导班子成员

张新建　党组书记、主任

吴晓华　党组成员、副主任

王　琦　党组成员、副主任

2018 年 3 月，在杭州举行浙江物资储备系统党的十九大精神知识竞赛。

2018 年 9 月，浙江物资储备系统在杭州举行"祖国在我心中"文艺会演。

2018 年 12 月，国家物资储备局浙江七六三处举行铁路集装箱业务开通仪式。

安徽储备物资管理局

基本情况

安徽储备物资管理局（以下简称安徽局）成立于1973年10月，主要职责是负责国家战略储备物资的日常管理和轮换，提出本区域战略储备物资的布局、品种结构等建议。安徽储备物资管理局下属5个储备仓库，局机关有10个内设处室，在职人员30人，离退休人员54人，下设7个事业单位（包括5个储备仓库、黄山办事处和机关服务中心）和安徽国储物流有限公司，共有在职人员302人，离退休人员271人。

2018 年工作

一   加强理论武装，在深入学习中凝聚共识增强信心

开展"五大一新"学习贯彻活动，对全局处科级干部进行集中培训。精心部署、制订方案，上下联动、深入推进学习贯彻"两决定一意见"，进一步明确工作目标方向，增强做好粮储工作信心。通过党组会议、中心组理论学习、领导干部上党课等加强学习，组织专题学习5次，召开座谈讨论会议3次，深入基层调研15人次，形成调研报告6篇。围绕改革发展开展"改什么、怎么改，转什么、怎么转"大讨论，制定学习贯彻"两决定一意见"工作方案和具体实施办法。将"两决定一意见"的学习与党的十九大精神、习近平新时代中国特色社会主义思想、总体国家安全观和张务锋局长重要讲话精神的学习结合起来，作为学习讨论的主要内容，确保学习贯彻的方向不偏；与国家粮食和物资储备局重要决策部署和国家粮储系统机构改革、职能转变结合起来，确保学习贯彻的目标不散，为适应新机构新要求、履行监管职责做好充足准备；与安徽储备重点工作任务结合起来，做好当前的工作，确保学习贯彻效果不走样。

二   坚守"三条底线"，在转型发展中压实责任打牢基础

切实履行党组（委）抓安全的责任，完善全员安全生产责任体系，严格执行安全形势分析等各项工作制度，加大生产和作业监管。各单位根据实际修订完善应急预案，扎实开展预案演练、消防训练。切实强化隐患治理，突出物资存储安全和生产安全，加强隐患排查整治和风险源管控。开展"四

不两直"抽查,坚持每月安全检查,完善清单式管理,强化动态追责问效。结合"安全生产月活动"开展专题培训,各单位积极组织法治、制度宣传,三五二处、三五九处结合实际开展多样化教育活动,深化"安全靠我、我要安全"的意识。着力化解职工群众关注的热点、难点问题,持续排查化解"三性"问题,妥善处理信访来访诉求。建立意识形态工作责任制并成立工作领导小组,牢牢掌握意识形态主动权。广泛开展"六必讲、六必谈、六必访"谈心谈话活动,主动了解干部职工思想动态,引导广大干部职工思想稳定,保障机构改革期间"思想不乱,队伍不散,工作不断,干劲不减"。严格落实中央八项规定及实施细则精神,强化执纪监督问责,驰而不息纠"四风",党风廉政建设进一步加强。召开廉政工作会议部署党风廉政建设和反腐败工作。开展"讲政治、严纪律、立政德"专题警示教育、粮食和物资储备系统违纪违法案例警示教育、巡视整改"回头看"和"形式主义、官僚主义新表现"自查自纠工作。严格纪律执行,将工程建设、资产管理和机构改革期间的财经纪律、干部人事纪律作为监督重点,紧盯重点人员、重点环节,最大限度杜绝违规违纪问题的发生。

三　保障主责主业,在物资管理中规范精细提升效率

全年管理的各类国储物资均实现质清量准,储存、生产安全无事故。认真做好仓库巡查、环境整治等常态化管理,深入推进物资管理标准化建设,精细化规范水平不断提高。扎实开展岗位练兵,重点关注思想动态,在提技能、强素质的同时,抓责任心、荣誉感的养成,确保最不放心的岗位有最放心的同志。强化物资储存安全、生产安全,坚持处领导带班作业,将代储物资与国储物资的管理标准统一,坚持"一库一批一方案",物资轮换的各项准备工作周密充分,作业期间的安全保障得到有效落实。加强代储事中事后监管,扎实开展社会企业代储国储成品油监管工作,范围覆盖长三角地区9个代储库点。创新监管方式,实现对中化、中航油等6家仓库在线监管。充分利用皖江南北两座油库、铁路专用线、转运站等物资储备系统自身优势,积极参与社会化物流服务。

四　聚力重大工程项目,在能力建设中协调有力推进有序

国家成品油储备能力建设三五二处工程临近攻坚收尾,三五九处紧急改造项目前期各项工作已全面就绪,年内安排的7个小型维修改造项目全部按计划完成。加大统筹协调,全程督促指导,保障"三五二处工程"建设总体有力有序有效。坚持"挂图作战、跑表计时",安徽局领导每月到施工现场进行一次督查调研,加快推进项目进度。强化协调联动,每月召开1次工程进度三方协调会,共同查摆问题,研究解决措施,加快工程进度。引入第三方进行过程控制,加强现场监管和质量巡查,严把制度执行关口,切实铸造"安全工程、放心工程、廉洁工程"。

五　统筹经营创收,在提质增效中保障平衡稳中有升

持续巩固与中石油、中石化保持长期合作的基础,进一步拓展与中烟安徽分公司、中海油安徽分公司、安庆石化公司战略合作。按照"五服务、三提高、一保障"的经营发展理念,四七一处、七六二处积极推动代储作业机械化、代储服务标准化,取得良好的经济效益。在延长产业链、拉伸

服务链上做文章，将油料由代储服务向经营、终端销售拓展，洞库经营由单纯代储向装卸、运输、加工、业务代理延伸，取得明显效益的同时，更为长远发展打下基础。2018 年收入 2200 万元，实现收支平衡、国有资产提质增效和提高职工工作生活条件。

六　落实全面从严治党总要求，在加强党的建设中勇于担当

深入推进"两学一做"学习教育常态化制度化，以党组（委）中心组学习和"三会一课"为主阵地，学习贯彻习近平新时代中国特色社会主义思想。加强基层党建工作的指导督导，促进党建工作落细落实。围绕"五个基本"开展支部提升行动，全局 6 个先进党支部率先完成"一支部一品牌"创建，强化了政治功能，有效提升了基层党支部组织力战斗力。切实强化干部队伍建设，加强日常教育监督，树立靠实干说话、凭实绩用人的鲜明导向。持续加大扶贫帮扶力度，建强"两委"班子，助力产业扶贫，"户脱贫、村出列"的成果得到巩固。

安徽储备物资管理局领导班子成员

张洪波　党组书记、局长
汪光灿　党组成员、副局长
臧明成　党组成员、纪检组长
刘根忍　巡视员（2018 年 3 月退休）

国家粮食和物资储备局党组成员、副局长曾丽瑛（主席台中）带队对安徽储备物资管理局领导班子进行考核。

安徽储备物资管理局党组书记、局长张洪波（中）到定点扶贫单位大竹村参加捐赠活动。

安徽储备物资管理局党组成员、副局长汪光灿在中央驻皖单位机关党委书记抓基层党建工作述职评议会上述职。

江西储备物资管理局

基本情况

江西储备物资管理局（以下简称江西局）为正厅级行政单位，成立于 1974 年，现隶属于国家粮食和物资储备局。局机关现内设 10 个职能处室，下辖 7 个事业单位，分别是二五六处、三七〇处、六三二处、六七三处、九三三处、宜春办事处、机关服务中心（含招待所）。2 个公司：江西国储物流有限公司、江西省鑫兴石油有限公司。在编人员 364 人，其中公务员 33 人（其中局级干部 4 人，处级干部 14 人），事业人员 331 人。离退休人员 285 人（其中离休 8 人）。对辖内国家战略储备成品油、危险品、有色金属、黑色金属等物资进行管理。同时，对中国航空油料有限责任公司福州分公司代储航空煤油和中石化九江库站代储车用柴油实施监管。

2018 年工作

一　全面提高国家战略储备安全保障能力

落实三级检查制度、双人双锁、双人进库以及钥匙领交制度，制定执行《三类储备仓库物资管理检查清单》，组织开展交叉检查，在库物资质清量准，达到"四保"要求。按照"一库一批一方案"要求，制定危险品出库方案及应急预案，合理安排倒罐作业时间和作业人员，严格作业程序，加强现场管理，确保任务推进安全有序。严格详细周密地克服时间紧、任务重等困难，高效完成成品油出库任务。定期对中航油福州分公司和中石化九江油库的油料进行监管，派员实地测量，严格审核报表确保监管物资质清量准，达到规定要求。制定物资库房管理考核办法，优化美化储备库房布局，更换配套设施，推进班组建设，定期开展主题活动、知识讲座，规范保管员工作日志等具体措施，持续推进"三化一提升"。

二　全力推进江西国家粮食和物资储备深化改革转型发展

一是着力推进项目建设。严格程序，加强监管，确保项目实施符合基本建设程序。2018 年度基本建设项目全部顺利完成。严格管理程序，科学统筹规划，合理确定 2018 年度自筹资金计划，抓好自筹资金项目的实施监管,严格履行基本建设程序,加强资金使用管理。按照"谋划一批,储备一批,实施一批"的要求,加强项目储备管理,做好急需项目筛选,编制完成2019~2021年度工程项目计划。组织推进六七三处国家储备仓库基础设施紧急改造项目。二是着力打造经营亮点。把建设运营南昌铁路口岸作为融入"一带一路"倡议的切入点,围绕铁路口岸谋发展,全力运营海铁联运、外贸班列,2018年发运集装箱35166标准箱,同比增长350.9%。衔接江西"工业强省"战略,着力发展鹰潭铜期货交割库业务迅速发展,日现货交易量达3600吨,累计货物吞吐量24万吨。持续打造"赣储石油"品牌推动"国储石油"桐坪加油站落地运营,成品油中转同比上涨22%,稻种代储同比增长187%,保障地方油品应急供应和粮食生产的能力进一步增强。三是着力夯实安全稳定基础。制定《江西粮食和物资储备局2018年综治安全(平安建设)工作要点》《信访联动制度》,开展综治(平安建设)宣传月、安全生产月活动和"三共"活动,加大安全隐患排查整改力度,组织矛盾纠纷排查调处,加强安全值守和应急管理,组织开展消防、防汛、安全生产事故等应急预案演练,设立安全宣教室,组织干部职工进行安全宣誓。四是着力提升内部管理能力。加强重大问题研究,持续进行"三性"问题研究;持续完善系统法治建设、深化改革、应急体系建设、省直机关绩效管理、保密管理、离退休人员管理以及后勤服务保障等工作。统筹推进预决算工作,做好内部控制和财务审计,完成各类决算的会审、上报及预算编报。推进国有资产配置科学、使用有效、处置规范。召开系统机械作业设备管理工作座谈会,持续改进提升设备管理能力。抓好脱贫攻坚工作,在江西省扶贫开发领导小组组织的省派单位定点帮扶工作考核中取得良好成绩。

三　全力保障深化改革转型发展落实见效

一是提升党建工作水平。巩固拓展国家粮食和物资储备局专项巡视成果,完善基层党组织改选、换届实施办法等党建规章制度和"三会一课"标准台账,促进组织工作系统化、规范化、制度化。积极组织党组中心组学习、专题民主生活会和组织生活会,组织基层党支部书记集中培训,落实党组(委)主体责任和党组(委)书记第一责任人的责任。弘扬"井冈山精神",打造"大山深处党旗红"党建品牌,探索"党建·家"特色文化。推进"两学一做"学习教育常态化制度化和开展"不忘初心,牢记使命"主题教育为主线,扎实开展大学习、大讨论活动,强化对工青妇组织的领导。二是加强干部队伍建设。加强领导班子和领导干部综合分析研判,做好干部的培育、选拔、管理、使用工作。举办各类培训班61个,培训1400余人次。规范领导干部报告个人事项、领导干部因私出国(境)审批,开展领导干部在企业兼职(任职)取酬、超职数配备干部、"裸官"治理等情况核查。三是深入开展党风廉政建设。健全落实各项廉政制度,制定加强党风廉政建设工作的意见、党组巡察工作办法、纪检监察工作制度汇编,层层签订党风廉政建设责任书,印发党风廉政建设重点任务分工一览表,开展党风廉政建设责任制考核、整改。组织学习相关制度规定和违纪通报、观看专题警示教育片,营造廉政文化氛围,强化日常廉洁养成。配合国家粮食和物资储备局完成对江西局领导的离任经济责任审计,做好机构改革期间的信访稳定工作。四是学习贯彻"两决定一意见"。全面动员部署,健全工作机制,细化分工落实责任,编印学习手册,通过集中研讨、座谈交流等多种形式,推进工作落实。

江西储备物资管理局领导班子成员

杨志刚　党组书记、局长（2019 年 1 月免职）

杨和荣　党组成员、副局长（2019 年 1 月主持工作）

王良成　党组成员、纪检组长

李建辉　党组成员、副局长

2018 年 4 月，江西储备物资管理局举办党的十九大精神培训班。

2018 年 12 月，江西储备物资管理局二五六处专职消防队在二五六处库区开展消防演练。

2018 年 12 月，江西储备物资管理局九三三处集装箱装卸作业现场。

山东储备物资管理局

基本情况

　　山东储备物资管理局（以下简称山东局）成立于 1955 年 11 月，是国家战略储备物资在山东省的管理机构，承担着"服务国防建设、应对突发事件、参与宏观调控、维护国家安全"的重要任务，在服务国防建设、抗灾救灾和促进地方经济发展等方面发挥了重要作用。2018 年机构改革后，作为国家粮食和物资储备局在山东的垂直管理机构，主要负责辖区内国家战略物资储备管理和中央事权粮棉、石油、天然气、食糖和中央救灾物资的监管。山东储备物资管理局辖 8 个基层事业单位，其中 4 个为储备仓库，在济南设有三三四处、在青岛设有八三二处，在泰安设有二五二处，在淄博设有三七二处。2018 年 12 月底，局机关在职公务员 41 人，离退休人员 52 人。事业单位在职职工 260 人，聘用制（派遣）人员 126 人，离退休人员 385 人。

2018 年工作

一　强化国储物资管理

　　一是强化物资质量管理。严格落实物资管理制度，认真组织物资倒垛作业、外观检验和计量化验工作。针对罕见高温高湿天气，增加巡查频次，加大除湿剂投放数量，适时开展通风晾库，切实做好降温除湿等维护保养工作，目前各类物资状态良好。二是完善制度管控体系。修订印发《物资管理检查工作办法》，在山东局范围内开展物资盘点和对账，认真落实逐级查库制度，确保物资质清量准、账物相符。三是注重科技创新管理。投资 270 万元在八三二处开展仓储笼储存物资试点工作，作业效率、安全保障、经济效益等各项成果显著。与软件公司合作开发装箱组织方案智能优化系统，现已获得软件著作权。三三四处改进物资码垛方式，在传统码垛过程中加入通风竖井，放置温湿度感应设备，实时监测垛内温湿度变化。

二　夯实安全稳定基础

　　一是加大资金投入。在近年持续加大自筹资金投入的基础上，年内筹集资金 414 万元对仓库、货场、生产设备等安全管理关键部位和环节进行维修改造，夯实安全基础。二是抓实隐患整改。在山东局范围内开展"大检查、大整改"活动，除涉及需多方协助配合和重大投入的以外，其余已全部整改到位。三是完善管理流程。绘制以涵盖全面、界面清晰、衔接紧密、运行高效为要求的"安全工作方框图"，达到明确重点、厘清责任、知晓流程、协调高效的目的。围绕现场管理标准化、生产作业标准化、安全管理标准化、风险管控标准化、应急管理标准化五个方面，编制了《安全标准货场管理手册》，及时召开现场会议进行成果巩固和经验交流。四是建立长效机制。建立风险排查与隐患整改双重责任体系，制定出台《关于建立健全全员安全生产责任制的指导意见》，以职业健康安全管理体系为抓手，以季度安全形势分析会议为平台，着力构建安全管理长效机制。

三　持续推动转型发展

一是欧亚班列取得新突破。2018 年累计开行欧亚班列 41 列，货值超过 1 亿美元。2018 年 4 月，开通了济南通往哈萨克斯坦、乌兹别克斯坦、塔吉克斯坦等五国的中亚班列；2018 年 7 月，开通了俄罗斯至济南的中欧回程班列；2018 年 10 月，"齐鲁号"欧亚班列首班从山东局三三四处发出，任爱荣副省长出席开行仪式并进行视察指导。欧亚班列成为运营常态化、效益多元化、市场赞誉高的班列品牌。二是国储品牌建设取得新突破。八三二处期货橡胶库存量创历史新高，达 3.2 万吨，居区域性领先地位。山东国储东部物流公司与海南橡胶、云南农垦等知名企业建立了良好合作关系，在胶州、胶南等地新增仓库面积 5 万平方米，由实物经营向品牌经营、管理运营转变，实现了高质量、高效率发展，全年净利润超过 1000 万元。三是经济效益实现新突破。各单位油品贸易、医养结合、种子存储、国储十号仓、宜兴合作等各种业务形态不断取得新的成效。三七二处在淄博综合保税区开展物流业务，也取得了良好的经济和社会效益。2018 年，山东局经营收入较上年同期增长 16%。

四　提升储备能力水平

一是狠抓内控机制建设。不断强化干部政治担当，完善日常考核体系，组织开展业务培训，持续提高预算管理。通过实施全面预算管理和项目统筹管理，建立起了经济目标、安全目标、工作质量目标、党风廉政建设目标四位一体的目标考核体系，形成了"四五六"总体工作布局。二是抓好重点工程建设。截至 2018 年底，储备能力建设二五二处工程总投资完成率 75%。统筹协调设计、施工、监理单位，采取第三方跟踪审计，牢牢把控质量、安全和进度。施工进度在系统内由最后一名开工跃升到前 10 名。三是统筹抓好项目建设。全年共安排投资项目 21 项，总投资 1041 万元，其中山东局下达统筹项目 14 个，共投资 414 万元。截至 2018 年底，全部完成竣工验收并投入使用。

五　深入贯彻"两决定一意见"

一是深入组织学习研讨。"两决定一意见"下发后，及时进行传达，通过组织学习座谈，深刻领会精神实质。印发了《关于开展"两决定一意见"学习宣传活动的通知》，制定了《关于学习宣传"两决定一意见"的实施方案》。在山东局系统组织开展了"担当新使命、建功新时代"知识竞赛活动。二是及时细化分解任务。在对"两决定一意见"81项内容进行全面细化分解的基础上，及时下发任务分工方案。先后印发了《关于贯彻落实国家粮食和物资储备局党组决定加快深化改革转型发展的意见》《关于贯彻落实国家粮食和物资储备局党组决定加强安全稳定廉政工作的意见》《关于进一步激励广大干部新时代新担当新作为实施细则》，一共明确了65项工作任务、207项具体推进措施。山东局组织了实地督导考核，相关工作稳步有序推进。

六　抓牢抓实党建工作

坚持以习近平新时代中国特色社会主义思想和党的十九大精神为指导，紧紧围绕新时代党的建设总要求，突出抓好党的政治建设。在违规违纪问题处理、公司规范清理、党组党委班子治理、干部职工队伍管理等方面，始终坚持严的标准、严的纪律和严的规矩，不姑息、不迁就、不纵容，一把尺子量到底，干部职工的思想觉悟发生了很大变化，主人翁意识得到了全面加强，各单位想事、谋事、干事的氛围日益浓郁。一是强化政治担当，压实党建责任。将党建工作纳入山东局目标考核体系，坚持每月召开党建例会，逐级签订《2018年党建工作责任书》，研究确定党组织书记抓基层党建突破项目选题7个，以重点突破带动整体工作推进。二是加强理论武装，筑牢理想信念。2018年开展党组理论中心组学习14次，组织49名处级干部分8期参加集中轮训，举办知识竞赛和主题征文活动，将党建工作不断引向深入。三是严明纪律规矩，推进反腐倡廉。制定印发《党风廉政建设实施方案》，召开山东储备系统党风廉政暨安全稳定工作会议、警示教育暨纪检监察工作培训会议，举办党风廉政建设与反腐败教育专题讲座，赴红色教育基地开展革命传统教育和党性教育，强化法纪意识和廉洁自律意识，筑牢拒腐防变思想防线。四是助力脱贫攻坚，构建和谐环境。坚持扶智扶志，综合施策，精准帮扶。全力协调资金发展产业，冬暖大棚、服装来料加工、藕池套养小龙虾、光伏发电等项目相继落地，第一书记驻村帮扶和"双联共建"工作效果明显。持续推进文明单位创建，年内4个单位复查合格，3个单位成功创建省直文明单位。

七　稳步推进机构改革

按照中央编办和国家粮食和物资储备局党组对垂直管理机构改革的统一部署，加强学习研究，搞好汇报衔接，严格执行上级要求，按国家粮食和物资储备局统一安排科学制定山东局机构改革方案，认真做好各项准备工作。一是加强宣传引导。有针对性地做好思想政治工作，充分利用多种方式宣传机构改革的重大意义和政策措施，营造人人理解改革、人人支持改革、人人参与改革的良好氛围。二是严守改革纪律。严守改革期间的政治纪律、组织纪律、人事纪律、财经纪律、保密纪律，做到谋定后动、稳中求进。三是注重干部队伍素质提升。充分利用内部、外部培训资源，积极参加"现代粮食物流发展"和"粮食产业经济发展"研修班培训，及时组织开展物资监管业务内训，为承担新职能、开展新业务做好了准备。

山东储备物资管理局领导班子成员

甘　军　党组书记、局长

曲金虎　党组成员、纪检组长

李　强　党组成员、副局长

杨信平　党组成员、副局长

2018年11月27日，国家发展和改革委员会党组成员，国家粮食和物资储备局党组书记、局长张务锋（前排左三）到二五二处检查指导工作，山东储备物资管理局党组书记、局长甘军（前排右二）陪同检查。

山东储备物资管理局积极参与"一带一路"建设，促进储地融合发展。2018 年 10 月 31 日，整合后的首班"齐鲁号"欧亚班列从三三四处发出。

山东储备物资管理局八三二处利用仓储笼储存期货橡胶，取得良好效果。

河南储备物资管理局

基本情况

河南储备物资管理局（以下简称河南局）下属15个县处级单位，包括7个综合仓库、3个火工仓库、3个成品油仓库、1个连云港港口办事处和1个机关服务中心。2018年底，机关和事业单位职工总数2451人。部分事业单位出资设立的河南国储物流股份有限公司，经过数年快速发展，在期货交割仓库、多式联运等方面取得了显著成效。

2018 年工作

一　坚持统筹兼顾，忠诚履行职责使命

一是认真贯彻落实"两决定一意见"。在组织集中学习、广泛宣传动员的基础上，党组专题研究，明确了"领会精神、全面落实、结合实际、分步推进、专项突破、确保实效"的工作思路，贯彻实施不做表面功夫，不求一蹴而就。细化具体措施，成熟一个，出台一个。完善工作机制，成立了贯彻落实"两决定一意见"领导小组和3个专项工作组，明确了主管领导、牵头部门、责任部门、配合部门，上下联动，协同推进。二是牢固树立主业意识。强化物资轮换和日常管理，圆满完成了国储油料出入库任务。严格落实物资管理各项制度，定期对库存物资进行维护保养。对库存稀贵有色金属等物资进行了质量检测，对橡胶库房情况、期货仓库情况进行了统计分析，完成了油料损耗核销。注重抓好物资管理基础性工作，做到了物、证、账、卡四相符。加强代储成品油监管，完成了油料轮换升级和在线监管工作。三是加大储备能力建设项目管理。通过专项协调、定向约谈、分类推进，二五九处工程进度显著加快；七三七处工程于2018年12月26日正式开工建设。2018年完成了15个基建投资项目。推进国家储备仓库基础设施紧急改造项目，二七五处、五七三处工程于2018年9月获批。四是强化预算和国有资产管理。完善预算执行月度动态监控机制，提高预算资金使用效率。加强事业单位经营业务成本费用的管理和控制。统筹解决社保缴费中遇到的问题，保证全局及时、足额上缴社保费。推进落实事业单位出资企业审计调查整改，加强对事业单位出资企业的清理规范、监管和内部控制，推进完善"资产共享共用机制"。

二　坚持发展要务，促进转型升级

物流服务收入整体突破 1.3 亿元。事业单位经营收入 7357 万元，达历史最高水平，同比增长 32%。四三一处、三三九处、四三二处等多个单位突破了历史发展瓶颈。企业经营收入达 5986 万元。经营创收有效缓解了运行和发展资金不足的矛盾，为改革发展稳定打下了基础。物流公司铝期货交割仓库在原来 4 万吨基础上再扩容 3 万吨，达到 7 万吨，在中原地区居领先地位。集装箱业务大幅增加，全年到发集装箱 3.6 万组，综合仓库普遍办理了集装箱到发站资质，2018 年新增集装箱到发站 2 个。基层仓库自筹 479 万元用于仓库小型基建和设施设备更新维护，三三九处自筹资金 200 多万元用于经营场地建设，物流公司投资 175 万元建设丙类库房，为完善仓库功能走出了新路。获嘉县铁路物流园区项目稳步推进，物流公司协助上海期货交易所和巩义市人民政府成功举办中国（郑州）铝产业高峰论坛，进一步扩大了品牌影响力。

三　坚持层层压实责任，筑牢安全底线

严格落实安全生产规章制度，严守作业流程，落实安全生产行政许可和规范性审批资质。层层签订安全管理责任书，实行全员安全生产责任制，加强督查促进落实。加强仓库监管，及时防范不符合安全生产法律法规的行为。坚持安全隐患班日查、科周查、处月查、管理局随时检查，做好节前及重要敏感时期安全检查。投入整改资金 903 万元，对照整改清单逐个销号，能解决的立即解决，一时不能解决的建立机制、完善措施、逐步解决。扎实开展 3 月平安建设宣传月、5 月火灾警示宣传教育月、6 月安全生产月、11 月 119 消防宣传月活动，营造了良好的安全生产氛围。研判安全形势，完善应急预案，加强沟通联系，开展应急演练。七三四处反恐消防应急综合演练 10 余个单位参加、400 余人观摩。

四　坚持以人为本，确保队伍稳定

成立机关事业单位养老保险改革专项工作领导小组，加强与河南省社会保障局的沟通协调，认真研读政策，制定工作方案，组织业务培训，严格审核材料，缜密采集信息，反复核对数据，实现局机关及省内 14 家事业单位 2535 人社保与属地对接。及时兑现机关事业单位工资福利待遇。认真贯彻落实信访工作责任制，及时处理来信来访，深入了解职工诉求，用心用情为广大干部职工办实事解难题，进一步完善基层矛盾排查化解机制。提高法律政策运用水平，积极稳妥处理好各类问题，特别是历史遗留问题和群众反映强烈的突出问题。机关及各事业单位定期召开离退休干部通报会、座谈会，及时传达通报情况；保证活动经费，坚持重大节日走访慰问和生病住院探视慰问，注重听取离退休干部的意见建议，完善和创新离退休干部服务管理。

五　坚持以政治建设为统领，全面从严治党

中心组理论学习 13 次。举办领导干部培训班 2 期，其中与江西局联合在复旦大学培训 1 期，创

新了形式，增进了交流。开展演讲比赛、读书交流、网络答题和微型党课等系列活动。选优配强基层党委和党支部书记，举办专题学习班、业务培训班，42名党支部书记参加了技能提升班。做到"三会一课"每月有内容、季度有自查、年度有考核，领导干部参加双重组织生活，为党员干部上党课。开展"争创五好党委、五好党支部"和党员先锋岗、党员志愿服务活动。开展警示教育、监督检查和政治巡察，对4个单位开展离任审计，纪检监察人员参加基建项目招标。开展道德法律讲堂、读书会、爱国观影和社会公益等活动，举办5期豫储中青年讲堂，选送60名优秀职工外出休养培训。聚焦精准扶贫，选派2名优秀干部驻村，局领导每月到村督导，完成了270万元投资项目，推进了扶贫贷款、易地搬迁和危房改造，预计2019年可全部脱贫。

河南储备物资管理局领导班子成员

许修雷　党组书记、局长

李云瑞　党组成员、副局长

傅　刚　党组成员、副局长

于　江　党组成员、纪检组长

2018年7月19日，河南储备物资管理局党组书记、局长许修雷（前排左二）到二五九处调研国家成品油储备能力建设工程进展情况。

2018 年 5 月 12 日，河南储备物资管理局七三四处举行反恐消防应急综合演练，10 余个单位参加、400 余人观摩，多家媒体专题报道。

2018 年 12 月 7 日，由上海期货交易所和巩义市人民政府主办，河南国储物流股份有限公司等单位协办的中国（郑州）铝产业高峰论坛在巩义举行。

湖北储备物资管理局

基本情况

湖北储备物资管理局（以下简称湖北局）成立于1954年9月1日，局机关内设11个职能处室，现有在职人员46人，离退休人员64人。湖北省范围内下属14个基层事业单位和1个湖北国储物流公司。基层事业单位包括正处级编制单位13个（11个储备仓库、设计院、机关服务中心）和副处级编制单位1个（物资检验所）。现有基层在岗职工926人，其中在编在册职工684人，合同制和劳务派遣用工等242人；离退休职工185人；共计2011人。

2018年工作

一　圆满完成国储任务，不断提升国家物资储备保障能力

一是落实国家储备物资收储、轮换计划，加强在库物资保管保养。按照"一库一批一方案"要求，圆满完成九三五处成品油出库任务。2018年国储物资出入库任务计划完成率达100%。完成国储物资数质量盘点工作，在库国储物资账账相符、账实相符，质量符合标准。严格执行储备物资管理制度，按要求落实查库制度，开展物资管理联检联评，国储物资堆码整齐，库房（罐）整洁卫生，温湿度等储存条件符合规范。2018年国储和代储库房（罐）检查完成率100%。社会代储物资管理标准完善，监管程序严格。2018年未发生物资数质量事故和安全事故，在库物资质清量准，能够及时反映。二是深化标准化建设，加快仓库信息化、智能化步伐。进一步推进定置化管理，落实健全色彩、标志标识、图表、穿戴、区域定置及其管理标准"五统一"，形成物的规范、岗位的规范、行为的规范"三类规范"并全员践行。规范内部管理秩序，编制《火炸药检验标准化管理作业指导书》，践行《党务业务标准化管理应知应会》，11个基层仓库已全部取得ISO认证（三七九处同时取得HSE认证）并开始运行。局机关完成电子文档一体化项目的现场安装调试并转入试运行。所属五七六处"三化一提升"试点项目已进入试运行，武警"智慧磐石"项目已投入使用。三三七处"三化一提升"实施方案正在评审中。7个储备仓库完成信息化建设二期工程中本节点的网络改造并配备普通密码设备。三是加快推进国储物资储备仓库基础建设，强化国有资产管理。圆满完成年度27项固定资产投资计划，其中国家成品油储备能力项目建设总体平稳有序，三七九处具备竣工验收条件；14个修购基金项目全部完成；

三三七处二期置换项目完成方案设计；三七三处紧急改造项目可研获国家粮食和物资储备局批复并进行初步设计编制；5个综合整治项目试点单位完成项目上报。基本清退各基层单位安全风险高的业务。在保障安全的前提下，充分利用国储库房服务社会经济，实现国有资产的保值增值。除长期合作的中石油、中石化、中烟等大客户以外，先后引进通用汽车铁路运输业务、湖北省防灾减灾中心的中央救灾物资应急储备业务、郑交所棉花期现货交割仓库业务、茶叶储存和现货交割仓库业务、粮食到发业务。2018年湖北局实现经营收入1.82亿元。

二　发挥应对突发事件职能，积极落实重大灾害及突发性事件中央物资保障工作

2018年，湖北局继续推进实施《湖北省国家级应急物资储备基地建设方案》。国家应急物资储备（武汉）基地项目通过三三七处资产置换项目正在稳步推进建设，湖北省成品油应急物流基地项目依托国家成品油扩能建设工程正在加快推进中。所属三三八处受湖北省防灾减灾中心委托，在三三八处本部和中央救灾物资武汉储备库（由三三八处负责日常管理）两个库点承担了中央级和省级应急救灾物资储存管理任务42万件套。2018年1月7日，中央应急物资武汉储备库紧急向湖北省内各地发运棉被7935床、棉衣2800件、棉大衣5775件、毛毯5500条；8月23日，中央应急物资武汉储备库向山东潍坊台风灾区发运棉被15000床、折叠床3500张、场地照明灯20套，三三八处仓库向山东潍坊台风灾区发运单帐篷1500顶。三三八、九三五、二七〇处等单位的消防队积极参与地方火灾应急扑救，发挥了应急事件处置及抢险救援作用。

三　扛稳粮食安全重任，充分发挥维护粮食安全的"压舱石""调节器"作用

2018年，根据《中央编办关于国家粮食和物资储备局垂直管理机构设置有关事项》和垂管局机构改革工作安排，湖北局正处于对辖区内中央储备粮棉管理、中央事权粮棉政策执行情况监管职责的承接准备阶段。严格规范执行国家粮食收储销政策，制定最低收购价定点、收购、巡查等方案，有效维护湖北省种粮农民利益和粮油市场稳定。不断强化中央储备粮和中央事权粮安全管理，围绕健全收储体系功能开展仓储设施建设和维修改造，实现智能化粮库全覆盖、70%仓房空调控温。切实加强库外储粮风险防控，完成库外中央事权粮食粮权公证、754个存粮库点安装在线视频监控。2018年，中央事权粮食账实相符率达100%、中央储备粮质量合格率达99.6%、宜存率达100%。努力打好政策性粮食管理和"去库存"风险防范攻坚战，始终将政策性粮食风险防控作为重中之重，妥善处理各类较大风险20余件，有效维护了国家利益和粮食安全行政首长负责制。

四　贯彻落实"两决定一意见"，牢牢守住"三条底线"，主动迎接新职能

一是认真贯彻落实"两决定一意见"。召开党组会、主要负责人会议、党建工作会、干部职工大会，向在职和离退休人员及时传达贯彻"两决定一意见"。将"两决定一意见"的学习纳入党建工作进行部署安排，采取板报、微信工作群、宣传标牌等多种形式加大宣传。制发贯彻落实"两决定一意见"的具体意见和任务细化表，将主要任务明确到责任领导、责任单位和责任部门。二是牢牢守住安全

稳定廉政"三条底线"。制发《湖北储备物资管理局 2018 年安全稳定责任目标分解一览表》，推进全员安全生产责任制体系建设，签订安全目标管理责任书 820 份，开展安全督查 26 次，完成 238 项安全隐患整改。开展季度安全稳定廉政风险综合分析研判，坚持矛盾排查和调查处理相结合，积极稳妥处理历史遗留问题和群众反映强烈、矛盾集中的突出问题。逐级签订党风廉政建设责任书，开展政治巡察，组织廉政警示教育活动，完善全局廉政谈话提醒机制。被评为 2017 年度湖北省社会治安综合治理优胜单位，所属 8 家事业单位获得 2017 年所在地级市综治优胜单位称号。2018 年湖北局未发生等级以上安全生产事故，未发生非正常上访情况，未发生治安和犯罪案件，未发生重大违规违纪情况，未发生失泄密事件。

五　认真学习贯彻党的十九大精神，全面深化落实从严治党

扎实开展"抓政治、抓学习、抓作风，促发展改革"活动，推动从严治党常态长效，推动党务业务队伍融合。进一步完善"抓、推、落、督、考、带"责任链条，逐级落实党组（党委）、机关党委、支部、党员"3+1"主体责任。指导支部探索"支部主题党日 +"的内容和形式。举办两期"学习贯彻党的十九大精神"培训班，组织全体党员学习《党务业务标准化管理应知应会》并开展党务业务知识竞赛，举办"中国梦·劳动美"演讲比赛、月度青年读书会、季度"鄂储青年论坛"等活动，不断提高队伍素质。关心和重视离退休人员生活，较好落实"两个待遇"。2018 年 6 月，湖北局被湖北省委表彰为 2016～2017 年度省直机关"党建工作先进单位"。

湖北储备物资管理局领导班子成员

张映芳　党组书记、局长
曾　新　党组成员、副局长
蔡文清　党组成员、纪检组长
杨　志　党组成员、副局长

2018 年 5 月 23 日，国家发展和改革委员会党组成员、国家粮食和物资储备局党组书记、局长张务锋同志（左二）与局党组成员、副局长曾丽瑛同志（左三）一行，到湖北储备物资管理局三三七处视察工作。

2018 年 8 月 23 日，湖北储备物资管理局三三八处接到湖北省减灾备灾中心指令，紧急向山东潍坊台风灾区调运救灾物资，图为三三八处职工正在争分夺秒装运救灾物资。

2018 年 12 月 26 日，湖北储备物资管理局五七六处与中国三江航天集团下属公司联合进行国代军储产品实验性入库。

湖南储备物资管理局

基本情况

　　湖南储备物资管理局（以下简称湖南局）成立于 1950 年，现有 12 个基层事业单位：10 个储备仓库，2 个附属事业单位和 1 个公司。2018 年 12 月 31 日，全局干部职工总数 703 人，其中局机关在职人员 44 人，12 个基层事业单位在编在职人员 659 人。全局离退休人员 820 人。

2018 年工作

一　聚焦储备主业

　　按照"一批一库一方案"要求，编制作业方案和应急预案，统筹设施设备和仓容，加强与地方有关部门和驻库武警的对接协调，强化作业现场监管和督导，严谨高效完成国储物资轮换出库任务。坚持每季度实地实物检查检验，严格开展数量、品质计量化验和安全生产管理情况检查，认真履行企业代储成品油监管职责，确保数量准确、质量合格、储存安全。严格落实战略储备三类物资管理办法及其实施细则，坚持物管日常检查、专项检查和隐患动态管理，扎实深入开展物管督查和隐患治理，按季度通报检查及整改落实情况，确保物资储存安全。深入开展物资管理标准库（罐）创建活动，评定标杆库（罐）10 栋，标准库（罐）率达 100%，有效提升物资管理水平。

二　坚守三条底线

　　一是抓安全。修订完善储备仓库安全管理目标责任书，明确 9 大类 22 项目标的具体工作要求和考核奖惩措施，编制落实三类仓库 114 个岗位全员安全责任清单，形成一岗双责、群策群力、齐抓共管的安全责任格局。落实风险分级管控和隐患排查治理双重预防机制，全面清理储备仓库生产经营业务，更新《主要危险源控制清单》，严格落实"四步法"作业风险管控措施。协调推进火油库安防系统升级改造及周边突出安全问题整治，整改落实国家粮食和物资储备局督导检查和举一反三对照自查发现的问题。2018 年安全资金总投入 1539 万元，排查整改安全隐患 380 个，开展应急演练 28 次。无安全生产事故和重大自然灾害事故。1 个基层仓库获评市级十佳平安单位，3 个基层仓库获评市级综合治理先进单位。二是抓稳定。坚决落实机构改革期间各项纪律要求，每季度开展干部职工思想动态分析，按照"三到位一处理"要求落实信访工作责任，及时化解苗头性、倾向性、潜在性问题，确保思想不乱、队伍不散、工作不断、干劲不减。三是抓廉政。落实党风廉政建设重点任务分工，完善廉政风险防控"四表两图"，每季度组织召开廉政形势分析会，有效落实"两个责任"。抓好国家粮食和物资储备局巡视问题整改"回头看"，四个方面 22 项问题全部整改到位。及时整改落实国家粮食和物资储备局审计发现存在的问题。落实国家粮食和物资储备局廉政警示教育大会精神，开展廉政警示教育 71 场次，局党组书记及党组成员廉政谈话 100 余人次。制定局党组巡察办法、规划及年度工作方案，对基层单位开展巡察 2 次，开展各类审计 8 次，规范管理的长效机制进一步完善。

三　坚持转型发展

准确把握"两决定一意见"的总体要求和目标任务，制定湖南局两个"实施意见"，编印《"两决定一意见"精神学习 100 问》，组织开展 4 轮学习宣贯情况督导，为深化改革转型发展进一步凝聚共识、明晰路径。优化完善一五五处国家成品油储备能力建设项目设计方案，累计完成投资总额的69%。完成 2018 年国家粮食和物资储备局财政投资及湖南局自筹资金项目投资 6135 万元，积极增强基层仓库改革发展的功能保障能力。扩大与大型油企合作，全年代储成品油吞吐 63.4 万吨，再创历史新高。积极对接稻种、中药材制销等地方特色优势产业，有效提升代储规模和效益。自筹资金新建 2 万平方米物流仓库竣工投产，三三六处成功申办铁路集装箱装卸资质，国储电脑城再度获评"全国十佳 IT 卖场"。持续深化岗位标准化管理，严格规范国有资产管理，资产出租出借清查发现的112 项问题全部完成整改。全面推行法律顾问制度，对内部规章制度及规范性文件进行集中清理，管理的规范化、法治化水平有效提升。

四　突出政治建设

全年局、处两级中心组集中学习研讨 58 次，局领导班子成员参加中国干部网络培训学院专题培训，领导干部讲党课 57 场次，在职党员参加湖南省直机关党建知识每月网上闯关竞赛，有效提升党员干部理论素养。制定"五化"建设 21 项标准，修订完善 11 项党建制度，严格"三会一课"、党内政治生活纪实管理和党委书记定期检查支部活动记录并签字把关等制度。积极开展"一支部一品牌"创建活动，推行党员积分制管理，统一完善基层支部活动场所设施，支部标准化建设取得明显成效。

五　注重文化建设和干部职工队伍建设

评选全局先进党支部、优秀党员、岗位标兵，选树先进典型，广泛开展向"身边的榜样"学习活动，激励干部职工学先比优。组织庆祝改革开放 40 周年全局文艺会演（3 个节目荣获湖南省直单位纪念改革开放 40 周年优秀节目评选二、三等奖），充分展现湖南局干部职工的良好精神风貌。积极开展文明单位创建工作，3 个基层单位获评"省直文明单位"，局机关再次获评"省直文明标兵单位"。严格选人用人程序和标准，选拔调整处级干部，加强干部考核，激励干部担当作为。积极探索职工教育培训新模式，举办各类培训班 15 期，与江西、湖北、广东垂管局和上海办举办首届片区协作单位岗位技能竞赛，建立教育培训片区协作机制，队伍整体素质不断提升。

湖南储备物资管理局领导班子成员

李普运　党组书记、局长

黄公明　党组成员、副局长

卢东风　党组成员、副局长

何正罗　党组成员、纪检组长

2018 年 9 月 27 日，国家粮食和物资储备局党组成员、副局长韩卫江（前排中）深入一五四处调研。

2018年12月25日，国家粮食和物资储备局党组成员、副局长梁彦（前排中）深入三三六处库区一线调研指导工作。

2018年11月7日，2018年赣鄂湘粤沪物资储备系统岗位技能竞赛在湖南储备物资管理局三三六处举行。

国家物资储备局深圳办事处

基本情况

　　1990 年 11 月，国家物资储备局深圳办事处（以下简称深圳办事处）由原国家物资部批准成立，为副司局级单位。深圳办事处下属有国家物资储备局深圳九三八工程筹建处（简称"九三八处"）和国家物资储备局深圳办事处机关服务中心（简称"服务中心"）两个事业单位。2018 年 12 月 31 日，全办事处机关事业单位共有在职干部职工 22 人，退休人员 15 人。

2018 年工作

一　推进储备能力建设

　　2018 年完成了 657 工程可研及前置条件审批工作。因第三方建设的配套管道未落实，项目可研报告无法上报审批。建设配套管道滞后原因有：一是建设 657 工程配套管道投资大收益小，且即将成立全国统一的管道公司，面临机构变化和资产重组；二是前期论证的管道路由方案跨越住宅区、高速公路、高压线走廊等建筑设施，拆迁难度大，存在较大安全风险，影响该项目的可行性。

二　强化财务管理

　　严格执行财务预算管理，积极开展经营创收，弥补下属事业单位财政经费不足。2018 年深圳办事处机关事业单位基本支出中财政经费支出占 69.81%，其余 30.19% 靠经营创收弥补。下属 2 个事业单位全年基本支出中财政拨款仅占 16.54%，其余 83.46% 依靠单位自主创收弥补。

三　强化资产管理

　　依法依规做好国有资产的配置、使用和处置工作，落实管理职责，明晰国有资产产权、使用部门、责任人等的管理，严把国有资产出租出借审核、审批关，严格执行资产处置的流程规定，严格审批权限，严肃审批手续，规范处置资产，防止国有资产流失。完善登记国有资产信息工作，加强对国有资产账、证、卡、物的管理，确保资产完好无缺。对闲置资产制定了国有资产出租出借管理实施细则，按照法规完善了出租出借事项的上报审批、社会专业评估、委托公共资源交易平台公开招租等手续，确保国有资产出租公开、公平、公正、廉洁和保值增值。租金收入严格按照相关规定，事业单位出租出借所形成的收入纳入事业单位预算，机关房产出租出借所形成的收入，按照政府非税收入管理及财政国库收缴管理的规定实行"收支两条线"管理，上缴中央财政。依托深圳办事处机关服务中心与广东储备物资管理局八三〇处共同组建的广东国储物流股份有限公司，整合闲置国有资产，搭建统一运营平台，承接所属事业单位的原经营性业务，充分发挥"国储"品牌优势，增创经济效益，为广东深圳储备事业发展提供经济保障。2018年实现了国有资产的保值增值。

四　强化安全管理

签订《安全稳定责任书》和《党风廉政建设责任书》，压实压紧安全稳定廉政责任。认真落实国家粮食和物资储备局"两决定一意见"文件要求，建立安全稳定分析例会制度，定期分析研判全办安全稳定形势，认真学习有关安全稳定的上级指示精神，树立底线思维，确保在思想上保持高度警惕。认真梳理安全制度，及时堵塞漏洞，修订《国家物资储备局深圳办事处储备仓库安全管理规定实施细则》等3项制度，建立《安全稳定廉政工作分析研判机制》，认真做好安全信访稳定信息日报工作。不断完善更新突发事件应急预案，努力做到制度体系健全，宣传动员到位，执行坚决有力。严格落实节假日值班备勤制度。将每月例行巡查、"四不两直"突击检查、节假日等重要节点与随时抽查相结合，及时排查九三八处仓库、出租出借房产等场所的安全隐患。

五　党建和党风廉政建设

落实《国家物资储备局深圳办事处机关公务员到基层单位锻炼实施方案》，安排干部职工到基层单位、国家粮食和物资储备局挂职锻炼，到基层处学习实训，提高干部职工的思想认识和能力素质。机关党支部补选委员1名，选举成立了退休党支部委员会，进一步健全了党的基层组织。持续开展"大学习、深调研、真落实"活动，加强政治理论学习，组织干部上井冈山参加培训、参观广东改革开放40周年展览。采取撰写心得体会、制作宣传栏等形式，让全办干部职工牢固树立"四个意识"，坚定"四个自信"，坚决做到"两个维护"，为深圳办事处改革提供坚强思想政治保障。制定《内部履职用权工作规程》《关于加强对所属企事业单位主要负责人监督的意见》，从制度上确保全体党员干部依纪依法履职和廉洁从业。开展进一步整治"庸、懒、散、拖"的机关病活动，深圳办事处干部职工思想作风取得较大转变。组织参观"历史的轨迹——中国特色反腐倡廉道路"主题图片展，增强全办广大干部职工"不忘初心　牢记使命"的精神信念和反腐倡廉克己奉公的意识。全年召开总支部委员会8次、机关党支部党员大会11次，机关党支部委员会11次，党小组会议22次，每个季度举办党课1次，全年共举办党课5次。

六　服务管理退休职工

坚持政情通报制度，及时向离退休同志传达中央文件精神和国家粮食和物资储备局重要工作部署，通报深圳办事处重要工作推动情况。建立并完善办事处退休职工信息库，掌握生活思想动态。坚持走访慰问退休老同志，逢重大节日发放慰问品，每年组织退休职工体检，从各个方面关心和关怀退休同志。创建退休职工微信群，推送时政新闻、养生常识、节日祝福等内容，收集反馈退休职工的日常诉求，发挥服务退休职工的桥梁纽带作用。组织春游、秋游，集体观看爱国主义电影，开展"我看改革开放新成就"主题活动，退休干部郭继东同志撰写的《水调歌头 兴储抒怀》一文入选国家粮食和物资储备局优秀征文汇编，鼓励退休职工参加深圳市老年大学。

国家物资储备局深圳办事处领导班子成员

潘一闽　党组书记、主任（兼任）

刘旭东　党组成员、副主任

2018年11月16日，国家发展和改革委员会党组成员，国家粮食和物资储备局党组书记、局长张务锋（前排左一）一行到国家物资储备局深圳办事处进行调研督导。

国家粮食和物资储备局党组成员、副局长曾丽瑛同志（第二排中）率队到国家物资储备局深圳办事处开展 2018 年度综合考核和干部调研工作。

广东储备物资管理局党组书记、局长兼国家物资储备局深圳办事处党组书记、主任潘一闽和深圳办事处党组成员、副主任刘旭东到九三八工程筹建处深圳盐田港综合物资储备仓库视察工作。

广东储备物资管理局

基本情况

广东储备物资管理局（以下简称广东局）成立于1972年4月，机关办公地点位于广东省广州市，主要职责为负责广东、海南两省中央储备物资的管理工作，并对储备物资专项资金使用进行管理；监管企业代储中央储备成品油。下辖10个事业单位分别是三五三处、七三三处、八三○处、海南处、二十八处、八七九处、十一处、惠州办事处、珠海办事处、机关服务中心。由事业单位出资设立2家企业，分别是广东国储供应链股份有限公司、乐昌市七三三处加油站有限公司。广东国储供应链股份有限公司下设3家控股公司。2018年底，广东局有公务员40人；事业单位在编人员197人，编外聘用人员43人。退休人员406人，离休人员7人。

2018 年工作

一　坚持深化改革转型发展

2018年11月，国家发展和改革委员会党组成员，国家粮食和物资储备局党组书记、局长张务锋带队到海南省和广东省进行调研，察看了南繁育种基地、海南物资储备处、八三○处等。9月，国家粮食和物资储备局党组成员、副局长梁彦带队在八三○处、七三三处和广东国储物流股份有限公司等开展调研。4月，国家粮食和物资储备局第八督导组对三五三处、七三三处、八三○处等开展安全督导检查。广东局领导班子高度重视，积极配合，充分做好协调保障工作，及时传达张务锋局长和梁彦副局长的讲话精神，深入思考机构改革完成后系统运行体制的调整以及如何更好履行"为国管粮、为国管储"的职责职能。成立了深化改革转型发展和加强安全稳定廉政工作两个领导小组，统筹推进贯彻落实国家粮食和物资储备局党组"两决定一意见"工作。围绕转职能、补"短板"、强弱项，开展了以"两决定一意见"为主要内容的"爱岗位、学理论、精技能、强素质"知识竞赛和岗位练兵比武，举办了原油、天然气储备监管以及普及粮棉油糖管理基础知识培训。合并广东国储物流股份有限公司和广东国储易储金通供应链管理有限公司，成立广东国储供应链股份有限公司。国储e通供应链服务平台三大系统实现全面上线运行，物流服务陆续开展，初步具备为客户提供一体化供应链服务的能力。2018年，广东局事业单位出资企业实现营业收入超额完成全年利润指标任务，有效弥补了全局财政经费不足和促进了广东储备事业的可持续发展。积极发挥好广东省储备工作协调机制成员单位的作用，参与制定广东省储备物资评估工作方案。积极探索作为广东省应急委员会成员单位作用发挥，提出广东省建设区域应急物资物流中心，建立应急物资物流集散平台的设想等可行性意见建议。推进七三三处"三化一提升"安防自控和"生产指挥一体化"工程的各项系统建设。

二　坚守安全稳定廉政三条底线

一抓安全。完善安全管理网格化体系，分解安全管理目标，层层签订责任书。制定安全生产考核与绩效奖励、个人成长"双挂钩"办法，推行红、黄、绿牌安全动态管理，印发《安全生产费用提取和使用办法》，建立重大生产活动安全管控方案的审查机制。自筹资金400余万元实施八三〇处2号、4号库房丙类仓库消防改造项目。2018年共组织各类安全教育培训151次，开展各类安全检查264次，自筹投入安全整改资金630.4万元，未发生等级责任事故，安全管理经验被广东省安全生产委员会编入2018年度安全管理典型经验材料。三五三处被广东省消防总队、广东省公安厅分别在消防建设、治安保卫方面评为先进单位。二抓稳定。建立舆情定期研判分析制度，做好"三性"问题研判和化解，化解信访问题。抓好机构改革期间的宣传教育，加强国家粮食和物资储备局机构改革期间的各项管理值班值守，确保思想不乱、队伍不散、工作不断、干劲不减。2018年，广东局事业单位人均收入增长10.7%，历史遗留的突出矛盾和问题基本得到解决。三抓廉政。全面建立并实施对事企业单位进行年度会计审计制度，对储备能力建设工程实施跟踪审计，对工程建设廉洁情况进行重点监督。开展廉政教育8次，纪律教育学习13次，日常廉政谈话教育70多人次，提醒谈话2人次。

三　坚决推进重点工作和重点工程建设

一是落实中央储备成品油质量升级任务。管理局和储备油库均成立专门的工作领导小组，精心组织、周密部署，克服时间紧、数量大、任务重的困难，在65天时间内高质量高标准地完成了数十万吨出库任务以及监督代储企业的轮换入库任务。储备油库共投入70多万元，组织350人次开展各类设备设施的维护保养和检查，并做好成品油出库后油罐清洗、紧急切断装置安装等工作，确保各种设备处于良好的技术状态，整个过程做到了"零差错""零事故""零投诉"。二是做好战略物资日常管理。各储备仓库认真落实三级检查制度，确保国储物资"收得进、储得好、调得动、用得上"。严格执行设备设施维护保养制度，确保各种设备设施完好和运转正常。加强练兵比武和红旗库（罐）评比工作，推进物资管理标准化建设。红旗库（罐）率、设备优良率达到100%。三是认真履行企业代储国家成品油监管职责。加强中石油、中石化、中化集团、中航油集团在粤桂两省代储成品油的监管，9个承储库有7个油库实现在线监管。2018年8月，监督4家企业5个油库完成车用柴油质量升级轮换出入库任务。目前广东局监管的中央储备成品油数量准确、质量合格、储存安全。四是全力推进成品油能力建设工程。建立工程管理和月度巡查巡检制度，严格合同管理以及合同的执行和管控，防范风险发生。建立约谈制度，及时发现和解决工程中存在的问题，加快推进工程进度。七三三处能力建设工程完成总投资比率72.4%；三五三处能力建设工程完成总投资比率75.9%。积极推进国家成品油储备能力建设新建项目"651"工程、"657"工程的选址工作，成立专项工作小组，努力探索能源储备基地"一体化"建设可行性。

四　坚定不移加强自身建设

制定《关于加强领导班子自身建设意见》，实施第一议题制度，全年组织党组中心组理论学习18次，举办"四级"书记学习宣传贯彻习近平总书记重要讲话精神培训班，召开党建工作研讨会。开展"大学习、深调研、真落实"活动，形成一批有成果的调研报告，其中1篇被国家粮食和物资储备局评为"改革开放40周年粮食和物资储备改革发展理论研讨优秀论文三等奖"。在井冈山江西干部学院举办学习贯彻党的十九大精神培训。组织开展新入职人员培训班。举办各类培训123班次，参加培训1099人次，总体培训覆盖率达90%以上。在2018年度赣鄂湘粤沪物资储备系统岗位技能竞赛中，获得叉车技能竞赛第一名、第三名，综合知识竞赛第三名。七三三处、三五三处分别有2人通过注册安全工程师资格考试。严格执行"三会一课"制度，开展"一个支部一个品牌""五好红旗党支部""共产党员先锋岗""青年文明号""每月一星"等创建活动。举办2016～2017年广东储备先进单位、先进个人巡回演讲报告，弘扬艰苦奋斗、锐意进取的奉献精神。2018年，广东局直属机关党委在"广东省直机关第六届工作技能大赛"中获得"优秀组织奖"。七三三处物管班被授予广东省直属机关"青年文明号"称号。三五三处消防队发挥全国"青年文明号"先进示范作用，主动请缨安全快捷地完成了洗罐任务。

广东储备物资管理局领导班子成员

潘一闽　党组书记、局长
杨胜勇　党组成员、副局长
王可顺　党组成员、纪检组长
谢远康　副巡视员

2018 年 11 月，国家发展和改革委员会党组成员，国家粮食和物资储备局党组书记、局长张务锋（前排右）带队到海南处开展调研。

2018 年 9 月，国家粮食和物资储备局党组成员、副局长梁彦（前排左二）带队在广东储备物资管理局七三三处开展调研。

2018 年 11 月，广东储备物资管理局在三五三处开展原油、天然气储备能力提升培训班，为履行新职能新职责切实补短板、强弱项。

广西储备物资管理局

基本情况

广西储备物资管理局（以下简称广西局）成立于 1969 年，局机关内设 10 个职能处室，下辖 7 个基层事业单位，其中有 3 个国家储备仓库，分别为七三二处、四七九处、九三一处。所属储备仓库均分布在湘桂、枝柳铁路沿线，库区总占地面积 2857348 平方米（4286 亩）。

2018 年工作

一　扎实推进"两决定一意见"贯彻落实

制定"两决定一意见"具体实施方案，分解细化推动实施关于深化改革转型发展 33 项、关于安全稳定廉政 48 项、关于激励干部新时代新担当新作为 20 项的重点任务分工。组织召开党组会、党组理论学习中心组扩大会等，部署和学习"两决定一意见"。成立学习贯彻"两决定一意见"工作领导小组，制定"十个一"宣贯活动抓手。党组成员带头深入基层，通过 PPT、座谈会等形式开展宣贯工作。各单位制定相应的贯彻实施方案，通过板报、研讨会、知识考试等形式，开展广泛学习活动。形成人人学习、时时落实的思想自觉和行动自觉。

二　强化安全发展理念，筑牢安全稳定底线

调整广西局安全工作领导小组机构及组成人员，建立"一书一单一督察一档案"责任内容管理办法，签订安全管理和安全稳定责任书 197 份，细化分解 29 项安全稳定责任清单，形成层层有压力、人人有指标的责任网络体系。全年开展全面检查、专项检查、"四不两直"和基层交叉互查等 18 次，提出各类隐患和问题 211 条，已完成整改 201 条，整改完成率达 95.26%，对暂不具备条件整改的隐患加强管控，强化整改"回头看"。加强安全形势分析，2018 年召开局安全生产工作会议 4 次、安全工作领导小组会议 9 次、局领导参加并指导基层处安全生产形势分析会 4 次。积极推进安全生产标准化建设，九三一处安全生产工作纳入辖区政府安监部门管理，做好"三级安全生产标准化"申报，启动安全生产标准化建设。强化安全重点单位监管，组织地方安监、公安、消防及相关专家对四七九处 38 项安全保障标准进行安全状况实地勘察及评审，出具评审报告，评审资料整理归档；四七九处加强与地方政府部门联防联治，与驻库

武警、公安、消防、安监、卫生等部门联合开展"利剑2018"反恐演练。全局实现安全生产"零事故"。

三　牢固树立主业意识，积极探索储备转型发展

持续开展标杆库建设，推进物资管理标准化规范化。七三二处以工作清单式抓落实，积极开展专栏宣传、知识讲座、办公场所定置化检查、制度"立改废"汇编成册、岗位流程标准化等工作，标杆库建设得到积极推进，环境美化绿化工作效果基本保持，保管员介绍规范、垛卡摆放统一、物资台账记录明晰。开展与广西壮族自治区粮食部门的学习交流，学习借鉴广西壮族自治区粮食部门"星级粮库"创建经验，不断完善物资储备仓库星级库房评比。严格执行国家物资储备"三级检查"制度，认真落实"一库一案、一批一案"要求，科学制定经专家评审的 16 项物资出入库及日常管理的操作规程和工作流程，在库物资数量准确、质量合格、储存安全。积极探索国家储备糖库、储备油库建设和国家物资储备参与和服务区域储备战略。

四　强化各项管理工作，打牢深化改革转型发展基石

落实重大决策合法性审查制度，加强国有资产出租出借等经营合同的审核、管理及合同履行情况的检查、考核，强化全局行政事业单位和出资企业的印鉴管理。完成行政资产出租出借整改工作。开展资产账务、账卡清理专项工作，制定机关本级固定资产管理流程，并推广到各基层单位，夯实国有资产管理基础。开展企事业单位成本核算工作，基本完成基础数据的整理，初步形成成本核算实施细则。积极开展经营创收业务，七三二处与广西宁铁物资工业有限公司达成拟共同开发铁路专用线代发运业务的合作意见，申报增加了铁路专用线到发货物资品名；九三一处稳定原有业务，与新引进广西糖网食糖批发市场等 3 家公司签订货物仓储服务合同。2018 年广西局实现经营创收 2932.63 万元，经营目标完成率达 103.55%。强化预算管理，执行季度用款计划，加强财务分析，抓好"三公"经费控制、大额资金使用及大宗物品采购审批。各事业单位 2018 年执行预算情况良好，项目支出专款专用，"三公"经费没有超支、违规列支现象，经营创收数据准确、账账、账表相符。进一步健全财务内部控制制度，规范和加强全局财务印章的管理和使用。印发《广西储备物资管理局修购基金使用管理办法》，规范修购基金计提、使用。全面规范公务卡结算系统的使用，改进财务报账程序和手续，从根本上解决现金结算带来的财务风险。依法依规严格抓好项目建设管理，制定《基建、维修改造项目立项审批工作流程》《三年滚动项目报送工作管理办法》等制度，强化项目绩效考核，较好完成年度项目建设计划。加强工作督办协调，着力提高办公质量，强化"三性"问题分析，加强档案保密管理，完成 218 项内部管理制度的集中清理和"立改废"工作。

五　加强班子队伍建设，强化作风转变和责任担当

制定、修订广西局处级干部请示报告、机关 ABC 角轮岗交流管理、领导干部提醒、函询和诫勉谈话，以及事业单位中层干部选拔任用工作等多项制度。开展纠正"四风"专题教育，进行效果评估，强化机关的监督、服务意识，增强基层单位的主体责任和执行力。加强绩效管理，完善机关绩效管理实施细则、

事业单位绩效考核实施细则，创新考核方法，采取多维度考核评价方式，多渠道、多角度、多方式对干部进行全方位客观评价。加强干部挂职交流和锻炼，修订《广西储备物资管理局干部交流管理办法》，解决交流干部实际问题，落实下派贫困村驻村干部相关待遇。2018年有11名干部分别在系统内上下挂职、到财政部驻广西专员办挂职交流、派驻贫困村担任第一书记和工作队员，招录招聘大学毕业生及接收军转干部3人，完成4名科级干部职务晋升，组织参加各类培训班96次，参培人员达1129人次。

六　坚持以党的政治建设为统领，全面推进和加强党的建设各项工作

加强政治机关建设，推动各级党组织和党员干部做到"三个表率、一个模范"。广西局党组理论中心组（扩大）学习12次，党委理论中心组学习25次，举办1期学习党的十九大精神处级干部培训班，集中培训处级以上党员干部42人次，开展党建知识考试32期。严格落实"三会一课"制度，抓好支部党员政治生活活动室标准化建设，开展"党员示范岗"评选45人次。开展"一支部一品牌"创建活动，开展送知识下基层、业务知识竞赛、扩展知识阅读分享等活动。推进"党建＋"模式，加强与广西壮族自治区粮食部门、财政专员办和驻地社区的党建和业务交流，开展形式多样的党日主题活动。贯彻落实党风廉政建设"两个责任"，分解细化责任清单35项，签订党风廉政建设责任书72份。制定广西局《公务活动禁止饮酒规定》《贯彻落实中央八项规定精神的实施细则》等制度，签订廉洁过节承诺书。学习《中国共产党纪律处分条例》，开展"以案释纪明纪，严守纪律规矩"专题警示教育活动，结合重点时节组织经常性廉政警示教育7次，开展案件警示教育5次、廉政教育基地警示教育1次。对5名处级干部进行诫勉谈话，切实将监督执纪问责"四种形态"落实到实际工作中。坚持每季度召开党建、党风廉政建设工作会议，抓好信访苗头性倾向性问题分析，积极矛盾化解工作，防止信访问题叠加和上交。召开由政府领导牵头，公安、民政、信访、人社及专业律师参加的信访问题联席协调会议，有效地解决了历史遗留信访难题。2018年，实现信访工作"零积案"。

七　其他工作

抓好工青妇等群团组织工作，组织青年干部赴贫困村小学举办助力扶贫攻坚爱心互动、开展春节回乡调研、主题演讲比赛以及爱国诗词朗诵比赛等活动，共有2篇回乡调研报告荣获广西壮族自治区三等奖和优秀奖。积极开展工会活动，参加区直机关运动会多项体育比赛项目，获"体育道德风尚奖"和"健身气功八段锦组织奖"。重视离退休干部工作，落实"两费"保障，组织老同志开展"我看改革开放新成就"系列活动。加强扶贫工作经费投入，选派4名干部驻村开展扶贫工作，2018年初经过广西壮族自治区脱贫摘帽核验组验收，永新村顺利按时脱贫摘帽。

广西储备物资管理局领导班子成员

黄玉涛　党组书记、局长

韦　强　党组成员、副局长

杨　刚　党组成员、副局长

赵克东　党组成员、纪检组长

2018年2月6日，广西壮族自治区政府副主席费志荣（左二）到广西储备物资管理局调研工作，并进行春节慰问。

2018年11月9日，广西壮族自治区直属机关工委常务副书记邓金玉（女）到广西储备物资管理局调研机关党建工作情况。

2018年5月3日，广西储备物资管理局青工委组织青年干部到扶贫点博白县英桥镇那凭村小学进行助力扶贫攻坚爱心慰问。

四川储备物资管理局

基本情况

四川储备物资管理局（以下简称四川局）成立于1953年，前身为国家物资储备局西南分局四川物资管理处，1954年经四川省政府批准改名为四川省储备物资管理局，1995年机构改革后更名为四川储备物资管理局，是四川和重庆地区的国家战略物资储备管理机构，主要职责是负责辖区内国家战略物资的收储、动用、轮换和日常管理。局机关内设11个处室，下辖四三五处、四三六处、四三七处、四三八处、二七一处、四七三处、六七四处、一五七处、二五五处以及机关服务中心10个事业单位。经过60多年发展，基础设施齐全，储备功能完善，具备了一定的应对突发事件和服务地方经济发展的能力。

2018 年工作

一　谋创新发展，开启改革转型新征程

抓实国家粮食和物资储备局党组"两决定一意见"学习宣传，对标对表文件提出的主要目标和重点任务，聚焦存在的突出"短板"和问题，强化顶层设计，系统谋划未来5年目标任务，形成了贯彻落实"两决定一意见"初步意见。全面启动仓库现状摸底调查，加强与川渝两地军工企业和地方政府衔接。建立储备工作协调会商和协同联动工作机制，初步疏通了央地储备联动协作渠道。认真对照国家粮食和物资储备局《安全保障标准》，组织地方安监、公安、消防实施仓库安全隐患排查评审，向地方政府备案。

二　促质量提升，储备任务高效完成

落实大物管理念，突出储备主业，狠抓国储物资数质量管理等重点工作，持续推进对标管理、整合各类管理体系、统一规范作业方案，强化企业代储监管、抓实国储物资入库准备工作、开展物资质量升级任务攻关，确保了国储物资储存安全、质清量准、进出高效，达到"四保"要求。二七一处、四七三处物资收储轮换准备就绪。一五七处加强各环节的衔接配合，强化过程监管，确保了国储物资安全、高效进出。二五五处攻克发油台拆除在建、二郎庙镇公路封闭施工、铁路专用

线到发资质受限等重重困难，实行 24 小时不间断作业，创造了日发油量突破 1800 吨的纪录，确保了能力建设与成品油升级"两不误"。

三 抓安全举措，打赢安全"翻身仗"

紧紧围绕储存安全和生产安全，坚持发展与安全统筹兼顾、规范基础与文化建设两轮驱动，抓实抓牢明责、考责、问责三个环节，物防、技防、人防三管齐下，落实责任全员覆盖、隐患治理举一反三、联控联防提级上位，强化安全事故易发频发、工程建设等重点领域管控，传统仓储领域安全重灾区实现逆转，储备安全、生产安全形势根本好转、过程可控。2018 年投入资金 1226.4 万元，整改隐患 546 个，整改率达 95.3%。二七一处认真总结森林火灾防范经验，建立了国储仓库森林防火联防制度，提升了联防组织规格和火灾防范安全级别。城市通用仓库扎实推进设备设施升级改造，提升了本质安全度，在物资吞吐量创历史新高的情况下实现了零工伤目标。

四 抓工程进度，基础设施不断完善

2018 年工程建设项目任务重、时间紧、困难多，坚持主动而为、攻坚克难，取得了明显成效。国家成品油储备能力建设二五五处项目进度系统内排名稳中有升，截至 12 月，项目累计实际支付 12315 万元，完成投资 13811 万元、占总投资的 72.1%。一五七处智慧油库项目启动实施，在"不大拆大建"的原则下，自筹资金 380 余万元启动管理信息化软件平台升级改造，智慧油库建设迈步新步伐。四七三处迎来国家储备仓库基础设施紧急改造项目投资 2500 万元，在 2018 年顺利开工，二五五处自筹资金 460 万元，完成油库高液位报警及联动、可燃气体浓度报警问题整改，城市通用仓库仓储管理信息系统建设取得初步成果，物资储备信息系统二期工程建设基本完成，4 个基层处成功实现三级联网。

五 抓内部管理，基础工作更加规范

加强法规学习宣传，推广使用"法宣在线"APP，清理、修订、新建内部管理制度 14 个。完成津补贴核查、主要负责人任期内履行经济责任审计，加强各事业单位及出资企业财务和资产管理，财务和国有资产管理进一步规范。全局 1014 名离退休人员建档立卡全覆盖，离休干部护理费标准进一步提高。公文处理工作经验在国家粮食和物资储备系统办公座谈会推广，局机关余华东同志摘取全省公文写作大赛省直机关组领导讲话类一等奖，创下了四川局建立以来参加全省大赛的最高获奖纪录。改革开放 40 周年征文活动获得全系统优秀组织奖、2 名三等奖，保密管理、党内统计、宣传信息工作被评为全省"优秀"单位。坚持德才兼备、以德为先的原则，抓好领导干部、中层骨干和班组长三支队伍建设，完成 5 名处级干部聘任期满续聘工作，引进公司高管 1 名，招录公务员 3 名，接收军转干部 1 名，上挂下派干部 4 名，完成 300 余人次的各类业务培训，88 人取得了新学历毕业证书，7 人通过了注册安全工程师考试。坚持依法依规、尊重历史、实事求是的原则，妥善解决了部分事业单位人员曾参加机保试点改革和企业职工养老保险问题；四三五处置换油库建设项目徘徊 10

年后终于落地；原局机关大院开发项目已纳入成都市锦江区旧城改造计划，妥善解决了项目搁置期间补贴费欠款问题。

六　抓品牌创建，党建纪检工作达到新高度

积极践行"四两四家"党建工作理念，推动全面从严治党向纵深发展。深入推进"两学一做"学习教育常态化制度化，开展"大学习、大讨论、大调研"、纪念改革开放 40 周年和建党 97 周年等系列活动，引导全局党员不断强化"四个意识"，坚决做到"两个维护"。聚焦加强党的领导、理顺党建体制机制、提高政治生活质量、解决"灯下黑""两张皮"问题，扎实开展领导班子"四好一强""五好党支部"创建、党员积分制管理、党建品牌创建，设立企业党委，强化意识形态工作，推行"工作共建、资源共享"党建结对活动，创造性举办讲"改革开放·储备故事"系列活动，党建工作质量不断提升、组织力不断增强、党建活动有声有色。强化廉政风险防控，落实每季度党风廉政建设形势研判，开展"以案明纪释纪"等 4 个专题的集中警示教育活动，抓实巡视反馈问题整改完成情况"回头看"、对标中央巡视要求自查自改，深入开展领导干部利用名贵特产类特殊资源谋取私利问题等专项整治，完成 3 名基层处处长离任审计、7 家公司的 2017 年度报表审计和 2 个基层处的巡察工作，确保了干部秉公用权、清正廉洁。荣获"不忘初心写忠诚"——微记录·新时代机关纪检干部展示活动优秀组织单位，一五七处《牵手廉洁、幸福一生》微视频获得四川省"不忘初心写忠诚"——微记录·新时代机关纪检干部展示活动优秀作品。

七　促机构调整，经营创收稳步推进

坚持清理规范企业与业务结构调整同进、降本与增效提速、对外资源整合与内部转型并重、深化内部改革与升级客户服务同进，做大做强"一链两翼"产业格局，总公司成功完成集团战略转型，市场抗风险能力和公司整体运作能力进一步提升。在国内经济下行压力加大、成品油价格持续波动、供给侧结构性改革深入推进的情况下，公司经营创收持续保持稳定，2018 年，四川国储公司物资吞吐量 789.08 万吨，同比增长 12.99%，完成营业收入 132.31 亿元，同比增长 12.76%，净利润 2.21 亿元。储渝公司开展江苏海德集团 51% 股权预收购，着力打通成品油销售全产业链，实现供销一体化经营。百川通公司坚持"化工为主、油品为辅"经营方针，加强与西安中车合作，做大做强甲醇业务。高速国储公司引入可兰素系列拓展加油站非油产品销售。国储农业公司承接万源市八台山文化小镇、石塘茶博园建设，推动茶旅结合、一二三产业融合发展。兴蜀公司通过"采销配"一盘棋高效经营和提供"妈妈式"服务，打造"17 个油库支撑""14 个根据地协调"立体化开发市场，区域影响力持续提升。国储有色公司铝锭销售占据重庆市场半壁以上江山，集团公司、成都国储荣获"中国改革开放 40 周年四川物流优秀企业"称号。

八　特色亮点工作

一是推进传统仓储业务转型升级。坚持以技术革新为引擎，以城市通用仓库设备设施升级改造

为抓手，带动传统仓储业务转型升级、管理体系变革和发展动力转换。四三六处、四三七处和国储天府公司累计投入资金 695.93 万元，遥控化改造起重设备 31 台、更新先进吊具 44 台，实现了组织架构、管理制度重塑，物流服务提质增效。改造后作业效率提升 20% 以上，管理成本降低 30% 以上，人力成本每年减少近 600 余万元，基本实现人与物资"零接触"，安全风险有效控制。改造后的仓库物资吞吐量达 497.89 吨、同比增长 47.09%，吸引了中国铁路总公司、成都铁路局集团有限公司等观摩学习借鉴，国储品牌、管理团队成功输出到南充、绵阳等地仓储企业，对外整合了资源、扩大了效益。相关经验做法在国家粮食和物资储备局工作会上做了介绍，为系统传统业务转型升级提供了可复制、可借鉴、可推广的模式。二是做实扶贫产业助推乡村振兴。以产业扶贫、扩大就业为主线，着力打造富硒茶产业和成品油经营"两驾马车"实施精准扶贫，助推定点帮扶村所在市乡村振兴战略实施。继续实施建基地、搞加工、创品牌、拓市场战略，加强与浙茶集团战略合作，参与引领浙川东西部协作茶叶基地、八台山茶文化小镇、石塘茶博园建设，着力打造长效脱贫机制。目前建成茶叶示范基地 1000 公顷，自建茶叶基地 400 公顷，辐射带动白羊、石塘、草坝等乡镇多个贫困村发展产业热情，草坝镇被万源市确定为乡村振兴试点，国储品牌"正红红茶"荣获中国四川国际茶博会金奖，"一山青"获得"四川扶贫"集体商标授权。成品油方面建成"一库三站"销售网络，提取扶贫基金近 60 万元，增加了贫困群众发展资金、扩大了当地就业、提升了能源供给水平。相关工作被新华社四川频道、《四川农村日报》《达州日报》、万源电视台等多家媒体报道，储备系统助力脱贫攻坚的政治形象得到了有效彰显。

四川储备物资管理局领导班子成员

袁昌模　党组书记、局长

韩西宁　党组成员、纪检组长

陈长民　党组成员、副局长

2018 年 6 月 11 日，国家发展和改革委员会党组成员，国家粮食和物资储备局党组书记、局长张务锋（前排右三）率队在四川储备物资管理局四三七处指导工作，检查国储物资库房。

四川储备物资管理局四三六处吊装设备改造升级后采用的遥控吊装设备，基本实现人与物资"零"接触，安全风险大幅降低，工作效率大幅增加。

2018年，国家成品油储备能力建设二五五处项目库区主体工程基本完工，服务国家和社会的能力进一步增强，图为建设完成后的辅助作业罐区。

贵州储备物资管理局

基本情况

贵州储备物资管理局（以下简称贵州局）成立于 1964 年，是国家粮食和物资储备局直属在贵州的垂管机构。现辖一五八处、二五八处、五五〇处 3 个国家成品油储备库，五三一处、六三一处、一七五处、二七七处、六七五处 5 个通用物资国家储备库，一五八处、二五八处、五五〇处、一七五处、六三一处、二七七处各有一条铁路专用线，有 1 个机关服务中心，1 个贵州国储物流有限公司。机关内设 10 个处室，行政编制 55 名，现有在职职工 43 人，其中，局级干部 3 人、处级干部 16 人、主任科员及以下 23 人，工勤人员 1 人。1997 年事业单位定编 923 名，目前实有在编人员 327 人，离退休人员 597 人。

2018 年工作

一 牢固树立主责主业意识，严谨高效履行储备职责

按照"一库一批一方案"要求，制定完善国储油料收储作业方案并组织学习演练，加强国储油料入库数量质量监测，进行现场检查指导等，圆满完成了国储油料收储任务。严格执行国储物资管理办法及其实施细则特别是钥匙领交制度、双人双锁制度、保管员日查制度、物资盘点制度和局、处、科三级检查制度，按照要求认真填写各种记录、填报各类报表等，确保国储物资管理达到"四保"要求。针对国储海绵钛代储企业运营不景气、生产能力较低、难以轮换物资的实际，切实加强协调联动，按时上报监管季报、库存月度报告、轮换情况表等，做好企业代储监管工作，确保国储海绵钛数量安全。建立健全库（罐）达标考评制度，在基层处每月认真自查自评、整改问题的基础上，贵州局每季度组织考评组进行考评，对发现的问题提出整改意见，督促指导进行整改，并建立定期学习制度，提高物资管理水平，提升人员素质，规范工作记录和工作流程，改善库区环境卫生，强化设备设施管理。按照国家粮食和物资储备局指令紧急出库成品油有效缓解境内燃油之急，协助当地政府有效处置突发事件。制定完善突发事件情况下国储物资保障应急预案并组织演练，确保突发事件情况下的物资保障。

| 二 | 加强"硬软件"建设工作，夯实贵州储备发展基础 |

一是创新工作方法，强化重点项目建设。总结提炼推行"五借"工作法推进国家成品油储备能力建设项目工程，加快工程施工进度。借助参建单位专业公司力量和专家集体智慧，对工程管理中的重大事项进行管理；借助各级地方政府力量，解决项目推进过程中的重点难点问题；借助施工单位先进技术，攻克施工中的难关；借助业内大型企业在油库建设方面的制度成果，不断完善贵州局基建制度；学习借鉴系统内兄弟单位项目建设和系统外油库建设先进经验，不断提高管理水平。二是整合各方资源，推动经营业务转型升级。开展油料经营、物流业务等，创收5000万元弥补预算缺口，保证事业单位工作正常开展和职工队伍稳定。平台公司加大对"国储石油"品牌加盟加油站的管理力度，提高加盟标准和费用，淘汰不符合标准的加盟站，进一步打造"国储石油"品牌的良好社会形象。加强与贵州高速公路集团公司共同出资建设的高速公路加油站的经营管理工作，牢固树立"信誉至上，客户第一"的经营理念，取得较好的经济效益和社会效益。五三一（一七五）处集装箱货运资质获得铁路部门批准并顺利运营。三是加强联系沟通协调，学习了解粮食管理知识。召开局党组中心组学习（扩大）会议，组织机关干部职工认真学习粮食生产、储存、流通等相关知识。订阅粮食知识书刊、收集相关资料等，供干部职工平时自学，不断拓宽新视野，获取新知识。与贵州省粮食和物资储备局召开座谈会，双方分别介绍了各自的职能、职责、业务现状，对机构改革后双方可能的业务联系进行了探讨。

| 三 | 发挥垂管属管"条块"优势，履职尽责抓好党建工作 |

一是统筹业务党务队伍建设。坚持业务党务队伍建设"一盘棋"思路，做到同规划、同布置、同检查、同落实、同考核、同评比。推行"党建＋库容库貌""党建＋优质服务""党建＋经营创收"等模式，充分发挥党支部的战斗堡垒作用和共产党员的先锋模范作用，确保各项工作高质高效完成。注意从业务工作的薄弱环节、队伍建设的薄弱部分找准业务党务队伍建设的最佳结合点，适时调整工作力度，同步开展工作，把"短板"扩长，把弱项变强，有效破解"两张皮"问题。二是压紧压实从严治党责任。各级党组织书记认真履行党建工作第一责任人责任，始终把党建工作放在心上、扛在肩上、抓在手上，做到重点工作亲自部署、重大问题亲自过问、重点环节亲自协调、重要事项亲自督办，班子成员认真履行"一岗双责"责任，形成主要领导亲自抓、班子成员共同抓、部门负责人具体抓，一级抓一级，层层抓落实的工作机制，确保管人、管事、管思想相互结合，达到抓党建、带队伍、促工作的有机统一。三是抓好日常教育管理。局党组充分发挥中心组学习示范带动作用，召开党建工作专题会议和全局党建工作季度推进会，各党支部、党小组、"学思践悟"青年读书小组，结合学习成果开展交流讨论。认真落实"三会一课"、专题组织生活会、民主评议党员、党员领导干部双重组织生活会等制度，不断提高党内政治生活质量。四是大力推进党建扶贫工作。主要负责同志率队赴同步小康驻村扶贫点的铜仁万山调研并形成调研报告，作为贵州省政协十二届一次会议正式提案提交，受到高度重视。各基层单位结合实际，积极开展"五千行动"。2018年全局共投入帮扶资金24.9万元。

| 四 | 加强安全标准化建设，不断提高管理水平 |

　　运用贵州省委提出的"政策设计、工作部署、干部培训、监督检查、追责问责"的"五步工作法"，以安全发展为目的，以落实责任为主线，以消除隐患为重点，以强化监管为抓手，以制度建设为保障，全面推进安全生产标准化建设。通过安全生产标准化建设，使基层单位逐步达到安全健康管理系统化、岗位操作规程规范化、设备设施本质安全化、作业环境器具定置化的"四化"目标，形成干部职工在安全生产方面"比、学、赶、帮、超"的浓厚氛围，逐步培养一批掌握多专业知识的综合性人才。

贵州储备物资管理局领导班子成员

宋念柏　党组书记、局长
魏国栋　党组成员、副局长
陈　命　党组成员、纪检组长
汪元发　副巡视员（2019 年 2 月退休）

2018 年 11 月 26 日，国家粮食和物资储备局党组成员、副局长韩卫江（前排左二）在贵州储备物资管理局六三一处考察，贵州储备物资管理局党组书记、局长宋念柏（前排左一）陪同考察。

2018年8月7日，贵州储备物资管理局召开工作会议表彰先进基层党组织，局党组书记、局长宋念柏（后排左二）出席会议并颁发奖状。

2018年11月9日，国家粮食和物资储备局成品油收储工作片区会议在贵阳召开。

云南储备物资管理局

基本情况

云南储备物资管理局（以下简称云南局）最早可追溯至 1954 年成立的云南省财政厅储备科一〇一库。1956 年 12 月成立云南省计委储备物资管理处。1960 年 10 月云南省委批示成立云南储备物资处，受原国家计划委员会与原云南计划委员会双重领导。1965 年 7 月根据原国家计委物资储备局通知，云南储备物资管理处使用"〇一〇单位十七处"代号。1973 年 8 月云南省编制委员会批准成立"云南省储备物资管理局"，代号改为"〇一〇单位十七局"。1996 年 6 月国家物资储备局根据中编办批复，批准云南储备物资管理局"三定"方案，明确行政级别为正厅级，机关行政编制 55 名，内设处室 10 个。2018 年，根据国务院机构改革方案，云南储备物资管理局整体并入国家粮食和物资储备系统。行政级别为正厅级，机关行政编制 42 名，内设处室 9 个。云南局下辖三七一处、四七四处、五三〇处、六七六处、七七四处和机关服务中心 6 个事业单位，云南国储物流有限公司 1 个企业。2018 年底，云南局机关公务员 40 人，事业编内在职 198 人，事业编外用工 56 人，企业用工 62 人。全局退休人员 419 人，离休人员 7 人。

2018 年工作

一　强化主业意识，认真履行国储职责

按照"一库一批一方案"要求，认真审核入库方案，强化作业指导和现场监管，同时加强与炼厂的协调沟通，妥善处理油料入库损耗等问题，圆满完成国储油料收储入库任务。七七四处在人手紧缺、人员老化的情况下，顺利完成火工物资倒垛和橡胶库房翻垛任务。局处两级严格落实分级查库制度、日计量周检漏月测耗制度以及周期化验制度等，积极开展对标管理工作，加强物资日常保管保养，增添措施，严控库内温湿度，确保国储物资达到"四保"要求，实现"物证账卡"四相符。

二　提高政治站位，坚守安全稳定廉政底线

一是抓安全。签订安全责任书 253 份、安全协议 63 份，将安全管理责任逐级分解压实。局处两

级每月分析安全形势，重点研究部署春节和国庆长假、"两会""南博会"等重要时期安全工作以及冬春防火、雨季防汛任务。开展"党员身边无事故""安全生产月""安全教育月""百日安全无事故"等活动，强化宣传教育，增强安全意识，落实隐患整改，健全安全制度。坚持"四不放过"原则，层层召开事故分析会，举一反三查找事故原因，对责任人进行严肃处理，堵塞制度漏洞，确保不发生等级事故。对五三〇处、六七六处进行了安全审计。保持与驻库武警、地方政府和公安、安监、综合治理等部门的密切联系，形成共保安全的强大合力。2018年未发生等级以上安全事故。二是抓稳定。积极开展图书室、荣誉室、支部活动室"三室"建设，充分利用互联网、电子幕墙、橱窗等平台开展储备文化宣传，广泛采取演讲会、报告会、歌咏比赛等形式丰富储备文化内容，提振干部职工精气神。确定周五学习日制度，定期分析研判苗头性、倾向性、潜在性问题，妥善处理群众来信来访，及时发现和处理影响队伍稳定的问题。深化"文明单位""平安单位"创建，践行社会主义核心价值观，营造和谐稳定、干事创业的良好氛围，2018年保持了西山区精神文明单位称号。三是抓廉政。专题研究部署党风廉政建设工作，召开季度党风廉政建设分析会，分析党风廉政建设形势，增添反腐倡廉措施。签订三级党风廉政建设责任书，明确了任务清单和廉政要求。盯住"元旦""春节""中秋""国庆"等重要节假日和工程建设、经营创收、公务接待等重点工作，锲而不舍抓好中央八项规定精神的落实。开展"以案示纪、以案明纪"廉政警示教育近40次，参加人数约1000人次。

三　坚持问题导向，推进深化改革转型发展

制定深化改革转型发展实施意见，力争到2022年左右，使云南局达到职责清晰、监管有效、管理规范、保障有力、协同高效的目标，全面提高云南粮食和战略应急物资储备安全保障水平。明确"启动引擎、展开双翼、驱动三轮、实现起飞"的五年发展战略规划，细化各基层处和公司深化改革转型发展的思路。2018年11月五三〇处获批了上交所橡胶期货交割库资质，年内完成了1万吨期货橡胶收储，集装箱业务得到扩大。国储物流公司成品油经营资质申请取得积极进展。与玉溪市政府、红塔区政府签订战略合作协议，在橡胶期货、成品油经营方面开展合作。四七四处对外合作逐步加深，经营向好趋势正在形成。制定印发《关于建立绩效考核奖惩机制指导意见》，各基层单位制定实施办法，优化考核指标，完善考评程序，加强结果运用，有效发挥奖勤罚懒、奖优惩劣的作用，推动"完善制度体系、树立正确导向、推动机制形成、促进工作开展"目标的实现。通过倒排工期、压茬推进，实施挂图作战，三七一处工程和652工程进展明显提速。研究制定物资管理、仓库管理、安全管理、环境美化、队伍建设、文化建设和党的建设"6+1个板块"工作标准，提升储备物资精细化、规范化管理水平。针对七七四处转运站安全距离、四七四处资源开发利用、七七四处法律纠纷等热点难点问题，积极与地方有关政府部门、企事业单位等进行沟通，主动寻求有效彻底的解决途径。

四　强化党建引领，扛起从严治党责任

一是加强队伍建设。全年党组（党委）理论中心组学习49次，组织36名处级干部参加工委党的十九大精神轮训班学习，按照"万名党员进党校"要求实现党员培训全覆盖，组织62名干部参加处科级干部理论学习考试。加大对班子成员的教育管理，督促各项工作的开展。基层单位制定了科

级干部培养选拔方案，云南局调整充实了处级后备干部队伍。开展多层次的安全管理、物资管理、档案管理、国有资产管理、公文处理等培训，2018 年内部培训 63 班次，参培 500 余人次，外部送培 145 人次。二是融合党建业务。坚持党建工作与业务工作同研究、同部署、同考核，党组会定期研究党建工作，将党建重点任务具体到事、责任到人。开展机关支部与基层处党支部，尤其是与问题和困难较多的支部开展结对共建，联合开展主题党日活动等形式，共同开展橡胶物资倒库、火工物资翻垛、库区杂草清理等劳动，达到机关与基层党建业务相互促进、思想共同提高、队伍同步加强的目的。三是提升党建水平。对全局 41 个党支部进行了分类定级，评出先进支部 12 个，中间支部 29 个。修订完善《党支部党建工作考评办法》《党员积分制管理办法》《"两优一先"评选表彰办法》，印发《关于落实全面从严治党要求　进一步加强党建工作的实施意见》《云南储备局 2018 年党建工作手册》，推动形成制度管总、权责清晰的党建工作局面。强化"三会一课"制度执行，各党支部共召开党员大会 391 次、支部委员会 182 次，支部上党课 124 次。积极推进"互联网 + 党建"工作，实现"云岭先锋"APP 使用全覆盖。

云南储备物资管理局领导班子成员

刘嘉礼　党组书记、局长

杨　勇　党组成员、副局长

何　玲　党组成员、纪检组长

2018 年 11 月 30 日，国家粮食和物资储备局党组成员、副局长韩卫江（右一）在云南调研，云南储备物资管理局党组书记、局长刘嘉礼（右二）陪同看望慰问七七四处驻库武警官兵。

2018年3月19~20日，云南储备物资管理局在昆明召开2018年工作会议，局领导为先进集体和个人颁发奖状。

2018年12月7日，云南储备物资管理局举办以"纪念改革开放40周年　唱响新时代主旋律"为主题的歌咏比赛。

陕西储备物资
管理局

基本情况

陕西储备物资管理局（以下简称陕西局）前身是西北军政委员会财政部物资管理局，1953 年成立国家物资储备局西北区分局后，先后经过 7 次改革调整。1995 年 10 月更名为陕西储备物资管理局，隶属于国家发展和改革委员会国家物资储备局。2018 年 4 月，党和国家机构改革，调整转隶到新组建的国家粮食和物资储备局。目前下属机构有 9 个基层处，分别为通用物资仓库五三二处、五三三处、六三〇处，火工仓库二七二处、四七七处、五七五处，成品油库一五九处、二五〇处、四五六处，均建于 20 世纪五六十年代；还有 1 个机关服务中心和 1 个陕西国储物流股份有限公司（成立于 2011 年）。

2018 年工作

一　加强国家物资储备管理

依托下属的五三二处、五三三处、六三〇处 3 座通用物资仓库收储综合物资电解镍、钛及钛合金铸锭、锌锭、铜线锭、重熔用铝锭、阴极铜、烟胶片、WF 胶（浅色胶）等。依托下属的二七二处、四七七处、五七五处 3 座军工危化品仓库（火工仓库）收储国家战备储备火工物资发射药、TNT、黑索金等。依托下属的一五九处、二五〇处、四五六处 3 座成品油库收储 93 号车用汽油（Ⅲ）、0 号车用柴油（Ⅵ）和 -10 号普通柴油。每季度对依托中航油西安机场油库代储的 3 号喷气燃料数、质量情况进行监管。组织实施了中央储备成品油质量升级轮换，出旧（国Ⅴ）入新（国Ⅵ）部分柴油。严格按照国家储备物资相关管理办法、细则及规定实施国家储备物资的收储、动用、轮换及储存管理，严格执行出入库合同及各项制度规范，不断加强并完善出入库及物资储存的监管工作，确保物资出入库安全有序，保证物资物、证、账、卡"四相符"，库存物资数量准确、质量合格、储存安全，无私自动用国家储备物资现象。

二　规划改革发展路径

紧紧抓住陕西打造"一带一路"核心区、建设关中平原城市群等叠加历史机遇期，提出了依托现有军工危化品、成品油、通用物资物流三类资源的布局和规模，建设集应急保障、国防动员响应、国家战略物资储备和粮食储备于一体的国家储备西部核心综合物流基地的总体规划。以打造"三大板块"、建设"三大工程"为主线，发挥资源优势，主动融入"一带一路"建设，助力陕西"三个经济"发展，推动形成中央储备与地方储备互为补充的协调发展格局。利用军工危化品仓储基地富裕储能为军工单位代储型号产品，在落实总体国家安全观的同时，既提高了国有资产利用率，又积极探索了将资源优势转化为资本优势的路子。积极探索社会资本参与储备基础设施建设，与陕西延长石油集团达成合作意向，拟在二五〇处库区西侧建设成品油储备库，探索政府储备与企业储备融合新路径，构建国家储备成品油收储轮换新机制。以国储物流公司为"先锋队"，依托现代物流板块的核心枢纽优势，为驻陕大型装备制造业提供物流供应链服务。与吉利集团签订了全方位的战略合作协议。

三　培养专业人才队伍

发挥"大家讲给大家听"特色文化品牌作用，树立机关高效、严谨、细致、务实的工作作风。深化"读好书、强素质、促发展"读书学习活动，推进书香文化建设。选派 8 人挂职交流；组织 10 人参加专项调研，形成专题调研报告 5 份；组织 3 人参与专项巡察等工作。选派 3 名公务员到公司挂职，协助国储物流公司转型发展。国储物流公司基本建立适应现代公司发展的薪酬体系，完成 3 轮人员招聘，引进储备事业发展需要的紧缺人才，组建、培养国储物流公司市场化团队。选派 4 名国储物流公司招录的大学生到一五九处实习锻炼，探索在秉承储备文化的前提下，用储备员工代替储备职工的渠道。试点从部分发展不充分的事业单位向发展势头较好的一五九处调配 5 名一线工作人员。

四　树立国家储备品牌

国家成品油储备能力建设二五〇处工程作业区完成全部施工任务，初步验收合格，即将投产运营；四五六处工程储油罐、油泵房等主要设施设备主体全部完成，相关附属设施按期推进。西部核心物流基地项目一期 421 亩建设用地取得不动产权登记证。编制完成了西部核心物流基地智慧园区设计纲要。严格落实国家粮食和物资储备局"一库一批一方案"要求，国储物资出入库作业安全有序实施。一五九处从接到中央储备成品油质量升级通知开始，短短 40 天内，按期完成油料紧急出库任务。五三三处以钛铸锭为试点，先行开展二维码信息编制工作，为国储物资实现高效、安全、规范的信息化管理做出了有益尝试。专业队伍的综合素质全面提升。以巩固、提升、创优为主线，持续开展三类物资业务学习、理论笔试和岗位练兵；举办油库计量员培训班，进一步规范物管人员作业，物管队伍整体素质有效提升，承接国家储备任务的综合能力持续增强，国家战略物资储备主力军的金字招牌进一步树立。

五　坚持党建引领发展

以中心组学习、理论大讲堂、微学习、微宣讲、微党课为载体，采取领导干部讲学、党委（支部）书记领学、专题研讨导学、全体交流互学、定期组织考学、到教育基地参观见学等形式，引导党员干部，特别是基层单位领导班子成员，深刻领会习近平总书记关于国家粮食和物资储备安全的重要论述精神，将思想认识向党中央、国务院和国家粮食和物资储备局的改革部署聚集。开展"党建工作质量年"活动，制定《陕西储备物资管理局党支部建设标准化手册》，结合巩固深化"对标定位、晋级争星"和"党员管理积分制"，提高"三会一课"落实质量，申报评定五星级党支部 6 个。开展"一个支部一个品牌，一个党员一面旗帜"创建活动，支部战斗堡垒作用持续强化，党员先锋模范作用进一步发挥。开展集体廉政提醒教育 8 次，累计 291 人次。拓展丰富"立足陕西、引领西北、翘首全国"的发展目标，将工作重心向贯彻落实"两决定一意见"看齐。将机关、事业、企业的职能作用定位为"作战枢纽""主力军""先锋队"，通过整合资源、优化结构、培育核心竞争力，形成了整体联动、同向发力、互为补充的"一体两翼""三轮驱动"工作格局。

陕西储备物资管理局领导班子成员

关路林　党组书记、局长
赵进文　巡视员、系统工会主席（2019 年 1 月退休）
阎红兵　党组成员、副局长
吕克兵　党组成员、副局长

2018 年 4 月 18 日，陕西储备物资管理局与西安吉利汽车有限责任公司签署了战略合作框架协议，陕西储备物资管理局党组书记、局长关路林（前排右）、吉利汽车集团西安项目指挥部总指挥、宝鸡吉利汽车部件有限公司总经理王全心（前排左）出席签约仪式。

2018年8月10~11日，陕西储备物资管理局直属机关党委组织机关6个支部40名党员赴梁家河和延安参观学习。

西部核心物流基地项目是《国家战略物资储备"十二五"规划》重点建设项目，也是列入《陕西省国民经济和社会发展第十三个五年规划纲要》的物流发展重大工程和省级示范物流园区培育工程，图为西部核心物流基地项目整体效果图。

甘肃储备物资管理局

基本情况

甘肃储备物资管理局（以下简称甘肃局）下辖6个基层仓库,其中,综合库2个（五三四处、六三八处）,火工库3个（二七四处、五七四处、一七三处）,油库1个（二五七处）。现有职工1222人,其中,在职职工458人,离休人员12人,退休人员752人;局机关公务员编制42人,实有30人;所属基层单位事业编制972人,实有427人。

2018 年工作

一 抓好国家储备物资管理

坚持每季度对全部库存物资清点核查制度,确保"物、证、账、卡、图"五相符。危险品仓库按期完成物资外观检查、取样送验,油库按期对库存油料取样化验,综合仓库及时进行物资外观检查和苫盖物料更换,定期对代储油料开展监管及换标升级检查,确保符合"四保"要求。日常管理中做到双人查库"形影不离"、钥匙管理"两点一线",库房设施设备科学使用、定期维护、确保完好。严格落实"一库一批一方案"的要求,完成物资出库任务,按要求完成安全状况排查和评审,满足出入库安全条件。

二 守住安全稳定廉政三条底线

一是筑牢安全底线。签订责任书400余份,排查整改重点部位安全隐患88项,开展行政许可定期审核,推进危化品安全标准体系建设,开展安全稳定廉政"四不两直"专项检查,加强全员安全教育,举办注册安全工程师考试培训班2期,开展应急演练12次,开展"生命至上、安全发展"主题"安全生产月"活动,深化新时期"大三共"活动,全年在武警部队保障、消防队正规化建设、应急装备配备、隐患整改等方面投入经费共计238万元,有效地提升了安全保障能力。二是筑牢稳定底线。完善矛盾排查化解机制,始终密切关注干部职工思想动态,做好机构改革、调资增资、退休养老等政策宣讲和思想政治工作,认真落实离退休人员"两项待遇",进一步团结稳定了干部队伍。对信访责任问题突出的个别基层单位负责人及分管信访工作的处领导进行集体约谈,对落实责任不到位的 2 个基层单位下达了《信访工作约谈整改通知书》。三是筑牢廉政底线。建立主要领导履行"第一责任"亲自抓、班子成员履行"一岗双责"共同抓、党支部书记结合业务工作具体抓的党风廉政建设工作机制。组织召开党风廉政建设主体责任专题会、党风廉政建设工作会议，开展警示教育。签订《党风廉政建设责任书》17 份、《党员干部廉洁自律承诺书》280 余份，修订完善《廉政风险防控手册》，制定甘肃局巡察工作办法和规划，建立《党风廉政建设检查登记表》《整改复查登记表》。完成对六三八处的巡察工作。完成副处级以上干部 2018 年个人廉政档案、收入登记表、重大事项报告表填报等工作。运用"纪检监察工作群""党建工作群"等微信群，紧盯节假日和重点时段，编发廉政信息，重申纪律要求，提高廉政意识。

三　圆满完成工作任务

制定甘肃局深化改革转型发展、加强安全稳定廉政工作具体实施意见和进一步激励广大干部新时代新担当新作为的实施办法。全面清查 8 个预算单位重点资产，集中整改查出的问题，细化预算安排，强化预算约束，确保收支平衡。打造国储品牌和行业口碑，实现经营服务收入 4546 万元。科学制定年度项目投资、进度、质量管理目标，推进二五七处油库建设工程。251 万元储备仓库设施设备维护和办公用房修缮项目、220 万元部门自身建设五三四处项目全部完工。加强机构改革期间的干部队伍管理和教育，组织参加培训班 41 期参培 423 人次。自筹资金 1.6 万元为老干部添置健身活动器材，自筹资金 4 万余元为综合楼加装无障碍通道；组织召开了"重阳节"老干部座谈会。开展保密自查自评和"保密法治宣传月"活动，组织 100 余人次参加保密知识测试、18 人参加甘肃省档案局举办的档案管理培训、6 人参加国家粮食和物资储备局举办的密码使用管理培训。上报政务信息 80 余篇，组织参加"庆祝改革开放 40 周年粮食和物资储备改革发展理论研讨文章征集活动"，1 篇论文获优秀奖和优秀组织奖。认真做好脱贫攻坚工作，累计投入资金 24 万余元，建设马铃薯播种"扶贫车间"项目，修建便民洗澡间、更新党员教育设施，开展"送温暖"活动。地方政府授予"精准扶贫精准脱贫帮扶工作先进单位"荣誉称号，驻村帮扶工作队队长李锦林同志被评为 2018 年甘肃"最美人物"，荣获甘肃省省直机关"优秀共产党员"称号。

四　党建工作进一步加强

党组理论中心组集中学习 17 次，基层处党委中心组集中学习 115 次，召开机关党委会议 18 次，并采取理论培训、支部学习等形式，强化理论武装，提高政治站位。坚持问题导向，扎实开展集中整治工作，查摆问题 6 个方面共 8 项，以支部为单位列出整改清单，彻底对照检查整改，切实转变机关作风。深入推进党支部建设标准化工作，认真开展夯实基层党建基础"三查"，每季度对机关各党支部、每半年对基层单位工作情况进行督查、通报，举办两期 60 余人次党务干部及支部书记培训班；参加上级党组织举办的各类培训及辅导讲座 80 余人次。2018 年在甘肃省直机关庆祝中国共产党成立 97 周年暨"两优一先"表彰大会上，二五七处获先进党组织称号，2 名基层党员干部获优秀共产党员和优秀党务工作者称号。

甘肃储备物资管理局领导班子成员

凤平志　党组书记、局长

张旭东　党组成员、副局长

王　军　党组成员、纪检组长

王英志　党组成员、副局长

2018 年 7 月 5 日，国家发展和改革委员会党组成员，国家粮食和物资储备局党组书记、局长张务锋（右一），局党组成员、副局长韩卫江（右二）到甘肃储备物资管理局二七四处调研，慰问驻库武警官兵。

2018 年 7 月 5 日，国家发展和改革委员会党组成员，国家粮食和物资储备局党组书记、局长张务锋到甘肃储备物资管理局二七四处调研。

2018 年 11 月 14 日，国家粮食和物资储备局党组成员、副局长卢景波（前排右四）带队到甘肃省调研。

青海储备物资管理局

基本情况

青海储备物资管理局（以下简称青海局）建于 1964 年，隶属于国家发展和改革委员会，2018 年机构改革后，受国家粮食和物资储备局垂直领导，贯彻落实党中央关于粮食和物资储备工作的方针政策和决策部署，负责辖区内国家战略物资收储、轮换、出库的组织实施和日常管理，监督检查储备物资数量、质量和存储安全，负责监管辖区内中央储备粮棉管理情况，会同地方有关部门监督检查中央事权粮棉政策执行情况，承担有关年度考核工作，监管辖区内石油、天然气、食糖和中央救灾物资等中央储备，实施国家粮食和物资储备局下达的国家物资储备长远规划和年度计划，管理国家在青海战略储备物资和专项储备资金，对储存保管期内的国家储备物资数量、质量和储存安全负责。青海局编制 648 人，内设 10 个处室，直属事业单位包括机关服务中心和五三五处、一七四处、二五一处、六七九处 4 个国家储备仓库。

2018 年工作

一　落实"两决定一意见"

制定青海局贯彻落实"两决定一意见"的具体措施，开展 3 次主题宣传教育活动，开展学习研讨 42 次，举办讲学演学活动 13 场次，自上而下组织研讨 50 余次，撰写学习笔记和心得体会 200 余篇，开展"我为储备献一言"活动，提出 140 条合理化建议和意见。全年党组中心组集中学习 25 次，专题研讨发言 57 人次。强化党组对选人用人工作的领导，坚持"好干部"标准，坚持纪检部门全程监督，提高选人用人的认可度和公信力。选派 7 名同志到六七九处工作，推荐 2 名处级干部到国家粮食和物资储备局和地方挂职。参加国家粮食和物资储备局和青海省各类培训班 18 期 20 人次；组织机关各处（室）培训班 28 期 746 人次；各基层处共组织各类培训班 38 期 1114 人次。开展督办事项 123 项，专项督查 5 项，电话督办 29 项，下发《督办通知单》7 份，约谈项目单位 2 人次，下发《整改函》2 份。

二 守住安全稳定廉政三条底线

一是物资管理达到"四保"要求。严格执行国家储备物资管理办法和实施细则，圆满完成国储物资出入库任务，加强国储物资日常保管保养，确保国储物资数量准确、质量合格、储存安全，物资储存达到"四保"要求。按照"一库一批一方案"要求，一七四处圆满完成了物资出库、内部倒库、物资外观检查等工作。推进仓库规范化、标准化、智能化建设，五三五处对16号库的4个垛位国储物资，采用可手工挂闭式彩绘布进行整体外观包装；二五一处修改细化《二五一处标杆库创建方案》，制定二五一处标杆建设任务清单贯彻落实；一七四处制定并组织实施星级库房评比活动。五三五处、一七四处验收综合成绩均已达到创建标准。二是安全管控实现"四无"目标。层层签订安全目标责任书和安全风险责任承诺书，定期分析研判安全生产形势，建立制度化、常态化、长效化的安全生产工作机制。开展安全检查共计53次，排查整改隐患37项，开展应急演练6次，举办"安全宣讲进基层"活动7场。召开与驻警部队、地方政府、公安、安监等部门"三共"联席会议12次，共同签订《储备仓库治安联防协议》。推进人防、物防、技防、联防"四防一体化"建设。三是稳定基础管理牢固。强化正面教育引导和负面舆情管控，局级领导共计32人次到基层开展热点难点问题疏导解决，梳理解决7条问题。梳理解决历史遗留问题2项，持续推进解决3项，兑现职工"两津贴一补贴"和增资政策。党组中心组学法5次，各基层处党委中心组学法23次；集中组织法律法规学习6次，参加学习120余人次。推进机关事业单位养老保险制度改革，一次性补缴青海局养老保险缴费和以前年度职业年金350余万元，全年累计缴纳养老保险780余万元。执行和补发"两补贴一津贴"合计550余万元，机关补发住房补贴46万元。落实"两项待遇"增强离退休人员归属感和幸福感。收缴修购基金和管理费合计191万元，落实改善生产设施设备、维护稳定、消除安全隐患等193万元。全年保持"零信访"。

三 深化改革转型发展

重点打造五三五处综合物流中心，全年物资吞吐量50余万吨，实现经营收入2079.4万元。召开联席会议1次，与海东市政府沟通4次，局领导2次前往格尔木市与相关领导对接工作，推动资产置换有序开展。每月召开协调推进会，开展"大干150天"工程建设活动，完成工程建设用地的征用，办理工程建设"两证一书"，完成年度投资计划63%。建成国家粮食和物资储备局、青海局和基层处三级骨干网络，初步实现办公自动化和无纸化。推行节能减耗，解决"滴、跑、冒、漏"等问题。协调落实扶贫项目资金300万元，局领导带队开展"结对认亲"30人次，走访慰问贫困农户15户，送去慰问金1.5万元。扶贫村整体脱贫得到县州省三级初步验收。

四 切实加强党风廉政

认真贯彻落实党建工作责任制，逐级签订党建目标责任书，层层抓好党建责任落实。召开党建工作会议安排部署年度党建工作，制定年度党建工作要点，推进党建工作任务落实。一七四处深入开展特色支部建设，开展党支部党员积分制管理。局机关、五三五处、二五一处继续保持省级文明单位荣誉称号。五三五处被评为城东区"创建全国文明城市先进集体"。二五一处职工杜学朔获得青海省"好人榜"荣誉称号，徐存莲家庭获得青海省"最美家庭"荣誉称号，一七四处职工王继东被省直机关工委评为"学雷锋标兵"。召开党风廉政建设工作会，签订《党风廉政建设责任书》，印发《青海储备物资管理局"对标中央巡视要求认真自查自改"工作安排》，认真落实基层单位党风廉政建设的主体责任和监督责任。制定青海局《党组纪检组日常廉政约谈制度》，谈话246人次。组织经常性纪律教育34次，警示教育26次，参加人员1463人。坚持运用"四种形态"，维护党的纪律的严肃性。2018年没有发生违反廉政纪律的现象。

青海储备物资管理局领导班子成员

戴文辉　党组书记、局长

孙　彪　党组成员、纪检组长

张三中　党组成员、副局长

房立中　副巡视员

国家粮食和物资储备局党组成员、副局长黄炜（前排中）一行在青海储备物资管理局一七四处督导检查工作。

为推动国家储备能力建设，确保重点工程建设项目顺利竣工投产，二五一处开展大干150天"树党员先锋旗帜·打百日施工攻坚"活动启动会。

为认真贯彻落实习近平总书记在青海视察时"四个扎扎实实"重大要求，青海储备物资管理局扎实开展创建"生态文明示范库"活动。

宁夏储备物资管理局

基本情况

宁夏储备物资管理局（以下简称宁夏局），机关行政编制 35 名，在职人员 28 名，司局级领导职数 4 名，2018 年局级领导干部 4 名（包括 1 名已到龄未批准退休人员，已离岗），离退休人员 42 名。宁夏局下辖 5 个单位，分别是五三六处、一七七处、九三〇处、机关服务中心、宁夏国储物流有限公司，事业编制 279 名，编内在职人员 166 名，编外在职人员 15 名，离退休人员 127 名。

2018 年工作

一　加强国家战略物资管理

发挥典型模范的引领作用，以创建"青年文明号"和"巾帼文明岗"为载体，以创建标杆仓库为动力，积极营造履职立业、忠诚奉献、创新管理、科学发展的良好氛围。组织学习《国家物资储备管理规定》《综合物资管理办法》《综合物资管理细则》《火炸药物资管理办法》《火炸药物资管理细则》等国家粮食和物资储备局下发的物资管理制度，做好库存物资清查盘点和日常维护保养，开展库容分析、安全评估和设施整改。通过月度、季度、半年、年终等阶段的检查考核，确保物资的接收、出库环节安全、高效、有序、无误，库存物资质清量准。五三六处试点库智能仓库管理系统的库内摄像机、温湿度传感器、小型气象站、光照及气体检测传感器等安装到位，完成初步调试和阶段性验收；智能门卫管理系统的"一卡通"等自动识别系统完成调试。设计完成 420 块安全标志和安全标识，通过画制 4000 米标线，完成站台功能区划分，制作功能区平面图。一七七处和九三〇处开展全面对标管理，强化氛围营造、对标学习、研讨交流、观摩学习、完善流程、考核验收等关键环节和流程，推广应用物资标准化管理。五三六处试点完成信息化物理环境整改，建成视频会议系统，初步实现了数据化管理、可视化管控、智能化集成，为建设"智能储备"打下基础。

二　守住安全稳定廉政底线

一是持续深化"安全网络防控体系"建设。对内强化内控体系建设，签订责任书 420 余份，安全检查 100 余次，隐患整改 95 处，各类演练 11 次；对外建成由 10 个成员单位组成的安全平台，"双重领导、属地为主"的安全责任真正落地。二是千方百计维护稳定大局。创新建设"小巷总理"式的思想教育工作者队伍，推行"街道办主任"工作模式，与职工群众打成一片；及时回应干部职工关切，带着感情做好离退职工服务工作，消除疑虑，凝聚共识。三是坚定不移深化党风廉政建设。举办十九大精神学习班，落实"1+4+X 主题党日"活动，观摩警示基地，强化廉政意识；对五三六处、九三○处开展巡察，先后 4 次开展落实中央八项规定精神自查，自查全面彻底前所未有，整改深入细致前所未有。四是用心用情精准做好老干部服务工作。加强离退休干部的政治建设、思想建设、党支部建设，牢牢把握精准服务要求，用心用情为老同志办实事、办好事、解难事，确保宁夏局离退休干部职工思想稳定。承办国家粮食和物资储备局 2018 年离退休干部工作会议。

三　推进深化改革转型发展

积极对接机构改革，分层递进思想引导，开展政策解读，坚持机构改革和业务工作"两不误、两促进"。深入学习贯彻"两决定一意见"，结合实际制定实施具体实施意见和配套方案。完成事业单位岗位设置和聘用，建立动态调整机制，规范并强化合同管理，为事业单位进一步改革做好准备。按照"以用促管、以用促养"的要求，利用储备仓库资源优势开展对外物流服务，弥补事业经费缺口，反哺事业发展。平台公司积极拓展业务范围，集装箱空返局面将根本解决。五三六处探索建设保税仓库，依托"国储 e 通"平台参与"一带一路"建设，打造成中欧班列在国内的集散和分拨中心。九三○处打造区域性钢材市场。一七七处主动服务宁夏驻军。开展"内控落实年"活动，编印《宁夏储备物资管理局制度汇编》，提升基础管理水平。组建新工作队脱产进驻帮扶村开展工作，完成帮扶村脱贫工作，巩固拓展脱贫成果。五三六处获得宁夏回族自治区"五一劳动奖状""自治区模范职工之家"称号，局机关和一七七处获得"区级文明单位"称号，五三六处齐晖萍、九三○处白少云分别获得自治区"民族团结进步先进个人"和"五一巾帼标兵"。

宁夏储备物资管理局领导班子成员

牛国荣　党组书记、局长

李铁山　党组成员、纪检组长

何羽超　党组成员、副局长

2018 年 4 月 26 日，宁夏储备物资管理局专题学习习近平新时代中国特色社会主义思想和总体国家安全观，局党组书记、局长牛国荣（中）部署安全稳定廉政工作。

2018 年 9 月 7 日，国家粮食和物资储备局 2018 年离退休干部工作会议在宁夏银川举行，与会人员实地参观宁夏储备物资管理局五三六处（中宁县枣园）综合仓库。

2018 年 6 月 22 日，宁夏国储物流有限公司（中宁县枣园）开展集装箱装卸物流服务作业现场。

新疆储备物资管理局

基本情况

新疆储备物资管理局（以下简称新疆局）为正厅级行政单位，内设机构 7 个分别是办公室、物资管理处、财务与仓管基建处、劳动人事处、保卫处、经营指导处、直属机关党委（监察与审计处、纪检组）。行政编制 35 名，实有人数 28 人。事业单位 3 个：九七六处、八三五处、机关服务中心。事业编制 158 名，实有人数 69 人。维稳扶贫村 1 个：喀什地区伽师县卧里托格拉克镇托格热克斯木村；派驻深度贫困村第一书记 2 个村：喀什地区伽师县卧里托格拉克镇喀塔尔墩村和塔格艾日克村。

2018 年工作

一　讲政治顾大局，坚决贯彻上级决策部署

认真贯彻党中央治疆方略和新疆工作总目标，坚决贯彻落实国家粮食和物资储备局党组决策部署和张务锋局长重要讲话精神，把贯彻落实"两决定一意见"与落实总目标结合起来，与开展"不忘初心、牢记使命"主题教育和推进"两学一做"常态化制度化结合起来，保持机构改革期间思想不乱、队伍不散、工作不断、干劲不减。

二　多添彩不添乱，全力确保系统安全稳定

出台加强安全稳定廉政工作实施办法，层层签订安全稳定责任书。开展反恐维稳和安全形势教育，落实反恐维稳一级响应常态化措施。开展安全检查 37 次，基层单位巡逻 694 次，发现并消除隐患 9 个，投入 230 多万元完善人防物防技防设施，上报安全形势分析 11 期、安全动态信息 50 期，安全信访稳定零报告 254 期。严格国储仓库安全隐患排查整治，发现隐患 107 项，整改 100 项。发挥与地方政府、武警、公安、消防、综合治理联防联动机制作用，强化共管共治，开展联防联动检查 14 次，应急演练 15 次，库区武装巡检 12 次。加强教育引导，妥善化解矛盾，推动信访问题及时就地解决，加强思想政治工作，大力宣传机构改革的重大意义，增强干部职工的信心。制定了驻村工作 10 条意见，确保入户住户干部安全；组织村民进行四大活动 31 场、受教育群众 10000 多人次。积极开展"民族

团结一家亲"和民族联谊活动，具备条件的公务员和事业单位科以上干部每人每年6次、每次5天进村入户同吃、同住、同学习、同劳动，送温暖、送文明、送法律、送政策。实现了连续六年无安全稳定事故。驻村工作队和结亲住户干部连续五年无安全事故和影响稳定的情况。

三　抓重点出亮点，积极推进重点工程建设

国家成品油能力建设653工程是新建项目。新疆局坚持以创国家级优质工程为目标，面对缺乏油库建管经验、施工期短、建材和人工价格异常上涨、环保督查致使地材采购困难、维稳要求严雇工难、总包单位改革重组导致项目施工团队人员不稳定等诸多困难，坚持以合同为抓手，强力推进。落实重点工程一把手负责制，局主要负责同志现场调研检查指导19次。加强施工图审核优化，委托财务审计公司全过程跟踪审计，发现进度滞后立即约谈总包单位负责人，督促加快施工进度。完成投资额4.441亿元，施工进度总体可控，关键控制性工艺进度略有超前。坚持强化入场前培训教育、强化现场监督、强化分包商管理、强化安全生产标准化考评、强化全过程控制、强化文明施工和环保管理、强化安保管理，主动邀请自治区安监站参与工程监督，对问题和隐患实行闭环管理，实现工程建设零事故。总结梳理工程进度、资金使用、技术支持、资源配置、安全质量控制、协调统筹等经验教训，以控制性罐体安装施工为主线，以周为单位倒排施工组织计划，明确每月四方领导联席会议制度现场解决问题，制定月考核奖惩制度确保工程进度，利用冬休期进行设备采购、计划完善、资源准备、组织协调，确保按时竣工。

四　争主动真落实，结合实际推进改革发展

聚焦主业抓好物资管理，严格落实物资管理制度，做到物资质清量准，确保了安全。强化预算管理，规范政府采购。管好盘活国有资产，开拓创收渠道。新疆局实现经营创收毛收入2200多万元、净收益490多万元，分别超额完成59.67%、10.87%，经营服务收入连续六年稳定在较高的水平。投资900多万元建设九七六处6120平方米综合库，增强发展后劲。成立依法维权小组，实现九七六处进出库道路、车库维权目标，办公楼产权证办理取得突破，八三五处专用线恢复功能问题正在协商解决。结合主业主责提出统筹资源共建共享等建议，被自治区采纳。提出建设阿拉尔战略物资储备综合保障基地、九七六处火工库进行转型改造、653成品油库增加集装箱专用线等三个项目建议书。

五　高标准严要求，认真落实"一岗双责"

召开党建工作会议、党建暨党风廉政建设形势分析会，签订责任书，开展"党旗映天山""党纪印我心""发声亮剑"等专题活动。党组织书记讲专题党课13场次，党组成员深入基层调研指导工作40多次，开展廉政警示教育26次。加强廉政风险防控，盯紧653工程等高风险岗位，守住底线。持续巩固国家粮食和物资储备局党组巡视整改成果，积极配合国家粮食和物资储备局经济责任审计并认真整改。新疆局无违纪违法案件发生。通过了乌鲁木齐市"市级平安单位"的复验，保持了"自治区文明单位"荣誉称号。

新疆储备物资管理局领导班子成员

李　卓　党组书记、局长

朱　江　党组成员、副局长

肇恒超　党组成员、纪检组长

2018 年 12 月，国家粮食和物资储备局党组成员、副局长黄炜（右二）到 653 工程建设现场检查指导。

2018年3月，新疆储备物资管理局召开2018年度新疆物资储备工作会议，局党组书记、局长李卓（中）作工作报告。

2018年，新疆储备物资管理局积极开展"民族团结一家亲"活动，具备条件的干部每人每年6次、每次5天进村入户"四同四送"，图为结亲干部与结亲户合影。

6

第六篇

政策与法规文件

国务院文件

关于开展全国政策性粮食库存数量和质量大清查的通知

国办发〔2018〕61号

各省、自治区、直辖市人民政府，国务院各部委、各直属机构：

政策性粮食库存是维护国家粮食安全的重要物质基础。为全面掌握政策性粮食库存情况，防范化解风险隐患，确保国家粮食储备安全，国务院决定开展全国政策性粮食库存数量和质量大清查（以下简称大清查）。经国务院同意，现将有关事项通知如下：

一　总体要求

（一）指导思想

深入贯彻习近平新时代中国特色社会主义思想和党的十九大精神，认真落实党中央、国务院决策部署，进一步查清全国政策性粮食库存实底，坚决堵塞漏洞，强化依法治理和责任落实，依法严惩违法违规行为，坚决守住管好"天下粮仓"，确保把中国人的饭碗牢牢端在自己手中。

（二）清查原则

问题导向，底线思维。聚焦政策性粮食库存管理中的突出问题和薄弱环节，切实守住库存粮食数量真实、质量良好、储存安全的底线。

全面清查，突出重点。对纳入清查范围的企业粮食库存，坚持有仓必到、有粮必查、有账必核、查必彻底、全程留痕；突出重点品种、重点区域、重点企业，加大清查力度和重要问题线索核查力度。

先行试点，创新方法。结合当前实际，先选择部分有代表性的省份开展试点清查，探索切实可行、高效便捷的方式方法；运用先进信息技术，提高清查效率和水平。

完善机制，压实责任。把建立完善长效机制贯穿大清查全过程，落实逐级分工负责制，对检查结果实行责任追究制；认真落实承储企业的主体责任、地方政府的属地管理责任和行政管理部门的监管责任。

（三）清查范围与内容

1.清查范围

各类企业存储的政策性粮食，以及存储政策性粮食企业的商品粮。政策性粮食包括中央储备粮、最低收购价粮、国家临时存储粮、国家一次性储备粮、地方储备粮等。

2. 清查内容

库存粮食数量。纳入清查范围的粮食库存实物数量、品种和粮权归属情况，以及不同年份、不同性质、不同品种粮食分仓（货位）储存管理情况。承储企业粮食库存实物与保管账、统计账、会计账、银行资金台账的账实相符、账账相符情况。

库存粮食质量。政策性粮食质量指标、储存品质指标，以及食品安全主要指标。

对企业执行国家粮食收购政策、储备粮轮换管理、政策性粮食库贷挂钩、财政补贴拨付等情况进行同步检查，验证库存粮食的真实可靠性。

二　清查步骤

以 2019 年 3 月末（统计结报日）为清查时点，分准备、自查、普查、抽查、整改五个阶段，开展大清查。

（一）扎实准备

2019 年 3 月底前，做好粮食库存统计数据分解登统、检查人员动员培训、检查器具配备、文件资料梳理等准备工作。纳入清查范围的各类粮食承储企业要实事求是反映粮食库存情况。对已销售出库的粮食要及时进行账务处理，核减当月统计账，未回笼的销售货款计入相应结算账户，不得以任何理由虚增库存。严禁以虚购虚销方式掩盖亏库。

（二）认真自查

2019 年 4 月底前，县级以上地方各级人民政府要组织督导本行政区域内纳入清查范围的所有政策性粮食承储企业，严格按照大清查各项要求进行自查。中储粮直属企业对其管理的本库、分库及其租赁库点的自查结果进行审核，并报中储粮分公司备案；其他中央企业和地方粮食企业对本企业及其租赁库点自查结果进行审核，并报上一级主管单位备案。质量检查原则上由企业对库存粮食逐货位自行扦样检验，逐货位建立企业质量档案数据库；企业不具备扦样检验能力的，可委托有资质的专业检验机构派员实施扦样检验。

（三）全面普查

2019 年 5 月底前，由省级人民政府统一组织，各地市级人民政府对本行政区域内纳入清查范围的承储企业库存粮食逐货位进行检查。按照"统一抽调、混合编组、集中培训、综合交叉、本地回避"的原则，择优安排检查人员。中储粮直属库本库、分库及其租赁库点，由中储粮分公司牵头检查，地方粮食等部门参与配合；地方粮食企业和除中储粮以外的其他中央企业管理的承储企业及其租赁库点，由地方粮食等部门牵头检查，中储粮系统参与配合。普查阶段粮食质量扦样比例按不低于被检查企业政策性粮食库存数量的 10% 掌握，并突出对重点品种、重点企业和问题多发地区的质量检查。2019 年 7 月底前，各省级人民政府要向国家粮食和储备局提交本地区粮食库存清查结果和工作报告，同时提交本省份行政区域内所有承储政策性粮食企业明细到储存货位的粮食数量和质量数据库。

（四）重点抽查

国务院有关部门将适时派出联合抽查组，采取"四不两直"和"双随机、一公开"的方式，对重点地区、重点企业自查和普查情况进行抽查。质量抽查扦样比例按不低于被抽查企业政策性粮食库存数量的 10% 掌握，并突出对重点品种、重点企业和问题多发地区的质量检查。样品实行跨省交叉检验。

（五）汇总整改

各地要在全面检查粮食库存的基础上，逐级汇总检查结果，编报相关报表和检查工作报告。国务院有关部门要根据大清查结果，建立完善全国分区域、分品种、分性质的粮食数量和质量状况数据库。对大清查发现的问题，各地要督促企业狠抓整改落实，建立整改台账，明确责任单位和整改时限，实行销号整改。2019 年 10 月底前，国务院有关部门向国务院报送大清查工作总结报告。

三　强化责任

（一）自查责任

企业法定代表人是本企业自查的第一责任人，租赁库点的自查结果由承租企业负责。中储粮直属企业对其管理的本库、分库及其租赁库点的自查结果负全责，相关中储粮分公司负连带责任；其他中央企业的直属企业和地方粮食企业对本企业及其租赁库点自查结果负全责，上一级主管单位负连带责任。

（二）普查责任

由中储粮分公司牵头的普查组，对直属库本库、分库及其租赁库点的普查结果负主要责任，牵头的中储粮分公司负连带责任；地市级粮食等部门牵头的普查组，对其他粮食企业及其租赁库点的普查结果负主要责任，地市级政府和有关部门负连带责任。省级人民政府及其有关部门对普查组织工作负责。

（三）抽查责任

国务院有关部门抽查实行组长负责制，抽查组对抽查结果负责。

四　保障措施

（一）建立协调机制

建立由国家发展和改革委员会、国家粮食和储备局牵头，财政部、农业农村部、国家统计局、中国农业发展银行、中国储备粮管理集团有限公司参与的全国政策性粮食库存数量和质量大清查部际协调机制，办公室设在国家粮食和储备局。部际协调机制要研究制定大清查实施方案。县级以上地方各级人民政府要建立由政府分管负责同志牵头、有关部门和单位参与的大清查工作协调机制，确保大清查工作顺利开展。

（二）先行开展试点

为保证大清查取得预期效果，以 2018 年 9 月底（统计结报日）为清查时点，在安徽、福建、江西、河南、湖北、湖南、广东、贵州、陕西、甘肃 10 个省，每省选择 2 个市（州）进行试点，2019 年 1 月底前完成。具体试点方案由国务院有关部门另行制定。

（三）创新工作方法

各地要聚焦重点品种、重点区域、重点企业，加大对重要问题线索和涉粮案件的核查力度；加强政策性粮食"三个异常"（交易异常、资金异常、运输异常）监测，拓宽问题线索发现渠道；从严掌握实物库存检查方法，强化对银行信贷和财政补贴资金的账务核查；运用大数据、智能粮库等信息化手段，提高大清查效率；充分发挥"12325"热线作用，建立有奖举报制度，强化社会舆论监督。

（四）严明纪律规矩

要选派政治素质高、业务能力强的人员参加大清查工作。检查人员要严格落实中央八项规定及其实施细则精神，不得参加可能影响大清查工作的任何活动。对违反纪律、不担当、不尽责的，要依法依规严肃查处问责。要明确保密责任，防止发生失泄密事件。

（五）加强案件核查

各地要高度重视大清查期间的举报案件受理、查处工作，建立案件处理相关制度和预案；抽调精干力量，严肃查处涉粮举报案件，做到"有诉必应、有案必查、有查必果、有责必问、有错必纠"；对重大违纪违法案件，要按照相关规定及时移送纪检监察机关和司法机关处理。

（六）落实经费保障

要按照勤俭节约、降低成本的原则，安排落实大清查工作经费。中央事权粮食库存数量和质量清查工作经费，由中央财政承担，列入国家粮食和储备局部门预算；地方事权粮食库存数量和质量清查工作经费由地方财政承担。

（七）注重宣传引导

要及时向社会公布大清查的政策要求和方法步骤，提高透明度，鼓励群众参与，接受社会监督。加强舆论宣传，正确引导市场预期，维护社会和谐稳定。

国务院办公厅

2018 年 7 月 13 日

（此件公开发布）

关于促进天然气协调稳定发展的若干意见

国发〔2018〕31号

各省、自治区、直辖市人民政府，国务院各部委、各直属机构：

天然气是优质高效、绿色清洁的低碳能源。加快天然气开发利用，促进协调稳定发展，是我国推进能源生产和消费革命，构建清洁低碳、安全高效的现代能源体系的重要路径。当前我国天然气产供储销体系还不完备，产业发展不平衡不充分问题较为突出，主要是国内产量增速低于消费增速，进口多元化有待加强，消费结构不尽合理，基础设施存在"短板"，储气能力严重不足，互联互通程度不够，市场化价格机制未充分形成，应急保障机制不完善，设施建设运营存在安全风险等。为有效解决上述问题，加快天然气产供储销体系建设，促进天然气协调稳定发展，现提出以下意见。

一　总体要求

（一）指导思想

以习近平新时代中国特色社会主义思想为指导，全面贯彻党的十九大和十九届二中、三中全会精神，统筹推进"五位一体"总体布局和协调推进"四个全面"战略布局，按照党中央、国务院关于深化石油天然气体制改革的决策部署和加快天然气产供储销体系建设的任务要求，落实能源安全战略，着力破解天然气产业发展的深层次矛盾，有效解决天然气发展不平衡不充分问题，确保国内快速增储上产，供需基本平衡，设施运行安全高效，民生用气保障有力，市场机制进一步理顺，实现天然气产业健康有序安全可持续发展。

（二）基本原则

产供储销，协调发展。促进天然气产业上中下游协调发展，构建供应立足国内、进口来源多元、管网布局完善、储气调峰配套、用气结构合理、运行安全可靠的天然气产供储销体系。立足资源供应实际，统筹谋划推进天然气有序利用。

规划统筹，市场主导。落实天然气发展规划，加快天然气产能和基础设施重大项目建设，加大国内勘探开发力度。深化油气体制机制改革，规范用气行为和市场秩序，坚持以市场化手段为主做好供需平衡。

有序施策，保障民生。充分利用天然气等各种清洁能源，多渠道、多途径推进煤炭替代。"煤改气"要坚持"以气定改"、循序渐进，保障重点区域、领域用气需求。落实各方责任，强化监管问责，确保民生用气稳定供应。

二　加强产供储销体系建设，促进天然气供需动态平衡

（三）加大国内勘探开发力度

深化油气勘查开采管理体制改革，尽快出台相关细则。（自然资源部、国家发展和改革委员会、国家能源局按职责分工负责）各油气企业全面增加国内勘探开发资金和工作量投入，确保完成国家规划部署的各项目标任务，力争到 2020 年底前国内天然气产量达到 2000 亿立方米以上。（各油气企业负责，国家发展和改革委员会、国务院国资委、自然资源部、国家能源局加强督导检查）严格执行油气勘查区块退出机制，全面实行区块竞争性出让，鼓励以市场化方式转让矿业权，完善矿业权转让、储量及价值评估等规则。建立完善油气地质资料公开和共享机制。（自然资源部、国家发展和改革委员会、国务院国资委、国家能源局按职责分工负责）建立已探明未动用储量加快动用机制，综合利用区块企业内部流转、参照产品分成等模式与各类主体合资合作开发、矿业权企业间流转和竞争性出让等手段，多措并举盘活储量存量。（国家发展和改革委员会、自然资源部、国务院国资委、国家能源局按职责分工负责）统筹国家战略和经济效益，强化国有油气企业能源安全保障考核，引导企业加大勘探开发投入，确保增储上产见实效。（国务院国资委、国家发展和改革委员会、国家能源局按职责分工负责）统筹平衡天然气勘探开发与生态环境保护，积极有序推进油气资源合理开发利用，服务国家能源战略、保障天然气供应安全。（生态环境部、自然资源部、国家发展和改革委员会、国家能源局按职责分工负责）

（四）健全天然气多元化海外供应体系

加快推进进口国别（地区）、运输方式、进口通道、合同模式以及参与主体多元化。天然气进口贸易坚持长约、现货两手抓，在保障长期供应稳定的同时，充分发挥现货资源的市场调节作用。加强与重点天然气出口国多双边合作，加快推进国际合作重点项目。在坚持市场化原则的前提下，在应急保供等特殊时段加强对天然气进口的统筹协调，规范市场主体竞争行为。（各油气企业落实，国家发展和改革委员会、外交部、商务部、国家能源局指导协调）

（五）构建多层次储备体系

建立以地下储气库和沿海液化天然气（LNG）接收站为主、重点地区内陆集约规模化 LNG 储罐为辅、管网互联互通为支撑的多层次储气系统。供气企业到 2020 年形成不低于其年合同销售量 10% 的储气能力。（各供气企业负责，国家发展和改革委员会、国家能源局指导并督促落实）城镇燃气企业到 2020 年形成不低于其年用气量 5% 的储气能力，各地区到 2020 年形成不低于保障本行政区域 3 天日均消费量的储气能力。统筹推进地方政府和城镇燃气企业储气能力建设，实现储气设施集约化规模化运营，避免"遍地开花"，鼓励各类投资主体合资合作建设储气设施。（各省级人民政府负责，国家发展和改革委员会、住房城乡建设部、国家能源局指导）作为临时性过渡措施，储气能力暂时不达标的企业和地区，要通过签订可中断供气合同等方式弥补调峰能力。（国家发展和改革委员会、住房城乡建设部、国家能源局、各省级人民政府按职责分工负责）加快放开储气地质构造的使用权，鼓励符合条件的市场主体利用枯竭油气藏、盐穴等建设地下储气库。配套完善油气、盐业等矿业权转让、废弃核销机制以及已开发油气田、盐矿作价评估机制。（国家发展和改革委员会、自然资源部、国家能源局按职责分工负责）按照新的储气能力要求，修订《城镇燃气设计规范》。加强储气能力建设情况跟踪，对推进不力、违法失信的地方政府和企业等实施约谈问责或联合惩戒。（国家发展和改

革委员会、住房城乡建设部、国家能源局、各省级人民政府按职责分工负责）

（六）强化天然气基础设施建设与互联互通

加快天然气管道、LNG接收站等项目建设，集中开展管道互联互通重大工程，加快推动纳入环渤海地区LNG储运体系实施方案的各项目落地实施。（相关企业负责，国家发展和改革委员会、国家能源局等有关部门与地方各级人民政府加强协调支持）注重与国土空间规划相衔接，合理安排各类基础设施建设规模、结构、布局和时序，加强项目用地用海保障。（自然资源部负责）抓紧出台油气管网体制改革方案，推动天然气管网等基础设施向第三方市场主体公平开放。深化"放管服"改革，简化优化前置要件审批，积极推行并联审批等方式，缩短项目建设手续办理和审批周期。（国家发展和改革委员会、国家能源局等有关部门与地方各级人民政府按职责分工负责）根据市场发展需求，积极发展沿海、内河小型LNG船舶运输，出台LNG罐箱多式联运相关法规政策和标准规范。（交通运输部、国家铁路局负责）

三　深化天然气领域改革，建立健全协调稳定发展体制机制

（七）建立天然气供需预测预警机制

加强政府和企业层面对国际天然气市场的监测和预判。统筹考虑经济发展、城镇化进程、能源结构调整、价格变化等多种因素，精准预测天然气需求，尤其要做好冬季取暖期民用和非民用天然气需求预测。根据预测结果，组织开展天然气生产和供应能力科学评估，努力实现供需动态平衡。建立天然气供需预警机制，及时对可能出现的国内供需问题及进口风险作出预测预警，健全信息通报和反馈机制，确保供需信息有效对接。（国家发展和改革委员会、外交部、生态环境部、住房城乡建设部、国家能源局、中国气象局指导地方各级人民政府和相关企业落实）

（八）建立天然气发展综合协调机制

全面实行天然气购销合同制度，鼓励签订中长期合同，积极推动跨年度合同签订。按照宜电则电、宜气则气、宜煤则煤、宜油则油的原则，充分利用各种清洁能源推进大气污染防治和北方地区冬季清洁取暖。"煤改气"要坚持"以气定改"、循序渐进，突出对京津冀及周边地区和汾渭平原等重点区域用气需求的保障。（各省级人民政府和供气企业负责，国家发展和改革委员会、生态环境部、住房城乡建设部、国家能源局指导并督促落实）建立完善天然气领域信用体系，对合同违约及保供不力的地方政府和企业，按相关规定纳入失信名单，对严重违法失信行为实施联合惩戒。（国家发展和改革委员会、国家能源局负责）研究将中央财政对非常规天然气补贴政策延续到"十四五"时期，将致密气纳入补贴范围。对重点地区应急储气设施建设给予中央预算内投资补助支持，研究中央财政对超过储备目标的气量给予补贴等支持政策，在准确计量认定的基础上研究对垫底气的支持政策。研究根据LNG接收站实际接收量实行增值税按比例返还的政策。（财政部、国家发展和改革委员会、国家能源局按职责分工负责）将天然气产供储销体系重大工程建设纳入相关专项督查。（国家发展和改革委员会、国家能源局负责）

（九）建立健全天然气需求侧管理和调峰机制

新增天然气量优先用于城镇居民生活用气和大气污染严重地区冬季取暖散煤替代。研究出台调峰用户管理办法，建立健全分级调峰用户制度，按照确保安全、提前告知、充分沟通、稳妥推进的

原则启动实施分级调峰。鼓励用户自主选择资源方、供气路径及形式，大力发展区域及用户双气源、多气源供应。鼓励发展可中断大工业用户和可替代能源用户，通过季节性差价等市场化手段，积极引导用户主动参与调峰，充分发挥终端用户调峰能力。（各省级人民政府负责，国家发展和改革委员会、生态环境部、住房城乡建设部、国家能源局加强指导支持）

（十）建立完善天然气供应保障应急体系

充分发挥煤电油气运保障工作部际协调机制作用，构建上下联动、部门协调的天然气供应保障应急体系。（煤电油气运保障工作部际协调机制成员单位负责）落实地方各级人民政府的民生用气保供主体责任，严格按照"压非保民"原则做好分级保供预案和用户调峰方案。（地方各级人民政府负责）建立天然气保供成本合理分摊机制，相应应急支出由保供不力的相关责任方全额承担，参与保供的第三方企业可获得合理收益。（国家发展和改革委员会、地方各级人民政府按职责分工负责）

（十一）理顺天然气价格机制

落实好理顺居民用气门站价格方案，合理安排居民用气销售价格，各地区要采取措施对城乡低收入群体给予适当补贴。（各省级人民政府负责，国家发展和改革委员会指导并督促落实）中央财政利用现有资金渠道加大支持力度，保障气价改革平稳实施。（财政部负责）加快建立上下游天然气价格联动机制，完善监管规则、调价公示和信息公开制度，建立气源采购成本约束和激励机制。推行季节性差价、可中断气价等差别化价格政策，促进削峰填谷，引导企业增加储气和淡旺季调节能力。加强天然气输配环节价格监管，切实降低过高的省级区域内输配价格。加强天然气价格监督检查，严格查处价格违法违规行为。（各省级人民政府负责，国家发展和改革委员会、市场监管总局指导并督促落实）推动城镇燃气企业整合重组，鼓励有资质的市场主体开展城镇燃气施工等业务，降低供用气领域服务性收费水平。（住房城乡建设部、国家发展和改革委员会负责）

（十二）强化天然气全产业链安全运行机制

各类供气企业、管道运营企业、城镇燃气企业等要切实落实安全生产主体责任，建立健全安全生产工作机制和管理制度，严把工程质量关，加强设施维护和巡查，严格管控各类风险，及时排查消除安全隐患。地方各级人民政府要切实落实属地管理责任，严格日常监督检查和管理，加强重大风险安全管控，指导督促企业落实安全生产主体责任。地方各级人民政府和相关企业要建立健全应急处置工作机制，完善应急预案。制定完善天然气产业链各环节质量管理和安全相关法律法规、标准规范及技术要求。针对农村"煤改气"等重点领域、冬季采暖期等特殊时段，国务院各有关部门要视情组织专项督查，指导督促地方和相关企业做好安全生产工作。（相关企业承担主体责任，地方各级人民政府承担属地管理责任，国家发展和改革委员会、自然资源部、生态环境部、住房城乡建设部、应急部、市场监管总局、国家能源局按职责分工加强指导和监督）

国务院

2018 年 8 月 30 日

（此件公开发布）

联合发文

关于公布重点支持粮油产业化龙头企业名单的通知

国粮财〔2018〕5号

各省、自治区、直辖市粮食局，中国农业发展银行各省、自治区、直辖市分行，总行营业部：

为认真贯彻落实党的十九大精神，全面贯彻乡村振兴战略，确保国家粮食安全，把中国人的饭碗牢牢端在自己手中，进一步落实《国务院办公厅关于加快推进农业供给侧结构性改革 大力发展粮食产业经济的意见》（国办发〔2017〕78号），国家粮食局和中国农业发展银行决定认定一批重点支持的粮油产业化龙头企业。

按照国家粮食局、中国农业发展银行《关于开展重点支持粮油产业化龙头企业认定和扶持发展工作的通知》（国粮财〔2017〕121号）精神，我们对各省（区、市）粮食局和中国农业发展银行省（区、市）分行共同审核上报的粮油产业化企业进行了复审，确定将北京粮食集团有限责任公司等507户粮油企业认定为国家粮食局、中国农业发展银行重点支持粮油产业化龙头企业，现予以公布。

扶持粮油产业化龙头企业发展壮大，促进粮食产业经济发展，对于深化供给侧结构性改革，提高供给体系质量，推动粮食收储制度改革，加快粮食"去库存"，拓宽农民就业增收渠道，保护种粮农民利益，促进一二三产业融合发展，满足人民日益增长的美好生活需要，保障国家粮食安全等具有重要意义和作用。请你们认真贯彻党的十九大精神，按照有关支持政策，对公布的粮油产业化龙头企业加大政策和信贷支持力度。对符合贷款条件的企业，中国农业发展银行在风险可控的前提下按相关规定予以优先支持和重点支持；国家粮食局在同等条件下优先支持企业参与"优质粮食工程""粮食安全保障调控和应急设施专项"等粮食行业重大项目建设。

此次认定的粮油产业化龙头企业要用好支持政策，加强经营管理，深化改革、转型发展，积极发挥龙头带动和示范引领作用。国家粮食局和中国农业发展银行将建立竞争淘汰、动态调整机制，对出现违法违规、严重失信等不符合条件的企业，经核实后，取消其重点支持粮油产业化龙头企业资格。

本文公布的重点支持粮油产业化龙头企业资格有效期至2020年12月31日。

附件：国家粮食局 中国农业发展银行重点支持粮油产业化龙头企业名单

国家粮食局 中国农业发展银行

2018年1月4日

（此件公开发布）

附件

国家粮食局 中国农业发展银行重点支持粮油产业化龙头企业名单

一、北京市（1户）

北京粮食集团有限责任公司

二、天津市（1户）

天津利金粮油股份有限公司

三、河北省（6户）

河北柏乡国家粮食储备库

固安县参花面粉有限公司

河北健民淀粉糖业有限公司

玉锋实业集团有限公司

邢台金沙河面业有限责任公司

河北金沙河面业集团有限责任公司

四、山西省（5户）

山西沁州黄小米（集团）有限公司

怀仁县龙首山粮油贸易有限公司

山西粮油集团有限责任公司

朔州市绿源粮油有限公司

平遥县国青同盈禽业有限公司

五、内蒙古自治区（5户）

内蒙古恒丰集团银粮面业有限责任公司

内蒙古河套酒业集团股份有限公司

内蒙古蒙佳粮油工业集团有限公司

内蒙古融成玉米开发有限公司

内蒙古伊品生物科技有限公司

六、辽宁省（22户）

沈阳粮油集团有限公司

沈阳方驰农业生产资料有限公司

沈阳市万谷园米业有限公司

沈阳南方谷物有限公司

沈阳金鑫华腾米业有限公司

良运集团有限公司

中国华粮物流集团北良有限公司

中粮米业（大连）有限公司

大连市普兰店区粮食收储库

鞍山银珠米业有限公司

本溪明山国家粮食储备库

阜新芳山谷物开发经营有限公司

辽宁辽阳铁西国家粮食储备库

辽阳市宏伟粮库有限责任公司

朝阳生源伟业仓储物流有限公司

朝阳华兴粮食开发有限公司

北票市宏发食品有限公司

盘锦鼎翔米业有限公司

盘锦市粮库有限责任公司

盘锦阳光米业有限公司

盘锦柏氏米业有限公司

辽宁省粮食集团有限公司

七、吉林省（11户）

中粮生化能源（榆树）有限公司

中粮贸易吉林有限公司

中粮米业（吉林）有限公司

舒兰市永丰米业有限公司

天成玉米开发有限公司

四平市和农牧业有限公司

吉林省新天龙实业股份有限公司

东丰县华粮生化有限公司

梅河口市阜康酒精有限责任公司

前郭县绿和源米业有限公司

吉林丰正大豆食品有限公司

八、黑龙江省（26户）

哈尔滨方正秋然米业有限公司

方正县宝兴新龙米业有限公司

五常市金福泰农业股份有限公司

延寿县亮珠粮油贸易有限公司

黑龙江省五常金禾米业有限责任公司

延寿县中实源粮油贸易有限公司

巴彦县凯隆粮油有限责任公司

中粮生化能源（龙江）有限公司

庆安东禾金谷粮食储备有限公司

黑龙江省香兰米业股份有限公司

桦南县宏安粮油贸易有限公司

黑龙江省桦川县付士米业有限公司

黑龙江大明宝贝面粉有限公司

中粮米业（虎林）有限公司

鹤岗市海宇米业有限公司

鹤岗市春鹰米业有限公司

黑龙江瓮福人和米业有限公司

宝清县三江油脂有限责任公司

黑龙江东粮经贸（集团）有限公司

鸡东县顺发米业有限公司

鸡西市故香米业有限公司

七台河新丰农产品有限公司

黑龙江益华米业有限公司

黑龙江省建三江农垦双盛米业有限责任公司

黑龙江农垦爱邦实业有限公司

黑龙江省建三江农垦嘉良米业有限责任公司

九、上海市（6 户）

上海良友（集团）有限公司

光明米业（集团）有限公司

上海乐惠米业有限公司

上海海丰米业有限公司

上海垠海贸易有限公司

上海立明粮油有限公司

十、江苏省（33 户）

江苏省农垦米业集团有限公司

淮安市圣玉米业有限公司

金太阳粮油股份有限公司

江苏佳丰粮油工业有限公司

益海（泰州）粮油工业有限公司

中粮米业（盐城）有限公司

南京远望富硒农产品有限责任公司

宜兴市粮油集团大米有限公司

江苏常州城北国家粮食储备库

常州希望粮食购销有限公司

益海嘉里（昆山）食品工业有限公司

南通家惠油脂发展有限公司

南通季和米业有限责任公司

南通顺发面粉有限公司

南通大兴面粉有限公司

江苏恒益粮油有限公司

连云港天谷米业有限公司

东海县天鹅园粮食贸易有限公司

江苏省淮安新丰面粉有限公司

淮安市兴隆米业有限公司

盐城市兴谷米业有限公司

江苏宏健粮油科技发展有限公司

江苏杰龙农产品加工有限公司

盐城新阳春面粉有限公司

仪征方顺粮油工业有限公司

高邮市万嘉面粉有限公司

丹阳市永兴面粉有限公司

丹阳市同乐面粉有限公司

江苏苏北粮油有限公司

江苏欢腾农业有限公司

江苏贵嘴米业有限公司

江苏春绿粮油有限公司

宿迁市三毛绿色粮油有限公司

十一、浙江省（21户）

浙江省粮食集团有限公司

舟山中海粮油工业有限公司

浙江五芳斋实业股份有限公司

浙江新市油脂股份有限公司

中粮面业（海宁）有限公司

湖州老恒和酿造有限公司

浙江科盛饲料股份有限公司

浙江华腾牧业有限公司

杭州富义仓米业有限公司

浙江宝隆米业有限公司

宁波梁桥米业有限公司

浙江恒天粮食股份有限公司

绍兴市上虞天丰粮食有限公司

杭州中谷米业有限公司

浙江群大饲料科技股份有限公司

金华一枝秀米业有限公司

宁波米氏实业有限公司

浙江百泽坊食品有限公司

绍兴会稽山米业有限公司

衢州市航埠粮油有限公司

松阳县旭升米业有限公司

十二、安徽省（31 户）

安徽燕之坊食品有限公司

同福碗粥股份有限公司

安徽光明槐祥工贸集团有限公司

安徽正宇面粉有限公司

五得利集团亳州面粉有限公司

宿州市皖神面制品有限公司

安徽省阜阳市海泉粮油工业有限公司

安徽省凤宝粮油食品（集团）有限公司

安徽牧马湖农业开发集团有限公司

和县金城米业有限责任公司

安徽龙溪外贸麻油制造有限公司

中粮粮油工业（巢湖）有限公司

中粮米业（巢湖）有限公司

安徽金鸽面业股份有限公司

安徽虹光企业投资集团有限公司

安徽鑫泉米业有限公司

安徽三泰面粉有限责任公司

临泉县金禾面粉有限公司

安徽省粮油储运公司

安徽省蒙城县恒瑞面粉有限公司

安徽凯利粮油食品有限公司

安徽省怀远县鑫泰粮油有限公司

灵璧县永盛制粉有限责任公司

安徽康美达面业有限责任公司

濉溪县鲁王制粉有限责任公司

怀远县天雪面粉有限责任公司

安徽省达亿粮油食品有限公司

安徽永安米业购销有限公司

明光市波涛粮油发展有限公司

淮北市鲁南面粉（集团）有限公司

安徽双全面粉有限公司

十三、福建省（6户）

厦门市金香穗米业有限公司

厦门海嘉面粉有限公司

福建泉州市金穗米业有限公司

福建金夏粮业有限公司

福建旭禾米业有限公司

福建元成豆业有限公司

十四、江西省（38户）

中粮（江西）米业有限公司

江西省粮油集团有限公司

江西省储备粮管理有限公司

江西珠湖粮油加工厂

宜春天地粮食集团有限公司

宜春市明月山粮食有限公司

江西春丝食品有限公司

江西金农米业集团有限公司

江西圣牛米业有限公司

吉安县金陵粮油贸易有限责任公司

江西金田粮油集团有限公司

江西新干良豪米业有限公司

新干县杨盛米业有限公司

永丰县永泰粮油食品有限公司

江西嘉泰精制米业有限公司

赣州市粮油实业集团公司

江西丰泽米业有限公司

江西省惠大实业有限公司

江西华宇米业有限公司

江西省江天农业科技有限公司

江西万年皇阳贡米实业有限公司

江西鹏辉高科米业有限公司

江西千佳米业有限公司

东乡县红星粮油有限责任公司

江西麻姑实业集团有限公司

江西南昌昌碧米业集团有限公司

江西农牌粮油饲料有限公司

江西华达牧业有限公司

南昌亚博实业有限公司

江西省相思谷米业饲料有限公司

江西巨仁科技集团有限公司

南昌田环粮食产业有限责任公司

江西省庄稼人粮食有限公司

九江春妙米业有限公司

新余市顺福米业有限公司

江西省百乐米业股份有限公司

江西金土地粮油股份有限公司

新余市天欣源工贸有限公司

十五、山东省（41 户）

青岛维良食品有限公司

青岛长生集团股份有限公司

青岛柏兰集团有限公司

山东半球面粉有限公司

山东万得福实业集团有限公司

潍坊风筝面粉有限责任公司

山东望乡食品有限公司

高密市新春油脂有限责任公司

山东柠檬生化有限公司

山东利生食品集团有限公司

山东利生集团汶上面业有限公司

滨州中裕食品有限公司

山东香驰粮油有限公司

山东香驰健源生物科技有限公司

山东西王糖业有限公司

邹平三星油脂工业有限公司

山东福洋生物科技有限公司

山东嘉华油脂有限公司

冠县瑞祥生物科技开发有限公司

山东玉皇粮油食品有限公司

莒南县金胜粮油实业公司

山东永明粮油食品集团有限公司

山东鲁花浓香花生油有限公司

山东利生集团成武食品有限公司

山东绿地食品有限公司

青援食品有限公司

山东渠风食品科技有限公司

山东中谷淀粉糖有限公司

山东冠县朝阳制粉有限公司

山东飞翔面粉有限公司

诸城东晓生物科技有限公司

泰安鲁粮面粉有限公司

山东弘兴玉米开发有限公司

菏泽华瑞食品有限责任公司

山东佳士博食品有限公司

曲阜市良友工贸有限公司

山东富世康制粉有限公司

山东宁津豪康制粉有限公司

宁津县顺发制粉有限公司

山东信和粮油有限公司

山东丰之坊农业科技有限公司

十六、河南省（17 户）

河南省豫粮粮食集团有限公司

河南豫粮面粉有限公司

河南斯美特食品有限公司

河南实佳面粉有限公司

想念食品股份有限公司

河南诚实人实业集团有限责任公司

商丘双龙粉业有限公司

河南神人助粮油有限公司

淮滨县金豫南面粉有限责任公司

息县宏升粮食制品有限责任公司

周口市雪荣面粉有限公司

淮阳县辉华面业有限公司

遂平益康面粉有限公司

河南巨龙生物工程股份有限公司

河南华星粉业股份有限公司

河南永新面粉股份有限公司

固始县豫申粮油工贸有限公司

十七、湖北省（36 户）

福娃集团有限公司

洪湖市洪湖浪米业有限公司

湖北国宝桥米有限公司

湖北洪森实业（集团）有限公司

湖北三杰农业产业化有限公司

湖北禾丰粮油集团

湖北天星粮油股份有限公司

黄冈东坡粮油集团有限公司

阳新县富川油脂有限责任公司

湖北丰庆源粮油集团有限公司

襄阳鲁花浓香花生油有限公司

宜城市绿秀粮油有限公司

湖北绿秀粮油集团有限公司

荆州市金谷王实业有限公司

松滋市永盛粮油有限公司

荆门环星油脂有限公司

湖北京和米业有限公司

京山泰昌米业有限公司

京山县金牛米业有限公司

荆门民峰油脂有限公司

湖北华苑粮油有限公司

汉川宏武米业有限公司

应城市神和米业有限公司

汉川市祥飞米业有限公司

武穴市金磊粮油购销股份有限公司

湖北中禾粮油股份有限公司

湖北昌佳林食品有限公司

湖北康宏粮油食品有限公司

蕲春县银兴米业有限公司

赤壁米业（集团）小乔米业有限责任公司

湖北金银丰食品有限公司

广水市鄂北米业有限责任公司

湖北兴盛福农业有限公司

中粮米业（仙桃）有限公司

湖北庄品健实业（集团）有限公司

潜江市巨金米业有限公司

十八、湖南省（33 户）

湖南粮食集团有限责任公司

金健植物油有限公司

湖南省长康实业有限责任公司

湖南天下洞庭粮油实业有限公司

中粮米业岳阳有限公司

湖南裕湘食品有限公司

湖南浩天米业有限公司

湖南山润油茶科技发展有限公司

金健粮食有限公司

衡阳市金雁粮食购销有限公司

湖南盈田农业发展股份有限公司

常德广积米业有限公司

湖南金牛粮油实业有限公司

湖南金浩茶油股份有限公司

湖南佳佳粮食购销股份有限公司

精为天生态农业股份有限公司

株洲市湘东仙竹米业有限责任公司

湖南溢香园粮油有限公司

广之益农业股份有限公司

湖南灯塔米业有限公司

湖南金鲲米业科技发展有限公司

安仁县生平米业有限公司

湖南天人谷业有限公司

常德市跃进米业有限责任公司

金健面制品有限公司

湖南卓越粮油实业有限公司

湖南金泰米业有限公司

芷江凯丰米业有限公司

湖南康洁食品科技发展有限公司

湖南金惠农业科技发展有限公司

湖南四通食品科技有限责任公司

湖南菁芗米业股份有限公司

张家界金绿油脂有限责任公司

十九、广东省（25户）

广州市粮食集团有限责任公司

广东新供销天润粮油集团有限公司

广东穗方源实业有限公司

深圳市粮食集团有限公司

深圳市联益米业有限公司

深圳市稼贾福实业有限公司

汕头市粮丰集团有限公司

佛山市储备粮管理总公司

佛山市三水区粮食管理储备中心范湖粮食管理所

广东江茂源粮油有限公司

广东慧园粮油有限公司

梅州市稻丰实业有限公司

梅州市金穗生态农业发展有限公司

兴宁市金谷粮食加工厂

广东穗丰食品有限公司

惠州市煌粮实业有限公司

广东海纳农业有限公司

惠州市储备军粮供应公司

东莞市深粮物流有限公司

东莞市穗丰粮食集团有限公司

广东开兰面粉有限公司

江门市粮油储备调剂有限公司

茂名市粮食储备公司

揭阳市揭东区穗华裕粮油加工厂

饶平县兴元米厂

二十、海南省（2 户）

海南恒兴饲料实业有限公司

海南裕泰科技饲料有限公司

二十一、广西壮族自治区（8 户）

广西五丰粮食集团有限公司

广西国泰粮食集团有限公司

广西金茶王油脂有限公司

南宁市储备粮管理有限责任公司

广西辽大农业科技集团股份有限公司

隆安县粮食收储有限责任公司

广西藤县直属粮库

防城港澳加粮油工业有限公司

二十二、四川省（24 户）

四川铁骑力士实业有限公司

四川东柳醪糟有限责任公司

四川省川粮油脂有限公司

成都红旗油脂有限公司

益海嘉里（成都）粮食工业有限公司

成都市新兴粮油有限公司

成都市花中花农业发展有限责任公司

叙永县马岭粮油食品有限公司

四川省绵竹市富王粮油有限公司

四川雄健实业有限公司

四川万凤粮油有限公司

绵阳仙特米业有限公司

四川神龙粮油有限公司

南充市粮油购销储运公司

四川省航粒香米业有限公司

泸州市龙马潭区天绿粮油购销有限公司

泸州金土地农业发展有限公司

四川泰森粮油有限责任公司

岳池顺福来油脂有限责任公司

四川天禾粮油有限公司

四川渠县国家粮食储备库

渠县静边粮油食品站

四川省南江油脂有限责任公司

四川省金锐粮食加工有限公司

二十三、重庆市（3户）

重庆市粮食集团有限公司

重庆市万州粮油（集团）有限公司

重庆市龙泉食品有限公司

二十四、贵州省（11户）

贵州茅贡米业有限公司

贵州省湄潭县竹香米业有限责任公司

贵州大龙健康油脂有限公司

思南南江粮食购销有限责任公司

贵州金杨油脂有限公司

贵州铜仁市梵净山粮油股份有限公司

贵州舞阳河米业有限公司

贵州省榕江县粒粒香米业有限公司

贵州兴仁聚丰薏苡股份有限公司

贵州月亮山九芗农业有限公司

兴义市金五谷储备粮管理有限公司

二十五、云南省（17户）

云南省粮油工业公司

昆明国家粮食储备有限公司

昆明市滇中粮食贸易（集团）有限公司

红河粮油集团有限责任公司

个旧市大红屯粮食购销有限公司

昭通粮油集团有限公司

云南玉溪国家粮食储备库

曲靖市麒麟区粮油购销有限责任公司

云南滇雪粮油有限公司

怒江州福贡县粮油购销公司

云南省香格里拉市粮油收储公司

云南精粮坊农业科技开发有限公司

云南八宝贡米业有限责任公司

普洱永吉生物技术有限责任公司

云南省普洱市思茅厚普饲料有限公司

广南县益康米业有限公司

云南滇黄牡丹产业集团有限公司

二十六、西藏自治区（7户）

西藏金谷粮食产业集团有限公司

西藏桑昂曲宗生态农业有限公司

洛隆县洛宗特色产品开发公司

堆龙古荣朗孜糌粑有限公司

堆龙古荣巴热糌粑有限公司

西藏特色产业股份有限公司

八宿县拉鲁卡荞麦加工厂

二十七、陕西省（9户）

陕西粮农集团有限责任公司

西安爱菊粮油工业集团有限公司

陕西陕富面业有限责任公司

陕西老牛面粉有限公司

商洛市朝阳工贸有限责任公司

西安市亚宏面粉有限责任公司

陕西雍城面业有限公司

宝鸡凤友油脂有限公司

宝鸡陕丰淀粉有限公司

二十八、甘肃省（17户）

甘肃省粮油储运有限公司

甘肃红太阳面业集团有限责任公司

甘肃省粮油贸易有限公司

甘肃景泰金源面业有限公司

武威市金穗面业食品有限责任公司

天水市第一粮库有限公司

酒泉市双禧面粉有限责任公司

甘肃豫兰生物科技有限公司

甘肃爱味客马铃薯加工有限公司

庄浪县宏达淀粉加工有限责任公司

平凉市麦香制粉有限责任公司

定西市博瑞淀粉有限公司

张掖市粮食局直属粮库

张掖市华瑞麦芽有限责任公司

甘肃万佳杂粮工贸有限责任公司

庆阳市澳恺食品有限公司

陇南市翔宇油橄榄开发有限责任公司

二十九、青海省（2 户）

青海新丁香粮油有限责任公司

青海江河源农牧科技发展有限公司

三十、宁夏回族自治区（18 户）

宁夏伊品生物科技股份有限公司

宁夏晶润生物食品科技有限公司

宁夏兴唐米业集团有限公司

宁夏优素福清真食品有限公司

宁夏昊王米业集团有限公司

宁夏金双禾粮油有限公司

宁夏广银米业有限公司

宁夏昊裕油脂有限公司

宁夏丹富粮油食品有限公司

宁夏裕凌丰食品有限公司

宁夏昊鑫现代农业发展有限公司

宁夏君星坊食品科技有限公司

宁夏中桦雪清真食品有限公司

宁夏红双赢粮油食品有限公司

盐池县对了杂粮食品有限公司

宁夏法福来清真食品股份有限公司

宁夏储备粮管理有限公司

同心县祥福粮油制品有限公司

三十一、新疆维吾尔自治区（25 户）

新疆粮油集团有限责任公司

昌吉回族自治州粮油购销（集团）有限责任公司

新疆八一面粉有限责任公司

新疆新粮油脂有限责任公司

新疆天山面粉（集团）有限责任公司

新疆泰昆集团股份有限公司

新疆塔城储绿粮油集团面粉加工有限公司

新疆青鹤实业（集团）有限公司

新疆盛康粮油有限公司

新疆喀春粮油有限公司

新疆新世纪面粉有限公司

新疆粮油股份有限公司

伊犁麦林粮油购销有限公司

新疆疆粮米业有限责任公司

伊犁博泰食品科技开发有限责任公司

伊犁冠通生物有限责任公司

新疆瑞隆农业发展有限责任公司

沙湾县天宝绿色食品有限公司

新疆福鑫粮油有限公司

博乐市家乐油脂有限责任公司

博乐市西北粮油工贸有限公司

新疆金鑫生物科技发展有限公司

库尔勒孔雀河国家粮食储备有限公司

尉犁同丰油脂工贸有限责任公司

新疆粮油集团北站收储有限责任公司

关于"人才兴粮"的实施意见

国粮发〔2018〕86号

各省、自治区、直辖市和新疆生产建设兵团发展和改革委员会、粮食局、教育厅（教委、教育局）、人力资源社会保障厅（局），河南工业大学、南京财经大学、武汉轻工大学、江南大学，中国储备粮管理集团有限公司、中粮集团有限公司、中国供销集团公司，各有关单位：

为认真落实党中央、国务院关于实施人才强国战略、深化人才发展体制机制改革的决策部署，在粮食行业造就一支数量充足、结构合理、素质优良的人才队伍，为加快推进农业供给侧结构性改革，大力发展粮食产业经济提供坚实人才支撑，现就实施"人才兴粮"提出如下意见。

一　总体要求

近年来，全国粮食行业紧密结合粮食流通改革发展实际，扎实推进人才发展，人才队伍建设取得显著成效。同时也要看到，人才队伍结构不尽合理、人才发展体制机制不够灵活、人才资源开发投入不足等问题依然存在。实施"人才兴粮"，完善体制机制，优化队伍结构，增强综合素质，对于深化粮食流通改革、建设粮食产业强国、保障国家粮食安全具有重要意义。

（一）指导思想

以习近平新时代中国特色社会主义思想为指导，全面贯彻党的十九大精神，聚焦实施科教兴国、人才强国和创新驱动发展战略，紧紧围绕统筹推进"五位一体"总体布局和协调推进"四个全面"战略布局，坚持党管人才原则，聚天下英才而用之，以保障国家粮食安全为目标，以建设粮食产业强国为重点，深化粮食行业人才发展体制机制改革，健全服务粮食全产业链的人才培养体系，优化人才发展环境，激发人才创新创造活力，为粮食流通改革发展提供人才保障。

（二）基本原则

坚持党管人才、集聚人才。充分发挥党组织总揽全局、协调各方的领导核心作用，加强政治引领和政治吸纳，把各方面人才团结集聚到粮食流通事业中来。

坚持围绕中心、服务大局。把服务粮食流通改革发展、建设粮食产业强国，作为粮食行业人才工作的根本出发点和落脚点，优先保障重大产业、重点项目、重要工作的人才需求，增强人才工作的针对性和实效性，实现人才发展与粮食流通改革发展的深度融合。

坚持问题导向、分类施策。从粮食行业人才突出问题和发展"短板"入手，针对不同类型人才，抓住重点和难点，因地制宜、分类施策，以高层次、创新型人才为先导，以技术技能型人才为主体，统筹推进粮食行业人才队伍建设。

坚持创新机制、统筹资源。加快体制机制改革和制度创新，重点破除束缚人才发展的观念和体制机制障碍，向用人主体放权、为人才松绑，统筹各方力量和各类资源，服务粮食行业人才工作。

（三）主要目标

到 2022 年，粮食行业人才队伍与事业发展需求基本相适应，各类人才队伍结构进一步优化，人才体制机制和培养体系更加完善，人才在粮食流通改革发展中的作用更加突出。专业技术人才创新能力明显提升，建设 10 个以上由领军人才领衔、具有国际水平的创新团队，遴选并重点培养 40 名以上青年拔尖人才，培养一批粮食卓越工程师。高技能人才规模进一步扩大，培养 4000 名技师和高级技师，选拔 120 名技能拔尖人才，建设 60 个技能拔尖人才工作室。粮食安全政策智库建设取得突破，集聚一批具有较高政策理论水平和研究能力的专家学者。粮食行业人才培养能力进一步提高，在涉粮院校建立全国粮食行业教育培训基地，建设一批示范性高技能人才培训基地。

二　突出重点推进

（四）着力提升粮食系统党政人才专业素质

坚持统筹使用各类编制资源，广开视野，多渠道、高标准选拔优秀人才。着眼增强学习本领、政治领导本领、改革创新本领、科学发展本领、依法执政本领、群众工作本领、狠抓落实本领、驾驭风险本领，有针对性地给干部交任务压担子。注重在急难险重任务中锻炼干部，选派干部到地方党政宏观综合部门和艰苦地区挂职锻炼，提高干部综合素质和宏观把握能力。加强干部专业能力培养，聚焦粮食流通改革发展重点和难点开展业务培训，定期举办省级粮食局长培训班。建立执法人员名录库和粮油库存检查专业人才库，加强执法督查业务培训，培养一批具有较高执法水平和丰富执法经验的业务骨干。事业单位要围绕粮食流通中心工作引进人才，想方设法为人才发展搭建平台，各项政策要向重点岗位、特殊人才、业绩突出者倾斜。

（五）着力培养粮食科技创新领军人才

面向国家自然科学基金、重点研发计划等国家级科技计划和重大粮食科研（工程）项目主要承担人员，以及省级粮食行业科技创新领军人才，选拔一批全国粮食行业科技创新领军人才，建设国内一流、国际知名的粮食科技创新团队。在科研机构、高校和相关企事业单位建设一批重点实验室、工程中心、技术创新中心和院士（专家）工作室、博士后科研工作（流动）站，为高层次创新人才提供平台。优先从科技创新领军人才和取得突出成绩、做出突出贡献的专业技术人员中，推荐两院院士、享受政府特殊津贴专家。

（六）着力遴选粮食优秀青年科技人才

紧紧围绕粮食行业重点科研方向，遴选一批有发展潜力的优秀青年拔尖人才，自主选题开展创新研究。优先从青年拔尖人才中推荐参评国家"万人计划"青年项目、国家杰出青年科学基金、"长江学者奖励计划"。建立依托重大科研（工程）项目培养青年人才的机制，根据实际情况，每个重大项目可以安排 1 名青年科技人才为项目第二负责人。开展"百名博士服务粮企"活动，组织具有博士学位的青年教师、科研人员和粮食专业在读博士，到企业对接需求、解决难题。探索青年科技人才接续培养机制，对入选"青年人才托举工程"的，优先列入青年拔尖人才培养。鼓励各地各单位实施青年人才扶持计划，对科研工作成绩突出的青年科技工作者，给予一定项目资金支持和个人奖励。

（七）着力培育粮食领域卓越工程师

国家和省级粮食部门会同有关高校、科研机构和企业，建立粮食领域卓越工程师教育培养产学研联盟。针对绿色生态储粮、粮油加工、装备制造、现代物流、信息技术运用等不同领域特点，分类制定粮食领域卓越工程师专业标准。通过共同制定培养方案、共同建设课程体系，深入开展"新工科"研究与实践，推进人才培养模式改革，完善培养跟踪管理和质量评价机制，培养一批创新能力强、专业水平高的粮食工程技术后备人才。从产业化龙头企业遴选具有丰富实践经验、工作业绩突出的粮食工程师，定期开展专题研修，提高创新能力。

（八）着力扩大粮食高技能人才队伍规模

适应粮食行业技术进步和产业发展需求，以技师和高级技师为重点，开展以新技术、新工艺、新方法为主要内容的职业教育和培训，形成一支具有高超技艺和精湛技能的粮食行业高技能人才队伍。完善国家、省、市分级负责的粮食行业技能拔尖人才选拔培养机制，注重从非国有粮食企业选拔人才。鼓励企业建立"首席技师"制度，发挥高技能人才"传帮带"作用。结合实施"优质粮食工程"，适应专业化社会化粮食产后服务体系、粮食质量安全检验监测体系建设需要，促进粮食仓储、检验等岗位人才转型发展，培养一批粮食产后服务领域复合型高素质技术技能人才和高水平粮油质量检验人才。根据产业分布和发展需要，依托高等学校、职业学校和大型骨干企业，完善技能人才培训基地建设，形成技能人才培训机构网络，广泛开展职业技能培训和鉴定工作。

（九）着力完善粮食安全政策智库

面向国家社会科学基金、国家软科学研究计划等项目和粮食行业重大科研（战略性）项目的主要承担人员，组织选拔全国粮食经济研究领军人才。各类粮食经济研究、信息咨询机构，要对当前粮食流通改革发展热点和难点问题，主动开展研究、加强交流。充分发挥粮食安全政策专家咨询委员会作用，经常向专家通报粮食流通改革发展情况，支持专家有针对性地开展重点专题咨询，提供高质量决策咨询报告。定期举办粮食政策理论研究成果交流论坛。各地要结合实际，建立灵活多样的粮食安全政策智库，围绕本地区涉粮重大问题，开展政策理论研究和决策咨询。鼓励支持有关高校加强粮食流通改革发展重大政策理论研究，并以此为方向重点培养一批博士、硕士人才。

（十）着力建设粮食行业人才培训基地

进一步明确标准，有计划、有重点地建设一批全国粮食行业教育培训基地和示范性高技能人才培训基地。针对部分地区培训资源较少的情况，统筹考虑设置跨区域的培训基地。鼓励培训基地承担面向粮食行业的业务培训，开展人才课题研究，开发职业标准、培训教材等。引导和支持培训基地加强粮食课程建设，建立专兼职相结合的师资队伍。支持涉粮高校、科研机构申报设立国家级专业技术人员继续教育基地。深化产教融合、校企合作，充分发挥粮食行业职业教育集团作用，推广集团化办学，促进校企共育人才。支持示范（骨干）职业院校牵头组建面向粮食行业发展需要的区域性职业教育集团。

三　完善体制机制

（十一）全面优化人才管理体制

以"放权松绑"为核心，全面清理当前束缚用人单位自主权和制约人才发展的不合理制度，保障和落实用人单位自主权，减少对人才不必要的限制。支持和鼓励科研机构、高校等单位研究人员和专业技术人员创新创业，允许专业技术人员到业务领域相近单位兼职、参与项目合作，或利用本人科研成果创业。更加注重市场认可和评价，对在市场中得到检验并认可的项目要开绿灯，加大支持力度，让创新人才"名利双收"。用人主体结合工作实际自主确定用人需求，建立完善人才使用、考核、退出等机制。着力提高人才工作服务水平，解决其工作和生活中的实际困难，免除后顾之忧，做到"拴心留人"。

（十二）实施更具竞争力的引才政策

坚持"缺什么、引什么"的原则，支持各地各单位实施更加积极、开放、有效的引才政策，践行"引进一个人才、带来一个项目、形成一个产业"的理念，依托国家"千人计划"等积极引进高端人才，以产引才、以才促产。各地各单位要围绕补足人才"短板"，树立"高精尖缺"导向，借鉴精准引才、靶向引才、团队式引进、成建制对口支持等有效经验，推出引才新举措。坚持以用为本，不求所有、但求所用，不求所在、但求所为，鼓励用人单位采取咨询、兼职、项目合作、学术交流或设置创新型岗位等形式，实行柔性引进、弹性管理、个性服务。各类粮食企业要立足实际，积极吸纳、留住本地人才，同时要充分利用当地户籍、社会保障、子女教育等优惠引才政策，在更大范围内引进急需紧缺人才。

（十三）创新人才培养方式

遵循人才成长规律，分类施策培养人才。着眼推进粮库智能化、信息化和提高粮油加工、装备自主创新能力，培养粮食行业紧缺人才。依托粮食行业国家工程实验室、工程技术中心、重点实验室等平台，构建产学研用相结合的协同育人模式。指导有关院校服务国家粮食安全特殊需求，培养粮食行业急需博士人才。加快粮食信息技术人才培养，鼓励青年骨干接受信息技术专业硕士及以上学历教育，与高等院校合作开展信息技术人才培训。引导和鼓励一批普通本科高校设立粮食学院，或围绕粮食产业转型升级需要，增设相关专业，培养应用型本科人才。鼓励粮食企业与职业院校开展深入合作，共同制订专业人才培养方案，构建课程体系，共建实训场所，为学生实习实训和教师实践提供岗位。广泛开展岗位练兵、技术比武等竞赛活动，鼓励技术革新和发明创造，在实践中培养技术技能人才。

（十四）完善人才评价机制

实行人才分类评价，根据粮食科研、工程、经济等不同领域人才特点，科学设定评价指标。建立粮食行业高级职称评审专家库，不断改进职称评审工作。对基础研究人才，着重评价其提出和解决重大问题的原创能力、研究成果质量、学术水平及对行业发展的影响等；对应用研究人才，着重评价其技术创新能力、成果转化、对产业发展的实际贡献等；对科技管理人才，重在评价考核工作绩效，引导其提高服务水平和技术支持能力。落实提高技术工人待遇有关政策，实现技高者多得、多劳者多得；在粮食系统劳动模范评选表彰中增加一线工人名额比例。

（十五）充分发挥科研机构和高校人才高地优势

鼓励和引导有关科研机构、高校发挥各自优势，与企业建立科技协同创新平台、技术创新联盟，共同攻克重大关键技术难题。涉粮院校要进一步紧贴粮食行业需求，突出粮食特色，推进粮食产业相关专业改革与建设，切实提高办学质量，增强人才培养能力。科研机构、高校等单位要发挥科技创新的引领作用，赋予创新团队更大的人财物支配权、技术路线决策权；科学合理设置评价考核周期，加强考核结果运用，建立专业技术人员能上能下、能进能出机制；探索建立"首席科学家"制度，全面落实以增加知识价值为导向的分配政策，对国家"千人计划""万人计划"等特殊人才探索实行协议工资制等分配办法；设立人才培养基金和人才奖励基金，充分激发科研人员创新创业的积极性。

四　强化保障措施

（十六）加强统筹协调

各级粮食行政管理部门、企事业单位党组织要加强对"人才兴粮"工作的组织领导，制定切实可行的落实措施。要将粮食行业人才队伍建设纳入粮食安全省长责任制考核内容，明确考核标准，层层压实责任。各级粮食行政管理部门要高度重视基层人才队伍建设，积极争取人力资源社会保障、财政、教育等部门支持，采取多种措施培养能够留得下来的基层实用人才。有关地区和单位要积极发挥优势，加大人才援疆援藏力度。要结合粮食科技周等活动，积极开展人才供需对接，搭建人才服务平台。

（十七）完善投入保障

建立健全政府投入为引导、用人单位投入为主体、社会和个人投入为补充的多元化投入机制。积极争取国家人才工程经费，加大"人才兴粮"专项经费投入，对重点人才工作任务要安排配套经费支持，建立对优秀人才和科研团队的持续支持机制。在粮食重大建设项目中要统筹考虑人才培养和专家咨询经费。强化对人才投入绩效考核，提高经费使用效益。

（十八）强化激励引领

充分利用报刊、广播、电视、网站、微信、微博等多种渠道，做好人才宣传工作，要注重宣传粮食流通事业蓬勃发展对各类人才的需求。总结加强人才培养、助推粮食行业转型发展的先进经验，培树一批扎根粮食行业默默奉献、在本领域本专业做出突出贡献的人才典型。大力宣扬先进典型事迹，弘扬劳模精神和工匠精神，以榜样的力量感染人、打动人，增强人才对粮食行业的认同感归属感，鼓励更多人才献身粮食事业。

国家发展和改革委员会　国家粮食和物资储备局
教育部　人力资源和社会保障部
2018 年 5 月 3 日

（此件公开发布）

关于"科技兴粮"的实施意见

国粮发〔2018〕100 号

各省、自治区、直辖市及新疆生产建设兵团发展和改革委员会、粮食局、科技厅，河南工业大学、南京财经大学、武汉轻工大学、江南大学，中国储备粮管理集团有限公司、中粮集团有限公司、中国供销集团有限公司，各有关单位：

"科技兴粮"是贯彻新发展理念，落实国家粮食安全战略、创新驱动发展战略、乡村振兴战略，促进粮食科技与经济融通发展、建设现代化粮食经济体系的系统性工程，对于深化农业供给侧结构性改革，大力发展粮食产业经济，确保国家粮食安全，把中国人的饭碗牢牢端在自己手中，具有十分重要的意义。为全面实施"科技兴粮"，制定本实施意见。

一 总体要求

（一）指导思想

以习近平新时代中国特色社会主义思想为指导，全面贯彻党的十九大精神，紧紧围绕落实国家粮食安全战略目标，突出创新是引领发展的第一动力的重要作用，以供给侧结构性改革为主线，坚持目标导向和问题导向相统一，坚持改革和创新双轮驱动，坚持藏粮于地和藏粮于技相结合，坚持自主创新和开放发展相结合，坚持创新链、产业链和价值链"三链"协同，深化粮食科技体制改革，激发各类创新主体的积极性，提高粮食科技创新能力，促进科技成果转化，增强粮食产业健康发展新动能，为推动建设粮食产业强国、促进乡村振兴、满足人民日益增长的美好生活需要提供科技支撑。

（二）主要目标

力争到 2022 年，粮食科技创新体系更加完善，科技水平进一步提高，基础研究、应用研究取得突破性进展，产学研融合更加紧密，解决一批制约发展的关键问题，粮食科技成果加快转化，技术转移成效不断放大，粮食科技人才队伍规模与结构更加合理。科技贡献率力争提高 3 个百分点；粮油储藏技术继续保持国际领跑地位，粮油科技的"并跑"技术有所增加，深加工和装备制造等技术与国际先进水平差距缩小；取得国家科技奖或省部级一等奖的粮食科技成果 30 项以上，推广应用经济社会效益显著的重大科技成果 20 项以上。

二 完善创新体系，提高创新能力

（三）增强粮食企业创新能力，突出企业技术创新主体地位

引导企业发挥技术创新主体作用，支持大型龙头企业、企业集团和转制院所自主决策、先行投入，开展行业共性关键技术装备的研发攻关和成果推广应用；鼓励企业建立内设技术研发机构，开展创新

研发和成果推广；在粮食仓储、加工、物流、营养健康主食及主食工业化等重点和特色产业领域培育一批企业技术创新中心或研发中心；引导企业与高校或科研院所联合开展技术创新和示范，建设产学研相结合的特色实验室或科技园区；发挥科技型企业和工程设计机构在科技成果转化中的桥梁作用，及时将新技术转化为产品或在工程项目中推广使用；支持在粮食产业、物流园区建设研发中心，为园区企业提供共性技术服务。鼓励有条件、有特色的地方、骨干企业与科研院所、高等院校等具有技术优势的单位，实现联合开发、成果共享、风险共担、产学研相结合的粮食产业科技创新联盟，支持其承担重大科研项目攻关任务，解决制约产业升级的重大技术难题，突破关键技术难题，创制新产品，力争 5 年内组建 4～5 个粮食产业科技创新联盟，并纳入全国粮食行业创新体系。

（四）做强做优粮食科研院所，发挥粮食公益科研机构创新优势

粮食系统内的公益性科研院所应立足行业需求，推进院所体制改革，科学设置内设机构，整合粮食科研、工程技术、设备研发力量，加强粮食应用基础研究，突破粮食公益性、前瞻性和基础性技术难题；支持河南工业大学、南京财经大学、武汉轻工大学等粮食大学建设服务国家粮食安全需求的博士点，充分发挥涉粮大专院校人才培养、基础研究、理论创新和技术服务作用，培育粮食专业优势学科；积极发挥省级科研院所和质检机构依托市场开展粮食技术服务和新技术应用推广的作用。

（五）完善行业科技创新平台，发挥科技创新和人才培养的作用

加强国家重点实验室和国家工程研究中心创新能力建设。鼓励企业申请新建一批粮食行业重点实验室、技术创新中心，培育粮食领域国家级重点实验室、工程研究中心、技术创新中心，鼓励各地依托科研机构、科技型企业等建立科技服务平台，构建多领域、多层次粮食科技创新平台体系，促进创新资源高效配置，进一步增强粮食产业创新能力。支持粮食主产区根据需求建设以粮食产后收储运和加工为主的国家农业科技园区。鼓励各地围绕区域主导产业建设各具特色的粮食科技成果集成示范基地和国家农业科技园区，开展研发试验、成果展示和技术培训，发挥促进科技与生产、集成与示范、教育与推广、创新与营销紧密结合的作用。力争 5 年内建设 15 个产学研合作的粮食科技创新平台；每年遴选一批科技创新有特点或科技成果转化成效突出的单位，授牌为"科技兴粮"示范单位，力争 5 年内授牌 30 个粮食科技创新示范企业。

（六）创新开放合作机制，吸引各领域优秀科研人员和团队参与粮食科研工作

鼓励多学科交叉合作，共同承担粮食领域国家科技计划项目，攻克行业共性关键技术难题；探索与中国科学院、中国工程院等国家级科研机构合作新机制。加强国际合作与技术交流，鼓励引进先进技术与装备，提升传统产业技术水平；鼓励具有自主知识产权的粮食科技、产品、标准和设备走出去，积极促进"一带一路"国际合作，增强国际竞争力。鼓励科研机构科技创新平台接入国家科技创新服务平台，建立健全科研院所、高等院校、企业的科研设施和仪器设备等科技资源向社会开放的合理运行机制。加大国家工程研究中心以及国家粮食和物资储备局重点实验室、工程研究中心、技术创新中心、分析测试中心等向社会开放服务的力度，积极引导其对企业开展专项服务。加强区域性科研设备协作，提高对企业技术创新的支撑服务能力。

（七）探索科研创新组织模式，推动粮食领域大众创业万众创新

建立粮食产业科技需求调查机制，常年开通在线科技需求征集，科学凝练重点研发任务；支持构建众创空间、创新孵化器，积极探索粮食企业技术难题竞标等"研发众包"、用户参与设计新型研发组织模式，引导科技人员、科研单位承接粮食企业的科技项目委托和难题招标；促进技术共创共用，

加强行业创新资源共享合作。

三　加快成果转化，提高科技贡献率

（八）搭建资源共享平台，持续开展科技"三对接"活动

每年科技活动周举办"全国粮食科技成果转化对接活动"，展示最新实用技术成果；引入中国科协所属学术团体和优势互联网科技企业，推进高新技术成果交叉融通；持续完善粮食行业科技成果、人才、机构"三对接"机制，探索建立政府引导、市场驱动、企业化运作的粮食相关科技成果转移新模式；在国家粮食和物资储备局政府网站建立服务云平台，征集并发布企业创新需求，实时公布粮食科技成果目录和可供企业应用转化的科技成果包；利用大数据、云计算等信息技术手段，筛选和定向推荐粮食相关科研成果和实用技术，支持获奖成果推广应用；利用专家库，开展技术应用、成果转化的指导和咨询服务；探索有效的粮食科技特派员制度和博士服务团工作机制，组织科技人员和高层次专家定期服务基层；通过行业期刊宣传科技兴粮成果和企业示范经验；支持科研院所和大专院校科研人员到企业兼职或留职离岗创业。

（九）鼓励联合攻关，促进科技成果工程化产品化

鼓励科研机构、工程设计单位、设备制造单位和企业联合开展攻关，使科技创新、工艺设计、设备制造和产品开发形成良性互动，促进科技成果快速实现工程化和产品化；聚焦粮食去库存和品质提升等行业重大需求，依托重点项目和工程，运用系统工程思想，建立中间试验、工业化试验、工程化开发、集成示范及推广的协调机制；项目建设设备招标采购时，鼓励优先考虑质量好、环保性能佳的装备。鼓励科研单位建设粮食技术转移中心等科技成果转化服务机构，探索和建立科技成果转化的有效模式与机制，优化成果转化流程，探索目标一致、分工明确、权责明晰、利益共享的"一条龙"新型服务模式；引入相关中介机构提供技术转移转化专业服务，提高转移转化效率和收益。

四　统筹协同推进，提高科技水平

（十）推进安全、绿色、智能、精细仓储科技创新，实施"现代粮仓"创新行动

围绕政府储备粮安全管理需求，专题攻关绿色储粮技术和高标准仓储设施建设标准，实施"现代粮仓"创新行动。加强储粮生态系统相关基础理论研究，加强储粮信息自动感知和自动采集系统、仓储机器人等技术开发与应用。研发物理、生物源储粮药剂等绿色防护技术，推进产业化应用示范。支持粮食分类收购和储藏相关新技术的研发，强化储藏新技术集成与创新。

（十一）推进粮油适度加工技术和深加工技术与产品创新，促进先进粮油加工技术产业化

研究制定适度加工工艺、产品标准。开发小麦、稻谷、大豆、杂粮、特色植物油脂等功能性、专用性新产品，开展工业化传统主食生产技术研发，开展稻米、食用油适度加工产业示范。加强副产物循环、全值和梯次利用研发，为循环经济提供技术支撑。开发方便营养的米制品，强化玉米、大豆在营养健康、生物化工、生物医药等领域深加工技术应用。重点开发新型功能性淀粉糖和醇类新产品，开展食用、可降解包装和地膜用、精细化工用特种变性淀粉等产品研发，促进去库存相关技术的产业化。

（十二）推进先进装备原始创新和集成创新，实现粮食装备制造突破

推动高效、环保、智能化粮食出入库机械设备和物流设备研究开发，提高粮食流通作业效率。对标先进标准，提高粮食设备（装备）制造核心技术水平。结合"粮食产后服务体系"建设，提高国产粮食烘干设备节能环保技术水平和智能控制技术水平。开发高效节粮节能营养型粮油和特色杂粮等加工装备；开发米制品加工成套设备；推进粮食加工自动化、智能化，促进产业技术升级。

（十三）推进高效物流科技创新，促进粮食物流现代化

研发有关移动粮仓的配套设施和技术，应用物联网、北斗等信息技术，支撑智慧物流发展。开发自动化、智能化的粮食物流装备和出入库设备，提升粮食物流设施设备标准衔接水平。优化多式联运衔接和物流管控一体化技术。利用物联网技术、大数据技术，提升粮食流通管理的数据获取能力。

（十四）推进优质粮食质量和安全科技创新，为健康消费提供科技支撑

研究完善"中国好粮油"系列标准及粮食质量控制作业系列标准和评价手段。结合"国家粮食质量安全检验监测体系"建设，突破快速检测技术瓶颈，开发粮食收购现场快速自动采集和质量检测设备；研究建立中国主粮品质分类体系，开发专用品质评价仪器。深入研究真菌毒素、重金属污染和农药残留超标粮食安全合理利用技术，开展超标粮食安全利用工业化示范。开展中央主食厨房健康烹饪与营养均衡配餐的研究，编撰出版粮油营养健康消费指南。

五 营造良好环境，激发创新活力

（十五）落实科技创新激励政策，鼓励科研单位优化激励机制

落实有关股权、期权激励奖励等收益分配政策和事业单位国有资产处置收益政策；落实技术转让或者许可、作价投资等所取得的净收入用于奖励的比例不低于50%，主要贡献人员奖励份额不低于奖励总额的50%的优惠政策；鼓励科研人员带科研项目和成果到企业工作或创办企业；鼓励粮食科研机构设立可供有创新实践经验的企业家和企业科技人才兼职的流动岗位。提升行业科技奖励社会认可程度。探索建立对科研项目实施过程、成果、行业服务等的分类评价机制，以成果转化、技术发明、成果质量及社会经济效益为考核导向，以科研能力、学术水平、成果质量和应用实效等作为评价的重要内容，优化科研人员职称评定、岗位管理、考核评价制度、科技奖励推荐和收入分配激励约束机制，发挥科技成果用户、业务管理部门、地方粮食行政管理部门等单位在科研评价中的作用。

（十六）加大知识产权保护和科普力度，营造科技兴粮的良好氛围

大力扶持自主创新和原始创新，加大粮食科技创新成果、产品的专利权、商标权等知识产权保护力度；组织举办粮食科技活动周等宣传活动，开展粮食科普进机关、进社区、进家庭、进农村、进军营等活动，增强全社会公众的粮食安全、科学消费、爱粮节粮意识；推进粮食科普网站、微信公众号、知识库、手机APP等新媒体平台的建设，创制"粮油消费大典"等科普产品，创新宣传形式，扩大粮食科学知识传播范围；尊重科学研究规律，弘扬创新精神，倡导创新文化，创造宽松学术环境；完善科技资源分配与成果共享机制；对担任领导职务的科技人员的科技成果转化收益分配实行公开公示制度，不得利用职权侵占他人科技成果转化收益；加强科研学术道德和科研诚信体系建设，完善失信惩戒机制，杜绝学术不端和学术腐败。

（十七）加强粮食科技人才队伍建设，提高行业队伍整体素质

加强粮食专业人才培养，强化专业技术人才和高技能人才队伍建设，探索建立技术人才定期培训、考察、交流机制，培育"工匠精神"，培养科技领军人才、战略科学家和优秀创新团队，不断提升技术人才的业务素养；吸引院士和高端人才，建设院士专家工作站、博士后工作站，支持企业创新；建立"粮食产业科技专家库"和"粮食行业技能拔尖人才库"，鼓励有条件的企业事业单位设立"首席科学家（专家）"岗位；探索应用型创新人才培养机制，支持优秀青年科技人才牵头承担企业科研任务，扶持培育企业优秀技术创新团队。

（十八）加强组织领导，健全粮食行政管理部门推进科技创新工作机制

粮食系统定期召开粮食科技创新大会，部署粮食科技创新工作；建立粮食科技省级协调机制，定期交流创新动态，研究交流技术效果、措施；各级粮食行政管理部门应切实落实粮食安全省长责任制关于科技创新的要求，主动转变观念，深入了解科技需求，掌握粮食科技动向，主动推进科技创新，积极搭建科研人员与企业对接平台，鼓励企业开展技术改造和技术创新，推动科技成果转化，有效保护粮食产业品牌；积极争取地方财政、税务、科技、发展改革等部门创新资源，积极宣传指导研发费用税前加计扣除等激励政策；探索利用风险投资、买（卖）方信贷、知识产权和股权质押、融资租赁等方式，支持科技型企业开展技术创新融资，推进成果转化应用；保护基层创新积极性，营造良好的科技创新环境。

国家发展和改革委员会　国家粮食和物资储备局　科技部

2018 年 5 月 11 日

（此件公开发布）

关于做好 2018 年世界粮食日和粮食安全系列宣传活动的通知

国粮发〔2018〕178 号

各省、自治区、直辖市及新疆生产建设兵团粮食局、农业（农牧、农村经济）厅（局、委）、教育厅（教委、教育局）、科技厅（委、局）、妇联，黑龙江省农垦总局，中国储备粮管理集团有限公司、中粮集团有限公司：

为深入贯彻习近平新时代中国特色社会主义思想和党的十九大精神，深入落实总体国家安全观，深入实施创新驱动发展战略，国家粮食和物资储备局、农业农村部、教育部、科技部、全国妇联决定共同组织开展 2018 年世界粮食日和粮食安全系列宣传活动。现就有关事项通知如下：

一 活动主题

2018 年 10 月 16 日是第 38 个世界粮食日，主题是"努力实现零饥饿"。粮食安全系列宣传活动主题是"端牢国人饭碗，保障粮食安全"。

近年来，我国粮食综合生产能力稳定在较高水平，粮食库存充裕，粮食供给由总量不足转为结构性矛盾，人们更加关注粮食质量安全，消费需求转向"吃得好"和"吃得安全""吃得健康""吃得便利"。要加快推进粮食供给侧结构性改革，推动粮食产业经济高质量发展，着力增加绿色优质粮食产品供给、确保人民群众"舌尖上的安全"，着力解决市场化形势下农民卖粮问题、促进农民持续增收，把中国人的饭碗牢牢端在自己手上，加快构建更高质量的粮食安全保障体系。

二 组织机构

（一）主办单位

国家粮食和物资储备局、农业农村部、教育部、科技部、全国妇联

联合国粮食及农业组织

（二）主会场联合主办单位

浙江省人民政府

（三）主会场承办单位

浙江省粮食局、浙江大学

三 活动安排

（一）活动组织

国家粮食和物资储备局会同有关部门单位负责制定活动总体方案，组织开展"粮安之星"评选

发布和粮食安全大走访大调研，策划并组织主会场活动，协调中央媒体宣传报道，制作下发主题宣传册、宣传品，指导各省区市活动的开展。

省级粮食部门会同有关部门单位负责制定本地区活动方案，组织开展本地区主会场活动、"粮安之星"评选发布和粮食安全大走访大调研，协调地方媒体宣传报道，准备本地区宣传资料和物品，指导本地区活动的开展。

地市级粮食部门会同有关部门单位按照省级活动方案，组织开展本地粮食安全大走访大调研活动，协调本地媒体宣传报道。

（二）活动内容

2018年世界粮食日和粮食安全系列宣传活动包括"粮安之星"评选发布和粮食安全大走访大调研。

1. "粮安之星"评选发布

在全国范围内挖掘评选一批积极投身粮食事业、维护国家粮食安全的典型个人/集体。评选发布分国家级和省级两级开展。7月起，各省级粮食、农业、教育、科技、妇联等部门单位在本地区开展评选，8月底评选出本地省级先进典型10名，并向国家粮食和物资储备局推荐报送1名先进典型。9月底前，国家粮食和物资储备局会同有关部门单位，从各地推荐的先进典型中评选出10名全国先进典型。10月16日，在杭州主会场发布"粮安之星"，并向社会各界发出保障国家粮食安全主题倡议。

各省级有关部门单位可结合本地实际，在10月16日当天举办主会场活动，发布本地区"粮安之星"。

2. 粮食安全大走访大调研

活动期间，国家级和省级粮食、农业、教育、科技、妇联等部门单位，组织机关干部、农业科技专家、涉农院校师生等，走村入户、深入田间地头，对粮食问题进行摸底调研，认真倾听农民对国家粮食政策的意见建议，深入了解粮食安全方面存在的矛盾隐患；面对面宣传国家粮食生产政策，讲解粮食生产、收获、运输、保管等方面的科技知识，提高农户粮食种植和收储技术水平。以工作小组形式开展活动，每组3~5人，深入到2~3个村，进行大走访大调研活动。

地方粮食部门要依托粮食产后服务体系，向农户宣传推广"代清理、代干燥、代储存、代加工、代销售"等"五代"服务，提高粮食产后专业化服务水平，减少产后损失；依托国家粮食质量安全检验监测体系，向农户宣传推广粮食品质测报和监测、科学储粮技术服务，促进农民增收增效。

10月16日，国家粮食和物资储备局等主办部门单位在主会场举行大走访大调研活动授旗仪式。仪式结束后，国家有关部门派出工作小组分赴重点省份开展活动。结合各地情况，各省（区、市）举行相应授旗仪式，组织若干工作小组，开展大走访大调研活动。

（三）进度安排

1. 准备阶段

省级粮食部门会同省级农业、教育、科技、妇联等有关部门单位按照本通知要求，结合当地实际，制定本省（区、市）世界粮食日和粮食安全系列宣传活动实施方案，并于9月25日前报国家粮食和物资储备局备案。

国家粮食和物资储备局等主办单位组织有关专家完成主题宣传册、宣传品的制作，并于9月25日前发放到各地。在国家有关部门发放物品的基础上，各省（区、市）结合本地区特色做好宣传手册、主题宣传品等活动物品准备。

2. 实施阶段

活动期间，各省（区、市）有关部门按照本通知要求和本地区实施方案有关规定，组织开展本地区"粮安之星"评选发布、粮食安全大走访大调研等相关活动。

世界粮食日当天（10月16日），国家粮食和物资储备局等主办单位在浙江杭州举办2018年世界粮食日和粮食安全系列宣传活动主会场活动。各省（区、市）也要举行本地区主会场活动。

3. 总结阶段

10月31日前，省级相关部门要对活动开展情况进行认真总结，并将活动情况（含总结报告、活动图片、视频材料等）报送国家粮食和物资储备局、农业农村部、教育部、科技部和全国妇联。

四　　有关要求

（一）各地要切实加强组织领导，发挥部门优势，密切协调配合，结合工作实际科学制定方案，加强人员和经费保障，确保各项活动顺利进行并形成规模声势，把本次活动抓实抓好。

（二）要把拓宽宣传渠道、创新方式方法、增强宣传实效落到实处，紧扣传播规律和公众关切，做好活动宣传报道和新闻服务，积极融合传统媒体和新兴媒体优势，努力形成全媒体覆盖格局。

（三）切实贯彻落实中央八项规定精神，改进工作作风、注重活动内容、厉行勤俭节约，严禁铺张浪费、大讲排场和形式主义。

（四）要高度重视安全防护工作，同步部署消防、交通、防踩踏等安全防护措施，严格排查，消除隐患，落实应急预案，严防各类安全事故发生。

五　　联系方式

联系人：孔晶晶　王辉

电　话：010 — 63906259　63906069

传　真：010 — 63906030

邮　箱：xwb@lswz.gov.cn

国家粮食和物资储备局　农业农村部　教育部　科技部　全国妇联

2018年8月6日

（此件公开发布）

国家粮食和物资储备局文件
局发文部分

关于粮食产业科技创新联盟建设的指导意见

国粮储〔2018〕17 号

各省、自治区、直辖市及新疆生产建设兵团粮食局，中国储备粮管理总公司、中粮集团有限公司、中国供销集团，有关单位：

为深入贯彻党的十九大精神，认真落实"加快建设创新型国家"的战略任务和《国家中长期科学和技术发展规划纲要（2006—2020 年）》《国务院办公厅关于加快推进农业供给侧结构性改革大力发展粮食产业经济的意见》（国办发〔2017〕78 号）要求，推进产学研融通紧密，提高粮食产业可持续发展动力，国家粮食局积极引导粮食产业科技创新联盟（以下简称联盟）建设工作。现制定如下指导意见。

一　总体要求

着眼于建立"以企业为主体、市场为导向、产学研深度融合的技术创新体系"和推进产业链、创新链、价值链"三链"协同，通过引导企业、大学、科研机构和其他组织机构，以共同的发展需求和各方的共同利益为基础，以提升产业科技创新能力为宗旨，以具有法律约束力的契约为保障，形成联合开发、优势互补、利益共享、风险共担的科技创新合作组织，探索粮食产业科技创新组织形式，规范联盟建设工作流程，促进粮食产业科技创新联盟健康发展。

二　创新建设模式

联盟构建可以按照区域和专业等方式开展。产业集中且创新需求突出的区域，可以构建区域性粮食科技创新联盟，以区域内粮食产业主体为基础，吸引各类粮食科学实验室、涉粮院校及科研机构等资源，构建粮食科技共享平台，聚焦区域科技需求，组织科技攻关与创新。

创新合作需求明确的专业领域可以构建专业性创新联盟，吸引相关专业领域各类粮食科技创新资源，密切科研机构与粮食企业的有机联络，聚焦专业领域关键技术，组织科技攻关与创新。

三	规范建设条件

　　联盟的技术创新方向应符合国家粮食有关战略目标和产业政策导向，符合提升粮食产业核心竞争力的迫切要求。联盟要有共同投入机制，联盟协议中应约定经费、项目等管理事项，以及知识产权方面的责任和义务。联盟应由成员单位法定代表人按照自愿原则共同签署有法律约束力的协议，协议中应明确科技创新目标和成员单位的任务分工。联盟应建立理事会等议事决策机构或机制，明确约定设立决策、咨询和执行等组织机构，建立相应工作制度，执行机构应配备专职人员。按本意见提交联盟组建信息。

四	完善运行机制

　　联盟应建立产学研合作的信用机制、责任机制和利益机制，积极探索联盟运行及产学研合作的新机制和新模式，探索承担国家重大科技创新任务的组织模式和运行机制，探索率先落实国家自主创新政策等，充分发挥和调动联盟各成员的优势和积极性。鼓励有条件的企业、大专院校和科研机构或其他组织机构，从粮食产业发展实际需求出发，遵循市场经济规则，探索包括联盟在内的多种长效稳定的产学研合作机制。

五	加强管理服务

　　国家粮食局常年受理联盟发起人自愿提出的信息报告，对联盟工作进行动态跟踪管理和服务。具体程序为：联盟发起人提出联盟成立信息报告，由国家粮食局仓储与科技司受理；在国家粮食局政府网站进行信息公开；联盟成立后，信息归档；联盟于每年12月中旬，报送本年度工作总结和下年度工作计划；联盟自愿接受国家粮食局委托的第三方机构对其运行情况及绩效进行不定期的评估和检查，运行机制良好、创新成效突出、产业带动作用明显的联盟将受到表彰鼓励。

国家粮食局

2018年1月29日

（此件公开发布）

关于公布 2017 年度全国粮食流通统计工作考核结果的通知

国粮调〔2018〕22 号

各省、自治区、直辖市粮食局：

2017 年，各级粮食行政管理部门认真贯彻落实中央关于深化统计管理体制改革提高统计数据真实性的意见精神，坚持依法依规统计，认真执行《国家粮食流通统计制度》，着力提高统计数据质量，防范统计造假、弄虚作假，切实提升统计工作水平和服务保障能力，为创新和完善粮食宏观调控、加快推进粮食收储制度改革、加强粮食行业管理、促进粮食产业经济发展、保障国家粮食安全发挥了重要的基础性作用。根据粮食流通统计工作考核有关制度规定，经严格考核并公示，确定了浙江省粮食局等 19 家"2017 年度全国粮食流通统计工作优秀单位"和张军等 35 名"2017 年度全国粮食流通统计工作优秀个人"（见附件），现予以公布。

2018 年是贯彻党的十九大精神的开局之年，是粮食行业深化改革、转型发展的攻坚之年。各级粮食行政管理部门要以习近平新时代中国特色社会主义思想和党的十九大精神为指导，认真贯彻落实新发展理念，主动适应粮食流通新形势，进一步加强粮食统计工作，健全统计机构，充实统计力量，切实履行粮食流通统计法定职责。广大统计人员要立足本职，进一步提高统计数据质量，强化统计分析研判和数据解读，为创新完善粮食宏观调控、合理引导预期、促进粮食流通改革发展提供更加优质的统计服务。

附件：1.2017 年度全国粮食流通统计工作优秀单位名单
　　　2.2017 年度全国粮食流通统计工作优秀个人名单

国家粮食局
2018 年 2 月 8 日

（此件公开发布）

附件 1

2017 年度全国粮食流通统计工作优秀单位名单

浙江省粮食局

湖北省粮食局

安徽省粮食局

黑龙江省粮食局

陕西省粮食局

河南省粮食局

吉林省粮食局

云南省粮食局

福建省粮食局

山东省粮食局

四川省粮食局

江苏省粮食局

广东省粮食局

宁夏回族自治区粮食局

江西省粮食局

北京市粮食局

上海市粮食局

西藏自治区粮食局

甘肃省粮食局

附件 2

2017 年度全国粮食流通统计工作优秀个人名单

粮食流转统计优秀个人

浙江省粮食局	张 军
陕西省粮食局	朱友明
河南省粮食局	张 宇
江苏省粮食局	杨丽欣
黑龙江省粮食局	宋亚贤
湖北省粮食局	揭友莲
安徽省粮食局	许冠坤
四川省粮食局	蔡 艳

云南省粮食局	唐源涛
山东省粮食局	赵祚林
江西省粮食局	周南华
吉林省粮食局	刘　喆
山西省粮食局	董浩波
西藏自治区粮食局	次　央
福建省粮食局	练丽珍
宁夏回族自治区粮食局	马　伟

粮食产业经济统计优秀个人

北京市粮食局	熊　政
天津市粮食局	刘　艺
湖南省粮食局	刘　勇
海南省粮食局	简素英
甘肃省粮食局	张晓玲
青海省粮食局	阿　鹰

粮油仓储设施统计优秀个人

海南省粮食局	郑妙影
安徽省粮食局	王春迎
四川省粮食局	熊来怡
云南省粮食局	苏桐江

粮食流通基础设施建设投资统计优秀个人

海南省粮食局	任耀宇
安徽省粮食局	杜丹丹
四川省粮食局	汤　璐

粮食从业人员统计优秀个人

天津市粮食局	张　田
上海市粮食局	管海晴
青海省粮食局	阿　鹰

粮油科技统计优秀个人

湖北省粮食局	安　莉
江苏省粮食局	叶　静
安徽省粮食局	戴　玲

关于进一步加强粮食行业项目资金使用管理工作的通知

国粮发〔2018〕49号

各省、自治区、直辖市及新疆生产建设兵团粮食局，中国储备粮管理集团有限公司、中粮集团有限公司、中国供销集团有限公司：

为深入贯彻党中央、国务院关于实施国家粮食安全战略的决策部署，认真落实《粮食行业"十三五"发展规划纲要》《粮食收储供应安全保障工程建设规划（2015—2020年）》以及《国家粮食局　财政部关于印发"优质粮食工程"实施方案的通知》，近年来，各级财政、发展改革、银行、粮食等部门和粮食企业不断加大对粮食流通基础设施建设和粮食流通事业发展的资金投入力度，保障"粮安工程"和"优质粮食工程"等一批重大工程、重点项目顺利实施，取得了初步成效，为保护种粮农民利益、满足城乡居民粮食消费提档升级需求，促进国家粮食安全战略、乡村振兴战略和健康中国战略实施奠定了坚实基础。但是，在项目实施过程中，个别地方和企业出现资金"趴窝"、资金使用管理不规范、资金利用率低、应当自筹的资金不能按时足额到位等问题，既影响到项目的顺利实施和绩效的发挥，也给资金管理带来了安全隐患。为进一步规范和加强粮食行业项目资金管理，提高资金使用效益，确保资金安全，促进粮食行业"深化改革、转型发展"，现就有关事项通知如下。

一　充分认识加强粮食行业项目资金使用管理的重要意义

目前，粮食行业项目资金主要是"粮安工程"和"优质粮食工程"等方面的资金，具体包括粮食安全保障调控和应急设施（含粮食仓储、物流及加工、应急等）专项资金、"危仓老库"维修改造资金、粮库智能化升级改造（行业信息化）资金，粮食产后服务体系建设资金、粮食质量安全检验监测体系建设资金、"中国好粮油"行动资金等。从资金来源看，既包括中央预算内投资、中央财政补助资金，也包括地方发展改革、财政等部门安排的资金，还包括银行贷款、社会投入资金、项目建设单位筹集的各项资金。这些宝贵的资金，承载着粮食行业重大工程和重点项目的有效实施，对深化粮食行业供给侧结构性改革、推进粮食收储制度改革、提高粮食流通能力现代化、促进粮食产业经济发展、保障国家粮食安全等具有十分重要的意义。

各地粮食部门和有关中央企业要以习近平新时代中国特色社会主义思想为指导，全面贯彻党的十九大精神，进一步提高认识，坚决贯彻落实总体国家安全观，坚持新发展理念，以供给侧结构性改革为主线，牢牢把握大力发展粮食产业经济的战略机遇期，倍加珍惜来之不易的粮食行业各类项目资金，坚持问题导向和底线思维，依法依规依纪推进项目实施，管好用好各项资金，不断推进"粮安工程"和"优质粮食工程"等顺利实施，努力构建更高层次、更高质量、更有效率、更可持续的粮食安全保障体系。

二 切实加大资金监管力度，保证资金安全

（一）明确监管任务

项目单位负有项目实施和资金使用管理的主体责任。各地粮食部门和中央企业要围绕保障项目资金安全，严格履行计划执行、资金管理和项目实施等监管责任，借助现代信息技术，优化监管方式，实现资金申请、拨付、使用等各个环节监管全覆盖，保证各类资金规范使用，防止挤占挪用，为促进项目顺利实施提供有力资金保障。

（二）健全监管制度

各地粮食部门和中央企业要加强中央和地方有关管理制度的衔接，根据各专项管理办法，结合本地区和企业实际，制定和完善推进"粮安工程"和"优质粮食工程"实施的政策措施和管理规定。深化"放管服"改革，按照加强事前规范审核、事中强化监督、事后严格考核的原则，建立贯穿项目实施全过程的监管体系，加强事中事后监管，明确各环节的责任主体，层层压实责任。鼓励各地积极探索，在依法合规的前提下，完善资金管理方式，并将探索实践中好的经验做法制度化。

（三）突出监管重点

各地粮食部门和中央企业要严格按照国家相关法律法规、地方人民政府有关规定以及各专项资金管理的相关规定，根据粮食行业项目资金种类多、金额大、涉及主体范围广、项目实施周期长、项目点多面广、资金管理不尽相同等特点，突出各专项资金的监管重点，特别是加强对资金分配、招投标、竣工验收、绩效评价等高风险点的监督管理。

三 全面加强项目管理，提高资金使用效益

（一）做好项目储备

各地粮食部门和中央企业要高度重视项目储备工作，充分发挥规划的引领带动和导向作用，统筹谋划、及早准备未来年度的申报项目，合理测算投资。项目储备要与国家相关规划、工程、项目等相衔接，突出重点。要结合新形势新要求，积极稳妥建立各类项目储备库，实现分门别类、适时更新、动态管理，切实防止"资金等项目"问题发生。

（二）严格项目申报

各地粮食部门和中央企业要站在全行业的高度谋划项目申报工作，对拟申报的项目严肃认真地把关，从项目储备库中择优挑选项目，避免出现申报项目与国家支持方向"不对路"。要切实提高申报项目质量，充分论证项目实施的可行性和必要性，严格落实项目前期手续，认真编制项目申报材料，避免出现申报项目多、符合条件项目少等问题。坚决防止申报与执行"两张皮"，避免在切块规模或资金下达后又退回资金等问题。

（三）足额筹集资金

各地粮食部门和中央企业要按照有关要求，积极拓宽筹融资渠道，努力争取多方支持，及时足额落实项目资金，防止"项目等资金"现象发生。在项目安排、资金分配等方面要一视同仁，充分调动各类主体的积极性，带动社会资本尤其是民间资本发挥积极作用。地方和企业筹集资金要有效降低融资成本，防范金融和债务风险。要坚决防止拖欠"农民工"工资问题发生。

（四）推进绩效评价

各地粮食部门和中央企业要根据财政部等有关规定和要求，按照申报方案或承诺以及财政部门下达的绩效目标，认真开展粮食行业各类财政性资金绩效评价工作。配合财政、发展改革等部门，科学、合理设定绩效目标、设计评价指标、制定评价标准、确定评价方法，扎实开展绩效评价。要充分运用好绩效评价结果，将评价结果与资金安排等挂钩，作为后续安排资金、项目的重要依据。对绩效评价反映出的问题，要及时跟踪解决、限期整改。

四　加快完善配套措施，为申请使用和有效监管资金提供有力保障

（一）加大会商协调力度

粮食行业各类项目从谋划筹备、项目储备、项目申报、计划分解到筹集资金、推动实施、监督管理、竣工验收、绩效评价等各个环节，离不开各级政府和财政、发展改革、国土、环保、税收等部门以及中国农业发展银行等金融机构的支持，各地粮食部门和中央企业要主动加强与当地政府及有关部门、单位的沟通协调，努力争取更多政策、资金支持，及时帮助企业协调解决有关问题，促进项目顺利实施。

（二）强化廉政风险防控

各地粮食部门和中央企业要主动向同级党委、纪检监察等部门汇报相关工作，强化廉政风险防控，认真贯彻落实中央八项规定精神，坚持厉行节约反对浪费，合理、节约使用资金。要严格遵守财经纪律，切实提高风险防范意识和防控能力，坚决防止"项目建起来、干部倒下去"。对于违法违规违纪行为，要按规定严肃追究相关单位和责任人员责任。

（三）加强监督管理考核

各地粮食部门和中央企业要加强组织领导，与同级财政、发展改革、审计等部门密切配合，加强监督检查，及时发现问题并督促整改落实。要严格落实项目调度制度，及时掌握和报送进展情况，督促项目单位严格按照标准组织项目实施，加快实施进度，确保工程质量，按时完成任务，认真开展考核。要科学把握各地差异和特点，积极稳妥推进项目实施，切实让企业和农民满意，不搞层层加码，杜绝"形象工程"，不给基层、企业和农民增加额外负担，确保把有限的资金用到实处，真正做到抓重点、补"短板"、强弱项，努力开创粮食流通改革发展的新局面。

国家粮食和物资储备局

2018 年 4 月 9 日

（此件公开发布）

关于启用国家粮食和物资储备局印章的通知

国粮发〔2018〕50 号

各省、自治区、直辖市、新疆生产建设兵团及计划单列市粮食局，各储备物资管理局和天津、上海、浙江、深圳办事处及直属储备物资管理处，中国储备粮管理集团有限公司、中粮集团有限公司、中国供销集团有限公司：

根据《国务院办公厅关于启用国家粮食和物资储备局印章的通知》（国办印函〔2018〕14 号）要求，经国家粮食和物资储备局党组第 3 次会议决定，启用"国家粮食和物资储备局"印章。

机构改革期间，涉及国家粮食和物资储备局行政综合部门发文时，暂用"国家粮食局办公室"代章。

本通知自印发之日起执行。

附件：启用和停止使用印章样式（略）

国家粮食和物资储备局
2018 年 4 月 10 日

（此件公开发布）

关于公布 2017 年度全国粮食流通执法督查工作考核结果的通知

国粮发〔2018〕67 号

各省、自治区、直辖市及新疆生产建设兵团粮食局：

2017 年，各地粮食行政管理部门认真贯彻落实党中央、国务院领导同志重要指示批示精神，进一步完善粮食流通监管制度，创新监管方式，加强粮食流通监管，大力实施"监管改革年"行动，切实履职尽责，粮食流通执法督查工作取得显著成效，为保障国家粮食安全做出了积极贡献。结合各地 2017 年工作开展情况，按照《全国粮食流通监督检查工作考核办法》（国粮检〔2008〕162 号）的规定考核评定，确定江西省粮食局等 14 个单位为"2017 年度全国粮食流通执法督查工作先进单位"（名单见附件），现予公布。

2018 年是贯彻党的十九大精神的开局之年，是粮食行业深化改革、转型发展的攻坚之年，做好粮食流通执法督查工作意义重大。新时代开启新征程，新使命呼唤新作为。各级粮食行政管理部门要以习近平新时代中国特色社会主义思想和党的十九大精神为指导，认真贯彻落实新发展理念，主动适应粮食流通新形势，紧紧围绕全国粮食流通工作会议确定的重点任务，以先进单位为榜样，以更加有力的举措，更加有效的监管，更加积极的作为，坚决守住管好"天下粮仓"，把中国人的饭碗牢牢端在自己手中。

附件：2017 年度全国粮食流通执法督查工作先进单位

国家粮食和物资储备局

2018 年 4 月 27 日

（此件公开发布）

附件

2017 年度全国粮食流通执法督查工作先进单位（共计 14 家）

主产区（8 家）

江西省粮食局

江苏省粮食局

吉林省粮食局

河北省粮食局

安徽省粮食局

四川省粮食局

湖南省粮食局

山东省粮食局

主销区（2 家）

广东省粮食局

北京市粮食局

产销平衡区（4 家）

山西省粮食局

宁夏回族自治区粮食局

贵州省粮食局

云南省粮食局

关于印发《国家粮食技术创新中心管理办法（试行）》的通知

国粮发〔2018〕103号

各省、自治区、直辖市及新疆生产建设兵团粮食局，中国储备粮管理集团有限公司、中粮集团有限公司、中国供销集团有限公司，有关粮食科研院所、高校，各有关单位：

为加快推动科技兴粮工作，加强和规范粮食科技创新平台建设，根据科技部、财政部、国家发展改革委联合印发的《国家科技创新基地优化整合方案》（国科发基〔2017〕250号），我局结合实际，研究制定了《国家粮食技术创新中心管理办法（试行）》。现予印发，请认真贯彻执行。

我局将依据该办法，对原国家粮食局批复的工程技术研究中心重新进行评估和变更，评估合格后授予新名称。

国家粮食和物资储备局

2018年5月14日

（此件公开发布）

国家粮食技术创新中心管理办法（试行）

第一章　总　则

第一条　为积极推进粮食科技创新平台建设，加强"国家粮食技术创新中心"（以下简称"创新中心"）建设和管理，充分发挥其在粮食行业技术创新、成果转化、技术服务方面的作用，根据《国家科技创新基地优化整合方案》及相关规定，结合粮食工作实际，制定本办法。

第二条　创新中心是贯彻落实"科技兴粮"发展战略的重要举措，它是构建粮食行业科技创新体系的重要内容，是面向粮食流通与加工业产业发展和重点工程需求，开展攻关研究、工程化研发、成果转化及应用示范的非法人性质技术创新实体。

第三条　创新中心建设的总体要求是统筹规划，各有侧重，分步实施，突出重点，注重实效。依托粮食行业具有优势的科研机构、高等院校和大型企业，建设对行业技术进步具有重要带动作用的创新中心。在国家级科研机构、高等院校建设创新中心其主要任务是重大科研成果工程化、系统化，共性技术的研究开发与成果转化，开发新产品等；在省（市、区）建设创新中心，其主要任务是对某些重要技术专项进行试验、示范、推广；在企业建设创新中心，其主要任务是集合企业特长和优势，进行专项技术研究与开发，使其成为专项技术的孵化器。

第四条　建设创新中心的重点领域主要包括：粮食储藏、粮食现代物流、粮食（稻谷、小麦、玉米、大豆、油料、杂粮）精深加工与综合利用、粮食质量安全和检测、粮食信息化技术和粮食机械装备开发等。

第五条　国家粮食和物资储备局负责组织创新中心的命名授牌和验收考评，指导创新中心运行和管理。推荐优秀创新中心申报国家级平台。

第六条　省级粮食行政管理部门、中央级大型粮食企业负责向国家粮食和物资储备局推荐申报创新中心，协助督促本地区（单位）创新中心项目实施、落实相关配套条件与日常管理。

第七条　创新中心的依托单位负责具体实施和日常管理。其主要职责是组织编写项目建议书，为创新中心的建设与发展提供政策、物质、人员、技术、资金等方面的支持，落实创新中心建设与发展资金及其配套条件，聘任、考核创新中心的领导班子成员，组织做好创新中心年度考核和验收考评准备工作。

第八条　创新中心与其依托单位和上级主管单位的隶属关系不变。

第九条　创新中心应严格依照国家法律、法规建设和运行。创新中心建设和运行期间发生法律纠纷以及违纪违法等问题，依托单位应依法处置并承担相应的法律责任。相关信息及时向国家粮食和物资储备局报告。

第二章　建设任务

第十条　创新中心应接受国家粮食和物资储备局的指导和委托，积极参与粮食行业科技创新任务建议编制、粮食科技活动周等科普宣传、行业技术标准规程制订工作，为粮食行业提供技术培训、技术信息交流和咨询等服务。国家粮食和物资储备局根据粮食行业科技工作的需要，通过择优推荐国家相关科技项目或其他适当形式，支持创新中心建设和运行。

第十一条　创新中心实行"开放、流动、竞争、协作"机制。创新中心应积极创造条件，吸引国内外相关研究人员携带技术进行工程化研究开发和试验。创新中心要注意发现和培养青年科技人员，积极引进有成就的留学回国人员、进修人员参加研究开发工作，邀请国外专家、研究人员从事研究和技术开发或联合开发工作。创新中心应根据担负的研究任务情况，每年至少开展一次学术交流与研讨活动。

第十二条　创新中心实行主任负责制，可建立由依托单位和有关成员单位负责人以及上级主管部门共同组成的创新中心管委会，具体负责制定有关发展方向、规划计划，监督和审查财务预决算，协调成员单位以及相关合作单位间的关系。由同行业科技界、工程界、企业界有关人士组成技术委员会，负责审议技术创新开发计划、评价工程设计试验方案、提供技术经济咨询和市场信息等。

第十三条　创新中心建设所需经费采取单位自筹、银行贷款等多渠道解决。创新中心收支应独立核算，专款专用，其资金管理必须按照国家有关财务规章制度执行，其收益用于创新中心的建设与发展。

第三章　建设条件

第十四条　创新中心的依托单位应具备以下条件：

（一）具备独立法人资格的粮食行业重点科研机构、高等院校或大型粮食企业。

（二）在某一专业领域中具有多项技术水平国内领先、对行业技术进步有明显带动作用的重大科技成果；在相应技术领域有坚实研发基础和鲜明特色，在行业中具有技术和学术优势，且优势和重点突出，有较强的创新能力；较好地完成了国家科技创新任务，建设之前承担省级或获省级科研成果奖的项目 3 项以上，并拥有技术发明或实用新型专利，或拥有通过省部级技术评价的高新技术成果。

（三）具有较强的工程化能力，有技术水平高、工程化实践经验丰富的技术创新带头人和实力强的技术创新团队，在技术开发研究方面取得突出成绩，在行业中具有较大影响，近 3 年内应用科技成果 2 项以上，产品已在市场应用推广，并取得良好社会经济效益。

（四）企业应为行业龙头或行业内认定的百强企业，若为科技型企业，则需要保证近 3 年内连续赢利，资产负债率应在合理的范围内；基本具备一定规模的工程技术中试条件等必要的基础设施；具有建设创新中心前期投入，有与工程转化领域相关的必要的检测、分析、测试手段；经建设充实完善后，应具备承担综合性技术创新、开发和试验任务的能力。

（五）拥有较强的经济实力和优良的科研资产，科研设备利用率 60% 以上；有筹措资金能力，流动资金充足；近三年无亏损；有较高的信用等级；无重大法律纠纷。依托单位能为创新中心建设和运行提供必要的配套条件，保证自筹资金的落实。

（六）已初步形成技术创新机制，机构设置合理分工明确，能够发挥整体功能，管理制度健全，管理模式高效，并引入产学研结合的管理机制；具有独立核算的能力和环境；拥有市场意识强、敢于创新、科学管理的领导班子和管理队伍；培训制度健全，拥有较好的人员培训条件，对相关科研单位和企业技术人员的培训取得实效，并为后期进一步推进科技创新创造条件，具备接纳国内外同行业科研单位和企业开展合作研究的条件。

（七）已初步形成在技术开发、经济发展和人才建设方面良性循环的运行机制，拥有相关专业高级职称技术人员（合同员工）15 人以上，主要技术带头人在行业内有一定的影响力（技术带头人可以外聘）。

（八）创新中心建设的主要任务、发展方向和方案明确，建设期间购置仪器设备、必要的硬件基础设施建设费用等不少于 300 万元。

第四章　建设步骤

第十五条　创新中心命名授牌的程序如下：

（一）符合基本条件的申请单位根据自身学科特点和优势，以突出技术创新重点领域和工程转化特点为原则拟定创新中心名称，并按要求编写上报《国家粮食技术创新中心项目建议书》（以下简称《项目建议书》），经省级粮食行政管理部门、中央级大型粮食企业推荐报送国家粮食和物资储备局（一式十份）。行业内高等院校、中央级大型粮食企业可直接向国家粮食和物资储备局申请。

（二）国家粮食和物资储备局对《项目建议书》的主要内容和目标、新增及依托单位提供的仪器设备、中试装备等进行审查，对审查合格者，组织专家进行现场考察、论证。对论证通过者命名为"国家粮食××××技术创新中心"，并予公布，授予牌匾。建设周期原则上为 3 年。

第十六条　对通过"产学研"形式建设的、经主管单位先期组织培育并初见成效的，国家粮食和物资储备局将优先予以支持。

第五章　运行管理

第十七条　创新中心命名授牌的 3 年内，国家粮食和物资储备局按照创新中心年度实施计划每年考评一次。对考评不合格者，取消命名，撤销牌匾。

第十八条　创新中心命名授牌 3 年后，由其依托单位上报总结报告，向国家粮食和物资储备局提出书面验收申请，国家粮食和物资储备局会同上级主管单位组织专家根据其《项目建议书》中任务要求进行验收。验收不合格的，取消命名，撤销牌匾。

第十九条　创新中心实行"动态管理，优胜劣汰"的原则。创新中心验收并投入运行后，国家粮食和物资储备局会同有关单位组成考评小组，每三年对其运行情况及绩效进行考评。对考评不合格者，责成限期整改。整改仍不合格者，取消命名，撤销牌匾。

第二十条　创新中心依托单位应于每年年底报送年度工作总结报告，由主管单位审查后报国家粮食和物资储备局。

第六章　附　则

第二十一条　本办法由国家粮食和物资储备局负责解释。

第二十二条　本办法自颁布之日起施行，原《国家粮食局工程技术研究中心组建管理办法》同时废止。

附件：1. 国家粮食技术创新中心项目建议书编写大纲

2. 国家粮食技术创新中心项目专家考评表（不下发，略）

附件 1

《国家粮食技术创新中心项目建议书》编写大纲

中心名称

依托单位

主管单位

一、项目摘要（2000 字左右）

二、项目建设背景与必要性

（一）本技术领域的确切含义

（二）重要性（创新中心所在行业对国民经济和社会发展的作用，创新中心所处技术领域在行业发展中的地位和作用等）

（三）必要性（建设创新中心的需求进行分析，建设创新中心的意义）

（四）可行性（本行业、本技术领域建设创新中心的时机和条件是否成熟，本单位已建设的同类省部级创新中心的情况等）

（五）预期经济效益及对行业进步的带动作用

三、国内外技术状况、发展趋势及国内外研究开发、生产、产业化发展现状

（一）国内外技术发展趋势

（二）国外情况、国内情况及与国外的差距

（三）本领域成果转化情况与产业化现状，存在的问题及原因

（四）相关知识产权情况

（五）市场需求及效益分析

四、依托单位概况、已具备的基础条件和前期工作基础

（一）技术人才队伍（包括科研带头人情况）

（二）相关机构设置

（三）建设条件（包括本领域科研开发与产业化基础和特色、技术水平与优势、产业化业绩、具有市场前景的科研成果储备、技术试验条件、基础设施和设备等）

（四）研究开发活动状况及效益

（五）科研成果、专利发明及获奖、在研项目情况

（六）与科研机构、高等院校和企业的合作

（七）国家、部门、省市地方的具体支持方式等外部环境状况

（八）已建设的省部级同领域创新中心或类似机构的运行（包括建设时间、运行管理状况、研发投入、重要成果、队伍建设等）

五、建设创新中心的目标、发展方向和主要任务

（一）目标

（二）发展方向

（三）主要任务

1.技术创新开发（拟进行的为产业化生产提供的成熟、配套工艺、技术及装备；推出的新产品（包括软件）；引进技术的消化、吸收）

2.开放服务（承接委托的工程化开发任务；成果推广；合作研究；人员培训与咨询服务；国际合作等）

六、创新中心的建设方案

（一）建设方案（建设地点、内容、规模与时间，技术路线、设备方案及其合理性）

（二）运行机制

（三）"创新中心"的基本结构单元及其职责、任务和相互关系（包括与依托单位的关系）

（四）拟转化、产业化的重要科技成果

（五）人员配备（技术创新人员、工程技术设计人员、管理人员、固定人员、流动人员等）

（六）配套基建（改建、新建），依托单位能提供的配套与支持条件

（七）经济效益、社会效益初步分析

（八）设备添置（设备名称、型号、用途、添置方式、经费概算）

七、经费预算

（一）经费总额（依托单位自筹、银行贷款、其他金额及占总经费的比例）

（二）年度经费预算

（三）经费支出（人员费、管理费、设备费、基建费、研究开发费、其他费用）

八、"创新中心"建设年度计划进度

九、"创新中心"建成后的预期成果

（一）技术创新开发能力和水平

（二）开放服务能力

（三）运行管理、经济效益及自我发展能力

（四）科技成果对行业技术进步的带动作用

十、"创新中心"建设项目负责人情况

（一）"创新中心"建设领导小组

（二）"创新中心"负责人的技术水平和组织管理能力简介

十一、其他需要说明的问题

对"创新中心"建设相关的组织条件及后勤保障的保证等

十二、依托单位意见

十三、附件

关于在安徽省启动 *2018* 年小麦最低收购价执行预案的通知

国粮发〔2018〕118 号

中国储备粮管理集团有限公司：

你公司《关于安徽省启动 2018 年小麦最低收购价执行预案的请示》（中储粮〔2018〕138 号）收悉。根据国家发展改革委、国家粮食和物资储备局等部门《关于印发小麦和稻谷最低收购价执行预案的通知》（国粮发〔2018〕99 号）有关规定，经研究，同意自 6 月 6 日起在安徽省内符合条件的相关地区启动 2018 年小麦最低收购价执行预案。

国家粮食和物资储备局

2018 年 6 月 5 日

（此件公开发布）

关于深化粮食产销合作提高安全保障能力的指导意见

国粮发〔2018〕155 号

各省、自治区、直辖市发展改革委、经信委（工信委）、粮食局、财政厅（局）、交通运输厅（局），中国人民银行上海总部和各分行、营业管理部、各省会（首府）城市中心支行，国家税务总局各省、自治区、直辖市和计划单列市税务局，各工商行政管理局（市场监督管理部门）、银监局，各铁路局集团公司，中国农业发展银行，各中央粮食企业：

为深入推进农业供给侧结构性改革，主动适应粮食收储制度和价格形成机制改革的新形势，进一步推动粮食产销合作向纵深发展，切实提高粮食安全保障能力，根据《国务院关于建立健全粮食安全省长责任制的若干意见》（国发〔2014〕69 号）、《国务院关于建立粮食生产功能区和重要农产品生产保护区的指导意见》（国发〔2017〕24 号）、《国务院办公厅关于加快推进农业供给侧结构性改革大力发展粮食产业经济的意见》（国办发〔2017〕78 号），以及国务院关于完善粮食收储制度和粮食主产区利益补偿机制等有关文件要求，提出如下意见。

一　总体要求

深入贯彻习近平新时代中国特色社会主义思想和党的十九大精神，积极适应我国社会主要矛盾变化和粮食供求状况、加工区域布局调整新形势，紧紧围绕"确保国家粮食安全，把中国人的饭碗牢牢端在自己手中"总要求，坚持稳中求进工作总基调，认真落实国家粮食安全战略、乡村振兴战略和健康中国战略，以推进粮食收储制度和价格形成机制改革为契机，在充分发挥市场在资源配置中决定性作用的同时，通过政府引导和政策支持，鼓励产销区发挥各自优势，建立长期稳定的产销合作长效机制，充分发挥粮食流通对生产的引导作用，促使粮食生产和消费有序衔接、顺畅流通，稳定主产区粮食生产能力，促进种粮农民增收，为主销区提供稳定可靠的粮源供给，提高国家粮食安全综合保障能力。争取通过三至五年的努力，使产销区之间的合作关系更加紧密和稳固，通过政府间产销合作协议解决供需缺口的占比得到较大幅度增加，企业执行产销合作协议的履约率进一步提高，产销合作形式更加多样、内容更加丰富、层次更加深入，粮食流通效率和组织化水平明显提升，使产区粮食有稳定的销路，销区市场供应有稳定的粮源，实现更高质量、更可持续的国家粮食安全。

二　基本原则

政府推动、部门协调。充分发挥政府部门推进粮食产销合作的指导协调服务作用，制定和完善相关扶持政策，搭建服务平台，发布权威信息，加强组织引导。有关部门相互配合、密切合作，共同推动粮食产销合作持续健康发展。

市场主导、企业运作。坚持企业的市场主体地位，以市场需求为导向，以经济利益为纽带，引导企业主动作为，激发企业内生动力，开展多种形式的产销合作。

优势互补、互惠互利。产区发挥粮食生产、加工和仓储设施优势，努力为销区提供绿色、优质、安全的粮食。销区发挥市场和资金等优势，支持产区稳定发展粮食生产，增强粮食流通能力，满足本地区粮源供应，实现合作共赢。

丰歉保证、长期稳定。粮食供大于求时，销区优先到稳定合作的产区采购，缓解产区粮食收储矛盾；粮食供应偏紧时，产区优先保证稳定合作的销区粮食供给，解决销区粮源不足问题。

法治保障、开放共享。坚持依法依规，不断优化政策措施，提高公共服务质量，创造公平、公正、公开的市场环境。坚持开放、包容、共享，形成不同市场主体相互补充、全国统一市场健康发展的粮食产销合作格局。

三　重点任务

（一）鼓励产销区加强政府层面战略合作

国家粮食行政管理部门牵头组织各省（区、市）粮食部门，做好各品种粮食供需平衡调查，全面梳理各地粮食产销余缺情况，定期发布粮食供求信息，引导粮食生产和购销活动，为产销区政府间开展产销合作提供科学依据。各产销区要加强统筹谋划，根据本地区粮食品种产销余缺状况，合理制定粮食购销中长期规划和年度计划，明确合作对象、合作目标、合作粮源，保障区域粮食供应。在此基础上，按照互惠互利的原则，签订政府间长期稳定的粮食产销合作战略协议，并组织有关粮食企业认真履行协议，签订购销合同，按期保质保量完成购销任务。要不断总结经验、完善措施，逐步扩大政府间产销合作规模，提高省际间粮食流通的组织化程度。对于通过其他渠道实现粮食跨省流通的，要加强跟踪监测并合理引导，使之成为政府间产销合作的重要补充。

（二）建立健全粮食产销合作平台

各级政府有关部门要充分发挥粮食产销合作平台的桥梁纽带作用，扩大辐射范围，更好地服务粮食产销合作。各地应根据粮食品种、区域布局、合理流向等，整合优化各类粮食交易协作会、洽谈会，充分发挥黑龙江、福建、长三角等区域性粮食产销合作洽谈会、交易会品牌效应。各级粮食行政管理部门应大力发展电子商务，持续推进贸易粮网上交易，探索建立全国性粮食产销合作平台，适时举办中国粮食交易大会，深化粮食产销合作内容，打造一批"中国好粮油"优质品牌。

（三）培育粮食产销合作重要载体

积极引导各类市场主体参与粮食产销合作，培育一批活力强、效益好、特色优势明显的全国性和区域性粮食企业集团，作为粮食产销合作的骨干力量和重要依托，逐步形成多元化、规模化、现代化的粮食产销合作新格局。鼓励地方国有粮食企业通过改革改制，不断增强企业综合竞争力，建成粮食宏观调控和产销合作的有效载体。鼓励中央粮食企业利用仓储、加工、资金、营销渠道等优势，在产销区之间组织开展市场化粮食购销，发挥产销合作引领带动作用。

（四）大力发展粮食订单收购

深入贯彻乡村振兴战略，结合实施"优质粮食工程"，鼓励和支持各类粮食企业到产区开展绿色优质粮食订单生产、订单收购；以市场需求为导向，提高粮食标准化水平，实现以需定产、以销定购。指导企业与种粮大户、农业合作社等新型经营主体签订规范的订单生产收购合同，明确双方权利义务，巩固和完善利益共享、风险共担的合作机制，推动新型经营主体紧密对接市场。

（五）积极开展代购代销

充分发挥产销区企业熟悉本地粮食市场的优势，鼓励产区企业为销区企业开展粮食代购代储代加工等业务，销区企业为产区企业开展代销业务，不断扩大合作规模和范围。鼓励销区粮食企业积极参与产区"优质粮食工程"建设，满足高品质、多元化的粮食消费需求，通过在产区组建专业化的粮食产后服务中心，为新型农业经营主体和种粮农民提供粮食代清理、代干燥、代储存、代加工、代销售等服务。

（六）规范建立异地储备

支持销区在确保区域粮食安全的前提下，到产区建立一定数量的异地粮食储备，有效利用产区仓储资源。产区和销区要加强沟通、密切配合，制定异地储备监管办法，建立轮换、费用拨付等机制，签订委托代储合同；必要时，可通过企业担保、引入第三方机构等措施加强监管，共同做好异地储备的轮换、调运、监管等工作，确保异地粮食储备安全，在需要时调得动、用得上。

（七）推动产销区企业深度融合发展

鼓励销区企业到产区建立粮食生产基地、仓储物流设施，搞产地加工、收储，并适时将粮食运回销区。鼓励产区企业在销区建设仓储物流设施和营销网络，开展粮食储、加、销一体化经营。鼓励产销区企业以资产为纽带，利用产区资源优势和销区市场优势，通过合资、并购、控股、参股、租赁设施等多种形式深度融合，加强人才、技术、管理等方面合作，跨区域建立商品粮生产和收储基地、加工园区、营销网络，建立更加紧密的利益联结机制，形成利益共同体，促进粮食高效流通和产销合作深入发展。

（八）创新粮食产销合作形式

产销区要因地制宜，不断探索创新产销合作形式，夯实合作基础，拓宽合作领域，丰富合作内容，提高合作水平。积极发展"互联网＋粮食"等新模式，通过物联网、电子商务等新途径开展网上粮食交易，推进线上线下互动。通过中国好粮油、主食厨房连锁店等新载体，创新"网上粮店"零售新业态，利用微博、微信、微店等方式，开展精准营销，促进产销合作进入智能交易、智能支付、智能仓储、智能物流、智能配送的新时代。

四　保障措施

（一）加强组织领导

国家有关部门要加强对各地开展粮食产销合作的指导，将产销合作作为粮食工作部际协调机制的重要内容，加强沟通会商，完善相关政策，支持产销区建立长期稳定的合作关系。各地要建立粮食产销合作部门协调机制，结合本地实际出台扶持措施，积极协调解决企业在产销合作中遇到的难题，为企业经营创造良好的环境。要加强对粮食产销合作企业的监督指导，提高企业诚信意识和履约意识，确保政府间签订的粮食产销合作协议落到实处。

（二）加大信贷资金支持

农业发展银行立足职能定位，在符合监管规定和业务范围要求的前提下，加大信贷投放力度；其他银行业金融机构要创新信贷产品，加大信贷投放力度，完善资金结算手段，为企业开展产销合作提供更加便捷高效的信贷金融服务。有关主产区可按市场化方式建立健全粮食收购贷款信用保证基金融资担保机制，支持各类粮食企业开展粮食收购活动。鼓励其他地区因地制宜建立健全粮食收购贷款信用保证基金融资担保机制。

（三）加强财政政策扶持

鼓励销区企业到产区建立商品粮生产和收储基地、加工园区，或从产区运回粮食。鼓励地方设立粮食产销合作奖励基金，用于奖励产销合作成效显著的企业。对于稳定建立政府间产销合作机制的，中央财政通过现有政策渠道对产区予以适当奖励。综合考虑各省对国家粮食安全贡献、挂账规模、财力水平等因素，合理确定中央帮助消化比例，加大对主产区的倾斜支持。

（四）完善粮食运输保障

要加强粮食流通基础设施和重要物流节点建设，积极推动粮食散装、集装箱运输，鼓励采用铁路、水运方式调运粮食，大力发展粮食"公、铁、水"多式联运，支持发展第三方粮食物流，确保粮食集运顺畅。各地要充分发挥粮食调运协调机制作用，根据本地区粮食供需平衡状况，加强产销区日常运输需求与运力供给衔接。对于纳入省级政府间合作协议的粮食运输，要优先保障运力。落实港口收费目录清单制度和公示制度，落实国家对粮食铁路运输实行的优惠运价。在粮食集中上市、运输需求相对紧张时段，铁路、粮食部门要制定粮食运输方案，着力保障粮食及加工产品外运。交通运输部门要做好公路通行、应急运输保障和港口粮食转运工作。支持沿海城市的粮食批发市场向临港迁移。东北等粮食主产区可结合实际，对粮食公路运输开辟专用通道，保障其便捷通行。

（五）建立诚信体系并实行联合惩戒

建立粮食产销合作企业守信激励和失信惩戒机制，健全粮食质量追溯体系，完善失信联合惩戒对象名单制度，依法将相关企业的违法违规等失信信息纳入全国信用信息共享平台，并在"信用中国"网站和国家企业信用信息公示系统公示，对粮食流通领域严重违法失信企业实施联合惩戒。粮食行业协会要充分发挥中介服务作用，倡导建立良性商业规则，加强行业自律，积极引导企业合法经营，诚实守信，提高产销合作履约率。

（六）强化预测预警和信息服务

有关部门要加强国内外粮油市场监测和供需调查，强化市场形势分析、研判和评估，及时发布粮食生产、质量、供求和价格等信息，合理引导市场预期。要探索建立全国粮食物流公共信息平台，推动粮食物流运输信息共享，为企业开展产销合作提供信息服务。

（七）严格考核督导

国家有关部门将按照粮食安全省长责任制的要求，加大对粮食产销合作工作的考核力度，科学设置考核内容，突出重点、强化导向，督促和引导各地切实做好粮食产销合作各项工作，确保取得实效。

国家发展和改革委员会 国家粮食和物资储备局

财政部 交通运输部 中国人民银行

国家税务总局 国家市场监督管理总局

中国银行保险监督管理委员会 中国铁路总公司

2018 年 7 月 6 日

（此件公开发布）

关于授予黑龙江省五常市"中国好粮油行动示范市"的通知

国粮发〔2018〕180号

各省、自治区、直辖市及新疆生产建设兵团粮食局：

为认真落实《国务院办公厅关于加快推进农业供给侧结构性改革大力发展粮食产业经济的意见》（国办发〔2017〕78号）等文件精神，经黑龙江省粮食局推荐，国家粮食和物资储备局认真研究和现场考察，决定授予五常市"中国好粮油行动示范市"称号。

近年来，黑龙江省五常市在实施"中国好粮油"行动计划、培树"五常大米"品牌方面成效显著。2017年全市稻农收入60亿元，"五常大米"品牌价值达670.7亿元。一是充分发挥区域优势，着力提高粮食品质。五常市地处优质粮油优势生产区，是全国粮食生产大县，现有耕地面积428.8万亩，其中水田235.5万亩，年产优质水稻24.2亿斤。二是加快发展规模化种植，不断提升产后服务能力。2017年水稻规模化种植面积100万亩，仓储物流设施配套完善，产业发展基础坚实。三是创新完善营销模式，强化推动品牌创建。注重培育本土稻谷加工龙头企业，引进大型企业集团，拥有年加工能力10万吨以上企业10家，新三板上市企业2家；加强产地保护，完成五常大米防伪溯源体系建设，实现"种收储加销"全过程监控；拓展营销渠道，2017年网上交易额35.5亿元，同比增长31%。四是政府高度重视，加强统筹协调。根据"中国好粮油"行动计划实施方案，加强政策引导，初步实现了"农民增收、企业增效、财政增税、消费增信、品牌增值"的目标。希望五常市再接再厉，持续做好品牌培育、标准引领、健康消费宣传、营销模式创新等工作，在实施"中国好粮油行动"中进一步发挥示范带动作用。

各级粮食部门要认真学习和借鉴五常市的经验做法，结合本地实际，创建一批品牌美誉度高、市场竞争力强、社会影响力大的区域品牌，增加绿色优质粮油产品供给，共同推动粮食产业高质量发展，为提升国家粮食安全保障能力做出新的更大贡献！

国家粮食和物资储备局

2018年8月14日

（此件公开发布）

关于加快推进政策性粮食收购"一卡通"与地方粮库信息系统及管理平台互通共享的通知

国粮发〔2018〕233号

各省、自治区、直辖市及新疆生产建设兵团粮食局,中国储备粮管理集团有限公司各分(子)公司:

为认真落实《国务院办公厅关于印发政务信息系统整合共享实施方案的通知》(国办发〔2017〕39号)精神,根据《关于印发〈粮库信息系统与政策性粮食收购"一卡通"系统数据交换规范〉的通知》(国粮办发〔2018〕92号)要求,结合推进粮食收储制度改革,加快实现国家粮食和物资储备管理平台与中国储备粮管理集团有限公司平台互通共享,从根本上解决政策性粮食收购"一卡通"数据互通共享难、信息系统功能重复、硬件重复建设、设备闲置等突出问题,按照"消除信息孤岛、系统互通、数据共享、硬件共用、软件升级、功能开放"的原则,现就加快实现政策性粮食收购"一卡通"系统和地方粮库信息系统及国家粮食和物资储备管理平台互通共享的有关事项通知如下:

一 加快政策性粮食收购"一卡通"系统与地方粮库信息系统改造并实现互通共享

中储粮集团公司组织浪潮集团、航天信息公司、北京安控公司等单位,按照《数据交换规范》要求,对无法满足出入库数据互通共享的政策性粮食收购"一卡通"系统(不含中央储备粮智能出入库系统)进行改造升级,全面实现政策性粮食收购"一卡通"系统数据推送共享开放功能;各省级粮食局要组织对无法满足出入库数据互通共享的地方粮库信息系统进行功能完善改造,满足数据互通共享要求。各省级粮食局和中储粮分(子)公司要加强沟通协调和组织领导,依据《关于印发〈粮库信息系统与政策性粮食收购"一卡通"系统数据交换规范〉的通知》(国粮办发〔2018〕92号)文件精神,抓紧研究制定本省(区、市)政策性粮食收购"一卡通"系统与地方粮库信息系统互通共享实施方案,确保政策性粮食收购数据实时共享,实现政策性粮食收购数据实时传输到中储粮分(子)公司、中储粮集团公司和省级粮食局平台、国家粮食和物资储备管理平台。

二 整合共享充分利用粮库已有收购信息系统硬件设施

各省级粮食局和中储粮分(子)公司要按照"系统稳定、数据真实、操作规范"的要求,结合本地实际,共同协商,研提科学合理、可操作的已有收购信息系统整合共享合理利用工作方案,并抓紧组织实施,满足不同性质粮食收购出入库信息化管理和互通共享上传需要。对已有政策性粮食收购"一卡通"系统,但尚未开工建设智能粮库出入库系统的粮库,可充分利用政策性粮食收购"一卡通"系统硬件设施,不得重复建设功能相同的信息系统。对于两套系统同时运行的,应采用规范软件系统数据读取接口等方式,实现一台地磅可接多台电脑。对没有政策性粮食收购"一卡通"系统的粮库，在智能粮库出入库信息系统建设中，严格按照《地方粮库信息化建设技术指引（试行）》和《粮食出入库业务信息系统技术规范》等相关行业标准规范规定进行开发建设，确保与省级平台"即建即联"，实现收购和出库数据实时上传，不得出现"信息孤岛"。各粮库要加强信息系统维护，确保业务数据准确及时上传。

三   加快实现中储粮集团公司平台政策性粮食收购数据与国家粮食管理平台数据资源实时共享

国家粮食和物资储备局与中储粮集团公司将加快平台互通共享对接工作，实现政策性粮食收购"一卡通"系统收购入库和出库数据直接实时上传国家粮食和物资储备管理平台，确保 2018 年秋粮收购数据实时共享，满足粮食精准调控和监管需要。各中储粮分（子）公司应确保"一卡通"数据实时准确上传到集团公司平台。省级信息化管理平台尚未建成的省级粮食局，要按照全国粮食流通工作会议部署要求，加快省平台建设进度；并依据《国家粮食和物资储备管理平台与省级平台互通共享技术方案》及《国家粮食和物资储备管理平台与省级平台互通共享接口和数据技术规范》进行相应开发建设工作，确保 2018 年底基本建成并与国家平台互通共享。

四   进一步加强组织协调

各省级粮食局和中储粮分（子）公司要充分认识政策性粮食收购"一卡通"系统和地方粮库信息系统互通共享，对保障政策性粮食收购，实现粮食收购完整数据共享，提高工作效率的重要意义，应积极作为，组成专门班子负责，确保 10 月 30 日前完成政策性粮食收购"一卡通"系统和具备条件的地方粮库信息系统互通共享相关工作。

国家粮食和物资储备局信息化推进办和中储粮集团公司信息统计部具体负责政策性粮食收购"一卡通"和地方粮库出入库系统互通共享工作，建立联席工作机制，共同解决系统互通共享工作中出现的问题。

国家粮食和物资储备局 中国储备粮管理集团有限公司

2018 年 9 月 30 日

（此件公开发布）

关于在安徽河南湖北三省启动2018年中晚稻最低收购价执行预案的通知

国粮发〔2018〕244号

中国储备粮管理集团有限公司：

你公司《关于安徽河南湖北三省启动2018年中晚稻最低收购价执行预案的请示》（中储粮〔2018〕236号）收悉。根据国家发展改革委、国家粮食和物资储备局等部门《关于印发小麦和稻谷最低收购价执行预案的通知》（国粮发〔2018〕99号）有关规定，经研究，同意自10月16日起在安徽、河南、湖北三省省内符合条件的相关地区启动2018年中晚稻最低收购价执行预案。

国家粮食和物资储备局

2018年10月15日

（此件公开发布）

关于切实加强国家政策性粮食收储和销售出库监管的意见

国粮发〔2018〕264 号

各省、自治区、直辖市及新疆生产建设兵团发展改革委、粮食局、财政厅（局）、农业发展银行分行，中国储备粮管理集团有限公司、中粮集团有限公司、中国供销集团有限公司、中化集团有限公司：

为深入实施国家粮食安全战略，认真落实国家粮食收储政策，以更加有力的举措、更加有效的监管，切实守住管好"天下粮仓"，根据党中央、国务院领导同志关于政策性粮食库存消化工作的重要批示精神和《关于印发小麦和稻谷最低收购价执行预案的通知》（国粮发〔2018〕99 号）有关规定，以及粮食安全省长责任制有关要求，提出如下意见。

一　总体要求

（一）提高政治站位

加强国家政策性粮食（包括最低收购价粮和临时储存粮等，下同）收储和销售出库监管工作，对于贯彻落实国家粮食安全战略、推进农业供给侧结构性改革、保护种粮农民利益、维护粮食市场稳定，都具有十分重要的意义。地方各级有关部门单位及相关企业要进一步提高政治站位，以习近平新时代中国特色社会主义思想为指引，自觉增强"四个意识"，把进一步强化国家政策性粮食收储和销售出库监管，作为当前一项重要政治任务抓实抓好，确保收储政策执行到位，确保粮食库存数量真实、质量良好、储存安全，确保粮食流通顺畅、市场规范有序。

（二）建立监管协调机制

按照粮食安全省长责任制和预案要求，在各级人民政府领导下，建立相关部门单位分工负责的常态化协调机制，加强与纪委监委、司法机关和信访部门的协调配合，明确目标任务，细化责任分工，完善工作机制，形成监管合力，共同加强对粮食收储和销售出库工作的组织、指导和监督，及时协调解决工作中遇到的重大矛盾和问题，有效防范各类风险，依法严惩违法违规行为。要将政策性粮食收储和销售出库监管作为粮食安全省长责任制考核的重点，层层压实责任，持续传导监管压力。对"打白条""卖粮难""压级压价"等损害群众切身利益和盗卖亏空、阻挠出库、恶意竞买等损害国家利益的行为，要建立问题处置快速响应机制，严防发生群体性事件。

（三）压实各方责任

1. 严格落实具体收储企业的直接责任

具体从事政策性粮食收储业务的各类企业，应承担企业收储和管理主体责任，对其收储政策性粮食的数量、质量、储存安全、库存管理、销售出库以及出现风险造成的损失负全部责任。租赁社会粮食仓储设施收储政策性粮食的，以承租方为具体收储企业，并承担相应责任。

2.严格落实政策执行主体的责任

中储粮集团公司受国家有关部门委托，作为国家政策性粮食政策执行主体，要组织指导有关分公司和直属企业进一步做好政策执行和库存管理、销售出库等工作，确保国家政策落实到位、执行规范。

3.严格落实地方行政监管和属地管理责任

地方粮食行政管理部门负责对国家政策性粮食政策执行情况，以及国家政策性粮食数量、质量、储存安全、库存管理、销售出库等进行监督检查。同时，要在地方政府的统一领导下，按照职责分工，切实加强对食品安全和安全生产的属地管理。财政部门要负责制订和完善相关财政政策，加强对国家政策性粮食补贴资金拨付和使用的监管按照全面实施预算绩效管理的有关规定，督促中储粮集团公司加强补贴资金监管。农业发展银行及分支机构对政策性粮食收购资金实施信贷监管。

4.严格落实 2018 年以前年度粮食管理责任

2018 年以前年度国家政策性粮食管理责任，按相应年度政策文件的相关规定，根据中储粮有关分公司、省级粮食行政管理部门、农业发展银行分支机构的相应职责，继续落实各自责任。

二 加强重点环节监管

（一）定点环节

1.加强政策性粮食收购定点管理

严格按照预案等规定，在省级人民政府的组织下，中储粮有关分公司、省级粮食行政管理部门、农业发展银行省级分行，按照"谁定点、谁监管、谁验收、谁负责"的责权对等原则，对定点工作进行细化分工，合理确定国家政策性粮食收储库点，不得以开设分库点、分库设点等名义变相将不符合条件的企业作为委托收储或租赁库点。按照租赁方式确定的库点，在粮食收购、储存、销售等环节，均不得改变租赁性质；要在仓储设施租赁合同中明确双方权责义务、费用标准等问题，不得以合同约定、补签协议等方式变相更改租赁性质、挤占费用补贴、转嫁风险责任。租赁社会仓储设施收储国家政策性粮食视同承租企业本库直接收储，承租企业要切实做到"自收、自储、自管"，并对粮食数量、质量、粮款兑付、库存管理、销售出库、储粮安全等承担全部责任。中储粮系统、粮食部门、农发行分支机构主导定点的，还应承担相应管理责任。按照"谁定点、谁监管、谁验收、谁负责"的责权对等一致原则，以及国家政策性粮食管理到货位的要求，确定收储库点的单位要在收购开始前，会同有关方面组织对收储库点储存的全部粮食库存（含销售未出库和代收代储粮食）进行逐仓清点登记，核实查验空仓，锁定拟收储货位，落实风险防控手段以及从收购到销售出库的全程监管措施。

2.加强对已定点收储企业的隐患排查

对储存 2018 年以前年度国家政策性粮食的库点，按相应年度政策文件的规定，由中储粮有关分公司会同省级粮食行政管理部门、农业发展银行分支机构，对库点的资质条件、委托或租赁性质、相关费用拨付情况等进行全面排查，发现问题要立即整改；对存在的经济纠纷要及时妥善处理，防止久拖不决造成不良社会影响；必要时通过粮食移库调出或拍卖撤点等手段消除风险隐患。

（二）收购环节

1.加强收购流程管理

地方各级粮食行政管理部门、中储粮有关分公司要通过多种形式广泛宣传国家政策性粮食收购政策。要督促指导具体收储企业严格执行国家粮食收购政策和"五要五不准"收购准则，在显著位置张贴粮食收购政策，公示收购品种、质量要求、量（价）折扣规则等相关信息，租赁设点开展粮食收购活动的，必须公告承租收购主体信息；规范使用政策性粮食收储"一卡通"系统，直接向售粮人支付粮款；完善粮食收购管理流程，现场如实填写收购凭证，规范单据流转和审签程序，按照业务分工细化岗位职责，建立层层把关的内控管理制度，压实具体岗位直接责任；规范各业务环节的凭证资料，确保粮食数量、质量、收购时间与收购原始凭证一致，做好统计会计核算工作，做到账账、账表、账实相符。确定收储库点的单位和政策性粮食收储业务的承贷企业要进一步完善驻库监管制度，切实强化驻库监管员对粮食出入库检斤、质量检测、制票制证、收购进度上报等重点环节的管控。中储粮分公司及直属企业要及时向当地粮食行政管理部门报送收购信息。确定收储库点的单位要会同有关部门加强粮食收购真实性审核，发现异常的，要查明原因，并按有关规定处置。

2. 强化"转圈粮""以陈顶新""先收后转"的防范措施

各地要结合本地实际，进一步细化粮食入库品质控制标准。具体收储企业在收购过程中发现疑似陈粮或掺混陈粮等异常粮食的，不得作为国家政策性粮食收购入库。在预案执行期间，具体收储企业发生粮食购销、储备轮换等业务的，相关出入库凭证、影像资料、车辆出入库记录等资料须妥善保管备查，地方粮食行政管理部门要会同农业发展银行分支机构、中储粮分公司及直属企业对粮食购销合同、合同执行情况及出库进度等进行跟踪监督，采取有效措施，严防严惩"转圈粮""以陈顶新""先收后转"等违法违规行为。

3. 强化"打白条"防范措施

积极开展"打白条"专项治理，并纳入地方政府监管协调机制的重点工作任务。督促具体收储企业向售粮人及时支付粮款，不得"打白条"。收购商品粮和储备轮换粮的，要严格参照政策性粮食收购要求公示粮食收购信息；要通过多种渠道广泛宣传"谁收粮谁付款，谁售粮谁得钱"的原则，防范"打白条"风险和通过法律途径维护合法权益的知识，引导农民按照"一手钱一手粮"的原则，向企业或经纪人售粮。对粮食收购活动中发生的"打白条"问题，粮食行政管理部门要依法处置，并及时向所在地政府报告；有关部门要积极配合，耐心做好群众疏导工作，确保不发生群体性事件。

（三）验收环节

1. 严格操作程序，落实验收责任

确定收储库点的单位要按照"谁定点、谁监管、谁验收、谁负责"的原则，及时组织对收购入库的国家政策性粮食品种、数量、质量和食品安全、政策执行情况进行验收。政策性粮食入库后，具体收储企业要及时平整货位，建立分仓保管账；负责验收单位要采取收购数量预验收措施，指定专人现场核对粮食收购进度，严防严惩先虚报统计库存、后收粮补库等套取收购资金和费用补贴的行为。要严格粮食正式验收的程序，将粮食数量核查，扦样、送样、检验业务手续复核等关键环节的责任落实到人，切实做到谁验收、谁扦样、谁送检；不得委托被验收库点自行扦样送样，确保验收及时、操作规范、责任可倒查追究。要充分发挥粮食验收检验把关作用，实行粮食质量卫生"一票否决"，确定收储库点的单位和负责检验的质检机构共同对验收结果负责。

2. 加强对粮食入库验收发现问题的整治

确定收储库点的单位在验收中发现使用自制收购凭证、事后补单、伪造虚开单据等情况，以及压级压价压量、抬级抬价、额外收取费用、二次结算返款、虚报收购进度等违法违规行为，要倒查手续，倒追责任，严肃处理，涉嫌违法犯罪的，移交司法机关处理；发现收购粮食质量不符合有关政策规定的，要责令具体收储企业及时整改，无法整改到位的，要按照国家有关政策规定退出政策性粮食库存，追回收购费用补贴和收购贷款。今后，对经验收合格入库的粮食，在库存检查、质量抽查、销售出库等粮食检验时发现数量、质量等级与实际入库不符，重金属、真菌毒素超标等问题，要追究具体收储企业数量、质量和食品安全主体责任，由其承担相应经济损失，并按照国家有关要求进行处置和监管，不得流入口粮市场。属验收环节出现问题的，还应追究验收责任。

（四）储存环节

各地各部门和相关企业要严格执行《粮油储存安全责任暂行规定》和《粮油安全储存守则》《粮库安全生产守则》等规定，按照"谁储粮、谁负责，谁坏粮、谁担责"的原则，逐级传导压力和夯实责任。督促具体收储企业加强管理和内部管控，压实安全储粮和安全生产主体责任；建立健全安全检查长效机制，坚持开展安全储粮和安全生产隐患排查，及时发现和消除各类风险隐患，加强治理，建立台账，明确整改要求和责任，确保不发生重大粮油储存事故和重大生产安全事故。

政策性粮食验收入库后，要及时进行公证和公示，确认粮权，固定粮权证据。粮权公证情况要及时报告当地政府和银保监会等部门。任何单位和个人不得擅自动用国家政策性粮食，不得以政策性粮食为任何单位和个人提供担保或清偿债务。

（五）销售出库环节

1. 摸清数量质量情况

中储粮集团公司要切实加强组织领导，指导有关分公司及直属企业严格年度春季和秋季普查，对政策性粮食数量质量情况进行认真摸底，对粮食质量指标、储存品质指标和主要食品安全指标进行检验，检验结果及时报告国家粮食和物资储备局、财政部、中国农业发展银行等有关部门和单位，并作为粮食销售出库质量认定和责任追究的重要依据。检查发现粮食数量减少的，应第一时间分清责任，并由责任方承担相应损失；检查发现生霉粒、发芽粒、黄粒米以及食品安全指标超标的，应专门分类统计，根据实际情况划分责任，提出有针对性的处置措施建议；发现粮食实际质量等级与标称等级不一致的，必须按实际检验结果修正相应的质量档案，并查明原因，划分责任；因保管不善造成粮食质量下降和价差损失的，隐瞒账实不符等问题的，以及未及时上报问题导致后续粮食销售出现商务纠纷的，或引发食品安全问题的，由具体收储企业承担主体责任及相应的经济损失。

2. 加强销售出库管理

中储粮有关分公司及直属企业、地方各级粮食行政管理部门，要严格执行《关于做好政策性粮食销售出库监管工作的紧急通知》（国粮电〔2017〕8号）规定，切实加强粮食销售出库管理工作。国家政策性粮食挂拍前，中储粮直属企业要会同地方粮食行政管理部门结合承储库点设施设备、交通状况、出库条件等对出库能力进行现场核验。中储粮分公司和直属企业要合理确定粮食挂拍的批次、顺序以及每个库点的粮食挂拍数量，单个标的规模要严格执行国家有关规定；组织和监督具体收储企业及时开展粮食挂拍前的质量、储存品质和食品安全检验，确保拍卖标的信息真实、准确，杜绝"空单拍卖"、标实不符以及不具备出库条件的粮食挂单等问题。具体收储企业提供的检验结果不符合要求或质量档案不全的不得挂拍；由此影响销售进度的，要追究相关企业的责任，并停止费用补贴。

3. 强化交易纠纷处理

各省级粮食交易中心要认真履行组织交易、协调出库职责，配合做好资金结算工作，切实维护粮食电子交易秩序。对涉及交易粮食质量和出库增扣量导致商务纠纷的，要严格按照《粮食竞价销售交易规则》规定，及时组织买卖双方调解，协调无效的可委托有资质的机构复核检验后进行裁定，发生的相关费用由过错方承担；对设置出库障碍阻挠出库的，要会同中储粮分公司及直属企业认真协调处理，协调无效的要及时依规裁定违约，协调中发现违法违规线索的须移交粮食等监管部门及时查处。对判定买方违约的，要及时扣缴交易保证金和履约保证金；对判定卖方违约的，要将该笔违约交易立即通报有关中储粮分公司和农发行分支机构，通过国家粮食电子交易平台从其缴纳的保证金或按规定应拨付的货款中分别扣缴并支付给买方，对违约金占用的贷款由农发行有关分支机构从企业自有资金中收回。国家粮食交易协调中心在发布交易公告时，要单列条款对可能存在的风险及相关免责事宜进行专门提示。买方企业应在规定的缴款期内，及早缴纳货款和统筹组织提货。对成交量大的，买方企业一般应在出库截止期至少 20 日前与具体收储企业协商出库计划。对买方事先不协商故意在临近出库截止期提出集中提货要求，且在实际存储库点积极配合出库但确实不能如期全部完成的情况下，买方仍恶意刁难的，应承担主要责任。对同一存储库点在短期内集中成交数量大、买方企业多，出现集中要求出库、压力较大的情况时，具体收储企业可按出库单开具顺序等方式统筹协调买方企业，合理安排出库。对于出库确有实际困难的，应按国粮电〔2017〕8 号要求，采取"一企一策、一库一策"的方式适当延长出库期。

4. 严格执行看样规定

相关单位必须严格执行关于竞买企业提前现场看样的有关规定。有意向竞买企业可凭省级粮食交易中心开具的看样单，按交易清单指定日期到具体收储企业统一查看查验标的质量。在查验过程中，具体收储企业现场扦样检验粮食质量指标，当场公布检验结果；同时，向竞买企业提供挂拍前最新的检验报告，检验报告应包括质量、储存品质、主要食品安全指标的检验结果，对影响粮食加工用途的生霉粒、黄粒米、发芽粒等重要指标要单独标注；看样结束后双方在看样单签字确认，具体收储企业应对看样检验结果负责；因实际出库检验结果与看样确认的质量标准差异较大引起纠纷的，具体收储企业要承担违约责任；存在其他方面质量争议纠纷的，以实际出库检验结果为准进行裁定，造成的损失由过错方承担。具体收储企业提供挂拍标的最新检验报告与最近期的春季或秋季普查结果应基本相符。对实际出库检验结果与收储企业提供挂拍标的最新检验结果差异较大的，中储粮分公司应予以重点检查，并追究具体收储企业责任。

5. 强化交易监控

国家粮食交易协调中心要加强对交易预期和结果的研判，建立粮食交易预警机制，发现苗头性、倾向性问题，及时向国家粮食和物资储备局报告，并向中储粮集团公司通报。各省级粮食行政管理部门要督促本级粮食交易中心，结合粮食价格水平、市场预期等实际情况，切实加强对政策性粮食竞价交易对象、竞拍标的、成交价格、履约情况的监控分析，深入排查违法违规问题线索。重点监控：粮食竞拍成交价格大幅高于成交均价或者明显偏离市场价格合理区间、粮食出库进度明显超出具体收储库点的实际出库能力、参与定向拍卖的买方企业成交粮食数量明显超出自身经营能力和资金承受能力、商务纠纷及违约毁约问题多发频发、因质量下降、数量不符等方面原因导致标的长期流拍、多次组织买方企业实地查验标的但长期无人参与竞拍等情况。各省级粮食交易中心对监控中发现的异常情况，要进行深入分析，必要时与有关各方了解核实情况，发现违法违规线索的，及时移交省级粮食行政管理部门；并通报中储粮分公司，查明具体原因，追究具体收储企业责任，发现问题不及时报告的，追究省级粮食交易中心责任；监测发现市场成交异常、粮食价格剧烈波动等情况，要及时通过交易系统向买方进行风险提示。

（六）收购资金贷款管理

政策性粮食收购资金贷款要按照"钱随粮走、购贷销还、库贷挂钩、全程监管"的原则实行封闭运行管理。农业发展银行各分支机构要按规定及时发放政策性粮食收购资金贷款，不得因政策性粮食收购资金贷款不到位引发"打白条"和"卖粮难"问题，不得将收购资金贷款用于他用；要强化对贷款企业的信贷监管，对贷款企业的库存情况和资金使用情况进行经常检查，发现危及贷款安全和违反信贷管理制度的问题应采取必要的信贷制裁，及时向贷款企业的上级主管部门通报。严禁贷款企业挤占挪用收购资金。政策性粮食销售出库前，贷款企业要向贷款行提交出库通报，销售货款要及时回笼贷款行，由贷款行收回贷款。其余事项，按照《关于加强中央事权粮油信贷资金管理的通知》（农发银发〔2018〕140号）文件执行。

三 加大执法力度

（一）用好监管热线

地方各级粮食行政管理部门，要督促具体收储企业在显著位置张贴12325全国粮食流通监管热线宣传海报，充分发挥监管热线作用，接受群众举报投诉。对监督举报反映的违法违规问题线索，要按照监管热线管理规定编号建档，组织精干力量进行核查处理。有条件的地方可以设立有奖举报制度，鼓励社会力量参与监督，主动邀请人大、政协和执纪监督部门开展巡视督查。

（二）严格执法督查

1. 细化落实监管责任

地方粮食等行政管理部门和有关单位要突出问题导向，建立定期巡查、不定期抽查制度，切实加强对粮食流通各环节的监管。要严格执行执法全过程记录制度，流程合规严谨，程序公开透明，确保监管和案件查办经得起监督和检验。加强与纪委监委和司法机关的会商配合，对发现问题线索不及时核查处理等不作为的行为，以及违纪违法违规的行为，按照干部人事管理权限，依法依纪依规追究主要负责人和相关责任人员的责任。

2. 严格执法追责

地方各级粮食等行政管理部门和有关单位要加大涉粮案件核查力度，对违法违规行为，要按照《粮食流通管理条例》等有关规定追责处罚。发现保管不善造成严重霉粮坏粮事故、以陈顶新等套取财政补贴资金、挂拍空单掩盖亏库、不符合食品安全标准的粮食流入口粮市场等重大涉嫌违法犯罪行为的，要立即移送司法机关处理；对发现跨省竞买定向销售粮食流向异常的，要按属地监管原则及时通报买方企业所在地粮食、市场监管等部门加强管控。

地方粮食行政管理部门对具体收储企业通过自媒体等方式发布因水电道路改造、限高限载等虚假消息提示出库能力风险，变相阻挠、刁难销售出库，以及超扣水杂、额外加收费用、拒不配合竞买企业正常扞样、看样，或者弄虚作假、采取欺骗和恐吓手段阻碍正常交易的；买方企业拒不执行政策规定、交易规则，拒不接受协调或拒不执行处理决定，违背诚信、歪曲事实导致出库纠纷及违约、合同终止的，要根据情节轻重程度，依法予以批评教育、责令整改、警告、处相应罚款，或移交纪委监委和司法机关处理。加大对屡次流拍粮食相关企业的检查力度,重点查明是否存在人为因素造成数量短缺、质量不合格等需要追究责任的问题。

（三）实施联合惩戒

有关部门单位要加大违法失信惩戒力度,及时将相关企业和个人的违法违规失信信息纳入全国信用信息共享平台,并通过"信用中国"网站公示公开。对严重违法失信企业和个人列入失信名单,在贷款申领、投资政策优惠和政策性收储等方面进行限制,实施联合惩戒。各省级粮食行政管理部门要及时向国家粮食和物资储备局提报失信联合惩戒的主体名单。

四　落实保障措施

（一）强化督导检查

各地各部门要细化落实责任,加强对本意见贯彻执行情况的督导。对工作责任不落实、监管措施不到位、失职渎职的,要依法依纪依规严肃问责。中储粮集团公司和执行国家政策性粮食收储和销售出库省份粮食行政管理部门,每季度向国家粮食和物资储备局报送国家政策性粮食收储和销售出库监管情况报告,并抄送国家发展改革委、财政部、农业发展银行;重大情况须随时报告。

（二）加强舆情监测引导

要加强对粮食收购和销售出库的舆情监测,做好社会舆情应对处置应急预案,引导媒体积极宣传粮食流通监管的新思路、新举措、新成效,支持粮食收储企业守法诚信经营,维护公平竞争,激发市场活力,营造依法管粮的良好氛围,赢得社会各方的理解、信任和支持。

（三）落实监管经费

国家政策性粮食监管工作所需经费,由各级财政部门负责制订和完善相关政策,并按照现行预算管理体制,分级对政策性粮食监管经费予以保障,不得因经费问题影响监管正常工作开展。

本意见自发布之日起实施,有效期五年。

国家发展和改革委员会　国家粮食和物资储备局

财政部　中国农业发展银行

2018 年 11 月 8 日

（此件公开发布）

局办公室发文部分

关于《国家粮食电子交易平台交收仓库管理办法（试行）》和《国家粮食电子交易平台仓单管理办法（试行）》的通知

国粮办发〔2018〕26号

各省、自治区、直辖市及新疆生产建设兵团粮食局：

为积极适应粮食收储制度改革新形势，服务粮食市场化购销和国家宏观调控，推进贸易粮网上交易，现将《国家粮食电子交易平台交收仓库管理办法（试行）》和《国家粮食电子交易平台仓单管理办法（试行）》印发给你们，请遵照执行。

设立交收仓库并实行仓单管理，是国家粮食电子交易平台为开展贸易粮交易组织粮源、监管粮食数量质量、引入银行提供融资服务的前提和基础。各地要加强对省级粮食交易中心的指导和监督，确保其按照"公开、公平、公正"原则选定交收仓库，并规范仓单管理；同时，对选定为交收仓库的要强化行业监管，促进其提升仓储管理水平，保障粮食储存安全。

附件：1.国家粮食电子交易平台交收仓库管理办法（试行）（略）
2.国家粮食电子交易平台仓单管理办法（试行）（略）

国家粮食局办公室
2018年1月31日

（此件公开发布）

关于公布 2017 年度全国粮食质量安全监管工作考核结果的通知

国粮办发〔2018〕99 号

各省、自治区、直辖市及新疆生产建设兵团粮食局：

2017 年，各地粮食行政管理部门认真贯彻落实党的十九大精神和习近平总书记关于"严防、严管、严控食品安全风险，保证广大人民群众吃得放心、安心"的重要指示，贯彻国务院食品安全委员会第四次全体会议精神，按照《2017 年食品安全重点工作安排》（国办发〔2017〕28 号）、《2017 年粮食流通工作要点》（国粮发〔2017〕20 号）以及《国家粮食局关于做好 2017 年粮食质量安全重点工作的通知》（国粮发〔2017〕64 号）有关工作部署，不断推进粮食质检体系建设，提升粮食质量安全监测监管能力，加强全产业链质量安全监测监管，完善粮食质量安全标准体系，在满足人民对美好生活的向往，保障百姓"舌尖上的安全"等方面做了大量工作，成效显著。

为推动粮食质量安全监管工作更好地开展，按照《国家粮食局办公室关于开展 2017 年粮食质量安全重点工作评估考核的通知》（国粮办发〔2017〕344 号）要求，我们对 2017 年全国粮食质量安全工作进行了考评，现将考评结果予以公布（见附件）。希望各地区、各单位以优秀单位和优秀个人为榜样，认真贯彻习近平新时代中国特色社会主义思想和党的十九大会议精神，按照国务院食品安全委员会第五次全体会议要求和国家粮食局 2018 年全国粮食流通工作会议的总体部署，坚持问题导向，坚守安全底线，围绕推动高质量发展，深入推进供给侧结构性改革，进一步提升粮食质量安全监管能力和水平。

附件：2017 年度全国粮食质量安全监管工作优秀单位和优秀个人名单

国家粮食和物资储备局办公室

（原国家粮食局办公室代章）

2018 年 3 月 30 日

（此件公开发布）

附件

2017 年度全国粮食质量安全监管工作优秀单位和优秀个人名单

一、优秀单位

黑龙江省粮食局

辽宁省粮食局

湖北省粮食局

福建省粮食局

吉林省粮食局

广东省粮食局

山东省粮食局

山西省粮食局

内蒙古自治区粮食局

陕西省粮食局

云南省粮食局

安徽省粮食局

宁夏回族自治区粮食局

江苏省粮食局

天津市粮食局

重庆市粮食局

青海省粮食局

西藏自治区粮食局

二、优秀个人

北京市粮食局	周欣晴
天津国家粮食质量监测中心	李　荃
河北省粮食局	罗文学
山西省粮食局	侯瑞宏
辽宁国家粮食质量监测中心	王明宏
辽宁葫芦岛国家粮食质量监测站	唐志强
辽宁鞍山国家粮食质量监测站	宋　平
吉林国家粮食质量监测中心	史　玮
黑龙江国家粮食质量监测中心	季澜洋
黑龙江双鸭山国家粮食质量监测站	刘殿来
上海市粮食局	冀春苏

江苏国家粮食质量监测中心	刘珊珊
江苏省粮食局	吴建华
浙江杭州国家粮食质量监测站	杨志成
安徽省粮食局	董　辉
福建厦门国家粮食质量监测站	熊丽云
江西省粮食局	陈祖斌
山东国家粮食质量监测中心	任凌云
河南国家粮食质量监测中心	周春玲
湖北国家粮食质量监测中心	陈　轲
湖北天门国家粮食质量监测站	边　滔
湖南国家粮食质量监测中心	黄　力
湖南国家粮食质量监测中心	黄　卫
广东国家粮食质量监测中心	王亚军
广西国家粮食质量监测中心	凌　海
重庆国家粮食质量监测中心	邹　勇
四川开江县粮食局粮油质量检验所	杨丽萍
贵州国家粮食质量监测中心	吴　昊
云南国家粮食质量监测中心	邵志凌
西藏自治区粮食局	阿　珍
陕西省粮食局	闫国强
甘肃省粮食局	徐杨玲
青海国家粮食质量监测中心	轩春江
宁夏回族自治区粮食局	郭　慧
宁夏回族自治区粮食局	徐　峰
新疆国家粮食质量监测中心	吴　涛

关于全面加快推进粮库智能化升级改造和省级平台项目建设的通知

国粮办发〔2018〕127号

各省、自治区、直辖市及新疆生产建设兵团粮食局：

为贯彻2018年全国粮食流通工作会议"着力加强粮食行业信息化建设"部署精神，抓好粮库智能化升级改造，夯实发展基础，力争各省级管理平台年底前基本建成，逐步实现与国家平台互联互通等要求，落实财政部和我局《2016年度"粮安工程"危仓老库维修专项资金重点绩效评价报告》整改要求，请各地粮食部门进一步转变观念，压实责任，加强组织领导和督导检查，多措并举，全面加快粮库智能化升级改造和省级平台项目建设，全面提高管理效能。现将有关事项通知如下：

一　紧抓项目建设进度、质量和资金监管

1.转变观念，压实责任。各地粮食部门要严格履行粮库智能化升级改造项目计划执行、资金管理和项目实施等监管规定，提高政治站位，争主动、真落实。

2.要督促项目单位严格按照粮库信息化和省平台建设《技术指引》和《验收规范》等组织项目实施，加快实施进度，确保工程质量，力争年底前建成省级平台和智能粮库项目，并互通共享汇集数据。

3.加强调度考评，建立项目建设台账，倒排工期，挂图作战。

4.加强重点项目督导检查，及时发现问题并督促整改落实。

5.切实管好用好中央财政资金，保障自筹资金足额筹集，切实防止"资金等项目"问题发生，健全工程监理制度，加强项目建设和应用培训。

6.严格对照项目绩效考核目标等要求，抓好项目建设单位自查和省级自查，并整改到位。

二　强化分类推进和指导

尚未招标的，要在6月底前，奋力启动项目招投标，要将需求调研和方案设计等并联作业；正在建设的，要紧密围绕粮食宏观调控、流通监管、储粮安全、质量监管等业务需求，优化设计方案，扩大新技术应用覆盖面，加强实时动态原始数据采集和省局互通共享；已完成示范建设的，要加强实际应用改进优化，扩大应用规模，将粮库信息系统"演示版"转为"实用版"，"测试版"转为"示范版"；已经完成建设的，加快推进粮库和省平台互联互通、数据共享和业务协同，加快项目验收，规范验收文档，注重总结不同类型典型经验、应用案例实效和亮点。

三　把准建设主攻方向

　　紧扣粮食宏观调控、流通监管等核心业务需求，围绕"数量真实、质量良好、储存安全"等目标要求，充分应用信息技术手段，加强新技术示范应用，规范和优化业务工作流程，增强业务协同能力，提高业务工作效率，确保信息化建设成果实用、管用和好用；提高粮食流通相关原始数据的自动获取率，畅通上下数据传输通道，建立规范动态粮情数据采集体系；按照国家政务信息系统整合共享"五统一"和"三通"要求，积极推进省局政务信息系统整合共享。

四　建立健全项目进展月报和通报机制

　　健全项目管理工作机制，严格落实项目调度制度，及时掌握和报送进展情况。自 2018 年 5 月起，将项目进展季报制度调整为项目进展月报机制，请各省（区、市）粮食行政管理部门每月 7 日前，将上月项目建设进度、资金、建成数量、组织管理情况等报送我局信息化推进办公室（附件 1、附件 2、附件 3）。我局将建立项目建设进展全国通报机制，对项目推进缓慢、项目和资金管理不力、建设水平和质量较差、无法互联互通的予以通报。请各省局于 2018 年 5 月 7 日前一并报送项目基本情况书面材料（附件 4、附件 5）。

　　联 系 人：张维　010-63906992，葛亮　010-63906993

　　传　　真：63906489

　　电子邮箱：tjbzdz@chinagrain.gov.cn

　　附件：1. 粮库智能化升级改造项目月度建设进展情况表（略）
　　　　　2. 粮库智能化升级改造项目月度建设进展明细情况表（略）
　　　　　3. 粮库智能化升级改造项目基本情况说明（参考提纲）
　　　　　4. 粮库智能化升级改造项目基本情况摸底表（略）
　　　　　5. 粮食行业信息化建设省级管理机构工作通讯录（略）

（国家粮食局办公室代章）

2018 年 5 月 2 日

（此件公开发布）

附件 3

粮库智能化升级改造项目基本情况说明（参考提纲）

一 项目建设整体情况及成果

（省级平台和粮库信息化建设覆盖范围、主要功能、建设进展、应用效果、视频会议系统接入情况、资源整合、网络建设及互联互通情况等）

二 项目组织管理情况

（机构、人员、责任分工、工作机制、召开现场推进会、指导检查、培训、验收组织、制定标准或文件等）

三 工作计划安排完成情况

（计划完成目标、步骤、时限等）

四 存在主要问题及困难、需要局推进办协助解决的业务要求

（观念、资金、人员、管理、协调、技术、培训、标准等）

五 下一步工作打算

关于公布 2017 年度全国粮食系统会计报表和财务分析工作考核结果的通知

国粮办发〔2018〕148 号

各省、自治区、直辖市粮食局:

2017 年,各级粮食财会部门认真学习贯彻习近平新时代中国特色社会主义思想和党的十九大精神,紧紧围绕粮食流通中心工作,积极发挥财会职能,及时了解和掌握企业财务状况和经营成果,认真做好国有粮食企业会计报表和财务分析编报工作,不断加强对国有粮食企业经营管理指导,有效推动了粮食企业强化财务管理、多渠道筹集资金和降本增效,在服务粮食宏观调控和粮食收储制度改革、促进粮食产业经济发展、保障重大工程和重点项目实施等方面发挥了积极作用。为充分发挥模范带动作用,进一步激发各地做好粮食企业会计报表和财务分析工作的荣誉感、责任感和使命感,经考核,江苏省粮食局等 14 家单位被确定为 2017 年度会计报表工作优秀单位,河南省粮食局等 14 家单位被确定为 2017 年度财务分析工作优秀单位,现予以公布。

2018 年是粮食行业深化改革、转型发展的攻坚之年,各地粮食财会部门要以习近平新时代中国特色社会主义思想为指导,深入学习贯彻党的十九大精神,结合实际,认真落实全国粮食流通工作会议部署,紧紧围绕"六项重点""六个支撑",积极发挥财会职能,继续认真做好粮食企业会计报表和财务分析编报工作,不断提高粮食财会服务粮食流通中心工作的能力、质量和水平,为保障国家粮食安全做出更大的贡献。

附件:1.2017 年度全国粮食系统会计报表工作考核优秀单位名单

2.2017年度全国粮食系统财务分析工作考核优秀单位名单

(国家粮食局办公室代章)

2018 年 5 月 17 日

(此件公开发布)

附件 1

2017 年度全国粮食系统会计报表工作考核优秀单位名单

江苏省粮食局

山西省粮食局

河南省粮食局

湖北省粮食局

浙江省粮食局

山东省粮食局

新疆维吾尔自治区粮食局

海南省粮食局

陕西省粮食局

青海省粮食局

江西省粮食局

湖南省粮食局

北京市粮食局

吉林省粮食局

附件 2

2017 年度全国粮食系统财务分析工作考核优秀单位名单

河南省粮食局

四川省粮食局

云南省粮食局

江苏省粮食局

山东省粮食局

黑龙江省粮食局

安徽省粮食局

山西省粮食局

广东省粮食局

广西壮族自治区粮食局

福建省粮食局

辽宁省粮食局

上海市粮食局

贵州省粮食局

关于开展 2018 年中央储备粮代储资格认定工作的通知

国粮办发〔2018〕263 号

各省、自治区、直辖市及新疆生产建设兵团粮食局，中粮集团有限公司、中国供销集团有限公司：

根据《中央储备粮管理条例》《中央储备粮代储资格管理办法》(国家发展和改革委员会 财政部令 第 5 号)、《中央储备粮代储资格管理办法实施细则》(国家粮食局公告 2017 年第 3 号)的规定，2018 年中央储备粮代储资格认定工作将于 9 月下旬开展。现就有关事项通知如下。

一　申请方式

申请企业通过"中央储备粮代储资格网上直报和评审系统"(以下简称网上办理平台)填报相关资料并在线提交申请。国家粮食和物资储备局通过网上办理平台直接受理企业申请。

进入网上办理平台请登录国家粮食和物资储备局网站 http://www.chinagrain.gov.cn，首页点击"在线办事—行政许可"或"在线办事—直报系统"栏目。网上办理平台仅认定工作期间开放，企业可在系统首页自行下载系统操作《使用说明》，提前了解系统填报界面及需提交的资料内容等。

二　受理范围

本年度将继续遵循有利于中央储备粮优化布局、有利于加强监管、有利于节约成本的原则，在有代储需求的地区开展中央储备粮代储资格认定工作（附件）。

新申请、补充申请和延续申请企业应为国有独资或国有控股；延续申请企业为代储资格证书于 2018 年到期且在中央储备粮代储资格认定工作地区范围内的企业；变更申请企业为代储资格证书在有效期内且发生规定变更事项的企业。

三　受理时间

（一）预受理

2018 年 9 月 26 日至 10 月 12 日（工作日，下同）为预受理时间。申请企业可登录网上办理平台按照要求据实填报申请信息并预提交。期间，我局将对企业预提交的申请资料进行预审查，材料不齐全的，将反馈企业补正或修改；材料齐全的，待正式受理期间向企业反馈受理文书。预受理期间，企业可对预提交的申请资料进行修改。

（二）正式受理

2018 年 10 月 15 日至 19 日为正式受理时间。预受理期间已提交过申请且情况无误的企业无须再次提交，未在预受理期提交申请的企业可继续在此期间提交申请。一旦正式受理，企业申请资料不可再更改。我局将依法向申请企业反馈受理情况。申请材料齐全、符合法定形式的，出具《行政许可受理通知书》；申请材料不齐全或者不符合法定形式的，出具《行政许可补正申请材料通知书》；属不予受理情形的，出具《行政许可不予受理决定书》。

四 审查时限及行政许可文书反馈

国家粮食和物资储备局自受理之日起 20 日内完成审查并作出行政许可决定。审查需组织专家鉴定，进行技术评审，必要时到现场核查，所需时间约 20 日，不计算在法定许可时限内。

所有行政许可文书均以电子版形式反馈至企业所留邮箱，申请企业也可通过网上办理平台查询并自行下载打印。请申请企业牢记注册登录名及密码，并确认所填邮箱地址准确无误。

五 注意事项

（一）关于中央储备粮代储资格认定工作地区

请申请企业仔细核对本企业是否属附件所列认定地区范围，认定地区范围内企业的申请方予受理。变更申请企业不受认定地区范围限制。

（二）需要延续申请的资格企业一定要及时申请

受理地区范围内有意延续资格或将继续代储中央储备粮的资格企业，资格证书于 2018 年到期的，均应在本次认定时申请延续代储资格，否则资格失效后将不得承担代储任务。

（三）准确有效、实事求是填报信息

申请企业填报信息前务必仔细阅读代储资格认定相关规定，认真如实填报申请信息，尤其是仓房性能、仪器设备、财务报表、平面示意图等信息资料要清楚据实填写、清晰完整上传，避免因错报、漏报、谎报信息影响认定结果。

（四）及时填报、提交申请材料

申请企业务必于规定的受理时间内填报并提交申请材料，并及时关注相关受理结果反馈。受理期结束后，不再接受任何形式的申请。

（五）咨询指导服务获取方式

申请企业可登录我局网站首页"在线办事—行政许可—行政许可事项"栏目，获取《中央储备粮代储资格认定服务指南》，查阅"常见错误示例"和"常见问题解答"等；也可通过网上办理平台及时查询、获取相关信息。其他咨询指导服务（工作日 8：00-11：30、13：00-17：00）的具体方式如下。

电话咨询：010-63906976/6977/6928（业务咨询）

在线咨询：QQ 群 794679043/627777975（技术咨询）

附件：2018 年开展中央储备粮代储资格认定工作地区（略）

（国家粮食局办公室代章）

2018 年 9 月 4 日

（此件公开发布）

关于印发《全国粮食行业领军人才选拔培养管理办法》的通知

国粮办发〔2018〕310号

各省、自治区、直辖市和新疆生产建设兵团粮食局，中国储备粮管理集团有限公司、中粮集团有限公司、中国供销集团有限公司，各有关高校，各司局、直属及联系单位：

现将《全国粮食行业领军人才选拔培养管理办法》印发给你们，请结合实际，认真贯彻实施。

国家粮食和物资储备局办公室

2018 年 10 月 23 日

（此件公开发布）

附件

全国粮食行业领军人才选拔培养管理办法

第一章   总则

第一条   为贯彻落实人才强国战略、创新驱动发展战略，深入推进人才兴粮，根据《关于深化人才发展体制机制改革的意见》和《关于"人才兴粮"的实施意见》，制定本办法。

第二条   全国粮食行业领军人才（以下简称"领军人才"）包括全国粮食行业科技创新领军人才（以下简称"科技创新领军人才"）和全国粮食行业经济研究领军人才（以下简称"经济研究领军人才"），是指从事粮食仓储、加工、物流、质量安全等领域自然科学研究和工程技术工作，或从事粮食流通经济研究，有较高学术造诣和专业水平，能够引领相关领域重大理论突破和科技创新，支撑关键领域实现跨越式发展的高层次人才。

第三条   领军人才选拔培养坚持以下原则：爱国奉献、勇于创新；高端引领、重点支持；科学规范、公平公正；放权松绑、激发活力。

第四条   国家粮食和物资储备局成立领军人才评审委员会，成员由粮食流通领域相关专家组成，依照本办法，负责领军人才评审工作。

第二章   资格条件

第五条   领军人才应坚决拥护中国共产党领导，热爱祖国，遵纪守法，品行端正，身体健康，不超过 55 周岁（含 55 周岁）。长期从事粮食流通自然科学、工程技术或经济研究工作，具有相关专业的博士学位或高级专业技术职务任职资格，具备战略眼光和创新思维，有较强的领军才能和团队组织管理能力，在粮食行业享有良好声誉并得到广泛认同。

第六条   科技创新领军人才还应具备下列条件之一：

（一）主持过国家或省部级重大科研或工程项目，取得的成果有开创性和重大价值，达到国际先进或国内领先水平；

（二）获得过国家自然科学奖、国家技术发明奖、国家科学技术进步奖、中国青年科技奖或省部级科学技术一等奖；

（三）拥有原创性、标志性研究成果，作为主要作者在国内外重要核心刊物上发表过有影响的学术论文，或有重要理论创新专著；

（四）在技术研究与开发中有重大发明、技术创新或解决关键性技术难题，拥有发明专利授权，对提升粮食流通技术水平、促进现代粮食产业发展具有显著作用；

（五）在促进科技成果转化、推广应用或在新技术、新工艺、新方法推广等方面业绩突出，取得显著的经济和社会效益。

第七条   经济研究领军人才还应具备下列条件之一：

（一）主持过国家或省部级社科基金项目，取得的成果具有创新性和重大价值；

（二）主持的粮食经济研究成果，获得国家级社会科学奖项，或省部级社会科学一等奖；

（三）拥有原创性、标志性研究成果，作为主要作者在国内外重要核心刊物上发表过有影响的学术论文，或有重要理论创新专著；

（四）在粮食经济研究方面业绩突出，相关成果、建议被中央或国务院采纳。

第三章　遴选程序

第八条　领军人才每两年选拔一次，每次选拔不超过 3 名。

第九条　领军人才推荐选拔按以下程序进行：

（一）个人申报。符合领军人才资格条件的人员经所在单位同意，在本单位范围内公示后，按照行政隶属关系，逐级向省级粮食行政管理部门、有关中央企业和高校归口推荐，其中非国有粮食企业也可直接向中国粮油学会归口推荐。申请人及其所在单位应对申报材料的真实性负责。

（二）组织推荐。各归口推荐单位受理后，须组织初评选拔，经公示无异议后，向国家粮食和物资储备局推荐。各归口推荐单位每次推荐候选人一般不超过 2 名，且同一专业领域不超过 1 名。

（三）专家评审。局领军人才评审委员会对符合条件的申报对象进行分类评审，综合评议候选人品德、能力和业绩，提出领军人才建议人选。

（四）确定入选名单。根据专家评审建议，经国家粮食和物资储备局党组审核同意，并公示无异议后，确定领军人才名单。

第四章　培养措施

第十条　国家粮食和物资储备局给予领军人才一次性经费资助，用于领军人才自主选题研究、人才培养和团队建设。领军人才归口推荐单位及其所在单位安排配套的支持经费。

第十一条　国家粮食和物资储备局定期组织领军人才研修培训，提高领军人才的政策理论水平、科研创新和管理能力。领军人才所在单位应优先选派领军人才参加培训、进修、国际合作交流等。

第十二条　坚持以用为本，在选题立项、科研管理、人才配置等方面给予领军人才更多自主权，优先支持领军人才参与粮食流通重大政策咨询、重大项目论证、重大科研计划和国家标准制定、重点工程建设等。

第十三条　鼓励领军人才自主组建团队，加强对团队中青年科研人员的培养和带动。鼓励和支持领军人才在国内外学术团体中发挥作用。

第十四条　粮食行业推荐申报院士和"国家高层次人才特殊支持计划"等国家重大人才工程人选，同等条件下，优先从领军人才中产生。

第五章　服务管理

第十五条　国家粮食和物资储备局为粮食行业自然科学、工程技术领域领军人才颁发"全国粮食行业科技创新领军人才"证书，为经济研究领域领军人才颁发"全国粮食行业经济研究领军人才"证书。

第十六条　建立沟通联系机制，及时了解领军人才的工作情况和发展需要，努力为其创造良好的工作和学习条件。

第十七条　领军人才资助经费原则上 3 年内统筹使用。领军人才转换工作单位的，未使用完的国家粮食和物资储备局资助经费应一并流转。资助经费由领军人才所在单位按照财政部、国家粮食和物资储备局相关规定严格管理，领军人才可在规定范围内自主支配使用。

第十八条　领军人才资助项目一般不作过程检查，项目结束后，由本人提出申请，国家粮食和物资储备局组织绩效评估。主要考核领军人才及其团队在完成重大项目、提升科技创新能力、业绩贡献、发挥领衔作用、培养人才和团队建设等方面取得的成效。

第十九条　对弄虚作假骗取入选资格的，违反职业道德、学术不端正造成恶劣影响的，或者触犯国家法律法规的，取消入选资格，并依规依纪追究相关人员责任。

第六章　附则

第二十条　本办法自印发之日起施行。

第二十一条　本办法由国家粮食和物资储备局负责解释。

关于组织开展"百名博士服务粮企"活动的通知

国粮办发〔2018〕378号

各省、自治区、直辖市粮食和物资储备局（粮食局），中国储备粮管理集团有限公司、中粮集团有限公司、中国供销集团有限公司，各有关高校，各直属单位、联系单位：

根据《关于"人才兴粮"的实施意见》工作部署，为引导和支持青年科技人才到粮食企业对接生产需求、解决实际问题，通过实践锻炼提升自身素质能力。经研究，我局将于近期组织开展首批"百名博士服务粮企"活动。现就有关事项通知如下：

一　推荐名额

首批"百名博士服务粮企"活动规模约20人。每个归口单位推荐企业和博士人选数量一般均不超过3名。

二　申报条件

（一）粮食企业。有良好的社会和行业影响，在"科技兴粮""人才兴粮"重点领域有急需解决的生产技术难题，高层次人才需求比较迫切，且具备一定的产学研合作基础。

（二）博士人才。主要面向粮食行业高等院校、职业学校、科研院所中具有博士学位的青年科研人员、专业教师，以及粮食专业在读博士研究生。满足下列条件之一者，均可自愿申报：

1. 具有粮食相关专业的博士学位，当前科研工作内容紧贴"科技兴粮""人才兴粮"重点任务，在科技服务、成果转化等方面有一定经验。

2. 粮食相关专业在读博士生，毕业论文研究方向与"科技兴粮""人才兴粮"重点任务有较大相关性，具备指导企业解决生产问题的能力。

三　工作安排

（一）推荐参加企业和博士人选。请各单位围绕"科技兴粮""人才兴粮"重点任务，结合本地区、本单位实际，组织符合条件的粮食企业和有对接潜力的博士人才自愿申报，择优推荐。

（二）对接需求，下达活动计划。根据申报企业和博士人才情况，研究对接需求，下达首批"百名博士服务粮企"活动计划。

（三）赴企业开展活动。各单位指导所推荐的企业和博士人才按计划开展活动。

四　活动要求

（一）本次活动采取弹性工作制方式，由博士所在单位、博士本人与服务企业商定 6 个月至 1 年的服务期，累计在企业工作时间不得少于 3 个月。

（二）服务期满后，各归口推荐单位应组织所推荐企业对博士服务表现、工作成效等进行综合评价，同时汇总所推荐博士人才为企业服务工作情况，整理形成工作总结。

五　其他事项

（一）参加活动的博士人才同时作为"粮食科技特派员"，参与粮食科普宣传、指导技术创新等工作。

（二）博士所在单位应与对接企业签署协议书，约定工作目标、内容、时间和知识产权归属等内容，向我局备案。我局将提供一定经费资助，用于补贴博士服务企业所必需的差旅、试验、资料等费用。

（三）请各单位高度重视，认真组织申报推荐工作，于 2018 年 12 月 20 日前将《首批"百名博士服务粮企"推荐企业汇总表》（附件 1，一式一份，下同）、《首批"百名博士服务粮企"推荐博士汇总表》（附件 2），与推荐企业的《"百名博士服务粮企"申报表（企业用）》（附件 3）和推荐博士的《"百名博士服务粮企"申报表（博士用）》（附件 4）一并报送至我局人事司（同时报电子版）。

联 系 人：刘华鹏　曲贵强
电　　话：010-63906082　63906090
电子信箱：rcgzc@lswz.gov.cn
地　　址：北京市西城区木樨地北里甲 11 号国宏大厦 C 座 919 室
邮　　编：100038

附件：1. 首批"百名博士服务粮企"推荐企业汇总表（略）
　　　2. 首批"百名博士服务粮企"推荐博士汇总表（略）
　　　3. "百名博士服务粮企"申报表（企业用，略）
　　　4. "百名博士服务粮企"申报表（博士用，略）

国家粮食和物资储备局办公室
2018 年 12 月 3 日

（此件公开发布）

关于印发首批全国粮食行业领军人才和第二批全国粮食行业青年拔尖人才入选人员名单的通知

国粮办发〔2018〕402号

各省、自治区、直辖市粮食和物资储备局（粮食局），中国储备粮管理集团有限公司、中粮集团有限公司、中国供销集团有限公司，各有关高校，各司局、直属及联系单位：

首批全国粮食行业领军人才和第二批全国粮食行业青年拔尖人才入选人员名单已经国家粮食和物资储备局党组会议审议同意，并经公示无异议，现予以印发。请按照申报渠道，及时通知用人单位及入选人员，并按照《全国粮食行业领军人才选拔培养管理办法》（国粮办发〔2018〕310号）、《全国粮食行业青年拔尖人才优先培养实施办法》（国粮办人〔2016〕285号）等文件规定，落实好各项培养支持措施。

　　附件：1. 首批全国粮食行业领军人才入选人员名单
　　　　　2. 第二批全国粮食行业青年拔尖人才入选人员名单

国家粮食和物资储备局办公室
2018年12月14日

（此件公开发布）

附件 1

首批全国粮食行业领军人才入选人员名单

序号	姓名	工作单位
1	刘景圣	吉林农业大学
2	佟 毅	中粮集团有限公司
3	颜 波	中国粮食研究培训中心

（按姓氏笔画排序）

附件 2

第二批全国粮食行业青年拔尖人才入选人员名单

序号	姓名	工作单位
1	方 勇	南京财经大学
2	伍 祎	国家粮食和物资储备局科学研究院
3	刘昆仑	河南工业大学
4	吴娜娜	国家粮食和物资储备局科学研究院
5	何 荣	南京财经大学
6	沈汪洋	武汉轻工大学
7	罗小虎	江南大学
8	祝振洲	武汉轻工大学
9	曾 山	武汉轻工大学
10	管 骁	上海理工大学

（按姓氏笔画排序）

公告部分

2018 年第 1 号公告

为规范 12325 全国粮食流通监管热线举报处理工作，根据《粮食流通管理条例》和《中央储备粮管理条例》等有关法规政策，国家粮食局制定了《12325 全国粮食流通监管热线举报处理规定（试行）》，现予公告。

国家粮食局

2018 年 2 月 22 日

（此件公开发布）

12325 全国粮食流通监管热线举报处理规定（试行）

第一章 总 则

第一条 为保障公民、法人或者其他组织（统称举报人）依法举报粮食流通违法违规行为的权利，规范 12325 全国粮食流通监管热线（以下简称"热线"）举报处理工作，根据《粮食流通管理条例》《中央储备粮管理条例》及有关法律法规政策，制定本规定。

第二条 热线实行统一受理、分级负责、便民高效、公开公正的处置原则。

第三条 国家粮食局执法督查局负责热线的统一管理。地方粮食行政管理部门按照属地原则分级负责国家粮食局执法督查局分办举报的查处等工作。

第二章 受 理

第四条 热线包括电话系统和网络平台，电话系统受理时间为法定工作日 8：30-12：00，13：00-17：00；网络平台全天 24 小时接收举报。

第五条 热线提倡实名举报。举报人应如实反映问题，尽可能提供详细情况，对其真实性负责，并保持预留有效手机号码、电子邮箱畅通。

第六条 举报有下列情形之一的，不予受理：

（一）不属于粮食行政管理部门职权范围的；

（二）无明确被举报对象的；

（三）举报基本要件不全、描述不清且无法与举报人联系的；

（四）无法提供违法违规行为具体线索的；

（五）同一内容事项重复举报的；

（六）通过诉讼、仲裁、行政复议等法定途径已经解决、正在解决，或已由其他机关受理的；

（七）依法不予受理的其他情形。

第七条 热线接到举报后，一般应在 7 个工作日内作出是否受理的决定，并向承办单位分办。实名举报不予受理或部分受理的，应自接到举报之日起 10 个工作日内联系举报人，告知情况并说明原因。

第八条 举报人可登录国家粮食局政府网站热线网络平台，按界面提示填写相关信息进行举报。

第九条 举报人可拨打热线电话或登录网络平台，查询举报受理情况及核查进度。

第三章 办 理

第十条 热线受理的举报，按《粮食流通管理条例》《中央储备粮管理条例》规定的权限，由国家粮食局执法督查局进行分办。

第十一条 举报应自受理决定作出之日起 60 个工作日内核查办结。有特殊情况的，可延期一次，最长延期 30 个工作日。对于涉嫌违法违规行为性质严重，群众反映强烈，社会影响较大，或具有突发性、需要紧急处置的举报，可由国家粮食局执法督查局另行指定核查期限。

第十二条　各级粮食行政管理部门应对核查举报结果负责，核查过程要全程记录留痕。

第十三条　对已受理的举报，举报人有提供证据资料的，由举报核查单位与举报人联系，依法办理交接手续。

第四章　投　诉

第十四条　举报人对热线服务态度或服务质量不满意，对热线受理举报核查结果有异议，或认为举报核查人员行为不当的，可向热线进行投诉。

第十五条　投诉有下列情形之一的，不予受理：

（一）针对热线受理举报以外问题投诉的；

（二）无正当理由投诉或重复投诉的；

（三）投诉对象和投诉内容不明确的；

（四）无法提供必要证据的；

（五）其他依法不予受理的投诉事项。

第十六条　热线接到投诉后，应在 5 个工作日内作出是否受理的决定。实名投诉不予受理的，应自收到投诉之日起 7 个工作日内反馈投诉人。投诉应自受理决定作出之日起 30 个工作日内核查办结。有特殊情况的，可延期一次，最长延期 15 个工作日。

第十七条　热线受理的投诉，由被投诉人所在单位或其上级单位按有关规定进行核查。

第五章　督促反馈

第十八条　各级粮食行政管理部门和有关单位应及时核查分办至本单位的举报，密切跟踪转办举报的核查情况，建立层级催办督办制度。重要举报要挂牌督办。

第十九条　实名举报和投诉核查办结后，核查单位应在 5 个工作日内答复举报人或投诉人。热线不定期随机抽取核查办结的举报，进行电话回访。

第六章　信息管理

第二十条　各级粮食行政管理部门应依照《档案法》等法律法规有关规定，对举报核查相关文字、音像资料等立卷归档，留存期限不得低于 10 年。内容涉密的信息，按照国家有关保密规定管理。

第二十一条　各级粮食行政管理部门应充分利用热线加强对粮食流通违法违规问题的监测和统计分析，制定有效措施，防范粮食流通安全问题隐患。

第七章　监督与责任

第二十二条　粮食行政管理部门在核查举报过程中应严格履行法定程序，遵守执法人员行为规范和时限要求，自觉接受监督；核查人员与举报事项有利害关系的，应当回避。

第二十三条　举报核查过程中存在滥用职权、玩忽职守、徇私舞弊或者违反本规定行为的，举报、投诉超过期限仍未核查办结且造成严重后果的，依法依纪依规追究相关人员责任；构成犯罪的，移送司法机关处理。

第二十四条　粮食行政管理部门及举报核查人员应严格遵守有关保密规定，依法保护举报人和被举报对象的合法权益。不得私自摘抄、复制、扣押、藏匿、销毁举报材料；严禁泄露举报人和被举报对象信息；不得将举报人姓名、身份证号、联系方式、住址等信息向被举报对象及无关人员透露，必要时制定预案，保护举报人人身安全，防止打击报复；不得泄露被举报对象商业秘密；对举报失实的要做好澄清工作。

第二十五条　举报人反映问题应当客观真实，不得诬告陷害他人，不得采取暴力、胁迫或者通过其他违法手段干扰正常工作秩序。出现此类行为违反治安管理法律法规的，交由公安机关处理；构成犯罪的，移送司法机关处理。

第二十六条　举报人、投诉人具有下列情形之一，经热线提醒仍不改正的，纳入黑名单管理，情节严重的移送司法机关处理：

（一）发表违法违规及反动言论的；

（二）恶意举报或投诉，谩骂、骚扰热线工作人员，恶意中伤他人的；

（三）同一举报事项，无实质补充内容，反复举报，或已告知查办结果，仍反复举报的；

（四）其他恶意举报或投诉的情形。

第八章　附　则

第二十七条　对反映中央粮食企业下属单位问题的举报，可视具体情况责成企业总部调查处理。

第二十八条　办理期限中，检验检测、鉴定以及其他部门协助调查所需时间不计算在办理期限内。法律法规另有规定的，从其规定。

第二十九条　本规定由国家粮食局负责解释。

第三十条　本规定自 2018 年 3 月 1 日起施行。

2018 年第 2 号公告

　　根据《中央储备粮代储资格管理办法》（国家发展和改革委员会 财政部令 第 5 号）和《中央储备粮代储资格管理办法实施细则》（国家粮食局公告 2017 年第 3 号），经审查，决定授予北京市顺义粮食收储有限公司等 121 户企业中央储备粮代储资格，同意对中国华粮物流集团北京粮食销区中心供应库等 63 户企业的部分中央储备粮代储资格事项进行变更。

　　我局将对上述企业在线发放电子版"中央储备粮代储资格证书"；向本次认定未取得资格企业和不同意变更资格事项的企业在线发放电子版"不予行政许可决定书"。各相关企业可登录"中央储备粮代储资格网上直报和评审系统"查询、下载及打印相关文书。

　　本决定自公告发布之日起生效。

　　附件：1.2018 年授予中央储备粮代储资格企业名单（新申请、补充申请、延续申请）（略）
　　　　　2.2018 年变更部分中央储备粮代储资格事项企业名单（略）

国家粮食和物资储备局

2018 年 11 月 29 日

（此件公开发布）

通告部分

国粮通〔2018〕1 号

现发布 11 项推荐性行业标准，其编号和名称如下：

LS/T 1709—2018《粮食信息分类与编码　储粮病虫害分类与代码》

LS/T 1714—2018《粮油仓储设施标识编码规则》

LS/T 1814—2018《粮食电子地图　地理要素》

LS/T 1815—2018《粮食电子地图　图示表达》

LS/T 1816—2018《粮食仓储数据元　熏蒸》

LS/T 1817—2018《粮仓远程视频监控系统技术规范》

LS/T 1818—2018《多模式储粮害虫及防治信息交互接口》

LS/T 1819—2018《粮食流通电子标识数据规范》

LS/T 1820—2018《粮食大数据资源池设计规范》

LS/T 6131—2018《粮油检验　植物油中邻苯二甲酸酯类化合物的测定》

LS/T 6132—2018《粮油检验　储粮真菌的检测　孢子计数法》

以上行业标准自 2018 年 3 月 1 日起实施。

特此通告。

国家粮食局

2018 年 1 月 8 日

国粮通〔2018〕2号

现发布6项推荐性行业标准，其编号和名称如下：

LS/T 1219—2018《大米品尝评分参考样品制备技术规范》

LS/T 3547—2018《粮油机械　电动散装粮食扦样器技术条件与试验方法》

LS/T 3548—2018《粮油机械　电动吸式包装粮食扦样器技术条件与试验方法》

LS/T 6133—2018《粮油检验　主要谷物中16种真菌毒素的测定液相色谱——串联质谱法》

LS/T 6134—2018《粮油检验　粮食中镉的快速测定 稀酸提取——石墨炉原子吸收光谱法》

LS/T 6135—2018《粮油检验　粮食中铅的快速测定 稀酸提取——石墨炉原子吸收光谱法》

以上行业标准自2018年7月1日起实施。

特此通告。

国家粮食和物资储备局

2018年4月9日

国粮通〔2018〕3 号

现发布推荐性行业标准样品如下：

2018 年度粮食实物标准样品目录

标准样品名称		标准号	特征描述及参考值	制作单位	适用标准
早籼米加工精度标准样品	一级	LS/T 15121.1 — 2018	一级：背沟无皮，或有皮不成线，米胚和粒面皮层去净的占 90% 以上。二级：背沟有皮，米胚和粒面皮层去净的占 85% 以上。三级：背沟有皮，粒面皮层残留不超过五分之一的占 80% 以上。四级：背沟有皮，粒面皮层残留不超过三分之一的占 75% 以上。	宜兴市粮油集团大米有限公司	GB 1354-2009
	二级	LS/T 15121.2 — 2018			
	三级	LS/T 15121.3 — 2018			
	四级	LS/T 15121.4 — 2018			
晚籼米加工精度标准样品	一级	LS/T 15122.1 — 2018			
	二级	LS/T 15122.2 — 2018			
	三级	LS/T 15122.3 — 2018			
	四级	LS/T 15122.4 — 2018			
粳米加工精度标准样品	一级	LS/T 15123.1 — 2018		苏州市绿世纪粮油有限公司	
	二级	LS/T 15123.2 — 2018			
	三级	LS/T 15123.3 — 2018			
	四级	LS/T 15123.4 — 2018			
南方小麦粉加工精度标准样品	特制一等	LS/T 15111.1 — 2018	麸星含量：1.21 ± 0.05，L:92.71 ± 0.22，a:-1.11 ± 0.05，b:8.19 ± 0.42	丹阳市同乐面粉有限公司	GB 1355-1986
	特制二等	LS/T 15111.2 — 2018	麸星含量：1.52 ± 0.12，L:92.16 ± 0.27，a:-1.02 ± 0.05，b:7.96 ± 0.35		
	标准粉	LS/T 15111.3 — 2018	麸星含量：3.10 ± 0.20，L:91.10 ± 0.26，a:-0.88 ± 0.05，b:8.34 ± 0.45		
北方小麦粉加工精度标准样品	特制一等	LS/T 15112.1 — 2018	麸星含量：1.20 ± 0.02，L:93.02 ± 0.18，a:-1.13 ± 0.05，b:8.05 ± 0.49	新乡市新良粮油加工有限责任公司	
	特制二等	LS/T 15112.2 — 2018	麸星含量：2.47 ± 0.06，L:91.87 ± 0.19，a:-0.96 ± 0.04，b:7.80 ± 0.33		
	标准粉	LS/T 15112.3 — 2018	麸星含量：3.16 ± 0.11，L:91.52 ± 0.20，a:-0.88 ± 0.05，b:7.24 ± 0.24		

续表

2018 年度粮食实物标准样品目录

标准样品名称		标准号	特征描述及参考值	制作单位	适用标准
小麦硬度指数标准样品		LS/T 1531 — 2018	小麦硬度指数：硬麦 67.5% ± 1.5%；软麦 36.8% ± 2.7%	河南工业大学	GB/T 21304-2007
籼稻整精米率标准样品	LS/T 15321 — 2018	籼稻整精米率：45.3 不确定度：1.50	湖北国家粮食质量监测中心	GB/T 21719-2008	
粳稻整精米率标准样品	LS/T 15322 — 2018	粳稻整精米率：52.2 不确定度：0.46	辽宁国家粮食质量监测中心	GB/T 21719-2008	
大米颜色黄度指数标准样品	LS/T 1533 — 2018	籼米：Ym=56.5948 ± 1.0527 粳米：Ym=51.2720 ± 0.8613	湖北国家粮食质量监测中心	GB/T24302-2009	
粳米品尝评分参考样品	LS/T 1534 — 2018	综合评分 78 分，不确定度：± 1.41 其中： 气味 16 分，不确定度：± 0.36； 颜色 6 分，不确定度：± 0.00； 光泽度 6 分，不确定度：± 0.31； 完整性 4 分，不确定度：± 0.29； 粘性 7 分，不确定度：± 0.42； 弹性 7 分，不确定度：± 0.26； 硬度 8 分，不确定度：± 0.29； 滋味 21 分，不确定度：± 0.49； 冷饭质地 3 分，不确定度：± 0.26。	国家粮食局科学研究院	GB/T15682-2008	

注：小麦粉加工精度标准样品特征参考值按照 GB/T 27628—2011 的要求，采用小麦粉加工精度测定仪测定。

以上行业标准样品有效期：2018 年 4 月 1 日～2019 年 3 月 31 日

特此通告。

附件：1.2018 年度粮食实物标准样品行业标准制定单位（略）

2.2018 年度粮食行业实物标准样品制作单位联系方式（略）

国家粮食和物资储备局

2018 年 4 月 20 日

国粮通〔2018〕4 号

根据《中华人民共和国标准化法》的规定，决定对已发布相应国家标准的现行 18 项粮食行业标准予以废止，其编号和名称如下：

LS/T 3801—1987《粮食包装　麻袋》

LS/T 3802—1988《粮食包装　面粉袋》

LS/T 1102—1988《粮食、油料及其加工产品性质和质量的名词术语》

LS/T 1101—1988《粮油仓储设备　名词术语》

LS/T 1103—1992《原粮油料形态学和结构学术语》

LS/T 1211—2008《粮油储藏技术规范》

LS/T 3503—1988《圆筒初清筛》

LS/T 1203—2002《粮情测控系统》

LS/T 3535—1988《螺旋榨油机》

LS/T 3537—1992《平转浸出器》

LS/T 3540—1992《混合油长管蒸发器》

LS/T 3501.3—1993《粮油加工机械通用技术条件　装配技术要求》

LS/T 3501.4—1993《粮油加工机械通用技术条件　铸件》

LS/T 3501.5—1993《粮油加工机械通用技术条件　板件、板型钢构件技术要求》

LS/T 3501.12—1993《粮油加工机械通用技术条件　产品包装》

LS/T 3523—1993《喷风碾米机通用技术条件》

LS/T 3511—1993《气压磨粉机》

LS/T 3531—1995《叶轮关风器》

上述标准自 2019 年 1 月 1 日起停止施行。

特此通告。

国家粮食和物资储备局

2018 年 6 月 12 日

国粮通〔2018〕5 号

现发布 5 项推荐性行业标准，其编号和名称如下：

LS/T 3116—2018《山桐子》

LS/T 3258—2018《山桐子油》

LS/T 3259—2018《油莎豆油》

LS/T 3314—2018《山桐子饼粕》

LS/T 3315—2018《核桃饼粕》

以上行业标准自 2019 年 3 月 1 日起实施。

特此通告。

国家粮食和物资储备局

2018 年 12 月 3 日

（此件公开发布）

附　录

2018 年大事记

1 月

1 月 10 日,国家粮食局召开第 30 次局党组会议,认真传达学习中央有关精神,研究贯彻落实相关措施;审议《中共国家粮食局党组关于贯彻落实加强和维护党中央集中统一领导若干规定精神的意见》;审议《中共国家粮食局党组关于深入贯彻执行中央八项规定精神的实施办法(修订稿)》;研究有关人事事项。张务锋同志主持,徐鸣、曾丽瑛、卢景波、韩卫江同志出席。

1 月 16 日,张务锋同志主持召开党组扩大会议,认真传达学习习近平总书记在十九届中央纪委二次全会上的重要讲话和中央纪委二次全会精神,结合粮食部门实际,研究部署贯彻落实的具体措施。

1 月 19 日,张务锋同志会见江苏省委常委、副省长杨岳一行,就认真学习贯彻习近平新时代中国特色社会主义思想和党的十九大精神,推动江苏粮食流通改革发展等相关工作进行了座谈会商。徐鸣、曾丽瑛、卢景波、韩卫江及相关司局负责同志参加座谈会。

1 月 22～23 日,全国粮食流通工作会议在京召开,会议深入贯彻习近平新时代中国特色社会主义思想和党的十九大精神,认真落实中央经济工作会议、中央农村工作会议精神和全国发展改革工作会议部署要求,总结工作、研判形势,部署 2018 年粮食流通改革发展任务。会议传达学习了国务院领导同志对粮食流通工作的重要批示。国家发展和改革委员会党组成员、副主任胡祖才出席会议并讲话。张务锋同志作工作报告,徐鸣同志作总结讲话,曾丽瑛、卢景波、韩卫江、何毅同志出席会议。

1 月 31～2 月 2 日,张务锋同志一行到山西省,就深入贯彻党的十九大精神,认真落实习近平总书记在山西视察时的重要指示,扎实推进粮食流通改革发展,培植壮大特色优质粮食产业进行了实地调研。山西省委副书记、省长楼阳生,副省长贺天才、陈永奇与张务锋同志一行会面,就共同推动山西小杂粮产业发展等进行了深入交流。期间,走访慰问了原平市粮食系统中中华人民共和国成立前参加工作的部分离退休干部职工,在新春到来之际向他们致以亲切的问候,感谢他们为粮食流通改革发展做出的突出贡献。

2 月

2 月 5 日,国家粮食局在北京举行 2018 年离退休干部新春茶话会。张务锋同志出席茶话会并讲话,徐鸣、曾丽瑛、卢景波、韩卫江同志,中储粮集团公司副总经理陈红旗共同出席茶话会,集体向老同志拜年,送上新春问候和节日祝福。白美清等老领导、在北京的离退休老同志代表 150 余人出席茶话会。

2 月 8 日,张务锋同志带队,到北京市场检查调研春节粮油市场供应工作。卢景波同志参加调研,北京市副市长殷勇一同调研。

2月9日，国家粮食局召开2017年度工作总结大会，张务锋同志出席会议并讲话，徐鸣、曾丽瑛、卢景波、韩卫江、何毅同志出席会议，并向干部职工拜年。

2月11日，国家粮食局召开赴基层挂职干部座谈会。曾丽瑛同志主持座谈会并讲话。原国家粮食局援疆、援藏和在定点扶贫县、东北老工业基地、革命老区挂职的7名干部参加了座谈会。

2月28日，国家粮食局举行新任职司处级国家工作人员宪法宣誓仪式。张务锋同志监誓；徐鸣、卢景波、韩卫江同志出席；曾丽瑛同志主持；何毅同志领誓。2016年1月后局党组任命的司处级干部参加宣誓。

3 月

3月5日，国家粮食局组织集中收看第十三届全国人民代表大会第一次会议开幕会，认真聆听学习李克强总理所作的政府工作报告。国家粮食局党组还就学习贯彻第十三届全国人民代表大会第一次会议特别是李克强总理所作报告精神做了安排和部署，要求全局各单位要结合粮食工作实际，把政府工作报告和会议精神学习好、宣传好、贯彻好、落实好。

3月12日，张务锋同志会见了来访的新加坡丰益国际集团董事局主席、益海嘉里投资有限公司董事长郭孔丰一行。张务锋同志希望益海嘉里集团继续走创新引领发展之路，大力发展订单农业，进一步融入"一带一路"倡议，积极参与中国优质粮食工程建设，并加强与国家粮食局科学研究院、中国粮油学会的交流与合作。

3月20日，国家粮食局召开第24次局长办公会议，传达学习贯彻《中共中央关于印发〈深化党和国家机构改革方案〉的通知》；传达学习全国"两会"精神，部署贯彻落实工作安排；听取关于全国粮食流通执法督查创新示范单位创建活动开展情况的汇报。张务锋同志主持，徐鸣、曾丽瑛、卢景波、韩卫江、何毅同志出席。

3月22日，国家粮食局召开党组扩大会议，宣布中央关于国家粮食和物资储备局领导班子任职的决定。张务锋同志主持，徐鸣、曾丽瑛、卢景波、韩卫江同志，中组部干部四局局长钟海东出席。之后，召开国家粮食和物资储备局第1次局党组会议，传达中央关于国家粮食和物资储备局领导班子组成的决定；研究局领导班子成员初步分工；听取局组建工作有关准备情况汇报，研究部署下一步工作；通报了国家机关事务管理局决定将北京市西城区月坛北街25号院作为新办公地址的相关情况。张务锋同志主持，曾丽瑛、卢景波、韩卫江同志出席。

3月26日，国家粮食和物资储备局召开第2次局党组会议，传达学习贯彻《中共中央办公厅　国务院办公厅关于做好党和国家机构改革有关事项的通知》《中央纪委关于认真履行纪检监察职责　保证深化党和国家机构改革顺利进行的通知》和国家发展和改革委员会第1次党组会议精神；通报局领导班子初步分工；研究部署国家粮食和物资储备局组建有关工作。张务锋同志主持，曾丽瑛、卢景波、韩卫江同志出席。

4 月

4 月 4 日，国家粮食和物资储备局举行挂牌仪式。全国政协副主席，国家发展和改革委员会党组书记、主任何立峰为国家粮食和物资储备局揭牌，国家发展和改革委员会党组成员、副主任张勇出席仪式；张务锋同志主持仪式；曾丽瑛、卢景波、韩卫江同志参加挂牌仪式。

4 月 8 日，国家粮食和物资储备局召开第 1 次局长办公会议，传达学习贯彻国务院常务会议精神和国务院领导同志到国家发展和改革委员会调研时的重要讲话精神；通报 3 月份全局重点工作进展情况；审议《全国粮食和物资储备系统安全稳定工作视频会议方案》；听取粮食和物资储备系统安全稳定工作督导检查安排的汇报；听取关于修订小麦和稻谷最低收购价执行预案有关情况的汇报。张务锋同志主持，曾丽瑛、卢景波、韩卫江、何毅同志出席。

4 月 19～20 日，粮食交易工作座谈会在北京召开，会议深入学习贯彻习近平新时代中国特色社会主义思想和党的十九大精神，认真落实全国粮食流通工作会议部署要求，研究分析粮食交易工作面临的新形势新任务，对加快推进国家粮食电子交易平台建设，进一步做好粮食交易各项工作做出安排部署。卢景波同志出席会议并讲话。

4 月 23 日，国家粮食和物资储备局召开全国粮食和物资储备系统安全稳定廉政工作视频会议，动员全系统深入贯彻习近平新时代中国特色社会主义思想，认真落实党中央、国务院决策部署，以严而又严、紧而又紧、实而又实的举措，抓安全、保稳定、促廉政，为国家粮食安全和国家储备安全提供坚强保障。会议认真传达学习了国家发展和改革委员会党组书记、主任何立峰同志的重要批示。张务锋同志出席会议并讲话；曾丽瑛同志主持会议；卢景波、韩卫江同志，中央纪委驻国家发展和改革委员会纪检组副组长姜文鹏，何毅同志出席会议。

4 月 23 日，国家粮食和物资储备局召开欢迎转隶人员大会。张务锋同志出席会议并讲话；曾丽瑛同志主持会议；卢景波、韩卫江同志，中央纪委驻国家发展和改革委员会纪检组副组长姜文鹏，何毅同志出席会议。

4 月 26 日，张务锋同志会见中粮集团党组副书记、总裁于旭波一行，就当前重点工作进行了认真座谈会商。卢景波同志，中粮集团党组成员、副总裁栾日成参加。

4 月 26 日，张务锋同志听取武汉轻工大学党委书记谭晓明、校长刘民刚工作汇报，并就"科技兴粮、人才兴粮"工作进行了认真会商。卢景波同志出席。

5 月

5 月 4 日，国家粮食和物资储备局临时机关团委联合水利部、国务院港澳事务办公室、中国宋庆龄基金会等单位团组织，组织开展"青春与奉献——岗位建功在基层"演讲交流活动，青年团员结合自身经历，讲述在基层岗位无私奉献、担当作为，创造无悔青春的感人故事，展示了新时代青年干部的良好精神面貌。

5 月 8 日，国家粮食和物资储备局党组理论学习中心组，以"深入贯彻习近平总书记总体国家安全观，全面履行职责任务，为保障国家粮食安全和战略应急储备安全作出新的更大贡献"为主题，进行认真学习交流。张务锋同志主持集体学习；曾丽瑛、卢景波、韩卫江、何毅同志和有关司局主要负责同志分别进行交流发言。

5月10日，张务锋同志在京会见了乌拉圭牧农渔业部新任部长恩佐·贝内奇一行，双方就加强合作交换了意见。卢景波同志出席。

5月10～11日、14～15日，国家粮食和物资储备局分两期组织司处级领导干部专题培训班。曾丽瑛同志出席开班式、结业式，分别发表动员讲话和总结讲话。

5月16日，张务锋同志到国家粮食和物资储备局科学研究院调研科技兴粮工作。张务锋同志听取了关于院改革推进情况与请求支持事项的工作汇报，与11位科研人员代表就如何建设一流科研院所进行了座谈。曾丽瑛同志一同调研。

5月17日，粮食安全省长责任制国家考核工作组第三次联席会议在京召开。会议分析研判了当前粮食安全工作面临的新形势和新任务，研究部署当前粮食安全省长责任制考核有关工作。粮食安全省长责任制国家考核工作组组长、国家发展和改革委员会党组书记、主任何立峰同志出席会议并发表讲话。国家发展和改革委员会党组成员、副主任张勇同志主持会议；张务锋同志通报了2017年度考核进展情况和部门抽查方案；曾丽瑛同志通报2018年度粮食安全省长责任制考核方案。

5月17日，国家粮食和物资储备局在河北省正定县召开全国夏季粮油收购工作会议，认真学习贯彻国家粮食收购政策，深入分析夏季粮油购销形势，对收购工作做出全面部署。卢景波同志主持会议并讲话，河北省人民政府副秘书长赵国彦出席会议。

5月18日，张务锋同志在京会见了阿根廷农业产业部部长路易斯·艾特切维埃莱一行，就加强粮食领域交流合作交换了意见。卢景波同志出席。

5月20日，为进一步落实习近平总书记视察山西重要指示精神，共同推进山西粮食产业高质量发展，切实保障国家粮食安全，国家粮食和物资储备局与山西省人民政府，在太原签署战略合作协议。张务锋同志、山西省副省长陈永奇代表双方签约并讲话；卢景波同志出席签约仪式；山西省政府副秘书长刘星主持签约仪式。之后，举行2018年全国粮食科技活动周启动仪式。启动仪式现场举行了"国家功能杂粮技术创新中心"授牌、粮食科普知识展、中国好粮油展、中国好粮油（小米）品鉴会、杂粮学术报告会等活动。

5月21日，为深入贯彻习近平总书记视察湖北时的重要指示精神，认真落实总体国家安全观和国家粮食安全战略，共同推进湖北粮食产业高质量发展，国家粮食和物资储备局与湖北省人民政府，在武汉签署战略合作协议。张务锋同志、湖北省副省长周先旺代表双方签约并讲话；曾丽瑛、卢景波同志出席签约仪式；湖北省政府副秘书长吕江文主持签约仪式。同时，2018年全国粮食科技活动周武汉会场活动正式开幕。

5月21日，国家粮食和物资储备局在湖北省武汉市召开全国科技兴粮人才兴粮座谈会。认真落实习近平总书记关于科技和人才工作的重要指示，交流经验做法，研究部署新时代"科技兴粮"和"人才兴粮"的创新举措。张务锋同志出席会议并讲话，曾丽瑛同志主持会议，卢景波同志通报有关情况，人力资源和社会保障部有关司负责同志进行了人才政策解读。

5月24日，国家粮食和物资储备局召开党组扩大会议，宣布梁彦同志任职决定。张务锋同志主持，曾丽瑛、卢景波、韩卫江、梁彦同志出席。

5月29日，国家粮食和物资储备局召开第6次局党组会议，传达学习贯彻全国生态环境保护大会会议精神；审议《中共国家粮食和物资储备局党组贯彻执行〈中国共产党党务公开条例（试行）〉

实施细则》等议题。张务锋同志主持，曾丽瑛、卢景波、韩卫江、梁彦同志出席。

6 月

6月4～7日，韩卫江同志率领粮食安全省长责任制考核部门联合抽查组，对天津市人民政府2017年度落实粮食安全省长责任制落实情况进行了实地抽查考核。

6月5～6日，全国粮食质量安全监管工作会议在浙江省杭州市召开，认真贯彻国务院食安委第五次全体会议精神，按照全国粮食流通工作会议部署，总结工作，交流经验，分析问题，研判形势，安排粮食质量安全监管重点任务。张务锋同志对会议作出批示；韩卫江同志出席会议并讲话。

6月10～12日，张务锋同志到四川省调研优质粮食工程建设和物资储备重点工作。期间，同四川省委副书记、省长尹力，省委常委、常务副省长王宁会面，共商认真落实习近平总书记在川视察重要讲话精神，加快推动粮食产业高质量发展，擦亮四川粮食大省"金字招牌"等举措。

6月10～13日，张务锋同志率领由粮食安全省长责任制考核部门联合抽查组，对四川省人民政府2017年度落实粮食安全省长责任制情况进行了现场抽查。

6月11日，卢景波同志带队赴安徽省开展2017年度粮食安全省长责任制考核部门联合抽查工作。

6月14日，国家粮食和物资储备局召开第7次局党组会议，认真传达贯彻习近平总书记关于打赢脱贫攻坚三年行动的重要指示等；认真传达贯彻省区市纪检监察工作座谈会精神；听取关于制订《中共国家粮食和物资储备局党组巡视工作规划（2018～2022年）》有关情况的汇报；听取关于组建国家粮食和物资储备局临时机关党委、纪委有关情况的汇报。张务锋同志主持，曾丽瑛、卢景波、韩卫江、梁彦同志出席。

6月18日，第十四届粮食产销协作福建洽谈会在福建省福州市举行，卢景波同志出席活动并讲话。活动期间，卢景波同志与福建省副省长李德金就粮食流通工作交换了意见。

7 月

7月6日，首届"一带一路"粮食安全高峰论坛在甘肃省兰州市举行。张务锋同志出席论坛并致辞。韩卫江同志主持。

7月6日，国家粮食和物资储备局与甘肃省人民政府在兰州市签署《共建区域粮食安全保障体系加快粮食产业高质量发展战略合作协议》。张务锋同志，甘肃省委常委、常务副省长宋亮代表双方签约并讲话；韩卫江同志出席仪式；甘肃省政府副秘书长郭春旺主持。

7月12日，全国物资储备系统安全稳定廉政工作汇报会在北京召开。张务锋同志出席会议，代表国家粮食和物资储备局党组与各储备物资管理局（办事处）签订安全稳定责任书和党风廉政建设责任书，并作了重要讲话。曾丽瑛、卢景波、韩卫江、梁彦同志，中央纪委国家监委驻国家发展和改革委员会纪检监察组副组长姜文鹏，何毅同志出席会议。

7月13～14日，全国粮食和物资储备局长座谈会在北京召开。主要任务是，认真落实习近平新时代中国特色社会主义思想和党的十九大精神，深入贯彻总体国家安全观，分析形势，凝聚共识，全面深化改革，推动转型发展，切实提高国家粮食安全和物资储备安全保障能力。张务锋同志出席会议并讲话；曾丽瑛、卢景波、韩卫江、梁彦，中央纪委国家监委驻国家发展和改革委员会纪检监察组副组长姜文鹏，何毅同志出席会议。

7 月 16 日，曾丽瑛同志出席了离退休干部代表和来京参加"老手拉小手"活动的国家局对口扶贫县安徽省阜南县盛郢村小学师生代表见面会。

7 月 19 日，国家粮食和物资储备局召开第 11 次局党组会议，认真传达贯彻习近平总书记在十九届中央政治局第六次集体学习时的重要讲话及中央和国家机关党的政治建设推进会精神；听取关于国家局职能配置、内设机构和人员编制规定的汇报。张务锋同志主持，曾丽瑛、卢景波、韩卫江、梁彦同志出席。

7 月 20 日，张务锋同志和卢景波、韩卫江同志赴武警部队走访慰问，与武警部队副司令员于建华少将、后勤部部长孔诚少将、副部长魏大林少将、参谋长助理张红生等举行工作座谈，共同研究加强粮食和物资储备系统安全保障等工作。

7 月 24 日，国家粮食和物资储备局在云南省昆明市举办了 2018 年"全国食品安全宣传周·粮食质量安全宣传日"主会场活动。曾丽瑛同志到会讲话，云南省政府副省长陈舜致辞。

7 月 24~27 日，张务锋同志赴黑龙江省开展调研。期间，同黑龙江省委副书记、省长王文涛，就深入学习贯彻落实习近平总书记关于保障国家粮食安全特别是发展"粮头食尾""农头工尾"的重要指示精神，共同推进黑龙江粮食产业高质量发展，进行深入会商，达成了高度共识。副省长刘忻参加调研和会商。

7 月 27 日，国家粮食和物资储备局临时机关党委召开严肃党的组织生活专题推进会，深入学习贯彻习近平总书记重要讲话和批示，全面落实中央和国家机关党的政治建设推进会精神，研究部署进一步严肃党的组织生活的具体举措。曾丽瑛同志出席会议并讲专题党课。

7 月 31 日，国家粮食和物资储备局召开"深化改革转型发展"大讨论活动总结大会，对粮食和物资储备系统深化改革、转型发展做出部署。会议认真传达贯彻了国家发展和改革委员会党组书记、主任何立峰的重要批示。张务锋同志出席会议并讲话，曾丽瑛、卢景波、韩卫江、梁彦、何毅同志出席会议。

7 月 31 日，张务锋同志赴应急管理部，围绕部门"三定"规定及职责关系、物资调运、预案对接以及中央救灾物资储备库管理体制和运行机制等内容，与应急管理部党组成员、副部长郑国光同志进行商谈。梁彦同志出席。

8 月

8 月 17~26 日，国家粮食和物资储备局与联合国世界粮食计划署（WFP）中国办公室在中国共同举办了"国家粮食储备和粮食体系管理培训班"。培训班一行先后在黑龙江省哈尔滨市、绥化市和北京市进行了参访学习，完成了培训任务。

8 月 18 日，首届中国粮食交易大会在哈尔滨开幕。黑龙江省委书记张庆伟，省委副书记、省长王文涛，张务锋同志出席开幕式，共同为交易大会启动开幕。河北省副省长时清霜，山西省副省长陈永奇，吉林省副省长李悦，山东省副省长王书坚，河南省副省长武国定，全国人大原常委、大寨党总支书记郭凤莲，黑龙江省委常委、秘书长张雨浦，黑龙江省副省长刘忻，哈尔滨市市长孙喆，黑龙江省政府秘书长王冬光，卢景波同志，国家粮食安全政策专家咨询委员会副主任赵中权，世界粮食计划署驻华代表屈四喜出席开幕式。韩卫江同志主持开幕式。

8月18日，国家粮食和物资储备局与黑龙江省人民政府在哈尔滨签署战略合作协议。黑龙江省委副书记、省长王文涛，张务锋同志出席仪式并致辞；黑龙江省副省长刘忻与卢景波同志代表双方签约；韩卫江同志出席仪式；黑龙江省政府秘书长王冬光主持签约仪式。

8月18日，国家粮食和物资储备局、黑龙江省人民政府联合在哈尔滨召开"粮食产业强国建设学术报告会"。全国人大农业与农村委员会主任委员、国家粮食安全政策专家咨询委员会顾问陈锡文，中国国际经济交流中心常务副理事长、执行局主任、国家粮食安全政策专家咨询委员会主任委员张晓强，国家发展和改革委员会农村经济司副司长许正斌三位专家作专题报告。张务锋、韩卫江同志，黑龙江省政府副省长刘忻，国家粮食安全政策专家咨询委员会副主任委员赵中权出席报告会。

8月19~20日，国家粮食和物资储备局在黑龙江省哈尔滨市召开全国加快推进粮食产业经济发展第二次现场经验交流会。会议主题是深入贯彻习近平总书记关于"粮头食尾"和"农头工尾"的重要指示精神，紧紧围绕粮食产业高质量发展交流经验，创新举措，着力构建现代化粮食产业体系，加快建设粮食产业强国。张务锋同志出席会议并讲话；黑龙江省人民政府副省长刘忻出席会议并致辞；卢景波、韩卫江同志出席会议。

8月20日，中国粮食交易大会——粮食产业经济项目投资洽谈会暨粮食交易大会签约仪式在哈尔滨举行，韩卫江同志出席签约仪式。本届交易大会共成交各类粮油1807万吨，其中，线上成交581万吨，成交金额283亿元；成交粮油加工机械511台（套），成交金额3亿元；成功签约粮食产业经济投资项目6个，总投资141.8亿元。其他项目还在进一步对接洽谈中。交易大会期间，各省级粮食交易中心还分别组织了浙闽赣、川鄂、晋冀、鲁辽、鄂闽等专场特色对接活动，成效显著。

8月22~23日，国家粮食和物资储备局在青海省西宁市举办粮食流通统计软件培训班，重点讲解"国家粮食统计信息系统"二期的数据审核、数据查询和趋势分析等功能。培训班通报了2018年以来粮食统计工作情况，明确了下一步统计工作重点任务及具体要求，并邀请海关总署等部门专家就粮食进出口情况及海关统计制度、当前粮油供需形势和粮食购销政策进行了讲解。

8月28日，曾丽瑛同志在北京会见了来访的布勒集团国际运营总裁、执行董事会董事傅德利·迪特先生一行。双方就我国粮食行业在粮油食品加工技术方面的需求进行了交流和探讨。

9 月

9月4日，全国政策性粮食库存数量和质量大清查部际协调机制第一次会议在北京召开。部际协调机制召集人，国家发展和改革委员会党组成员、副主任张勇主持会议并讲话。部际协调机制副召集人张务锋同志宣布了部际协调机制及其办公室职责和组成人员名单。会议通报了大清查前期工作情况，审议了大清查试点方案、相关检查方法和工作指引。

9月5日，国家粮食和物资储备局召开党组扩大会议，宣布黄炜同志任职决定。张务锋同志主持，曾丽瑛、卢景波、黄炜、韩卫江、梁彦同志出席。

9月10~17日，张务锋同志率代表团访问了保加利亚、俄罗斯。访问期间，张务锋同志介绍了中国的国情、粮情及中国粮食流通基本情况，国家粮食和物资储备局职能；宣传了我国实施国家粮食安全战略、加强农业供给侧结构性改革、积极实施优质粮食工程、促进农产品消费升级有关政策举措；了解了保加利亚、俄罗斯两国粮食生产、流通、加工、消费、贸易等情况，并与有关方面就加强粮食流通领域相关合作事项进行了交流会商。

9月17~21日，国家粮食和物资储备局派出10个督查组，赴安徽等10个试点省开展大清查试点工作督查。督查组严格按照试点工作督查方案要求，坚持问题导向、明确目标、突出重点，扎实开展督查工作。在听取有关省份大清查试点工作进展情况汇报后，督查组深入试点地市、企业进行实地督查。

9月18日，全国秋粮收购工作会议在江苏省南京市召开，会议传达学习秋粮收购政策，分析研判市场走势和收购形势，对做好秋粮收购工作进行安排部署。卢景波同志出席会议并话。

9月26~28日，国家粮食和物资储备局在安徽省阜南县举办了"阜南县脱贫攻坚培训班"。韩卫江同志出席开班仪式并讲话。培训班邀请国务院扶贫办专家专题辅导了党中央、国务院关于打好精准脱贫攻坚战的新部署新要求；局扶贫办有关负责同志介绍了国家局支持阜南县定点扶贫工作的统一部署和政策措施；组织相关专家围绕党建扶贫和怎样当好村支书等专题进行了授课，还组织学员代表围绕贫困村实际情况，结合培训知识，进行了典型发言交流。

9月30日，国家粮食和物资储备局召开第19次局党组会议，认真传达贯彻习近平总书记在东北三省考察和深入推进东北振兴座谈会上的重要讲话精神；听取中央保密办督导组来国家局督查保密工作有关情况汇报；研究人事有关事项。张务锋同志主持，曾丽瑛、卢景波、黄炜、韩卫江、梁彦同志出席。

10 月

10月12日，国家粮食和物资储备局召开2018年老干部粮食和物资储备工作情况通报会。张务锋同志出席会议，向老同志致以节日的祝贺和诚挚的问候并通报工作情况。曾丽瑛同志主持会议，黄炜、韩卫江、梁彦、何毅、宋红旭同志出席会议。

10月16日，国家粮食和物资储备局、农业农村部、教育部、科技部、全国妇联和联合国粮农组织在浙江大学联合主办2018年世界粮食日和粮食安全系列宣传主会场活动。活动期间，国家和省级粮食、农业、教育、科技、妇联等部门单位，组织机关干部、农业科技专家、涉农院校师生等，组成2000多个工作组，走村入户、深入田间地头，认真倾听农民对国家粮食政策的意见建议，深入了解粮食安全方面存在的突出问题；同时，面对面宣传国家粮食政策，讲解粮食生产、收获、运输、保管等方面知识，提高农户粮食种植和收储技术水平。

10月16日，国家粮食和物资储备局与浙江省人民政府在杭州签署战略合作协议。张务锋同志、浙江省副省长彭佳学同志分别讲话并共同签署战略合作协议；黄炜、韩卫江同志出席签约仪式。

10月16日，2018年世界粮食日和粮食安全系列宣传活动分会场——中国粮油学会第八次全国会员代表大会暨第九届学术年会在北京召开。曾丽瑛同志出席大会开幕式并讲话。

10月16~20日，全国粮食和物资储备系统改革开放40周年成就图片展在浙江大学展出。图片展以全国粮食和物资储备系统改革发展历程为主线，分为前言、重要论述、体制改革、机构沿革、辉煌成就、结束语六部分，共展出200余张图片。展示了40年来我国粮食和物资储备事业改革发展的光辉历程与巨大成就,体现了粮食和物资储备人始终如一的奉献和担当。活动首日,张务锋、黄炜、韩卫江同志,浙江省人民政府副省长彭佳学,以及粮食和物资储备系统的干部职工代表参观了展览。

10月23日,张务锋同志赴国家国防科技工业局,就贯彻落实习近平总书记总体国家安全观等内容,与工业和信息化部副部长、党组成员,国家国防科技工业局党组书记、局长张克俭同志进行了商谈。梁彦同志出席。

10月25日,国家粮食和物资储备局召开警示教育大会。会议认真传达学习了习近平总书记重要指示批示,以及中央和国家机关警示教育大会精神,通报了违纪违法典型案例,对深入推进全局党风廉政建设和反腐败斗争进行再动员、再部署。张务锋同志出席会议并讲话。曾丽瑛、卢景波、黄炜、韩卫江、梁彦同志,中央纪委国家监委驻国家发展和改革委员会纪检监察组副组长徐建国同志,何毅、宋红旭同志出席会议。

11 月

11月6日,国家粮食和物资储备局召开第10次局长办公会议,认真传达贯彻国务院领导同志重要批示精神;听取办公室(研究室)关于国家局大兴调查研究之风有关情况的汇报和部分司局单位关于重点调研课题完成情况的汇报;听取办公室关于局领导同志率队开展谋划2019年改革发展思路举措及全国政策性粮食大清查和秋粮收购调研督导具体安排的汇报。张务锋同志主持,曾丽瑛、卢景波、韩卫江、梁彦、何毅、宋红旭同志出席。

11月8日,《粮食安全保障法》起草领导小组第一次会议在北京召开。受国家发展改革委主任、起草领导小组组长何立峰同志委托,国家发展改革委员会主任、起草领导小组副组长张勇同志主持会议并讲话。全国人大常委会委员、农业与农村委员会副主任委员、起草领导小组副组长杜德印同志,国家发展和改革委员会党组成员、国家粮食和物资储备局局长、起草领导小组副组长张务锋同志,起草领导小组成员司法部副部长刘炤同志,自然资源部副部长王广华同志,水利部副部长魏山忠同志,卢景波、黄炜同志,以及起草领导小组成员单位的有关负责同志出席会议。会上,杜德印同志宣布了《中华人民共和国粮食安全保障法》起草领导小组和工作组组成人员名单。张务锋同志通报了立法前期工作进展情况。会议审议通过了起草工作组织方案、立法思路、进度安排等事项。

11月12~17日,张务锋同志到海南省和广东省就认真落实党中央、国务院决策部署,科学谋划粮食和物资储备改革发展进行调研,并督导政策性粮食数量和质量大清查试点与秋粮收购工作。期间,同两省政府有关负责同志就维护区域粮食安全、保障国家粮食安全进行了会商。

11月13日,梁彦同志会见了韩国调达厅公共物资局局长崔镐天一行,就进一步加强中韩物资储备交流工作交换意见。双方介绍了两国物资储备体系的基本情况,就2004年签订的合作谅解备忘录的更新达成了一致,并商议在备忘录基础上进一步深化合作。

11月16日,全国粮食和物资储备系统办公室主任会议在四川省成都市召开。会议认真贯彻习近平新时代中国特色社会主义思想和党的十九大精神,按照国家粮食和物资储备局党组的部署要求,对全系统贯彻落实年初工作会议、年中座谈会精神和局党组"两决定一意见"情况进行督导调度,总结2018年以来办公室工作成绩,分析形势,交流经验,研究部署新形势下进一步做好办公室工作的思路举措。张务锋同志对会议作出重要批示。韩卫江同志出席会议并讲话。

11 月 26 ~ 27 日，张务锋同志赴山东调研粮食和物资储备改革发展重点工作，并出席首届山东粮油产业博览会开幕式，为滨州小麦、玉米、大豆等国家级粮食产业技术创新中心授牌，为"齐鲁粮油"公共品牌标识揭牌。调研期间，张务锋先后到淄博、泰安、济宁市，深入泰茶农业发展有限公司优质小杂粮基地、金利康面粉有限公司粮食生产服务中心和部分国家物资储备库，了解优质粮食工程项目建设和储备物资管理情况。山东省副省长王书坚、中国工程院院士孙宝国、岳国君、中国粮油学会理事长张桂凤等领导和专家出席开幕式。

11 月 28 日上午，卢景波同志在北京会见来访的国际谷物理事会（IGC）理事长阿诺·佩蒂先生。双方就全球粮食市场发展趋势及其他共同关心的问题进行了深入交流，并就进一步在粮油市场信息等领域加强合作达成共识。

12 月

12 月 12 ~ 13 日，张务锋同志专程到定点扶贫县安徽省阜南县开展调研。先后察看了阜南县部分粮食产后服务中心项目、"中国好粮油"弱筋小麦品种筛选试验基地和文化广场等，实地了解帮扶工作成效；进村入户走访慰问了部分贫困户，了解他们的家庭、收入和生活情况，鼓励他们坚定信心决心，战胜困难奔小康。期间，与阜阳市负责同志、阜南县委政府和有关部门负责同志进行座谈，听取阜南县经济社会发展、脱贫攻坚和粮食工作等情况汇报，共同研究下一步精准扶贫、精准脱贫的思路举措。梁彦同志一同调研。

12 月 17 ~ 18 日，全国政策性粮食库存数量和质量大清查试点工作情况调度座谈会在北京召开。大清查部际协调机制召集人、国家发展改革委党组成员、副主任张勇同志出席会议并作讲话。大清查部际协调机制副召集人张务锋同志主持会议并讲话。大清查部际协调机制办公室主任卢景波同志对大清查下步工作提出具体要求。会上，试点省份省政府副秘书长和部分试点地市政府负责同志介绍了大清查试点工作情况。各试点省、市粮食部门负责同志就试点过程中发现的问题，特别是完善2019 年政策性粮食库存大清查实施方案和检查方法进行了深入讨论研究。

12 月 18 日，国家粮食和物资储备局召开党员干部大会，认真传达贯彻庆祝改革开放 40 周年大会精神，认真学习习近平总书记在大会上的重要讲话，动员各司局单位党组织和广大党员干部，迅速掀起学习贯彻大会精神热潮，统一认识、凝聚力量，解放思想、创新作为，不断把粮食和物资储备改革发展引向深入。张务锋同志出席会议并发表动员讲话，曾丽瑛、卢景波、黄炜、韩卫江、梁彦、何毅、宋红旭同志出席会议。

12 月 20 日，中国共产主义青年团国家粮食和物资储备局直属机关委员会成立暨第一次团员大会召开。受张务锋同志委托，局党组成员、副局长、直属机关党委书记曾丽瑛同志出席会议并讲话。大会选举产生了共青团国家粮食和物资储备局直属机关第一届委员会。

12 月 21 ~ 23 日，国家粮食和物资储备局在安徽省阜南县组织开展了脱贫攻坚专题培训。

12 月 23 日，国家粮食和物资储备局召开第 27 次局党组会议，认真传达贯彻中央经济工作会议精神；认真传达贯彻全国发展和改革工作会议精神；审议《中共国家粮食和物资储备局党组 2018 年度民主生活会实施方案》和《在京司局级单位领导班子、各储备物资管理局党组 2018 年度民主生活会方案》；审议《关于认真贯彻落实〈关于深化中央纪委国家监委派驻机构改革的意见〉以及驻委纪检监察组有关工作建议的方案》等内容。张务锋同志主持，曾丽瑛、卢景波、黄炜、韩卫江、梁彦同志出席。

12月24日，张务锋同志带领局机关和直属联系单位200多名党员干部赴国家博物馆，参观"伟大的变革——庆祝改革开放40周年大型展览"。韩卫江、何毅同志参加。

粮食行业统计资料

| 表 1 | | | 全国主要粮食及油料播种面积 (1978 ~ 2018 年) | | | |

单位：千公顷

年 份	粮食	稻谷	小麦	玉米	大豆	油料
1978	120587	34421	29183	19961	7144	6222
1979	119263	33873	29357	20133	7247	7051
1980	117234	33878	28844	20087	7226	7928
1981	114958	33295	28307	19425	8024	9134
1982	113462	33071	27955	18543	8419	9343
1983	114047	33136	29050	18824	7567	8390
1984	112884	33178	29576	18537	7286	8678
1985	108845	32070	29218	17694	7718	11800
1986	110933	32266	29616	19124	8295	11415
1987	111268	32193	28798	20212	8445	11181
1988	110123	31987	28785	19692	8120	10619
1989	112205	32700	29841	20353	8057	10504
1990	113466	33064	30753	21401	7560	10900
1991	112314	32590	30948	21574	7041	11530
1992	110560	32090	30496	21044	7221	11489
1993	110509	30355	30235	20694	9454	11142
1994	109544	30171	28981	21152	9222	12081
1995	110060	30744	28860	22776	8127	13102
1996	112548	31406	29611	24498	7471	12555
1997	112912	31765	30057	23775	8346	12381
1998	113787	31214	29774	25239	8500	12919
1999	113161	31283	28855	25904	7962	13906
2000	108463	29962	26653	23056	9307	15400
2001	106080	28812	24664	24282	9482	14631
2002	103891	28202	23908	24634	8720	14766
2003	99410	26508	21997	24068	9313	14990
2004	101606	28379	21626	25446	9589	14431
2005	104278	28847	22793	26358	9591	14318
2006	104958	28938	23613	28463	9304	11738
2007	105999	28973	23770	30024	8801	12344
2008	107545	29350	23715	30981	9225	13232
2009	110255	29793	24442	32948	9339	13445
2010	111695	30097	24459	34977	8700	13695
2011	112980	30338	24523	36767	8103	13471
2012	114368	30476	24576	39109	7405	13435
2013	115908	30710	24470	41299	7050	13438
2014	117455	30765	24472	42997	7098	13395
2015	118963	30784	24596	44968	6827	13314
2016	119230	30746	24694	44178	7599	13191
2017	117989	30747	24508	42399	8245	13223
2018	117038	30189	24266	42130	8413	12847

注：2007 ~ 2017 年粮食及油料数据根据 2016 年第三次农业普查情况做了相应衔接修订。

数据来源：国家统计局统计资料。

表 2	全国主要粮食及油料产量 (1978 ~ 2018 年)					

单位：万吨

年 份	粮食	稻谷	小麦	玉米	大豆	油料
1978	30476.5	13693.0	5384.0	5594.5	756.5	521.8
1979	33211.5	14375.0	6273.0	6003.5	746.0	643.5
1980	32055.5	13990.5	5520.5	6260.0	794.0	769.1
1981	32502.0	14395.5	5964.0	5920.5	932.5	1020.5
1982	35450.0	16159.5	6847.0	6056.0	903.0	1181.7
1983	38727.5	16886.5	8139.0	6820.5	976.0	1055.0
1984	40730.5	17825.5	8781.5	7341.0	969.5	1191.0
1985	37910.8	16856.9	8580.5	6382.6	1050.0	1578.4
1986	39151.2	17222.4	9004.0	7085.6	1161.4	1473.8
1987	40297.7	17426.2	8590.2	7924.1	1246.5	1527.8
1988	39408.1	16910.7	8543.2	7735.1	1164.5	1320.3
1989	40754.9	18013.0	9080.7	7892.8	1022.7	1295.2
1990	44624.3	18933.1	9822.9	9681.9	1100.0	1613.2
1991	43529.3	18381.3	9595.3	9877.3	971.3	1638.3
1992	44265.8	18622.2	10158.7	9538.3	1030.4	1641.2
1993	45648.8	17751.4	10639.0	10270.4	1530.7	1803.9
1994	44510.1	17593.3	9929.7	9927.5	1599.9	1989.6
1995	46661.8	18522.6	10220.7	11198.6	1350.2	2250.3
1996	50453.5	19510.3	11056.9	12747.1	1322.4	2210.6
1997	49417.1	20073.5	12328.9	10430.9	1473.2	2157.4
1998	51229.5	19871.3	10972.6	13295.4	1515.2	2313.9
1999	50838.6	19848.7	11388.0	12808.6	1424.5	2601.2
2000	46217.5	18790.8	9963.6	10600.0	1540.9	2954.8
2001	45263.7	17758.0	9387.3	11408.8	1540.6	2864.9
2002	45705.8	17453.9	9029.0	12130.8	1650.5	2897.2
2003	43069.5	16065.6	8648.8	11583.0	1539.3	2811.0
2004	46946.9	17908.8	9195.2	13028.7	1740.1	3065.9
2005	48402.2	18058.8	9744.5	13936.5	1634.8	3077.1
2006	49804.2	18171.8	10846.6	15160.3	1508.2	2640.3
2007	50413.9	18638.1	10952.5	15512.3	1279.3	2787.0
2008	53434.3	19261.2	11293.2	17212.0	1570.9	3036.8
2009	53940.9	19619.7	11583.4	17325.9	1522.4	3139.4
2010	55911.3	19722.6	11614.1	19075.2	1541.0	3156.8
2011	58849.3	20288.3	11862.5	21131.6	1487.8	3212.5
2012	61222.6	20653.2	12254.0	22955.9	1343.6	3285.6
2013	63048.2	20628.6	12371.0	24845.3	1240.7	3287.4
2014	63964.8	20960.9	12832.1	24976.4	1268.6	3371.9
2015	66060.3	21214.2	13263.9	26499.2	1236.7	3390.5
2016	66043.5	21109.4	13327.1	26361.3	1359.5	3400.0
2017	66160.7	21267.6	13433.4	25907.1	1528.2	3475.2
2018	65789.2	21212.9	13144.0	25717.4	1596.7	3433.4

注：2007 ~ 2017 年粮食及油料数据根据 2016 年第三次农业普查情况做了相应衔接修订。

数据来源：国家统计局统计资料。

表3		全国主要粮食及油料单位面积产量 (1978～2018 年)				

单位：公斤 / 公顷

年 份	粮食	稻谷	小麦	玉米	大豆	油料
1978	2527.3	3978.1	1844.9	2802.7	1059.0	838.6
1979	2784.7	4243.8	2136.8	2981.9	1029.4	912.7
1980	2734.3	4129.6	1913.9	3116.4	1098.8	970.0
1981	2827.3	4323.7	2106.9	3047.9	1162.2	1117.2
1982	3124.4	4886.3	2449.3	3265.9	1072.6	1264.8
1983	3395.7	5096.1	2801.7	3623.3	1289.8	1257.4
1984	3608.2	5372.6	2969.1	3960.3	1330.6	1372.5
1985	3483.0	5256.3	2936.7	3607.2	1360.5	1337.7
1986	3529.3	5337.6	3040.2	3705.1	1400.2	1291.1
1987	3621.7	5413.1	2982.9	3920.6	1476.0	1366.5
1988	3578.6	5286.7	2968.0	3928.1	1434.1	1243.3
1989	3632.2	5508.5	3043.0	3877.9	1269.3	1233.1
1990	3932.8	5726.1	3194.1	4523.9	1455.1	1479.9
1991	3875.7	5640.2	3100.5	4578.3	1379.5	1421.0
1992	4003.8	5803.1	3331.2	4532.7	1427.0	1428.4
1993	4130.8	5847.9	3518.8	4963.0	1619.1	1619.0
1994	4063.2	5831.1	3426.3	4693.4	1734.9	1646.9
1995	4239.7	6024.8	3541.5	4916.9	1661.4	1717.6
1996	4482.8	6212.4	3734.1	5203.3	1770.2	1760.7
1997	4376.6	6319.4	4101.9	4387.3	1765.1	1742.5
1998	4502.2	6366.2	3685.3	5267.8	1782.5	1791.0
1999	4492.6	6344.8	3946.6	4944.7	1789.2	1870.5
2000	4261.2	6271.6	3738.2	4597.5	1655.7	1918.7
2001	4266.9	6163.3	3806.1	4698.4	1624.8	1958.1
2002	4399.4	6189.0	3776.5	4924.5	1892.9	1962.0
2003	4332.5	6060.7	3931.8	4812.6	1652.9	1875.2
2004	4620.5	6310.6	4251.9	5120.2	1814.8	2124.6
2005	4641.6	6260.2	4275.3	5287.3	1704.5	2149.2
2006	4745.2	6279.6	4593.4	5326.3	1620.9	2249.3
2007	4756.1	6433.0	4607.7	5166.7	1453.7	2257.8
2008	4968.6	6562.5	4762.0	5555.7	1702.8	2294.9
2009	4892.4	6585.3	4739.0	5258.5	1630.2	2335.1
2010	5005.7	6553.0	4748.4	5453.7	1771.2	2305.0
2011	5208.8	6687.3	4837.2	5747.5	1836.3	2384.7
2012	5353.1	6776.9	4986.2	5869.7	1814.4	2445.6
2013	5439.5	6717.3	5055.6	6015.9	1759.9	2446.3
2014	5445.9	6813.2	5243.5	5808.9	1787.3	2517.4
2015	5553.0	6891.3	5392.6	5892.9	1811.4	2546.5
2016	5539.2	6865.8	5396.9	5967.1	1789.2	2577.5
2017	5607.4	6916.9	5481.2	6110.3	1853.6	2628.1
2018	5621.2	7026.6	5416.6	6104.3	1898.0	2672.4

注：2007～2017 年粮食及油料数据根据 2016 年第三次农业普查情况做了相应衔接修订。

数据来源：国家统计局统计资料。

| 表 4 | 全国粮食和油料作物播种面积（2017～2018 年） | | | |

单位：千公顷

	2017 年	2018 年	2018 年比 2017 年增加	
			绝对数	%
一、粮食	117989.1	117038.2	-950.8	-0.8
其中：夏收粮食	26860.7	26702.9	-157.8	-0.6
（一）谷物	100764.6	99671.4	-1093.1	-1.1
1. 稻谷	30747.2	30189.5	-557.7	-1.8
（1）早稻	5141.6	4791.3	-350.2	-6.8
（2）中稻和一季晚稻	20028.1	20125.3	97.2	0.5
（3）双季晚稻	5577.5	5272.8	-304.7	-5.5
2. 小麦	24508.0	24266.2	-241.8	-1.0
（1）冬小麦	22895.8	22740.3	-155.5	-0.7
（2）春小麦	1612.2	1525.9	-86.3	-5.4
3. 玉米	42399.0	42130.1	-268.9	-0.6
4. 谷子	861.0	778.2	-82.8	-9.6
5. 高粱	506.5	618.7	112.3	22.2
6. 其他谷物	1690.7	1688.8	-1.9	-0.1
其中：大麦	330.0	262.5	-67.5	-20.5
（二）豆类	10051.3	10186.3	135.1	1.3
其中：大豆	8244.8	8412.8	168.0	2.0
绿豆	501.8	485.1	-16.7	-3.3
红小豆	221.1	182.4	-38.7	-17.5
（三）薯类	7173.2	7180.4	7.2	0.1
其中：马铃薯	4859.9	4758.1	-101.9	-2.1
二、油料作物	13223.2	12872.4	-350.7	-2.7
其中：花生	4607.7	4619.7	12.0	0.3
油菜籽	6653.0	6550.6	-102.4	-1.5
芝麻	227.7	262.3	34.6	15.2
胡麻籽	234.5	231.9	-2.7	-1.1
葵花籽	1170.7	921.3	-249.4	-21.3

注：2017 年粮食及油料数据根据第三次农业普查情况做了相应衔接修订。

数据来源：国家统计局统计资料。

表 5	全国粮食和油料作物产量（2017～2018 年）			

单位：万吨

	2017 年	2018 年	2018 年比 2017 年增加	
			绝对数	%
一、粮食	66160.7	65789.2	-371.5	-0.6
其中：夏收粮食	14174.5	13881.0	-293.4	-2.1
（一）谷物	61520.5	61003.6	-517.0	-0.8
1.稻谷	21267.6	21212.9	-54.7	-0.3
（1）早稻	2987.2	2859.0	-128.1	-4.3
（2）中稻和一季晚稻	14957.3	15212.4	255.1	1.7
（3）双季晚稻	3323.2	3141.5	-181.6	-5.5
2.小麦	13433.4	13144.0	-289.3	-2.2
（1）冬小麦	12794.1	12500.5	-293.6	-2.3
（2）春小麦	639.3	643.5	4.2	0.7
3.玉米	25907.1	25717.4	-189.7	-0.7
4.谷子	254.8	234.2	-20.6	-8.1
5.高粱	246.5	290.9	44.5	18.0
6.其他谷物	404.9	404.1	-0.8	-0.2
其中：大麦	108.5	95.6	-12.9	-11.9
（二）豆类	1841.6	1920.3	78.7	4.3
其中：大豆	1528.2	1596.7	68.5	4.5
绿豆	65.1	68.1	3.0	4.7
红小豆	36.0	27.8	-8.2	-22.8
（三）薯类	2798.6	2865.4	66.8	2.4
其中：马铃薯	1769.6	1798.4	28.7	1.6
二、油料作物	3475.2	3433.4	-41.8	-1.2
其中：花生	1709.2	1733.3	24.0	1.4
油菜籽	1327.4	1328.1	0.7	0.1
芝麻	36.6	43.1	6.5	17.7
胡麻籽	30.1	33.5	3.4	11.4
葵花籽	314.9	249.4	-65.5	-20.8

注：2017 年粮食及油料数据根据第三次农业普查情况做了相应衔接修订。

数据来源：国家统计局统计资料。

表6		全国粮食和油料作物单位面积产量（2017～2018年）		
				单位：公斤/公顷

	2017年	2018年	2018年比2017年增加	
			绝对数	%
一、粮食	5607.4	5621.2	13.8	0.2
其中：夏收粮食	5277.0	5198.3	-78.7	-1.5
（一）谷物	6105.4	6120.5	15.1	0.2
1.稻谷	6916.9	7026.6	109.7	1.6
（1）早稻	5809.8	5967.0	157.2	2.7
（2）中稻和一季晚稻	7468.1	7558.8	90.7	1.2
（3）双季晚稻	5958.1	5958.0	-0.2	0.0
2.小麦	5481.2	5416.6	-64.6	-1.2
（1）冬小麦	5586.6	5497.1	-89.5	-1.6
（2）春小麦	3974.6	4217.4	242.8	6.1
3.玉米	6110.3	6104.3	-6.0	-0.1
4.谷子	2959.2	3009.2	50.1	1.7
5.高粱	4866.8	4702.1	-164.7	-3.4
6.其他谷物	2395.0	2392.9	-2.1	-0.1
其中：大麦	3288.7	3643.9	355.3	10.8
（二）豆类	1832.2	1885.1	53.0	2.9
其中：大豆	1853.6	1898.0	44.4	2.4
绿豆	1296.7	1404.1	107.4	8.3
红小豆	1628.4	1523.4	-105.0	-6.4
（三）薯类	3901.5	3990.5	89.0	2.3
其中：马铃薯	3641.3	3779.6	138.3	3.8
二、油料作物	2628.1	2667.2	39.1	1.5
其中：花生	3709.6	3751.9	42.4	1.1
油菜籽	1995.2	2027.5	32.3	1.6
芝麻	1609.7	1645.3	35.6	2.2
胡麻籽	1283.3	1445.6	162.3	12.6
葵花籽	2690.1	2707.2	17.1	0.6

注：2017年粮食及油料数据根据第三次农业普查情况做了相应衔接修订。

数据来源：国家统计局统计资料。

表 7		各地区粮食播种面积（2017～2018 年）		

单位：千公顷

地 区	2017 年	2018 年	2018 年比 2017 年增加	
			绝对数	%
全国总计	117989.1	117038.2	-950.9	-0.8
东部地区	25455.4	25201.6	-253.9	-1.0
中部地区	35036.1	34675.7	-360.4	-1.0
西部地区	34331.8	33862.7	-469.2	-1.4
东北地区	23165.7	23298.3	132.6	0.6
北 京	66.8	55.6	-11.2	-16.8
天 津	351.4	350.2	-1.2	-0.3
河 北	6658.5	6538.7	-119.8	-1.8
山 西	3180.9	3137.1	-43.9	-1.4
内蒙古	6780.9	6789.9	8.9	0.1
辽 宁	3467.5	3484.0	16.6	0.5
吉 林	5544.0	5599.7	55.8	1.0
黑龙江	14154.3	14214.5	60.3	0.4
上 海	133.1	129.9	-3.3	-2.5
江 苏	5527.3	5475.9	-51.4	-0.9
浙 江	977.2	975.7	-1.5	-0.2
安 徽	7321.8	7316.3	-5.5	-0.1
福 建	833.2	833.5	0.3	0.0
江 西	3786.3	3721.3	-65.0	-1.7
山 东	8455.6	8404.8	-50.8	-0.6
河 南	10915.1	10906.1	-9.1	-0.1
湖 北	4853.0	4847.0	-6.0	-0.1
湖 南	4978.9	4747.9	-231.0	-4.6
广 东	2169.7	2151.0	-18.7	-0.9
广 西	2853.1	2802.1	-50.9	-1.8
海 南	282.5	286.1	3.6	1.3
重 庆	2030.7	2017.8	-12.9	-0.6
四 川	6292.0	6265.6	-26.4	-0.4
贵 州	3052.8	2740.2	-312.6	-10.2
云 南	4169.2	4174.6	5.4	0.1
西 藏	185.6	184.7	-1.0	-0.5
陕 西	3019.4	3006.0	-13.4	-0.4
甘 肃	2647.2	2645.3	-1.9	-0.1
青 海	282.6	281.3	-1.3	-0.5
宁 夏	722.5	735.7	13.2	1.8
新 疆	2295.9	2219.6	-76.2	-3.3

注：1. 东部地区包括北京、天津、河北、上海、江苏、浙江、福建、山东、广东、海南 10 省市；中部地区包括山西、安徽、江西、河南、湖北、湖南 6 省；西部地区包括重庆、四川、贵州、云南、西藏、陕西、甘肃、青海、宁夏、新疆、内蒙古、广西 12 省区市；东北地区包括辽宁、吉林、黑龙江 3 省。

2. 2017 年粮食及油料数据根据第三次农业普查情况做了相应衔接修订。

数据来源：国家统计局统计资料。

表 8		各地区粮食总产量（2017～2018 年）		

单位：万吨

地 区	2017 年	2018 年	2018 年比 2017 年增加	
			绝对数	%
全国总计	66160.7	65789.2	-371.5	-0.6
东部地区	15581.5	15466.6	-114.9	-0.7
中部地区	20040.5	20089.6	49.1	0.2
西部地区	16643.6	16901.0	257.4	1.5
东北地区	13895.1	13332.0	-563.1	-4.1
北 京	41.1	34.1	-7.0	-17.0
天 津	212.3	209.7	-2.6	-1.2
河 北	3829.2	3700.9	-128.4	-3.4
山 西	1355.1	1380.4	25.3	1.9
内蒙古	3254.5	3553.3	298.7	9.2
辽 宁	2330.7	2192.4	-138.3	-5.9
吉 林	4154.0	3632.7	-521.3	-12.5
黑龙江	7410.3	7506.8	96.5	1.3
上 海	99.8	103.7	4.0	4.0
江 苏	3610.8	3660.3	49.5	1.4
浙 江	580.1	599.1	19.0	3.3
安 徽	4019.7	4007.3	-12.5	-0.3
福 建	487.2	498.6	11.4	2.3
江 西	2221.7	2190.7	-31.0	-1.4
山 东	5374.3	5319.5	-54.8	-1.0
河 南	6524.2	6648.9	124.7	1.9
湖 北	2846.1	2839.5	-6.7	-0.2
湖 南	3073.6	3022.9	-50.7	-1.6
广 东	1208.6	1193.5	-15.1	-1.2
广 西	1370.5	1372.8	2.3	0.2
海 南	138.1	147.1	9.0	6.5
重 庆	1079.9	1079.3	-0.5	0.0
四 川	3488.9	3493.7	4.8	0.1
贵 州	1242.4	1059.7	-182.7	-14.7
云 南	1843.4	1860.5	17.1	0.9
西 藏	106.5	104.4	-2.1	-2.0
陕 西	1194.2	1226.0	31.8	2.7
甘 肃	1105.9	1151.4	45.5	4.1
青 海	102.5	103.1	0.5	0.5
宁 夏	370.1	392.6	22.5	6.1
新 疆	1484.7	1504.2	19.5	1.3

注：1. 东部地区包括北京、天津、河北、上海、江苏、浙江、福建、山东、广东、海南 10 省市；中部地区包括山西、安徽、江西、河南、湖北、湖南 6 省；西部地区包括重庆、四川、贵州、云南、西藏、陕西、甘肃、青海、宁夏、新疆、内蒙古、广西 12 省区市；东北地区包括辽宁、吉林、黑龙江 3 省。

2. 2017 年粮食及油料数据根据第三次农业普查情况做了相应衔接修订。

数据来源：国家统计局统计资料。

表9		各地区粮食单位面积产量（2017～2018 年）		

单位：公斤／公顷

地　区	2017 年	2018 年	2018 年比 2017 年增加	
			绝对数	%
全国总计	5607.4	5621.2	13.8	0.2
东部地区	6121.1	6137.1	16.1	0.3
中部地区	5720.0	5793.6	73.6	1.3
西部地区	4847.9	4991.1	143.2	3.0
东北地区	5998.1	5722.3	-275.8	-4.6
北　京	6152.2	6136.7	-15.6	-0.3
天　津	6040.7	5987.6	-53.2	-0.9
河　北	5750.9	5660.0	-90.9	-1.6
山　西	4260.1	4400.3	140.2	3.3
内蒙古	4799.6	5233.2	433.7	9.0
辽　宁	6721.7	6292.8	-428.9	-6.4
吉　林	7492.8	6487.4	-1005.5	-13.4
黑龙江	5235.4	5281.1	45.7	0.9
上　海	7494.5	7988.0	493.5	6.6
江　苏	6532.7	6684.3	151.7	2.3
浙　江	5936.8	6140.4	203.6	3.4
安　徽	5490.1	5477.1	-12.9	-0.2
福　建	5846.6	5981.7	135.0	2.3
江　西	5867.8	5886.9	19.1	0.3
山　东	6355.9	6329.1	-26.8	-0.4
河　南	5977.2	6096.5	119.3	2.0
湖　北	5864.7	5858.2	-6.5	-0.1
湖　南	6173.2	6366.8	193.6	3.1
广　东	5570.1	5548.4	-21.7	-0.4
广　西	4803.6	4899.1	95.6	2.0
海　南	4889.3	5142.1	252.8	5.2
重　庆	5317.7	5349.0	31.2	0.6
四　川	5545.0	5576.0	31.0	0.6
贵　州	4069.9	3867.2	-202.7	-5.0
云　南	4421.5	4456.8	35.3	0.8
西　藏	5738.3	5652.8	-85.5	-1.5
陕　西	3955.1	4078.5	123.4	3.1
甘　肃	4177.7	4352.8	175.1	4.2
青　海	3629.2	3664.2	35.0	1.0
宁　夏	5121.7	5336.3	214.6	4.2
新　疆	6467.0	6776.9	309.9	4.8

注：1. 东部地区包括北京、天津、河北、上海、江苏、浙江、福建、山东、广东、海南 10 省市；中部地区包括山西、安徽、江西、河南、湖北、湖南 6 省；西部地区包括重庆、四川、贵州、云南、西藏、陕西、甘肃、青海、宁夏、新疆、内蒙古、广西 12 省区市；东北地区包括辽宁、吉林、黑龙江 3 省。

2. 2017 年粮食及油料数据根据第三次农业普查情况做了相应衔接修订。

数据来源：国家统计局统计资料。

| 表 10 | | | | 2018 年各地区粮食及油料播种面积和产量（一） | | |

单位：千公顷，万吨，公斤／公顷

地　区	粮　食			稻　谷		
	播种面积	总产量	每公顷产量	播种面积	总产量	每公顷产量
全国总计	117038.2	65789.2	5621.2	30189.5	21212.9	7026.6
东部地区	25201.6	15466.6	6137.1	5854.8	4273.1	7298.4
中部地区	34675.7	20089.6	5793.6	13002.2	8915.0	6856.6
西部地区	33862.7	16901.0	4991.1	6221.3	4274.9	6871.4
东北地区	23298.3	13332.0	5722.3	5111.2	3749.9	7336.7
北　京	55.6	34.1	6136.7	0.2	0.1	6752.7
天　津	350.2	209.7	5987.6	39.9	37.4	9376.5
河　北	6538.7	3700.9	5660.0	78.4	52.5	6692.6
山　西	3137.1	1380.4	4400.3	0.8	0.6	6960.0
内蒙古	6789.9	3553.3	5233.2	150.4	121.9	8100.0
辽　宁	3484.0	2192.4	6292.8	488.4	418.0	8559.8
吉　林	5599.7	3632.7	6487.4	839.7	646.3	7697.0
黑龙江	14214.5	7506.8	5281.1	3783.1	2685.5	7098.8
上　海	129.9	103.7	7988.0	103.6	88.0	8492.5
江　苏	5475.9	3660.3	6684.3	2214.7	1958.0	8841.0
浙　江	975.7	599.1	6140.4	651.1	477.4	7332.6
安　徽	7316.3	4007.3	5477.1	2544.8	1681.2	6606.6
福　建	833.5	498.6	5981.7	619.6	398.3	6428.3
江　西	3721.3	2190.7	5886.9	3436.2	2092.2	6088.7
山　东	8404.8	5319.5	6329.1	113.8	98.6	8661.0
河　南	10906.1	6648.9	6096.5	620.4	501.4	8081.9
湖　北	4847.0	2839.5	5858.2	2391.0	1965.6	8220.9
湖　南	4747.9	3022.9	6366.8	4009.0	2674.0	6670.0
广　东	2151.0	1193.5	5548.4	1787.4	1032.1	5774.2
广　西	2802.1	1372.8	4899.1	1752.6	1016.2	5798.6
海　南	286.1	147.1	5142.1	246.1	130.7	5310.8
重　庆	2017.8	1079.3	5349.0	656.4	486.92	7417.5
四　川	6265.6	3493.7	5576.0	1874.0	1478.6	7890.1
贵　州	2740.2	1059.7	3867.2	671.8	420.7	6262.9
云　南	4174.6	1860.5	4456.8	849.6	527.7	6211.5
西　藏	184.7	104.4	5652.8	0.9	0.5	5592.7
陕　西	3006.0	1226.0	4078.5	105.4	80.7	7656.1
甘　肃	2645.3	1151.4	4352.8	3.8	2.5	6468.9
青　海	281.3	103.1	3664.2	0.0	0.0	0.0
宁　夏	735.7	392.6	5336.3	78.0	66.6	8531.0
新　疆	2219.6	1504.2	6776.9	78.4	72.7	9268.2

注：东部地区包括北京、天津、河北、上海、江苏、浙江、福建、山东、广东、海南 10 省市；中部地区包括山西、安徽、江西、河南、湖北、湖南 6 省；西部地区包括重庆、四川、贵州、云南、西藏、陕西、甘肃、青海、宁夏、新疆、内蒙古、广西 12 省区市；东北地区包括辽宁、吉林、黑龙江 3 省。

数据来源：国家统计局统计资料。

| 表 10 | | | 2018 年各地区粮食及油料播种面积和产量（二） | | |

单位：千公顷，万吨，公斤 / 公顷

地 区	小麦			玉米		
	播种面积	总产量	每公顷产量	播种面积	总产量	每公顷产量
全国总计	24266.2	13144.0	5416.6	42130.1	25717.4	6104.3
东部地区	9047.7	5322.9	5883.2	8315.1	5074.9	6103.3
中部地区	10318.9	5860.4	5679.3	7980.6	4470.5	5601.7
西部地区	4786.6	1923.1	4017.7	12572.1	7727.2	6146.3
东北地区	113.0	37.6	3326.6	13262.3	8444.8	6367.6
北 京	9.8	5.3	5367.4	40.1	27.1	6770.2
天 津	110.8	57.1	5154.3	186.8	110.6	5919.2
河 北	2357.2	1450.7	6154.5	3437.7	1941.2	5646.6
山 西	560.3	228.6	4080.0	1747.7	981.6	5616.8
内蒙古	596.7	202.3	3390.0	3742.1	2700.0	7215.0
辽 宁	2.4	1.4	5749.5	2713.0	1662.8	6129.0
吉 林	1.2	0.0	326.1	4231.5	2799.9	6616.8
黑龙江	109.4	36.2	3306.6	6317.8	3982.2	6303.1
上 海	21.3	13.0	6082.0	1.8	1.3	6930.2
江 苏	2404.0	1289.1	5362.5	515.8	300.0	5815.6
浙 江	85.4	35.8	4192.8	49.3	20.6	4183.2
安 徽	2875.9	1607.5	5589.5	1138.6	595.6	5231.3
福 建	0.2	0.1	2807.9	28.8	12.6	4361.5
江 西	14.6	3.2	2168.3	35.0	15.7	4471.4
山 东	4058.6	2471.7	6090.0	3934.7	2607.2	6626.1
河 南	5739.9	3602.9	6276.9	3919.0	2351.4	6000.0
湖 北	1105.0	410.4	3713.9	781.2	323.4	4139.5
湖 南	23.4	8.0	3430.4	359.2	202.8	5646.4
广 东	0.4	0.2	3571.4	120.1	54.5	4542.0
广 西	3.0	0.5	1666.7	584.4	273.4	4678.1
海 南	0.0	0.0	0.0	0.0	0.0	0.0
重 庆	24.8	8.2	3289.3	442.3	251.3	5681.9
四 川	635.0	247.3	3894.5	1856.0	1066.3	5745.2
贵 州	141.6	33.2	2342.9	602.1	259.0	4300.8
云 南	339.2	74.3	2190.0	1785.2	926.0	5187.1
西 藏	31.7	19.5	6133.0	5.2	3.4	6517.8
陕 西	967.3	401.3	4149.0	1179.5	584.2	4952.6
甘 肃	775.6	280.5	3616.8	1012.7	590.0	5825.7
青 海	111.6	42.6	3820.8	18.5	11.5	6249.3
宁 夏	128.6	41.6	3233.5	310.8	234.6	7549.1
新 疆	1031.5	571.9	5544.4	1033.3	827.6	8009.1

注：东部地区包括北京、天津、河北、上海、江苏、浙江、福建、山东、广东、海南 10 省市；中部地区包括山西、安徽、江西、河南、湖北、湖南 6 省；西部地区包括重庆、四川、贵州、云南、西藏、陕西、甘肃、青海、宁夏、新疆、内蒙古、广西 12 省区市；东北地区包括辽宁、吉林、黑龙江 3 省。

数据来源：国家统计局统计资料。

| 表10 | | | 2018年各地区粮食及油料播种面积和产量（三） | | | |

单位：千公顷，万吨，公斤/公顷

地　区	大豆			油料		
	播种面积	总产量	每公顷产量	播种面积	总产量	每公顷产量
全国总计	8412.8	1596.7	1898.0	12872.4	3433.4	2667.2
东部地区	593.6	155.0	2611.1	1924.9	685.4	3561.0
中部地区	1618.5	303.6	1876.1	5374.1	1462.3	2720.9
西部地区	2280.2	407.2	1785.6	4950.2	1108.8	2239.9
东北地区	3920.4	730.9	1864.3	623.3	176.9	2837.8
北　京	1.9	0.4	1986.7	1.6	0.4	2637.5
天　津	6.2	1.4	2183.2	2.1	0.6	2992.3
河　北	87.6	21.2	2424.3	367.9	121.4	3299.6
山　西	150.5	23.6	1567.5	111.9	15.5	1382.7
内蒙古	1094.2	179.4	1639.5	891.0	201.5	2261.6
辽　宁	73.5	18.0	2449.0	290.9	78.1	2685.3
吉　林	279.2	55.1	1974.7	280.8	87.5	3117.1
黑龙江	3567.7	657.8	1843.7	51.5	11.2	2176.7
上　海	0.6	0.2	2699.8	2.8	0.7	2574.0
江　苏	193.8	49.1	2535.2	262.8	86.0	3274.4
浙　江	85.2	21.5	2517.9	128.5	29.4	2291.1
安　徽	649.9	97.5	1500.1	520.2	158.0	3037.8
福　建	31.1	8.6	2773.9	75.4	21.2	2816.6
江　西	106.2	26.3	2472.9	680.1	120.8	1776.2
山　东	153.5	43.3	2822.4	711.4	310.9	4370.5
河　南	385.6	95.6	2478.8	1461.4	631.0	4318.0
湖　北	219.8	34.2	1556.6	1255.8	302.5	2408.7
湖　南	106.5	26.5	2489.2	1344.7	234.4	1743.5
广　东	31.8	8.7	2739.9	341.0	106.3	3115.9
广　西	97.7	16.2	1654.9	243.4	66.7	2738.9
海　南	2.0	0.6	3184.1	31.6	8.4	2675.6
重　庆	97.1	19.9	2046.2	325.1	63.7	1959.6
四　川	377.0	88.8	2355.4	1491.2	362.5	2431.2
贵　州	198.9	19.7	991.5	651.9	112.6	1727.5
云　南	176.3	43.5	2467.5	309.5	61.0	1970.5
西　藏	0.1	0.0	3228.5	22.5	5.9	2596.3
陕　西	151.6	23.9	1577.8	284.0	61.0	2146.6
甘　肃	45.0	7.2	1608.0	325.8	70.4	2161.0
青　海	0.0	0.0	0.0	147.9	28.5	1924.9
宁　夏	6.9	0.9	1275.4	33.7	7.3	2161.2
新　疆	35.4	7.6	2157.6	224.1	67.8	3025.6

注：东部地区包括北京、天津、河北、上海、江苏、浙江、福建、山东、广东、海南10省市；中部地区包括山西、安徽、江西、河南、
　　湖北、湖南6省；西部地区包括重庆、四川、贵州、云南、西藏、陕西、甘肃、青海、宁夏、新疆、内蒙古、广西12省区市；东
　　北地区包括辽宁、吉林、黑龙江3省。

数据来源：国家统计局统计资料。

表 11　2018 年各地区分季粮食播种面积和产量（一）

单位：千公顷，万吨，公斤/公顷

地　区	全年粮食总计			1. 夏收粮食		
	播种面积	总产量	每公顷产量	播种面积	总产量	每公顷产量
全国总计	117038.2	65789.2	5621.2	26702.9	13881.0	5198.3
东部地区	25201.6	15466.6	6137.1	9428.4	5486.9	5819.6
中部地区	34675.7	20089.6	5793.6	10730.8	5996.7	5588.3
西部地区	33862.7	16901.0	4991.1	6543.7	2397.4	3663.7
东北地区	23298.3	13332.0	5722.3			
北　京	55.6	34.1	6136.7	10.1	5.3	5274.9
天　津	350.2	209.7	5987.6	110.8	57.1	5154.3
河　北	6538.7	3700.9	5660.0	2385.1	1466.5	6148.6
山　西	3137.1	1380.4	4400.3	569.2	229.9	4038.9
内蒙古	6789.9	3553.3	5233.2			
辽　宁	3484.0	2192.4	6292.8			
吉　林	5599.7	3632.7	6487.4			
黑龙江	14214.5	7506.8	5281.1			
上　海	129.9	103.7	7988.0	23.2	14.0	6013.3
江　苏	5475.9	3660.3	6684.3	2501.5	1326.4	5302.5
浙　江	975.7	599.1	6140.4	129.8	51.1	3937.1
安　徽	7316.3	4007.3	5477.1	2876.3	1607.5	5588.8
福　建	833.5	498.6	5981.7	50.5	21.6	4281.5
江　西	3721.3	2190.7	5886.9	70.2	26.6	3789.2
山　东	8404.8	5319.5	6329.1	4060.0	2472.2	6089.3
河　南	10906.1	6648.9	6096.5	5770.1	3613.7	6262.8
湖　北	4847.0	2839.5	5858.2	1321.3	467.6	3538.9
湖　南	4747.9	3022.9	6366.8	123.7	51.4	4154.4
广　东	2151.0	1193.5	5548.4	136.8	63.9	4667.4
广　西	2802.1	1372.8	4899.1	107.3	21.3	1985.1
海　南	286.1	147.1	5142.1	20.6	8.8	4258.0
重　庆	2017.8	1079.3	5349.0	385.1	122.1	3170.7
四　川	6265.6	3493.7	5576.0	1113.2	419.5	3768.5
贵　州	2740.2	1059.7	3867.2	771.7	215.7	2795.4
云　南	4174.6	1860.5	4456.8	977.1	242.0	2476.6
西　藏	184.7	104.4	5652.8			
陕　西	3006.0	1226.0	4078.5	1108.3	438.3	3954.8
甘　肃	2645.3	1151.4	4352.8	900.7	321.0	3563.4
青　海	281.3	103.1	3664.2			
宁　夏	735.7	392.6	5336.3	143.1	43.4	3028.9
新　疆	2219.6	1504.2	6776.9	1037.2	574.2	5536.0

注：东部地区包括北京、天津、河北、上海、江苏、浙江、福建、山东、广东、海南 10 省市；中部地区包括山西、安徽、江西、河南、湖北、湖南 6 省；西部地区包括重庆、四川、贵州、云南、西藏、陕西、甘肃、青海、宁夏、新疆、内蒙古、广西 12 省区市；东北地区包括辽宁、吉林、黑龙江 3 省。

数据来源：国家统计局统计资料。

| 表 11 | | | | 2018 年各地区分季粮食播种面积和产量（二） | | |

单位：千公顷，万吨，公斤/公顷

地　区	2. 早稻			3. 秋粮		
	播种面积	总 产 量	每公顷产量	播种面积	总 产 量	每公顷产量
全国总计	4791.3	2859.0	5967.0	85544.0	49049.1	5733.8
东部地区	1168.7	707.1	6050.1	14604.5	9272.5	6349.1
中部地区	2793.0	1659.6	5941.8	21151.8	12433.4	5878.2
西部地区	829.6	492.4	5935.1	26489.4	14011.2	5289.4
东北地区				23298.3	13332.0	5722.3
北　京				45.5	28.7	6303.7
天　津				239.4	152.6	6373.4
河　北				4153.6	2234.4	5379.4
山　西				2567.9	1150.5	4480.4
内蒙古				6789.9	3553.3	5233.2
辽　宁				3484.0	2192.4	6292.8
吉　林				5599.7	3632.7	6487.4
黑龙江				14214.5	7506.8	5281.1
上　海				106.7	89.8	8417.7
江　苏				2974.4	2333.9	7846.4
浙　江	97.1	62.1	6398.6	748.9	485.9	6488.7
安　徽	182.7	112.6	6163.7	4257.3	2287.1	5372.2
福　建	105.5	67.1	6357.1	677.6	409.9	6049.9
江　西	1207.6	693.9	5746.1	2443.5	1470.2	6016.7
山　东				4344.9	2847.3	6553.2
河　南				5136.0	3035.2	5909.7
湖　北	164.5	97.6	5929.0	3361.2	2274.3	6766.5
湖　南	1238.2	755.5	6101.6	3386.0	2216.0	6544.6
广　东	839.2	500.0	5958.0	1175.0	629.6	5358.5
广　西	790.5	470.5	5952.0	1904.4	881.0	4626.3
海　南	126.9	77.9	6137.2	138.6	60.4	4362.0
重　庆				1632.8	957.2	5862.7
四　川				5152.4	3074.2	5966.5
贵　州				1968.5	844.0	4287.4
云　南	39.2	21.9	5593.6	3158.3	1596.7	5055.4
西　藏				184.7	104.4	5652.8
陕　西				1897.7	787.7	4150.8
甘　肃				1744.5	830.5	4760.4
青　海				281.3	103.1	3664.2
宁　夏				592.6	349.2	5893.6
新　疆				1182.4	930.0	7865.4

注：东部地区包括北京、天津、河北、上海、江苏、浙江、福建、山东、广东、海南 10 省市；中部地区包括山西、安徽、江西、河南、
　　湖北、湖南 6 省；西部地区包括重庆、四川、贵州、云南、西藏、陕西、甘肃、青海、宁夏、新疆、内蒙古、广西 12 省区市；东
　　北地区包括辽宁、吉林、黑龙江 3 省。

数据来源：国家统计局统计资料。

| 表 12 | 2018 年各地区粮油产量及人均占有量排序 |

单位：万吨，公斤

地区	粮食产量		粮食人均占有量		油料产量		油料人均占有量	
	绝对数	位次	绝对数	位次	绝对数	位次	绝对数	位次
全国总计	65789.2		472.38		3433.4		24.65	
北 京	34.1	31	15.79	31	0.4	31	0.19	31
天 津	209.7	26	134.56	26	0.6	30	0.40	29
河 北	3700.9	5	490.97	10	121.4	8	16.10	17
山 西	1380.4	16	372.07	18	15.5	24	4.17	27
内蒙古	3553.3	8	1403.63	2	201.5	6	79.60	1
辽 宁	2192.4	12	502.38	9	78.1	14	17.90	15
吉 林	3632.7	7	1340.23	3	87.5	12	32.29	7
黑龙江	7506.8	1	1985.45	1	11.2	25	2.97	28
上 海	103.7	29	42.85	30	0.7	29	0.29	30
江 苏	3660.3	6	455.26	13	86.0	13	10.70	21
浙 江	599.1	23	105.17	29	29.4	21	5.17	26
安 徽	4007.3	4	637.15	5	158.0	7	25.13	13
福 建	498.6	24	126.99	27	21.2	23	5.41	25
江 西	2190.7	13	472.66	12	120.8	9	26.06	12
山 东	5319.5	3	530.54	8	310.9	3	31.01	9
河 南	6648.9	2	693.90	4	631.0	1	65.86	2
湖 北	2839.5	11	480.49	11	302.5	4	51.19	3
湖 南	3022.9	10	439.41	14	234.4	5	34.08	6
广 东	1193.5	19	106.02	28	106.3	11	9.44	23
广 西	1372.8	17	279.85	23	66.7	17	13.59	19
海 南	147.1	27	158.17	25	8.4	26	9.08	24
重 庆	1079.3	21	349.48	19	63.7	18	20.63	14
四 川	3493.7	9	419.84	16	362.5	2	43.57	5
贵 州	1059.7	22	295.18	22	112.6	10	31.37	8
云 南	1860.5	14	386.39	17	61.0	19	12.66	20
西 藏	104.4	28	306.68	21	5.9	28	17.19	16
陕 西	1226.0	18	318.47	20	61.0	20	15.84	18
甘 肃	1151.4	20	437.53	15	70.4	15	26.76	11
青 海	103.1	30	171.59	24	28.5	22	47.40	4
宁 夏	392.6	25	573.06	7	7.3	27	10.64	22
新 疆	1504.2	15	610.02	6	67.8	16	27.50	10

数据来源：国家统计局统计资料。

表 13		2018 年各地区人均粮食占有量				

单位：公斤 / 人

地区	粮食	其中：谷物	稻谷	小麦	玉米	大豆
全国总计	472.38	438.01	152.31	94.38	184.65	11.46
北　京	15.79	15.25	0.05	2.43	12.55	0.17
天　津	134.56	133.07	24.01	36.66	70.95	0.87
河　北	490.97	467.62	6.96	192.46	257.52	2.82
山　西	372.07	348.58	0.15	61.61	264.59	6.36
内蒙古	1403.63	1263.22	48.14	79.91	1066.55	70.87
辽　宁	502.38	488.44	95.79	0.31	381.01	4.12
吉　林	1340.23	1303.73	238.45	0.01	1032.96	20.34
黑龙江	1985.45	1784.66	710.29	9.57	1053.23	173.97
上　海	42.85	42.62	36.34	5.36	0.52	0.07
江　苏	455.26	444.34	243.54	160.34	37.31	6.11
浙　江	105.17	94.04	83.80	6.28	3.62	3.77
安　徽	637.15	618.40	267.31	255.58	94.70	15.50
福　建	126.99	105.11	101.45	0.01	3.20	2.19
江　西	472.66	455.72	451.41	0.68	3.38	5.67
山　东	530.54	517.70	9.83	246.51	260.03	4.32
河　南	693.90	676.62	52.33	376.00	245.40	9.97
湖　北	480.49	457.58	332.62	69.44	54.72	5.79
湖　南	439.41	420.31	388.69	1.16	29.48	3.85
广　东	106.02	96.60	91.68	0.01	4.84	0.77
广　西	279.85	264.18	207.16	0.10	55.73	3.30
海　南	158.17	140.51	140.51	0.00	0.00	0.69
重　庆	349.48	244.01	157.66	2.64	81.38	6.43
四　川	419.84	340.19	177.68	29.72	128.14	10.67
贵　州	295.18	205.91	117.19	9.24	72.13	5.49
云　南	386.39	328.48	109.59	15.43	192.31	9.04
西　藏	306.68	298.25	1.55	57.17	9.87	0.09
陕　西	318.47	286.54	20.96	104.25	151.74	6.21
甘　肃	437.53	349.03	0.94	106.59	224.19	2.75
青　海	171.59	106.47	0.00	70.99	19.20	0.00
宁　夏	573.06	515.86	97.15	60.70	342.48	1.28
新　疆	610.02	599.71	29.46	231.92	335.61	3.10

数据来源：国家统计局统计资料。

表 14			**2018 年各地区人均农产品占有量**			

单位：公斤／人

地　区	粮食	棉花	油料	糖料	水果	水产品
全国总计	472.4	4.4	24.7	85.7	184.4	46.4
北　京	15.8	0.0	0.2	0.0	28.4	1.4
天　津	134.6	1.2	0.4	0.0	40.1	20.9
河　北	491.0	3.2	16.1	12.5	178.8	14.5
山　西	372.1	0.1	4.2	0.0	202.3	1.3
内蒙古	1403.6	0.0	79.6	203.8	104.4	5.5
辽　宁	502.4	0.0	17.9	2.7	180.8	103.3
吉　林	1340.2	0.0	32.3	0.9	54.7	8.6
黑龙江	1985.5	0.0	3.0	14.0	45.2	16.5
上　海	42.9	0.0	0.3	0.1	22.4	10.8
江　苏	455.3	0.3	10.7	0.7	116.2	61.5
浙　江	105.2	0.1	5.2	7.1	130.5	103.5
安　徽	637.2	1.4	25.1	1.6	102.4	35.8
福　建	127.0	0.0	5.4	6.7	174.0	199.7
江　西	472.7	1.6	26.1	13.9	147.7	55.2
山　东	530.5	2.2	31.0	0.0	278.1	85.9
河　南	693.9	0.4	65.9	1.6	260.1	10.3
湖　北	480.5	2.5	51.2	4.7	168.9	77.6
湖　南	439.4	1.2	34.1	4.9	147.8	35.9
广　东	106.0	0.0	9.4	125.5	148.3	74.8
广　西	279.8	0.0	13.6	1486.6	431.5	67.7
海　南	158.2	0.0	9.1	142.5	462.7	189.0
重　庆	349.5	0.0	20.6	2.9	139.6	17.1
四　川	419.8	0.0	43.6	4.4	129.9	18.4
贵　州	295.2	0.0	31.4	17.4	102.9	6.6
云　南	386.4	0.0	12.7	340.6	168.9	13.2
西　藏	306.7	0.0	17.2	0.0	0.9	0.1
陕　西	318.5	0.3	15.8	0.0	476.7	4.2
甘　肃	437.5	1.3	26.8	9.6	231.5	0.5
青　海	171.6	0.0	47.4	0.1	5.8	2.8
宁　夏	573.1	0.0	10.6	0.0	287.9	25.8
新　疆	610.0	207.3	27.5	172.2	607.4	7.1

数据来源：国家统计局统计资料。

表 15 农产品生产者价格指数（2009～2018 年）

（上年＝100）

指 标	2009 年	2010 年	2011 年	2012 年	2013 年	2014 年	2015 年	2016 年	2017 年	2018 年
农产品生产者价格指数	97.6	110.9	116.5	102.7	103.2	99.8	101.7	103.4	96.5	99.1
农业产品	102.9	116.6	107.8	104.8	104.3	101.8	99.2	97.0	99.5	101.2
谷物	104.9	112.8	109.7	104.8	103.1	102.7	98.7	92.2	100.5	102.3
小麦	107.9	107.9	105.2	102.9	106.7	105.1	99.2	94.1	104.4	100.1
稻谷	105.2	112.8	113.3	104.1	102.2	102.2	101.6	98.8	100.7	99.7
玉米	98.5	116.1	109.9	106.6	100.2	101.7	96.5	86.8	97.1	105.1
大豆	92.3	107.9	106.3	105.7	105.7	101.8	99.0	97.6	97.7	97.9
油料	94.2	112.1	112.1	105.2	102.4	99.9	100.8	101.1	100.5	99.1
棉花	111.8	157.7	79.5	98.1	103.9	87.1	87.5	118.4	100.8	97.9
糖料	101.5	106.0	125.5	105.0	98.9	99.7	98.8	106.5	106.3	98.8
蔬菜	111.8	116.8	103.4	109.9	106.9	98.5	104.6	107.0	95.6	103.6
水果	107.0	118.9	106.2	103.9	106.2	106.4	99.7	92.5	104.8	101.1
林业产品	94.9	122.8	114.9	101.2	99.1	99.4	97.9	96.1	104.9	98.9
畜牧产品	90.1	103.0	126.2	99.7	102.4	97.1	104.2	110.4	90.8	95.6
猪（毛重）	81.6	98.3	137.0	95.9	99.3	92.2	108.9	119.4	86.0	85.6
牛（毛重）	101.0	104.7	108.1	116.8	113.1	104.4	99.1	98.7	98.8	104.9
羊（毛重）	101.1	108.7	115.7	107.8	109.1	100.8	89.4	93.6	107.1	114.7
家禽（毛重）	102.2	107.0	112.0	103.8	103.2	104.4	101.3	99.6	96.7	107.7
蛋类	102.8	107.5	112.6	100.5	105.8	105.7	96.9	94.3	92.8	117.6
奶类	91.6	115.3	108.1	103.9	111.0	107.9	92.2	96.2	100.0	101.3
渔业产品	99.0	107.6	110.0	106.2	104.3	103.1	102.5	103.4	104.9	102.6
海水养殖产品			111.5	101.0	100.7	101.9	101.0	104.1	107.9	101.4
海水捕捞产品			111.2	110.9	107.7	103.1	106.0	106.2	103.1	104.7
淡水养殖产品			109.5	106.8	104.7	103.8	102.1	102.0	102.4	102.2
淡水捕捞产品			103.7	107.2	103.5	101.5				

数据来源：国家统计局统计资料。

表 16　分地区农产品生产者价格指数（2009～2018 年）

（上年＝ 100）

地　区	2009 年	2010 年	2011 年	2012 年	2013 年	2014 年	2015 年	2016 年	2017 年	2018 年
全　国	97.6	110.9	116.5	102.7	103.2	99.8	101.7	103.4	96.5	99.1
北　京	98.3	106.5	110.7	104.7	104.7	99.7	99.8	99.7	96.2	103.6
天　津	103.0	110.2	105.0	105.3	105.4	102.9	100.7	103.0	95.5	104.2
河　北	99.7	115.1	110.9	100.7	105.1	100.2	97.5	96.8	96.2	104.7
山　西	100.4	110.2	111.0	101.3	106.1	101.5	95.8	95.2	95.9	104.7
内蒙古	99.8	111.4	112.8	104.7	103.3	102.7	98.0	95.1	95.6	102.0
辽　宁	102.9	110.6	114.2	106.6	101.1	101.7	99.5	100.7	93.6	103.7
吉　林	103.8	111.8	116.8	105.1	100.4	102.9	100.6	93.1	89.5	106.1
黑龙江	98.1	109.2	116.5	105.9	101.0	101.0	98.7	93.6	95.1	100.8
上　海	102.2	107.1	110.9	101.4	104.1	99.5	102.4	106.6	98.4	100.5
江　苏	99.9	108.8	112.1	103.7	103.4	101.3	102.3	104.0	97.9	100.9
浙　江	100.3	114.8	113.6	104.3	103.0	99.5	102.0	104.5	99.1	100.8
安　徽	99.1	110.8	112.8	102.9	103.7	100.2	99.8	101.0	98.4	99.0
福　建	98.0	111.5	113.3	102.7	103.0	100.3	101.2	108.3	98.9	102.6
江　西	96.8	107.5	114.3	103.5	102.3	100.3	103.7	104.1	97.3	97.4
山　东	101.2	118.8	109.7	102.5	105.9	100.5	100.1	102.8	98.6	100.5
河　南	99.1	112.5	111.5	102.9	102.6	97.5	100.7	103.2	94.9	97.9
湖　北	96.3	112.3	111.7	103.3	101.8	100.0	99.5	106.2	99.3	96.6
湖　南	90.6	109.9	121.9	100.2	102.1	98.6	104.1	104.7	98.0	95.4
广　东	95.0	107.6	112.4	103.4	103.5	102.2	102.3	106.5	99.4	101.3
广　西	89.3	107.6	124.5	99.4	102.5	98.1	102.0	106.1	98.2	97.3
海　南	101.9	107.9	115.3	103.3	100.0	105.6	99.1	106.7	101.9	97.3
重　庆	89.0	103.2	120.2	104.6	103.0	100.2	102.4	109.8	96.8	99.7
四　川	96.9	105.9	117.8	104.0	102.6	99.9	103.3	105.6	97.8	100.2
贵　州	96.1	106.7	120.3	104.3	102.4	99.5	104.6	108.7	96.7	92.6
云　南	96.5	112.5	117.9	110.7	104.9	100.6	101.3	103.9	98.7	96.9
西　藏										
陕　西	95.8	121.7	113.8	102.6	107.4	102.1	96.3	98.0	98.4	100.9
甘　肃	100.2	113.8	111.3	105.9	105.9	102.1	99.8	99.2	99.1	101.7
青　海	94.6	124.3	117.3	108.2	110.4	100.0	96.1	104.5	101.0	100.3
宁　夏	99.4	117.0	111.3	103.6	106.7	98.3	98.4	98.7	99.3	105.0
新　疆	92.9	131.5	103.7	103.2	108.5	97.8	90.4	107.6	100.7	106.3

数据来源：国家统计局统计资料。

表 17　粮食成本收益变化情况表（1991～2018 年）

单位：元

年份	每50公斤平均出售价格				每亩总成本				每亩净利润			
	粮食平均	稻谷	小麦	玉米	粮食平均	稻谷	小麦	玉米	粮食平均	稻谷	小麦	玉米
1991	26.1	28.5	30.0	21.1	153.9	188.4	138.4	135.3	34.3	62.4	6.3	34.0
1992	28.4	29.3	33.1	24.3	163.8	192.3	149.3	150.6	44.0	67.7	21.2	42.3
1993	35.8	40.4	36.5	30.2	178.6	211.2	169.8	155.2	92.3	145.1	35.6	95.8
1994	59.4	71.2	56.5	48.2	239.4	298.1	213.2	206.7	190.7	316.7	82.3	173.3
1995	75.1	82.1	75.4	67.0	321.8	391.4	281.7	292.2	223.9	311.1	130.5	230.1
1996	72.3	80.6	81.0	57.2	388.7	458.3	359.5	351.2	155.7	247.5	92.9	123.8
1997	65.1	69.4	70.1	55.8	386.1	450.2	349.5	358.4	105.4	171.8	74.8	69.8
1998	62.1	66.9	66.6	53.8	383.9	437.4	357.5	356.6	79.3	155.9	-6.2	88.2
1999	53.0	56.6	60.4	43.7	370.7	425.2	351.5	337.2	25.6	75.8	-12.1	11.2
2000	48.4	51.7	52.9	42.8	356.2	401.7	352.5	330.6	-3.2	50.1	-28.8	-6.9
2001	51.5	53.7	52.5	48.3	350.6	400.5	323.6	327.9	39.4	81.4	-27.5	64.3
2002	49.2	51.4	51.3	45.6	370.4	415.8	342.7	351.6	4.9	37.6	-52.7	30.8
2003	56.5	60.1	56.4	52.7	368.3	419.1	339.6	347.6	42.9	94.9	-30.3	62.8
2004	70.7	79.8	74.5	58.1	395.5	454.6	355.9	375.7	196.5	285.1	169.6	134.9
2005	67.4	77.7	69.0	55.5	425.0	493.3	389.6	392.3	122.6	192.7	79.4	95.5
2006	72.0	80.6	71.6	63.4	444.9	518.2	404.8	411.8	155.0	202.4	117.7	144.8
2007	78.8	85.2	75.6	74.8	481.1	555.2	438.6	449.7	185.2	229.1	125.3	200.8
2008	83.5	95.1	82.8	72.5	562.4	665.1	498.6	523.5	186.4	235.6	164.5	159.2
2009	91.3	99.1	92.4	82.0	630.3	716.7	592.0	582.3	162.4	217.6	125.5	144.2
2010	103.8	118.0	99.0	93.6	672.7	766.6	618.6	632.6	227.2	309.8	132.2	239.7
2011	115.4	134.5	104.0	106.1	791.2	897.0	712.3	764.2	250.8	371.3	117.9	263.1
2012	119.9	138.1	108.3	111.1	936.4	1055.1	830.4	924.2	168.4	285.7	21.3	197.7
2013	121.1	136.5	117.8	108.8	1026.2	1151.1	914.7	1012.0	72.9	154.8	-12.8	77.5
2014	124.4	140.6	120.6	111.9	1068.6	1176.6	965.1	1063.9	124.8	204.8	87.8	81.8
2015	116.3	138.0	116.4	94.2	1090.0	1202.1	984.3	1083.7	19.6	175.4	17.4	-134.2
2016	108.4	136.8	111.6	77.0	1093.6	1201.8	1012.5	1065.6	-80.3	142.0	-82.2	-299.7
2017	111.6	137.9	116.6	82.2	1081.6	1210.2	1007.6	1026.5	-12.5	132.6	6.1	-175.8
2018	109.7	129.4	112.2	87.8	1093.8	1223.6	1012.9	1044.8	-85.6	65.9	-159.4	-163.3

数据来源：国家发展和改革委员会统计资料。

| 表 18 | | | | 2018 年粮食收购价格分月情况表 | | | | |

单位：元 /50 公斤

月份	三种粮食平均	稻谷平均	早籼稻	晚籼稻	粳稻	小麦	玉米	大豆
1 月	115.11	139.91	131.34	137.54	150.84	124.14	81.29	173.47
2 月	115.69	140.03	130.96	137.24	151.87	124.39	82.64	173.37
3 月	116.31	140.01	130.83	137.11	152.09	124.09	84.82	173.45
4 月	115.70	139.48	130.79	136.20	151.46	122.76	84.87	173.35
5 月	114.03	137.96	129.48	134.69	149.70	120.39	83.75	173.64
6 月	112.08	136.90	128.15	133.42	149.12	115.55	83.79	173.47
7 月	112.47	136.16	126.15	132.94	149.39	117.23	84.01	170.86
8 月	111.34	134.91	123.27	132.11	149.36	115.60	83.52	169.22
9 月	111.05	133.63	121.70	130.52	148.69	115.89	83.62	170.22
10 月	110.13	131.16	121.75	128.65	143.10	116.17	83.05	172.09
11 月	110.92	129.73	121.27	128.24	139.67	117.28	85.76	172.82
12 月	111.06	129.25	120.90	128.11	138.73	117.45	86.47	172.43
全年平均	112.99	135.76	126.38	133.06	147.84	119.25	83.97	172.37

数据来源：国家发展和改革委员会统计资料。

表 19	2018 年成品粮零售价格分月情况表			

单位：元 /500 克

月份	标一晚籼米	标一粳米	标准粉	富强粉
1 月	2.58	2.83	2.41	2.75
2 月	2.58	2.83	2.42	2.76
3 月	2.58	2.83	2.42	2.76
4 月	2.59	2.83	2.42	2.76
5 月	2.60	2.83	2.43	2.75
6 月	2.60	2.83	2.44	2.75
7 月	2.60	2.83	2.43	2.75
8 月	2.61	2.83	2.43	2.75
9 月	2.61	2.83	2.43	2.75
10 月	2.64	2.84	2.41	2.73
11 月	2.65	2.84	2.42	2.75
12 月	2.66	2.83	2.42	2.75
全年平均	2.61	2.83	2.42	2.75

数据来源：国家发展和改革委员会统计资料。

表 20				**2018 年粮食主要品种批发市场价格表**		

单位：元 / 吨

月份	三等白小麦	二等黄玉米	标一早籼米	标一晚籼米	标一粳米	三等大豆
1 月	2490	1790	3881	4190	4469	3779
2 月	2500	1822	3879	4222	4553	3766
3 月	2490	1890	3875	4180	4613	3780
4 月	2454	1855	3842	4155	4455	3746
5 月	2405	1820	3788	4102	4373	3708
6 月	2366	1800	3788	4110	4437	3750
7 月	2377	1814	3796	4091	4488	3820
8 月	2371	1819	3730	4091	4365	3731
9 月	2389	1838	3827	4116	4441	3842
10 月	2408	1817	3751	4035	4337	3847
11 月	2422	1883	3768	4053	4409	3728
12 月	2462	1899	3833	4070	4279	3693
全年平均	2428	1837	3813	4118	4435	3766

数据来源：国家发展和改革委员会统计资料。

表21　　2018年国内期货市场小麦、玉米、早籼稻、大豆分月价格表

单位：元/吨

月份	强筋小麦	普通小麦	玉米	早籼稻	大豆1	大豆2
1月	2605	/	1788	2806	3531	3396
2月	2632	2642	1830	/	3660	3375
3月	2529	2520	1744	2735	3745	3424
4月	2488	2480	1731	2710	3798	3474
5月	2553	2330	1777	2462	3687	3402
6月	2559	/	1787	2479	3690	3509
7月	2614	2343	1854	2489	3534	3404
8月	2619	2380	1904	2516	3635	3497
9月	2560	2361	1847	2359	3755	3650
10月	2558	2410	1891	2300	3586	3547
11月	2552	2304	1953	2430	3355	3087
12月	2421	2217	1869	/	3406	2928

注：1. 玉米为大连商品交易所玉米。

2. 早籼稻为郑州商品交易所早籼稻。

3. 大豆1为大连商品交易所国产大豆，大豆2为大连商品交易所进口大豆。

4. 均为最近主力合约月末收盘价格，按四舍五入计算。

数据来源：国家粮油信息中心统计资料。

| 表 22 | 2018 年美国芝加哥商品交易所谷物和大豆分月价格表 |

单位：美元 / 吨

月份	小麦	玉米	稻米	大豆
1 月	153	137	238	355
2 月	169	145	236	376
3 月	176	152	244	383
4 月	170	151	257	383
5 月	182	158	247	373
6 月	184	143	244	332
7 月	179	135	237	305
8 月	196	142	203	315
9 月	176	133	206	303
10 月	193	147	212	328
11 月	186	145	212	327
12 月	197	151	208	333

注：1. 各品种均为美国芝加哥商品交易所标准品。

　　2. 按美元整数四舍五入计算。

　　3. 均为最近主力合约每月中旬收盘价格。

数据来源：国家粮油信息中心统计资料。

表23		国有粮食企业主要粮食品种收购量（2005～2018年）				

单位：原粮，万吨

年份	合计	小麦	稻谷	玉米	大豆	其他
2005	12617.45	3745.20	3695.95	4529.90	506.00	140.40
2006	13199.30	6039.95	3096.25	3424.70	492.20	146.20
2007	11039.30	4733.15	2856.95	3008.30	321.45	119.45
2008	17008.00	6712.70	5142.10	4754.20	313.40	85.60
2009	16386.50	6833.95	3800.95	4988.45	653.00	110.15
2010	13352.15	6177.70	3082.10	3333.65	648.80	109.90
2011	12672.05	4650.40	4028.70	3428.10	465.65	99.20
2012	13498.40	4871.40	3709.30	4260.90	563.90	92.90
2013	18630.90	4023.80	5722.90	8472.70	317.20	94.30
2014	20656.75	5779.05	5497.55	8995.50	317.05	67.60
2015	26122.90	5095.30	5787.10	15046.60	140.10	53.80
2016	22514.25	5939.75	6114.80	10331.50	66.55	61.65
2017	16397.40	5250.15	5144.25	5801.65	145.65	55.70
2018	12594.50	3119.25	5011.30	4218.10	175.35	70.50

数据来源：国家粮食和物资储备局统计资料。

| 表24 | 国有粮食企业主要粮食品种销售量（2005～2018 年） | | | | | |

单位：原粮，万吨

年份	合计	小麦	稻谷	玉米	大豆	其他
2005	13275.10	4276.90	3693.55	4348.75	841.70	114.20
2006	13209.30	4246.10	3846.50	4133.20	847.60	135.90
2007	14230.60	5104.00	4168.35	3890.35	892.75	175.15
2008	16635.80	7352.90	4430.90	3985.40	755.90	110.70
2009	17974.45	7094.20	4335.35	5261.40	1145.75	137.75
2010	20280.35	7569.00	4416.85	6454.75	1662.95	176.80
2011	20513.80	7342.20	5200.80	5839.05	1992.20	139.55
2012	18154.70	6929.95	4296.05	4548.00	2188.10	192.60
2013	20814.20	7623.60	4435.80	6179.65	2418.00	157.15
2014	22860.05	6124.95	5586.30	8226.25	2618.10	304.45
2015	20400.50	5616.00	5717.30	5639.40	2704.60	723.20
2016	26906.30	5957.70	6867.90	10523.15	2950.60	606.95
2017	33269.60	6769.25	7374.95	14270.95	4210.55	643.90
2018	40183.00	6687.50	7863.05	20953.95	4144.95	1883.55

数据来源：国家粮食和物资储备局统计资料。

表 25		2018 年国有粮食企业分品种收购情况表			

单位：万吨

项目	国有粮食企业收购				
	原粮合计	小麦	稻谷	玉米	大豆
全 国	12594.50	3119.25	5011.30	4218.10	175.35
北 京	733.10	81.35	13.45	637.60	0.15
天 津	21.15	13.45	6.15	1.55	/
河 北	448.10	251.00	3.25	193.85	/
山 西	187.90	60.60	/	116.60	1.50
内蒙古	335.00	27.35	11.95	266.65	26.80
辽 宁	543.55	10.35	131.80	398.75	/
吉 林	922.70	0.15	126.85	782.20	9.65
黑龙江	2837.10	9.05	1813.60	895.45	117.40
上 海	116.55	20.40	88.55	7.45	/
江 苏	1280.50	735.60	484.35	45.60	7.90
浙 江	155.00	16.05	137.75	0.70	0.50
安 徽	788.10	166.80	540.20	74.40	0.90
福 建	53.70	0.60	53.05	/	/
江 西	368.00	0.90	365.25	1.80	/
山 东	697.65	466.80	8.65	222.25	/
河 南	983.90	608.75	187.10	185.30	2.70
湖 北	346.80	33.95	312.10	0.75	0.05
湖 南	259.75	1.20	257.95	0.60	/
广 东	104.25	18.15	66.70	11.80	7.65
广 西	95.20	/	95.20	/	/
海 南	3.75	/	3.75	/	/
重 庆	69.90	5.50	59.10	3.05	0.05
四 川	257.35	51.85	174.50	29.65	/
贵 州	31.35	2.05	6.25	0.20	/
云 南	59.75	4.00	26.30	28.10	/
西 藏	1.55	0.10	/	/	/
陕 西	364.05	230.85	5.10	126.95	/
甘 肃	107.55	53.60	3.80	45.85	/
青 海	4.95	2.45	/	/	/
宁 夏	67.40	9.05	18.55	39.85	/
新 疆	348.90	237.30	10.05	101.15	0.10

数据来源：国家粮食和物资储备局统计资料。

表 26　2018 年国有粮食企业分品种销售情况表

单位：万吨

项目	原粮合计	国有粮食企业收购			
		小麦	稻谷	玉米	大豆
全　国	40183.00	6687.50	7863.05	20953.95	4144.95
北　京	2426.00	491.35	154.35	1467.65	274.65
天　津	676.35	170.20	89.55	76.10	314.70
河　北	888.35	408.25	23.95	337.75	117.85
山　西	239.40	111.45	9.85	113.05	1.50
内蒙古	2036.95	56.20	27.65	1898.35	51.00
辽　宁	2829.55	36.20	185.90	2430.60	151.05
吉　林	5032.30	0.60	118.80	4774.20	138.05
黑龙江	6522.35	59.80	1261.45	4923.80	267.05
上　海	1116.70	131.15	314.95	475.75	161.45
江　苏	3991.20	1084.25	772.20	542.45	1575.85
浙　江	1669.85	303.65	738.15	522.50	81.10
安　徽	1032.20	315.50	546.85	162.80	1.35
福　建	1246.10	172.65	197.50	603.10	55.55
江　西	557.05	4.90	545.00	6.45	0.65
山　东	1341.60	610.55	17.70	571.25	141.55
河　南	1472.95	1082.45	150.35	187.15	52.80
湖　北	518.55	81.05	386.15	14.10	36.75
湖　南	554.55	13.70	515.90	25.00	/
广　东	2321.55	495.35	735.75	831.40	185.25
广　西	811.40	57.50	193.95	136.45	423.50
海　南	126.60	8.80	14.45	97.60	5.70
重　庆	174.85	33.70	88.40	39.25	1.45
四　川	842.50	131.50	296.30	317.15	89.05
贵　州	299.60	53.90	179.15	40.35	12.30
云　南	244.15	14.45	158.85	68.75	0.50
西　藏	16.10	6.95	6.20	/	/
陕　西	555.85	307.85	94.10	149.45	3.25
甘　肃	157.40	101.15	5.55	42.30	/
青　海	38.05	31.85	3.20	/	/
宁　夏	88.50	11.25	19.10	58.15	/
新　疆	354.45	299.35	11.80	41.05	1.05

数据来源：国家粮食和物资储备局统计资料。

表 27　2018 年分地区粮食产业企业数量表

单位：个

项目类别	成品粮油加工企业			饲料企业	养殖企业	食品及副食酿造企业	制酒企业	粮食深加工企业		粮油机械制造企业
	小麦粉加工企业	大米加工企业	食用植物油加工企业					酒精企业	淀粉企业	
全国总计	2590	9827	1591	3682	428	1970	637	89	238	160
北　京	9	21	4	34	1	38	6	/	/	/
天　津	11	15	12	35	/	9	1	1	/	/
河　北	185	58	25	199	31	24	13	6	33	4
山　西	151	2	16	81	30	50	18	4	5	1
内蒙古	66	30	41	91	21	35	24	3	14	/
辽　宁	8	544	21	312	38	51	28	1	3	/
吉　林	3	560	17	125	13	8	4	10	11	/
黑龙江	44	1524	92	160	13	72	27	19	15	/
上　海	4	26	13	26	3	51	3	/	/	1
江　苏	194	715	109	178	8	112	24	6	13	27
浙　江	7	199	39	121	17	156	60	/	4	21
安　徽	243	841	133	162	14	215	40	6	14	38
福　建	25	191	40	83	7	48	8	/	1	/
江　西	4	1094	65	141	12	33	11	/	8	3
山　东	511	40	103	556	14	110	38	3	43	1
河　南	537	125	80	180	50	137	17	12	18	13
湖　北	101	1185	173	168	32	207	53	3	13	41
湖　南	11	1077	135	223	10	127	21	/	7	4
广　东	28	373	43	248	14	80	17	2	2	1
广　西	6	281	16	104	12	20	8	4	/	/
海　南	1	21	2	15	2	/	/	/	/	/
重　庆	7	136	17	45	7	27	10	/	/	/
四　川	53	357	123	175	16	144	90	3	6	3
贵　州	13	129	42	28	1	32	15	/	/	/
云　南	36	149	26	72	26	88	54	3	2	/
西　藏	4	/	4	3	1	8	6	/	/	/
陕　西	84	54	42	45	19	34	15	1	8	1
甘　肃	80	2	21	28	13	29	22	1	6	/
青　海	10	/	26	5	/	3	3	/	/	/
宁　夏	34	60	31	14	2	6	/	/	10	1
新　疆	120	18	80	25	1	16	1	1	2	/

数据来源：国家粮食和物资储备局统计资料。

| 表 28 | 2018 年分地区粮食产业主要经济指标情况表 | | | |

单位：亿元

项目	工业总产值	销售收入	利税总额	利润总额
全国总计	30792.3	31593.2	2762.1	2177.6
北　京	302.3	415.1	48.2	33.1
天　津	435.1	478.8	15.9	15.1
河　北	1040.5	1024.0	37.7	32.3
山　西	254.3	254.2	41.2	30.5
内蒙古	416.4	421.7	23.3	20.8
辽　宁	865.7	885.5	34.9	30.2
吉　林	603.3	599.7	22.4	16.9
黑龙江	1049.4	1047.5	27.1	26.0
上　海	279.1	376.4	25.6	17.8
江　苏	2724.6	2848.0	251.1	205.0
浙　江	635.6	677.5	40.6	26.8
安　徽	2635.1	2519.5	123.1	106.0
福　建	712.4	709.4	46.3	40.7
江　西	891.5	840.0	29.4	27.0
山　东	4016.4	4361.6	315.9	219.1
河　南	2033.0	1896.3	81.6	68.6
湖　北	2274.0	2166.9	139.8	111.1
湖　南	1453.8	1348.6	60.7	50.7
广　东	2407.1	2550.8	164.2	125.1
广　西	944.4	1064.8	23.9	22.5
海　南	83.4	105.2	2.6	2.5
重　庆	500.2	500.8	26.7	22.9
四　川	1942.9	2202.2	402.2	304.6
贵　州	1124.2	1084.4	719.9	578.9
云　南	219.3	265.7	8.2	4.2
西　藏	10.3	8.8	5.3	2.7
陕　西	441.6	404.9	18.0	17.1
甘　肃	105.8	98.3	7.3	5.9
青　海	20.5	23.3	2.0	1.5
宁　夏	116.7	137.6	4.4	3.1
新　疆	253.1	275.5	12.8	9.0

数据来源：国家粮食和物资储备局统计资料。

表29			2018 年分地区粮食产业生产能力汇总表			
						单位：万吨
项目	年处理小麦	年处理稻谷	年处理玉米	年处理油料	年精炼油脂	年生产饲料
全国总计	19662.5	36898.2	1852.7	17275.0	6762.0	38758.7
北 京	141.5	122.5	0.6	8.3	6.0	255.8
天 津	136.1	51.0	/	532.8	312.1	234.7
河 北	1898.8	180.0	65.7	621.6	143.1	1049.1
山 西	307.0	0.8	54.9	70.1	14.4	683.0
内蒙古	215.3	117.9	75.8	165.9	34.4	903.7
辽 宁	99.5	1808.7	139.4	756.8	157.5	3196.8
吉 林	16.3	1739.6	312.6	206.6	44.3	4468.5
黑龙江	231.9	6969.5	218.9	1013.5	132.0	1471.8
上 海	45.0	148.6	/	62.7	108.1	161.0
江 苏	1668.2	3161.3	4.5	2690.4	983.3	1836.4
浙 江	143.0	657.5	26.4	423.9	127.0	748.0
安 徽	2032.3	4400.3	173.0	544.2	253.4	1588.1
福 建	229.5	691.2	3.9	584.8	195.8	974.1
江 西	0.3	3442.6	49.2	140.2	166.3	1744.5
山 东	4270.6	221.4	207.3	2509.2	689.7	4586.6
河 南	4973.6	922.0	138.8	821.5	229.1	1797.2
湖 北	733.1	5373.2	76.2	1285.0	516.1	1759.2
湖 南	30.9	2965.2	21.6	440.1	963.2	2085.8
广 东	489.9	727.0	28.5	1391.9	612.0	3541.6
广 西	27.8	621.0	/	1233.1	311.4	1667.8
海 南	/	26.5	/	0.0	0.8	286.1
重 庆	11.8	338.5	/	74.0	86.5	435.3
四 川	240.5	1200.7	85.2	669.8	274.1	1542.9
贵 州	6.8	291.5	2.1	109.9	32.9	473.2
云 南	59.2	282.0	2.0	40.7	30.0	407.7
西 藏	11.0	/	/	0.7	0.1	1.1
陕 西	587.3	133.1	38.2	200.1	97.5	321.8
甘 肃	358.3	3.8	1.2	43.0	14.7	164.7
青 海	27.7	/	0.1	140.6	53.0	14.8
宁 夏	151.6	239.3	0.1	33.2	22.3	160.8
新 疆	518.1	61.6	126.5	460.6	150.9	197.1

数据来源：国家粮食和物资储备局统计资料。

表30			2018 年分地区粮食产业主要产品产量汇总表				
						单位：万吨，万台（套）	
项目	小麦粉	大米	食用植物油	商品淀粉	酒精	饲料	粮机设备
全国总计	7303.5	8319.7	3080.2	2920.2	755.0	20053.4	66.5
北 京	70.0	27.7	0.2	/	/	142.6	/
天 津	27.3	8.7	178.5	/	/	145.2	/
河 北	1004.6	51.1	129.9	294.2	17.3	693.3	0.2
山 西	45.3	/	0.9	5.5	4.3	199.4	/
内蒙古	35.5	10.9	9.2	254.2	28.0	291.1	/
辽 宁	42.8	469.9	98.9	141.6	1.9	1294.7	/
吉 林	0.8	270.5	23.7	201.8	262.0	323.7	/
黑龙江	43.6	1308.2	21.4	436.8	118.1	353.8	0.0
上 海	17.1	33.0	91.5	/	/	95.9	0.0
江 苏	649.6	869.2	596.7	26.1	24.4	992.7	8.6
浙 江	90.5	156.5	54.5	9.6	/	420.9	24.9
安 徽	796.9	1336.2	72.9	104.6	83.9	835.8	7.3
福 建	122.8	207.9	131.2	1.2	/	582.4	/
江 西	0.1	689.1	42.0	11.8	3.0	1124.3	0.2
山 东	1613.2	61.7	473.6	1135.3	27.5	2938.6	0.0
河 南	1690.9	144.2	68.8	65.2	93.1	891.6	2.0
湖 北	171.9	960.1	84.8	21.6	4.9	914.9	19.4
湖 南	4.4	772.7	135.7	0.4	0.0	1255.4	3.7
广 东	274.9	367.2	448.3	12.8	4.6	2806.8	/
广 西	12.6	125.0	149.6	/	44.3	1523.1	/
海 南	/	2.3	0.0	/	/	261.4	/
重 庆	2.7	61.3	78.1	/	/	283.8	/
四 川	78.6	217.9	63.0	9.1	30.1	931.5	0.1
贵 州	1.5	50.7	9.4	/	/	124.9	/
云 南	16.5	39.9	14.4	0.0	1.0	258.2	/
西 藏	0.2	/	0.0	/	/	0.0	/
陕 西	218.7	19.5	44.7	95.7	0.8	122.4	0.1
甘 肃	69.4	/	0.9	5.2	1.5	68.9	/
青 海	6.0	/	3.8	/	/	1.3	/
宁 夏	30.7	49.0	3.1	72.8	/	42.3	0.0
新 疆	164.6	9.3	50.5	14.4	4.1	132.6	/

注：大米产量为含二次加工产量，食用植物油产量为精炼产量。

数据来源：国家粮食和物资储备局统计资料。

表 31　全国粮油进口情况表（2001~2018 年）

单位：万吨

年份	粮食	谷物	小麦	大米	玉米	大麦	大豆	食用植物油	豆油	菜籽油	棕榈油	花生油
2001	1950.4	344.3	73.9	26.9	3.9	236.8	1393.9	149.2	7.0	4.9	136.0	0.9
2002	1605.1	284.9	63.2	23.6	0.8	190.7	1131.4	266.3	87.0	7.8	169.5	0.4
2003	2525.8	208.0	44.7	25.7	0.1	136.3	2074.1	441.2	188.4	15.2	232.8	0.7
2004	3351.5	974.5	725.8	75.6	0.2	170.7	2023.0	529.1	251.6	35.3	239.0	0.0
2005	3647.0	627.1	353.9	51.4	0.4	217.9	2659.0	471.9	169.4	17.8	283.8	0.0
2006	3713.8	358.2	61.3	71.9	6.5	213.1	2823.7	581.3	154.3	4.4	418.7	0.0
2007	3731.0	155.5	10.1	48.8	3.5	91.3	3081.7	767.5	282.3	37.5	438.7	1.1
2008	4130.6	154.0	4.3	33.0	5.0	107.6	3743.6	752.8	258.6	27.0	464.7	0.6
2009	5223.1	315.0	90.4	35.7	8.4	173.8	4255.1	816.2	239.1	46.8	511.4	2.1
2010	6695.4	570.7	123.1	38.8	157.3	236.7	5479.8	687.2	134.1	98.5	431.4	6.8
2011	6390.0	544.6	125.8	59.8	175.4	177.6	5263.7	656.8	114.3	55.1	470.1	6.1
2012	8024.6	1398.2	370.1	236.9	520.8	252.8	5838.4	845.1	182.6	117.6	523.0	6.3
2013	8645.2	1458.1	553.5	227.1	326.6	233.5	6337.5	809.8	115.8	152.7	487.4	6.1
2014	10042.4	1951.0	300.4	257.9	259.9	541.3	7139.9	650.2	113.5	81.0	396.9	9.4
2015	12477.5	3270.4	300.6	337.7	473.0	1073.2	8169.2	676.5	81.8	81.5	431.2	12.8
2016	11467.6	2198.9	341.2	356.2	316.8	500.5	8391.3	552.8	56.0	70.0	315.7	10.7
2017	13061.5	2559.2	442.2	402.6	282.7	886.3	9552.6	577.3	65.3	75.7	346.5	10.8
2018	11554.8	1649.6	309.9	305.8	352.4	681.5	8803.1	629.0	54.9	129.5	357.2	12.8

数据来源：国家发展和改革委员会根据《海关统计》整理。

| 表 32 | | 全国粮油出口情况表（2001～2018 年） | | | | | | | |

单位：万吨

年份	粮食	谷物	小麦	大米	玉米	大豆	食用植物油	豆油	菜籽油
2001	991.2	875.6	71.3	185.9	600.0	24.8	13.5	6.0	5.4
2002	1619.6	1482.2	97.7	198.2	1167.5	27.6	9.7	4.7	1.8
2003	2354.6	2194.7	251.4	260.5	1640.1	26.7	6.0	1.1	0.5
2004	620.4	473.4	108.9	89.8	232.4	33.5	6.5	1.9	0.5
2005	1182.3	1013.7	60.5	67.4	864.2	39.6	22.5	6.3	3.1
2006	774.4	605.2	151.0	124.0	309.9	37.9	39.9	11.8	14.5
2007	1169.5	986.7	307.3	134.3	492.1	45.6	16.6	6.6	2.2
2008	378.9	181.2	31.0	97.2	27.3	46.5	24.8	13.4	0.7
2009	328.3	131.7	24.5	78.0	13.0	34.6	11.4	6.9	0.9
2010	275.1	119.9	27.7	62.2	12.7	16.4	9.2	5.9	0.4
2011	287.5	116.4	32.8	51.6	13.6	20.8	12.2	5.1	0.3
2012	276.6	96.0	28.5	27.9	25.7	32.0	10.0	6.5	0.7
2013	243.1	94.7	27.8	47.8	7.8	20.9	11.5	9.0	0.6
2014	211.4	70.9	19.0	41.9	2.0	20.7	13.4	10.0	0.7
2015	163.5	47.8	12.2	28.7	1.1	13.4	13.5	10.4	0.5
2016	190.1	58.1	11.3	39.5	0.4	12.7	11.3	8.0	0.5
2017	280.2	155.7	18.3	119.7	8.6	11.2	20.0	13.3	2.1
2018	365.9	238.7	28.6	208.9	1.2	13.4	29.5	21.8	1.5

数据来源：国家发展和改革委员会根据《海关统计》整理。

表33　2018年取得中央储备粮代储资格企业名单（新申请、补充申请、延续申请）

单位：万吨

序号	企业名称	申请类别	申请类型	企业数量（户）	仓（罐）容	本次授予资格仓（罐）号	证书编号
	北京市			7			
1	北京市顺义粮食收储有限公司	粮食类	补充申请	1	5.0220	北京市顺义粮食收储有限公司三分库：平房仓17-26（总仓容5.0220万吨）	110002DL-I
2	北京市京粮源河粮食收储有限公司	粮食类	延续申请	1	20.2335	北京市京粮源河粮食收储有限公司潭县粮库：平房仓1-14。北京市京粮源河粮食收储有限公司大杜社粮库：平房仓1-18。北京市京粮源河粮食收储有限公司永乐粮库：平房仓8（总仓容20.2335万吨）	110003DL-III
3	北京市东北郊粮食收储有限公司	粮食类	延续申请	1	9.0260	北京市东北郊粮食收储有限公司：平房仓1、2、4、5、7、8、10、11，平房仓3、6、9、12（总仓容9.0260万吨）	110001DL-I
4	北京市西南郊粮食收储库有限公司	粮食类	延续申请	1	53.5021	北京市西南郊粮食收储库有限公司主库区：平房仓1-13、平房仓15-36、立筒仓101-106、201-206、301-306、401-406、立筒仓081-086、091-096、501-506、601-606、701-706、801-806；北京市西南郊粮食收储库有限公司半壁店分库：平房仓1-11；北京市西南郊粮食收储库有限公司衡水分库：平房仓1-5;北京市西南郊粮食收储库有限公司东明分库：平房仓1-9（总仓容53.5021万吨）	110004DL-I
5	北京市平谷官庄粮食收储有限公司	粮食类	延续申请	1	9.6874	北京市平谷官庄粮食收储有限公司：平房仓25、23、平房仓19、20、21、22、平房仓24、26、平房仓15、17、平房仓16、18、平房仓29、30、平房仓27、平房仓28、平房仓9、平房仓10（总仓容9.6874万吨）	110005DL
6	北京市三家店粮食收储库有限公司	粮食类	延续申请	1	6.0213	北京市三家店粮食收储库有限公司斋堂粮库：平房仓85-88、平房仓89-90；北京市三家店粮食收储库有限公司杨坨粮库：平房仓55、平房仓56、平房仓57、平房仓58（总仓容6.0213万吨）	110007DL
7	北京市京都金谷粮食购销有限公司	粮食类	延续申请	1	6.0640	北京市京都金谷粮食购销有限公司：平房仓1、2、5、6、平房仓10-13、平房仓16-19（总仓容6.0640万吨）	110011DL
	天津市			2			
8	天津武清国家粮食储备库	粮食类	延续申请	1	17.7412	天津武清国家粮食储备库：1-71号仓（总仓容17.7412万吨）	120004DL
9	天津贾庄国家粮食储备库	粮食类	补充申请	1	2.5132	天津贾庄国家粮食储备库：平房仓19-23（总仓容2.5132万吨）	120005DL
	河北省			9			
10	河北石家庄国家粮食储备有限责任公司	粮食类	新申请	1	12.5891	河北石家庄国家粮食储备有限责任公司正定区：1-11、15-20、23-24（总仓容12.5891万吨）	130015DL

续表

序号	企业名称	申请类别	申请类型	企业数量（户）	本次授予资格 仓（罐）容	本次授予资格 仓（罐）号	证书编号
11	怀安县天丰省级粮食储备有限公司	粮食类	新申请	1	7.0000	怀安县天丰省级粮食储备有限公司：平房仓 1-8、15-26（总仓容 7.0000 万吨）	130023DL
12	赤城县龙关国有粮食购销库	粮食类	新申请	1	2.7878	赤城县龙关国有粮食购销库：山洞库 1#（总仓容 2.7878 万吨）	130016DL
13	河北跃升粮食贸易有限公司	粮食类	延续申请	1	9.9576	河北跃升粮食贸易有限公司：1-18 号仓房（总仓容 9.9576 万吨）	130019DL
			补充申请		3.3192	河北跃升粮食贸易有限公司：19-24 号仓房（总仓容 3.3192 万吨）	
14	承德滦河粮食储备有限公司	粮食类	延续申请	1	1.8080	承德滦河粮食储备有限公司：平房仓 P11、P12、P13、P14（总仓容 1.8080 万吨）	130004DL-I
15	河北省财安粮食经营有限责任公司	粮食类	补充申请	1	1.0000	河北省财安粮食经营有限责任公司：新 5、新 6（总仓容 1.0000 万吨）	130017DL
16	涿州市金谷国有粮食储备有限公司	粮食类	新申请	1	2.9478	涿州市金谷国有粮食储备有限公司主库区：平房仓 1-6（总仓容 2.9478 万吨）	130020DL
17	博野国家粮食储备库	粮食类	补充申请	1	9.1000	博野国家粮食储备库：P1-6、P8-15（总仓容 9.1000 万吨）	130022DL
18	兴隆县兴隆省级粮食储备有限公司	粮食类	新申请	1	3.2094	兴隆县兴隆省级粮食储备有限公司新库区：平房仓 1 号、平房仓 2 号（总仓容 3.2094 万吨）	130021DL
	山西省			2			
19	晋中市榆次粮食储备有限公司	粮食类	延续申请	1	1.2572	晋中市榆次粮食储备有限公司：13-14、15（总仓容 1.2572 万吨）	140002DL
20	原平市兴源粮食储备有限公司	粮食类	延续申请	1	2.5984	原平市兴源粮食储备有限公司：平房仓 25、52、54、平房仓 41、55、56、平房仓 42、平房仓 57、平房仓 58、平房仓 63、64（总仓容 2.5984 万吨）	140005DL
	内蒙古自治区			11			
21	五原县城关粮油公司	粮食类	新申请	1	5.5000	五原县城关粮油公司：平房仓 1-9（总仓容 5.5000 万吨）	150017DL
22	内蒙古商都国家粮食储备库	粮食类	补充申请	1	4.9194	内蒙古商都国家粮食储备库：p19、p21、p22、p24、平房仓 25-29（总仓容 4.9194 万吨）	150026DL
23	扎赉特旗京兴华粮业有限公司	粮食类	新申请	1	15.0270	扎赉特旗京兴华粮业有限公司：平房仓 1-3（总仓容 15.0270 万吨）	150021DL
24	鄂伦春自治旗泽生粮油储备有限责任公司	粮食类	延续申请	1	8.6389	鄂伦春自治旗泽生粮油储备有限责任公司减信库区：6、7。兴晟库区：3、4。兴梅库区：3、5、6（总仓容 8.6389 万吨）	150019DL
25	内蒙古扎鲁特鲁北国家粮食储备库	粮食类	新申请	1	3.1638	内蒙古扎鲁特鲁北国家粮食储备库北库区：平房仓 1-6（总仓容 3.1638 万吨）	150023DL
26	内蒙古金良直属粮库	粮食类	补充申请	1	0.5000	内蒙古金良直属粮库：平房仓 11 号（总仓容 0.5000 万吨）	150024DL

续表

序号	企业名称	申请类别	申请类型	企业数量（户）	仓（罐）容	本次授予资格仓（罐）号	证书编号
27	内蒙古天山国家粮食储备库	粮食类	新申请	1	3.8912	内蒙古天山国家粮食储备库：平房仓1-8（总仓容3.8912万吨）	150025DL
28	乌审旗粮食储备库	粮食类	补充申请	1	2.1292	乌审旗粮食储备库：平房仓9-12（总仓容2.1292万吨）	150016DL
29	伊金霍洛旗华丰粮油购销有限责任公司	粮食类	延续申请	1	2.7648	乌审旗粮食储备库：平房仓1-8（总仓容2.7648万吨）伊金霍洛旗华丰粮油购销有限责任公司：平房仓1-5（总仓容2.8000万吨）	150022DL
30	内蒙古通辽集丰粮贸有限责任公司	粮食类	新申请	1	2.8000	内蒙古通辽集丰粮贸有限责任公司：平房仓1-3、平房仓4、平房仓5、平房仓6-7、平房仓16-17（总仓容5.5000万吨）	150020ZL
31	中谷成吉思汗扎兰屯市粮食有限公司	粮食类	新申请	1	5.5000	中谷成吉思汗扎兰屯市粮食有限公司平房仓1-4（总仓容2.7172万吨）	150015ZL
	辽宁省			4	2.7172		
32	大连经济技术开发区粮食工业储运公司	粮食类	新申请	1	2.5022	大连经济技术开发区粮食工业储运公司：平房仓P7、平房仓P8、平房仓P9（总仓容2.5022万吨）	210017DL
33	辽宁锦州驻大连湾国家粮食储备库	粮食类	新申请	1	3.4527	辽宁锦州驻大连湾国家粮食储备库：P1、P2、P3（总仓容3.4527万吨）	210018DL
34	大连北良国家粮食储备库有限公司	粮食类	补充申请	1	25.0000	大连北良国家粮食储备库有限公司北良港：浅圆仓G101-G104、G201-G204、G301-G304、G401-G404、G501-G504（总仓容25.0000万吨）	210003ZL-I
			延续申请		60.0000	大连北良国家粮食储备库有限公司北良港：浅圆仓C01-C20（总仓容60.0000万吨）	
35	鞍山建国粮食储备库有限责任公司	粮食类	延续申请	1	22.2123	鞍山建国粮食储备库有限责任公司主库区：立筒仓L1-12、立筒仓T13-42、立筒仓T43-46、星仓43-58、平房仓P1-2、平房仓P3-5、平房仓P7、平房仓P9；鞍山建国国家粮食储备库台安分库：1分库立筒仓T1-11、T38-53、1分库平房仓T12-37、1分库立筒仓T54、1分库平房仓P1、1分库平房仓P2-3、1分库平房仓P5、1分库平房仓P6、1分库平房仓P7、1分库平房仓P8、1分库平房仓P9、1分库平房仓P10、1分库星仓1-16（总仓容22.2123万吨）	210011DL
	吉林省			9			
36	榆树华粮粮食中转库有限公司	粮食类	延续申请	1	7.0000	榆树华粮粮食中转库有限公司：平房仓1-5、浅圆仓6-10（总仓容7.0000万吨）	220016ZL
37	白城洮北区纯阳粮库	粮食类	新申请	1	6.0332	白城洮北区纯阳粮库：6号仓、7号仓、8号仓、9号仓、10号仓（总仓容6.0332万吨）	220007DL

续表

序号	企业名称	申请类别	申请类型	企业数量（户）	仓（罐）容	本次授予资格仓（罐）号	证书编号
38	磐石华粮食储备库有限公司	粮食类	新申请	1	2.7000	磐石华粮食储备库有限公司：浅圆仓1-3（总仓容2.7000万吨）	220010ZL
39	吉林大安中谷国家粮食储备库有限公司	粮食类	新申请	1	10.9957	吉林大安中谷国家粮食储备库有限公司：平房仓1-2、P7，平房仓3-4、平房仓5-6，浅圆仓8-13（总仓容10.9957万吨）	220015ZL
40	吉林白城三和粮库	粮食类	补充申请	1	13.0000	吉林白城三和粮库主库区：平房仓5-6、平房仓7。吉林白城三和粮库岭下分库：平房仓1-4、平房仓5-6、平房仓7-8（总仓容13.0000万吨）	220003DL-I
41	长春市直属东湖粮食储备库	粮食类	新申请	1	4.7700	长春市直属东湖粮食储备库：平房仓9、平房仓10、平房仓11-13（总仓容4.7700万吨）	220008DL
42	农安华粮食中转库有限公司	粮食类	新申请	1	4.8000	农安华粮食中转库有限公司：浅圆仓1-5（总仓容4.8000万吨）	220013ZL
43	吉林白城国储粮食储备有限公司	粮食类	新申请	1	10.1400	吉林白城国储粮食储备有限公司A库区：平房仓1-12（总仓容10.1400万吨）	220014ZL
44	长春市九台区华粮食中转库有限公司	粮食类	延续申请	1	6.1600	长春市九台区华粮食中转库有限公司：平房仓1，平房仓2-3、浅圆仓1-4、平房仓18-21（总仓容6.16万吨）	220009ZL
	黑龙江省			12			
45	萝北县凤翔粮库	粮食类	延续申请	1	2.5000	萝北县凤翔粮库：平房仓1-2、平房仓3-4、平房仓5、立筒仓6-11、立筒仓12-17（总仓容2.5000万吨）	230033DL
46	九三粮油工业集团有限公司	粮食类	补充申请	1	6.1980	九三粮油工业集团有限公司黑龙江省九三油脂化工厂：平房仓15-16、立筒仓21-22；九三集团宝泉岭粮食储备有限公司：立筒仓17-18（总仓容6.1980万吨）	230008DL-I
47	萝北县萝北粮库	粮食类	新申请	1	3.1000	萝北县萝北粮库：立筒仓L1-6、立筒仓L7-16、平房仓17、平房仓18（总仓容3.1000万吨）	230032DL
48	黑龙江国储粮食储备有限公司	粮食类	新申请	1	15.7200	黑龙江国储粮食储备有限公司：平房仓1-6（总仓容15.7200万吨）	230037ZL
49	黑龙江农垦建三江粮库有限责任公司	粮食类	补充申请	1	11.5000	黑龙江农垦建三江粮库有限责任公司：平房仓1-2、平房仓3-7、平房仓8（总仓容11.5000万吨）	230020DL
50	克山县北兴粮库	粮食类	延续申请	1	3.0012	克山县北兴粮库：平房仓1-9、11-14、立筒仓L15-20（总仓容3.0012万吨）	230024DL
51	萝北县北跃现代粮食物流有限责任公司	粮食类	新申请	1	10.0000	萝北县北跃现代粮食物流有限责任公司：平房仓1-8（总仓容10.0000万吨）	230036DL
52	桦南县土龙山粮库有限责任公司	粮食类	新申请	1	3.0000	桦南县土龙山粮库有限责任公司：立筒仓1-6、平房仓7-14、立筒仓15、平房仓16、立筒仓17（总仓容3.0000万吨）	230035DL

续表

序号	企业名称	申请类别	申请类型	企业数量（户）	仓（罐）容	本次授予资格仓（罐）号	证书编号
53	萝北县苇场粮库有限责任公司	粮食类	新申请	1	2.6000	萝北县苇场粮库有限责任公司：立筒仓 L1-8、平房仓 15-16、立筒仓 L17-21（总仓容 2.6000 万吨）	230034DL
54	桦川县新城粮库粮食收储有限公司	粮食类	延续申请	1	2.5500	桦川县新城粮库粮食收储有限公司：1-2、3-4、5-7、8（总仓容 2.5500 万吨）	230021DL
55	萝北县名山粮库有限责任公司	粮食类	延续申请	1	4.2000	萝北县名山粮库有限责任公司：平房仓 23-24、立筒仓 L1-6、立筒仓 L7-12（总仓容 4.2000 万吨）	230022DL
56	萝北县军川粮库	粮食类	新申请	1	8.5500	萝北县军川粮库：平房仓 1-3、立筒仓 L1-10、平房仓 44-47、平房仓 5-6、平房仓 7-10、平房仓 11、平房仓 12、立筒仓 L11-18（总仓容 8.5500 万吨）	230023DL
	上海市			2			
57	上海松江粮油购销有限公司	粮食类	延续申请	1	13.1590	上海松江粮油购销有限公司浦北分公司油墩港粮库：平房仓 1-10、平房仓 11、16、平房仓 12、15、平房仓 13-14、17-18、平房仓 19-22、25-32、平房仓 23-24。浦南分公司新五粮库：平房仓 101、平房仓 102、201-202、301-303、平房仓 401-403（总仓容 13.1590 万吨）	310003DL
58	上海崇明老效港粮食仓储有限公司	粮食类	延续申请	1	11.9730	上海崇明老效港粮食仓储有限公司主库区：100-114、201-216、301-315、401-403、501-506、601-606。上海崇明老效港粮食仓储有限公司一分库：1-6、7（总仓容 11.9730 万吨）	310002DL
	江苏省			14			
59	响水县粮食购销总公司	粮食类	新申请	1	16.6000	响水县粮食购销总公司张集粮库：平房仓 1-3。响水县粮食购销总公司陈家港粮库：平房仓 1-2、平房仓 3-5。响水县黄圩粮油管理所：平房仓 4-5、平房仓 6（总仓容 16.6000 万吨）	322009DL-I
60	扬州粮食运储加工有限公司	粮食类	新申请	1	10.2185	扬州粮食运储加工有限公司：1-12 仓、13-18 仓、19-27 仓、28、31、32、35 仓、29、30、33、34 仓（总仓容 10.2185 万吨）	320014DL
61	盐城市瑞丰谷物有限公司	粮食类	新申请	1	7.9411	盐城市瑞丰谷物有限公司：1、3、4、6、7、9、10、12、13、15、2、5、8、11、14、16、18、19、21、22、23、17、20（总仓容 7.9411 万吨）	320013DL
62	江苏沪丰粮油投资发展有限公司	粮食类	新申请	1	10.5440	江苏沪丰粮油投资发展有限公司：2011-2014、2021-2024、2031-2034、2041-2044、2051-2054、2061-2064、2071-2074、2081-2084、2091-2094、2101-2104（总仓容 10.5440 万吨）	320019DL

续表

序号	企业名称	申请类别	申请类型	企业数量（户）	仓（罐）容	本次授予资格 仓（罐）号	证书编号
63	江苏宿迁国家粮食备库	粮食类	新申请	1	13.1850	江苏宿迁国家粮食备库：1-36、37-44、45-46（总仓容13.1850万吨）	320015DL
64	泗洪县城东国家粮食储备库	粮食类	补充申请	1	6.8536	泗洪县城东国家粮食储备库石集库区：1-26（总仓容6.8536万吨）	320022DL
65	江苏盐城江海粮油收储有限公司	粮食类	新申请	1	5.5734	江苏盐城江海粮油收储有限公司：平房仓3-5、平房仓6、平房仓7-9、平房仓10、平房仓11-13、平房仓14、平房仓22、24、平房仓23、平房仓25-32、平房仓33-38（总仓容5.5734万吨）	320011DL
66	上海海丰米业有限公司	粮食类	延续申请	1	10.8468	上海海丰米业有限公司：平房仓P24-P29、P35-P44、平房仓P30-P34、P45-P50、平房仓P51-P59（总仓容10.8468万吨）	320012DL
67	滨海县粮食购销总公司	粮食类	新申请	1	7.0000	滨海县粮食购销总公司通榆河粮库：平房仓1-4、5-8、9-12、13-24、25-28（总仓容7.0000万吨）	320024DL
68	阜宁县陈舍粮库	粮食类	延续申请	1	2.9664	阜宁县陈舍粮库：平房仓19-27（总仓容2.9664万吨）	320017DL
69	江苏亭粮产业发展有限公司	粮食类	延续申请	1	1.4242 1.8616	江苏亭粮产业发展有限公司便仓库：平房仓17-18（总仓容1.4242万吨）；江苏亭粮产业发展有限公司便仓库：平房仓1、3、平房仓2、平房仓4-5（总仓容1.8616万吨）；平房仓9-10、14、16、平房仓15、平房仓4-5	320015DL
70	江苏宝应湖粮食物流中心有限公司	粮食类	延续申请	1	9.7080	江苏宝应湖粮食物流中心有限公司：平房仓1-40（总仓容9.7080万吨）	320020DL
71	盐城市禾丰粮油储备有限公司	粮食类	新申请	1	9.9285	盐城市禾丰粮油储备有限公司：平房仓1-14、平房仓15-17、平房仓18-21、立筒仓T1-3（总仓容9.9285万吨）	320023DL
72	宿迁市宿城区埠子粮食储备库	粮食类	新申请	1	3.5000	宿迁市宿城区埠子粮食储备库：1、2、3、4、5（总仓容3.5000万吨）	320021DL
	浙江省			7			
73	龙游县粮食收储公司	粮食类	新申请	1	9.5060	龙游县粮食收储公司第一粮库：0p1、0p4、0p7、0p10、0p13、0p16、0p2、0p3、0p5、0p6、0p8、0p9、0p11、0p12、0p14、0p15、0p17、0p18、0p19、0p20。龙游县粮食收储公司第二粮库：1p1-1p6、1p8、1p10、1p7、1p9、1p11-1p13、1p14-1p16、1p17-1p19、1p20-1p21、1p22、1p23-1p24、1p25-1p26、1p27-1p28、1p29-1p30（总仓容9.5060万吨）	330006DL
74	嘉兴市粮食收储有限公司	粮食类	新申请	1	9.7920	嘉兴市粮食收储有限公司中心粮库：0P01-0P02、0P05-0P08、0P11-0P38、0P39、0P41、0P40（总仓容9.7920万吨）	3300□1DL

序号	企业名称	申请类别	申请类型	企业数量(户)	本次授予资格		证书编号
					仓(罐)容	仓(罐)号	
75	衢州市衢江区粮食收储有限公司	粮食类	补充申请	1	6.4000	衢州市衢江区粮食收储有限公司衢江中心粮库：平房仓0P1、0P3，平房仓0P2、0P4，平房仓0P8、0P9，平房仓0P10、0P5，平房仓0P6、0P7，平房仓0P12、0P14，0P15、0P16，平房仓0P11、0P13（总仓容6.4000万吨）	330004DL
76	象山县粮食收储有限公司	粮食类	延续申请	1	2.8874	象山县粮食收储有限公司象山县中心粮库：1、3、2、4-15（总仓容2.8874万吨）	330010DL
77	丽水市粮食总公司	粮食类	新申请	1	2.6568	丽水市粮食总公司丽水市粮食物流中心：1、4、7、10、2、5、8、11、3、6、9、12（总仓容2.6568万吨）	330009DL
78	开化县粮食收储有限责任公司	粮食类	补充申请	1	6.2600	开化县粮食收储有限责任公司浙西粮食储备中转库：P1-10、P17-20、P11-16（总仓容6.2600万吨）	330005DL
79	杭州萧山粮食购销有限责任公司	粮食类	延续申请	1	14.0750	杭州萧山粮食购销有限责任公司所前分公司：平房仓P1-P2、P7-P8、平房仓P3、P6、P9、P12、P13、P16，平房仓P4-P5、P10-11、P14-15、浅圆仓Q1-9、立筒仓T1-8、星仓X1-3。市东中心粮库：钢板平房仓4（S04）、钢板平房仓5（S05）（总仓容14.0750万吨）	330008DL
	安徽省			2			
80	安徽滁州国家粮食储备中转库	粮食类	补充申请		14.3700	安徽滁州国家粮食储备中转库沙河粮库：P01-P31（总仓14.3700万吨）	340004DL
81	安徽国储粮食储备有限公司	粮食类	新申请		5.0400	安徽国储粮食储备有限公司：平房仓1-8（总仓容5.0400万吨）	340005DL
	福建省			2			
82	宁化县粮食购销有限责任公司	粮食类	新申请	1	2.8830	宁化县粮食购销有限责任公司宁化县东山桥直属粮库：807-808、809、810、811、812、813、814、815、816、817-819、820-822（总仓容2.8830万吨）	350001DL-I
83	晋江中谷国家粮食储备库有限公司	粮食类	延续申请	1	4.9200	晋江中谷国家粮食储备库有限公司：平房仓1-5、10、平房仓6-9（总仓容4.9200万吨）	350005ZL
	山东省			12			
84	荣成市粮食储备库有限公司	粮食类	延续申请	1	6.0500	荣成市粮食储备中心库有限公司：平房仓1-22（总仓容6.0500万吨）	370030DL
85	山东省成武粮食储备库	粮食类	延续申请	1	5.3718	山东省成武粮食储备库：1-6、9、7-8（总仓容5.3718万吨）	370018DL
86	枣庄市粮食储备库	粮食类	延续申请	1	4.8402	枣庄市粮食储备库：1-14、15-18（总仓容4.8402万吨）	370024DL

续表

序号	企业名称	申请类别	申请类型	企业数量（户）	仓（罐）容	本次授予资格仓（罐）号	证书编号
87	山东省聊城市市级粮食储备库	粮食类	补充申请	1	6.0718	山东省聊城市市级粮食储备库：平房仓1、3、5，平房仓2、4、6，平房仓7、9、10、12，平房仓8、11，平房仓13、19，平房仓15、17，平房仓14、20，平房仓16、18，平房仓21，平房仓22，平房仓23，平房仓24，平房仓25，平房仓26（总仓容6.0718万吨）	370019DL
88	山东嘉祥国家粮食储备库	粮食类	延续申请	1	2.7450	山东嘉祥国家粮食储备库：平房仓21-25（总仓容2.7450万吨）	370028DL
89	汶上县天仓粮食收储中心	粮食类	新申请	1	5.6843	汶上县天仓粮食收储中心南旺库：1、2、5、6、3、4，汶上县天仓粮食收储中心苑庄分库：1分库1、3，1分库2，1分库4、7，1分库5、6（总仓容5.6843万吨）	370023DL
90	山东邹城国家粮食储备库	粮食类	新申请	1	5.6400	山东邹城国家粮食储备库：1-4、9-12、17-20、25-28、33-36（总仓容5.6400万吨）	370026DL
91	山东商河国家粮食储备库	粮食类	新申请	1	3.0000	山东商河国家粮食储备库：平房仓1-2，平房仓3-6（总仓容3.0000万吨）	370020DL
92	单县腾飞粮油购销有限公司	粮食类	新申请	1	2.7881	单县腾飞粮油购销有限公司：平房仓1-2，平房仓3，平房仓4，平房仓5，平房仓6，平房仓7（总仓容2.7881万吨）	370022DL
93	聊城东昌粮食物流有限公司	粮食类	补充申请	1	2.6314	聊城东昌粮食物流有限公司：7、8、9、10、11、12、13（总仓容2.6314万吨）	370027DL
94	济宁市任城区富民粮食收储有限公司	粮食类	补充申请	1	2.2080	济宁市任城区富民粮食收储有限公司安居库区：1-3、5-18（总仓容2.2080万吨）	370025DL
95	济宁市兖州区地方粮食储备库	粮食类	新申请	1	2.7000	济宁市兖州区地方粮食储备库大安库区：平房仓1-2、3-7、8-9（总仓容2.7000万吨）	370021DL
	河南省			2			
96	河南民权国家粮食储备库	粮食类	延续申请	1	4.5000	河南民权国家粮食储备库：平房仓1-6，平房仓7，平房仓13（总仓容4.5000万吨）	410002DL
97	洛阳洛粮粮食有限公司	粮食类	新申请	1	3.5821	洛阳洛粮粮食有限公司：36-38、39、41、40、42（总仓容3.5821万吨）	410001DL
	湖北省			4			
98	湖北荆州郝穴国家粮食储备库	粮食类	新申请	1	6.8944	湖北荆州郝穴国家粮食储备库：平房仓1-4、8-9，平房仓5、7，平房仓10-13，平房仓14、16，平房仓15，平房仓17-18(总仓容6.8944万吨)	410001DL
99	湖北荆门余岭国家粮食储备库	粮食类	延续申请	1	1.3600	湖北荆门余岭国家粮食储备库：平房仓13-16（总仓容1.3600万吨）	420005DL
100	湖北老河口国家粮食储备库	粮食类	新申请	1	4.4000	湖北老河口国家粮食储备库：2P3、2P4、2P5、2P6、2P7、2P8、2P9、2P10、2P11、2P12、2P13、2P14、2P15、2P16、2P19、2P20（总仓容4.4000万吨）	420008DL

续表

序号	企业名称	申请类别	申请类型	企业数量（户）	仓（罐）容	本次授予资格 仓（罐）号	证书编号
101	湖北公安国家粮食储备库	粮食类	延续申请	1	3.7122	湖北公安国家粮食储备库：13、15、16、18、14、17、19、20（总仓容3.7122万吨）	420007DL
	湖南省			1			
102	湖南衡阳灵瑞寺国家粮食储备库有限公司	粮食类	新申请	1	6.7716	湖南衡阳灵瑞寺国家粮食储备库有限公司本库收储点：384、388-394、397-398。湖南衡阳灵瑞寺国家粮食储备库有限公司新库收储点：A1、A3、A2（总仓容6.7716万吨）	430001DL
	广西壮族自治区			1			
103	河池市宜州区粮食局直属粮库	粮食类	新申请	1	5.7650	河池市宜州区粮食局直属粮库：14、15、1、19、3、4、6、7、9、2、5、16、18、8、10、11、12、13、20、21、22、17（总仓容5.7650万吨）	450003DL
	重庆市			1			
104	重庆市上桥粮食中转库有限责任公司	粮食类	新申请	1	4.6563	重庆市上桥粮食中转库有限责任公司白市驿粮库：25-33（总仓容4.6563万吨）	500003DL-Ⅲ
	四川省			14			
105	四川天禾粮油有限公司	粮食类	新申请	1	2.9280	四川天禾粮油有限公司：1-12（总仓容2.9280万吨）	510016DL
106	四川罗江国家粮食储备库	粮食类	延续申请	1	4.1803	四川罗江国家粮食储备库：平房仓6、平房仓9、平房仓10、平房仓11、平房仓7-8、平房仓13-16、平房仓17、平房仓18（总仓容4.1803万吨）	510027DL
107	四川丹棱城关省粮食储备库	粮食类	补充申请	1	2.9316	四川丹棱城关省粮食储备库：平房仓1-12号（总仓容2.9316万吨）	510025DL
108	绵阳市安州区粮食储备库	粮食类	新申请	1	3.1648	绵阳市安州区粮食储备库主库区：平房仓1-16（总仓容3.1648万吨）	510024DL
109	乐山市国粮销售有限公司	粮食类	新申请	1	10.7608	乐山市国粮销售有限公司乐山粮食物流园：平房仓1、22-23、25-26、28、平房仓2-4、19-21、平房仓5、7-10、12、平房仓6、11、24、27、平房仓13-18、29-31（总仓容10.7608万吨）	510022DL
	乐山市国粮购销有限公司	食用植物油类	新申请	1	1.0001	乐山市国粮购销有限公司乐山粮食物流园：Y01、Y03、Y02、Y04、Y05、Y06、Y07、Y08、Y09（总罐容1.0001万吨）	510002DY
110	四川大英蓬莱省粮食储备库	粮食类	补充申请	1	2.7879	四川大英蓬莱省粮食储备库：0P23-0P35（总仓容2.7879万吨）	510018DL
	眉山市粮食储备库	粮食类	新申请	1	3.0516	眉山市粮食储备库：主库0P1、0P5、0P2、0P3、0P4、0P6、0P7、0P8、0P9、0P10（总仓容3.0516万吨）	
111	眉山市粮食储备库	粮食类	延续申请	1	2.7038	眉山市粮食储备库：2P1、2P2、2P3、2P4、2P5、2P6、1P1、1P2、1P3、1P4、1P5、1P6、1P7（总仓容2.7038万吨）	510001DL-I

续表

序号	企业名称	申请类别	申请类型	企业数量（户）	仓（罐）容	本次授予资格仓（罐）号	证书编号
112	合江城区国家粮食储备有限公司	粮食类	补充申请	1	4.7538	合江城区国家粮食储备有限公司张湾库区：1-19（总容4.7538万吨）	510021CL
113	四川彭山凤鸣国家粮食储备库	粮食类	延续申请	1	4.0281	四川彭山凤鸣国家粮食储备库火车站粮库：6-10、16-20、21-22、25-28、23-24、29-30、31、35-36、37-39、40-41、42（总仓容4.0281万吨）	510020DL
114	四川德阳省食油储备库	粮食类	新申请	1	3.1150	四川德阳省食油储备库德新库点：1-12（总仓容3.1150万吨）	510017DL
115	四川峨眉山山国家粮食储备库	粮食类	新申请	1	8.2546	四川峨眉山山国家粮食储备库新库：p1、p4、p7、平房仓2-3、5-6、8-9、p10、p12、p14、p11、p13、p15、平房仓16-17、p18、平房仓19-21（总仓容8.2546万吨）	510019DL
116	三台县琴泉粮站	粮食类	延续申请	1	2.5020	三台县琴泉粮站新德主库：2-3、6-7、10-11、1、4、5、8、9、12（总仓容2.5020万吨）	510008DL-I
117	金堂县金粮油购销有限公司	粮食类	延续申请	1	3.8265	金堂县金粮油购销有限公司四川金堂赵镇国家粮食储备库：1-8、17-22、27（总仓容3.8265万吨）	510015DL
		食用植物油类	延续申请		0.4605	金堂县金粮油购销有限公司四川金堂赵镇国家粮食储备库：1、2、3、4、5号（总罐容0.4605万吨）	510001DY
118	四川省川粮仓储有限责任公司	粮食类	延续申请	1	2.7756	四川省川粮仓储有限责任公司：平房仓1-10、楼房仓11-18（总容2.7756万吨）	510014DL
	云南省			3			
119	红河粮油集团有限责任公司	粮食类	新申请	1	18.5040	红河粮油集团有限责任公司红河粮食产业园区：111-114、121-124、131-134、211-214、221-224、231-234、311-314、321-324、331-334、411-414、421-424、431-434（总仓容18.5040万吨）	530001DL
120	牟定县粮食储备有限公司	粮食类	新申请	1	2.7200	牟定县粮食储备有限公司万寿宫库区：平房仓1-5、10-11、12-14、15-18（总仓容2.7200万吨）	530004DL
121	个旧市大红屯粮食购销有限公司	粮食类	新申请	1	9.8900	个旧市大红屯粮食购销有限公司：105-1、105-2、106-1、106-2、114-1、114-2、115-1、115-2、117-1、117-2、116-1、116-2、119-1、119-2、118-1、118-2、120-1、120-2、103-1、104-1、104-2、109、110、111、112、121-1、121-2、122-1、122-2、107-1、107-2、113-1、113-2、107-3、107-4、108-1、108-2（总仓容9.8900万吨）	530003DL

数据来源：国家粮食和物资储备局统计资料。

表 34 2018 年变更部分中央储备粮代储资格事项企业名单

单位：万吨

序号	企业原名称	申请类别	变更内容	企业名称	变更后情况		证书编号
					仓（罐）号	仓（罐）容	
	北京市						
1	中国华粮物流集团北京粮食销区中心供应库	粮食类	企业名称	中国华粮物流集团北京粮食销区中心供应有限公司	普通立筒仓 1-72、普通浅圆仓 73-86、普通平房仓 87-90、98、钢板平房仓 91-97	25.2621	110310ZL
2	北京京益粮油储备库	粮食类	企业名称	北京宝益粮油储备有限公司	一分库 7-13、65-90	2.4253	110008DL-II
		粮食类	仓号、仓容、企业名称	北京宝益粮油储备有限公司	二分库平房仓 6、8-11	2.5255	110008DL-I
		粮食类	企业名称	北京宝益粮油储备有限公司	砖圆仓 1-17、21、29-56、平房仓 1-10、立筒仓 111-116、121-126、131-136、141-146、211-215、221-225、231-235	7.9203	110608DL
3	北京市南郊粮食收储库	粮食类	企业名称	北京市南郊粮食收储有限公司	1-6、8-27、31-39	20.9143	110C09DL
4	北京市通州粮食收储库	粮食类	企业名称	北京市京粮潞河粮食收储有限公司	北京市京粮潞河粮食收储有限公司永乐店粮库：平房仓 1-7、砖圆仓 41-73。北京市京粮潞河粮食收储有限公司直属粮库：平房仓 113-121、立筒仓 1-4、6-13、15-40、45-77、78-111。北京市京粮潞河粮食收储有限公司徐辛庄粮库：平房仓 1-9、立筒仓 13-51	23.2855	110003DL-II
5	北京市延庆粮食收储库	粮食类	企业名称	北京市隆庆粮食收储有限公司	北京市隆庆粮食收储有限公司主库区：1-8、11-14。1分库：1-5。2分库：1-3、8。3分库：25-36 号仓房	13.7170	110006DL
6	北京市西北郊粮食收储有限公司	粮食类	仓容灭失	北京市西北郊粮食收储有限公司	原资格证书 11000900-3-1 注销：北京市西北郊粮食收储库主库区：1-26。1 分库：主洞、支洞、2分库号仓房（总仓容 15.9824 万吨）	0.0000	
	天津市						

续表

序号	企业原名称	申请类别	变更内容	变更后情况			证书编号
				企业名称	仓（罐）容	仓（罐）号	
7	天津静海国家粮食储备库	粮食类	企业名称	天津利达粮油储运有限公司	9.4679	27-31、41-1、41-2、43-1、43-2、38-1、38-2、38-3、37-1、37-2、35、36	120003DL-I
					56.7443	1-26、32-34、51-59、61-69、71-79、81-89、91-99、101-116、201-210、42-1、42-2、44-1、44-2、39-1、39-2、39-3、40-1、40-2、40-3号仓	120003DL-I
河北省							
8	邢台市粮食储备库	粮食类	库区名称	邢台市粮食储备库	22.0188	邢台市粮食储备库主库区：1-15。邢台市国家粮油储备有限公司南和直属库：1-24。邢台市国家粮油储备有限公司留村直属库：1-4号仓房	130018DL
9	承德滦河粮食储备有限公司	粮食类	仓号	承德滦河粮食储备有限公司	2.0412	P09-1、P09-2、P10-1、P10-2	130004DL-II
10	平泉小寺沟国家粮油储备有限责任公司	粮食类	仓容	平泉小寺沟国家粮油储备有限责任公司	9.1948	1-28号仓房	130014DL
山西省							
11	山西阳曲国家粮食储备库	粮食类	企业名称	山西粮油集团阳曲储备有限责任公司	10.6452	1-36号仓房	140004DL
12	晋中市榆次粮食储备库	粮食类	企业名称	晋中市榆次粮食储备库有限公司	6.4596	1-5、8-12、10、20-22、24-28、30、31、36-38	140002DL-I
13	山西晋粮植物油库	食用植物油类	企业名称	山西粮油集团晋粮植物油储备有限责任公司	1.6792	1-21号油罐	140001DY
14	山西朔州国家粮食储备库	粮食类	企业名称	山西粮油集团朔州储备有限责任公司	5.1163	1-25号仓房	140003DL
15	山西运城东留省粮食储备库	粮食类	企业名称	山西粮油集团运城东留储备有限责任公司	10.1892	1-24号、25-26、27、28、29	140006DL
内蒙古自治区							
16	兴安盟粮油总公司	粮食类	企业名称	兴安盟兴粮粮食储备有限公司	4.8210	051、052	150018DL

序号	企业原名称	申请类别	变更内容	企业名称	仓（罐）容	仓（罐）号	证书编号
17	中粮粮油通辽国家粮食储备库	粮食类	企业名称，粮油质量检验员，设施设备仪器，粮油保管员，财务及经营状况	中粮粮油通辽国家粮食储备库有限公司	7.7560	P1-P14	150014ZL-I
	辽宁省						
18	鞍山建国国家粮食储备库	粮食类	企业名称	鞍山建国粮食储备有限责任公司	15.3722	鞍山建国粮食储备有限责任公司主库区：立筒仓1-42号、平房仓1-3号。1分库：立筒仓1-54号	210011DL-I
19	绥中县荒地粮库	粮食类	企业名称	绥中县荒地粮库有限公司	4.9000	普通平房仓P01、P02、P05-P10、Q01、Q02	210010DL-I
20	中国华粮物流集团开原国家粮食储备库	粮食类	企业名称	开原华粮粮食储备有限公司	3.1480	Q1-2、T1-2、T3-14	2100122ZL
21	沈阳市第三粮食收储库	粮食类	企业名称	沈阳市第三粮食收储有限公司	8.4910	沈阳市第三粮食收储有限公司：P1、P5-2、P5-1、P5-3、P4、P2、P3	210015DL
22	辽宁辽阳铁西国家粮食储备库	粮食类	企业名称	辽宁辽阳铁西国家粮食储备库有限公司	11.6507	P1-P16、P22-P30号房	210013DL
23	沈阳粮油集团直属粮食收储有限公司	粮食类	企业名称	沈阳第四粮食收储有限公司	6.4030	P新1-P、新10号仓房	210016DL
24	大石桥市中心粮食储备库	粮食类	企业名称	大石桥市沟沿储粮有限公司	8.8300	P01、P02、P03-1、P03-2、P03-3、Q01、Q02、Q03	210014DL
25	鞍山千山国家粮食储备库有限责任公司	食用植物油类	企业名称	鞍山千山粮食储备有限责任公司	0.5000	鞍山千山粮食储备有限责任公司：1-7号油罐	210001DY-I
25		粮食类	企业名称	鞍山千山粮食储备有限责任公司	9.5247	鞍山千山粮食储备有限责任公司：浅圆仓L1-L24、立筒仓1-6号、砖圆仓5排1-8、7排1-8、8排1-8、9排1-8、10排1-11、11排1-8、12排1-8、13排1-8	210001DL-I
26	沈阳市第一粮食收储库	粮食类	企业名称	沈阳第一粮食收储有限公司	3.5002	沈阳第一粮食收储有限公司：P14、P15	210009DL-I

续表

序号	企业原名称	申请类别	变更内容	企业名称	仓(罐)容	变更后情况 仓(罐)号	证书编号
	吉林省						
27	中国华粮物流集团通榆粮食储备库	粮食类	企业名称	通榆华粮粮食储备有限公司	8.0000	通榆华粮粮食储备有限公司：平房仓1-14、浅圆仓1-4号仓房	220011ZL
28	中国华粮物流集团吉林镇赍粮食中转库	粮食类	企业名称	镇赍华粮粮食储备有限公司	3.7000	镇赍华粮粮食储备有限公司：普通浅圆仓1-5	220002ZL-I
29	华粮集团五棵树粮食中转库	粮食类	企业名称	榆树集团五棵树华粮粮食储备有限公司	9.4216	平房仓1-9、钢板仓01-05号仓房	220012ZL
	黑龙江省						
30	黑龙江宝泉岭中谷国家粮食储备库	粮食类	企业名称	黑龙江宝泉岭中谷国家粮食储备有限公司	5.2500	1-8号仓房	230029ZL
31	黑龙江白山国家粮食储备库	粮食类	企业名称	黑龙江白山国家粮食储备有限责任公司	4.0800	1-18号仓房	230028DL
32	中国华粮物流集团桦南粮库	粮食类	企业名称	中国华粮物流集团桦南粮有限公司	7.6000	16-28号仓房	230030ZL
					3.0500	1-6、10-12、61-68号仓房	230030ZL-I
33	中国华粮物流集团兑东国家粮食储备库	粮食类	企业名称，仓号	中国华粮物流集团兑东国家粮食储备有限公司	3.6256	钢板平房仓1、3、10-12、钢板浅圆仓6-9号仓房	230025ZL
34	中国华粮物流集团佳木斯粮食中转库	粮食类	企业名称	中国华粮物流集团佳木斯粮食中转库有限公司	8.8500	1-17、27-34、39-46、钢立筒仓18-22、钢圆仓35-38号	230027ZL
35	中国华粮物流集团富锦粮库	粮食类	企业名称，仓号	中国华粮物流集团富锦粮食有限公司	5.9392	浅圆仓3-13、对仓1-20号仓房、钢板浅圆仓21-23	230026ZL
36	肇东绿农粮油储备库	粮食类	企业名称	黑龙江肇东绿农粮油储备有限公司	4.9800	1-29	230031DL
37	黑龙江佳木斯莲江口国家粮食储备库	粮食类	企业名称	黑龙江佳木斯莲江口国家粮食储备库有限责任公司	4.5000	1-9号仓	230019DL
38	中国华粮物流集团讷河国家粮食储备库	粮食类	企业名称	中国华粮物流集团讷河国家粮食储备有限公司	8.5382	钢板平房仓7、8、18、砖圆仓1-20、浅圆仓1-3、普通平房仓2-6、17、钢板平房仓1、9号	230002ZL-I
	江苏省						
39	江苏省粮食局高港直属库	粮食类	企业名称	江苏省粮食集团泰州粮收储有限公司	5.3413	主库区：1-7、10、11-1、11-2、11-3；1 分库：1-4号仓房	320018DL

序号	企业原名称	申请类别	变更内容	变更后情况			证书编号
				企业名称	仓（罐）容	仓（罐）号	
40	江苏宜兴国家粮食储备库分库	粮食类	企业名称	江苏宜兴国家粮食储备库分库有限公司	9.3200	江苏宜兴国家粮食储备库分库有限公司：普通平房仓1-5、7、8、10-13、18、19。扬巷粮库：普通平房仓1-17	320008DL-I
41	江苏省江宁粮食储备库	粮食类	企业名称	江苏省粮食集团南京粮食收储有限公司	6.0189	1-23号仓房	320025DL
	浙江省						
42	浙江宁波镇海国家粮食储备库	粮食类	企业名称	浙江宁波镇海国家粮食储备库有限公司	6.5570	001、002、004-018、101-108号仓房	330007DL
43	奉化市粮食购销有限公司	粮食类	企业名称	宁波市奉化区粮食购销有限公司	4.4350	1-17号	330012DL
	安徽省						
44	中粮粮油阜阳国家粮食储备库	粮食类	企业名称	中粮粮油阜阳国家粮食储备库有限公司	8.2712	1-16	340006ZL
45	中粮粮油安徽国家粮食储备库	食用植物油类	企业名称	中粮粮油安徽国家粮食储备库有限公司	6.0209	1-17号罐	340001ZY-I
		粮食类	企业名称	中粮粮油安徽国家粮食储备库有限公司	21.0650	1-37、38-39	340007ZL
	福建省						
46	永安市粮食购销有限公司	粮食类	仓号	永安市粮食购销有限公司	3.3898	001库、002库、003库、004库、005库、006库、007库	350006DL
	山东省						
47	曲阜市国家粮食储备库	粮食类	企业名称	曲阜市国家粮食储备库有限公司	5.9777	01、03、12、14、05、06、09、10、04、07、08、11、02、13；01、03、12、14、05、06、09、10、04、07、08、11、02、13	370029DL
	湖北省						
48	武汉鲁台八里粮油购销有限公司	粮食类	企业名称	武汉市黄陂区粮食购销总公司	2.9000	八里粮库：①～⑧号仓房	420006DL
49	湖北大悟国家粮食储备库	粮食类	企业名称	大悟县环城粮食储备有限公司	2.5815	1-6；1分库1-4号仓房	420009DL
	湖南省						
50	湖南长沙霞凝国家粮食储备库	粮食类	企业名称	湖南长沙霞凝粮食储备有限公司	16.0233	1P0101-0127、1Q0101-0103、1Q0112-0114号仓房	430002DL

续表

序号	企业原名称	申请类别	变更内容	变更后情况			证书编号
				企业名称	仓（罐）容	仓（罐）号	
	广西壮族自治区						
51	中国华粮物流集团防城港港口库	粮食类	仓号，企业名称	广西防城港港华粮仓储有限公司	10.9400	1-11、17、18、51、37、38、储12-储15号仓	450002ZL
	重庆市						
52	重庆市上桥粮食中转库有限责任公司	粮食类	仓容灭失	重庆市上桥粮食中转库有限责任公司	0.0000	原资格证书50000200-Ⅲ-A注销：重庆市上桥粮食中转库有限责任公司1-4、8、17、18、24-27、31-36、39-45、48-49、1分库5-7、9-16（总仓容15.0730万吨）	
	四川省						
53	四川省达州市粮油（集团）总公司	食用植物油类	企业名称	达州市中贸粮油有限公司	1.5416	1-11、15-17	510003DY
		粮食类	企业名称	达州市中贸粮油有限公司	9.1000	4-5、9-31	510023DL-I
		粮食类	企业名称，仓号	达州市中贸粮油有限公司	3.2100	33-42、51-52、55-56	510023DL
54	四川渠县国家粮食储备库	粮食类	仓容	四川渠县国家粮食储备库	12.2739	1-43仓	510026DL
	云南省						
55	昆明国家粮食储备有限公司	粮食类	仓容	昆明国家粮食储备有限公司	21.6044	1-20、22-27、62-80、Q1-Q6、91、96、92-95号仓房	530002DL
	陕西省						
56	陕西省储备粮华县直属库	粮食类	企业名称	陕西粮农华州储备库有限公司	12.0600	1、13、14、15、19、23、16、20、24、17、18、21、22、2、25-28、29-30、3、4、5、6、9-12	610001DL
	宁夏回族自治区						
57	宁夏储备粮中卫储备库	粮食类	企业名称	宁夏储备粮中卫储备库（有限公司）	5.3150	1-20、28	640001DL
58	宁夏储备粮银川储备库	粮食类	企业名称	宁夏储备粮银川储备库（有限公司）	11.2560	1-15、17、19、20-24号仓	640005DL
	宁夏储备粮银川储备库	食用植物油类	企业名称	宁夏储备粮银川储备库（有限公司）	1.0000	1-10号油罐	640001DY
59	宁夏储备粮石嘴山储备库	粮食类	企业名称	宁夏储备粮石嘴山储备库（有限公司）	12.2290	1-3、20-22、39、40、44-50、9、12、14-17、19、23-27、29-36、13、18、42-43、8、10、11、28	640002DL

续表

序号	企业原名称	申请类别	变更内容	变更后情况			证书编号
				企业名称	仓（罐）容	仓（罐）号	
60	宁夏储备粮青铜峡储备库	粮食类	企业名称	宁夏储备粮青铜峡储备库（有限公司）	8.7700	1-19、22-37 号仓房	640007DL
		食用植物油类	企业名称	宁夏储备粮青铜峡储备库（有限公司）	1.0000	1-10# 号油罐	640002DY
61	宁夏平罗国家粮食储备库	粮食类	企业名称	宁夏储备粮平罗储备库（有限公司）	4.2000	1-15 号仓房	640006DL
62	宁夏储备粮灵武储备库	粮食类	企业名称	宁夏储备粮灵武储备库（有限公司）	5.5000	1-10、11-14、24 号	640003DL
63	宁夏固原国家粮食储备库	粮食类	企业名称	宁夏储备粮固原储备库（有限公司）	7.4400	1-8、11-14	640004DL

数据来源：国家粮食和物资储备局统计资料。

表35

2018 年 6 省区早籼稻收获质量情况调查表

单位：个，%

地区	年份	样品数	覆盖市、县数	出糙率	等级比例							整精米率			其中					不完善粒率
					三等以上	一等	二等	三等	四等	五等	等外	平均值	≥44	≥50	50~47	47~44	44~41	41~38	<38	
合计	2018	617	57市186县	78.5	96.6	43.6	38.1	14.9	2.3	0.6	0.5	53.0	84.8	67.1	8.9	8.8	4.2	4.2	6.8	3.4
安徽	2018	25	4市7县	78.6	100.0	28.0	72.0	0.0	0.0	0.0	0.0	58.2	100.0	92.0	4.0	4.0	0.0	0.0	0.0	2.8
江西	2018	160	8市36县	79.4	98.1	66.3	29.4	2.5	1.8	0.0	0.0	51.0	78.1	60.0	10.6	7.5	6.3	5.6	10.0	3.4
湖北	2018	57	10市17县	78.0	96.5	26.3	54.4	15.8	3.5	0.0	0.0	52.6	87.7	64.9	10.5	12.3	1.8	5.3	5.2	2.7
湖南	2018	160	11市49县	78.2	94.4	40.0	39.4	15.0	2.5	1.9	1.2	51.7	79.4	63.8	7.5	8.1	3.8	5.6	11.2	4.2
广东	2018	105	10市35县	77.9	94.3	31.4	32.4	30.5	4.8	0.9	0.0	55.2	90.5	71.4	6.7	12.4	4.8	1.9	2.8	3.0
广西	2018	110	14市42县	78.3	99.1	40.0	38.2	20.9	0.0	0.0	0.9	55.0	91.8	73.7	10.9	7.3	3.6	2.7	1.8	3.0

数据来源：国家粮食和物资储备局标准质量中心统计资料。

| 表 36 | | | | | | 2018 年 9 省夏收小麦质量情况调查表 | | | | | | | |

单位：个，%

地区	年份	样品数	覆盖市、县数	千粒重	容重	等级比例							不完善粒率
						中等以上	一等	二等	三等	四等	五等	等外	
合计	2018	1999	91 市 430 县	40.8	776	85.6	32.6	31.5	21.5	9.0	3.4	2.0	7.6
河北	2018	251	6 市 68 县	36.7	768	82.5	15.1	34.7	32.7	12.7	4.4	0.4	3.6
山西	2018	42	4 市 19 县	39.9	779	92.9	23.8	52.4	16.7	7.1	0.0	0.0	3.6
江苏	2018	223	11 市 52 县	41.2	796	98.6	69.4	24.8	4.5	0.5	0.8	0.0	4.0
安徽	2018	235	10 市 30 县	41.1	759	70.1	10.3	32.9	26.9	17.1	6.4	6.4	15.1
山东	2018	410	16 市 78 县	40.1	782	92.9	37.6	32.0	23.4	6.1	0.7	0.2	4.0
河南	2018	610	18 市 105 县	42.1	775	85.7	32.3	33.0	20.5	8.4	3.8	2.0	9.6
湖北	2018	64	11 市 14 县	38.1	752	48.3	15.5	19.0	13.8	24.1	15.5	12.1	16.5
四川	2018	85	9 市 36 县	46.5	769	82.4	24.7	27.1	30.6	10.6	4.7	2.3	8.1
陕西	2018	77	6 市 28 县	43.1	784	92.2	45.5	29.9	16.9	6.5	1.2	0.0	5.1

数据来源：国家粮食和物资储备局标准质量中心统计资料。

表37　2018年全国中晚稻、粳稻收获质量情况调查表

单位：个、%

种类	地区	年份	样品数	覆盖市、县数	出糙率	等级比例							其中							黄粒米	谷外糙米率
						中等以上	一等	二等	三等	四等	五等	等外	中等以上	一等	二等	三等	四等	五等	等外		
中晚籼稻	合计	2018	1856	102市424县	77.7	93.0	26.9	45.0	21.1	4.5	1.5	1.0	89.2	84.8	3.4	1.0	6.6	1.1	3.1	99.9	96.6
	安徽	2018	390	14市45县	77.3	87.9	19.7	46.4	21.8	8.5	1.5	2.1	90.8	79.7	6.2	4.9	2.6	1.8	4.9	100.0	96.4
	江西	2018	220	10市33县	78.6	98.6	45.0	45.0	8.6	0.5	0.5	0.5	99.5	96.8	1.8	0.9	0.5	0.0	0.5	100.0	89.1
	河南	2018	90	1市9县	76.4	77.8	10.0	32.2	35.6	15.6	5.6	1.1	97.8	92.2	4.4	1.1	2.2	0.0	0.0	100.0	98.9
	湖北	2018	275	16市50县	77.3	91.6	11.6	54.9	24.7	5.1	2.2	1.5	92.7	85.8	2.5	4.4	3.3	0.4	3.6	99.6	97.1
	湖南	2018	236	14市101县	77.7	91.9	26.7	44.7	20.5	4.8	2.2	1.1	96.9	90.4	4.2	2.2	0.8	0.8	1.4	100.0	96.1
	广西	2018	120	14市48县	78.4	99.2	43.3	39.2	16.7	0.0	0.0	0.0	95.0	90.0	2.5	2.5	0.8	0.8	3.3	100.0	100.0
	广东	2018	105	15市52县	78.3	100.0	40.0	35.2	24.8	0.0	0.0	0.0	100.0	99.0	1.0	0.0	0.0	0.0	0.0	100.0	100.0
	四川	2018	300	18市86县	78.0	97.7	30.3	44.3	23.0	1.7	0.7	0.0	76.3	64.0	4.3	8.0	7.0	5.3	11.3	100.0	99.0
粳稻	合计	2018	1010	49市147县	81.9	97.9	78.4	17.2	2.3	1.0	0.5	0.6	94.6	91.2	2.7	0.7	0.5	0.6	1.4	96.5	84.9
	辽宁	2018	100	11市17县	81.8	100.0	72.0	28.0	0.0	0.0	0.0	0.0	100.0	97.0	3.0	0.0	0.0	0.0	0.0	100.0	96.0
	吉林	2018	130	8市25县	81.6	96.9	72.3	20.8	3.8	1.5	1.6	0.0	100.0	97.0	3.0	0.0	0.0	0.0	0.0	100.0	84.8
	黑龙江	2018	315	11市54县	81.7	99.7	74.3	23.5	1.9	0.3	0.0	0.0	99.6	98.4	0.3	1.0	0.3	0.0	0.0	100.0	79.4
	江苏	2018	400	13市43县	82.5	99.0	87.8	8.8	2.5	0.5	0.2	0.2	97.5	94.7	2.2	0.5	0.2	0.7	1.5	88.0	98.7
	安徽	2018	65	6市8县	56.7	81.5	63.1	15.4	3.1	7.7	3.1	7.6	78.5	58.5	16.8	3.1	4.6	4.6	12.3	93.8	75.4

数据来源：国家粮食和物资储备局标准质量中心统计资料。

表 38

2018 年 9 省区新收获玉米质量情况调查表

单位：个，%

地区	年份	样品数	覆盖市、县数	容重（g/L）	三等以上	一等	二等	三等	四等	五等	等外	不完善粒率 ≤ 4.0	其中生霉粒 ≤ 2.0	淀粉	粗蛋白	粗脂肪
合计	2018	2541	110市494县	743	100.0	86.4	11.9	1.7	0.0	0.0	0.0	73.0	89.2	71.9	9.1	3.6
河南	2018	325	18市80县	733	100.0	78.2	16.9	4.9	0.0	0.0	0.0	20.0	72.9	72.8	9.9	2.4
山东	2018	385	16市78县	788	100.0	96.4	3.6	0.0	0.0	0.0	0.0	43.1	86.2	72.7	9.6	2.7
吉林	2018	360	9市34县	787	100.0	91.0	8.0	1.0	0.0	0.0	0.0	98.9	96.4	71.9	8.8	4.1
辽宁	2018	190	13市38县	792	100.0	98.4	1.6	0.0	0.0	0.0	0.0	97.4	94.2	72.0	9.2	4.1
黑龙江	2018	385	12市54县	785	100.0	63.9	31.7	4.4	0.0	0.0	0.0	76.9	88.3	71.7	8.7	4.2
内蒙古	2018	270	8市21县	790	100.0	81.5	15.2	3.3	0.0	0.0	0.0	88.9	87.8	71.6	8.7	4.1
陕西	2018	206	10市57县	796	100.0	88.3	11.7	0.0	0.0	0.0	0.0	82.0	93.7	70.8	9.2	3.9
山西	2018	130	11市44县	781	100.0	93.1	6.9	0.0	0.0	0.0	0.0	85.4	96.9	71.5	8.9	3.8
河北	2018	290	13市88县	798	100.0	98.3	1.7	0.0	0.0	0.0	0.0	92.4	95.2	71.2	9.0	3.9

数据来源：国家粮食和物资储备局标准质量中心统计资料。

表 39　2018 年 2 省大豆质量情况调查表

单位：个、%

地区	年份	样品数	涉及市、县数	完整粒率							粗蛋白（干基）		粗脂肪（干基）	
				平均值	一等（≥95）	二等（≥90）	三等（≥85）	四等（≥80）	五等（≥75）	等外（<75）	三等以上	平均值	达标高蛋白大豆比例	平均值
														达标高油大豆比例
合计	2018	230	15 市 56 县	91.4	22.6	48.7	20.4	6.1	1.3	0.9	91.7	40.4	60.4	20.0	46.5
黑龙江	2018	200	11 市 48 县	91.6	21.0	53.0	18.5	6.0	1.5	0.0	92.5	40.4	60.0	20.0	45.5
吉林	2018	30	4 市 8 县	90.0	33.3	20.0	33.3	6.7	0.0	6.7	86.7	40.3	60.0	20.0	53.3

数据来源：国家粮食和物资储备局标准质量中心统计资料。

表 40	2018 年发布粮油国家标准和行业标准统计表	
序号	项目名称	执行标准代号
1	玉米	GB 1353—2018
2	油茶籽油	GB/T 11765—2018
3	大米	GB/T 1354—2018
4	粮油检验 粮食感官检验辅助图谱 第 2 部分：玉米	GB/T 22504.2—2018
5	粮油检验 粮食感官检验辅助图谱 第 3 部分：稻谷	GB/T 22504.3—2018
6	茶叶籽油	GB/T 35026—2018
7	荞麦粉	GB/T 35028—2018
8	粮油机械 检验用粮食容重器	GB/T 35864—2018
9	粮油检验 稻谷整精米率测定 图像分析法	GB/T 35865—2018
10	粮油检验 小麦粉溶剂保持力的测定	GB/T 35866—2018
11	粮油检验 卵磷脂中磷脂含量的测定 高效液相色谱蒸发光散射检测法	GB/T 35867—2018
12	粮油检验 小麦粉面包烘焙品质评价 快速烘焙法	GB/T 35869—2018
13	玉米胚	GB/T 35870—2018
14	粮油检验 谷物及其制品中钙、钾、镁、钠、铁、磷、锌、铜、锰、硼、钡、钼、钴、铬、锂、锶、镍、硫、钒、硒、铷含量的测定 电感耦合等离子体发射光谱法	GB/T 35871—2018
15	粮油检验 小麦粉面条加工品质评价	GB/T 35875—2018
16	粮油检验 谷物及其制品中钠、镁、钾、钙、铬、锰、铁、铜、锌、砷、硒、镉和铅的测定 电感耦合等离子体质谱法	GB/T 35876—2018
17	粮油检验 动植物油脂冷冻试验	GB/T 35877—2018
18	粮油检验 稻谷黄粒米含量测定 图像分析法	GB/T 35881—2018
19	粮油机械 粉质仪	GB/T 35943—2018
20	粮油机械 检验用辊式小麦磨粉机	GB/T 35944—2018
21	粮油检验 小麦粉馒头加工品质评价	GB/T 35991—2018
22	粮油机械 容积式配麦器	GB/T 35992—2018
23	粮油机械 面筋测定仪	GB/T 35993—2018
24	粮油机械 面团拉伸仪	GB/T 35994—2018
25	粮油机械 检验用粮食选筛	GB/T 36091—2018
26	粮油机械 产品型号编制方法	GB/T 36139—2018
27	粮油机械 低能耗碾米机	GB/T 36864—2018
28	粮油机械 螺旋输送机	GB/T 36865—2018
29	粮油机械 拖链浸出器	GB/T 36866—2018
30	粮油检验 大米加工精度检验	GB/T 5502—2018
31	谷物与豆类 千粒重的测定	GB/T 5519—2018
32	粮油检验 植物油脂加热试验	GB/T 5531—2018
33	芝麻油	GB/T 8233—2018
34	山桐子	LS/T3116—2018
35	山桐子油	LS/T3258—2018
36	油莎豆油	LS/T3259—2018
37	山桐子饼粕	LS/T3314—2018
38	核桃饼粕	LS/T3315—2018
39	粮油检验 植物油中邻苯二甲酸酯类化合物的测定	LS/T6131—2018
40	粮油检验 储粮真菌的检测孢子计数法	LS/T6132—2018

续表

序号	项目名称	执行标准代号
41	粮油检验 主要谷物中 16 种真菌毒素的测定液相色谱——串联质谱法	LS/T6133—2018
42	粮油检验 粮食中镉的快速测定稀酸提取——石墨炉原子吸收光谱法	LS/T6134—2018
43	粮油检验 粮食中铅的快速测定稀酸提取——石墨炉原子吸收光谱法	LS/T6135—2018
44	大米品尝评分参考样品制备技术规范	LS/T1219—2018
45	粮食信息分类与编码 储粮病虫害分类与代码	LS/T1709—2018
46	粮油仓储设施标识编码规则	LS/T1714—2018
47	粮食电子地图 地理要素	LS/T1814—2018
48	粮食电子地图 图示表达	LS/T1815—2018
49	粮食仓储数据元 熏蒸	LS/T1816—2018
50	粮仓远程视频监控系统技术规范	LS/T1817—2018
51	多模式储粮害虫及防治信息交互接口	LS/T1818—2018
52	粮食流通电子标识数据规范	LS/T1819—2018
53	粮食大数据资源池设计规范	LS/T1820—2018
54	粮油机械 电动散装粮食扦样器技术条件与试验方法	LS/T3547—2018
55	粮油机械 电动吸式包装粮食扦样器技术条件与试验方法	LS/T3548—2018
56	南方小麦粉加工精度标准样品特制一等	LS/T15111:1—2018
57	南方小麦粉加工精度标准样品特制二等	LS/T15111:2—2018
58	南方小麦粉加工精度标准样品标准粉	LS/T15111:3—2018
59	北方小麦粉加工精度标准样品特制一等	LS/T15112:1—2018
60	北方小麦粉加工精度标准样品特制二等	LS/T15112:2—2018
61	北方小麦粉加工精度标准样品标准粉	LS/T15112:3—2018
62	早籼米加工精度标准样品标准一等	LS/T15121:1—2018
63	早籼米加工精度标准样品标准二等	LS/T15121:2—2018
64	早籼米加工精度标准样品标准三等	LS/T15121:3—2018
65	早籼米加工精度标准样品标准四等	LS/T15121:4—2018
66	晚籼米加工精度标准样品标准一等	LS/T15122:1—2018
67	晚籼米加工精度标准样品标准二等	LS/T15122:2—2018
68	晚籼米加工精度标准样品标准三等	LS/T15122:3—2018
69	晚籼米加工精度标准样品标准四等	LS/T15122:4—2018
70	粳米加工精度标准样品标准一等	LS/T15123:1—2018
71	粳米加工精度标准样品标准二等	LS/T15123:2—2018
72	粳米加工精度标准样品标准三等	LS/T15123:3—2018
73	粳米加工精度标准样品标准四等	LS/T15123:4—2018
74	稻谷整精米率标准样品（籼稻）	LS/T15321—2018
75	稻谷整精米率标准样品（粳稻）	LS/T15322—2018
76	小麦硬度指数标准样品	LS/T1531.1—2018
77	大米颜色黄度指数标准样品	LS/T1533—2018
78	粳米品尝评分参数样品	LS/T1534—2018
79	籼米品尝评分参考样品	LS/T1535—2018

数据来源：国家粮食和物资储备局标准质量中心统计资料。

表 41　2018 年粮食行业单位与从业人员情况总表

单位：个、人

| 项目 | 单位总数 | 从业人员 | | | | | | | | | | | | | | | | |
| | | 从业人员总数 | | | | 在岗职工 | | | 其他从业员 | 长期职工按学历划分 | | | | | 长期职工按年龄划分 | | | |
		小计	女	少数民族	中共党员	小计	长期职工	临时职工		研究生	大学本科	大学专科	中专	高中及以下	35 岁及以下	36 岁至 45 岁	46 岁至 54 岁	55 岁及以上
全国总计	52543	1927720	608627	63600	247353	1899448	1707999	191449	28272	20988	203397	332695	278248	872671	582367	591070	423683	110879
一、行政机关	2278	31180	8207	2667	23135	30890	30141	749	290	1795	12840	10451	2289	2766	4756	7219	12338	5828
二、事业单位	2138	33285	12223	2277	19017	32923	31917	1006	362	4422	11349	9400	2648	4098	6951	9102	11528	4336
其中：参公管理事业单位	655	11999	3784	672	7643	11972	11758	214	27	1516	4025	4207	860	1150	2026	3442	4578	1712
三、企业	48127	1863255	588197	58656	205201	1835635	1645941	189694	27620	14771	179208	312844	273311	865807	570660	574749	399817	100715
其中：国有及国有控股企业	13530	495824	144345	19108	128526	481410	454929	26481	14414	5389	62221	104341	75816	207162	116682	149801	144735	43711

数据来源：国家粮食和物资储备局统计资料。

表 42   2018 年粮食行业取得国家职业资格证书人员统计表

单位：人

地区及单位	合计	仓储管理员（粮油）					农产品食品检验员					制米工					制粉工					制油工				
		初级	中级	高级	技师	高级技师	初级	中级	高级	技师	高级技师	初级	中级	高级	技师	高级技师	初级	中级	高级	技师	高级技师	初级	中级	高级	技师	高级技师
合计	7456	2705	1192	491	47	37	1702	711	361	77	42	18	0	0	0	0	0	0	9	23	0	0	0	41	0	0
		4472					2893					18					32					41				
北京	54	25	20					9																		
天津	39	15	9				14		1																	
河北	141		82					59																		
山西	184	128					56																			
内蒙古	0																									
辽宁	123	71					52																			
吉林	630	217					321	92	17																	
黑龙江	580	204	34	3			267	55	7																	
上海	76	42	1	1			17	8																		
江苏	375	53	52	72			125	10	40											23						
浙江	443	150	54	113	34		53	15	10			14														
安徽	1024	368	115	59	13		310	97	15	6														41		
福建	156	20	131					5																		
江西	100	10	3	1			22	4	60																	
山东	535	88	139	43			107	148	10																	
河南	222	106	36	12			23	10	26										9							
湖北	137	75		10			39	13																		
湖南	164	38	23	28			40	29	6																	
广东	191	89	42	42			60																			
广西	188	112	32	9			12	23																		
海南	4							4																		
四川	115	62	17				16	16				4														

续表

地区及单位	合计	(粮油)仓储管理员					农产品食品检验员					制米工					制粉工					制油工				
		初级	中级	高级	技师	高级技师	初级	中级	高级	技师	高级技师	初级	中级	高级	技师	高级技师	初级	中级	高级	技师	高级技师	初级	中级	高级	技师	高级技师
重庆	132	66	52	14																						
贵州	82	64	12				6																			
云南	292	113	37				112	30																		
西藏	0																									
陕西	34		11					23																		
甘肃	24		24																							
宁夏	0																									
青海	13	3	2					6	2																	
新疆(含兵团)	60	44	5				9		2																	
中储粮集团	978	429	256	60				49	128	56																
中粮集团	246	113	45	24			41	6	17																	
国家粮局鉴定中心	114					37			20	15	42															

数据来源：国家粮食和物资储备局中国粮食研究培训中心统计资料。

表 43	2018 年国民经济与社会发展速度指标（一）						
指标	2018 年为下列各年（%）				平均每年增长（%）		
	1978 年	1990 年	2000 年	2017 年	1979~2018 年	1991~2018 年	2001~2018 年
人口							
年末总人口	145.0	122.0	110.1	100.4	0.9	0.7	0.5
城镇人口	482.1	275.3	181.1	102.2	4.0	3.7	3.4
乡村人口	71.4	67.0	69.8	97.8	-0.8	-1.4	-2.0
就业和失业							
就业人员	193.2	119.8	107.6	99.9	1.7	0.6	0.4
# 城镇就业人员	456.4	254.8	187.5	102.3	3.9	3.4	3.6
城镇登记失业人员	183.8	254.2	163.7	100.2	1.5	3.4	2.8
国民经济核算							
国内生产总值	3677.2	1304.2	483.7	106.6	9.4	9.6	9.2
第一产业	556.0	291.6	201.9	103.5	4.4	3.9	4.0
第二产业	5627.9	1858.9	524.7	105.8	10.6	11.0	9.6
第三产业	5201.7	1438.7	542.6	107.6	10.4	10.0	9.9
财政收支							
一般公共预算收入	16193.4	6242.6	1368.8	106.2	13.6	15.9	15.6
一般公共预算支出	19687.0	7163.9	1390.5	108.7	14.1	16.5	15.7
能源							
能源生产总量	600.6	362.8	272.1	105.0	4.6	4.7	5.7
能源消费总量	812.0	470.1	315.7	103.3	5.4	5.7	6.6
固定资产投资							
全社会固定资产投资总额		1961.5	14294.3	105.9		21.1	20.4
# 房地产开发		47478.7	2412.9	109.5		27.1	21.9
对外贸易和实际利用外资							
货物进出口总额	85929.7	5486.4	776.7	109.7	18.4	15.4	12.1
出口额	97957.4	5498.5	795.6	107.1	18.8	15.4	12.2
进口额	75172.7	5472.4	755.8	112.9	18.0	15.4	11.9
外商直接投资		3870.5	331.5	103.0		13.9	6.9
主要农业、工业产品产量							
粮食	215.9	147.4	142.3	99.4	1.9	1.4	2.0
棉花	281.6	135.4	138.2	108.0	2.6	1.1	1.8
油料	658.0	212.8	116.2	98.8	4.8	2.7	0.8
肉类		301.9	143.4	99.7		4.0	2.0
原煤	596.0	341.0	266.1	104.5	4.6	4.5	5.6
原油	181.7	136.7	116.0	98.7	1.5	1.1	0.8
水泥	3384.0	1052.7	369.8	94.7	9.2	8.8	7.5
粗钢	2920.1	1398.7	722.2	106.6	8.8	9.9	11.6
发电量	2772.1	1144.8	524.6	107.7	8.7	9.1	9.6

数据来源：国家统计局统计资料。

表43　　2018年国民经济与社会发展速度指标（二）

指标	2018年为下列各年（%）				平均每年增长（%）		
	1978年	1990年	2000年	2017年	1979~2018年	1991~2018年	2001~2018年
建筑业							
建筑业总产值		17478	1881.0	109.9		20.3	17.7
消费品零售和旅游							
社会消费品零售总额	24444.2	4590.1	974.2	109.0	14.7	14.6	13.5
入境游客	7804.4	514.2	169.2	101.2	11.5	6.0	3.0
国际旅游收入	48328.1	5730.5	783.4	103.0	16.7	15.6	12.1
运输和邮电							
沿海主要港口货物吞吐量	4650.6	1908.9	734.4	106.6	10.1	11.1	11.7
移动电话用户		8700543	1852.6	110.5		50.1	17.6
固定电话用户	9465.2	2660.4	125.8	94.1	12.0	12.4	1.3
科技、教育、卫生、文化							
研究与试验发展经费支出			2194.7	111.6			18.7
技术市场成交额			2719.5	131.8			20.1
在校学生数							
#普通本、专科	3307.3	1372.3	509.1	102.8	9.1	9.8	9.5
普通高中	152.9	331.2	197.7	100.0	1.1	4.4	3.9
初中	93.1	118.8	74.4	104.7	-0.2	0.6	-1.6
普通小学	70.7	84.5	79.5	102.4	-0.9	-0.6	-1.3
医院数	355.2	229.6	202.3	106.3	3.2	3.0	4.0
医院床位数	592.7	348.8	300.9	106.5	4.5	4.6	6.3
执业（助理）医师	368.8	204.6	173.8	106.4	3.3	2.6	3.1

注：1.国内生产总值按可比价格计算，固定资产投资总额平均每年增长速度按累计法计算，其他价值量指标按当年价格计算。

　　2.一般公共预算收支、固定资产投资、社会消费品零售总额2018年比上年速度按可比口径计算。

数据来源：国家统计局统计资料。

表 44		国民经济与社会发展总量指标（1978~2018 年）（一）				
指标	单位	1978 年	1990 年	2000 年	2017 年	2018 年
人口						
年末总人口	万人	96259	114333	126743	139008	139538
城镇人口	万人	17245	30195	45906	81347	83137
乡村人口	万人	79014	84138	80837	57661	56401
就业和失业						
就业人员	万人	40152	64749	72085	77640	77586
#城镇就业人员	万人	9514	17041	23151	42462	43419
城镇登记失业人员	万人	530	383	595	972	974
国民经济核算						
国内生产总值	亿元	3678.7	18872.9	100280.1	820754.3	900309.5
第一产业	亿元	1018.5	5017.2	14717.4	62099.5	64734.0
第二产业	亿元	1755.2	7744.3	45664.8	332742.7	366000.9
第三产业	亿元	905.1	6111.4	39897.9	425912.1	469574.6
人均国内生产总值	元	385	1663	7942	59201	64644
居民收入						
全国居民人均可支配收入	元				25974	28228
城镇居民人均可支配收入	元	343	1510	6280	36396	39251
农村居民人均可支配收入	元	134	686	2253	13432	14617
财政						
一般公共预算收入	亿元	1132.3	2937.1	13395.2	172592.8	183351.8
一般公共预算支出	亿元	1122.1	3083.6	15886.5	203085.5	220906.1
能源						
能源生产总量	万吨标准煤	62770	103922	138570	358500.1	377000
能源消费总量	万吨标准煤	57144	98703	146964	448529.1	464000
固定资产投资						
全社会固定资产投资总额	亿元		4517.0	32917.7	641238.4	645675.0
#房地产开发	亿元		253.3	4984.1	109798.5	120263.5
对外贸易和实际利用外资						
货物进出口总额	亿元	355.0	5560.1	39273.3	278099.2	305050.4
出口额	亿元	167.6	2985.8	20634.4	153309.4	164176.7
进口额	亿元	187.4	2574.3	18638.8	124789.8	140873.7
外商直接投资	亿美元		34.9	407.2	1310.4	1349.7
主要农业、工业产品产量						
粮食	万吨	30476.5	44624.3	46217.5	66160.7	65789.2
棉花	万吨	216.7	450.8	441.7	565.3	610.3
油料	万吨	521.8	1613.2	2954.8	3475.2	3433.4
肉类	万吨		2857.0	6013.9	8654.4	8624.6
原煤	亿吨	6.18	10.80	13.84	35.24	36.83
原油	万吨	10405	13831	16300	19151	18911
水泥	万吨	6524	20971	59700	233084	220771
粗钢	万吨	3178	6635	12850	87074	92801
发电量	亿千瓦小时	2566	6212	13556	66044	71118

数据来源：国家统计局统计资料。

表 44 国民经济与社会发展总量指标（1978~2018 年）（二）

指标	单位	1978 年	1990 年	2000 年	2017 年	2018 年
建筑业						
建筑业总产值	亿元		1345	12498	213944	235086
消费品零售和旅游						
社会消费品零售总额	亿元	1559	8300	39106	366262	380987
入境游客	万人次	180.9	2746.2	8344.4	13948.0	14119.8
国际旅游收入	亿美元	2.6	22.2	162.2	1234.0	1271.0
运输和邮电						
沿海主要港口货物吞吐量	万吨	19834	48321	125603	865464	922392
邮政业务总量	亿元	14.9	46.0	232.8	9763.7	12345.2
电信业务总量	亿元	19.2	109.6	4559.9	27596.7	65555.7
移动电话用户	万户		1.8	8453.3	141748.7	156609.8
固定电话用户	万户	192.5	685.0	14482.9	19375.7	18224.8
金融						
金融机构人民币各项	亿元					
存款余额		1155	13943	123804	1641044	1775226
金融机构人民币各项	亿元					
贷款余额		1890	17511	99371	1201320.99	1362966.65
科技、教育、卫生、文化						
研究与试验发展经费支出	亿元			895.7	17606	19657
技术市场成交额	亿元			651	13424	17697
在校学生数						
#普通本、专科	万人	85.6	206.3	556.1	2753.6	2831.0
普通高中	万人	1553.1	717.3	1201.3	2374.5	2375.4
初中	万人	4995.2	3916.6	6256.3	4442.1	4652.6
普通小学	万人	14624.0	12241.4	13013.3	10093.7	10339.3
医院数	个	9293	14377	16318	31056	33009
医院床位数	万张	110.0	186.9	216.7	612.0	652.0
执业（助理）医师	万人	97.8	176.3	207.6	339.0	360.7
社会保障						
参加基本养老保险人数	万人		6166	13617	91548	94240
参加基本医疗保险人数	万人			3787	117681	134452
参加失业保险人数	万人			10408	18784	19643
参加工伤保险人数	万人			4350	22724	23868
参加生育保险人数	万人			3002	19300	20435
社会保险基金收入	亿元		187	2645	67154	77850

注：1. 由于计算误差的影响，按支出法计算的国内生产总值不等于按生产法计算的国内生产总值。

2. 本表价值量指标中，邮电业务总量 2000 年及以前按 1990 年不变价格计算，2001～2010 年按 2000 年不变价格计算，2011 年起按 2010 年不变价格计算。其余指标按当年价格计算。

3. 2018 年社会保障数据为快报数。2017 年大部分省份参加新兴农村合作医疗的人员并入城乡居民基本医疗保险参保人数中；2016 年及以前主要为城镇基本医疗保险参保人数。

数据来源：国家统计局统计资料。